Nihil saudeas mihi vana

CONSEJOS TÉCNICOS Y JURÍDICOS SOBRE BLOCKCHAIN, BITCOIN, ETHEREUM Y CRIPTOMONEDAS

CONSEJOS TÉCNICOS Y JURÍDICOS SOBRE BLOCKCHAIN, BITCOIN, ETHEREUM Y CRIPTOMONEDAS

FEDERICO DILLA MAÑAS
CONSUELO SÁNCHEZ-CASTRO

I.S.B.N.: 979-84-18409-66-0
Depósito Legal: TO-136-2022

* Fuente del Moro, núm. 6
Toledo, 45006
Teléfono: 925 25 13 81
* Calle del Conde de Casal, núm.47
Las Ventas con Peña Aguilera (Toledo), 45010
Correo electrónico de contacto: info@editorial-ledoria.com
www.editorial-ledoria.com

Diseño de la cubierta: Equipo Editorial Ledoria

Presentación: Consuelo Sánchez-Castro Díaz-Guerra

Jurista Internacional, T-Shaped Lawyer con 22 años de ejercicio.
Docente Universitaria en la Universidad de Castilla La Mancha asociada en el Depto. de Derecho Administrativo (2014-actualidad)
Profesora de Derecho Administrativo en la Universidad Castilla la Mancha
Profesora de Derecho en la Universidad de Mayores "José Saramago"
Investigadora Internacional en Paleografía y Criptografia
Su doctorado sobre legislación y Cognitive Developmental Robotics (CDR)
Master en Derecho Internacional, Diplomático y Consular, Comercio Exterior y Jurista Internacional por ISDE
Especialista Der. Inmobiliario Registral, de la Urbanización y de la Edificación por Univ. de Castilla-La Mancha
Titulada en Técnico Urbanismo por el INAP
Constitutional Interpretation por Princeton University
Data Ethics, A.I. and Responsible Innovation por University of Edinburgh
Bioethics: The Law Medicine and Ethics of Reproductive Technologies and Genetics por Harvard Law School
Legal Project Practitioner (LPP) IILPM LPP921 por Internat. Instit. of Legal Project Management y por IE Law School Executive Education
Project planning and strategies in humanitarian Operations por Stanford PACS
Project Management Practitionair por The PM Center for Excellence at the University of Maryland
Professional Certif. Legaltech por MIT-ESADE
Professional Certif. Data Science for Executives por Columbia University
Professional Certif. Transformación Digital por MIT Professional Education
Professional Certif. Blockchain Technology - Bitcoins and Cryptocurrencies por University Berkeley
Professional Certif. Tiny Machine Learning TinyML por Harvard University
Professional Certif. Business Excellence in Knowledge-Driven Industry 4.0 World por The PolyUniv. Hong Kong
Professional Certif. Marketing Digital y redes sociales por UP de

Valencia. Marketing de Servicios por Universidad Anahuac. y Marketing juridico y de negocios por ESADE
Professional Certif. Smart Cities - Management of Smart Urban Infrastructures por EPFL de Lausanne y el ISDE.
Professional Certif. Arquitectura Sostenible por la Univ. Polit. de Valencia
Miembro de la Ilustrísima Cofradía Internacional de Investigadores
Miembro de Packnet
Miembro de la Asociación Española de Canonistas y Abogada Rotal
Miembro de la Asociación Española de Derecho Aeronáutico y Espacial (AEDAE)
Miembro de IGLUS (Smart Cities).
Miembro del Innovative Governance of Large Urban Systems
Miembro del International Institute of Legal Project Management
Miembro del Project Management Institute
Prolífica escritora con varios premios, Libros, publicaciones y artículos en revistas profesionales
International Trader

INTRODUCCIÓN

La tecnología de blockchain ha permitido la creación de multitud de criptodivisas en la última década. Estas criptodivisas, surgidas a raíz del desplome de Wall Street tras los atentados del 11S y, en consecuencia, de la preocupación y desconfianza hacia los bancos, pretenden imitar al dinero en efectivo y reemplazar la confianza depositada en los gobiernos y entidades financieras por la criptografía, apostando por la descentralización de la economía y un mayor control del dinero por parte de sus propietarios. No ha sido hasta hace un año escaso cuando la existencia de estas criptomonedas, principalmente Bitcoin, ha llamado la atención del público general. Pero, ¿qué es realmente una criptodivisa y cómo es posible el envío de dinero sin intermediarios ni organizaciones que lo controlen? ¿Es realmente seguro depositar la confianza de nuestros ahorros en una red de completos desconocidos? Nuestro objetivo para este primer libro es explorar los aspectos tecnológicos, legales y sociales de Bitcoin; presentar Ethereum desacoplando las ideas de Bitcoin y las criptomonedas de las de Blockchain, la cual se estudiará de una manera más tecnológica y profundamente en el segundo libro. Este libro presenta Bitcoin y las criptomonedas como la motivación para las tecnologías blockchain, y proporciona una descripción general completa y en profundidad de los conceptos fundamentales del espacio criptográfico con un énfasis particular en Bitcoin. Las propiedades básicas y la intención de la moneda centralizada, descentralizada y una comprensión profunda de Bitcoin desde cero, que incluyen: identidad, transacciones, mantenimiento de registros y consenso. Incluimos los conceptos básicos de los contratos inteligentes, la plataforma Ethereum y cómo crear aplicaciones descentralizadas.

El trabajo cubre las propiedades básicas de bitcoin, la mecánica detrás de él (incluidas las funciones de hash criptográficas, Bitcoin Script, privacidad y esquemas de compromiso de hash), así como sus raíces en el movimiento

Cypherpunk, los ideales libertarios y el significado revolucionario de Bitcoin en comparación con algunos de sus primeros predecesores. Haremos aplicaciones prácticas de Bitcoin, en carteras y minería, así como también hablaremos sobre cómo destruir bitcoins, incluidos ataques de red y estrategias de minería maliciosas. Aspectos del mundo real de Bitcoin, como carteras, mecánica de carteras, minería, transacciones y gobernanza de Bitcoin y las diversas formas en que uno puede interactuar con la red de Bitcoin. Cómo destruir Bitcoin, incluidos varios ataques a la red. Veremos brevemente las propiedades detrás de la segunda plataforma blockchain más grande, Ethereum, incluida la máquina virtual Ethereum y la idea de la integridad de Turing, las diferencias clave de protocolo entre Bitcoin y Ethereum, los casos de uso de Ethereum y cómo se puede usar blockchain fuera de las criptomonedas.

La tecnología blockchain está reinventando el negocio de la banca y de la geoeconómía. La Banca, muchas de las grandes empresas tecnológicas como Acenture, Visa, el propio Microsoft, las 'startups' y hasta los propios Países, ya usan blockchain. Pero, ¿qué es exactamente blockchain? Esta tecnología de transferencia de información nació para posibilitar la aparición de Bitcoin. Como su nombre indica en inglés, se trata de una cadena de bloques que conforman una gigantesca base de datos abierta al público y a través de la que se envía información de un emisor a un receptor. Por el camino, los datos de esos intercambios se verifican por diferentes actores independientes conectados a la misma red y que otorgan veracidad a esa transmisión. Se puede utilizar para muchas cosas: para transacciones económicas, para financiar movimientos de 'stock' de una empresa, para firmar contratos inteligentes que son más sencillos porque son electrónicos. Hoy en dia es la banca la principal beneficiada por blockchain. Y la tecnología ha surgido de lo que debía ser un ariete en contra de sus intereses: Bitcoin. La moneda virtual se edificó sobre este protocolo pero es la banca tradicional la que, poco a poco, ha entendido la importancia de una tecnología que permitirá mucho ahorro a esa Banca. Que el uso de blockchain no esté abierto al usuario con un conocimiento básico de informática no implica que no lo pueda utilizar o que su uso sea opaco. Al contrario. "Bitcoin implementa una unidad monetaria virtual que utiliza blockchain como base para la realización y verificación de transacciones. La moneda virtual ha tenido problemas porque ha sufrido robos a cargo de algunos delincuentes, los llamados 'hackers' malos, y porque se le ha acusado de especular. Esto lo hace cuestionable. Es público pero anónimo. Todas las transacciones son públicas y se pueden ver y aunque es anónimo, no significa que sea privado (existen otras bases de datos privadas, como Ethereal. El hecho de que "simplifique las transacciones internacionales, no dependa de gobiernos ni de patrones de moneda" ha hecho que los bancos se den cuenta de la necesidad de adoptar esta tecnología. "Algunos bancos están empezando a usarlo como alternativa al sistema SWIFT"

Este libro está abierto a cualquier abogado sin importar el nivel de experiencia. Ya sea que esté implantando Nuevas Tecnologías en su despacho, como planeando su próximo paso profesional como desarrollador de blockchain, comerciante de criptografía, analista de datos, investigador o consultor, o simplemente esté buscando una introducción a la tecnología Bitcoin. Este libro le ayudará a comenzar a desarrollar las habilidades críticas necesarias para preparar su Despacho y su carrera para el futuro.

Capítulo I
PROTOCOLO Y CONSENSO DE BITCOIN

Para comprender el espacio más amplio de las cadenas de bloques y las criptomonedas, primero debemos buscar comprender Bitcoin, la aplicación de cadena de bloques más antigua y ampliamente comprendida. Comenzamos con algunos conceptos fundamentales sobre Blockchain y Bitcoin. Seguiremos con como las propiedades básicas de Bitcoin y la intención de la moneda centralizada y descentralizada. Luego, desarrollamos una comprensión de Bitcoin desde cero, dividida en cuatro etapas: identidad, transacciones, mantenimiento de registros y consenso entre otros.

¿Qué es Blockchain?

De forma muy simple podemos definir Blockchain como una gran base de datos distribuida, en la que se pueden registrar todo tipo de transacciones directamente entre las partes sin necesidad de intermediarios, en tiempo real, de forma segura y con absoluta trazabilidad. Señalemos ahora los conceptos clave y propiedades fundamentales de esta tecnología:

1.- Los cuatro conceptos clave del blockchain:

El ledger o libro mayor (en terminología contable) es el lugar donde se registran todas las transacciones realizadas por los usuarios de un blockchain.

Cada bloque es información digital que se almacena en una base de datos pública (blockchain). Los bloques contienen información sobre las transacciones, las partes involucradas y qué identifica cada transacción. Cuando las transacciones han sido verificadas, reciben un hash. El bloque es cada una de las hojas donde están reunidas esas transacciones. (Cada una de las hojas completa de transacciones).

Un bloque está conformado por entre 50 y 100 transacciones que se agrupan para crear un equilibrio entre la velocidad y las gananciales en la red de trabajo y sus mineros

Hash es una mezcla específica de datos recogida en un único conjunto de caracteres. Cuando a los bloques les ha sido asignado un hash, se pueden añadir al blockchain.

Nodo Cada dispositivo conectado a la red que guarda una copia de blockchain es un nodo. Los nodos, por tanto, forman parte del blockchain y contribuyen a este.

2.- Las cuatro características del blockchain:

El open ledger permite la transparencia de los datos, ya que cada persona conoce qué información tiene el resto en la red.

Cadena de bloques.- Cada transacción entre las partes se registra en un bloque (block) y, una vez verificado, se añade a la cadena (chain), lo que permite la total trazabilidad de las operaciones realizadas.

Tecnologia de contabilidad distribuida.- No existe un Registro Centralizado de las transacciones, sino que todos los participantes disponen de una copia idéntica y actualizada de la base de datos. De este modo, si una parte del sistema falla, este puede seguir funcionando.

Transacciones seguras.- La verificación de cada bloque de transacciones, necesaria para ser añadido a la cadena, requiere la resolución de un algoritmo matemático complejo. Cada nuevo bloque tiene información del anterior y esta se repite en todas las copias del blockchain, lo que en la práctica blinda el sistema de cualquier intento de falsificación.

¿Qué es Bitcoin?

El bitcoin es un tipo de criptomoneda, es decir, una divisa digital que puede funcionar como medio de intercambio y qe sus promotores usan como reserva de valor. No existe físicamente, ni la controla ningún país. Se trata de dinero virtual cuyo precio varía constantemente, tal como ocurre con otras monedas como el dólar o el euro. El bitcoin se puede usar para comprar productos o como instrumento de inversión, aunque no está disponible en todos los países. Como todas las criptomonedas, el bitcoin sirve para hacer pagos rápidos y evitar los cargos de transacción.

¿Cómo funciona?

Cada bitcoin contiene un código que se almacena en una "digital wallet" o billetera digital, en un celular o en un computador, con "llaves privadas". Las personas pueden enviar o recibir bitcoins (o partes de un bitcoin) de otros individuos o empresas. En general las criptomonedas se basan en una red descentralizada de computadores que cuenta con nodos repartidos por todo el mundo con copias de todas las transacciones que se han realizado. A esta red se le llama "blockchain" o cadena de bloques. Estos bloques o nodos están enlazados y asegurados usando criptografía.

La mayoría de las personas luchan por responder la pregunta, "¿Qué es Bitcoin?" Porque hay muchas formas diferentes de responder.

Primero, Bitcoin se considera la primera y la criptomoneda más utilizada. Una criptomoneda es una moneda descentralizada completamente digital que se construye utilizando principios de informática, criptografía y economía. El término "Bitcoin" se refiere al protocolo que rige esta moneda.

En segundo lugar, bitcoin en minúsculas se refiere a las unidades monetarias reales. Un usuario de Bitcoin dirá que tiene una cierta cantidad de bitcoins, similar a como decimos que tenemos una cierta cantidad de euros cuando nos referimos al dólar estadounidense.

En tercer lugar, Bitcoin es la inspiración para la cadena de bloques, que es la estructura de datos subyacente de esta criptomoneda. Una estructura de datos es un formato virtual para organizar, recuperar y almacenar información. La cadena de bloques de Bitcoin, en particular, almacena un historial permanente de todas las transacciones que ocurrieron en la historia de Bitcoin. Es un libro mayor de solo anexo, lo que significa que no se puede eliminar ninguna información agregada al libro mayor.

Pero lo más importante es que Bitcoin es una revolución cultural. Enraizado en los ideales de Cypherpunks y libertarios, Bitcoin representa un cambio hacia la privacidad y la descentralización. Esta criptomoneda no está respaldada por ninguna organización central, gobierno o empresa. En cambio, Bitcoin está construido por los usuarios y para los usuarios. Como dijimos, Bitcoin se inspiró en el Movimiento Cypherpunk de finales de los 80. Cypherpunks aboga por la protección de la privacidad mediante la criptografía. No confían en que los gobiernos, las corporaciones o las grandes organizaciones respeten la privacidad. Estos puntos de centralización acumulan un gran poder sobre la sociedad al recopilar cantidades inimaginables de información de millones de usuarios. Y los Cypherpunks fueron algunos de los primeros en preocuparse de que las entidades centrales despojen la libertad del público en general.

Un punto masivo de centralización en la sociedad moderna es el sistema financiero, donde: los bancos gobiernan las economías de países enteros. Varias empresas e investigadores diferentes intentaron hacer una moneda descentralizada o anónima, pero todos fracasaron. Bitcoin fue la primera tecnología que tuvo éxito como criptomoneda. El documento técnico de Bitcoin, o documento de investigación, fue publicado en octubre de 2008 por Satoshi Nakamoto. El documento técnico era una propuesta concisa de 9 páginas para la estructura y función de una moneda electrónica de igual a igual. Satoshi Nakamoto es un seudónimo, o una identidad falsa, de un individuo o grupo de individuos. Nadie conoce su verdadera identidad. Sin embargo, lo importante es que este documento técnico imaginó una moneda en la que los usuarios no dependen de intermediarios financieros ni confían en nadie para realizar transacciones entre ellos. En Bitcoin, los usuarios no necesitan usar sus identidades del mundo real; en cambio, están representados por direcciones, cadenas de letras y números aleatorios. Bitcoin toma el control de las manos de terceros y brinda a los usuarios la libertad de realizar transacciones mientras protege su privacidad.

Entonces, ¿cómo lo hace Bitcoin? En un nivel alto, la red Bitcoin valida las transacciones y almacena todo el historial de transacciones. La red Bitcoin es un grupo de usuarios que se comunican entre sí como parte del protocolo Bitcoin. Esta red sirve como sustituto del banco central y debe tener ciertas propiedades para funcionar correctamente. Bitcoin está tratando de crear una criptomoneda abierta y accesible que no esté sujeta a censura ni centralización. Pero ¿cuáles son los problemas? Tenga en cuenta los problemas de intentar crear una criptomoneda abierta y accesible que no esté sujeta a censura o centralización: no hay partes centrales para solicitar información sobre las cuentas de los usuarios, y no hay partes centrales para expulsar o censurar a los usuarios malintencionados. Las redes descentralizadas generalmente sufren estos problemas, lo que genera inconsistencias entre las partes y mensajes maliciosos que infectan la red.

El ataque más popular se conoce como "*ataque de doble gasto*", un ataque en el que algún valor se usa por más de lo que vale. En la vida real, es fácil evitar el doble gasto, ya que los billetes de un dólar no se pueden copiar ni pegar. Sin embargo, en las monedas digitales, debe garantizarse que los tokens virtuales no se hayan prometido a más de una persona. Bitcoin como tecnología está tratando de resolver un problema muy específico en el ámbito de los sistemas distribuidos: cuando cualquier "*nodo*" o computadora dentro de la red, puede ir y venir como le plazca y comportarse como le plazca. Existen enormes posibilidades de fallos dada la eliminación completa de la centralización, razón por la cual hubo tantos predecesores de Bitcoin que fallaron.

Entonces, ¿cómo resuelve bitcoin estos problemas? Bitcoin resuelve estos problemas a través de dos cosas: primero, la cadena de bloques (Blockchain) y el protocolo de consenso de "*prueba de trabajo*", los cuales son las innovaciones más populares e influyentes de Satoshi Nakamoto. Debido a estas dos cosas, cualquier persona con acceso a Internet y una computadora puede unirse a la red Bitcoin. No hay bancos, ni ningún equivalente de la Reserva Federal o del Banco Central Europeo en la red Bitcoin. En cambio, todos pueden verificar y auditar el historial de transacciones por su cuenta. E incluso, la creación de dinero no la decide una autoridad central, sino a través del proceso de minería, de "Prueba de trabajo".

Bitcoin frente a los Bancos

Bitcoin tiene como objetivo deshacerse de la entidad central, el banco. Para comprender cómo lo hace, primero debemos comprender para qué sirve un banco y qué características ofrece a los usuarios, luego comprender los paralelos en Bitcoin.

Lo primero que hacen los bancos por nosotros es administrar cuentas. Los bancos verifican que somos los legítimos propietarios de la cuenta bancaria y solo nosotros podemos gastar el dinero o los fondos. ¿Cómo hace eso un banco? Los bancos nos pedirán que proporcionemos una identificación antes de que se pueda realizar cualquier actividad. Cada transacción que realizamos se remonta a nuestra identidad.

Además de eso, los bancos transfieren y canjean dinero en su nombre. Nos enviamos dinero entre nosotros a través de los bancos. Dependemos de los bancos para registrar honestamente los saldos de nuestras cuentas. De esta manera, no necesitamos enviar dinero a través de sobres a familiares; permitimos que estas instituciones centrales muevan dinero de manera segura y establecida en nuestro comportamiento y mientras no lo necesitemos, les permitimos operar con ello para prestarlo a terceros o invertirlo como prefieran.

Para realizar un seguimiento de toda esta información, confiamos en los bancos para realizar un seguimiento de los saldos de nuestras cuentas. Los bancos actualizan los saldos de nuestras cuentas cada vez que realizamos una nueva transacción. También nos permiten ver declaraciones para que esté al tanto de su historial de actividad pasado. Pero lo más importante es que los bancos brindan confianza: los bancos están dirigidos por profesionales capacitados de universidades de primer nivel y bajo la regulación constante del gobierno de los EE. UU., de la Unión Europea, de los diferentes países, etc. Si confía en la calidad de la educación y los estándares de esos Gobiernos, entonces se supone que puede confiar en el banco. Pero si no es así, empiece a buscar alternativas. Y aquí es donde entra Bitcoin.

¿Cómo Bitcoin puede cumplir con las funciones similares a las de un banco? En Bitcoin, la gestión de identidades y cuentas son completamente autónomas. Cada usuario de Bitcoin crea su propia identidad en lugar de pedirle a un banco que cree una. Cualquiera puede generar una identidad Bitcoin por su cuenta. Esta identidad está desconectada de su identidad del mundo real, lo que proporciona un alto grado de privacidad. Además de eso, las transacciones también son de igual a igual: en lugar de hablar con un banco que hablará con otro banco que eventualmente hablará con el destinatario de algo de dinero, podemos hacer transacciones directamente entre nuestros pares y el resto de la red los confirma. Por lo tanto, en Bitcoin, los usuarios pueden enviarse fondos entre sí directamente sabiendo que sus transacciones serán validadas por toda la red sin la presencia de un tercero de confianza. Para almacenar toda esta información, cada usuario de Bitcoin puede poseer su copia individual del libro mayor.

Este enfoque descentralizado de mantenimiento de registros garantiza la integridad de los datos a pesar de la presencia de nodos defectuosos que podrían registrar la información de manera deshonesta. La naturaleza descentralizada de bitcoin también evita el riesgo de un solo punto de falla. En el caso de que un nodo en particular sea pirateado en bitcoin, debido a que todos tienen registros, el resto de la red aún puede garantizar la integridad del registro de transacciones y seguir funcionando.

Pero finalmente, todavía existe la necesidad de confiar en Bitcoin: en lugar de confiar en las personas con trajes, confiamos en las matemáticas y la lógica. Confiamos en que el protocolo Bitcoin es correcto, lo que nos permite no confiar en los usuarios y aún así tener la certeza de que las transacciones se están validando correctamente. Confiamos en la alineación de incentivos y en el libro mayor a prueba de manipulaciones y verificable públicamente en lugar de en nuestros compañeros usuarios. Todas estas piezas juntas hacen de Bitcoin la revolución tecnológica que inició el Movimiento de Criptomonedas.

Vimos que necesitamos habilitar la administración de cuentas e identidades, la transferencia de dinero como servicio, la administración de registros y la confianza. Ahora vamos a ver cómo encajan cada uno de estos cuatro conceptos en la arquitectura de Bitcoin.

Tributación IRPF criptomonedas

La renta de criptoactivos se compone de diferentes circunstancias:

1.- *Ganancias y pérdidas por transmisión*

Actividad de compraventa e intercambio de criptomonedas como permutas, trades, etc.,

2.- *Rendimientos de capital*: Se refiere a los intereses, el stacking, etc. Es decir, los intercambios (como Binance, Huobi) donde se gestionan criptodivisas y se generan rendimientos. En estas plataformas se custodian las criptomonedas, se verifica la evolución de su valor, los intereses y rendimientos que se generan en las criptomonedas seleccionadas.

3.- *Ganancias y pérdidas sin transmisión*: Aquí se los airdrops reparto de tokens a la comunidad, los programas de referidos de los distintos intercambios, etc. Y cuando surge un monedero frío wallet virtual con criptomonedas sin haber transmitido ninguna.

4.- *Actividad económica*: Incluye la minería de criptomonedas (los registros de transacciones), el trading o compraventa de criptomonedas.

Entonces ¿Hay que declarar las criptomonedas? ¿Cómo tributan las criptomonedas? En España, los bitcoins o cualquier tipo de criptomonedas, a pesar de no tener normativa específica, sí hay determinados Reglamentos que se pueden aplicar y que exigen declarar criptomonedas cuando se obtengan ganancias. Tributar y pagar impuestos, se aplica en los casos de que se pase de una criptomoneda a dinero fiat (euros) o bien permutas entre criptomonedas y se obtengan ganancias en esa conversión.

Las criptomonedas son consideradas ganancias patrimoniales, y deben declararse en el IRPF. Como cualquier ganancia patrimonial con los siguientes tramos de tributación a fecha Febrero 2022:

- 19% de IRPF si las ganancias son de hasta 6.000€.
- 21% de IRPF en ganancias de 6.000€ a 50.000€.
- 23% de IRPF en ganancias de más de 50.000€.

La Normativa Legal tributaria de criptomonedas en España a fecha Febrero 2022:

Actualmente, existen dos normas que regulan diversos aspectos sobre las criptomonedas. La primera es el Real Decreto-ley 7/2021, de 27 de abril, que pretende prevenir el blanqueo de capitales. Es una transposición de la Quinta Directiva Europea sobre Prevención del Blanqueo. Esta norma incluye una definición del concepto "moneda virtual" y afecta a empresas relacionadas con las operaciones con criptomonedas que realicen un servicio de cambio o un servicio de custodia de criptomonedas. El Decreto-ley vincularía a estas empresas a seguir las normas establecidas en la Ley 10/2010 de Prevención del Blanqueo de Capitales y de la financiación del terrorismo.

Por otro lado, también ha sido publicada la Ley 11/2021, de 9 de julio, de medidas de prevención y lucha contra el fraude fiscal. Esta nueva normativa obliga a las personas y empresas a informar de la titularidad de monedas virtuales a la Administración Tributaria, sobre todo si están situadas en el extranjero.

A medio plazo España contará con legislación específica para tratar la fiscalidad del dinero virtual, en este caso, de las criptomonedas.

Identidad

Según la RAE, la identidad se define como el "conjunto de rasgos propios de un individuo o de una colectividad que los caracterizan frente a los demás". Desde un punto de vista práctico, podemos tomar el concepto funcional de identidad esbozado por Preukschat, donde se refiere a la identidad como "la suma de atributos asociados a una persona (edad, altura, fecha de nacimiento, datos biométricos, etc.), atributos acumulados a lo largo del tiempo (información médica, preferencias, metadatos de comunicación, etc.) y atributos designados (número de teléfono, correo electrónico, números de pasaporte, etc.), pero podemos ir más allá de las personas y también hablar de identidades legales, identidades de dispositivos o activos que a menudo están vinculados a la identidad humana". Muchos de estos atributos son los que comúnmente se usan para identificar a un individuo en el mundo digital, y que terminan duplicándose en múltiples bases de datos de sitios web, con los riesgos de seguridad antes descritos. Es aquí donde entra en juego la identidad digital auto soberana, como una fórmula para colocar el control de estos datos en manos del usuario. Las identidades digitales deberían funcionar como funcionan las identidades no-digitales pero esto aun está lejos de ser una realidad. En primer lugar porque mientras unos quieren el anonimato, otros, los datos de identidad protegidos y los terceros desanonimizar alos primeros y robar los datos de los segundos.

De acuerdo con el *White Paper* de Selfkey, (https://selfkey.org/) una blockchain centrada en identidad auto-soberana, este concepto es similar a la forma en que almacenamos y gestionamos nuestras identidades no digitales. Fuera de Internet, documentos de identidad como pasaportes, certificados de nacimiento, facturas de servicios, etc., se resguardan en un lugar seguro del hogar, se comparten con terceros solo cuando es necesario, y decidimos qué tipo de información compartir. Este mismo efecto es el que se busca replicar en el ambiente digital, con la identidad auto-soberana, y la ayuda de la tecnología blockchain. En el mundo físico, los procesos de identificación admiten el uso de atributos validados por terceros. Por ejemplo, un individuo (propietario de la identidad) quiere acceder a un establecimiento (parte que confía), donde la condición de acceso es la mayoría de edad. Saca de su billetera la licencia de conducir, emitida y validada por un instituto de control de vehículos (tercero) y la presenta en el establecimiento. Aunque el encargado no tiene contacto con ese tercero, da crédito a los datos que ve en la licencia de conducir, porque confía en esa institución. En esta dinámica se evidencian tres actores que Selfkey distingue en una transacción de identidad, y que se pueden emular en el mundo digital. Con la ventaja adicional de que mediante el uso de la tecnología blockchain el usuario puede elegir a qué datos tiene acceso la “parte que confía”. Es decir, en el ejemplo anterior, el individuo podría decidir que la respuesta a la pregunta ¿es mayor de edad?, sea simplemente “si o no”, sin necesidad de revelar todos los datos contenidos en la licencia de conducir. A esto se refiere la identidad digital auto-soberana.

Los atributos que debería tener esta identidad, son descritos detalladamente por el Emprendedor, Asesor y Tecnólogo Christopher Allen, en un texto de 2016, donde desarrolló un apartado denominado *Ten Principles of Self-Sovereign Identity* (Diez principios de identidad auto-soberana). Entre ellos destacan tres rasgos, que no son factibles con los sistemas de identificación centralizados, como el acceso y control de los datos por parte del usuario, así como la portabilidad de los mismos. http://www.lifewithalacrity.com/2016/04/the-path-to-self-sovereign-identity.html

Vimos anteriormente que los bancos necesitan realizar un seguimiento de las cuentas y las identidades de sus clientes. Pero, ¿cómo hacemos esto en Bitcoin, sin un banco o entidad central para realizar un seguimiento de quién es quién y quién posee qué? Para comprender por qué necesitamos la identidad en Bitcoin en primer lugar, comprendamos primero por qué necesitamos la identidad en el contexto de las monedas. En monedas, debemos asegurarnos de que todos los usuarios puedan autenticarse a través de algún método de identificación y que todos los métodos de identificación tengan integridad. Se requiere autenticación para garantizar que nadie más actúe en su nombre. Reclamar, recibir y gastar dinero en su nombre son cosas que solo usted debería poder hacer. Como un banco, al asociarse con sus fondos a través de la autenticación, puede recibir dinero de otros y gastar su propio dinero. Solo usted tiene acceso a su propio dinero, ya que otros no están autenticados para manejar su dinero. Sin un proceso de autenticación, cualquiera podría gastar su dinero, lo que obviamente es indeseable. Además, la autenticación también se puede utilizar para imponer la culpa. Si alguien intenta hacer algo incorrecto dentro de la red, como gastar los fondos de otra persona, querrá poder llamarlo con un comprobante. Por ejemplo, si alguien intenta retirar sus fondos de un banco, querrá un registro de esto, incluida la identidad de quién estaba tratando de tomar sus fondos, para deshacerse de actividades maliciosas en el futuro, prohibiendo o negándose a interactuar con esa gente.

¿Ha pensado alguna vez si tiene una *identidad digital* como tal? ¿O lo que tiene son múltiples identidades para cada servicio online que utiliza? Sentimos mucho decirle que la realidad es que usted no tiene ningún control sobre su identidad en las redes, sino que las organizaciones con las que interactúa online son las que determinan la forma de identificarse. Como puede imaginar, distribuir la información en plataformas independientes hace difícil la integración y la interacción entre sistemas. Una de las propuestas más ambiciosas es la de crear sociedades en las que los individuos posean una identidad autogestionada y accedan a través de ella a todo tipo de interacciones. Este concepto se conoce como identidad digital autosoberana o *self sovereign identity* en inglés. Plantea un modelo descentralizado de organizar toda la información de las personas. En otras palabras, nuestra identidad online se encuentra fragmentada en diferentes *Silos* sin ningún tipo de contacto o interacción entre ellos.

La *Identidad Digital* es el conjunto de información sobre una persona o una organización expuesta en Internet: datos personales, imágenes, noticias, comentarios, gustos, amistades, aficiones, etc. que conforma una descripción de dicha persona en el plano digital. Wood y Smith (2005) definen la identidad como "una construcción compleja, personal y social, consistente en parte en quien creemos ser, como queremos que los demás nos perciban, y como de hecho, nos perciben" y los mismos autores afirman que en la comunicación electrónica lo que prima es la imagen que se quiere mostrar a terceros.

Características de la identidad digital

1. *Es social.* Se construye navegando por las redes sociales a partir del reconocimiento de los demás sin ni siquiera llegar a comprobar si esa identidad es real o no.

2. *Es subjetiva.* Depende de cómo los demás perciban a esa persona a través de las informaciones que genera.

3. *Es valiosa.* A veces personas y empresas navegan por las redes sociales para investigar la identidad digital de un candidato o una candidata y tomar decisiones sobre él o ella.

4. *Es indirecta.* No permite conocer a la persona directamente sino las referencias publicadas de esa persona.

5. *Es compuesta.* La identidad digital se construye por las aportaciones de la misma persona y también por otras personas sin la participación o consentimiento de esa persona..

6. *Es real.* La información de la identidad digital puede producir efectos positivos y negativos en el mundo real.

7. *Es dinámica.* La identidad digital no es una foto instantánea sino que está en constante cambio o modificación.

Problemas que plantea la Identidad Digital

1. *Problema de la Proximidad:* Al no tratar directamente con nuestros interlocutores debemos de identificarnos por otros medios, sea con un nombre de usuario y contraseña, un número de teléfono, un certificado. El resultado es que la información de identidad de las personas se replica en múltiples silos de identidad en Internet.

2. *Problema de Escala:* La identidad digital se basa actualmente en centros de información de identidad. Nos podemos conectar a muchos sitios de Internet usando nuestras cuentas de Facebook o Google que son grandes "proveedores de identidad". Pero muchas empresas son reticentes a ceder el control de la información de sus clientes a estas empresas.

3. *Problema de flexibilidad:* Muchas de las llamadas "soluciones de identidad" están limitadas por esquemas fijos o conjunto de atributos. Por ejemplo, en España nuestro DNIe o nuestro Certificado digital tienen un conjunto limitado de datos. Y no cubre todos los casos de uso de nuestras identidades digitales.

4. Problema de privacidad: Las soluciones de identidad digital actuales se basan en colecciones de datos, que a menudo se recopilan sin conocimiento del sujeto. Los datos se replican una y otra vez en diferentes sistemas. Los terceros usan *Identificadores Universales* como números de seguridad social o números de teléfono para correlacionar la información de identidad, nuevamente sin el conocimiento del sujeto.

5. *Problema de consentimiento*: Los datos en estos miles de silos de identidad a menudo se comparten con otros sin consentimiento. A veces esto se hace al servicio del sujeto, pero a menudo se hace al servicio del resultado final de la organización que controla el silo de datos. Por ejemplo la mayoría de las redes sociales, aunque no te hayas dado de alta en ellas, pueden tener datos tuyos como tu número de teléfono o correo electrónico por el simple hecho de que tus amigos les han dado permiso para acceder a sus contactos

¿Podemos evitar brechas de seguridad que resulten en la pérdida de grandes cantidades de datos privados? La respuesta es afirmativa, mediante la creación de sistemas que no dependan de identificadores correlacionables. Sovrin, por ejemplo, está diseñado para usar identificadores no correlacionables de forma predeterminada y, al mismo tiempo, proporciona toda la funcionalidad necesaria que esperamos de un sistema de identidad. Este es un gran problema, pero no demasiado impactante dada la serie de violaciones de datos que han llenado las noticias en los últimos años. ¿Por qué su seguridad era tan mala? La respuesta típica cuando escuchamos acerca de estos problemas de seguridad es probable que su seguridad fuera bastante buena. Pero la brecha aún ocurrió. ¿Por qué? Por la Ley de Sutton. Cuando se le preguntó a Willie Sutton por qué robaba bancos, supuestamente dijo "porque ahí es donde está el dinero". Mientras insistamos en crear enormes trampas de datos valiosos, los piratas informáticos seguirán apuntándolos. Y dado que ninguna seguridad es perfecta, eventualmente tendrán éxito. La seguridad informática es difícil porque los sistemas informáticos no son lineales: los pequeños errores pueden provocar grandes pérdidas. Esto hace que los puntos de falla sean difíciles de detectar. Estos puntos de falla no suelen ser obvios. Pero los hackers tienen mucha motivación para encontrarlos cuando el premio es tan grande. ¿Cómo evitamos los *honeypots* de datos? Al descentralizarlo. Un *honeypot*, o sistema trampa o señuelo, es una herramienta de la seguridad informática dispuesto en una red o sistema informático para ser el objetivo de un posible ataque informático, y así poder detectarlo y obtener información del mismo y del atacante. La identidad descentralizada divide los datos para que ningún hack devuelva suficientes datos para ser rentable. Nadie irrumpiría en una plataforma para robar los datos de un solo individuo al azar, salvo que sea un encargo malicioso.

Solo en conjunto los datos tienen valor suficiente para justificar el esfuerzo.

Podemos hacer que incluso los registros individuales valgan menos si nos deshacemos de los identificadores universales. Cosas como números de tarjetas de crédito, números de seguridad social y números de teléfono son ejemplos de identificadores universales. Los identificadores universales permiten rastrear la actividad de una sola persona en múltiples dominios. Si algo solo tiene valor para una persona, nadie mas tendrá interés en ello. La buena noticia es que ahora es factible crear sistemas de identidad que utilicen identificadores no correlacionables, seudónimos y por parejas. La especificación del identificador descentralizado (DID) describe un sistema interoperable de identificadores. Imagínese cuando necesita darle a un comerciante la capacidad de contactarlo o cargar su cuenta, le dio un DID creado solo para ellos en lugar de un número de tarjeta de crédito o un número de teléfono. Todavía podrían usar este DID para contactarlo o cobrarle una suscripción mensual, pero sería exclusivo para ellos. Si hubo una violación y se perdieron sus DID, simplemente los cancela sin afectar ninguna otra relación. No vale la pena robar identificadores no correlacionables. Los detalles técnicos de cómo podría funcionar esto están más allá del alcance de esta publicación, pero con la tecnología informática actual no tenemos que depender de identificadores correlacionables. Si tiene una clave privada que protege millones de dólares en bitcoins, esa única clave privada en sí misma sería digna de esfuerzos extraordinarios para recuperarla. Tenga en cuenta que los sistemas como Apple Pay y Android Pay ya usan identificadores únicos en lugar de un número de tarjeta de crédito para mayor seguridad. Los sistemas de pago no correlacionados ya existen, solo que aún no se utilizan lo suficiente. Si está interesado en explorar los detalles, puede visitar el ejemplo que hemos puesto de Sovrin, un sistema de identidad global, público y descentralizado creado para admitir identificadores no correlacionables de forma predeterminada. https://sovrin.org/

La información que se comparte en línea es propiedad del usuario. Por esta razón, la potestad de decidir qué información comparte y con quién debería estar bajo su control. Muchos sistemas de identidad en línea se crean con la finalidad de asociar datos con los individuos, que permitan personalizar su experiencia al ingresar en un sitio de Internet, pero esta información no es propiedad del usuario. Esto tiene otras implicaciones, ya que por cada sitio web donde las personas crean un perfil, se genera nuevamente una serie de datos asociados a su identidad. Así, tendrán tantas identidades en Internet, como sitios donde estén registrados.

¿Cómo ayuda blockchain? Basados en la estructura de las transacciones de identidad antes descrita, donde se definen tres actores principales, los sistemas blockchain de identidad soberana utilizan la cadena de bloques para registrar identificadores descentralizados (DID), a los cuales se puede acceder sin necesidad de un directorio central. Tal como en Selfkey, Upot, Sovrin o Veres One, proyectos en diferentes etapas de desarrollo, el usuario (propietario de la identidad) accede a la aplicación, donde crea una billetera virtual en la cual almacenará certificados avalados por un ente emisor (tercero). La "parte que confía" puede solicitar una verificación (reclamo) al ente emisor. Luego, la "parte que confía" también podrá certificar las credenciales del usuario, así éste fortalecerá su identidad digital. Toda esta data estará bajo el control del usuario a través de claves o llaves. Esta identidad digital podría comprender historias médicas, académicas, laborales y demás datos personales que solo se compartirán en caso de que la persona lo autorice.

Integridad

A fin de cuentas es la otra mitad de la identidad. Significa que todos nuestros métodos de autenticación no pueden ser replicados por nadie más. Podemos entender la integridad por el proceso de firmar un cheque: una vez que firma un cheque o una transacción, nadie debería poder interceptarlo y/o manipularlo. El cheque ha sido firmado por usted y, dado que nadie puede replicar su firma, debe ser inviolable. La integridad garantiza que nadie más que usted, el firmante, pueda utilizar su firma. Imagine el siguiente escenario en Bitcoin: si quisiera enviarle 10 bitcoins a Consuelo, ella no debería poder agregar otro cero y hacerle enviar 100 bitcoins. Tampoco debería poder copiar o replicar su firma en otro lugar. Solo previniendo todas estas cosas podemos confiar en la integridad de las identidades de Bitcoin.

La identidad es un concepto simple que aparece en todas partes en la vida diaria. Por ejemplo, las casas tienen direcciones y claves de buzón. Cuando les pides a las personas que te envíen correo, les das tu dirección para que sepan a dónde enviar el paquete. Mientras tanto, usted solo controla la tecla del buzón. Del mismo modo, los correos electrónicos tienen alias y contraseñas. Las personas que desean enviarle un correo electrónico tienen acceso a su dirección de correo electrónico o alias, mientras que usted solo tiene acceso a la contraseña de su cuenta de correo electrónico, por lo que solo usted puede leer estos correos electrónicos. Bitcoin, siguiendo este patrón, tiene claves públicas y privadas.

Las direcciones de buzón, alias de correo electrónico y claves públicas representan la *identidad pública*. Son lo que le das al público para que sepan comunicarse contigo, para que sepan reconocerte e identificarte. Mientras tanto, las claves de buzón, contraseñas de correo electrónico y claves privadas son claves secretas que solo usted debe poseer. Con estas claves personales, accedes a los elementos privados, que dan el control y la propiedad. Dicho de otra manera, dan tu identidad. Si alguien más tiene en sus manos su contraseña de correo electrónico, por ejemplo, pueden hacerse pasar por usted y recibir y enviar correos electrónicos en su nombre. Del mismo modo, nunca querrá que nadie más tenga su clave privada de Bitcoin, ya que eso le daría el control de su clave pública de Bitcoin y, por implicación, su identidad de Bitcoin.

Claves públicas y privadas

En Bitcoin, puede pensar en su clave pública y privada como una caja fuerte y una clave, respectivamente. Utiliza su clave privada para demostrar que tiene la propiedad de su clave pública y para acceder a los fondos asociados con esa clave pública, al igual que puede usar una clave física para desbloquear una caja fuerte que contiene su dinero físico. Para reiterar dinero, las claves públicas se utilizan para recibir y las claves privadas para canjear. El dinero recibido está asociado con la clave pública y puede acceder o gastar esos fondos con tu clave privada. Está seguro de informar a la gente sobre su una caja fuerte de bitcoins, (su clave pública), siempre y cuando no les dé la clave para ingresar, (su clave privada). Debemos aclarar que en realidad, otros usuarios envían transacciones a su dirección, no a su clave pública, ya que su clave pública de Bitcoin no es idéntica a su dirección de Bitcoin.

Dirección

En realidad se deriva de su clave pública. Dejaremos clara la distinción cuando profundicemos en la mecánica de Bitcoin, pero por ahora puede pensar en direcciones, seudónimos y claves públicas como sinónimos. La razón por la que necesitamos este esquema de pares de claves público-privadas en Bitcoin es porque no existe una *autoridad central* para generar *identidades únicas* para los usuarios. Esto significa que los usuarios deben generar sus propias identidades. Para generar una identidad, un usuario elige una clave privada al azar. Genera la clave pública a partir de la clave privada a través de una función matemática. Es posible que le preocupe el peligro de que dos usuarios acaben con la misma clave pública sin un Registro Central que garantice que no hay dos personas con la misma clave pública. Un banco, por ejemplo, tiene una lista interna de usuarios con identificadores únicos y puede asignar fácilmente una nueva identidad única a cualquier usuario nuevo.

¿Cómo simulamos el proceso de identificación de un banco en Bitcoin? ¿Cómo confiamos en que no hay dos usuarios que terminen con la misma identidad? Para ilustrar la probabilidad de que dos usuarios elijan la misma identidad que otra persona en Bitcoin, consideremos algo con lo que todos estamos familiarizados: la Tierra. Bitcoin tiene entre dos a sesenta direcciones posibles diferentes. Para tener una idea de cuántas direcciones diferentes existen para que los usuarios elijan, comparemos la cantidad de direcciones en Bitcoin con la cantidad de granos de arena en la Tierra. La Tierra tiene de dos a sesenta y tres granos de arena. Imagina que cada persona del mundo elige un grano de arena al azar. La probabilidad de que dos personas recojan el mismo grano de arena es inferior al 0,0001%. En comparación, la cantidad de direcciones en Bitcoin es mucha magnitud mayor que la cantidad de granos en la arena de la Tierra. Lo que hace que la probabilidad sea aún menor. Consideremos algo más drástico e imaginemos que por cada grano de arena en la Tierra, existe otra Tierra, también con entre dos a los sesenta y tres granos de arena. Ahora tenemos dos a sesenta y tres tierras por dos a sesenta y tres granos de arena por tierra, lo que significa que hay en total dos a uno veintiséis granos de arena.Incluso la cantidad de granos de arena en todas estas Tierras es solo el 0.0000000058% de todas las posibles direcciones de Bitcoin.

Validez de las Transacciones

Ahora que tenemos una comprensión clara de la estructura y el propósito de la identidad en Bitcoin, podemos comenzar a hacer la pregunta: ¿Cómo hacemos transacciones entre nosotros en Bitcoin? Después de todo, ese es el objetivo principal de la red Bitcoin. Permitir transacciones seguras entre dos usuarios cualesquiera en la red.

¿Qué hace que una transacción sea válida? Para que una transacción sea válida, debe tener estos tres componentes: (1) una prueba de propiedad, también conocida como una firma (2) fondos disponibles y suficientes para gastar, y (3) una garantía de que ninguna otra transacción está usando o ha usado los mismos fondos.

Entendamos estos criterios en el contexto de los cheques y los bancos. Cuando desee realizar una transacción a través de un cheque, debe firmar el cheque para validarlo. Eso es una prueba de propiedad. Luego, el banco tiene que verificar que tiene fondos suficientes en su cuenta, que tiene fondos disponibles y suficientes para la transacción. También deben asegurarse de que no gaste el mismo dinero más de una vez, y de que no puede enviar dos o más cheques que gasten 100 euros cada uno, cuando su cuenta solo tiene 100 en total. Para asegurarse de que uno use fondos que no están en su poder, se aplican las mismas condiciones a Bitcoin. Para hacer cumplir esto, Bitcoin utiliza lo que se conoce como *modelo UTXO, o Salida de transacción no gastada*.

Modelo UTXO, o Salida de transacción no gastada

Tradicionalmente, cuando pensamos en los bancos, pensamos en una sola cuenta en la que todos nuestros fondos se agregan en un solo recuento. Por ejemplo, después de comprar un bocadillo por valor de diez euros, el saldo de su cuenta pasa de veinte a diez euros. Este no es el caso de Bitcoin. Las cuentas son fáciles de entender para los usuarios, pero sorprendentemente difíciles para las computadoras cuando se trata de toda la complejidad de una red descentralizada. Ya no hay una entidad central para rastrear todas las transacciones que se realizan en su cuenta, ni un reloj central para rastrear cuándo se realizan las transacciones. Si realizó tres transacciones diferentes de 5 bitcoins desde una cuenta de solo 10 bitcoins, ¿cuál de las dos transacciones debería realizarse? ¿Cómo nos aseguramos de no dejar pasar accidentalmente las tres transacciones? Para que el procesamiento de transacciones sea mucho más fácil y seguro, los usuarios no gastan desde una cuenta; en cambio, gastan directamente de las transacciones que se les hacen. Una manera fácil de entender este modelo poco intuitivo es pensar en las UTXO como huchas.

Cada vez que se nos realiza una transacción, ponemos todo ese dinero en una UTXO o hucha. Cuando queremos gastar dinero, rompemos esa hucha, gastamos lo que queramos y luego ponemos el resto en otra hucha diferente. No podemos ponerla en la misma hucha porque es difícil volver a juntar las piezas rotas de una hucha y que siga siendo segura. De esta manera, disminuye la complejidad de verificar la validez de la transacción. Dicho de otra manera y siguiendo la lógica computacional, en lugar de hacer la pregunta más difícil, ¿Esta cuenta está intentando, en este momento, gastar más dinero del que posee en múltiples transacciones?, que se haría una persona, solo necesitamos preguntar: ¿Esta hucha tiene fondos suficientes? que se haría la computación. Por otro lado, la complejidad de llevar un registro de los fondos propios aumenta, ya que cada una de estas huchas debe ser rastreada y asegurada individualmente. La cantidad de bitcoins que posee se calcula sumando el valor de cada una de sus huchas o UTXO.

Pongamos un ejemplo mas práctico de cómo funcionan las transacciones en Bitcoin. Digamos que Consuelo tiene dos UTXO, de transacciones pasadas. Uno por valor de cien (100) bitcoins...

y otro por valor de cincuenta (50) bitcoins. Ella, que es increíblemente generosa, quiere enviarme ciento un (101) bitcoins a (Fede). Para empezar, primero abre el primer UTXO donde están los cien (100) y me lo convierte en una entrada para la transacción. Sin embargo, reconoce que aún no tiene suficiente en la entrada, por lo que abre su segundo UTXO donde están los cincuenta (50) y lo convierte en una segunda entrada para la transacción. Actualmente, la transacción tiene dos entradas en el UTXO de (Fede), una que vale cien (100) y otra que vale cincuenta (50), y una salida que vale ciento uno (101) para mí.

¿Qué pasa con los 49 bitcoins restantes que originalmente eran de Consuelo? ¿A dónde van esos? Para asegurarse de que Consuelo pueda gastar estos bitcoins en una fecha posterior, realiza una segunda salida para sí misma conocida como "*UTXO de cambio*", a otro UTXO que contiene todos los bitcoins restantes no gastados de las entradas. De esta manera, ella puede darme ciento uno (101) de sus ciento cincuenta (150) bitcoins y mantener el remanente con cuarenta y nueve (49). De esta manera ha podido hacerse la transacción, aunque no tuviera un UTXO con la cantidad exacta que ella quiere gastar.

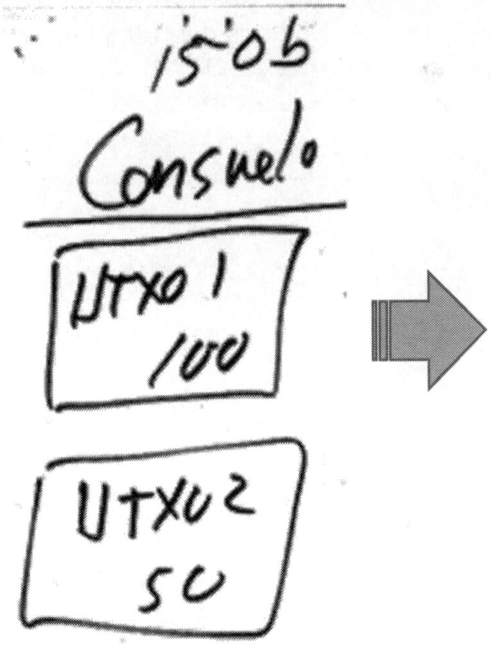

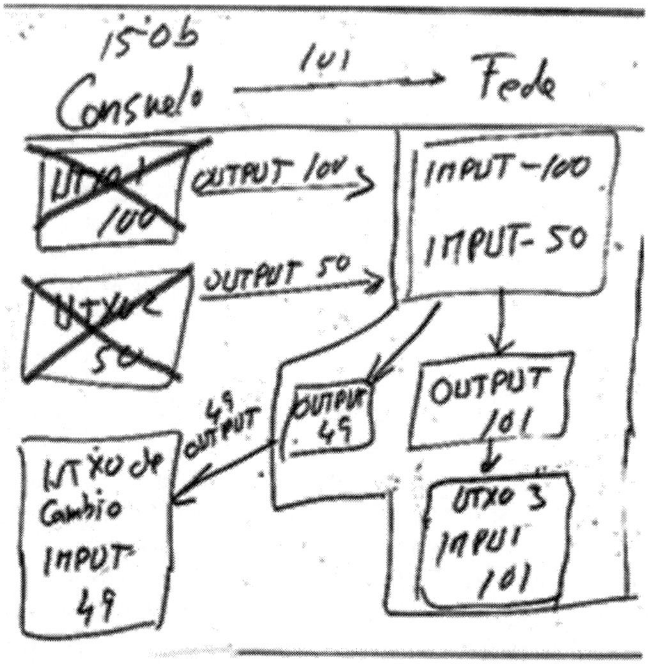

A partir de aquí, si soy igualmente generoso (Fede) y quiero dar los ciento un (101) bitcoins que tengo en mi UTXO a Antonio, puedo hacer que mi nuevo UTXO sea una entrada en una transacción diferente, cuya salida será el nuevo UTXO de Antonio. El resultado de lo ocurrido será similar a lo siguiente:

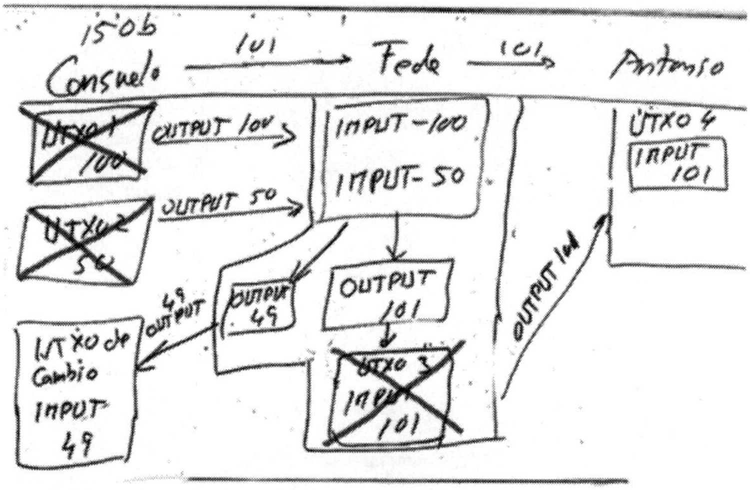

Así es como Bitcoin realiza un seguimiento eficaz de las transacciones individuales y evita que cualquier persona gaste cantidades incorrectas de bitcoin. Imagínese las posibles comisiones que se pueden cobrar si esta operación la hiciera un banco.

Mantenimiento de Registros

Ahora hemos entendido cómo asignar identidades únicas a cada usuario a través de claves públicas y privadas y realizar transacciones entre estas entidades mediante el uso del modelo UTXO, o Salida de Transacciones no gastadas. Entonces, naturalmente, la siguiente pregunta es: ¿Cómo hacemos un seguimiento del historial de transacciones? Después de todo, el *saldo actual* de un usuario puede describirse como una cantidad de transacciones, sumando el monto actual, y si no sabemos qué transacciones han ocurrido en el pasado, no podemos determinar qué es válido en el futuro. Pongamos un ejemplo práctico y representemos nuestra red con tan solo cinco entidades. Cada uno de estos círculos representa una identidad: Fede, Consuelo, María, Mariano y Antonio. Todos estamos conectados unos con otros en esta red, como lo demuestran los bordes rectos que conectan cada círculo. En aras de la simplicidad, reemplacé todas las claves públicas con nombres propios. También reemplacé el modelo UTXO con una tabla básica.

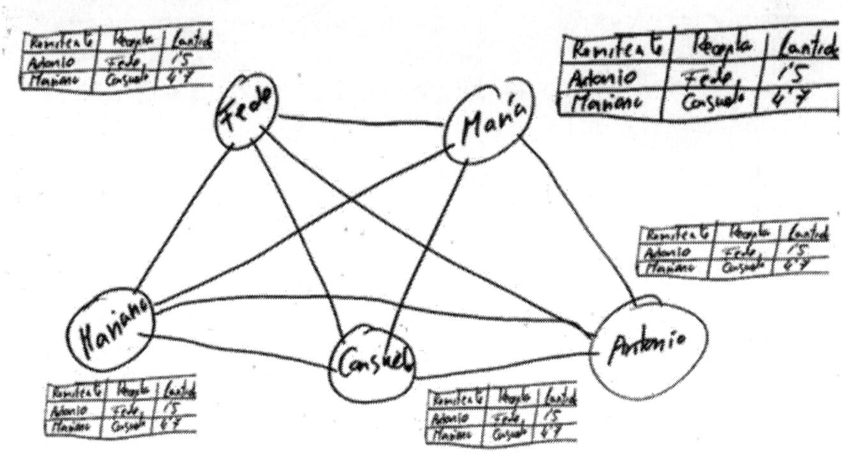

Necesitamos almacenar el historial de transacciones por razones obvias: saber quién posee qué en el presente y usar este historial para confirmar la validez de transacciones futuras. Para guardar esta información, necesitamos algún tipo de base de datos. Una *base de datos* es un almacén de información y existen muchos tipos e implementaciones de bases de datos. Para entender qué tipo de base de datos necesitamos usar en Bitcoin, recordemos nuevamente los requisitos del protocolo de Bitcoin: no queremos una entidad central que controle la información en la red, y queremos una forma para que cualquiera pueda leer y escribir en el historial de transacciones. Por lo tanto, queremos utilizar una *base de datos distribuida*. Como su nombre lo indica, contiene información almacenada de manera distribuida, lo que significa que la información no es almacenada por una entidad o solo en una ubicación. Debido a que Bitcoin apunta a ser descentralizado, queremos usar exactamente eso.

¿Cómo se ve esta base de datos distribuida y dónde se almacena exactamente? No existe una entidad central para retener nuestra información, por lo que, lo más cercano es tener un conjunto de entidades elegidas que se aferren a esta historia. Si asignamos a varias entidades en la red la responsabilidad de mantener y compartir nuestro libro mayor de transacciones, todavía estamos viendo que algunas partes de la centralización se infiltran en nuestro protocolo porque tendríamos que confiar en los mantenedores de esta base de datos distribuida, yendo en contra del objetivo de Bitcoin, para ser un sistema sin confianza. Debemos encontrar otro camino. En lugar de tener mantenedores seleccionados, hagamos una elección simple y directa. Hacemos que todos guarden una copia del libro mayor. Hacemos que todos sean el banco.

Para llegar lo más lejos posible de la centralización, todas las entidades individuales en Bitcoin deberían ser iguales. Si cada persona almacena el libro mayor, entonces, cada persona tiene el mismo derecho y legitimidad que la próxima persona en votar sobre la validez de las transacciones. Cada persona tiene el control de sus propios datos y nadie puede decidir por nadie más. No hay una persona a quien sobornar, nadie a quien piratear, nadie a quien engañar para alterar la base de datos. Este es el estado máximo de independencia individual posible para mantener este historial de transacciones. Sabemos que queremos que cada persona almacene el libro mayor, pero ¿cómo debería verse realmente la base de datos? ¿Qué estructuras de datos contienen el historial de transacciones? Podríamos decidir ingenuamente almacenar cada transacción individualmente, pero para una red que puede estar manejando muchas transacciones por segundo, actualizar la base de datos para cada transacción recibida será costoso, especialmente porque esta actualización tendría que entregarse a todos en la red. Después de todo, todos mantienen su propio libro mayor y, una vez que se realiza un cambio para una entidad, debe propagarse por toda la red. ¿Cómo almacenamos nuestro libro mayor de manera eficiente? Lo hacemos mediante el denominado Blockchain o Cadena de bloques.

Blockchain o Cadena de bloques

Cada actualización de la base de datos distribuida, el libro mayor de Bitcoin, es un lote de transacciones agrupadas en lo que se denominan *bloques*. Cada bloque está construido o encadenado a un *bloque anterior*. En conjunto, esto forma una estructura de datos conocida como *"blockchain"*. Al agrupar los datos en bloques, no tenemos que forzar la red como resultado de actualizar cada libro mayor después de cada transacción. Con una cadena de bloques, solo cada bloque, que puede contener miles de transacciones, debe agregarse a la cadena de bloques. De esta manera, las cadenas de bloques realizan un seguimiento eficiente no solo de las transacciones en una actualización determinada, sino que también brindan estados discretos a la base de datos. Cada bloque es una *actualización*, y una cadena de bloques representa un *historial*. Este proceso es útil para identificar discrepancias entre dos versiones diferentes de la base de datos, ya que es mucho más claro lo que sucedió en el libro mayor en un momento dado que si cada transacción se procesara individualmente.

Cada bloque contiene información sobre el bloque anterior, ya que cada bloque se construye a partir del anterior. Si algún bloque es mutado, intencionalmente o no, la información dentro de este bloque y todos los bloques futuros cambiarán. Esto hace que la cadena de bloques sea *evidente*, ya que la manipulación de una transacción del pasado invalidaría cualquier bloque futuro que se vincule a ella. Para reiterar, esta elección de diseño es tanto para reducir la tensión de almacenar transacciones individuales como para facilitar la coherencia entre todos los miembros de la red Bitcoin. Por supuesto, la siguiente pregunta es: ¿Cómo llegan todos a un acuerdo sobre el siguiente bloque? Repasaremos esto al hablar sobre el *consenso*.

Consenso

Ahora sabemos cómo enviar transacciones entre nosotros con identidades únicas utilizando el modelo UTXO y cómo almacenar estas transacciones utilizando una cadena de bloques para mantener un registro global. En este punto, solo nos falta una pieza final para unir todos estos componentes diferentes. ¿Cómo realizamos actualizaciones a la cadena de bloques? ¿Cómo decidimos qué transacciones, o bloques de transacciones, son válidas? Sin una entidad central que decida sobre la próxima actualización, tenemos que encontrar una manera de tomar esta decisión de manera descentralizada. En Bitcoin, los usuarios de la red deben llegar a un consenso o acuerdo sobre la próxima actualización válida.

Debido a que todos almacenan información sobre la cadena de bloques, necesitamos consenso para asegurarnos de que todos estén de acuerdo con el historial de transacciones. No solo todos los usuarios deben estar de acuerdo con la actualización, sino que también deben estar de acuerdo con una actualización válida para asegurarse de que la red no acepte información corrupta. Si no hubiera forma de que las diferentes partes llegaran a un acuerdo sobre esto, entonces siempre existirá este cisma entre ellos. Sin un acuerdo, no podemos tener una base de datos distribuida que funcione. Tenemos que permanecer todos en la misma página para asegurarnos de que todos creemos en la misma realidad de Bitcoin. Por lo tanto, es imperativo que tengamos un mecanismo mediante el cual todos puedan llegar a un consenso. Para comprender el mejor mecanismo de consenso para Bitcoin, comenzaremos por comprender qué problemas existen con *estrategias de consenso ingenuas* y los resolveremos en la siguiente iteración, continuando este proceso hasta que finalmente recreamos el modelo de consenso de Bitcoin. Para esta acumulación de consenso, consideraremos a los mismos 5 actores de antes: Fede, Consuelo, Antonio, Mariano y María. En el mecanismo de consenso más básico, las actualizaciones adoptan la siguiente forma: un nodo propone una transacción a la red, enviando un mensaje sobre la transacción directamente a todos los demás nodos. Todos los demás nodos guardan la transacción en su historial si es válida y la ignoran en caso contrario.

Por ejemplo, Consuelo quiere realizar una transacción con Mariano, por lo que envía ese mensaje a las otras cuatro entidades. Esto está representado por las flechas que apuntan desde Consuelo a todas las demás entidades. La implicación de este sistema es que los nodos no conversan entre sí, y los únicos nodos que ven una transacción con un cien (100) por ciento de certeza son el remitente y el destinatario.

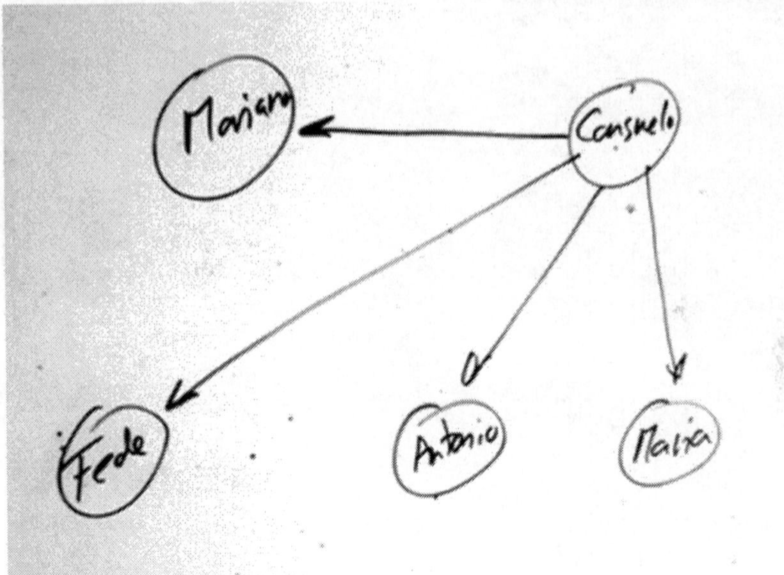

Ataque de Doble Gasto

Como veremos, esto no siempre funciona debido a lo que se conoce como *ataque de gasto doble*. Con sistemas centralizados, confiamos en los bancos para verificar la validez de todas las transacciones. Recuerde que, una condición para que una transacción sea válida es que los fondos propuestos para la transacción no se prometan en otra parte de una transacción anterior. Debido a que no tenemos un banco para verificar si existe algún comportamiento malicioso, debemos construir mecanismos que manejen estas situaciones. Digamos que Consuelo está comprando toneladas de mercancías y está dispuesta a pagar a Mariano y a Fede 10 bitcoins por nuestras mercancías. Consuelo promete a Fede 10 BTC en una transacción y promete otros 10 BTC a Mariano al mismo tiempo. Sin embargo, solo tiene 10 BTC en total.

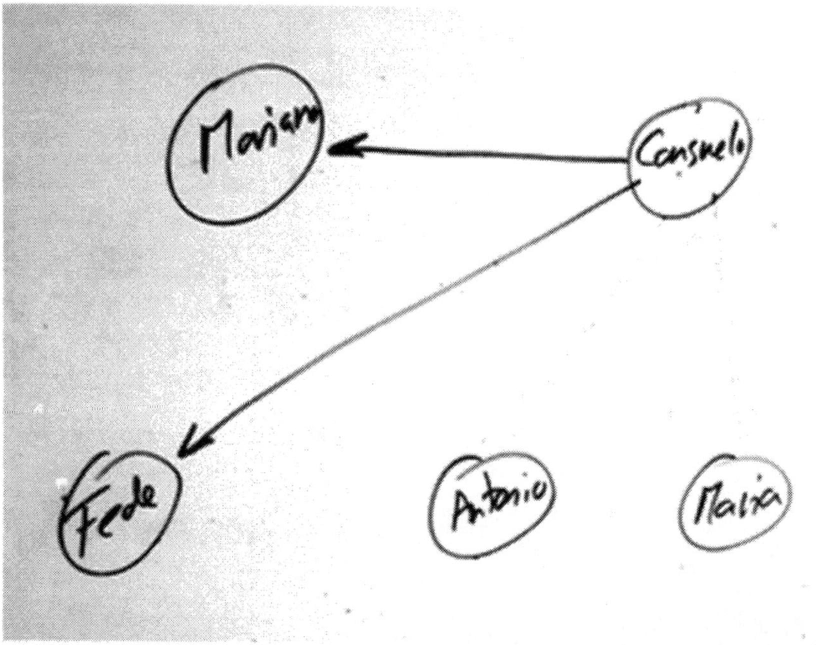

Su transacción inválida evade la detección porque, como te habrás dado cuenta, que solo le dice a una persona sobre cada transacción. La persona que recibe los bitcoins. Fede solo sabe acerca de sus 10 bitcoins entrantes, y Mariano solo conoce de los suyos. Antonio y María, las otras entidades de la red, no saben nada sobre ninguna de las otras dos transacciones. Esto es lo que se conoce como *ataque de doble gasto*. Consuelo está gastando solo 10 bitcoins para obtener bienes por valor de 20 bitcoins.

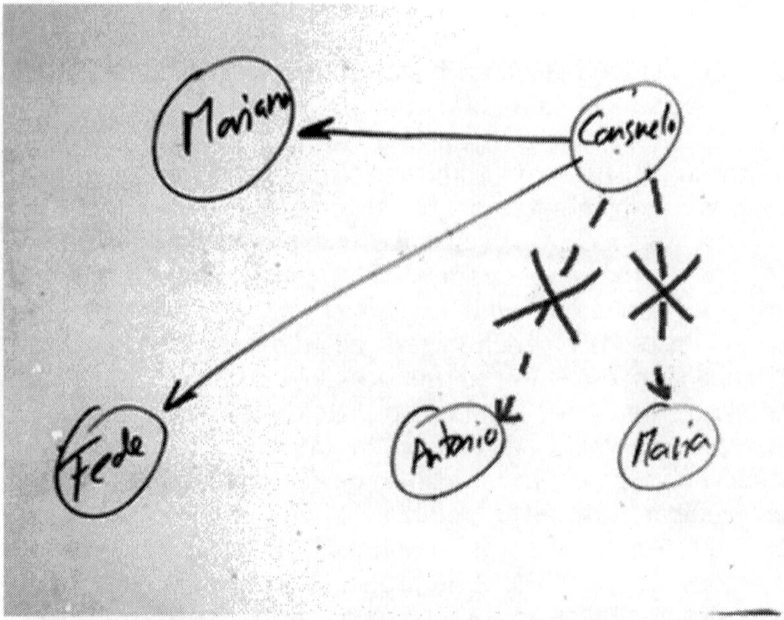

En esta versión ingenua del consenso, esto es legal: con su transacción con Fede, Consuelo le dice que actuConsuelo "*Consuelo*" en su copia del libro mayor, y con su transacción con Mariano, ella le dice a Mariano que actuConsuelo "*Consuelo*" en su copia del libro mayor. Tanto Mariano como Fede ven que la transacción es válida y cada uno cree que ha recibido los bitcoins. Por supuesto, tanto Mariano como Fede no pueden tener los mismos bitcoins. En el momento en que intentan canjear estos tokens con la red, el problema se vuelve transparente. Antonio y María pensarán que estas transacciones nunca ocurrieron. Si Fede trata de convencer a alguien más de que es dueño de estos diez bitcoins, todos pensarán que está loco porque no han visto evidencia de que Fede haya recibido estos bitcoins. Lo mismo se aplica a Mariano. En este esquema donde las entidades solo ven las transacciones que las involucran directamente como remitente o receptor, es imposible llegar a un consenso sobre un historial de transacciones debido a actores deshonestos. Por lo tanto, es imposible prevenir estos ataques de doble gasto con nuestro modelo actual de consenso.

Validación de pares

En lugar de que los individuos hagan su propia validación de la transacción, podemos configurar un *sistema de votación*. El problema con nuestra versión anterior de consenso era que no había consenso. En lugar de tomar decisiones aisladas como lo hicimos antes, implementemos un sistema de proponentes y votantes. Una persona, a la vez hace una propuesta sobre una actualización, y todos los demás votan si aceptan o no la propuesta. La persona que, quiere realizar una transacción envía la transacción a todos en toda la red, no solo al destinatario de bitcoins. Luego, todos en la red emiten votos en función de si la transacción que vieron fue válida o no. Solo después de recibir un cierto número de votos, digamos una mayoría, se guarda la transacción. Como antes, hay partimos de Consuelo al resto de la red para indicar que está realizando una transacción con Mariano. A diferencia de antes, hay líneas discontinuas de cada nodo a todos los demás, excepto a Consuelo, como una indicación de comunicación sobre dos cosas: la transacción recibida y un voto a favor o en contra de su validez.

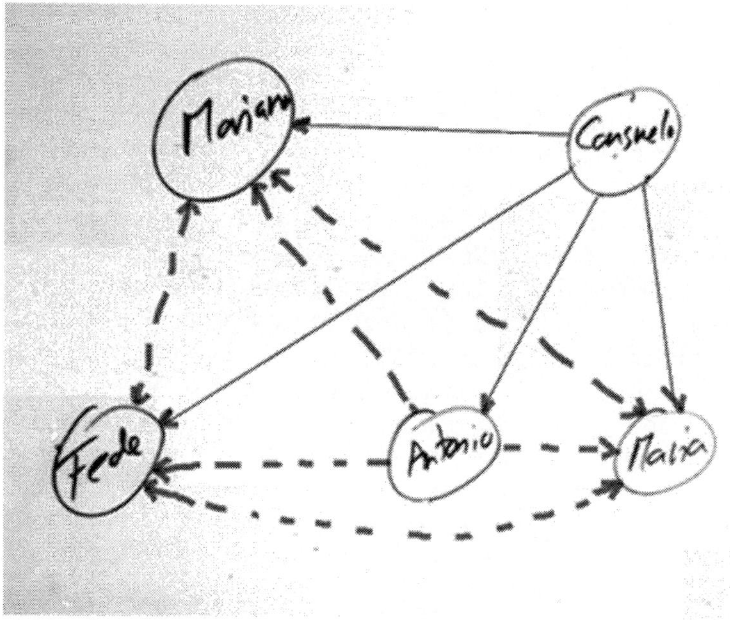

Rechazando el doble gasto

Observemos lo que sucede cuando Consuelo intenta duplicar el gasto en estas circunstancias. Ahora, cuando Consuelo intente gastar el doble, será rechazada por sus compañeros. Ella nuevamente envía solo dos mensajes: uno de una transacción a Fede y otro a Mariano. Sin embargo, presentamos un nuevo componente: *la comunicación*. Las líneas discontinuas de Mariano y de Fede respectivamente representan la retransmisión de esos mensajes al resto de la red. Al buscar información en el resto de la red, considerando a todos los demás como terceros, estamos protegidos contra los intentos de Consuelo de comportamientos maliciosos. Los compañeros de la red votan "*no*" a la propuesta de Consuelo, ya que se dan cuenta de que hay varias transacciones que intentan gastar los mismos fondos. La transacción no se realiza y no se incluye en una actualización de la cadena de bloques. Parece que hemos resuelto todos nuestros problemas: tenemos un sistema de votación que garantiza que nadie pueda gastar dos veces los mismos fondos, y cada par almacena el historial completo de transacciones para que puedan verificar por sí mismos que los fondos existen. Sin embargo, olvidamos una verdad fatal sobre Bitcoin: el *anonimato*.

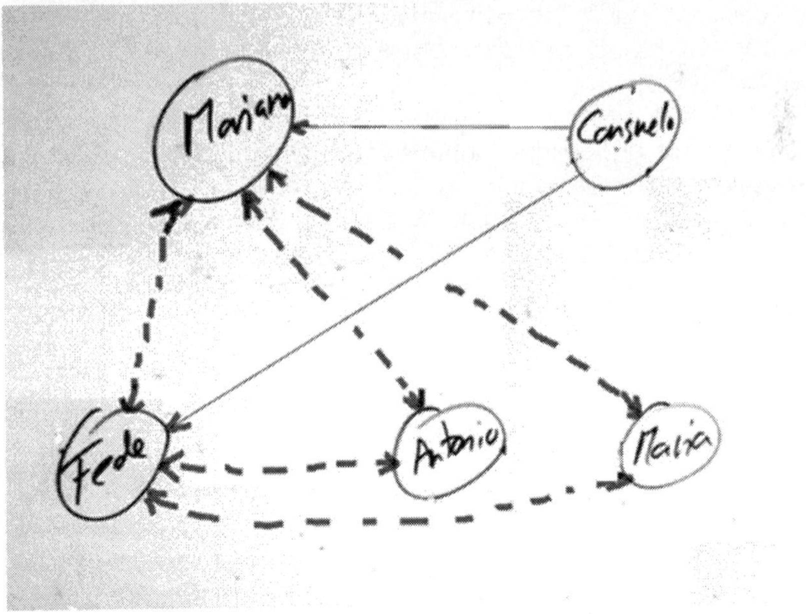

Ataque Sybil de Múltiples Identidades - Extraño entre nosotros

Sabemos que Bitcoin es una red accesible y anónima sin Registro Central. Los bancos realizan un seguimiento de las identidades y cuentas de todos, pero no hay tal infraestructura disponible en Bitcoin para evitar que alguien produzca *múltiples identidades*. En Bitcoin, cualquiera puede unirse y cualquiera puede participar. Debido a la facilidad con la que se pueden generar direcciones de Bitcoin, nada impide que Consuelo genere más identidades y se haga pasar por Antonio y María. Es económico crear múltiples identidades, requiriendo solo la generación de un número aleatorio, como hemos hablado en el capitulo de la identidad. Debido a este bajo costo, Consuelo puede tener fácilmente múltiples identidades de Bitcoin para emitir más votos de los que se le deberían permitir. Consuelo es una minoría del mundo real, pero al crear multiples identidades virtuales, podría proponer y votar fácilmente sus propias transacciones maliciosas creando identidades suficientes y ocupando una mayoría en la red.

En otras palabras, esta versión actual de consenso es susceptible a un ataque Sybil, donde un usuario crea múltiples identidades con algún propósito malicioso. Con tan poco costo para votar, los votos pierden sentido. No vale la pena votar porque cualquiera que tenga tiempo libre puede hacer tantas identidades como quiera. Vemos que esto es un problema cuando Consuelo intenta el ataque Double Spend (Doble Gasto) porque, con estas identidades adicionales bajo su control, lo logra. Ella envía las transacciones a Mariano y a Fede, y ellos envian estas transacciones al resto de la red, y todos votan que ambas transacciones son válidas. Debido a que la mayoría vota sobre la validez de ambas transacciones, ahora tenemos una *falta de consenso* sobre cuál es la verdad. Consuelo ha roto Bitcoin porque le resultó fácil hacerse pasar por varias personas y emitir múltiples votos, abrumando a Mariano y a Fede. Claramente, para resolver el problema, no podemos asumir que cada identidad en línea merece el mismo poder de voto, ya que algunas personas tienen identidades múltiples. Para asegurarnos de que cada persona real solo tenga un voto, tenemos que hacer que un voto sea caro. Tenemos que hacer que cualquiera que intente votar tenga la misma cantidad de poder de voto que cualquier otra persona, independientemente de la cantidad de identidades de Bitcoin que tenga. ¿Pero cómo? ¿Es posible solucionar este problema? Pagando por votar.

Consenso de Nakamoto - Paga para jugar

Ahora que estamos atravesado el panorama de los mecanismos de consenso clásicos basados en el voto, llegamos a los tiempos modernos. En 2008, el lanzamiento del documento técnico de Bitcoin no solo revolucionó la forma en que pensamos sobre las transacciones financieras, sino también la forma en que alcanzamos el consenso. Por primera vez, se permitió el consenso no solo a pequeña escala dentro de una sola empresa, sino a nivel globalmente accesible. En la actualidad, podemos observar dos clases principales de mecanismos de consenso:

- Los inspirados en la literatura clásica, a los que llamamos mecanismos de consenso basados en el voto, "Basado en votación" se refiere al mecanismo de consenso que requiere votos explícitos de los nodos en la próxima actualización.

- Los inspirados en el Bitcoin de Satoshi Nakamoto, a los que llamamos mecanismos de Consenso de Nakamoto. los mecanismos de consenso de Nakamoto divergen fundamentalmente de esta idea y, en cambio, requieren que los usuarios voten implícitamente.

La principal diferencia entre los dos se basa en cómo ocurren las Actualizaciones. Esto se hace con Una Lotería Aleatoria Basada en los Recursos Consumidos. Los usuarios gastan algunos recursos para tener la oportunidad de actualizar el sistema. Esto es lo que sucede en Bitcoin. Los mineros se seleccionan al azar en función de su poder de hash, derivado de la energía, para proponer el siguiente bloque. Si bien los orígenes del consenso de Nakamoto se encuentran en el mecanismo de prueba de trabajo de Bitcoin, no es el único estilo del consenso de Nakamoto. Aquí es donde entra en juego la innovación de Satoshi Nakamoto. Reconocieron que para garantizar que todas las entidades reales tengan el mismo poder de voto, no pueden votar con identidades absolutas. En cambio, Satoshi se dio cuenta de que, para preservar la libertad y el anonimato mientras se resuelve el problema de las identidades infinitas, cada voto debe emitirse con *recursos*. Es decir, Activos tangibles, valiosos y escasos. El recurso particular que identificó Satoshi estaba disponible para todos los usuarios de Bitcoin: la potencia informática. Las entidades en línea se pueden generar fácilmente, pero no se pueden copiar y pegar en una computadora. Al vincular el poder de voto al escaso poder de cómputo, Satoshi se aseguró de que todos los usuarios tuvieran escaso poder de voto. En su documento técnico, imaginó una red de "*1-CPU-1-voto*", en lugar del sistema tradicional de "*1-identidad-1-voto*". Es este nuevo concepto de votar con recursos en lugar de con identidades lo que le valió el título de "*Consenso de Nakamoto*". El algoritmo de consenso particular que se le ocurrió a Satoshi Nakamoto se conoce como "*Proof of Work*" (Prueba de trabajo).

Proof of Work o Prueba de trabajo

Sabemos que "*Proof*" (Prueba) implica "*evidencia*" y "*Work*" (trabajo) implica "*recursos gastados*". En otras palabras, la "*prueba de trabajo*" es el método por el cual los usuarios proporcionan evidencia de que han gastado recursos. Es el método por el cual el *poder de cómputo* se traduce en *poder de voto*. Es el método por el cual los usuarios votan en Bitcoin. Es este método de votación el que convirtió a Bitcoin en la primera criptomoneda exitosa e inspiró mecanismos de votación para prácticamente todas las demás criptomonedas a seguir.

Siempre que alguien quiere hacer una propuesta al resto de la red Bitcoin, primero tiene que resolver un problema computacionalmente difícil. En otras palabras, su computadora tiene la tarea de encontrar la solución a un problema, que solo puede resolverse haciendo una cantidad significativa de trabajo. Este problema se genera de forma única en función de la información dentro del bloque propuesto y no se puede predecir de antemano. No hay forma de predecir la solución al problema. En cambio, es similar a forzar una contraseña. Todo lo que puede hacer es prueba y error. Su computadora probará un montón de entradas hasta que encuentre una solución al problema, momento en el que enviará la entrada correcta junto con el bloque propuesto al resto de la red. La imprevisibilidad de la forma de las entradas correctas asegura que no haya forma de "engañar al sistema", evitando que cualquier usuario haga trampa. Al hacer que cada usuario resuelva un problema de fuerza bruta, tiene una expectativa razonable de que han trabajado mucho para resolverlo.

Podría preguntar: "*¿Qué pasa si un usuario tiene suerte y encuentra la solución a este problema de fuerza bruta en el primer intento?*" Bueno, esto es posible, pero poco probable. Por ejemplo, es posible que adivine el PIN de su teléfono en un intento, pero es porque creemos en lo improbable de esa situación que no tenemos miedo de que alguien entre en nuestros teléfonos. Aunque no podemos garantizar que se requiera exactamente cierta cantidad de cálculos para resolver estos problemas, tenemos expectativas razonables basadas en el tiempo promedio que se tarda en resolver estos problemas.

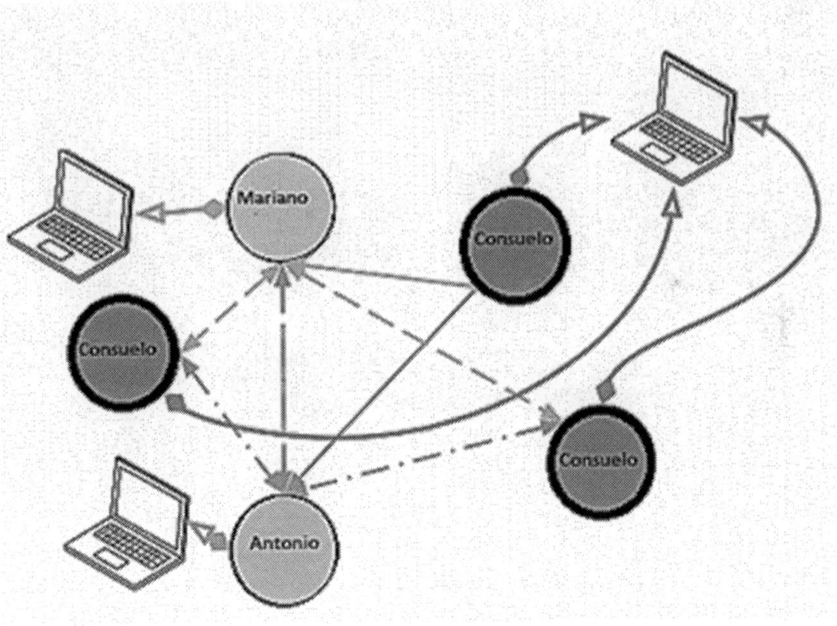

Continuemos con el ejemplo del doble gasto anterior añadiendo las multiples identidades para comprender la Prueba de Trabajo. Imaginemos que Consuelo intenta el doble gasto en Mariano y en Antonio, y estas dos transacciones se envían al resto de la red. Todos votamos sobre las transacciones, pero Consuelo ya no tiene una ventaja de voto a pesar de que todavía tiene el control de dos identidades adicionales de Bitcoin. Su poder de voto está limitado por su computadora, al igual que el de todos los demás. Aunque hay cinco identidades digitales, solo hay tres identidades del mundo real. En Prueba de trabajo, no importa cuántas identidades digitales se formen, solo habrá tres entidades con derecho a voto. Debido a que en Mariano y en Antonio reconocemos que hay dos transacciones que intentan gastar los mismos fondos. Podemos votar en contra de que ambas transacciones se incluyan en la cadena de bloques. Consuelo con su única computadora es incapaz de superarnos en la votación, que es precisamente lo que queremos. Al vincular nuestro poder de voto a nuestras identidades del mundo real a través del escaso recurso del poder de cómputo, hemos eliminado con éxito los ataques de Sybil de Bitcoin y hemos resuelto el problema del doble gasto. Esto es lo que convirtió a Bitcoin en una tecnología revolucionaria.

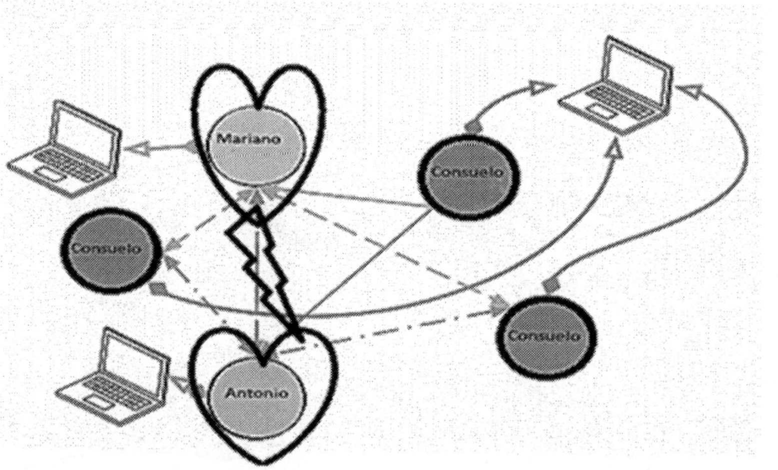

La cadena más larga y la Mayoría Honesta

Sin embargo, existe otro parámetro de consenso que es "*la cadena más larga*" si una entidad maliciosa controla más del 50% de la potencia minera (> 51%), tiene la mayoría, y ahora puede extraer una cadena alternativa con un historial de transacciones diferente y convertirla en la cadena más larga. Los usuarios de Bitcoin aceptarían entonces esa cadena como el historial de transacciones "*verdadero*". Esto sucede por las mismas razones por las que una mayoría honesta podría mantener la cadena más larga. Dar poder a la mayoría es un requisito de la descentralización que Bitcoin pretende lograr. Si permitimos que una minoría honesta controle el historial de transacciones, entonces hemos creado una entidad centralizada, que consiste en la colección de estos actores honestos y, por lo tanto, hemos derrotado el propósito de la descentralización.

Con el 51% del poder de la minería, los actores malintencionados pueden duplicar el gasto y usar los mismos bitcoins para dos transacciones diferentes. Un actor malintencionado puede enviar el mismo bitcoin a un tercero y luego a sí mismo, eligiendo incluir y validar la última transacción y evitar el pago por completo. Una entidad que posee el poder minero mayoritario también hace que la red sea susceptible al *ataque Goldfinger*, donde se usa un 51% para destruir el valor de una criptomoneda. Es lo que ocurre, como profundizaremos más adelante, con las "*Granjas de Mineros*". Sigamos con el orden propuesto explicando la Bifurcación.

Múltiples Cadenas - Bifurcación

Por el mmento bastenos con saber que a veces, diferentes mineros pueden crear diferentes bloques para agregar en el mismo punto de la cadena de bloques, ya sea intencionalmente (por ejemplo, doble gasto) o involuntariamente. Esto crea múltiples cadenas. Es decir, múltiples versiones diferentes del historial de transacciones. Decimos que los bloques compiten a la misma altura del bloque, y que ha habido una bifurcación. Siguiendo el protocolo, los mineros eventualmente resuelven la bifurcación y acuerdan que una de las cadenas sea la cadena de bloques válida, y continúan construyendo bloques sobre ella. Si bien, algunas bifurcaciones ocurren de forma natural y otras son el resultado de intentos de doble gasto, también existen casos intencionados de bifurcación, que se utilizan para realizar cambios en el protocolo de Bitcoin. Dos categorías de estos cambios de protocolo son *bifurcaciones blandas y duras*. Las *bifurcaciones blandas* implementan actualizaciones de protocolo que reducen estrictamente el conjunto de transacciones válidas. Mientras que las *bifurcaciones duras*, por el contrario, permiten que las transacciones previamente inválidas se vuelvan válidas. Profundizaremos mas adelante.3

Algoritmo de consenso del obelisco (Obelisk)

Introducimos este novedoso sistema de consenso en este momento del libro, con el fin de abrir la mente. Y aunque desarrollemos y anConsuelomos las partes principales de Bitcoin y Blockchain, debemos ser conscientes de las novedades, de las nuevas tendencias y sesgos. Obelisk es un algoritmo de consenso disruptivo y prometedor que tiene como objetivo eliminar las deficiencias de los algoritmos de Prueba de Trabajo (PoW) y Prueba de Participación (PoS) y hace posible mantener el estado de blockchain en la red distribuida con un mínimo poder de cómputo y sin necesidad de participación. Reduce la necesidad de minería, mejora significativamente la velocidad de las transacciones y ofrece una seguridad mejorada. Obelisk intenta sortear los problemas de PoW y PoS distribuyendo la influencia en la red de acuerdo con un concepto llamado "*red de confianza*", donde la densidad de la red de suscriptores de un nodo determina su influencia en la cadena. Curiosa tendencia de la red hacia la "confianza" cuando los principios de Bitcoin son hacia la "desconfianza". El caso más ejemplar de este algoritmo de consenso lo encontramos en el proyecto llamado SkyCoin. El algoritmo de consenso de Obelisk es el pilar que sostiene el ecosistema Skycoin. Skycoin y Obelisk fueron desarrollados por ex programadores de Bitcoin y Ethereum después de una serie de auditorías de código que revelaron fallos en la forma en que funciona la minería de Bitcoin. Estos fallos en el algoritmo de prueba de trabajo (Proof of Work - PoW) de Bitcoin han dado lugar a problemas de centralización y bifurcaciones maliciosas, causando caídas masivas de precios y temor general en la comunidad de criptomonedas. Obelisk aborda estos problemas a nivel social con su estructura de gobierno y a nivel económico mediante la eliminación de incentivos que puedan comprometer la red. Las criptomonedas han tenido un obstáculo en su adopción, ya que muchas personas están perdiendo la fe en la capacidad de blockchain para resolver los problemas que promete resolver. El desarrollo de Obelisk es el punto de inflexión que resuelve los problemas más grandes en la adopción de la criptomoneda actual: *velocidad, escalabilidad y seguridad*.

En los próximos años, Obelisk nos llevará del mundo actual de transacciones lentas y altas tarifas, al futuro de las criptomonedas, donde las cadenas de bloques se utilizarán en la vida cotidiana. Skycoin, impulsado por Obelisk, hace posible que los pagos de criptodivisas se reConsuelon más rápido que los pagos con tarjeta de crédito, con una red inmune a ataques del 51%. Cuando Satoshi Nakamoto creó Bitcoin, la idea era tener una red global descentralizada de cientos de miles de nodos ubicados en diferentes países. Nodos en propiedad de diferentes personas para que ningún gobierno pudiera controlar o regular Bitcoin. En la práctica, Bitcoin se ha vuelto peligrosamente centralizado. A día de hoy, hay tres grupos mineros principales que controlan más del 51% del mercado (todos en China). Dos de esos grupos son propiedad de un único fabricante de equipos mineros, Bitmain. Cuando se trata de votar, estos grupos mineros están incentivados a votar sobre lo que mantiene sus operaciones mineras rentables, no necesariamente lo mejor para los usuarios o la adopción masiva de blockchain. Para combatir esta centralización, Obelisk se deshace de las recompensas de bloque por completo. Es importante eliminar las recompensas de la minería, porque crea un incentivo para 'jugar' en la red. Ningún algoritmo está completamente a salvo de la explotación humana mientras exista una recompensa. Se ha observado que los mineros de Bitcoin insertan transacciones falsas donde se transfieren dinero a sí mismos con una tarifa de transacción muy alta que va de vuelta al minero. Durante la congestión que sufrió la red de Bitcoin, las velocidades de transacción fueron más lentas y más caras que las transferencias bancarias. Las recompensas por bloque también son una de las barreras más grandes para la adopción masiva de blockchain. Ya que son pagos especialmente caros para una entrada lenta de datos en la cadena de bloques.

Obelisk permite que las transacciones seguras se ejecuten más rápido que las tarjetas de crédito, Bitcoin o Ethereum. Es computacionalmente económico, ya que puede ejecutarse desde nodos con software y hardware de gama baja. Además puede escalarse para soportar más transacciones por segundo que los operadores de tarjetas de crédito globales. Su velocidad permite a los desarrolladores crear aplicaciones y juegos descentralizados que se ejecutan con datos blockchain en tiempo real. La red se ha construido teniendo en cuenta el concepto de inmutabilidad.

Y está protegida de ataques de spam y ataques del 51% gracias a su estructura de gobierno única. Obelisk no se basa en el poder informático ni en la acumulación de monedas, sino en la dinámica de la red de confianza. Cada nodo de la red está conectado a otros nodos y recibe una puntuación de influencia. A cuantos más nodos se conecte, más confiable se considerará y se le otorgará una mayor *Puntuación de Influencia*. Cuando se trata de votar en los casos en que hay un fork, purgar transacciones falsas o eliminar nodos maliciosos, Obelisk tiene un sistema más robusto que la PoS Delegada. Hay dos tipos de votación democrática en Obelisk. Un tipo de votación representa a los poseedores de monedas y se basa en las tarifas de las mismas. En ese caso, la cadena dominante es la cadena de bloques con la mayor cantidad de *Coin Hours 'quemados'*. La otra es la red de consenso que se basa en la confianza entre dos tipos de nodos, y no en la posesión de monedas.

Hay dos tipos de nodos: *nodos de creación / acuñación de bloques* y *nodos de consenso*. Los nodos de acuñación envían datos a los nodos de consenso. Ambos tipos de nodos deben verificar las transacciones y, cuando se detecta un fraude, los nodos malintencionados se ponen en cuarentena y son *Baneados*. En el sistema de consenso de Obelisk, todos los nodos involucrados en el proceso se identifican mediante claves públicas. Todas las actividades de consenso entre nodos están en un libro de contabilidad público. Si todos los nodos obedecen el protocolo de consenso, se garantiza matemáticamente que el algoritmo de consenso converge. En un mundo ideal, con todos los nodos actuando de buena fe, esto sería suficiente. Pero ningún algoritmo matemático es completamente inmune a todos los tipos de ataque. Obelisk lleva la seguridad un paso más allá con su registro público del consenso, conocido como el *Canal de Transmisión Pública*. Éste permite a los usuarios garantizar que los nodos obedezcan la política y las reglas establecidas por el algoritmo de consenso. Esta capa de gobierno no es una autoridad central. Simplemente actúa como un monitor e informa a los nodos de un posible comportamiento malicioso. Los nodos pueden, entonces, de manera democrática y de igual a igual (peer-to-peer), votar para tomar medidas que aseguren la red. Tres grupos diferentes operan Skycoin: *Nodos de Acuñación*, *Nodos de Consenso* y los *Poseedores de Moneda*. Todos pueden vetarse entre sí. Los nodos más confiables son los *nodos de consenso. Si una persona tuviera el 90% de las monedas en circulación y tratara de* cambiar las reglas para beneficiarse a sí mismo, los nodos de consenso todavía podrían detenerlo. El resultado es una red inmune a ataques del 51% y fallos catastróficos.

Resumen Primer Capítulo

¿Qué es Bitcoin? La criptomoneda es una moneda completamente digital y sin forma, unida mediante la informática, la criptografía y la economía. Bitcoin es la primera criptomoneda y la más utilizada. Inspirado en el Movimiento Cypherpunk en la década de 1980, que abogó por la protección de la privacidad de entidades externas que utilizan criptografía. Satoshi Nakamoto describió y creó Bitcoin por primera vez en 2008 y 2009. Tiene como objetivo ser seudónimo, sin confianza (necesita prueba de trabajo), descentralizado e inmutable. Además, cualquier persona con una computadora y conexión a Internet puede unirse a la red Bitcoin. Cada computadora es un nodo en la red Bitcoin, y cada nodo puede verificar y auditar el historial de transacciones de sus propios fondos. En Bitcoin, la acuñación y distribución de bitcoins se determina mediante la minería; Dado que, cualquiera puede extraer y ganar bitcoins, este proceso también pretende ser descentralizado.

En Bitcoin, la identidad de cada nodo está representada por su clave pública. Sin embargo, en última instancia, las claves públicas están controladas por el propietario de las claves privadas. Solo la clave privada se puede utilizar para gastar dinero. Otra cosa a tener en cuenta sobre la identidad es que los usuarios pueden generar tantos pares de claves privadas / públicas como quieran. Bitcoin no tiene el modelo de saldo de cuenta que tienen los bancos. En cambio, los usuarios gastan los resultados de transacciones anteriores. Estas salidas específicas se denominan "*salidas de transacciones no gastadas*" o UTXO. El valor total de bitcoins que tiene es la suma de todos los UTXO que posee. Estos UTXO son identificables de forma única y hacen que el seguimiento de los pagos a nivel de protocolo sea mucho más sencillo. El sistema de registro UTXO facilita que los nodos vean cómo los fondos cambian de manos entre los usuarios y los UTXO. Es posible que el modelo UTXO no sea el modelo más intuitivo que entendamos, pero funciona bien para bitcoin desde un punto de vista arquitectónico.

La cadena de bloques (Blockchain) es la estructura de datos clave para registrar la actividad de Bitcoin. Las nuevas transacciones se registran dentro de los nuevos bloques agregados a la cadena establecida existente. Una vez que se registra una transacción, es casi imposible deshacerla sin cambiar cada versión de esta base de datos en el universo. La forma en que la red llega a un consenso es a través de Prueba de trabajo.

La prueba de trabajo requiere que los votantes gasten una cantidad considerable de poder computacional para validar las transacciones. Pero, ¿por qué necesitamos Prueba de trabajo? Porque, nuevamente, no existe una autoridad central para asegurarse de que una persona solo vote una vez, y no hay limitación en la cantidad de identidades que una persona puede generar, Bitcoin usa el poder computacional como una restricción de recursos para limitar el poder de voto de las entidades maliciosas. Por lo tanto, la prueba de trabajo tiene como objetivo hacer que los votos sean costosos para todos, de modo que el poder de voto que uno tiene se basa en cuánto poder computacional tiene, en lugar de basarse en el número de identidades.

El seudonimato es una combinación de las palabras "*pseudo*", que significa falso, y "*anónimo*", que significa desconocido. Bitcoin intenta ser anónimo haciendo que cada usuario se represente a sí mismo con un número aleatorio, la clave pública. Sin embargo, debido a que no es imposible rastrear estas identidades virtuales hasta las identidades del mundo real, bitcoinit no es un anonimato completo, solo está imitando el anonimato. En Bitcoin, las direcciones y los seudónimos son sinónimos: es un nombre falso, pero aún se puede usar para rastrear su asociación con usted con suficiente esfuerzo. Además, la descentralización se refiere a tomar una actividad que normalmente es realizada por una entidad central y repetir el almacenamiento de información y cálculo entre más de una parte. Bitcoin logra la descentralización al hacer que cada participante de la red Bitcoin almacene el historial completo de transacciones, como hemos visto. De esta manera, cada usuario posee una copia del historial de transacciones y no tiene que pedirle a nadie más esa información. La inmutabilidad, refiriéndose a la incapacidad de cambiar la información, es otra propiedad de Bitcoin lograda a través de la descentralización. Una vez que todos los usuarios de la red Bitcoin deciden la validez de alguna transacción, es extremadamente difícil para cualquiera, incluidos ellos mismos, deshacer su decisión. Esta función ayuda a fomentar la confianza entre los nodos de la red. Si uno quisiera alterar el historial de transacciones, tendría que cambiar el historial local de cada usuario de forma simultánea, que en la actualidad es cerca de diez mil usuarios diferentes.

Como resultado de estas tres propiedades de seudonimato, descentralización e inmutabilidad, logramos en Bitcoin una red sin confianza. Debido a que cada usuario es, por defecto, un extraño para los demás, uno puede preguntarse: *"¿Cómo confiamos en los demás en la red? Si no confiamos en la mayoría de los usuarios de Bitcoin, ¿cómo confiamos en Bitcoin?"* El protocolo Bitcoin asegura que uno no necesita confiar en sus pares para estar seguro de que cualquier transacción que reConsuelon será registrada con precisión por el resto de la red Bitcoin. Primero, el libro mayor es públicamente verificable. Cualquiera puede ver toda la información sobre el historial de transacciones en Bitcoin. Puede ir a la cadena de bloques y verificar si su transacción se ha realizado.

Algunos de los desafíos que aborda Bitcoin son:

- La dificultad de garantizar que cada nodo de Bitcoin tenga una versión coherente del historial de transacciones.

- La dificultad para identificar a los actores malintencionados

Estas condiciones normalmente pueden permitir que un nodo lleve a cabo un ataque de doble gasto, en el que uno gasta los mismos fondos más de una vez engañando a partes de la red para que crean diferentes versiones del historial de transacciones. Sin embargo, Satoshi superó este problema utilizando blockchain y Prueba de trabajo.

Bitcoin es robusto porque cumple las mismas funciones que un banco:

- Administración de cuentas; el protocolo Bitcoin brinda a los usuarios una forma de crear y administrar sus propias identidades (cuenta)

- Legitimidad; Garantiza que somos propietarios legítimos y accedemos a nuestras cuentas.

- Mantenimiento de registros; Registra honestamente los saldos de las cuentas en cada transacción.

A diferencia de un banco, Bitcoin está descentralizado y garantiza un alto grado de privacidad y confianza.

Capítulo II

HISTORIA DE BITCOIN: DEL CYPHERPUNK A J.P. MORGAN CHASE

Una pregunta que suele plantearse es ¿por qué usar Bitcoin? Alguien que lo conozca puede pensar que es lento, redundante e ineficiente; por lo que los bancos seguirían siendo mucho más convenientes. No cabe duda que las ideologias van a tener mucho que ver en este debate. Si bien, hasta ahora nos hemos centrado principalmente en cómo funciona Bitcoin, daremos un paso atrás y entenderemos por qué Bitcoin es como es. En este Capítulo profundizaremos en los orígenes y la importancia histórica del dinero y en concreto de Bitcoin. Analizamos las raíces de Bitcoin en el movimiento Cypherpunk y los ideales libertarios que odiaban a los grandes bancos y defendían la privacidad con empoderamiento para los individuos. Examinamos el significado revolucionario de Bitcoin en comparación con algunos de sus primeros predecesores. Examinaremos las influencias culturales, políticas y tecnológicas que impulsaron el desarrollo de las criptomonedas. Como veremos, Bitcoin no apareció de la nada. Comprender su trasfondo histórico, ideológico y númerosos predecesores fallidos nos dará una comprensión más profunda de Bitcoin. A partir de ahí, exploraremos el estado actual del espacio blockchain, incluidas varias nuevas criptomonedas inspiradas en Bitcoin. Luego pasamos a explorar la historia del criptoespacio en su conjunto, junto con cómo la tecnología blockchain se ha ido diferenciado de sus orígenes en Bitcoin y terminaremos en la adopción de la tecnología blockchain por JPMorgan Chase, una de las instituciones bancarias más grandes de los Estados Unidos.

Historia del dinero y las transacciones

El nacimiento del blockchain está íntimamente ligado a la creación del bitcoin como alternativa al dinero tradicional. En el origen de la civilización probablemente tuvimos el trueque como mecanismo para intercambiar bienes económicos básicos (ganado y productos agrícolas); pero las dificultades intrínsecas de este sistema hizo que pronto emergiera el dinero como un medio de cambio más eficiente. El problema de este sistema era que no satisfacía necesidades inmediatas si no existía disponibilidad: si se necesitaba intercambiar ganado por hortalizas y no había hortalizas disponibles, no existía medio de pago intermedio. El dinero nace de esta necesidad. La primera forma de dinero conocida se data en el año 5000 a. C. las llamadas piedras Rai, monedas enormes que no podían moverse y con las que las tribus de las islas pagaban transacciones. Las transacciones quedaban recogidas así en un libro mayor pesado, ya que el propietario de la piedra quedaba grabado en la misma. Este tipo de registros es difícil de modificar, por lo que contaba con la ventaja de ser prácticamente inalterable.

El siguiente paso fue la creación de la moneda emitida y estampada por una autoridad central y acuñada sobre metales nobles (oro y plata) o no (cobre) como forma de reflejar su valor intrínseco y servir de medio de cambio universalmente aceptado. En torno al año 1100 a. C., China empleaba monedas con distintas formas hasta adoptar la forma circular que se conserva hoy en día. Alrededor del siglo IV a. C. se utilizaban monedas en el Imperio Romano. De hecho, la palabra moneda tiene su origen en el templo Juno Moneta, lugar de producción de monedas de plata en Roma. En Venecia se acuñó el ducado de oro y esas monedas se emplearon durante toda la Edad Media en Europa. Las monedas de oro se asociaban fácilmente al dinero en papel porque era posible intercambiar monedas por dinero en papel. Sin embargo, cuando los bancos comenzaron la expedición de dinero en papel, este vínculo se perdió. El dinero de papel nació en torno a 1600, inicialmente ligado a las monedas de oro, ya que el poseedor del mismo podía ir al banco y cambiarlo por su equivalente en oro metálico. La relación se fue perdiendo y en los últimos trescientos años los intentos de vuelta al patrón oro han sido relativamente efímeros.

Ya en 1800, se produjo la primera transferencia bancaria por Western Union, que representa la primera forma de desmaterialización del dinero. La primera tarjeta de crédito apareció en 1946. En 1958 se lanzó la famosa American Express y durante las siguientes décadas su popularidad crecería enormemente. Actualmente es el método más popular de pago. Con el advenimiento del Smartphone, el plástico ha dejado paso al pago inalámbrico. Y el último paso, hasta el momento, ha sido el surgimiento de una nueva generación de monedas fuera del control de los gobiernos, como son el bitcoin, el Ether y todas las criptomonedas de reciente creación, todas ellas basadas en la tecnología blockchain. Bitcoin y posteriormente Ether nacen como alternativas a las monedas nacionales de curso legal existentes hoy, como el dólar o el euro, pero con un objetivo: resolver los problemas que se derivan de las crisis bancarias, con un sistema de dinero descentralizado, global y con suficientes copias como para evitar ser destruido. Y todo ello gracias al blockchain.

Parece interesante preguntarse: ¿Cómo afectó la implantación del sistema bancario al sistema de circulación del dinero? Para comprender la reacción en contra del Bitcoin y cómo los cambios geopolíticos de principios del siglo XXI modificaron el status quo. En un princio los bancos tenían varios tipos de funciones monetarias, pero sin duda, las más importantes son las que consisten en captar fondos de los clientes ahorradores (depositantes) y prestar dinero a los clientes que lo necesitan (prestatarios). Es decir, los bancos actúan como intermediarios financieros entre depositantes y prestatarios, obteniendo así unos beneficios, ya que a los prestatarios les cobrará unos intereses mayores que los que les abonará a los depositantes. Asimismo, como la mayoría de los depositantes no necesitan disponer de sus fondos durante un período de tiempo, los bancos se pueden permitir la licencia de utilizar estos fondos para prestarlos a otros clientes (prestatarios). Es decir, pueden utilizar una parte del dinero depositado por sus clientes depositantes para prestárselo a sus clientes prestatarios. Como consecuencia de estas acciones, los bancos ejecutan dos funciones esenciales en la economía de un país: el procesamiento de los pagos y la creación de dinero.

Gracias a la implantación de una compleja red de oficinas y centrales, los bancos actúan en el sistema de pagos nacionales e internacionales, permitiendo que los diferentes agentes económicos reConsuelon pagos, cobros y movimientos de fondos de forma casi instantánea, mediante cheques, transferencias o tarjetas de crédito. Por otra parte, al prestar los fondos que les confiaron los depositantes, están creando dinero, dinero bancario que será utilizado para comprar bienes y servicios y que, por lo tanto, volverá al mismo o a otro banco (en definitiva, al sistema bancario) para ser prestado a su vez a nuevos prestatarios. Este proceso repetitivo de captación de fondos y concesión de préstamos que permite la creación de dinero bancario se denomina efecto multiplicador y será el objeto central de los siguientes apartados. Como ya hemos apuntado anteriormente, además del dinero que está en manos del público, en forma de billetes y monedas legal (dinero legal), existe el que está depositado en los bancos, en forma de cuentas corrientes, cuentas de ahorro o plazos fijos (dinero bancario).

Pues bien, mientras que el dinero legal es creado por el banco central de cada país, el dinero bancario, como su nombre indica, es creado por los bancos comerciales. Observamos que, cuando un banco nos concede un préstamo, no nos entrega el dinero en billetes. Lo que hace es abonarlo en una cuenta a nuestro nombre (un depósito bancario). Si consultamos por internet nuestra cuenta corriente, lo que vemos es un apunte contable que ha realizado el banco por el importe del préstamo, pero ello no significa que exista en la economía del país más billetes y monedas que antes. Es en ese momento, cuando nos abonan en nuestra cuenta el importe del préstamo, cuando se está creando el dinero bancario. De esta forma, los bancos, mediante sus operaciones diarias, están afectando constantemente a la oferta monetaria, ya que al aceptar depósitos y conceder créditos, están creando dinero y, por consiguiente, están haciendo variar la cantidad de dinero en circulación.

Los orfebres de la Edad Media, al observar que la mayoría de las personas que les confiaban su oro no solían retirarlo, comenzaron a emitir más recibos que el oro depositado. De igual forma, los actuales bancos comerciales emiten (crean) más dinero bancario que el dinero legal que tienen depositado en sus cajas fuertes. Considerando que, es muy difícil que todos los depositantes quieran retirar sus fondos al mismo tiempo, los bancos pueden utilizar gran parte del dinero que tienen depositado para conceder préstamos, creando de esta forma dinero bancario como ya hemos visto. Pero si bien, este sistema facilita el crédito y la financiación, también es cierto que, crea cierta inestabilidad financiera, ya que se corre el riesgo de que los billetes existentes en las cajas fuertes de los bancos no sean suficientes para atender las retiradas de dinero solicitadas por sus depositantes en un momento determinado. En este sentido, para evitar esta inestabilidad, lo más lógico sería que cada banco se comprometiese a reservar cierta cantidad de billetes para hacer frente a las necesidades financieras diarias, disponiendo del resto para operaciones de inversión y préstamo. Es entonces cuando, por seguridad, surge la necesidad de la existencia de un banco central supervise y controle el sistema bancario, obligando a los bancos a mantener una cantidad mínima de efectivo (en billetes y monedas), denominada reserva, de forma que garantice que las solicitudes de retiradas de efectivo por parte de los clientes sean atendidas sin ninguna incidencia. Para ello, los bancos centrales obligan a los bancos a mantener unas reservas mínimas líquidas consistentes en una fracción de los depósitos que mantienen. De ahí el nombre de sistema de *reserva fraccionaria*.

Es cierto que, la finalidad de las reservas es mantener la liquidez y solvencia del banco, así como atender los derechos de los depositantes y las necesidades financieras diarias, pero en realidad, la mayor parte de ellas es para cumplir con los requisitos legales. El cálculo de estas reservas se realiza aplicando un coeficiente (porcentaje) sobre los depósitos que mantienen los bancos. Este coeficiente es conocido como *coeficiente de caja*, coeficiente de encaje bancario, coeficiente legal de reservas, coeficiente legal de caja o coeficiente de reservas. Los coeficientes legales consisten en la proporción que, sobre sus pasivos los bancos están obligados por ley a mantener como reserva en el Banco Central (reservas mínimas obligatorias), siendo el más significativo el coeficiente legal de caja (en el Eurosistema, las Reservas mínimas obligatorias se calculan aplicando un coeficiente de caja fijado actualmente en el 1%).

Hay que prestar mucha atención a la fijación de este coeficiente de caja, ya que determina la proporción en la que se crea el dinero bancario y, por consiguiente, la cantidad de dinero que hay en circulación en un país en un momento determinado (oferta monetaria). Efectivamente, si el coeficiente de caja aumenta, los bancos tendrán que dedicar más dinero a reservas y, por lo tanto, dispondrán de menos dinero para conceder préstamos, por lo que disminuirá la creación de dinero bancario. Disminuye, pues, el dinero en circulación, es decir, disminuye la oferta monetaria. Esta acción responde a una política monetaria restrictiva. Si el coeficiente de caja disminuye, los bancos podrán reducir sus reservas, dedicando más dinero a los préstamos y, por consiguiente, aumentará la creación de dinero bancario. Aumenta, pues, el dinero en circulación, es decir, aumenta la oferta monetaria. Esta acción responde a una política monetaria expansiva. Se convierte así, el coeficiente de caja (cc), en uno de los parámetros de la política monetaria que usan los bancos centrales para controlar la cantidad de dinero del mercado (la oferta monetaria).

Cuando afirmamos que los bancos crean dinero, no queremos decir que impriman billetes. Como ya se ha apuntado anteriormente, el dinero bancario se crea con un simple asiento contable; responde a un registro en una cuenta bancaria que, eso sí, es exigible de ser convertido en billetes. Vamos a intentar explicar cómo es posible que se produzca este fenómeno. Veamos: Un persona ingresa en un banco sus ahorros (por ejemplo, 1.000 €) y ese banco le presta parte de ese dinero (por ejemplo, 900 €) a otra persona. Tenemos ahora dos personas que pueden disponer a la vez del mismo dinero: una puede disponer de 1.000 € (son sus ahorros) y la otra de 900 € (por el préstamo que le han concedido). Es decir, cuando un banco presta parte del dinero que le han depositado, está permitiendo que dos personas a la vez tengan el mismo dinero. Si ambas personas pueden disponer de esas cantidades y hemos partido solo de 1.000 € en billetes, está claro que se ha creado dinero por valor de 900 €. Lógicamente, tal como ya hemos visto en el apartado anterior, cuanto menor sea el coeficiente de caja, menos dinero deberán mantener los bancos en reservas, más dinero podrán prestar y, por consiguiente, más dinero bancario podrán crear. Sin embargo, este proceso de creación de dinero no es del todo exacto, como veremos en el siguiente apartado, ya que dependerá de la política de préstamos de los bancos y de las preferencias del público a la hora de depositar su dinero en el banco o mantenerlo en billetes y monedas. Precisamente, por este motivo, debemos advertir que ésta es una fórmula simplificada del multiplicador monetario, ya que no tiene en cuenta las preferencias del público sobre la proporción de dinero que mantienen en efectivo y en depósitos. De momento, nos servirá para hacernos una idea de lo que significa el multiplicador monetario.

Sabemos que, la Oferta monetaria es el volumen de dinero que se encuentra disponible en la economía de un país, en un momento determinado. Por lo tanto, la oferta monetaria (OM) estará formada por el efectivo en manos del público (EMP) y los depósitos bancarios (DB). Por consiguiente, la oferta monetaria estará determinada por la emisión de monedas y billetes (EMP), de las que se encarga el banco central, y por la creación de dinero bancario (DB), mediante los depósitos y préstamos, de la que se encargan los bancos. Los bancos influirán en la oferta monetaria de 2 formas distintas. Al retirar cierta cantidad de efectivo de la circulación (la que está guardada en sus cajas fuertes o en el banco central), con lo que aminoran la oferta monetaria, ya que este dinero, al no estar disponible para gastarse, no forma parte de ella. Y en segundo lugar, al aceptar depósitos y conceder préstamos, ya que de esta forma están creando dinero bancario, haciendo aumentar la oferta monetaria.

Volviendo al ejemplo que hemos visto anteriormente, y para simplificar, partiremos de una oferta monetaria de 1.000 €, compuesta solo por los billetes en posesión de un ciudadano; es decir, por el efectivo en manos del público (EMP). Cuando este ciudadano ingresa los billetes en el banco, los 1.000 € se transforman en un registro en una cuenta corriente; desaparece el efectivo en manos del público (EMP) (1), por valor de 1.000 €, y aparecen depósitos bancarios (DB) por valor de 1.000 €. Es decir, no ha variado la oferta monetaria, se mantiene en el valor de 1.000 €; solo ha cambiado su composición. Sin embargo, cuando el banco, una vez que retira 100 € para reservas, presta los 900 € restantes, aparece nuevo dinero bancario y, por lo tanto, sí se registra un aumento de la oferta monetaria: se mantienen los 1.000 € iniciales y se crean 900 € nuevos al conceder el préstamo, incrementándose la oferta monetaria por esta cantidad. Este banco acaba de aumentar la oferta monetaria en 900 €, pasando de 1.000 €, antes de conceder el préstamo, a 1.900 €, una vez concedido. Si continúa el proceso, el prestatario, mediante una compra o por transferencia, depositará los 900 € en otro banco, el cual, una vez que destine el 10% a reservas (90 €), podrá prestar los 810 € restantes, creando de esta manera otros 810 € euros de dinero bancario y, por consiguiente, se producirá un nuevo incremento de la oferta monetaria en 810 €. Pero también es posible que parte de ese préstamo no se consuma y que incluso quede en manos del público en forma de efectivo. En tal caso, es obvio que se reduciría la cantidad de dinero bancario creado que teóricamente hemos calculado y que, por consiguiente, se reduciría el efecto multiplicador del dinero y su efecto en la oferta monetaria.

Las variaciones que puede sufrir la oferta monetaria con motivo del proceso de creación de dinero bancario dependerán de 3 factores. Primero de la cantidad de dinero en poder de los bancos, que dependerá de la cantidad que tengan que destinar a reservas y ésta, a su vez, dependerá del coeficiente de caja. Segundo, de la política de los bancos en la concesión de préstamos y tercero, de la costumbres y preferencias de las personas de mantener su dinero en efectivo o depositado en los bancos. A esta relación entre el efectivo y los depósitos que mantiene el público le llamaremos coeficiente de efectivo.

Otra cuestión que puede planteársenos es ¿cuál es la diferencia entre un libro mayor convencional y los registros de una criptomoneda? Habría que, compararlos entendiéndolos como dos bases de datos que se manejan y actúan de maneras diferentes. Continuar entendiendo que, la pregunta hace referencia al libro mayor contable y no al Diario, siendo el primero voluntario de la empresa y el segundo (Diario) el obligatorio, con lo que las diferencias son obvias en la respuesta a la pregunta con el registros de criptomoneda, donde a fin de cuentas el registro siendo fijo, depende finalmente de la voluntad de los mineros. Bitcoin fue creado con el objetivo de crear un sistema con libro mayor inmutable y una moneda de creación limitada. ¿Podemos pensar en algún motivo para su aparición fuera de lo conspirativo? La realidad es que si. En un principio, se vinculó al uso de monedas de oro que el Banco Central almacenaba. Con el tiempo, se disoció del oro bancos empezaron a imprimir dinero. Por eso los bancos crean dinero, literalmente, porque nuestro dinero no está en el banco. Ahora los bancos se han ido a la quiebra y, aunque tendemos a confiar en que podemos ir al banco y sacar dinero, la historia nos ha demostrado que no tiene por qué ser siempre así. Lo que sucedió es que varios tecnocientíficos pensaron que quizás hacía falta una moneda que no se inflara de esta manera. Los bancos, a lo largo de los años, se han arruinado, y la idea detrás de Bitcoin era crear algo global, con suficientes copias, podríamos decir, de este ledger que nunca se pudieran destruir, y que Bitcoin fuera una moneda limitada, de la que solo 22 millones se pudieran crear. Por eso, lo que sucedió fue que Satoshi Nakamoto, que es este personaje del cual no sabemos si es una persona o un grupo de personas, creó la moneda Bitcoin.

Contexto tecnológico e impulsores del cambio

Otro de los factores que han influido en estos cambios históricos del dinero y su forma de trabajar han sido sin duda los cambios y avances tecnológicos. Hemos visto como en el origen del blockchain está la evolución del dinero y la aparición del bitcoin. Pero esto es solo una parte de la historia. La otra parte tiene que ver y mucho con el entorno de las tecnologías de la información y más concretamente tres de sus componentes: Internet, la conectividad y la computación asincrónica. A principios de los noventa, Sir Tim Berners-Lee inventa la World Wide Web o www, la red informática mundial, un sistema que permitía que los documentos circularan por todo el mundo de forma fácil y eficiente. La invención de Berners cambió todo, nuestra forma de comprar, de comunicarnos, todo se basa en invención y en el uso de navegadores. TCP.- Protocolo de control de transmisión, (TCP, por sus siglas en inglés), es un protocolo que permite la comunicación y el intercambio de datos seguro entre aplicaciones. ¿Conoces otra tecnología que haya sido fundamental en el desarrollo de aplicaciones? Para el desarrollo de webs por ejemplo hay que distinguir dos tecnologías. La primera es la denominada *Tecnologías de cliente*. Son aquellas que permiten crear interfaces de usuario y establecer comunicación con el servidor basadas en HTML, CSS y JavaScript, en este caso, el navegador actúa como intérprete. La segunda es la llamada *Tecnologías de servidor*. Permiten implementar comportamientos de la aplicación web en el servidor, los lenguajes de programación más utilizados son Java EE, .NET, PHP, Ruby on Rails, Python, Django, Groovy, Node.js, etc... Para el desarrollo de móviles, podemos recordar el Diseño de aplicaciones nativas para dispositivos utilizando HTML5, el Diseño de aplicaciones nativas para dispositivos (Android, iOS...) y sin olvidar Titanium, PhoneGap, etc.

HTTP.- En inglés, HyperText Transfer Protocol es un protocolo de transferencias. Permite la transmisión de mensajes entre el cliente (navegador) y el servidor web. Las informaciones que operan en la web con HTTP lo hacen sirviéndose de direcciones IP. Es el protocolo predominante en la actualidad.

HTML.- En inglés, HyperText Markup Language (lenguaje de marcas de hipertexto). Es un lenguaje de marcado que se emplea en la creación de sitios web. Es decir, las webs están compuestas por HTML, que describe los elementos y el diseño de la página

PHP.- Es un lenguaje de código abierto. En los últimos años, ha ganado popularidad frente a HTML. Por esta razón, existen multitud de páginas web que se crean utilizándolo

Otra figura importante que llegó después es Brendan Eich. Él invento el JavaScript. Actualmente, no solo tenemos texto en las páginas, sino también script. Se trata de un lenguaje de programación, que es JavaScript. JavaScript es el lenguaje de programación para web y permite funciones tales como visitar nuestro banco, consultar el saldo en la cuenta, y que esos datos puedan ser incrustados en la página web y vuelvan a nosotros. Esto ha hecho que las páginas web sean muy inteligentes. JavaScript.- Es un lenguaje doblemente tipado, interpretado, con una sintaxis similar a C++. Se utiliza en sitios web, servidores, y navegadores. Permite incorporar datos en las páginas web, haciendo que no solo contengan texto, dándoles mayor versatilidad.

Hoy en dia existen númerosos lenguajes de computación, sistemas de almacenamiento, código abierto, contenedores y Kubernetes etc que no son objeto de este libro. Nos encontramos en un mundo en el que podemos interactuar con muchos servidores al mismo tiempo. Por eso, el navegador es una asombrosa plataforma integral que puede conectar con cientos de servidores webs. Esto ha cambiado la manera de transmitir la información en el mundo. Como ves, esto es importante para alguien responsable de una empresa porque necesita obtener la información más actual, por ejemplo, los precios de las acciones para decidir sobre la compra o venta de una compañía. Todo esto ha sido impulsado por esta tecnología subyacente. En este mundo de la red mundial de navegadores que entran en contacto con los servidores y los datos que se mueven desde esos servidores en todo el mundo, apareció Steve Jobs y, en 2007, anunció el iPhone. El iPhone realmente cambió el mundo y déjame explicarte por qué. Podemos ver el iPhone como un dispositivo del internet de las cosas que se comunica constantemente con varios servidores. Cuando caminas o te desplazas con tu coche, estás siendo rastreado. El iPhone es un dispositivo increíble. De hecho, es una plataforma de comunicación extraordinaria. No solo tiene tecnología inalámbrica, sino que tiene wifi, suele venir con bluetooth, tiene un altavoz... Puede retransmitir, te escucha, tiene tarjeta SIM. Puede incluso detectar si estás caminando o no. Dispone de acelerómetro. Este dispositivo recoge, literalmente, grandes volúmenes de datos. Y así, llegamos a un mundo en el que, desde tu asiento del coche, comunicas tu localización. Este tipo de tsunami de datos ha cambiado muchas cosas. Si gracias a internet pudimos movilizar ingentes cantidades de datos e información, el iPhone lanza el primer aparato móvil interconectado (la génesis de lo que hoy conocemos como internet de las cosas o IoT por sus siglas en inglés).

La *sensorización y conectividad* de un número exponencialmente creciente de aparatos implica una multiplicación de los puntos de emisión y recepción de datos, así como del volumen captado de los mismos. La combinación de estos elementos (datos masivos + conectividad) es lo que ha abierto la puerta al machine learning, esto es, la posibilidad de que las máquinas además puedan aprender. En apenas una década desde que se lanzó el iPhone, el mundo ha cambiado casi radicalmente, dando lugar a nuevos servicios (Uber), modelos de negocio (car sharing) y formas de realizar las operaciones en muchas de nuestras empresas (automatización de funciones). La creciente disponibilidad de datos es un elemento de gran importancia para una toma de decisiones correcta. Sin embargo, un aspecto quizás no conocido por todo el mundo es que nuestros ordenadores funcionan de forma asíncrona, lo que viene en última instancia a significar que la información almacenada en los mismos no siempre está actualizada. El problema se hace más complejo cuanto más automaticemos la gestión de operaciones y cuanto más amplio sea el ámbito (geográfico o funcional) objeto de esa automatización. Por ejemplo, tus servidores antiguos pueden ser sustituidos por procesadores multinúcleos, que tienen una arquitectura muy diferente Aplicarás parches al sistema. Entonces la pregunta es ¿quién sabe realmente cómo funcionan esos sistemas? Es un tema complejo que no deberías subestimar. De ahí que las migraciones al Cloud (nube) sean ya una ventaja competitiva y un gran avance.

Historia de Bitcoin

Las raíces de Bitcoin comienzan con el libertarismo. El libertarismo es una ideología política que cree que la autoridad centralizada debe ser lo más mínimo posible. Los individuos deben tener tanto poder como sea posible para decidir el curso de sus propias vidas y no debería tener que sacrificar excesivamente derechos o propiedades a un gobierno. Entre el creciente control estatal centralizado, especialmente de los servicios y de la información individual, los soñadores libertarios se preocuparon por la privacidad. A partir de discusiones en línea en foros y listas de correo, se formaron dos grupos los Cypherpunks y los criptoanarquistas, los cuales abogaron por el uso de la criptografía para proteger la intimidad. El Manifiesto Cypherpunk, que fue escrito por Eric Hughes, una computadora programador y matemático de UC Berkeley. Es uno de los fundadores del movimiento Cypherpunk, y en los 90 fundó y administró la lista de correo de Cypherpunk. Entre sus citas más destacadas encontramos aquella que dice que, "*La privacidad es necesaria para una sociedad abierta en la era electrónica. La privacidad no es secreto. Un asunto privado es algo que uno no quiere que todo el mundo sepa, sino un secreto. La materia es algo que uno no quiere que nadie sepa. La privacidad es el poder de revelarse selectivamente al mundo*".

Los Cypherpunks y Crypto-anarquistas odiaban la idea de que las agencias nacionales pudieran espiarlos y tener acceso a su información. También odiaban la censura. Pero sobre todo, odiaban a los grandes bancos y gobiernos, los cuales eran centros gigantes de poder disminuyendo la autonomía del ciudadano medio. Esta dicotomía de poder solo creció a medida que la tecnología de estas instituciones evolucionó más rápido que el del público en general. En el pasado, antes de estas innovaciones tecnológicas, el efectivo era bastante anónimo en términos puramente físicos. Una vez que lo gasta, no hay una manera fácil de rastrearlo. Pero en un mundo cada vez más digital, la conveniencia de que los grandes bancos rastreen la cuenta los saldos y las transferencias tiene el costo de la privacidad.

Y así, estos libertarios vieron desde el principio la necesidad de una "*transacción digital anónima sistema*" que materializaron en "*moneda virtual*" a la que denominaron *Digicash*, dandoles a los usuarios el poder de revelarse selectivamente a ese mundo con el que discrepaban. Los Cypherpunks no se unieron, diseñaron esa criptomoneda y tuvieron éxito en su primer intento. Varios intentos iniciales de hacer una verdadera criptomoneda fallaron, aunque estuvieron cerca. Estas primeras fallas inspiraron a Bitcoin a adoptar algunas características clave que implementaron y aprendieron de sus errores. Dado que el sistema financiero existente era una de las mayores amenazas para la privacidad individual, el criptógrafo David Chaum implementó Digicash utilizando los últimos avances en criptografía de claves públicas y privadas. El propio Chaum había inventado las "firmas ciegas" mientras estudiaba en UC Berkeley. Las *firmas ciegas* permitían a los usuarios firmar transacciones sin revelar su identidad. Digicash prometió total privacidad para los usuarios que realizan transacciones en línea e incluyó un sistema de protocolos criptográficos que impedía que los bancos y los gobiernos rastrearan pagos en línea. Irónicamente, sin embargo, Digicash fracasó debido a lo que más temía *la centralización*. La Centralización será en adelante el punto de fracaso y el denominador común de todo esto. Volviendo con Digicash seguiremos recordando que fue alojado por la propia compañía de Chaum, y si su compañía alguna vez colapsara, Digicash también lo haría. Y eso es exactamente lo que sucedió. La empresa de Chaum, DigiCash Inc, soportó la abrumadora carga de tener que validar todas y cada una de las *firmas digitales* en el sistema DigiCash, lo que finalmente llevó a la quiebra en 1998.

Hashcash fue otro elemento fundamental en este momento histórico. Se inventó originalmente como un mecanismo para limitar el correo no deseado, lo que hoy en dia se conoce como *spam*. Para enviar un correo electrónico, uno tendría que resolver un rompecabezas de hash criptográfico y proporcionar una prueba de trabajo. Solo después de demostrar que han gastado recursos computacionales, con un sello Hashcash agregado al encabezado del correo electrónico, alguien puede enviar un correo electrónico válido. Los destinatarios del correo electrónico pueden verificar que los correos electrónicos que reciben sean válidos, mirando los encabezados de los correos electrónicos en busca de un sello Hashcash válido. La idea es que los spammers ya no puedan enviar spam. Sería demasiado costoso, ya que los objetivos de los spammers son enviar una gran cantidad de correos electrónicos con un costo mínimo por mensaje. Entonces, al hacer que el envío de correos electrónicos sea computacionalmente costoso, el hashcash desincentivó a los spammers.

B-money fue una propuesta inicial para una criptomoneda creada por Wei Dai. En 1998, Dai publicó un artículo titulado "B-money, un sistema de efectivo electrónico distribuido anónimo", y expuso algunos conceptos básicos que luego se utilizarían para implementar Bitcoin y otras criptomonedas. Entre los conceptos centrales de B-money estaban los siguientes:

- Una función de prueba de trabajo como Hashcash se utiliza como medio para generar dinero.
- Todos mantienen una copia de la base de datos que muestra quién es el propietario de qué, y la comunidad verifica el trabajo, y todos trabajan para actualizar un libro de contabilidad colectivo.
- Y las transacciones se realizan mediante contabilidad colectiva y se autentican con hashes criptográficos.
- Los trabajadores reciben fondos por sus esfuerzos en la creación de dinero mediante el gasto de recursos computacionales.
- Los contratos y transacciones se hacen cumplir mediante la transmisión y firma de transacciones con firmas digitales.

Estas ideas de B-money influirían más tarde en el desarrollo y la filosofía de diseño de Bitcoin.

En octubre de 2008, se publicó un documento técnico en línea, titulado "*Bitcoin: un sistema de efectivo electrónico de igual a igual*". Este documento técnico de nueve páginas describió el diseño y la justificación de una moneda digital, o criptomoneda, que no está controlada por una sola entidad. Tradicionalmente, confiamos en el banco para realizar servicios financieros en nuestro nombre. Con Bitcoin, la intención es hacer lo que ningún otro intento de criptomoneda podría hacer antes, es decir, crear una moneda descentralizada, anónima y sin confianza. En lugar de confiar en cualquier ser humano individual, confiamos en las matemáticas, la criptografía y la lógica. Confiamos en el protocolo Bitcoin, incluso si no confiamos en ninguna persona de la red. Esta criptomoneda se basa en el poder computacional para emitir votos, que hoy en dia se usa para elecciones políticas y otro tipo de votaciones. Como se mencionó anteriormente, esto se conoce como *prueba de trabajo*. Y como vimos anteriormente, la idea de resolver un *rompecabezas de hash criptográfico* también se utilizó en Hashcash. Satoshi escribió en el documento técnico que esto está destinado a hacer cumplir un sistema de "*una CPU, un voto*", de modo que cada computadora solo tenga la capacidad de emitir un voto en el consenso.

El *Proceso* que se sigue es diferente del proceso tradicional de "*una identidad, un voto*" utilizado en las elecciones gubernamentales porque no podemos asumir que cada identidad del mundo real tiene solo una identidad digital, pero veremos posteriormente la evolución que ha tenido y podemos compararla con la ley d'Hondt. ¿Cómo funciona la ley d'Hondt? Una vez finalizada la votación y realizado el recuento, comienza el reparto de escaños siguiendo el sistema d'Hondt. Las candidaturas se ordenan de mayor a menor según el número de votos y excluyendo a aquellas que no han conseguido superar la barrera del tres por ciento. Después, ese número total de votos de cada candidatura se divide por 2, por 3, por 4 y así sucesivamente, tantas veces como escaños haya. Los cocientes más altos serán aquellos a los que se les asigne un escaño. El sistema D'Hondt ha sido acusado en muchas ocasiones de no ser tan proporcional como pretendía su creador. Sin embargo, este defecto no es tanto del sistema en sí mismo como de las circunscripciones. En circunscripciones grandes, los resultados obtenidos son mucho más proporcionales que en las demarcaciones pequeñas, puesto que a menor número de escaños, más difícil es conseguir un diputado. Veremos más adelante que el poder de voto en Blockchain y por tanto en Bitcoin va a evolucionar en este sentido a favor del que tiene más poder computacional y por tanto a favor dell poder del dinero, lo que llama la atención al provenir de un ideologismo antisistema.

Además en Bitcoin, cada persona mantiene su propia identidad mediante claves públicas y privadas, autenticarse a sí mismos a través de firmas ciegas, que fue presentado por David Chaum de DigiCash. Esto asegura que cada usuario mantenga su propia privacidad hasta que decida voluntariamente revelarse. En Bitcoin, cada nodo completo mantiene su propia copia de la cadena de bloques, similar a cómo en el protocolo de B-Money, cada participante mantiene su propia base de datos individual, para realizar un seguimiento de cuánto dinero pertenece a cada usuario. Bitcoin fue diseñado para ser una *moneda deflacionaria,* lo que significa que, solo existirá una cantidad limitada de bitcoins, específicamente 21 millones. Posteriormente iremos viendo que la ley de oferta y demanda va a tener un papel decisivo en este juego inflacionista y proporcionando un dolor de cabeza a los ideólogos originarios que iran perdiendo poder con el paso del tiempo. Cada minero recibe una recompensa en bloque por encontrar un bloque, pero esta recompensa en bloque disminuye con el tiempo. Comenzó con 50 bitcoins y se reduce a la mitad cada (doscientos diez mil) 210.000 bloques. Finalmente, la recompensa del bloque se convertirá en 0, momento en el que se habrán acuñado 21 millones de bitcoins. Curiosamente, Satoshi eligió incluir un mensaje dentro del primer bloque de Bitcoin blockchain. Esta información es un poderoso vistazo a la mentalidad y motivaciones de Satoshi Nakamoto. Como veremos más adelante la *transacción de la base de monedas* le da al minero una recompensa en bloque y esta filosofía también irá deteriorándose en vías de premiar más a los mineros como aliciente de minar preferentemente unos bloques y cadenas frente a otras.

Esta transacción que mencionamos que Satoshi incluyera, tiene en particular un espacio vacío en el que se puede introducir información adicional. Satoshi eligió hacer referencia a una historia en el Times de Londres que menciona a un canciller que rescató a un banco. Como podemos deducir de varias publicaciones y comentarios hechos por Satoshi, no le gustaba el sistema bancario moderno, particularmente la banca de reserva fraccionaria. El diseño de Bitcoin tiene como objetivo eliminar estos problemas. Durante este primer año, las personas se enviaron bitcoins entre sí por interés, jugando con el software. Durante este tiempo, sin embargo, los bitcoins nunca se cambiaron por ningún bien tangible. Y luego, en mayo de 2010, esta publicación apareció en el foro de *bitcointalk*. En la publicación, vemos que un hombre llamado Laszlo Hanyecz pidió pizza a cambio de 10,000 bitcoins. Y el 22 de mayo de 2010, recibió un pedido de pizza de $ 25 a cambio de sus bitcoins. Esta fue la primera transacción de Bitcoin del mundo para un activo tangible. En este momento, Bitcoin pasó de ser dinero de Internet sin valor a algo con valor real. Como dato curioso recordemos que en el 15 de marzo de 2018, las pizzas que pidió Laszlo ahora valen 81 millones de euros. La mayoría de la gente ridiculiza a Laszlo por gastar bitcoins en una compra tan pequeña. Sin embargo, no saben que Laszlo quería ver florecer a Bitcoin. Antes de esta compra, la idea de que los bitcoins pudieran usarse para comprar bienes del mundo real era ridícula. ¿Quién no ha bromeado alguna vez en comprar con dinero del Monopoli? Pues en esta ocasión no hicieron falta siquiera los billetes impresos del Monopoli para llevar a cabo la transación de la pizza; bastó con lo que jurídicamente se entiende como aceptación del valor contractual, que a su vez es la base del comercio, del código Mercantil basado en sus inicios del trueque.

Para la mayoría de las personas, la minería de Bitcoin era simplemente un pasatiempo. Esta compra validó el uso de Bitcoin para su propósito original como moneda realmente utilizada para comprar bienes y a su vez el origen de la tokenización futura, o presente de hoy en dia según lo planteemos. Entonces, en cierto modo, al ser pionero en el uso de la moneda, Laszlo es un héroe para los entusiastas de Bitcoin. Esta fue la primera vez que una transacción de Bitcoin intercambió "*dinero mágico sin valor de Internet*" por un artículo tangible de valor; por lo tanto, los bitcoins tienen valor. Sin embargo, no es que los bitcoins valieran tanto cuando Laszlo los gastó en pizza. Se necesitaron años de desarrollo y difusión antes de que Bitcoin fuera aceptado como una tecnología legítima. Sin embargo, aún queda mucho camino por recorrer antes de alcanzar la legitimidad mundial. A medida que Bitcoin comenzó a ganar popularidad, rápidamente adquirió una mala reputación debido a su enfoque en la privacidad y la naturaleza descentralizada. En cuanto a la privacidad, la dificultad de vincular las identidades digitales con el usuario del mundo real planteó problemas en algunas situaciones. Además de eso, debido a que Bitcoin está descentralizado, no hay una entidad central o tribunal para corregir los errores dentro de la cadena de bloques. Si alguien encontró su clave privada y robó sus fondos, nadie más puede devolverle sus fondos robados. Por lo tanto, los primeros Bitcoin fueron a menudo objeto de escándalos, piratería y actividades ilegales. En las primeras etapas de Bitcoin, no existía un intercambio para el comercio entre bitcoins y monedas regulares.

En 2010, Jed McCaleb convirtió su dominio *mtgox.com* en un sitio web de intercambio de Bitcoin. Lo que originalmente era *Magic* conocido como Mt. Gox (The Gathering Online Exchange), donde los jugadores del juego en línea Magic the Gathering Online intercambiaban cartas como si de acciones se trataran, se convirtió rápidamente en uno de los mayores intercambios de bitcoins durante las primeras etapas de Bitcoin. En este intercambio había un bloqueo en si mismo, elpunto central del fallo y su popularidad atrajo mucha atención de entidades y personas del crimennegativa. El 19 de junio de 2011, se descubrió que un pirata informático estaba usando la computadora de un auditor de Mt. Gox para desviar una gran cantidad de bitcoins a sí mismos. Posteriormente, Mt. Gox se cerró durante siete días para investigar la situación. Recibió varias demandas, algunas de las cuales aún están en disputa. A pesar de esta brecha de seguridad, la gente siguió usando Mt. Gox. Por un tiempo, pareció que todo iba bien. Para 2014, Mt. Gox manejaba hasta el 70% de todas las transacciones de Bitcoin, demasiado para lo que la infraestructura podía manejar. En febrero de 2014, Mt. Gox anunció que, había perdido 744,408 de sus clientes bitcoins en un robo en curso que había pasado desapercibido durante años. A finales de mes, Mt. Gox se declaró en quiebra. Mientras tanto, en las profundidades de la *web oscura*, Bitcoin también se utilizó para comprar drogas. En febrero de 2011, se inauguró el sitio *web Silk Road*, que rápidamente se ganó la reputación del anónimo "eBay of Drugs". Fue dirigido por un hombre llamado Ross Ulbricht. Silk Road aprovechó *Tor*, un protocolo de red anónimo, y manejó transacciones usando Bitcoin. Esta combinación dificultaba que las identidades en línea de los usuarios estuvieran vinculadas a sus identidades de la vida real. Debido a esto, las drogas y el mercado negro se convirtieron en el ejemplo de uso principal de Bitcoin. Incluso hasta el día de hoy, Bitcoin está contaminado con esta asociación. En octubre de 2013, el FBI cerró Silk Road. Ross Ulbricht fue sentenciado a cadena perpetua y el FBI confiscó más de 26.000 bitcoins, por valor de 3,6 millones de euros en ese momento.

Entre el 1 de noviembre de 2013 y el 30 de noviembre de 2013, menos de un mes, el precio de Bitcoin aumentó de poco menos de $ 200 a más de $ 1000. A finales de 2013, la burbuja de Bitcoin alcanzó su punto máximo en alrededor de $ 1,165 antes de estallar repentinamente y entrar en una carrera bajista que duró hasta finales de 2015. Hay un par de especulaciones sobre por qué ocurrió la burbuja. Primero, los inversores chinos compraron bitcoins como inversión financiera especulativa. Muchos se vendieron debido a las advertencias emitidas por el gobierno chino. En segundo lugar, el comercio automatizado en Mt. Gox puede haber elevado artificialmente el precio mediante la compra continua de bitcoins.

Altcoins: alternativas a Bitcoin

Poco después de la creación de Bitcoin, también comenzaron a aparecer otras criptomonedas en Internet, cada una adaptada a un caso de uso o audiencia diferente. Estas criptomonedas distintas de Bitcoin (Litecoin, ZCash, Stellar, Ripple, Ethereum, Dogecoin, DASH, Monero y otras) se conocen como *Altcoins*, que son alternativas a Bitcoin. Por ejemplo, *Litecoin* apunta a ser la plata del oro de Bitcoin. Es más progresivo en sus actualizaciones de software y sirve como campo de prueba para las actualizaciones de software de Bitcoin propuestas. Además, *ZCash* utiliza pruebas innovadoras de conocimiento cero, que son una forma de probar un hecho sin revelar información sobre el hecho en sí. Esto fomenta la privacidad de las criptomonedas al permitir que las transacciones se validen sin revelar información sobre el remitente, el destinatario y el valor transferido. Por su parte *Stellar* y *Ripple* fueron pioneros en nuevos algoritmos de consenso federado, eliminando la necesidad de desperdiciar electricidad resolviendo rompecabezas de hash criptográficos. Estos son solo algunos ejemplos de cómo las monedas distintas de Bitcoin están tratando de resolver sus propios problemas individuales, creando un espacio criptográfico más amplio.

Después de años de hacks y mala reputación, Bitcoin finalmente comenzó a crecer en popularidad general. Estos son algunos de los grandes titulares tras el robo de Mt. Gox y la posterior declaración de quiebra en febrero de 2014:

- En marzo de 2014, la gente pensó que había encontrado al inventor de Bitcoin, Satoshi Nakamoto, en California, pero esa fue una falsa alarma.
- En septiembre de 2014, el capitalista de riesgo Tim Draper anunció sus predicciones de que el precio de Bitcoin subió a $ 10,000. Para el contexto sobre su perspectiva, estaba interesado en las criptomonedas desde antes de Bitcoin.
- En 2003, conoció a un padre en Corea del Sur que compró una espada virtual para su hijo con dinero fiduciario, y desde entonces sintió curiosidad. También ganó algunos bitcoins de la subasta del FBI de bitcoins confiscados por el cierre de Silk Road.
- 2014 también fue el año en que los comerciantes comenzaron a aceptar bitcoins como forma de pago.
- En enero, Overstock.com se convirtió en el primer minorista importante en aceptar bitcoins.
- Luego, en septiembre, PayPal se asoció con Coinbase, BitPay y GoCoin.
- Dato curioso: Blockchain en Berkeley se conocía anteriormente como la *Asociación Bitcoin de Berkeley*, y en 2014, estos titulares se publicaban todas las semanas. En cada reunión del club, siete miembros discutían el último truco, la última quiebra y el último esquema Ponzi. El esquema Ponzi es una operación fraudulenta de inversión que implica el pago de intereses a los inversores de su propio dinero invertido o del dinero de nuevos inversores. Esta estafa consiste en un proceso en el que las ganancias que obtienen los primeros inversionistas son generadas gracias al dinero aportado por ellos mismos o por otros nuevos inversores que caen engañados por las promesas de obtener, en algunos casos, grandes beneficios. El sistema funciona solamente si crece la cantidad de nuevas víctimas. Ejemplos de esta estafa en la actualidad fue el caso de Forum Filatélico y si lo pensamos detenidamente el sistema de

Seguridad Social de pensiones en España podría estar rozando este sistema.

- También comenzaron a aparecer un montón de nuevas empresas de Bitcoin. Las compañías de billeteras ayudaron a otras compañías o usuarios a manejar bitcoin sin tener que unirse personalmente a la red Bitcoin:
  - Por ejemplo, *Coinbase* es un intercambio en línea que administra carteras y permite a los usuarios comprar y vender bitcoins por moneda fiduciaria.
  - *Bitpay* permite a los comerciantes aceptar bitcoins.
  - *Blockchain.info* es un explorador de bloques que permite a los usuarios ver bloques y transacciones individuales en la cadena de bloques de Bitcoin en el navegador, sin tener que descargar la cadena de bloques completa ellos mismos.

Más importante aún, durante este tiempo, el término "*blockchain*" comenzó a convertirse en una palabra de moda. Los precios de Bitcoin de 2014 a 2015, primero se dispararon enormemente y luego comenzaron a caer lentamente. Por supuesto, todos sabemos que el precio se recuperó y volvió a subir después de esto, y en 2022 perdemos casi un 40% de valor, pero aquello fue un gran impacto para la comunidad en ese momento. Hay algunas teorías sobre por qué Bitcoin explotó en este momento. Una fue que los inversores que habían especulado y comprado una gran cantidad de bitcoins lo pensaron bien y comenzaron a vender. Otra la que culpa especialmente a los inversores chinos que habían vendido debido a las advertencias emitidas por el gobierno chino. La tercera y más lógica por supuesto, el mercado amplificó la tendencia actual, por lo que las personas se volcaron más porque temían una pérdida de valor.

Factor de la Escalabilidad

Históricamente, Bitcoin se ha enfrentado a una serie de desafíos como tecnología, incluida la escalabilidad y, por supuesto, la percepción pública. Incluso hoy en día, siendo la primera criptomoneda descentralizada exitosa y más utilizada, Bitcoin todavía tiene varios problemas que resolver antes de que pueda ser utilizado por las masas. Dos de ellos son por ejemplo su número limitado de emisión y la ley de oferta y demanda. *La escalabilidad* se refiere a la capacidad de una tecnología para ser utilizada por un número cada vez mayor de personas. En el contexto de Bitcoin, se refiere a la cantidad de transacciones que la red puede confirmar en un cierto período de tiempo. A partir de marzo de 2018, los bloques de Bitcoin se crean cada 10 minutos y solo pueden contener 1 MB de transacciones, que es aproximadamente de una a tres mil transacciones por bloque. Por lo tanto, podemos estimar que la cadena de bloques de Bitcoin puede procesar alrededor de tres transacciones por segundo. En 2015, el volumen de transacciones excedió tanto la capacidad de la red que los bloques realmente comenzaron a quedarse sin espacio, lo que significa que las transacciones se dejaron sin confirmar, sin ser incluidas en un bloque. Esto llevó a propuestas como Bitcoin XT, Bitcoin Classic, Segregated Witness (comúnmente abreviado como SegWit) y, más recientemente, SegWit2x para mejorar la transacción de la red.

Algunas de estas propuestas se basan en aumentar el tamaño del bloque para adaptarse a más transacciones, mientras que otras modifican el protocolo subyacente. Cada una de estas soluciones tiene sus pros y sus contras, pero no las discutiremos con demasiado detalle en este momento. Lo importante que hay que entender en este momento son las preguntas que plantea el debate sobre la escalabilidad con el condicionamiento de su *Capacidad de procesamiento* sobre la *gobernanza descentralizada*. Por ejemplo: ¿qué hacemos cuando queremos cambiar Bitcoin? Para entenderlo, comencemos por determinar a qué estamos llamando *Gobernanza*. La gobernanza es el mecanismo mediante el cual un protocolo se realiza cambios a sí mismo, pero ningún mecanismo de ese tipo se codificó en el protocolo de Bitcoin. En cambio, los usuarios presentan propuestas llamadas *BIP, o propuestas de mejora de Bitcoin*, fuera de la red de Bitcoin, en foros y foros de discusión en línea, y luego la comunidad vota ad hoc sobre si quieren o no llevar a cabo ese cambio. Los miembros no pueden proponer y votar directamente actualizaciones de Bitcoin dentro del software real, pero al menos el mecanismo actual obtiene el trabajo hecho.

Historia de Ethereum

Después de Bitcoin, la siguiente plataforma blockchain más influyente es Ethereum. Bitcoin es un almacenamiento de valor, es decir, está "*centrado en las monedas*". Fue creado como un medio de transacción de pago y una reserva de valor, una alternativa al dinero regular. Ethereum, por otro lado, se desarrolló como una plataforma para ejecutar "*contratos inteligentes*" y aplicaciones de igual a igual. Es compatible con los lenguajes *Turing-complete*, lo que significa que puede realizar cálculos generales. En otras palabras, cualquier tipo de código que se ejecute en una computadora normal también se puede ejecutar en Ethereum. La ejecución de código en Ethereum es impulsada por el *token* interno de Ethereum, llamado *ether*. Ethereum fue descrito por primera vez en un documento técnico publicado a finales de 2013 por Vitalik Buterin, un programador de la Universidad de Waterloo, de entonces 19 años. La plataforma tuvo una venta simbólica entre julio y agosto de 2014 y vendió 7,4 millones de ether por 3700 BTC en las primeras 12 horas de la preventa. En ese momento, esto equivalía a 2,3 millones de euros, (o en términos de Bugatti, alrededor de 1,2 Veyron). La cadena de bloques Ethereum se puso en marcha oficialmente el 30 de julio de 2015, y para mayo de 2016, el valor acumulado de los tokens Ethereum era de más de mil millones de euros.

Ethereum - Organizaciones Autónomas Descentralizadas (DAO)

Alrededor de ese tiempo, la idea de Organizaciones Autónomas Descentralizadas (DAO) se hizo enormemente popular. Los *DAO* son esencialmente programas en la cadena de bloques Ethereum que crean un gobierno distribuido. *"TheDAO"* era un proyecto específico que serviría como una Venture Capital descentralizada, permitiendo a sus inversores votar y decidir sobre la distribución de fondos entre startups. Sin embargo, en julio de 2016, estos sueños se derrumbaron cuando un pirata informático explotó un error en el código subyacente, robando alrededor de $ 120 millones en Ether del contrato inteligente de *TheDAO*. Indignados por el enorme robo, varias voces de la comunidad propusieron desafiar el protocolo y deshacer el hack.

La mayoría de la comunidad decidió reFedeinar simultáneamente su propia cadena e ignorar toda la actividad a partir del pirateo, pero un pequeño subconjunto decidió no deshacer esa actividad con la creencia de que "*el código es ley*". La división que reFedeina la historia es la división que actualmente se denomina *Ethereum*. El resto que creía que nada, incluidos los eventos catastróficos como el DAO Hack, debería revertirse, permaneció en la cadena principal, ahora conocida como *Ethereum Classic*.

El 21 de junio de 2017, el precio de Ethereum en el intercambio GDAX se desplomó brevemente a 10 centavos de dólar por ether debido a una orden de venta masiva. Este es un testimonio de la enorme volatilidad de los precios de las criptomonedas. Gran parte del precio depende de la percepción pública de la moneda. Aquí hay algunos ejemplos de causas que lo afectaron. En primer lugar, la especulación sobre cómo la SEC dictaminaría sobre el DAO Hack llevó a una caída en los precios, ya que una mayor regulación de la SEC significaría que sería mucho más difícil comerciar con criptomonedas. En segundo lugar, el advenimiento de los fondos cotizados en bolsa de criptomonedas como el ETF de Bitcoin de Winklevoss significó que la persona promedio podría invertir en criptomonedas sin tener que preocuparse por lidiar con los intercambios y almacenar los tokens. En tercer lugar, las ofertas iniciales de monedas, o ICO, también han sido un factor importante en el precio de Ether. Hablaremos más sobre ellos más adelante, pero sepa que en el tercer trimestre de 2017 Q3'17, las ICO han recaudado $ 1.3 mil millones con 150 ICO, mientras que la inversión inicial / ángel en todos los sectores tecnológicos ha recaudado $ 1.4 mil millones en 1602 acuerdos. En cuarto lugar, los fondos de capital de riesgo también han comenzado a invertir en tecnología Ethereum, ya sea en el ICO como Blockchain Capital, o directamente en el token como Polychain Capital. En quinto lugar, dado el creciente interés en torno a las criptomonedas, FOMO o "*Miedo a perderse*" juega un papel en las decisiones de inversión de muchas personas. Para bien o para mal, las personas no quieren perderse el "*próximo bitcoin*" y terminan invirtiendo en criptomonedas como Ether, lo que aumenta el precio en un ciclo de retroalimentación positiva. El hecho de que los precios de Bitcoin y otras criptomonedas estén comenzando a transmitirse en la radio pública contribuye aún más a este "*FOMO*". En sexto lugar, las circunstancias económicas y políticas como el Brexit, la elección de Trump o la guerra de la India contra el efectivo también pueden contribuir a elevar el precio de las criptomonedas, ya que tienden a socavar la confianza de las personas en los sistemas centralizados y hacer que cambien hacia más sistemas descentralizados como las criptomonedas.

Debido a algunas situaciones económicas y políticas y, por supuesto, al mencionado Miedo a perderse, las criptomonedas se volvieron extremadamente populares, lo que resultó en un enorme bombo publicitario. En diciembre de 2017, las criptomonedas comenzaron a atraer mucha más atención "*generalizada*", y permitieron un cambio en la demografía de las personas que estaban invirtiendo, en particular, un aumento en la cantidad de millenials que se involucraron. Una aplicación descentralizada construida sobre Ethereum llamada CryptoKitties, un mercado en línea para gatos virtuales, de la que profundizaremos mas adelante, se volvió tan popular que en un momento contribuyó al 10% de Ethereum volumen total de transacciones de la red. Es importante tener una comprensión educada del espacio...... en lugar de tomar decisiones basadas en la volatilidad y los precios. Aunque el precio de Bitcoin es muchas, muchas veces más alto que hace un año, comenzó a dar un giro a la baja a principios de 2018 después de alcanzar su punto máximo en diciembre de 2017. Por ultimo añadiremos a este breve resumen de causas afectantes del Eter el aumento en la cantidad de regulación internacional, especialmente en India... Corea del Sur... La Comunida Europea y su Reglamento de Protección de Datos, asi como las legislaciones de EE. UU. y el Reino Unido, combinada con una "*mentalidad de mafia*" de personas que invierten sin creer realmente en la tecnología, llevaron a unos límites de mercado que cambiaron rápidamente y, finalmente, la burbuja explotó.

Blockchain - cadenas de bloques empresariales

No se puede hablar de Bitcoin sin hablar de Blockchain. Ahora bien, en este libro vamos a enfocar la tecnología blockchain desde el punto de vista empresarial, dejando su estudio en profundidad para otro libro. Comencemos diciendo que, si bien la tecnología blockchain se desarrolló inicialmente para subyacer a las criptomonedas, rápidamente llamó la atención de las empresas, que querían aprovechar la misma tecnología para crear blockchains privados o autorizados. Así dio lugar a las cadenas de bloques empresariales. Hemos estado hablando mucho sobre cadenas de bloques públicas como Bitcoin y Ethereum. Ahora veremos cómo encaja blockchain con las empresas, particularmente con los bancos y de paso recordemos la perdida de poder y enfoque de los iniciadores que venimos comentando. Como tecnología que se creó inicialmente para evitar los grandes bancos y las poderosas instituciones centralizadas, blockchain parece haber cerrado el círculo y tirado por tierra muchos idealogismos.

A medida que blockchain se volvió más común, los bancos también comenzaron a aprovechar la tecnología. Tomaron nota de Bitcoin y lo que ofrecía como moneda digital, pero no estaban de acuerdo con los objetivos de diseño de Bitcoin de ser abiertos, descentralizados y sin confianza. Después de todo, los bancos quieren que sus usuarios confíen en ellos y mantengan las operaciones privadas y controlables. Los bancos buscaron una forma de aplicar la tecnología blockchain sin tener que reemplazar el euro, el dólar o cualquier otra moneda nacional por criptomonedas. Querían encontrar formas de aprovechar esta nueva tecnología de contabilidad distribuida sin heredar los gastos generales descentralizados, distribuidos y sin confianza de Bitcoin. Esto llevó a un aumento del interés en las "*cadenas de bloques privadas*" o "*libros de contabilidad autorizados*", donde la red no es abierta, no es confiable y no tiene un esquema de minería con incentivos económicos subyacentes (recompensas mineras). En cierto sentido, querían separar "*blockchain*" de "*Bitcoin*". Estas cadenas de bloques toman la tecnología criptográfica fundamental de bitcoin (criptografía de clave pública) y la modifican para que sea más compatible con el uso empresarial.

En la actualidad, existen muchas tecnologías empresariales diferentes en el espacio, incluidas Corda, Chain, Quorum y Juno de JP Morga y Digital Asset Holdings de R3. El proyecto *Hyperledger* es una cadena de bloques de código abierto administrada por Digital Asset Holdings y la Fundación Linux. *Open Blockchain de IBM* es una plataforma que ahora forma parte del proyecto Hyperledger como "*Fabric*". La forma en que las empresas, especialmente las instituciones financieras, han mirado la tecnología blockchain ha cambiado drásticamente en los últimos años. Echemos un vistazo específicamente a Jamie Dimon, el CEO de JP Morgan Chase, como una de las figuras más influyentes en el sector financiero, sus palabras pueden desempeñar un papel importante en la formación de la opinión pública sobre blockchain. En enero de 2014, dijo sobre Bitcoin: "*Es una reserva de valor terrible. Podría ser replicado una y otra vez*", *lo que en realidad no significa nada, lo que indica que la gente realmente no lo entendió y aún no entiende qué es Bitcoin. En octubre de 2014, dijo que "los desarrolladores de Bitcoin van a intentar comer nuestro pastel. Y eso está bien. Eso se llama competencia y estaremos compitiendo*". La declaración parece agresiva, pero en realidad le da legitimidad a Bitcoin al sugerir que es un competidor de los bancos y las finanzas tradicionales. En noviembre de 2015, "*La moneda virtual, donde se llama bitcoin frente al dólar estadounidense, se detendrá... Ningún gobierno apoyará jamás una moneda virtual que traspase fronteras y no tenga el mismo control. No va a suceder.*" Ahora, Bitcoin no es solo una competencia, es una amenaza genuina. Es algo que los banqueros no pueden controlar y lo odian. En octubre de 2017, dijo: "*Bitcoin es un fraude que no terminará bien. Si eres lo suficientemente estúpido como para comprar Bitcoin, algún día pagarás el precio. La cadena de bloques es una tecnología que es una buena tecnología. De hecho, lo usamos... Dios bendiga la cadena de bloques*". Tenga en cuenta que parece que Dimon ha comenzado a comprender los méritos de la tecnología blockchain en lugar de solo Bitcoin. Su postura hacia Bitcoin no parece haber cambiado. Estos comentarios se hicieron en realidad en un evento organizado por el Instituto de Finanzas Internacionales, que fue muy publicitado. Solo para enfatizar su punto, aquí hay algunos comentarios más que hizo en septiembre de 2017. "*Despediría a un comerciante de JP Morgan en un segundo que negocie Bitcoin. Va en contra de las reglas, es estúpido, es peligroso*". Y en otra cita dijo: "*Una de mis hijas compró bitcoins y subió, cree que es un genio*". En enero de 2018, dijo: "*La cadena de bloques es real. Puedes tener cripto yenes o cripto euros y cosas así... para mí, el bitcoin siempre fue lo que los gobiernos van a sentir sobre el bitcoin a medida que se vuelve realmente grande, y yo tengo una opinión diferente a la de otras personas*".

Opiniones a parte, lo cierto es que la tecnología no existe sin ningún propósito. Eso es especialmente cierto en la actualidad, donde las innovaciones tienen el potencial de transformar el mundo a una escala difícil de contemplar. Al igual que la inteligencia artificial y la computación cuántica, blockchain tiene la capacidad de proporcionar resultados positivos y negativos. En su relativamente corta vida, blockchain ha ayudado a los distribuidores de alimentos a rastrear y responder mejor a los brotes de salmonela, mientras que al mismo tiempo permite a los estafadores de la criptomoneda perpetrar planes fraudulentos de compra y venta. La responsabilidad de inclinar el equilibrio hacia lo anterior recae en las personas y organizaciones que ayudan a desarrollar la tecnología y llevarla al mercado. Ahora, con años de conocimiento y el beneficio de las redes en vivo establecidas avanzando, tenemos una imagen clara de cómo se ve una cadena de bloques empresarial transparente y confiable. Las redes que ofrecen un valor comercial real son equitativas para todos los participantes y promueven la innovación abierta y colaborativa. O al menos eso es lo que parece, aunque veremos mas adelante si esto es así solo en el papel y la publicidad, o en realidad algo más oscuro subyace tras ello. ¿Es la tecnología es un producto de algo más que pura ingenuidad?; ¿es un reflejo de la voluntad de hacer lo correcto o de cambiar las reglas del juego de manera interesada y mezquina? ¿Si blockchain es moverse más allá de la franja tecnológica y pasar a la corriente principal, para apuntalar el nexo de un mundo más confiable y transparente, debemos, como innovadores, seguir comprometidos con unos ideales libertarios?

Hemos comenzado un camino disruptivo, transformador y virtual donde las transacciones se basan en la desconfianza que está cambiando los Sistemas económicos, sociales y geopolíticos mundiales. Donde se habla de empoderamiento del individuo y transparencia, mientras el voto lo tiene el más poderoso computacionalmente y la identidad es anónima. La tecnología de criptomonedas y blockchain comenzó su montaña rusa de viaje con un pequeño grupo de cypherpunks, que creían en la criptografía como un medio para promover la privacidad. Tuvo un comienzo difícil como vimos con el fallido DigiCash, pero ahora hemos terminado aquí en JP Morgan Chase, una de las firmas multinacionales de servicios financieros estadounidenses más grandes. Seguiremos en el control de las criptomonedas por parte de los Paises y lobbies capaces de crear granjas de minería quánticas. La historia de Bitcoin y Blockchain es una historia de rápida transformación disruptiva. Originado como una tecnología incipiente fundada en ideales libertarios, Bitcoin desde sus inicios en una industria estuvo lleno de escándalos y actividad. A medida que bitcoin comenzó a aumentar de valor y a atraer la atención de una audiencia cada vez más amplia, hubo un cambio de enfoque que se alejó del propio Bitcoin y se centró más en las otras innovaciones posibles gracias a la tecnología subyacente, la cadena de bloques.

Podemos creer que no está pasando, que no nos está afectando y que solo es el principio. Nada más lejos de la realidad. Con la eliminación de intermediarios y de auditores, con la seguridad en las transacciones y contratos, junto con el tratamiento que se hace de la identidad en Blockchain, provocaran sin duda, un cambio de reglas, de Órdenes mundiales, de sectores e interlocutores. Los contratos habituales con su notario y registros mercantiles serán sustituidos por los Smart contrat, los nodos y la cadena block. Los diferentes tipos de tecnologías blockchain y el camino a las DLT, nos llevan de lo público a lo privado y a un mundo de muchas Blockchain. La descentralización, la seguridad, la criptografía y la eliminación del "middel-man" afecta a todos los Sectores económicos, agricultura, pesca, ganadería, industria, servicios y a todo tipo de niveles: político, Ong, social, civil, familiar, personal, sin olvidar la propia ciudad. Lo que derivaran en las Smart cities sociedades inclusivas, innovadoras y reflexivas.; con los smart economy, smart people, smart mobility, smart environment, smart governance y el smart living. La evitación de la morosidad y la lucha contra el cohecho (corrupción) es un dato importante para el futuro. Kamal Ahmed de la BBC en el foro Intelligence Squared lo planteó de la siguiente manera: ¿Qué es blockchain a fin de cuentas? "Una tecnología que permite a las personas que no se conocen confiar en un registro compartido de eventos". Dado que es imposible compilar en este espacio todas las existentes, me limito a adjuntar algunos ejemplos de sectores afectados ya por el Blockchain.

- Sistemas financieros tradicionales: Consorcio R3 para averiguar cómo aprovechar la cadena de bloques en los sistemas financieros tradicionales.

- Legal y Abogacía: Las herramientas tecnológicas en el sector legal, agrupadas bajo el término «Legal Tech», Se identifican claramente las implicaciones estratégicas y legales de tecnologías como el blockchain, la inteligencia artificial (IA) o los smart contracts.

- Registro de propiedades: el gobierno japonés ha iniciado un proyecto para unificar todo el registro de propiedades urbanas y rústicas con tecnología de cadena de bloques, En Dubai están planeando algo muy parecido.

- Finanzas y Economía: Fintech o Financial Technology (en español Tecnología Financiera) Libro Blanco de la Regulación FinTech en España.

- Pagos en el mundo real: una startup llamada TenX ha creado una tarjeta prepago que se puede recargar con distintas criptodivisas en cualquier sitio https://tenx.tech/en/

- Movilidad compartida: Carsharing: la empresa EY, subsidiaria de Ernst & Young Global Ltd está desarrollando un sistema basado en la cadena de bloques que permite compartir coches de forma sencilla. El llamado Tesseract permitiría registrar quién es el propietario del vehículo, el usuario de ese vehículo y generar los costes basados en el seguro y otras transacciones en este tipo de servicios.

- Almacenamiento en la nube: normalmente los servicios de almacenamiento están centralizados en un proveedor específico, pero la empresa Storj quiere descentralizar este servicio para mejorar la seguridad y reducir la dependencia de ese proveedor de almacenamiento.

- Identidad digital: sistema de votaciones electorales como en Suiza, en Japon. La identidad personal soberana, con máxima garantía de seguridad y de forma descentralizada (Sovrim, Alastria)

- Smart Cities, Sector Público y Servicios públicos/gubernamentales: La más conocida es FIWARE, una plataforma de integración de servicios impulsada por la UE que tiene por objetivo el construir aplicaciones inteligentes en ecosistemas abiertos y sostenibles de software en múltiples sectores. y Bitnation es una de esos proyectos que tratan de llamarnos convertirnos en "ciudadanos del mundo".

- Música: Blockchain rompe las cadenas musicales de youtube, Spotify y los grandes sellos discográficos. Relacionado con lo mencionado para el mundo de la música, Ascribe es una plataforma que trata de ayudar a creadores y artistas a atribuirse la autoría de sus trabajos a través de la cadena de bloques

- Seguridad social y sanidad: De las criptomonedas a los criptopacientes y resolver uno de los problemas clásicos de la gestión de la sanidad. la identidad personal soberana, con máxima garantía de seguridad y de forma descentralizada (Sovrim, Alastria)

- Comercio nacional e internacional:, al que se está uniendo el e-comerce, afectando sobretodo el cambio radical de la suply Chain y el cambio radical de la Logística. Ejemplo los Amazon. Sin menospreciar las transacciones económicas y la información, que serán cruciales para los chatbots en todos los ámbitos de la empresa y de servicios. Asistente 365/7/24. Chatbots para interactuar con los clientes, Chatbots para optimizar tareas y procesos en marketing, Bots en las redes sociales. La evitación de la morosidad y la lucha contra el cohecho es un dato importante.

- Gestión de autorías: aunque relacionado con lo mencionado para el mundo de la música, Ascribe es una plataforma que trata de ayudar a creadores y artistas a atribuirse la autoría de sus trabajos a través de la cadena de bloques. Hay otras muchas plataformas en este ámbito (Bitproof, Blockai, Stampery, por ejemplo) que entre otras cosas permiten generar tiendas en las que se puedan comprar trabajos originales de una forma segura y sencilla.

- Gestión energética: Las Virtual Power Plants o VPPs son un nuevo concepto de gestión energética que entrelaza diferentes fuentes de energía y las gestiona un único sistema de control.

- Farma y salud: CRAVIB (crowdsourcing, robotics, artificial intelligence, virtual reality, Internet of Things and Blockchain).

- Juegos online: como en el caso de SathoshiDice y ConsenSys o Virtue Poker, (este último con Ethereum). Este sistema de Bch. Puede elevar el nivel de registro inmutable de las operaciones, el análisis de patrones de juego, la prevención del fraude, o la creación de más incentivos a los jugadores. Todo ello unido a los contratos inteligentes puede automatizar el sistema y agilizarlo.

- Medios de comunicación: tales como el proyecto Publicism de los Países Bajos o la empresa de protocolos abiertos Blockstack que permite crear aplicaciones descentralizadas basadas empoderadas por la tecnología blockchain. Blockstack proporciona herramientas e infraestructura clave para los desarrolladores que permiten el almacenamiento y autentificación de formas completamente descentralizadas.

Al margen de los vacíos legales y fallas en la seguridad que existen, se plantean aun muchas preguntas, cuyas respuestas van cambiando con el tiempo ¿Acaso estamos ante una Fraseología en busca de emociones? ¿Un entretenimiento de la gente en época de crisis y cambio climático? ¿O realmente estamos ante un cambio Mundial en todos los sentidos? No cabe duda que es emocionante y transformadora esta tecnología blockchain. ¿Verdaderamente es Blockchain el nuevo paradigma revolucionario que afirman sus seguidores, o simplemente es una solución elegante e idealizada que aprovecha los vacíos legales para pescar en el Caos? ¿Está asumiendo aspectos de una religión de culto como ya ocurre en los movimientos transhumanistas? ¿Blockchain realmente tiene el potencial de acabar con el sistema de gobiernos y corporaciones centralizados que sus mayores admiradores desconfían, o simplemente serán cooptados por ellos? ¿Y qué decir con la red de criptomonedas que ahora consume más energía que algunos países para sobrevivir? ¿Se encamina blockchain a un enfrentamiento con los ambientalistas y ecologistas por el enorme consumo eléctrico que requiere la minería de datos y su influiencia en la subida del precio de la luz? ¿Será positivo o negativo? La pregunta que recibimos con más frecuencia es ¿Estamos preparados para un nuevo tipo de moneda completamente digital? Solo el tiempo lo dirá.

Otra cuestión que nos consultan con frecuencia es ¿Cuánto cuesta hackear una cuenta de correo electrónico? Dado que la respuesta depende de muchos factores de quien lo intente, tales como conocimientos, actitudes y capacidad emocional, solemos cambiar la pregunta por esta otra ¿Cuánto cuesta pagar a alguien para que hackee un correo electrónico? el último informe de Dell tiene todos los precios que te interesan. Internet tiene dos caras. Por una parte está la cara amable y traviesa, la que tiene sus pataletas y sus travesuras, pero que pese a todo, usamos todos los días. Por otra parte, está la llamada Dark Web, un lugar, en el que las reglas no existen y por el que no deberías "*caminar de noche*". En estos tugurios puedes encontrar lo que sea, siempre y cuando estés dispuesto a pagar lo suficiente; al mismo tiempo, siempre hay gente dispuesta a hacer lo que le pidan por la cantidad adecuada, así que la oferta y la demanda se encuentran de manera perfecta. En una red alternativa en la que la ley no existe, contratar los servicios de un hacker es bastante fácil y barato, aunque los precios dependen de lo que queramos hacer. ¿Quieres acceder a una cuenta de correo ajena? ¿Quieres organizar un DDOS para echar abajo una web? ¿O tal vez quieres hacerte con una jugosa cuenta bancaria? Puedes conseguir todo eso y más contratando estos servicios. Dell ha mandado a su equipo CISO (Chief information security officer) para que compruebe cómo van las cosas por ahí, cómo está evolucionando el mercado y qué podemos esperar para el futuro. El resultado es un informe que revela algunas tendencias interesantes. Por ejemplo, pongamos que quiere acceder a una cuenta de Gmail que no es suya; dependiendo del hacker que contrates, le puede costar unos 129 dólares. Este es el precio medio para cuentas de correo de servicios en EEUU, como Gmail, Yahoo o Hotmail. En cambio, si sólo quieres acceder a cuentas de servicios rusos te puede salir más barato, con precios que bajan hasta los 65 dólares.

Si este precio te parece barato, es porque aquí no hay negocio. ¿Quién querría acceder a una cuenta personal de Gmail? Sólo personas con alguna relación con la víctima estarían interesadas en acceder al correo privado. Lo verdaderamente interesante para muchos atacantes es entrar en cuentas corporativas, en los correos de las empresas que pueden contener información muy valiosa. En esos casos, los precios suben hasta los 500 dólares. Pero, ¿quién está interesado en el correo electrónico hoy en día? Las redes sociales son lo que se lleva, y también por 129 dólares puede conseguir acceso a una cuenta en cualquiera de las redes más populares. Y si quiere averiguar una dirección IP (lo que haga con ella es cosa suya), le costará 90 dólares. También puede averiguar todo sobre una persona en los EE.UU. por apenas 15 dólares, aunque en este caso los precios varían mucho. Suena muy frívolo hablar de hackear cuentas de correo de esta manera, pero así es como se maneja *"el género"* en esta red alternativa. Por ejemplo, los DDOS salen a unos 5 dólares la hora, aunque tenemos descuento si contratamos una semana entera, en cuyo caso cuestan unos 555 dólares. ¿Cuánto cuesta una tarjeta de crédito y una cuenta bancaria? Un detalle muy curioso es que en la actualidad una cuenta de correo o de red social es más cara que una tarjeta de crédito, que podemos conseguir por apenas 7 dólares, aunque si añadimos todos los datos, y dependiendo del tipo de tarjeta, podemos alcanzar los 80 dólares. Aún así, parece muy poco por obtener los datos de una tarjeta que puede tener mucho dinero. Hay buenos motivos para ello, claro. Para empezar, hoy en día es difícil usar una tarjeta de crédito sin que la víctima se entere y sin que el banco bloquee las transacciones. Por eso sale mucho mejor ir a lo grande, conseguir las credenciales de la cuenta del banco. Conseguir acceso a una cuenta bancaria es algo mucho más difícil, y por lo tanto caro. Pero sorprendentemente no tiene un precio fijo, sino que depende de la cantidad de dinero que haya en la cuenta. Algunos hackers piden entre un 1% y un 5% de lo que haya conseguido el cliente; para obtener acceso a cuentas con hasta 150.000 dólares se pide un 6% de esa cantidad. ¿Cuánto cuesta empezar una nueva vida? Los hackers no trabajan sólo con datos digitales, también con documentos identificativos. Un pasaporte europeo puede costar hasta 3.000 dólares, mientras que uno estadounidense puede costar 10.000 dólares. Y si queremos empezar una nueva vida, podemos conseguir un paquete completo con tarjeta de la seguridad social, carné de conducir (en muchos estados el documento de identificación por defecto) y facturas falsificadas con esos datos para que parezca que llevamos mucho tiempo con esta identidad. Como vemos, en la Dark Web todo es posible, y esto es sólo la punta del iceberg, hay muchos más negocios ilegales en esta red alternativa, desde asesinato a robo y extorsión. Y es que no toda Internet es bonita.

¿Dónde habla la gente de la tecnología de bitcoin y blockchain hoy en dia? Hay algunos foros diferentes que la gente usa. Hay *Reddit's r/bitcoin,* de Reddit, foros de discusión en línea como Bitcointalk.org, reuniones de Bitcoin y conferencias, y canales de

IRC específicos de Bitcoin. También hay organizaciones y univeresidades que tienen clubes y foros como *Blockchain en Berkeley*, que se dedican a discutir e impulsar la tecnología blockchain. Tienen un canal de Slack con más de 2.000 miembros que la gente usa para discutir noticias y desarrollos en el espacio blockchain. Pero dentro de la comunidad, siempre hay algún debate político interno. Por ejemplo, hay muchas políticas internas que ocurren entre los mineros, que quieren tarifas de transacción más altas, y los comerciantes, que quieren tarifas de transacción más bajas. También hay políticas con respecto al debate sobre la escalabilidad en Bitcoin, la división de Ethereum y muchos otros problemas en el espacio. Como vemos los orígenes libertarios enemigos de las normas, van evolucionando a la autoimposicion normativa para evitar el caos. Lo que nace fomentando una disrupción caotica en sistemas establecidfos, al final terminan, como veremos a lo largo de este libro autoimponiéndose controles para evitar la autodestrucción. Lo que nace descentralizado termina centralizado y lo que nace en igualdad, termina siendo controlado por el poderoso. Supongo que es la esencia del ser humano que mantiene la teoría de "*quítate tú para ponerme yo*" y al final solo cambian los amos. Vayamos viendo esta evolución.

La mayor parte de la comunidad central de Bitcoin puede ser muy libertaria, como hemos visto con las raíces de Bitcoin y los cypherpunks. Y, a menudo, las opiniones políticas de las personas también influyen en cómo se sienten con respecto a los debates tecnológicos. Es un sentimiento común que lograr que los libertarios acérrimos estén de acuerdo es un problema muy difícil. Muchos libertarios piensan que implementar blockchain en el gobierno es una buena manera de hacer que los gobiernos rindan cuentas. Por otro lado, los libertarios también piensan que las personas deberían poder hacer lo que quieran. La bandera es la bandera de Gadsen, que tiene fuertes raíces libertarias. Se usa como símbolo libertario porque el puercoespín es el guerrero "*tranquilo*" y modesto del bosque, que no ataca mientras lo dejes en paz. Los gobiernos de los Paises tratan de representar mejor las opiniones e intereses de sus ciudadanos a través de una democracia representativa. En la comunidad de blockchain, hay diferentes formas de llegar a un consenso sobre los cambios que ocurren, y el proceso no siempre es fluido. Por ejemplo, en una sección anterior, hablamos sobre las propuestas de mejora de

Bitcoin. Algunos temas controvertidos en el espacio blockchain han estado relacionados con problemas como el tamaño del bloque (específicamente segwit2x), los tiempos de confirmación y la centralización en empresas de terceros. (SGX de Intel). En este libro, explicamos estos temas de manera lo mas objetiva posible y le permitimos formarse su propia opinión sobre estos debates.

Sigamos estudiando blockchain y bitcoin desde el punto de vista de aplicativo a la realidad y vayamos introduciendo el tema legal. El informe "*The Legal Statement on Cryptoassets and Smart Contrat UK Jurisdiction Taskforce*" en resumen viene a decir que: "*Se reconoce que los criptoactivos son susceptibles de generar derechos de propiedad y que los smart contract son exigibles bajo el derecho vigente inglés y galés*". Hay que tener en cuenta que se ha resuelto del derecho Ingles y no Latino por lo que no tardará en ratificarse con algún matiz. Las Conclusiones más relevantes para el derecho vigente inglés son:

A. Criptoactivos.

1. Serían reconocibles derechos de propiedad sobre ellos. Sus características (intangibilidad, autenticación criptográfica, DLT, descentralización y protocolo de consenso) no deslegitima esta afirmación.

2. El reconocimiento anterior afectaría al derecho sucesorio, al régimen de derecho concursal, etc.

3. Al no poder ser físicamente poseído no cabe una prenda y no tienen naturaleza de títulos valor.

4. El DLT no puede considerarse como un registro de derechos salvo que una norma le reconozca un efecto vinculante.

B. Smart Contracts.

1. Se caracterizan por su automaticidad y utiliza las mismas características de los criptoactivos.

2. Satisface requisitos básicos de un contrato legal en el derecho inglés.

3. Si se requiere una firma del contrato, la firma digital derivada del uso criptográfico de doble clave podría ser considerada como firma electrónica.

ICOs

Hoy en día, no se puede hablar sobre el estado de la industria blockchain sin al menos mencionar las ICO o las *ofertas iniciales de monedas*. Son una forma para que los nuevos proyectos, nuevas empresas y empresas vendan sus tokens criptográficos subyacentes a cambio del dinero de los inversores. Piense en las ICO como ofertas públicas iniciales, pero en lugar de que los inversores compren acciones de una empresa, compran la moneda subyacente a un nuevo proyecto. Las ICO son muy diferentes de la equidad. Tener la moneda de un nuevo proyecto no le otorga la propiedad del proyecto, sino que le permite usar el proyecto cuando esté disponible. Por lo tanto, al comprar una ICO, demuestra que está interesado en este nuevo proyecto. Esto incentiva a otros a hacer lo mismo, lo que demuestra que el proyecto probablemente se utilizará ampliamente, ya que sin el token asociado, no puede utilizar el proyecto. Por ejemplo, aquí hay un par de ICO famosas: Bancor ICO recaudó $ 150 millones Tezos ICO recaudó $ 200 millones Filecoin ICO recaudó $ 253 millones.

Las ICO no tienen permiso y permiten a cualquiera invertir en un proyecto que cree que tendrá éxito. Ponemos énfasis en la palabra *cualquiera* debido a la naturaleza abierta y pública de estas criptomonedas. Y cuando lo piensas, es bastante salvaje. Uno de los usos mas frecuentes de las ICO, son el crowfunding y las ofertas de incentivos de empleados de las nuevas Startup de manera similar a las Stock Options vs Phantom Shares. Aclaremos estos conceptos.

Crowdfunding: ¿Qué es? ¿Cómo funciona? En cuanto al origen del micromecenazgo, lo podemos encontrar en las donaciones. La primera acción de crowdfunding se atribuye oficialmente al grupo de rock británico Marillon, realizado en 1997 con el fin de financiar su gira por EE.UU. Sin embargo, en España, se produjo un hecho muy parecido casi una década antes. El del grupo musical Extremoduro, que en 1989 financió su primer disco gracias a donaciones de otras personas. Entre las primeras expresiones del crowfunding también se encuentran los proyectos Open Source realizados por desarrolladores. Actualmente, dependiendo del tipo recompensa que los participantes reciben a cambio de su participación en el proyecto, existen cinco modelos de micromecenazgo:

- De donaciones: Quienes realizan aportaciones no esperan beneficios a cambio
- De recompensas: Quienes hacen aportaciones recibirán una recompensa por su contribución.
- De acciones: Quienes reciben participaciones de ella.
- De préstamos o crowdlending: Se trata de una financiación en masa, a través de préstamos de una empresa a cambio de un tipo de interés por el dinero prestado.
- De royalties: Cuando se invierte en un determinado proyecto o empresa y se espera obtener una parte, aunque sea simbólica, de los beneficios.

¿Cómo funciona el crowdfunding? El funcionamiento del micromecenazgo depende del tipo de crowdfunding que hayamos seleccionado como forma de financiación. No obstante, estos son las fases principales:

- El emprendedor envía su proyecto, o su idea de empres,a a una plataforma de crowdfunding, que suele ser online, para ser candidato a la financiación. Para que se pueda valorar su proyecto indica: una descripción del mismo, qué cantidad necesita, cuánto tiempo hay para recaudar lo que necesita, tipo de crowdfunding a elegir, etc.
- Valoración del proyecto: la comunidad o la propia plataforma valora el interés del proyecto.
- Se publica en la plataforma el proyecto por el tiempo indicado en la candidatura. Es el período de tiempo de que dispone la gente para invertir.
- Durante el tiempo que esté público, se promociona al máximo para conseguir la financiación.
- Cierre del proyecto. Cuando finaliza el plazo establecido, se cierra el proyecto y se comprueba cuánta financiación se ha conseguido.

Las Stock Options son un sistema de retribución que se basa en la entrega de una opción de compra sobre acciones o participaciones de una sociedad si se cumplen determinados objetivos por parte de los empleados. Por tanto, se concede al empleado la posibilidad de ejercitar su derecho de compra y adquirir las acciones o participaciones de la sociedad en un momento determinado al precio fijado por las partes en el momento de concesión (que será inferior al valor de las participaciones en el momento de ejecutarse la opción). ¿Cuál es la finalidad de las Stock Options?:

1. Alinear los intereses de los accionistas con los de los directivos y empleados. Esto se debe a que en el momento en el que el precio de la acción aumenta, todos obtienen beneficios. En el caso de que las acciones sufran una gran revalorización, los directivos pueden percibir grandes cantidades de dinero.
2. Incentivar y fidelizar a los directivos con planes de remuneración a medio y largo plazo. También suele ocurrir que los trabajadores de una empresa tengan acceso al Stock Options a partir del logro de objetivos por parte de la compañía.
3. Ofrecer un importante incentivo sin afectar a la liquidez de la empresa. De este modo, se permite a las Startups captar talento y poder competir con grandes empresas a pesar de no poder ofrecer grandes salarios. En caso de que se confirme el crecimiento de la Startup, podrá beneficiarse a largo plazo de los beneficios de esta o de su venta.

Por el contrario, las Phantom Shares no otorgan la posibilidad de adquirir participaciones sociales de la sociedad y convertirse en socio de la misma, únicamente ofrecen un derecho económico vinculado al valor de las participaciones sociales de la empresa. Por ese motivo, en este caso, se concede al empleado la posibilidad de ejercitar sus Phantom Shares en un momento determinado previamente pactado, y al ejercitarse adquiriría la diferencia entre el valor de la acción o participación en el momento en que se otorgó y el valor que tiene en el momento de ejercitarse la opción.

Volviendo a las ICO me gusta recordar el siguiente tweet: “El 95% de los estadounidenses no están autorizados por ley a invertir en empresas emergentes. Solo los "inversores acreditados" tienen derecho a hacerlo, pero puede comprar billetes de lotería todo lo que quiera o ir a Las Vegas a apostar”. Esto muestra que las ICO están nivelando el campo de juego para las inversiones. Las personas normales ahora pueden invertir en cualquier proyecto de blockchain que quieran. Y con tantos proyectos nuevos que están surgiendo, algunos con más potencial que otros, la comunidad necesita alguna forma de apoyarlos. Ahí es donde entran en juego las ICO. Como comparación, en el tercer trimestre de 2017, las ICO recaudaron $ 1.3 mil millones con 150 ICO, mientras que la inversión inicial / ángel en todos los sectores tecnológicos ha recaudado $ 1.4 mil millones en 1602 acuerdos.

Regulación, Legislaciones y advertencias

Para concluir sobre las posibilidades de esta tecnología descentralizada, es importante volver a encajarla en la realidad de los gobiernos y la cultura popular. Los conceptos de blockchains y tecnología de contabilidad distribuida son tan nuevos que la mayoría de los países tienen muy poca precedencia para analizar este espacio. Además, ¿qué tipo de regulaciones pueden o deben aplicarse a una tecnología que se resiste a la regulación por defecto? La perspectiva y las regulaciones sobre la tecnología blockchain se desarrollan todos los días, pero vamos a intentar presentarles la instantánea más precisa de la percepción actual en torno a la tecnología. Como advertencia, debemos ser conscientes de la velocidad del cambio en la sociedad con las nuevas tecnologías y por ende en los gobiernos legislativos. De tal modo que cualquier normativa que podamos añadir en este libro es susceptible de quedarse obsoleta inmediatamente. Es por ello que recomendamos consultar antes de lanzarse a una aventura en ellas.

Con el manejo del dinero vienen varias medidas importantes para prevenir la actividad ilegal. *El lavado de dinero* se refiere al movimiento de grandes sumas de dinero entre fronteras o entre la economía clandestina y la legítima. Las leyes contra el lavado de dinero tienen como objetivo prevenir este tipo de actividades asegurando que todos los intermediarios financieros conozcan la legitimidad del origen y del destino. Es posible que pueda decir rápidamente por qué las criptomonedas pueden causar problemas. Las cadenas de bloques no solo eluden el control centralizado, sino que a menudo contienen protocolos para ofuscar la información de transacciones y usuarios, con Zcash actualmente en el apogeo de esto. En los EE.UU., tanto la SEC como la Financial Crimes Enforcement Network sirven para hacer cumplir estas leyes, imponiendo restricciones sobre los tipos de actividades que pueden considerarse legítimas. Los intercambios que cumplen con AML incluyen Coinbase, Kraken y Bitstamp. Una buena cantidad de intercambios no cumplen dado que una buena parte de la comunidad blockchain diverge de la regulación tanto como sea posible. Las regulaciones de Conozca a su Cliente son otro tipo de regulación impuesta a las instituciones financieras para prevenir, consciente o inconscientemente, la habilitación de comportamientos ilegales.

KYC (Know Your Customer) es el proceso fundamental que define y permite las relaciones empresas-usuarios. Este procedimiento KYC es el primer paso para que una persona pueda convertirse en cliente o usuario registrado de una organización o empresa con seguridad, garantías y cumpliendo con las normas que regulan este hecho. Su importancia en relación con el customer onboarding, su relación con el fraude de identidad y los controles AML así como los estándares normativos que lo regulan, hacen del Know Your Customer, o KYC, uno de los retos principales a los que las empresas e instituciones de cualquier ámbito se enfrentan actualmente, siendo su desarrollo e integración adecuados lo que definirá sus actividades, crecimiento y funcionamiento. ¿Qué significa KYC (Know Your Customer)? KYC o, por sus siglas en inglés “Know Your Customer (Conoce a Tu Cliente)”, es la práctica que realizan las compañías para verificar la identidad de sus clientes cumpliendo con las exigencias legales y las normativas y regulaciones vigentes. El extenso uso de las nuevas tecnologías e internet hace necesario la definición de unas normas que ayuden a luchar contra el fraude online. En este sentido, el procedimiento KYC responde a un imperativo legal y global para cualquier tipo de negocio que quiera incorporar a un usuario como cliente. Pese a que afecta a todos los sectores, siendo algo necesario para procesos delicados en cualquier sector, es especialmente relevante en las entidades financieras y bancarias, así como sectores relacionados como pueden ser los seguros, el real state o, por ejemplo, el sector del trading. Muchas compañías, dada la situación sanitaria en la que se envolvió el mundo entero desde 2020, se han visto obligadas a establecer procesos Know Your Customer digitales y en remoto para poder seguir operando pese a las eventuales restricciones vigentes que impedirían un onboarding offline.

¿En qué consiste exactamente el procedimiento Know Your Customer? Las políticas KYC (Know Your Customer) se establecen entorno a un proceso de identificación y verificación de la identidad de un cliente en el cual se aplican una serie de controles y comprobaciones para evitar las relaciones comerciales con personas relacionadas con el terrorismo, la corrupción o el blanqueo de capitales, entre otros. El proceso Know Your Customer consiste en verificar que el cliente es quien dice ser, y de esta forma darle título y acceso a los servicios o productos que quiera contratar y a los que desee acceder. Esta verificación se lleva a cabo a través de distintos métodos, aunque no todos cumplen con las exigencias legales. El proceso discurre de tal forma que el usuario que quiere pasar a ser cliente de la empresa demuestra con pruebas legales y vinculantes que es quien dice ser. Para esto se utilizan métodos como la Vídeo IDentificación en streaming y la videoconferencia, en la que el usuario muestra y valida sus documentos de identidad, la autenticidad de los mismos y su rostro, además de otras pruebas biométricas y comprobaciones de seguridad. El proceso Know Your Customer se puede llevar a cabo de forma tanto online como presencial en una oficina comercial o tienda. Cuando este proceso se realiza de forma remota y online, o el proceso se ha digitalizado, hablamos de proceso eKYC (electronic Know Your Customer). Teniendo esto en cuenta, los gobiernos y las autoridades han establecido estándares normativos y técnicos en las regulaciones 5AMLD y eIDAS para crear un marco seguro donde los procesos KYC sean totalmente fiables y garantistas. El proceso KYC en banca no es diferente a como lo es en otras industrias, pero los estándares de alta seguridad requeridos por la legislación son distintos de los necesarios en otros sectores, siendo mucho más específicos y concretos en estas áreas. El vídeo en streaming se está convirtiendo en un estándar global para las identificaciones dentro del sector financiero, de los seguros, las inversiones y los relacionados, y está siendo incluido y estandarizado en las regulaciones. En el onboarding de nuevos clientes, se ha pasado de un proceso largo, costoso, burocrático y con seguridad media de alrededor de 3 semanas a 3 minutos con los más altos estándares de seguridad desde cualquier dispositivo electrónico con cámara y conexión a internet en cualquier lugar.

Por estas razones, *Know Your Customer (KYC)* requiere tres cosas:

1.- Primero, estas empresas deben identificar y autenticar a los clientes. Es por eso que debe enviar una gran cantidad de información personal a cualquier banco con el que abra una cuenta. Esto permite a los bancos confirmar que usted es quien dice ser al transferir y reclamar dinero. Además, permite a los bancos asociar cualquier actividad con una persona o entidad en particular al notar señales de alerta, lo que posiblemente lleve a una mayor investigación.

2.-En segundo lugar, deben evaluar el riesgo de un cliente. Cada cliente puede tener y transferir a varias entidades diferentes cantidades de dinero, algunas de las cuales pueden no ser legítimas. Es responsabilidad de la institución determinar de antemano si el cliente puede representar un riesgo.

3.- Finalmente, la institución debe vigilar constantemente cualquier indicio de actividad delictiva. A menudo, una empresa se verá obligada a interrumpir los negocios con un cliente que puede comportarse de manera sospechosa por motivos de protección. Todas estas regulaciones se imponen a ciertas empresas para evitar cualquier tipo de elusión financiera en torno a las restricciones. Sin embargo, debido a la naturaleza descentralizada de blockchain, la integración de estas cualidades en los negocios es socialmente difícil, aunque los intercambios como Coinbase cumplirán con estas restricciones para poder atender a la mayor audiencia posible. Las entidades que se ocupan de los servicios de transferencia de dinero o los instrumentos de pago se conocen como transmisores de dinero.

Regulación KYC en Europa

AML5 (o 5AMLD) junto con eIDAS definen el marco que compone los estándares Know Your Customer e introducen, por primera vez en la historia, métodos de identificación digital totalmente seguros con el fin de que los clientes puedan disponer de forma autónoma de la vía online para relacionarse con su banco, aseguradora, la administración, etc. Esto implica que las empresas podrán adquirir clientes en cualquier país de Europa, lo que supone un mercado abierto y homogéneo de 508 millones de personas, con tan solo un clic gracias a la Vídeo IDentificación.

Regulación en Suiza, ya conocida por su "Crypto Valley" en la ciudad de Zug, ha investigado el desarrollo de un nuevo tipo de bancos llamados "criptobancos", ubicaciones físicas para hacer con su criptografía lo que normalmente haría con su dinero de Fíat. Esto redefiniría la percepción de inicio de criptomonedas junto con la forma en que los bancos manejan estas criptomonedas.

Regulación en España

Con todo este desvio de préstamos y financiaciones fuera del control bancario y de los Tributarios, era lógico que los gobiernos comenzaran las regulaciones. Dada la complejidad y novedad del fenómeno, estos criterios están sujetos a revisión en función de la experiencia que se vaya acumulando y el debate que al respecto se está desarrollando actualmente a nivel internacional y, en particular, en la Autoridad Europea de Valores y Mercados (ESMA), la cual enumero lo siguiente. Los criterios que se incluyen a continuación se refieren al caso de que los tokens emitidos en la ICO tengan la consideración de valores negociables.

1.- Consideracion de los token como valores negociables:

Los criterios establecidos en el Comunicado de la CNMV publicado en febrero 2018 siguen siendo válidos, aunque con una matización a la vista de la orientación que está teniendo el debate internacional sobre este tema.

- En el comunicado de febrero se señalaba que: “Los “tokens” que den derecho a acceder a servicios o a recibir bienes o productos, que se ofrezcan haciendo referencia, explícita o implícitamente, a la expectativa de obtención por el comprador o inversor de un beneficio como consecuencia de su revalorización o de alguna remuneración asociada al instrumento o mencionando su liquidez o posibilidad de negociación en mercados equivalentes o pretendidamente similares a los mercados de valores sujetos a la regulación”.
- Sin embargo, se estima adecuado excluir de la consideración como valor negociable aquellos casos en los que no quepa razonablemente establecer una correlación entre las

expectativas de revalorización o de rentabilidad del instrumento y la evolución del negocio o proyecto subyacente.

2.- Necesidad de Intervención de entidades autorizadas para prestar servicios de inversión:

- En cuanto a la intervención de entidad autorizada a la que se refiere el art. 35.3 de la Ley del Mercado de Valores (LMV), se aplicará lo publicado en las Q&A de Fintech respecto del grado mínimo de intervención de la entidad autorizada para prestar servicios de inversión a efectos de la comercialización (que implica que dicha entidad debe realizar una supervisión general del proceso y validar la información a entregar a los inversores, que deberá ser clara, imparcial y no engañosa y refirirse a las características y riesgos de los valores emitidos, así como a la situación jurídica y económico-financiera del emisor de una manera suficientemente detallada para permitir que el inversor pueda tomar una decisión de inversión fundada).
- Asimismo, se considera adecuado que la entidad autorizada no proceda a validar la información a entregar a los inversores a no ser que en la misma se incluyan advertencias destacadas acerca de la naturaleza novedosa de la tecnología de registro y del hecho de que la custodia de los instrumentos no se realiza por una entidad habilitada para prestar servicios de inversión.
- No es necesaria, en principio, dado que normalmente para el emisor la operación será meramente ocasional, la intervención de una entidad autorizada para realizar la colocación de los valores. La reserva de actividad prevista en el artículo 144.1 LMV (en relación con el artículo 140 e) y f)) requiere que la actividad se reConsuelo "con carácter profesional o habitual").
- Tampoco tiene que ser necesaria, en principio, la intervención de una entidad autorizada para realizar la custodia de los valores puesto que la reserva de actividad prevista en el artículo 144.1 LMV (en relación con el artículo 141 a)) requiere que la actividad se reConsuelo "con carácter profesional o habitual").

3.- Representación de los token y consecuencias de su negociación en plataformas de negociación:

- Artículo 6.1 LMV permite interpretar que es posible que ciertos valores no se representen por medio de anotaciones en cuenta o títulos (dado que se utiliza el término “podrán”). Por tanto, no puede excluirse la posibilidad del registro de derechos que puedan tener la consideración de valor negociable a través de la tecnología DLT (blockchain). Teniendo esto en cuenta:

a) Si los tokens se van a negociar en mercados NO españoles:

- El artículo 6.2 LMV solo es aplicable a centros de negociación españoles. Por lo tanto, si los tokens se negocian en un mercado no español la CNMV no es competente para exigir que estén representados mediante anotaciones en cuenta.
- Será la ley (y la autoridad competente) del país en el que se encuentre el mercado en el que vayan a negociarse los tokens la que determine en qué medida es exigible una forma concreta de representación de los valores para su negociación en un mercado organizado y, en su caso, la necesidad de que la llevanza del registro se reConsuelo por un depositario central de valores.

b) No parece posible la negociación de los tokens en mercados regulados, SMN o SOC españoles ya que:

- El artículo 6.2 LMV exigiría que los tokens estén representados por medio de anotaciones en cuenta.
- El artículo 8.3 LMV obligaría a que la llevanza del registro se realizara por un depositario central de valores.

c) Tampoco parece posible generar un mercado interno en una plataforma no regulada o que los tokens se negocien en una plataforma (exchange) localizada en España ya que:

- En el caso de tokens considerados valores negociables, estas plataformas deberían contar con las autorizaciones exigibles para ejercer su actividad, entre ellas las necesarias como centro de negociación (como mercado regulado, SMN o SOC) o como empresa de servicios de inversión (ESI) o entidad de crédito que opere como internalizador sistemático. La gestión del centro de negociación debería realizarse por una ESI o por una entidad rectora de un mercado, y estarían sujetas en general a la normativa del mercado y al ámbito de supervisión de la CNMV.
- También se les aplicarían las mismas previsiones de la letra b) anterior respecto de la necesidad de representación

mediante anotaciones en cuenta y participación de un depositario central de valores.

4.- Necesidad de un folleto informativo:

- Dado que la mayoría de las operaciones que se están planteando pueden ampararse en el artículo 35.2 LMV (relativo a las situaciones en las que no existe obligación de publicar un folleto), se aconseja a los emisores que se atengan a los criterios comentados anteriormente en relación con el artículo 35.3.
- Hay que tener en cuenta que la elaboración de un folleto para una ICO puede encontrarse con dificultades debido a la ausencia de un modelo armonizado a nivel europeo, lo cual, a su vez, puede generar disfunciones con otras autoridades europeas respecto del pasaporte del folleto aprobado por la CNMV.
- No obstante, cuando resulte necesario un folleto por las características de la operación, la CNMV hará el esfuerzo necesario de adaptación y tendrá en cuenta el principio de proporcionalidad (máxime cuando es previsible que las operaciones no sean de gran tamaño) a efectos de reducir en lo posible la complejidad y extensión del documento.

¿Cómo funciona y qué regulación ICO existe en EE.UU.?

Cuando se lanza un proyecto que utiliza la tecnología Blockchain, este siempre conlleva una moneda o "token" implícito. Para financiar dicho proyecto, los promotores emiten un volumen de tokens determinado que venden a inversores a cambio de divisas tradicionales (euros, dólares...). Estos tokens podrá utilizarlos el suscriptor del ICO para intercambiarlos por los productos o servicios de la empresa una vez en marcha. Alternativamente, podrían cotizar en un mercado parecido a la bolsa de valores, e intercambiarse por otras criptomonedas de amplia difusión y más líquidas como el Bitcoin o el Ether. El éxito de una oferta inicial de criptomonedas depende esencialmente de cinco elementos:

1.- Propuesta.- Proposición de valor del negocio y cómo puede este monetizarse mediante token. ¿Por qué deberían comprar tus vales? ¿Cómo la vas a presentar? ¿Se adhiere a los estándares que están presentes en tu comunidad?

2.- Transparencia.- Explicar de forma abierta las capacidades, fortalezas y motivaciones del equipo para llevar a cabo el proyecto con éxito. Esto debe reflejarse en el “White Paper” del ICO, el documento técnico donde se explica porqué la emisión de tokens propuesta es una buena idea. Este documento es el folleto informativo que se publica para los inversores de la ICO. Se deberá hacer referencia en el mismos a todos los aspectos del proyecto: business plan, modalidad de inversión, duración y plazos, desarrollo tecnológico, equipo, cumplimiento normativo... Cuanto más detallado y transparente, mejor, ya que es el modo principal que tiene la sociedad para que los inversores queden convencidos de que invertir en el proyecto es una opción acertada. ¿En qué medida eres transparente? ¿Está tu equipo bien documentado? ¿Tienen todos los miembros del equipo la preparación y experiencia adecuadas? ¿Quiénes son? ¿Cuál es su experiencia? ¿Son miembros asentados de la comunidad blockchain con una trayectoria reconocida o son equipos nuevos que tratan de sacar partido de la fiebre del oro? La calidad de tu equipo será clave, en la captación de fondos. La explicación técnica, informes determinará los apoyos u obstáculos que te encuentres.

3.- Venta de Token.- La gestión de la emisión de tokens. La elección del momento oportuno para la venta es importante, así como el tipo de tokens (no todos los tokens son iguales, unos son más apropiados que otros en función del uso). Asimismo es importante cómo se van a monetizar: la cotización de los tokens en un mercado con reputación dice mucho de la calidad del emisor. ¿En qué época del año lo haces? ¿Qué tipo de vales empleas? No solo qué tipo de estándar, sino, además, ¿qué tipo de vales? Por último, ¿cómo gestionas los pagos? ¿Qué transacciones llevas a cabo?

4.- Estrategia de Comunicación.- Una cuidadosa comunicación en los medios es de crucial importancia. Existen incluso agencias de prensa especializadas que diseñan el proceso de principio a fin.

5.- Consideraciones Legales.- Las ofertas iniciales de criptomonedas deben gestionarse de acuerdo con lo establecido en las jurisdicciones y normativas pertinentes con el fin de que los inversores estén protegidos frente a prácticas no legales. Es importante considerar las pérdidas que debes asumir. En los EE.UU, entre finales de 2017 y principios de 2018, se consolido una extensa legislación y se proporcionó mayor asistencia desde la Comisión de Bolsa y Valores y Valores:

- Token como activo financiero (Security Token) Un token se considera un activo financiero si se puede comprar y vender en mercados públicos (tradear). A mediados de 2017, la SEC de Estados Unidos advirtió que si ellos clasifican el token de un ICO como "security", cae bajo la regulación que tiene cualquier activo financiero "normal". Y tiene lineamientos muy estrictos, más que nada para proteger al público general de ser engañado con una falsa promesa de un retorno astronómico. A partir de ese momento ninguna ICO salio a ofrecer tokens que puedan ser catalogados como "securities" por la SEC. Nadie quiere ser el chivo expiatorio e ir a la cárcel por haber lanzado un token de este tipo, sin haber hecho todo el engorroso proceso legal que requiere, como por ejemplo ofrecer su token a inversores sofisticados únicamente. Uno de los puntos que menciona la SEC es claro: no se permite hacer publicidad masiva de una oportunidad de inversión financiera donde cualquier individuo puede invertir. Evidentemente un proyecto que promociona activamente su ICO, y cuyo token fue catalogado como un activo financiero, estaría haciendo algo totalmente prohibido. Lo SEC establece que para que un token sea considerado "security" tiene que pasar el Howey test. Ese test consiste en verificar que: No es una inversión de dinero. No tiene expectativas de lucro y No está basado principalmente en el esfuerzo de otros.

- Token de utilidad (Utility Token): Según como se mire, prácticamente todos los tokens caerían bajo la categoría de activos financieros dado que la mayoría de los inversores en ICO esperan un retorno mediante el potencial incremento del valor del token a lo largo del tiempo. Sin embargo, si un token no califica en alguno de los 3 puntos del Howey test, no puede considerarse un "security". Un token de utilidad es básicamente una promesa de uso futuro en la plataforma para quien lo posee: se paga el consumo del servicio con ese token. La apreciación del valor surge ante una oferta limitada de esos tokens (no se emiten más que cierta cantidad); es decir, si la demanda por ese servicio sube, consecuentemente aumentaría el valor de ese token. Los proyectos no tienen que promocionar su ICO como una oportunidad de inversión para hacer dinero, sino para comprar un token que van a poder usar para pagar por el servicio ofrecido después. El incremento del precio es una consecuencia del éxito de su propuesta de valor al mercado. También se las podría llamar "tokens de acceso a la plataforma" (Network Access Tokens) porque el token te permite pagar por usar esa plataforma para hacer algo. Como ejemplo podemos mencionar a Filecoin, que planea ofrecer almacenamiento descentralizado en la nube, al tomar espacio disponible en los discos duros de las computadoras de los miembros de la red. Quienes participaron del récord ICO (recaudaron más de 257 millones de dólares en muy pocos días) podrán usar esos tokens para comprar espacio de almacenamiento a Filecoin cuando lancen el servicio. Desde el punto de vista legal, deberían estar cubiertos si no permiten que esos tokens puedan ser intercambiados por otros bienes o servicios fuera del ecosistema para el cual fueron creados. El valor del token estará dado por la demanda de los usuarios para powerear la app descentralizada (DApp) que sea. Los tokens que se están creando como programas de incentivos, de millaje frecuente, caerían dentro de esta categoría: se usarían, por ejemplo, para pagar nuevos pasajes en American Airlines. Además de Filecoin podemos mencionar a Ripple y Ethereum, entre otras.

- Token de acciones (Equity Token): Representa la propiedad de una parte de una organización. Con este tipo de token es mucho más fácil tener acciones de una empresa, principalmente una nueva, una startup. Una de las ventajas en comparación con las acciones típicas es que, a través de los tokens, los accionistas pueden tener un rol más activo en el gobierno de ese emprendimiento: por ejemplo, es posible hacer votaciones más rápidas, fáciles y transparente a través de una blockchain. Debido fundamentalmente a la falta de marco regulatorio, casi ningún emprendimiento lanzó un token de acciones. Es importante destacar que Delaware propuso una ley que les permite a las empresas radicadas en ese Estado mantener una lista de los nombres de los accionistas en una blockchain a diferencia de los métodos tradicionales. Es solo cuestión de tiempo hasta que este tipo de token gane popularidad.

¿Qué ventajas crees que puede tener la recaudación de fondos mediante ofertas iniciales de criptomonedas? ¿Pagarías por una criptomoneda que te permitiese acceder a un servicio exclusivo? ¿Por qué sucede Crowdsales? La venta masiva generalmente ocurre antes de que un proyecto haya lanzado oficialmente su servicio. Está diseñado para generar fondos para el desarrollo del proyecto, ayudando a pagar a los desarrolladores de software, los presupuestos de marketing y todo lo demás que necesita una startup. También se puede usar para medir el interés en un proyecto en particular. Si nadie compra los tokens, entonces la compañía que desarrolla el proyecto podría querer reconsiderar sus opciones. La parte realmente interesante de un crowdsale es lo que sucede con los tokens más adelante. En muchos casos, se comprarán y venderán en el mercado abierto, obteniendo su propio valor de mercado independientemente de la aplicación para la que se utilizan. Esta es otra forma de alentar a los primeros usuarios. Pueden comprar tokens porque creen en el potencial de un servicio en línea en particular. Si el proyecto llega a ser tan exitoso como piensan, entonces los tokens podrían aumentar de valor, convirtiéndose en una ganancia bastante más adelante.

Proceso para lograr un MLT en EE.UU.

Para designar qué entidades están legalmente autorizadas a participar en tales actividades, existe la *Licencia de Transmisor de Dinero* emitida por los estados dentro del gobierno de los EE.UU. Algunas de las cosas que ha hecho el Departamento de Servicios Financieros de Nueva York antes de otorgar una licencia a un banco incluyen, entre otras, la auditoría de los estados financieros del solicitante, empresas y subsidiarias, investigando los registros financieros personales de directores, propietarios y otros, viendo una lista de todas las demandas presentadas contra cualquier "Persona de control" en los últimos quince años y realizando verificaciones de antecedentes penales y civiles de terceros. Esta profundidad de la regulación está destinada a proteger a los consumidores de las empresas que manejan mal su dinero, pero en consecuencia dificulta enormemente la prestación de estos servicios.

Si eso no fuera suficiente, Nueva York tiene una licencia separada exclusivamente para criptomonedas, que se aplica a cualquier persona que reConsuelo cualquiera de los cinco actos:

1. Recibir moneda virtual para transmitirla o transmitirla,

2. Tener moneda virtual para otros,

3. Comprar y vender moneda virtual como negocio de un cliente,

4. Prestación de servicios de intercambio como empresa cliente, y

5. Controlar, administrar o emitir una moneda virtual.

Un intercambio conocido como *Circle* fue el primero en obtener una *BitLicense*. Coinbase también siguió más tarde, y Square es la compañía más reciente en obtener una BitLicense, siendo la novena. Para tener un poco más de perspectiva, profundicemos en la historia regulatoria. En 2013, los gemelos Winklevoss, fundadores del intercambio Gemini y bien conocidos por su participación con el fundador de Facebook Mark Zuckerburg durante sus estudios de pregrado en Harvard, presentaron una propuesta a la SEC para producir un ETF de Bitcoin, o cotizado en bolsa.fondo conocido como Winklevoss Bitcoin Trust. Un ETF permitiría a cualquiera comprar y vender una representación de Bitcoin sin tener que retener bitcoins. Esta propuesta fue rechazada por la SEC en 2017, citando a Bitcoin como "*no regulado*" y no "*consistente con la Exchange Act*". Gran parte de la culpa también se atribuyó a los intercambios mal capitalizados y no regulados fuera de EE.UU., Con una influencia particular de los chinos en el precio. Se podría decir que este rechazo no es del todo malo. Después de todo, todo el propósito de Bitcoin es ir más allá de la regulación; esta decisión lo confirma.

Citando el riesgo de los inversores por la volatilidad extrema, la falta de liquidez y la posible manipulación del mercado, el director de la SEC a partir de enero de 2018 Daria Blass dice que la SEC no cree que sea apropiado que los patrocinadores de fondos inicien el registro de fondos que pretenden invertir sustancialmente en criptomonedas. Hasta que Bitcoin reciba una reputación de inversiones de bajo riesgo, si alguna vez lo logra, es poco probable que logre una aceptación generalizada por parte del gobierno de los EE.UU. Como un activo subyacente para productos financieros. Ahora que hemos dado algunos ejemplos de regulación sobre las criptomonedas, profundicemos en algunas perspectivas que pueden ofrecer los estados dentro de los EE.UU.

Dos estados que han creado una legislación pro-blockchain incluyen Arizona y Vermont.

En Arizona, se firmó un proyecto de ley que permite que las firmas digitales de blockchain se consideren firmas legales. Esto implica que los contratos inteligentes se pueden hacer cumplir a través del poder del gobierno en Arizona. Además, en Vermont, la información sobre la cadena de bloques se considera "*representativa de hechos reales y pruebas permitidas en los tribunales*" siempre que satisfaga algunas condiciones. Esto incluye la fecha y hora en que la información ingresó a la cadena de bloques, así como si el registro fue realizado por una actividad realizada regularmente como una práctica regular, que puede ser interpretado en el sentido de que un organismo sin confianza está ejecutando este registro como lo haría con cualquier otro registro, lo que implica que no hay sesgo en la inclusión o el estado del registro en la cadena de bloques. Por ejemplo, ¿debería ser legal para mí comenzar mi propia cadena de bloques privada e incluir una sola transacción y luego reclamarla como evidencia ante un tribunal de justicia? Probablemente no. Es fascinante pensar que la tecnología que acaba de cumplir una década ya se ha vuelto lo suficientemente poderosa y popular como para convertirse en legislación. Para poner las criptomonedas y blockchain en perspectiva, echemos un vistazo alrededor del mundo a algunas de las respuestas populares a esta nueva tecnología. Aunque Bitcoin y las criptomonedas pueden verse como una amenaza para las instituciones establecidas, Londres busca particularmente dar un abrazo más positivo a Bitcoin, viendo la tecnología como un progreso para las finanzas en lugar de creer en el temor de que eluda la centralización.sistemas.

Regulación Know Your Customer en México

El cumplimiento normativo es extensible a todo el mundo, y, por ende, a México. La CNBV ha fijado estándares con la Ley de Instituciones de Tecnología Financiera. Tanto esta, como como la Ley de Instituciones de Crédito posibilitan la vídeo identificación remota y online en el país. Al igual que en Europa, las soluciones basadas en simples imágenes o selfies tampoco están admitidas en los estándares mexicanos.

Regulación en Taiwán recientemente integró una caja de arena reguladora de fintech (sandbox) en su legislación, lo que implica que incluso la tecnología blockchain puede ser desarrollada por empresas emergentes sin temor a las consecuencias regulatorias. Taiwán es conocido popularmente como "*Crypto Island*", con Jason Hsu conocido como el "*Crypto Congressman*", acuñado por el propio Vitalik Buterin.

Regulación en Sudáfrica ha comenzado recientemente a ver un aumento en la propiedad de criptomonedas y la participación de blockchain. El Banco de la Reserva de Sudáfrica, o SARB, estableció un grupo de trabajo de Fintech para monitorear los desarrollos en el espacio de la criptomoneda y la tecnología financiera, intentando equilibrar el desarrollo de la criptomoneda y la cadena de bloques dentro de la nación. Aunque ha expresado que es poco probable que las criptomonedas se consideren monedas, la población es libre de comerciar y usarlas como lo haría con cualquier otro activo. El SARB incluso lanzó un proyecto propio en junio de 2018, conocido como Proyecto Khokka, construido utilizando el Quórum de JPMorgan para actualizar la red de pagos de Sudáfrica y brindar más información sobre las transacciones que ocurren entre instituciones.

Países que presionan contra las criptomonedas y blockchain.

Sin embargo, no todos los países adoptan tanto las criptomonedas como la cadena de bloques.

En Bangladesh, se afirma que la falta de regulación por parte de un banco central hace que las criptomonedas sean peligrosas. Si bien no están exactamente equivocados sobre el riesgo de las criptomonedas para los inversores que no lo saben, ciertamente castigan más allá de lo que muchos podrían decir que es una cantidad razonable, amenazando con hasta 12 años de prisión por comerciar con criptomonedas.

En Bolivia, el banco central emitió un comunicado de que es ilegal usar una moneda no gubernamental.

En China, se han impuesto prohibiciones a prácticamente todas las actividades relacionadas con las criptomonedas y las ICO.

En Ecuador, también se han impuesto restricciones a las monedas virtuales, principalmente como una forma de proteger la moneda digital nacional, la primera patrocinada por el estado en la historia.

Islandia afirma que la compra y transferencia de monedas digitales va en contra de la restricción nacional contra la salida de moneda del país, esencialmente prohibiendo las criptomonedas.

India cerró un intercambio conocido como BTCXIndia que, a pesar de cumplir con las regulaciones AML / KYC, todavía se consideraba riesgoso.

Cryptokitties: Gatos Digitales y Vacas Analógicas

Cuando un elemento es único y no puede reproducirse, puede tener valor. ¿Qué convierte a cada criptogato en un valor escaso? Su genoma único. Basándose en estos dos enlaces deducimos, que de igual modo, que los bitcoin al tener una emisión fija de número de bitcoin se convierte automáticamente en un valor escaso y eso favorece su elevado coste continuo; el genoma único de los criptogatos les confiere esta característica de valor escaso.

A pesar de tener un carácter lúdico, son un gran ejemplo de cómo la combinación de las transacciones blockchain y la distribución por internet puede hacer crecer una idea y generar nuevas formas de intercambios. Cada criptogato tiene un genoma único. La gente puede comprar los criptogatos y especular con ellos a través del uso de la moneda virtual Ether, competencia directa de bitcoin. El juego de los criptogatos es un ejemplo de plataforma blockchain que surgió como respuesta a la necesidad de poder controlar activos digitales de manera descentralizada. Un sistema de gestión de activos digitales, también conocido por las siglas DAMS (del inglés *''Digital Asset Management System''*), es un sistema (software y hardware) que se encarga de almacenar, gestionar, organizar, procesar y distribuir activos digitales. Su objetivo es simplificar la gestión de los activos digitales y facilitar a los usuarios autorizados la búsqueda y recuperación del activo que necesitan. El valor del activo gestionado se materializa solo si es accesible por los usuarios autorizados en el momento en que lo necesiten. El fundador de Ethereum, el programador ruso-canadiense Vitalik Buterin, se dio cuenta de la necesidad de gestionar activos digitales de forma descentralizada cuando los cambios en el juego World of Warcraft le hicieron perder algunos de sus activos preferidos (armas). A raíz de esta anécdota, comprendió que los activos digitales se controlaban de manera centralizada, por lo que todo el poder lo ejercía quien controlara el servidor.

¿Qué significa contar con un activo digital? Un activo digital, también llamado recurso digital (o Digital asset en Ingles), es cualquier recurso que existe de forma digitalizada y que alguien puede poseer, o que representa contenido que alguien puede poseer, y por tanto, tienen asociado un derecho para su uso. Al ser tratados como una propiedad, esta puede venderse, comprarse o licenciarse. Por ejemplo un fichero de música obtenido de forma legítima es un activo digital. Sin embargo una copia obtenida de forma ilegal no. Esto es debido a que la persona que ha obtenido la copia ilegal puede tener la habilidad técnica para usarlo, pero no tienen el derecho legal para usarlo. El derecho de usar está típicamente includio en los metadatos que acompañan al fichero. Esto es análogo a lo que ocurre en el mundo real de los activos: Cuando compras un coche recibes unos documentos que demuestran que te transfieren la titularidad. Sin embargo, la transferencia del activo en el mundo real no siempre implica la entrega física del activo. Es frecuente que el papel que representa el activo cambie de manos, pero el activo permanezca donde está localizado. De hecho para los bienes raíces este es siempre el caso, lo que cambia de manos son los derechos de ocupación.

¿Cuáles son los Beneficios de usar el software de gestión de activos digitales? Ya sea en la tienda en línea o en los sitios web de las empresas, si el éxito de su empresa depende de una buena gestión de medios, existen algunas razones para utilizar un software de administración de activos digitales eficiente y económico.

Ventaja 1: Acortando el tiempo de comercialización: Especialmente en las empresas internacionales, una acción rápida en situaciones actuales es esencial. Las campañas y los lanzamientos de productos deberían ser un aterrizaje puntual, ya que los retrasos pueden traer grandes pérdidas financieras. La gestión de activos digitales bien organizada acorta el tiempo de comercialización extremadamente alto, ya que los procesos necesarios pueden hacerse mucho más eficientes. ¿Se necesitan imágenes en diferentes tamaños? Se encuentra en el sistema DAM. ¿Logotipos? En el sistema. ¿Los bloques de texto? Los departamentos de marketing pueden concentrarse en su trabajo real y no perder tiempo valioso buscando y editando material.

Ventaja 2: Consistencia de la marca: Al tener los mismos datos disponibles para todos los equipos en el software de gestión de activos digitales, las empresas pueden controlar muy bien el uso correcto de las marcas. Los logotipos o gráficos desactualizados se bloquean o reemplazan inmediatamente con archivos más nuevos. Además, tiene la opción de proporcionar varias versiones de archivo para uso individual. La gestión de activos digitales bien organizada garantiza que todos los usuarios siempre sepan qué formatos pueden usar cuándo y dónde. Esto ahorra preguntas y aclaraciones que requieren mucho tiempo.

Ventaja 3: seguridad jurídica: Por último, pero no menos importante, un sistema DAM permite el uso legalmente compatible de los medios. Con el control central de la gestión de medios, siempre tiene una visión general de sus datos. Por lo tanto, los equipos no pueden usar imágenes sin las licencias necesarias, gráficos obsoletos o no aprobados. Al enriquecer con metadatos se da información importante para usar, de modo que no debe haber ambigüedad. Con nuevas condiciones de licencia o nuevas imágenes, los medios se pueden intercambiar en tiempo real o se puede agregar información para que todos los equipos tengan acceso a datos actualizados en todo momento.

Quizás uno de los proyectos más populares de 2017 fue Cryptokitties. La idea detrás de Cryptokitties era permitir a los usuarios comprar, recolectar, criar y vender varios tipos de gatos virtuales en un juego virtual que se ejecuta en la cadena de bloques Ethereum. Cada Cryptokitty es único y la propiedad se valida a través de la cadena de bloques. Presentado inicialmente como un proyecto de hackathon en EthWaterloo en octubre de

2017, Cryptokitties se lanzó a fines de noviembre de 2017 y su popularidad se disparó rápidamente, tanto que en diciembre, Cryptokitties fue responsable de un volumen de transacciones sin precedentes, congestionando y desacelerando significativamente por la red Ethereum. Algunos han culpado a Cryptokitties por bloquear transacciones "*más serias*" en la red Ethereum, y algunos han comparado a Cryptokitties con la locura de *Beanie Baby*, diciendo que ambos carecen naturalmente de valor. Sin embargo, en el lado positivo, algunas personas piensan que los cryptokitties contribuyeron a la popularidad de ethereum y crearon conciencia pública sobre el espacio de las criptomonedas, lo que es útil para la adopción pública de las criptomonedas.

Está claro que las criptomonedas y blockchain son muy populares ahora. Si su atención principal y su creciente popularidad es algo bueno o no, es otra cuestión que el tiempo dirá.

Parity

Con la creciente popularidad de blockchain y las criptomonedas, es importante tener un buen software de billetera. *La billetera de paridad* es una billetera de múltiples firmas, que requiere que varias personas firmen las transacciones, y fue creada por el cofundador de Ethereum, Gavin Wood, y su equipo en *Parity Technologies*. La paridad se comercializó a sí misma como la forma más rápida y segura de interactuar con la cadena de bloques Ethereum. Pero en noviembre de 2017, un usuario con el nombre de *devops199* bloqueó accidentalmente 300 millones de euros estadounidenses en ether que habían sido propiedad de los usuarios de la billetera *Parity multisig*. Parity se había basado en un contrato inteligente externo para usarlo como una biblioteca de software para cálculos más pesados, y este contrato inteligente no había tenido una auditoría de seguridad exhaustiva antes de su lanzamiento en la red pública de Ethereum. Todo lo que se necesitó fue que alguien llamara a la función "*matar*", para que se perdieran 300 millones. Debido a la arquitectura de Ethereum y la inmutabilidad de las cadenas de bloques públicas, el código que se publica es difícil de eliminar, por lo que es importante que los contratos inteligentes no tengan errores. Este fue un gran momento revelador para la comunidad de Ethereum en su conjunto, y enseñó a los desarrolladores, especialmente a los desarrolladores de código abierto, a auditar completamente la seguridad del código de misión crítica.

Coincheck

Coincheck se comercializó como uno de los intercambios de criptomonedas más grandes y populares de Asia, al menos hasta un hack en enero de 2018 que, resultó ser el hack de criptomonedas más grande de la historia. Más de 500 millones de dolares estadounidenses fueron robados en el hack de Coincheck de enero de 2018. Compare esto con el ya inmenso hack de Mt. Gox en 2014 que resultó en el robo o la pérdida de 400 millones de dolares estadounidenses. Coincheck estimó que más de 250.000 (doscientos cincuenta mil) usuarios se vieron afectados por el hack, y les aseguró que no era un trabajo interno, sino una violación y un hack legítimo. La mayor parte de la criptomoneda robada en el hack de Coincheck se perdió en un solo evento. Y compare esto con Mt. Gox, que habíamos mencionado perdió la mayor parte de su criptomoneda a través de múltiples robos en un lapso de varios años. El panorama de las criptomonedas y blockchain es bastante salvaje en la actualidad. Hay una gran cantidad de intercambios, software de billetera y otras aplicaciones de utilidades de blockchain, y una cantidad aún mayor de ICO por ahí. Dado que blockchain aún es joven, es importante hacer su propia diligencia debida al usar el software blockchain. Todos deberiamos comenzar a pensar críticamente sobre los fundamentos de blockchain y los aspectos más técnicos sobre la tecnología que luego pueden ayudarnos a tomar sus propias decisiones personales.

Resumen Segundo Capítulo

Frente a bancos y agencias nacionales cada vez más poderosos, los Cypherpunks y Crypto-anarquistas de finales de la década de 1980 abogaron por el uso de la criptografía para preservar la privacidad, que definieron como el poder de revelarse selectivamente. Buscaron desarrollar un sistema de transacciones digitales anónimo. En octubre de 2008, Satoshi Nakamoto publicó el documento técnico de Bitcoin, que describía, por primera vez, una criptomoneda descentralizada, anónima y sin confianza. Bitcoin se basó en un historial de criptomonedas fallidas, incluidas Digicash, Hashcash y B-money. Bitcoin se basa en Proof-of-Work, un protocolo de validación entre pares introducido por Hashcash, que gasta poder computacional para resolver acertijos criptográficos y emitir votos. Al igual que en Digicash, cada nodo en Bitcoin mantiene su propia identidad a través de claves públicas y privadas, autenticando transacciones mediante firmas ciegas. Al igual que en B-money, cada nodo completo de Bitcoin mantiene una copia de la cadena de bloques. Bitcoin es una moneda deflacionaria, con 21 millones de bitcoins totales que, se introducirán lentamente en el suministro de bitcoins a través de recompensas en bloque. La primera transacción que utilizó Bitcoin para comprar un activo tangible ocurrió en 2010, cuando Laszlo Hanyecz intercambió 10,000 bitcoins por $ 25 en pizza. Este intercambio le dio a los bitcoins un valor real, un primer paso hacia la legitimidad.

A medida que Bitcoin comenzó a ganar popularidad, también comenzó a enfrentar cada vez más casos de robos, piratería y actividades ilegales. El primero fue un gran truco en Magic: The Gathering Online Exchange (Mt. Gox), uno de los primeros sitios web de intercambio de Bitcoin creados en 2010. Bitcoin también se utilizó para la compra de sustancias ilegales en la web oscura, especialmente a través del sitio web "*Silk Road*", apodado "*eBay para las drogas*". A medida que Bitcoin se volvió más accesible y útil para el público, su valor creció constantemente, alcanzando una burbuja en 2013. Altcoins, como Litecoin, ZCash, Stellar, Ripple, Ethereum, Dogecoin, DASH y Monero, comenzaron a aparecer poco después del éxito de Bitcoin, cada uno con una funcionalidad diferente. En 2014, comerciantes como Overstock.com y PayPal (con Coinbase) comenzaron a aceptar Bitcoin. Las startups de Bitcoin y las compañías de billeteras, incluidas Coinbase, Bitpay y Blockchain.info, también comenzaron a aparecer en esta época. Alrededor de este tiempo, la gente comenzó a diferenciar entre el término blockchain y Bitcoin.

Bitcoin está lejos de ser perfecto. Uno de los mayores desafíos tecnológicos que enfrenta Bitcoin es el de la escalabilidad. Estos problemas despiertan la preocupación de la gobernanza descentralizada. Actualmente, los usuarios de Bitcoin pueden proponer protocolos de mejora de Bitcoin en foros en línea y recopilar votos de la comunidad ad hoc sobre asuntos propuestos. Otra plataforma de blockchain influyente es Ethereum. Si bien Bitcoin es un almacenamiento de valor, Ethereum es una plataforma diseñada para ejecutar código arbitrario llamado "*contratos inteligentes*". Los usuarios pagan por la ejecución del código utilizando el token interno de Ethereum, llamado ether. Con la introducción de Ethereum, las Organizaciones Autónomas Distribuidas (DAO), programas en la cadena de bloques Ethereum que crean un gobierno distribuido, ganaron popularidad. "*El DAO*" era un DAO de capital de riesgo descentralizado que sufrió un hackeo de $ 120 M en 2016. El desacuerdo sobre si revertir el historial de transacciones antes del hack condujo a dos versiones de Ethereum. Ethereum (la cadena principal) reFedeinó el historial de transacciones antes del hack, mientras que Ethereum Classic continuó con la cadena original a pesar del hack. Si bien las preocupaciones sobre la reacción de la SEC al hack de DAO inicialmente redujeron el precio de Ethereum, la creciente popularidad de las Ofertas Iniciales de Monedas y los fondos negociados en el mercado de criptomonedas aumentaron el precio de Ethereum en general. Los cambios económicos y políticos a principios de 2017, junto con una expansión de la base de usuarios de criptografía para incluir a los millennials, contribuyeron aún más al crecimiento del valor de Ethereum y el volumen de transacciones.

Mientras tanto, los bancos comenzaron a buscar formas de aplicar la tecnología blockchain, lo que generó un mayor interés en las "*cadenas de bloques privadas*". Las tecnologías de cadena de bloques empresariales actuales incluyen Corda, Chain de R3, Quorum y Juno de JP Morgan, Digital Asset Holdings e Hyperledger de IBM. Blockchain ha recorrido un largo camino: desde la ideación en línea entre los Cypherpunks hasta la adopción por parte de JP Morgan Chase. El espacio blockchain se ha expandido para incluir no solo a las principales instituciones financieras, sino también al público en general. Las ofertas iniciales de monedas, los esquemas de recaudación de fondos sin capital para nuevas empresas de criptografía que permiten que cualquiera participe, y el advenimiento de Cryptokitties, un mercado en línea para gatos virtuales, indican la propagación de blockchain en las comunidades y también en la cultura popular.

Capítulo III
MECÁNICAS Y OPTIMIZACIONES DE BITCOIN

Hemos visto cómo funciona Bitcoin. Sabemos lo que se necesita para implementarlo. Sin embargo, no sabemos cómo sucede eso por dentro. Veremos las funciones hash criptográficas. Qué son y cómo se usan en Bitcoin. Luego, veremos cómo podemos usar funciones hash criptográficas para crear una base de datos a prueba de manipulaciones, es decir, la cadena de bloques que todos conocemos y amamos. Analizaremos las firmas digitales, el algoritmo de firma digital de curva elíptica y cómo generamos y usamos realmente nuestra clave privada, clave pública y dirección. Finalmente, presentaremos el script de Bitcoin y su funcionalidad, así como su papel para hacer que Bitcoin sea más flexible. Recuerde nuestras suposiciones anteriores que en Bitcoin, no debemos confiar en nadie. Antes, considerábamos la confianza en el contexto del consenso, pero ¿qué pasa con la información que se mueve a través de la red? Por ejemplo, si alguien ve un bloque con su transacción, ¿qué impedirá que lo modifiquen o incluso lo reemplacen? Anteriormente demostramos cómo lograr un consenso sobre las actualizaciones de la cadena de bloques a través de *Prueba de trabajo*. Ahora, demostraremos cómo podemos estar seguros de que la actualización es la misma para todos, mediante el diseño de un sistema a prueba de manipulaciones. *Prueba de manipulación* significa que, aunque la información puede ser manipulada, es obvio que ha habido alguna manipulación de la información al ser minado. Veremos que para diseñar nuestra base de datos a prueba de manipulaciones, primero necesitamos una *fuente de aleatoriedad estandarizada*. Para ello, utilizaremos funciones de *hash criptográficas*.

Integridad de la información

Una forma sencilla de imaginar ésto es con algún sistema de huellas digitales. Cada uno de nosotros tenemos huellas dactilares que pueden identificarnos y por lo tanto podemos aplicar el concepto de "*único, difícil de imitar y casi imposible de predecir antes de nacer*". Al ingresar a otro país, a menudo solicitan la huella digital, ya que es un identificador único de usted. Podriamos utilizar la imagen retiniana como ejemplo, pero ésta cambia con determinades procesos patológicos y no me gusta como ejemplo. Si se es otra persona diferente, entonces su huella dactilar cambia. Pues lo mismo se aplica en Bitcoin. Excepto que en lugar de humanos y dedos, tenemos información significativa y datos aleatorios. Si podemos diseñar una forma de generar huellas digitales de nuestros datos significativos, entonces podemos garantizar la integridad de nuestra información. Con este sistema de huellas dactilares, si se cambia la información, también se cambia la huella dactilar. Aquí está lo fascinante de las huellas dactilares: cuando realmente lo piensas, *las huellas dactilares* son simplemente *aleatoriedad estandarizada*. No puedes adivinar cómo se verá la huella digital de alguien con solo mirarlo. De la misma manera, no debería poder adivinar los datos que produjeron una huella digital. Pero, ¿cómo nos ponemos todos de acuerdo en una forma de generar huellas dactilares? Necesitamos *aleatoriedad estandarizada.*

Funciones hash criptográficas

Las *funciones hash criptográficas* son funciones unidireccionales que toman alguna entrada y producen una salida pseudoaleatoria. Decimos *pseudoaleatorio* porque, si bien nos parece aleatorio, en realidad siempre será la misma salida para alguna entrada determinada. En otras palabras, si tomo una vez el hash del conocido smartcontract *"¡hola, mundo!"*, será lo mismo si lo hago por segunda vez. Esto es necesario para la estandarización entre todas las partes. Dicho de otra manera, una función *hash criptográfica* siempre genera un mensaje de un tamaño determinado. Debemos aclarar que llamamos a la salida la imagen y a la entrada la imagen previa. Las funciones hash criptográficas se diferencian de las funciones hash normales en que están diseñadas para la seguridad, pero por conveniencia, ahora nos referiremos a las funciones hash criptográficas como funciones hash.

Función Hash Criptográfica

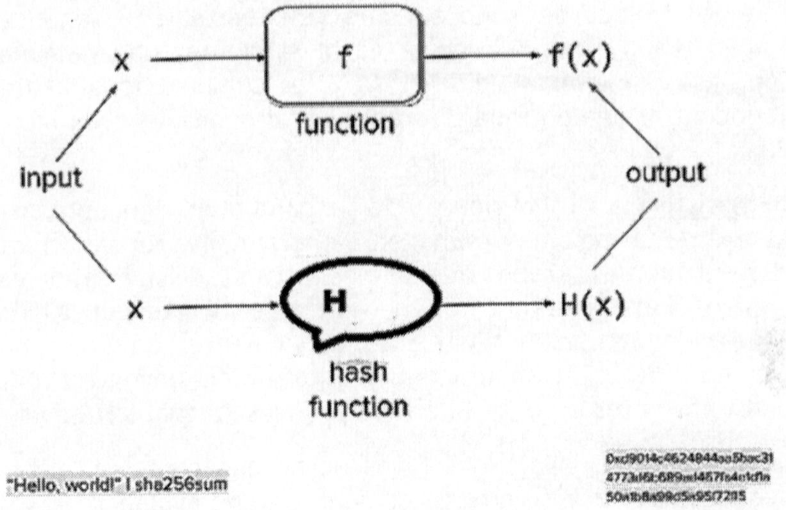

¿Cuáles son las propiedades de las funciones hash? Presentan tres propiedades importantes: la resistencia a la preimagen, la segunda preimagen, y la resistencia a la colisión. Para aclarar qué significan estos términos, repasemos un par de definiciones. "*Pre-imagen*" es sinónimo de "*entrada*" (input). "*Resistencia*" es sinónimo de dificultad. Por ejemplo, "*resistencia a la preimagen*" se refiere a la dificultad de encontrar una entrada dada alguna salida.

1.- Primera resistencia a la preimagen: En primer lugar, queremos asegurarnos de que nadie pueda aplicar ingeniería inversa a nuestra huella digital. De lo contrario, surgen ciertos problemas, como exponer información que no queríamos revelar. Para asegurarnos de que esto no suceda, necesitamos lo que se conoce como resistencia a la preimagen. La definición técnica es la siguiente: dada alguna función hash H y alguna salida de la función H de x, es computacionalmente difícil encontrar x. En otras palabras, no podemos descubrir fácilmente la entrada que generó alguna salida.

2.- Segunda resistencia a la preimagen: A continuación, queremos asegurarnos de que nadie pueda robar huellas dactilares. Si alguien más puede generar su huella digital con una entrada diferente, nadie podrá saber quién hizo originalmente la huella digital. Para asegurarnos de que esto no suceda, necesitamos lo que se conoce como resistencia a la segunda preimagen. La definición técnica es la siguiente: dada alguna función hash H y alguna salida H de x, es computacionalmente difícil encontrar una entrada diferente x 'tal que H de x sea igual a H de x'.

3.- Resistencia a colisiones: Al expandir el concepto de resistencia de la segunda preimagen, generalmente reconocemos que dos entradas arbitrarias que se mapeen en la misma salida es algo malo. Para evitar esto, necesitamos resistencia a las colisiones. La definición técnica es la siguiente: dada alguna función hash H, es computacionalmente difícil encontrar dos entradas diferentes (x) e (y) tales que H de x sea igual a H de y.

4.- Efecto de avalancha: Las consecuencias de estas propiedades es lo que se conoce como efecto de avalancha. Esto significa que cualquier cambio en la entrada, conduce a un cambio pseudoaleatorio en la salida. Esto evita un juego frío o caliente con entradas, donde intenta adivinar la salida en función de las entradas. Pongamos un ejemplo: En el lado derecho, hemos agregado la cadena "*Soy Satoshi Nakamoto0*", "*Soy Satoshi Nakamoto1*", hasta 19 veces. Y cada resultado es pseudoaleatorio. No hay relación entre los Hashes a pesar de que las entradas son muy similares.

```
I am Satoshi Nakamoto0 => a80a81401765c8eddee25df36728d732...
I am Satoshi Nakamoto1 => f7bc9a6304a4647bb41241a677b5345f...
I am Satoshi Nakamoto2 => ea758a8134b115298a1583ffb80ae629...
I am Satoshi Nakamoto3 => bfa9779618ff072c903d773de30c99bd...
I am Satoshi Nakamoto4 => bce8564de9a83c18c31944a66bde992f...
I am Satoshi Nakamoto5 => eb362c3cf3479be0a97a20163589038e...
I am Satoshi Nakamoto6 => 4a2fd48e3be420d0d28e202360cfbaba...
I am Satoshi Nakamoto7 => 790b5a1349a5f2b909bf74d0d166b17a...
I am Satoshi Nakamoto8 => 702c45e5b15aa54b625d68dd947f1597...
I am Satoshi Nakamoto9 => 7007cf7dd40f5e933cd89fff5b791ff0...
I am Satoshi Nakamoto10 => c2f38c81992f4614206a21537bd634a...
I am Satoshi Nakamoto11 => 7045da6ed8a914690f087690e1e8d66...
I am Satoshi Nakamoto12 => 60f01db30c1a0d4cbce2b4b22e88b9b...
I am Satoshi Nakamoto13 => 0ebc56d59a34f5082aaef3d66b37a66...
I am Satoshi Nakamoto14 => 27ead1ca85da66981fd9da01a8c6816...
I am Satoshi Nakamoto15 => 394809fb809c5f83cf97ab554a2812c...
I am Satoshi Nakamoto16 => 8fa4992219df33f508344654304742 9...
I am Satoshi Nakamoto17 => dca9b8b4f8d8e1521fa4eaa46f4f0cd...
I am Satoshi Nakamoto18 => 9989a401b2a3a318b01e9ca9a22b0f3...
I am Satoshi Nakamoto19 => cda56022ecb5b67b2bc93a2d764e75f...
```

SHA256d

La función hash particular que Bitcoin elige usar en muchos escenarios se llama SHA-256. SHA-256 es una función hash criptográfica diseñada por la NSA. SHA-256 es un miembro de la familia SHA-2 de funciones hash criptográficas, SHA significa *Secure Hash Algorithm*. SHA-256 toma una entrada de tamaño inferior a 2^64 bits y produce una salida de tamaño fijo de 256 bits. En la práctica, el límite superior de 2^64 bits en el tamaño de entrada es tan masivo que normalmente solo decimos que toma una cantidad arbitraria de información. Bitcoin, en muchos casos, usa SHA-256 al cuadrado, o SHA256d, lo que simplemente significa que SHA-256 se usa dos veces seguidas. Una vez en el mensaje original que desea hash, y otra vez en la salida de este primer hash.

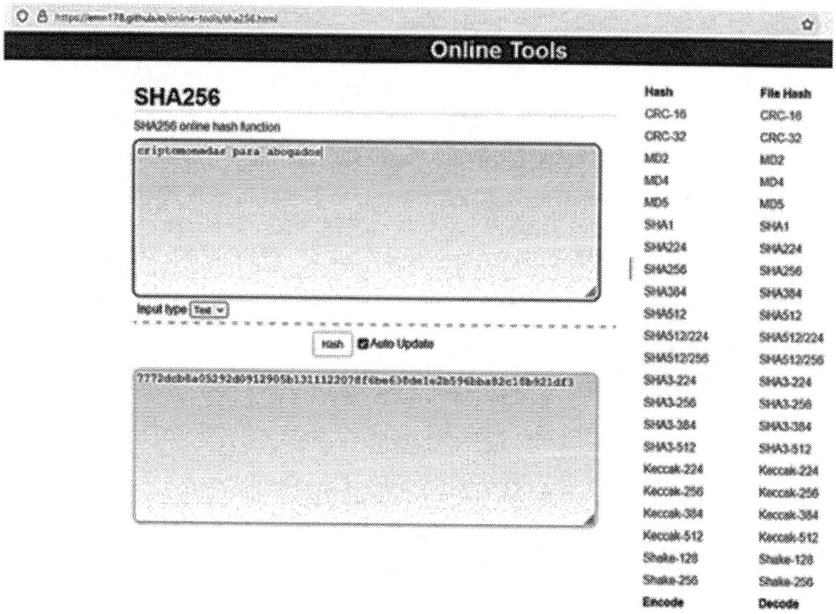

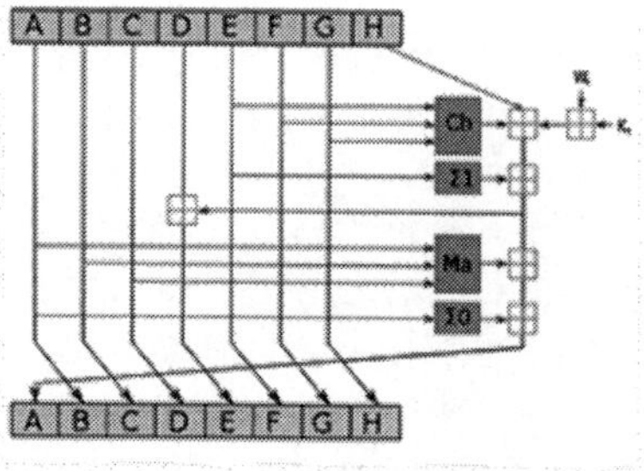

One round of the SHA-256 algorithm showing the 8 input blocks A-H, the processing steps, and the new blocks. Diagram created by kockmeyer, CC BY-SA 3.0.

Tamper-Evidence - prueba de manipulaciones

Ahora que conocemos las funciones hash criptográficas y sus propiedades, ¿cómo las aplicamos para diseñar nuestra base de datos a prueba de manipulaciones para Bitcoin? Analizaremos la estructura de un bloque, observando específicamente algunos de los metadatos contenidos en el encabezado del bloque que nos ayudarán a lograr pruebas de manipulación. Entonces, ¿cómo se ve realmente esta base de datos a prueba de manipulaciones? Si es usted un usuario medio, aquí tienes un ejemplo real nuestro de una transacción y en concreto de un bloque.

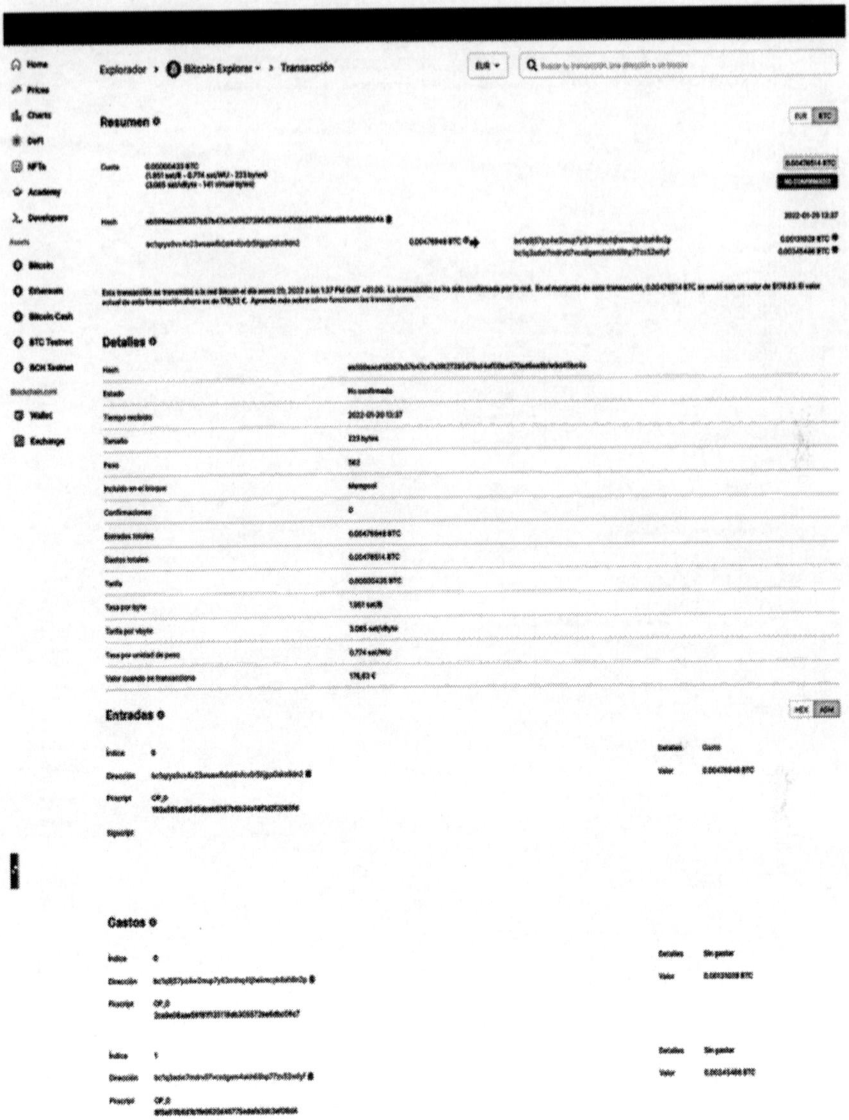

Explorador > Bitcoin Explorer > Bloquear
EUR
Bloque 719627
Transacciones de bloque

En formato JSON es mucho más comprensible para una computadora. Pero, ¿cuál es el papel de cada una de estas diferentes piezas de información? Diseccionemos un bloque para ver mejor los conceptos. Tiene cuatro componentes principales: el encabezado del bloque, el tamaño del bloque, el contador de transacciones y las transacciones.

1.- El campo "*Tamaño del bloque*" indica el tamaño del bloque.

2.- El campo "*Encabezado del bloque*" representa los metadatos necesarios para comprender los componentes del bloque.

3.- El campo "*Contador de transacciones*" indica cuántas transacciones hay dentro del bloque.

4.- El campo "*Transacciones*" son los datos reales de la transacción.

Para este libro, nos centraremos primero en la composición de un encabezado de bloque, la información que refuerza la seguridad de la cadena de bloques.

The Block Header - encabezado del bloque

Su objetivo es asegurar la prueba de manipulación ¿Cómo asegura esto la evidencia de manipulación? Sigamos adelante y veamos dónde se aplican las funciones hash dentro de Bitcoin. El encabezado del bloque se refiere a todos los metadatos asociados con cada bloque. Hay seis (6) campos en la implementación, pero vamos a hablar de los tres importantes que implementan el protocolo. Estos son los campos Merkle Root que representa un resumen de transacciones. Previous Block Hash, El *hash de bloque anterior* representa el encadenamiento y Nonce que representa la prueba de trabajo. En otras palabras, el *encabezado del bloque* es simplemente el hash de todos estos campos concatenados.

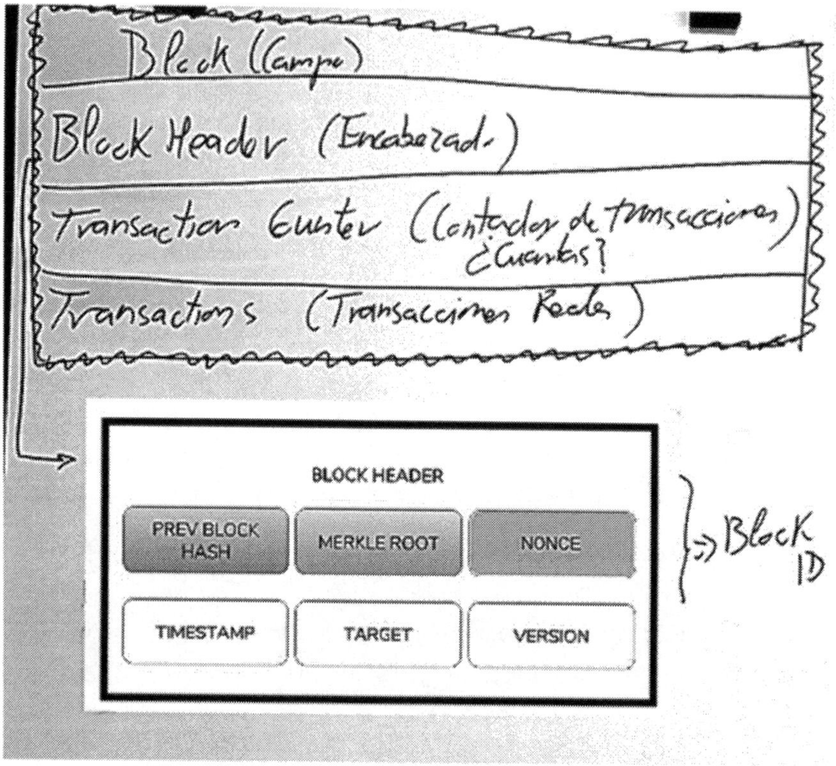

Previous Block Hash - Hash de bloque anterior

Es bastante obvio lo que hace el hash del bloque anterior. Simplemente contiene el hash del bloque anterior. Es importante entender que cada bloque hace lo mismo para imaginar el comportamiento de la cadena de bloques. Esto significa que, si se modifica cualquier bloque, el bloque posterior también se modificará, y también lo hará el bloque posterior. Cambiar cualquier parte de esta historia también cambia todo el futuro después de ese punto. Cambia el encabezado del bloque, que cambia el Hash del bloque anterior del siguiente bloque, lo que también afecta al resto de los hash del bloque futuro. El resto de la red rechazará el historial propuesto por este blockchain porque no estarán de acuerdo. Es por eso que la cadena de bloques se considera inmutable, porque toda manipulación es fácil de ver.

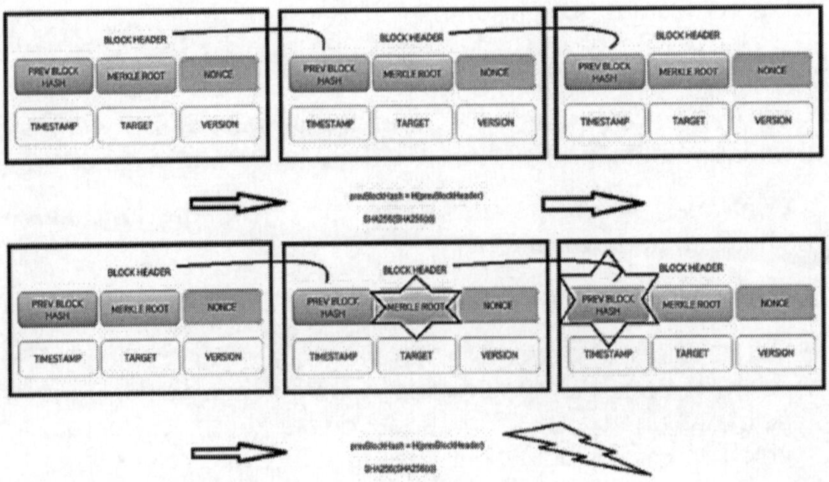

Merkle Trees - Árboles Merkle y Prueba de Inclusión

Primero echemos un vistazo a Merkle Root que representa un *resumen de transacciones*. Entonces, ¿qué es Merkle Root y qué queremos decir con un resumen de transacciones? ¿Significa esto que hemos contenido toda la información sobre nuestras transacciones en una sola pieza de información? En realidad significa que hemos contenido todas las huellas digitales de información en un solo dato. La *Raíz de Merkle* es la parte superior de un árbol de Merkle, que es una estructura de datos criptográficos. Esto es definitivamente complicado, así que vamos a tomarlo con calma y empezar desde el principio. En primer lugar, *un árbol en informática* es una estructura de datos que tiene algún *nodo raíz* y algunas *ramas*, que también pueden ser a su vez las raíces de otros árboles de Merkle. *Un árbol binario* es un árbol en el que cada nodo tiene como máximo dos ramas. De modo que *un árbol Merkle* es solo una versión muy específica de un *árbol binario*, donde dos cosas son ciertas. La Primera es que hay un poder de dos ramas en el nivel más bajo y la Segunda es que el nivel más bajo, está formado por el hash de la información que le gustaría resumir. Quizás una mejor manera de explicar el árbol Merkle es describir su construcción.

1.- Comenzamos con un conjunto de transacciones que hemos verificado.

2.- Los colocamos uno por uno.

3.- Aplicamos hash a cada uno para obtener un nivel de hash.

4.- Luego, juntamos cada par, creando un nuevo nivel con la mitad de los valores hash.

5.- Continuamos este proceso hasta que finalmente tengamos solo un hash en la parte superior.

6.- Este hash en la parte superior es Merkle Root.

De esta manera, podemos detectar cualquier cambio de transacción después del compromiso (Commit) con Merkle Root. Si se cambia alguna transacción, la raíz de Merkle se ve afectada. Si cambiemos por ejemplo la Transacción 3 veremos cómo también lo hace su hash. Por eso, el hash anterior también es efectivo, propagándose hasta el nivel más alto.

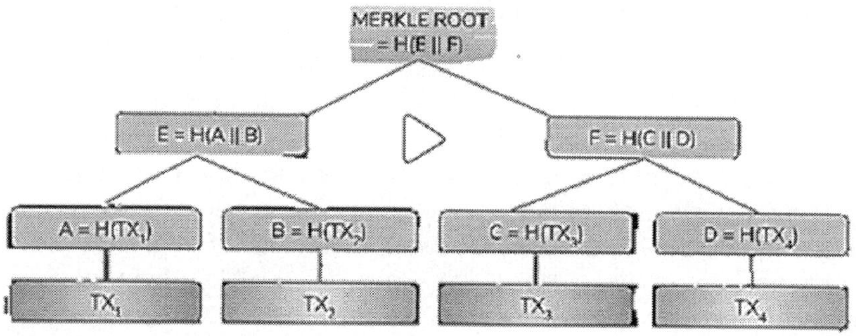

Cabría preguntarse si *"¿No es costoso verificar que una transacción se incluyó dentro de un árbol Merkle?"* No necesitamos recordar todas las transacciones para hacer eso. De hecho, podemos probarlo con solo una pieza de información en cada profundidad. Tan solo necesitamos aplicar el hash a la Transacción 1 con estos dos datos: 1.- Hash B y 2.- Hash F. Es lo que se denomina *Prueba de inclusión* En realidad, esto es una gran ganancia de eficiencia a medida que nuestro árbol crece.

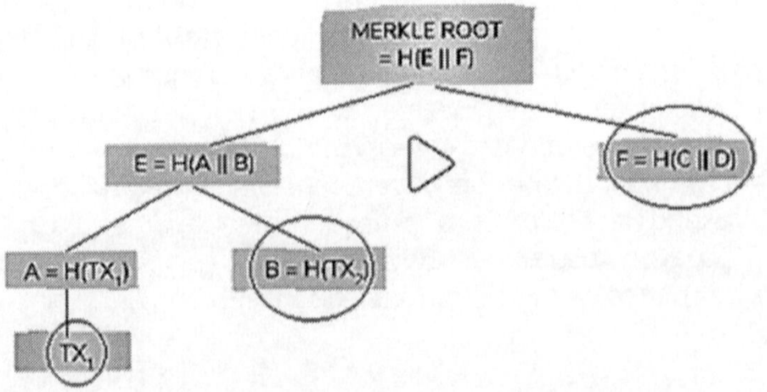

Proof-of-Work (Prueba de trabajo):

Para ello nos basamos en un rompecabezas a resolver con solo una parte del hash de la preimagen. Dicho de otra manera: *Proof-of-Work (Prueba de trabajo)*: Partial Preimage Hash Puzzle (Rompecabezas de hash de preimagen parcial) = Nonce. Podemos definir el *Nonce* como la manifestación física de la Prueba de trabajo. Necesitamos que las entidades demuestren que han hecho un trabajo antes de que se les permita enviar un voto a la red, lo que significa que tenemos que diseñar un problema o rompecabezas para que sus computadoras lo resuelvan y de este modo demostrar que han hecho el trabajo. La forma en que hacemos esto en Bitcoin es con un *rompecabezas de hash de preimagen parcial*. Recordemos la definición de *preimagen* de antes, que era la entrada. Luego *la preimagen parcial* significa entonces una entrada parcial.

En Bitcoin, se nos da parte de una entrada y tenemos que encontrar la otra parte que produce una salida en particular. La condición que, debe cumplirse es que el *hash del encabezado del bloque* sea menor que algún valor objetivo o target. Dicho mas gráficamente {H(blockHeader) < target que buscamos}. Esta condición es cómo se implementa la *Prueba de trabajo* (Proof-of-Work) en Bitcoin y casi todas las demás criptomonedas de Prueba de trabajo populares. Para satisfacer nuestras necesidades de un rompecabezas, estos rompecabezas de hash deben tener tres características. Tienen que ser: Computacionalmente difíciles, Medios parametrizables y fácilmente verificables. La *dificultad computacional* significa asegurarse de que la solución al rompecabezas no se pueda encontrar fácilmente. No tiene sentido si la prueba de trabajo requiere poco trabajo. Los *Medios parametrizables* deben ser ajustables para garantizar que nunca se vuelva demasiado fácil o demasiado difícil. Y finalmente, un rompecabezas *fácilmente verificable* asegura que las computadoras no tengan que hacer demasiado trabajo para ver que una respuesta es correcta. Solo debería tomar un hash, por ejemplo, para demostrar que algún nonce es correcto, incluso si encontrar el nonce requiere millones de intentos.

Proof-of-Work (Prueba de trabajo): Mining (Minería)

Para tener una mejor idea de cómo funciona la minería, imaginemos que la minería es como lanzar dardos a un objetivo con los ojos vendados. Esto implica dos cosas. Primero, tenemos la misma probabilidad de golpear cualquier parte del objetivo. No tenemos forma de saber qué está más cerca o más lejos del centro. Y segundo, la única forma en que podemos tener más probabilidades de llegar al centro es lanzando más dardos. Dado que, no tenemos forma de intentar que un dardo individual sea más probable que golpee el centro, lo mejor que podemos hacer es lanzar más. Esto se compara con la minería porque, como dijimos anteriormente, los mineros de bitcoin buscan algún resultado de hash que esté por debajo de algún objetivo decidido algorítmicamente. {H(blockHeader) < target que buscamos}. Es como si ese objetivo fuera la línea que divide los bloques válidos (Centro de la diana) y no válidos (Fuera de la diana).

Entonces, ¿cómo ajustamos el tamaño de este círculo? Dicho de otra manera ¿Cómo establecemos y cambiamos el objetivo (target)? Todo esto sucede a través de *la dificultad*, que es una representación del número de cálculos esperados necesarios para encontrar un bloque. Nuevamente, no podemos predecir cuántos cálculos produce alguien para resolver el rompecabezas, pero podemos aproximarnos en función de la rapidez con que se resuelve el rompecabezas en promedio. *La dificultad* se implementa como un requisito de un número inicial de ceros en el hash del encabezado del bloque._A medida que aumenta el número de ceros, también aumentará la dificultad, y viceversa. Esta *dificultad* se ajusta con el *hashrate global*. ¿Cómo aumentamos esa dificultad? El número de ceros solo es indicador para los mineros de la dificultad que hemos puesto para el minado. Entonces usamos el factor tiempo. Sabemos que, la cantidad de potencia informática en la red siempre cambiará, a medida que los mineros se unan y abandonen la red, pero queremos mantener un *tiempo de bloqueo de diez minutos*. Por esta razón, tenemos que aumentar y disminuir la *dificultad* junto con el crecimiento y el deterioro de la *potencia de hash* de la red. La forma en que recalculamos esta dificultad es con la ecuación siguiente: *la dificultad* es igual a sí misma multiplicada por la proporción de dos semanas por el tiempo necesario para extraer los bloques anteriores de 2016. Cada dos semanas, verificamos cuánto tiempo se tardó en calcular esos bloques de 2016. Si cada bloque tomó exactamente 10 minutos, entonces debería haber tomado exactamente dos semanas para producir esos bloques de 2016. Si tardamos demasiado, es porque el acertijo era demasiado difícil de resolver, y si no demoramos lo suficiente, entonces el acertijo fue demasiado fácil. Realizamos los ajustes necesarios en la dificultad del rompecabezas en el futuro.

Pongamos unos ejemplos aclaratorios: Digamos que la dificultad actual es 10. Entonces, ¿cuál es la nueva dificultad si el tiempo para extraer bloques de 2016 es exactamente de dos semanas? ¡Sí, todavía son las 10! El rompecabezas fue precisamente tan difícil como queríamos, por lo que la dificultad sigue siendo exactamente la misma. ¿Qué pasa cuando el tiempo para extraer esos bloques de 2016 es solo una semana? ¿O unas asombrosas 4 semanas? Si el tiempo para el mío es de una semana, ¡entonces la dificultad es 20! Extrajimos esos bloques en la mitad del tiempo esperado, lo que significa que el rompecabezas fue la mitad de difícil de lo necesario, por lo que lo hacemos el doble de difícil. Si el tiempo para minar es de 4 semanas ahora, ¡la dificultad ahora es de 5! Extrajimos esos bloques en el doble del tiempo esperado, lo que significa que el rompecabezas fue el doble de difícil de lo necesario, por lo que lo hacemos la mitad de difícil. Entonces, *la dificultad es inversamente proporcional al tiempo* (al mío).

<u>Nota</u>: dificultad = ((dificultad * two_weeks) / time_to_mine_prev_2016_blocks)

Proof-of-Work (Prueba de trabajo): Coinbase Transaction (Transacción de base de monedas)

Hasta ahora habíamos visto que un bloque se componía entre otros de un Block Header (Encabezado), de Transaction Coubter (Contador de Transaciones) y de las Transacciones. Hemos hablado del Block Header (Encabezado) compuesto a su vez por seis partes, de las cuales el BlockID lo componían El PrevBlock Hash, el Merkle Root y el Nonce. Es momento de avanzar y hablar de las *Transacciones*. Es posible que se pregunte, ¿a dónde va la recompensa en bloque para los mineros? Va en la *transacción de coinbase*. Cada vez que un minero mina un bloque, primero realiza una *transacción de base de monedas* que siempre es la primera transacción del árbol Merkle. Esta *transacción de base de monedas* otorga a los mineros una *recompensa* de algunos bitcoins que se pueden gastar en una fecha posterior. Así es como se acuñan o introducen nuevos bitcoins en la red. Además, la *transacción Coinbase*_tiene un campo *nonce separado* que también se usa en nuestro *rompecabezas hash*.

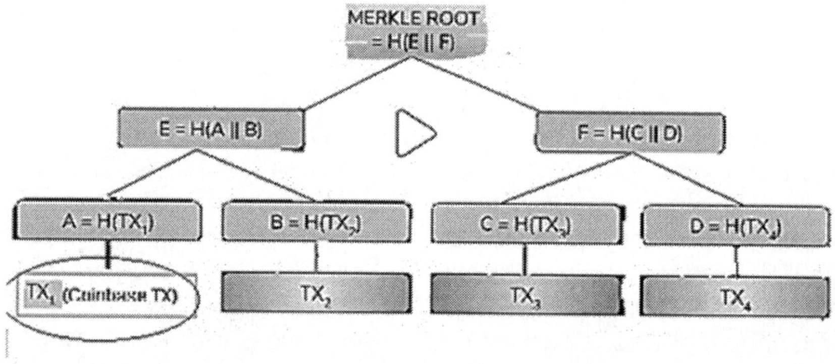

Pseudocódigo

Para comprender el pseudocódigo empecemos con ejemplo de pseudocódigo para adaptar la CPU. (Pseudocode for CPU adaptation), que consta de seis algoritmos. De los cuales pondremos solamente cuatro de ellos para el ejemplo.

Algorithm 1: Battery Adaptation Policy

```
//Resource Battery Adaptation
//Assumption Battery capacity 100%
START
Input data stream
IF(Available BAT > SI_BAT)
        SI_BAT = SI_Lower_Bound
        Setting Battery resource condition monitored
        Process all data stream
        Save mining result to maximum counter
ELSE
        Calculate SI_BAT
        Setting Battery resource condition monitored
        Implement Battery adaptation
        Save mining result to minimum counter
END IF
STOP
```

Algorithm 2: CPU Adaptation Policy

```
//Resource CPU Adaptation
//Assumption CPU Capacity 100%
Input data stream
IF(Available CPU > RF_CPU)
        RF_CPU = 100%
        Setting CPU resource condition monitored
        Randomize all data stream
        Save mining result to maximum counter
ELSE
        Calculate RF_CPU
        Setting CPU resource condition monitored
        Implement CPU adaptation
        Save mining result to minimum counter
END IF
STOP
```

```
Algorithm 3: Memory Adaptation Policy
//Resource Memory Adaptation
//Assumption Memory capacity 100%
START
Input data stream
IF(Available MEM > RT_MEM)
        RT_MEM   RT_Lower_Bound
        Setting Memory resource condition monitored
        Save mining result to maximum counter
ELSE
        Calculate RT MEM
        Setting CPU resource condition monitored
        Implement Memory adaptation
        Save mining result to minimum counter
END IF
STOP
```

No	Resource	Workload	Security Level	Average Resource (%)
1	Maximum	Light	High	100-75
2	Maximum	Heavy	Medium	75-50
3	Minimum	Light	Low	50-20

```
Algorithm 4: Light Weight Frequent Item (LWF Algorithm)
//Algorithm for Mining Data Process
Set the number of top -n frequent items to K.
Set a counter for each K.
Repeat
        a.  Receive the item
        b.  If the item is new and one of the K counters is 0
            Then
                Put this data category and increase the counter by 1.
            Else
                If the item is already in one of the K counters
            Then
                Increase the counter by 1.
            Else
                If the item is new and all the counters are full
            Then
                Check the time
                If the time > Threshold Time
                Then
                Re-set the number of least -n K counters to 0
                Put this data the new item and increase the counters by 1.
            Else
                Ignore the item
            Decrease all the counters by 1.
Until Done
STOP
```

Otra forma de hacer un pseudocódigo para minar la CPU es la siguiente. Para nosotros es mucho más eficaz a la hora de minar bloques ya que creamos un bucle infinito, hasta que encontremos el bloque válido. En el siguiente ejemplo los mineros simplemente buscaron nonces de forma lineal, calcularon SHA 256 en el software y verificaron si el resultado era un bloque válido. Además, observe en el código que, como mencionamos, SHA-256 se aplica dos veces.

```
TARGET = (65535 << 208) / DIFFICULTY;
coinbase_nonce = 0;
while (1) {
      header = makeBlockHeader(transactions, coinbase_nonce);
      for (header_nonce = 0; header_nonce < (1 << 32); header_nonce++){
            if (SHA256(SHA256(makeBlock(header, header_nonce))) <
      TARGET)
                  break; //block found!
      }
      coinbase_nonce++;
}
```

CPU mining pseudocode.

En cada bucle, probamos primero un nonce de Coinbase y luego, en un bucle interno, agotamos todos los valores posibles para los nonces de encabezado. Luego incrementamos el valor de Coinbase y repetimos este ciclo. La razón por la que queremos hacer esto en este orden es para agotar todos los nonces de encabezado para cada nonce de coinbase, es que al cambiar el nonce de Coinbase se cambia la raíz del merkle.Sería más costoso volver a calcular la raíz merkle cada vez en cada iteración del bucle interno. Entonces, optimizamos probando nonces de tal manera que solo tengamos que calcular la raíz de merkle en cada iteración del bucle más externo.

Firmas, ECDSA, claves y autenticación

¿Cómo usamos las firmas digitales para enviar mensajes y transacciones de forma seudónima y sin confianza? Hace un momento hemos mostrado cómo las transacciones contenidas en bloques anteriores en la cadena de bloques son a prueba de manipulaciones. Al usar firmas digitales, también podemos asegurarnos de que las *transacciones actuales* que enviamos al resto de la red también sean inviolables. Recuerde que nuestra motivación para tener *firmas* es *autenticar* la *identidad*, para que sepa que un mensaje que recibe solo podría provenir de otro usuario, porque se firmó con la *clave privada* específica de ese usuario, lo que demuestra *la propiedad* de una *clave pública*. Considere dos usuarios en la red. Llámemoslos Consuelo y Fede. Recuerde que ambos tienen claves públicas y privadas. Las claves públicas y privadas en Bitcoin se generan a través de un algoritmo llamado *ECDSA* o *Elliptic* (Algoritmo de firma digital de curva). Consuelo quiere enviarle un mensaje a Fede. ¿Cómo puede hacer esto y asegurarse de que nadie altere su mensaje?

1.- Primero, señalamos que Fede tiene acceso a la clave pública de Consuelo, ya que es pública información que, se utiliza para identificar a Consuelo. Más adelante veremos que esto es importante para ayudar a Fede a verificar que, Consuelo realmente envió un mensaje de Consuelo.

2.- Antes de enviar su mensaje, Consuelo firma su mensaje con su clave privada. Esto genera una firma única que prueba que ella creó el mensaje tal como está.

3.- Luego envía su firma junto con su mensaje original a Fede. La idea es que el mensaje sea la *carga útil principal*, y la firma se puede usar para demostrar que Consuelo fue quien creó ese mensaje exacto.

4.- Luego, Fede puede verificar fácilmente que la firma es válida, dada la clave pública de Consuelo y el mensaje original. Y si la firma es válida, eso significa que el mensaje no fue manipulado. Para que Consuelo haya creado esa firma, debe haber tenido la clave privada asociada. Además, en cualquier momento si se manipulaba su mensaje, la firma dejaría de ser válida.

Así es como los esquemas de firma digital hacen que los mensajes sean evidentes. Un punto clave es que Fede o cualquier otra persona no deberían poder adivinar la clave privada de Consuelo, solo con su clave pública. De lo contrario, Fede o cualquier otra persona podrían recrear las firmas de Consuelo y así falsificar su identidad. Hay algunas *propiedades clave* que debemos tener en cuenta. Y debemos recordar que las firmas se pueden usar para que nadie pueda modificar los mensajes después de firmar. Estas son propiedades esenciales de los esquemas de firma digital que están habilitadas por la funcionalidad que revisamos hace un momento con Consuelo enviando un mensaje a Fede.

1.- Primero, dado un mensaje y una firma, así como una copia de la clave pública del remitente, el destinatario debería poder identificar el origen del mensaje.

2.- Dado que el mensaje ha sido firmado por la clave privada del remitente, esto muestra que el remitente original ha autorizado este mensaje.

3.- También existe el *no repudio*, lo que significa que el remitente original no debería poder retroceder.

4.- Dado que ya han firmado el mensaje con su clave privada, no debería haber ninguna posibilidad de deshacer esa firma, ni de anularla. Y cambiar el mensaje haría que la firma ya no coincidiera con él.

5.- Por último, los destinatarios de los mensajes también deberían poder verificar la integridad del mensaje.

From Private Keys to Addresses of Bitcoin - Desde claves privadas a Direcciones de Bitcoin

1.- Comenzamos con una clave privada que generamos aleatoriamente.

2.- Luego podemos usar la multiplicación escalar de puntos de curva elíptica para derivar una clave pública.

3.- Y luego, desde allí, podemos usar funciones hash para finalmente llegar a nuestra dirección de Bitcoin.

Recordar que los procesos mencionados, la multiplicación escalar del punto de la curva elíptica y el hash, son todos procesos unidireccionales. Dicho de otra manera, podemos avanzar, pero no retroceder. Una clave privada no sería tan privada si pudiéramos adivinar la clave privada a partir de la clave pública o dirección correspondiente. Muy bien, primero echemos un vistazo a las curvas elípticas.

Bitcoin utiliza ECDSA, o *algoritmo de firma digital de curva elíptica* o también conocido como *Criptografía de curva elíptica*, para producir *claves privadas* y *claves públicas*. Una *curva elíptica* es simplemente una curva matemática definida por la forma general y^2 = x^3 + ax + b. ¿Por qué se usa? Tomamos todo en un campo finito porque queremos codificar cada valor posible en una cantidad constante de espacio. Lo que viene a ser un centrado de tiros en el ejemplo de la diana que pusimos anteriormente.

Un ejemplo de una imagen de la curva elíptica de Bitcoin seria algo similar a: secp256k1. Su ecuación es y^2 = x^3 + 7, y fue diseñada para tener algunas propiedades únicas que ahora explicaremos. Como se mencionó anteriormente, se ha hecho cargo de un campo finito para limitar el tamaño de la clave. Para ilustrar, en el lado izquierdo está la misma curva, pero sobre un pequeño campo donde solo tenemos valores enteros -128 a 128. Cuando lo tomamos sobre un campo finito, ya no parece una curva suave. Sin embargo, existen propiedades únicas de las curvas elípticas que nos ayudarán a crear una función unidireccional para generar claves públicas a partir de claves privadas.

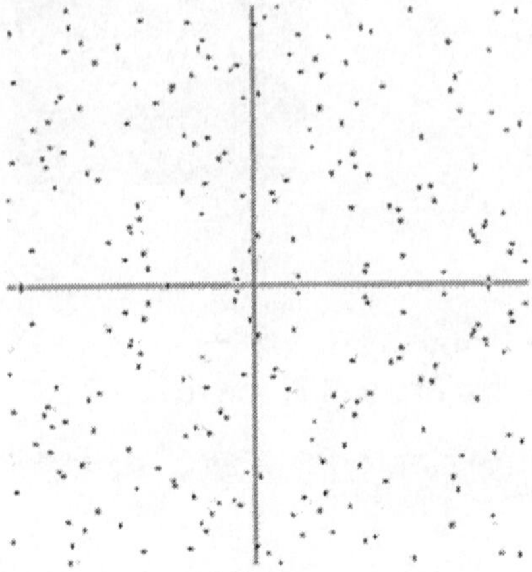

Z_{2^8+1}

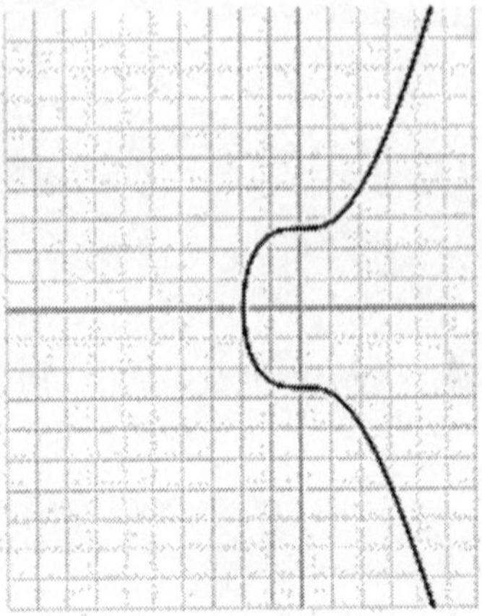

secp256k1: $Y^2 = (X^3 + 7)$

Esta curva se especifica con un minimo de tres de parámetros, como serían: la fórmula de la curva real en sí (o formula por sus coeficientes), el campo y un punto generador. Otro dato a recordar es la simetría de la curva a lo largo del eje x. Esta simetría se conserva incluso cuando se ocupa de un campo finito. También tenga en cuenta que cualquier línea no vertical en esta curva se cruzará con la curva en un máximo de 3 puntos. En esta curva elíptica, podemos sumar puntos usando líneas y puntos. Para sumar P más Q, simplemente podemos dibujar una línea a través de ellos, intersectando en un tercer punto R, y luego reflejar el punto R a través del eje x, produciendo nuestro resultado P + Q. En el gráfico del lado derecho, la línea que pasa por los puntos P y Q se cruza en el punto R. Y esto se llama *Proceso de Tangente de Acordes*. Esta es una función de "trampilla, o unidireccional", porque dado un punto K que es P + Q, es difícil encontrar los puntos individuales P y Q.

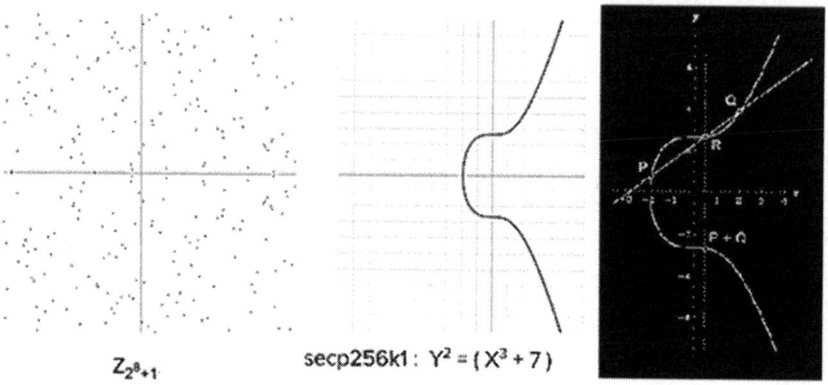

Todo lo anterior proporciona la Criptografía de curva elíptica de seguridad. Veamos qué estamos haciendo al respecto:

1.- El usuario genera un número aleatorio n para su clave privada.

2.- Utilizan la multiplicación escalar de puntos de curva elíptica por n para generar su clave pública: agregan un punto generador conocido P para secp256k1 consigo mismo n veces.

3.- Luego, para generar la dirección, primero hash la clave pública nP con SHA-256, y luego con otra función hash llamada RIPEMD160.

4.- SHA-256 hace que la dirección sea resistente a los cuánticos, ya que las computadoras cuánticas posiblemente podrían romper las curvas elípticas y revertir la multiplicación escalar de puntos unidireccionales que definimos, pero las computadoras cuánticas no pueden revertir las funciones hash, al menos de momento.

5.- Despues, RIPEMD160 acorta el tamaño de la dirección de 256 bits a 160 bits.

Ahora quizás se esté preguntando: dada una clave pública nP, ¿Es posible obtener la clave privada n? Este problema se conoce como *Problema de logaritmo discreto de curva elíptica* y se sabe que es computacionalmente inviable. Por lo tanto, podemos decir con seguridad que nuestro procedimiento de generación de claves públicas a partir de claves privadas es bastante seguro. La tecnología de cifrado de datos basada en las curvas elípticas (ECC) ha estado ganando cada vez más terreno. Sobre todo, en empresas y espacios donde la seguridad y la privacidad son vitales. En este sentido, la ECC ha sido normalizada por el Instituto Americano de Estándares Nacionales (ANSI), el Instituto Nacional de Estándares y Tecnología (NIST) y por Estándares Federales de Procesamiento de la Información (FIPS). Con ello demuestra, que no solo es una tecnología de gran confianza, sino que también es madura y con gran aplicabilidad. Como todo en esta vida, Pros y contras de las ECC.

Pros

1. La criptografía asimétrica de clave pública (ECC) es compatible con la mayoría de sistemas operativos y navegadores web modernos.

2. Las claves que se obtienen mediante ECC son más pequeñas, lo que significa un mejor rendimiento con menor sobrecarga.

3. El ECC escala mejor, a medida que las claves crecen el RSA se vuelve muy lento y pesado.

4. Quantum Computing o la Computación cuántica, es un gran enemigo del RSA. Ya que permite romper las claves rápidamente. Por otro lado, el ECC es mucho menos vulnerable a esta nueva generación de computadoras.

Contras

1. Una de las principales desventajas de ECC que se ha reportado, es que aumenta significativamente el tamaño del mensaje cifrado, más que el cifrado RSA.

2. El algoritmo ECC es más complejo y más difícil de aplicar que RSA. Esto aumenta la probabilidad de errores de implementación, reduciendo así la seguridad del algoritmo.

3. La criptografía de clave pública es computacionalmente más costosa que el cifrado de clave privada, que emplea una clave de cifrado compartida única.

4. En los dispositivos inalámbricos, el cifrado de clave pública puede acortar la vida útil de las baterías o de los propios dispositivos.

No cabe duda que el tema de la seguridad de nuestros datos en la red, es uno de los más relevantes. Y de hecho, es un tema que ha consumido miles de horas de estudio y análisis. Todo ello con el fin de disponer de los mejores sistemas de cifrado de datos para tranquilidad de todos. En tal sentido, la ECC es una tecnología que ha ido tomando su sitial en las preferencias de muchas aplicaciones tanto para equipos de escritorios como para móviles. Y en los últimos años, ha tomado lugar en el terreno de la IoT y blockchain, gracias a su versatilidad y seguridad. Esta tecnología ha estado atrayendo el interés significativo, y continuará en los próximos años. A pesar de la constante innovación, esta temática sigue confrontando nuevas dificultades y severos retos. Donde algunos de ellos implican una revisión constante de sus características con la finalidad de obtener un producto de gran confiabilidad y aceptación en el público en general.

Ahora que tenemos nuestra clave pública, ¿cómo llegamos a nuestra dirección? Mediante *Clave pública para hash de clave pública* (Public Key to Public Key Hash). Si existen computadoras cuánticas, podríamos usarlas para resolver el *problema del logaritmo discreto de la curva elíptica* y encontrar la clave privada dada una clave pública. Las computadoras cuánticas no pueden revertir las funciones hash, por lo que elegimos ejecutar dos funciones hash en nuestra clave pública.

1.- Primero SHA-256 "*algoritmo de hash seguro de 256 bits*", que mencionamos anteriormente como una función hash que prevalece en todo el protocolo de Bitcoin,

2.- Segundo, RIPEMD-160, (RACE Integrity Primitives Evaluation Message Digest, primitivas de integridad del resumen del mensaje). Es un algoritmo del resumen del mensaje de 160 bits y función criptográfica de hash, que reduce el tamaño de la dirección de 256 bits a 160 bits.

Juntos, la combinación de usar SHA-256 y RIPEMD-160 se denomina *"doble hash" o HASH160*. Después de todo esto, tenemos nuestro *hash de clave pública*. Devuelve un código hash de 160 bits de los valores de entrada combinados de la expresión. El resultado es una cadena de 27 caracteres.

Syntax:

Hash160 (expr{, expression})

Return data type: cadena

Example:

Hash160 ('abc', 'xyz', '123')

Hash160 (Region, Year, Month)

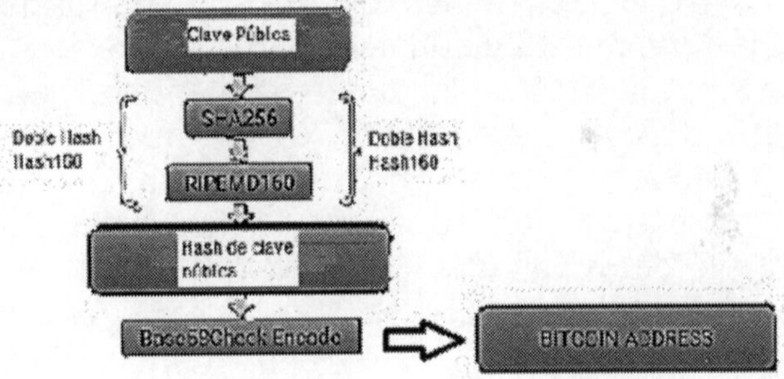

Una vez que tengamos nuestro *hash de clave pública*, aun tenemos algún paso más, antes de llegar a nuestra dirección de Bitcoin (Bitcoin Address). El siguiente paso es hacer que nuestro *hash de clave de pública* sea un poco más amigable para los humanos. ¿Cómo lo conseguimos? Siguiendo los siguientes pasos:

1.- Primero, agregamos un *byte de versión* delante de nuestro hash RIPEMD-160 anterior de la última sección. En el *byte de versión*, especificamos en qué red estamos: la *red principal de Bitcoin* o una *red de prueba* más pequeña. Guardaremos esto y lo llamaremos *nuestro hash RIPEMD-160 extendido*.

2.- Luego ejecutamos una codificación *Base58Check*, que primero implica convertir lo que tenemos hasta ahora en base 58. La *base 58* es un alfabeto que es como nuestro alfabeto habitual de 62 caracteres. Tiene un solo dígito del 0 al 9 y todas las letras mayúsculas y minúsculas, excepto aquellas que son difíciles de distinguir entre sí. Así que sacamos el 0 y la letra O mayúscula, y también la *"I"* mayúscula y la *"l"* minúscula. Esto es para evitar ambigüedad al copiar su dirección.

3.- Luego, calculamos una *suma de comprobación*. Realizamos SHA-256d en nuestro hash RIPEMD-160 extendido, ejecutando SHA-256 en él dos veces.

4.- Tomamos los primeros 4 bytes de nuestro hash SHA-256d como nuestra *suma de comprobación* y los agregamos al final de nuestro hash RIPEMD-160 extendido.

5.- Después de convertir el resultado a base58, finalmente tenemos nuestra dirección de Bitcoin.

Una vez que conocemos los pasos a seguir, vamos a explicarlo. Para representar una larga cadena de números de manera más concisa y con menos símbolos, el sistema informático utiliza una notación compuesta de números y letras mayores que el decimal, como hexadecimal, un número idéntico, sus dieciséis. La representación hexadecimal será más concisa que la representación decimal. En *Base64* se usan 26 letras minúsculas, 26 letras mayúsculas, 10 números y dos símbolos ("+" y "/") para transferir datos binarios en medios basados en texto como el correo electrónico. En cambio *Base58* es un formato de codificación binario basado en texto. Este formato de codificación no solo realiza la compresión de datos, mantiene la legibilidad, sino que también tiene funciones de diagnóstico de errores. *Base58 Si Base56* es un subconjunto del formato de codificación que también usa letras mayúsculas y minúsculas y 10 números, pero descarta algunos caracteres que son fáciles de leer y confundir, específicamente. *Base58No incluido Base640* sería (número 0), O (letra mayúscula o), l (letra minúscula L), I (letra mayúscula i) y los dos caracteres "+" y "/".

Base58Alfabeto:

123456789ABCDEFGHJKLMNPQRSTUVWXYZabcdefghijkmnopqrs tuvwxyz

Base58Check se usa en *BitcoinBase58*. Formato de codificación, Bitcoin tiene una codificación de comprobación de errores incorporada. La suma de comprobación se deriva del valor hash de los datos codificados y se puede utilizar para detectar y evitar errores en la transcripción y entrada. Para utilizar *Base58Check* al codificar, el software de decodificación calcula la suma de verificación de los datos y la compara con la suma de verificación incluida en la codificación. La falta de coincidencia entre los dos indica que se ha producido un error, entonces esto los datos son inválidos.

Proceso de codificación Base58Check

1. Primero agregue un prefijo de versión a los datos, que se usa para identificar el tipo de datos codificados. Por ejemplo, el prefijo de una dirección de Bitcoin es 0 (hexadecimal es 0x00).

2. Repita los datos dos veces SHA256 Algoritmo hash

Checksum = SHA256(SHA256(prefix+data))

3. En el valor hash generado de 32 bytes (dos cálculos de la nube hash), tome los primeros 4 bytes como suma de verificación y agréguelo a los datos generados en el primer paso de los datos.

4. ReConsuelo los datosBase58Proceso de codificación

La siguiente imagen describe el proceso de codificación Base58Check.

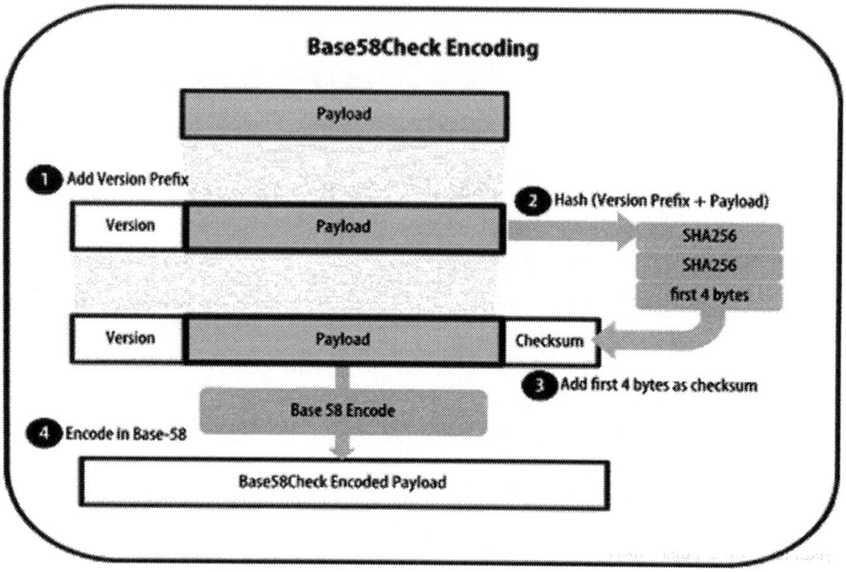
Base58Check Encoding
Payload
1 Add Version Prefix
Version
Payload
2 Hash (Version Prefix + Payload)
SHA256
SHA256
first 4 bytes
Version
Payload
Checksum
3 Add first 4 bytes as checksum
Base 58 Encode
4 Encode in Base-58
Base58Check Encoded Payload

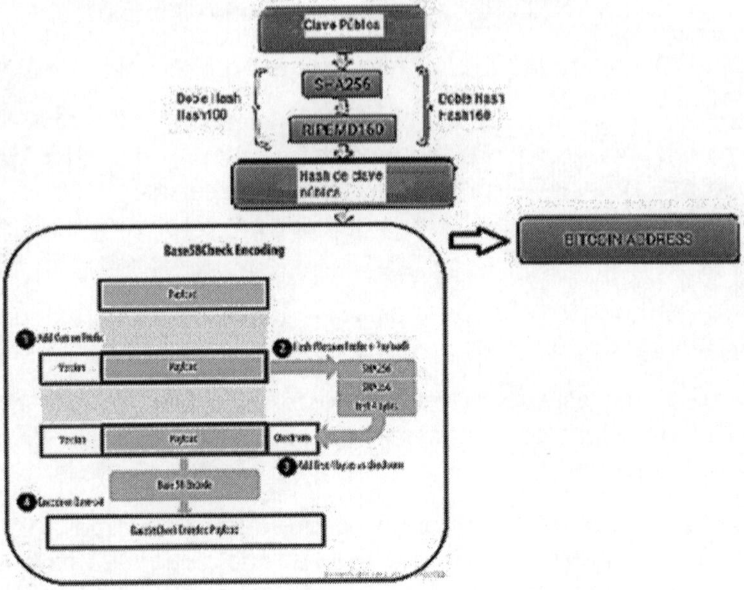

Como resumen de lo que hemos hecho, podemos decir que en nuestra dirección (Address Bitcoin) hemos codificado con éxito nuestro *hash de clave pública*, lo que permite que la gente nos pague *un byte de versión* que dice en qué *red estamos* y también una *suma de comprobación* que explica el *error humano*. Si alguien escribe o copia su dirección de forma incorrecta, la dirección no será válida dada la *suma de verificación*. Y esto es algo que el *software de decodificación* hará por nosotros.

Ahora nos sumergiremos en el script de Bitcoin. El *script de Bitcoin*, o simplemente *Script*, es un lenguaje que fue diseñado para ser utilizado por Bitcoin para procesar una variedad de transacciones, desde pagos entre dos personas hasta transacciones más complejas de múltiples firmas, extendiendo en gran medida la funcionalidad de Bitcoin. El Bitcoin Script es el lenguaje que Bitcoin usa para hacer todo lo que puede hacer, desde enviar fondos desde un monedero hasta permitir la creación de cuentas multiusaurios. Todas estas funcionalidades contenidas en una sencilla herramienta extensible y poderosa que conoceremos a continuación. El lenguaje Script de Bitcoin posee varias características y cualidades, entre las que podemos mencionar:

1. Es simple y requiere de un procesamiento mínimo.

2. Su funcionalidad es limitada, lo que aporta mayor seguridad al sistema.

3. Al ser un lenguaje Turing Incomplete no posee bucles, por lo que se asegura que el programa deja de repetirse y termina. Así, se evita la posibilidad de que ocurran errores y códigos maliciosos a la red Bitcoin.

4. Su simplicidad le permite ser implementado en una amplia gama de dispositivos.

5. No hay un estado anterior o posterior a la ejecución del script. Toda la información necesaria para ejecutar el script debe estar contenida en él.

6. Está basado en una pila y puede usar dos tipos. Una principal y otra alternativa. Donde ésta última se emplea para el almacenamiento de datos de cálculos de pasos intermedios. De una forma muy parecida a la tecla memoria en las calculadoras.

7. El lenguaje de script de Bitcoin es bastante pequeño. Sólo puede contener 256 instrucciones, ya que cada instrucción está expresada en un byte.

Cuando hablamos de Bitcoin Script, hablamos de un lenguaje de programación simple empleado en Bitcoin para el procesamiento de las transacciones que se lee de izquierda a derecha. Este está basado en una serie de estructuras lineales, conocidas como *pila (stack)*, que contienen datos existentes en orden LIFO (Last In - Firt Out). Cada instrucción en este lenguaje se ejecuta consecutivamente una después de la otra. Este lenguaje no es Turing Completo debido a que su funcionalidad es limitada y no puede realizar bucles. Por lo que no es capaz de resolver cualquier tipo de problema como las máquinas Turing. No obstante, esta limitación es intencional ya que así se evita la entrada en un bucle infinito o sin fin y la ejecución de errores.

Donde las partes maliciosas del programa pueden tener la libertad de crear operaciones complicadas para consumir la tasa de hash y ralentizar el sistema de Bitcoin a través de bucles infinitos. Un lenguaje de programación es necesario debido a que nos permite escribir programas y que los ordenadores ejecuten nuestros deseos. En Bitcoin, para dar comunicar nuestros deseos son necesarios los *códigos de operación (OP CODES)*, que sirven para varias funciones. Como las manipulaciones de memoria, matemáticas, bucles, llamadas a funciones, entre muchas otras. Por ello, Bitcoin Script es en esencia un conjunto de instrucciones programadas que se registran con cada transacción realizada. Estas instrucciones describen cómo los usuarios pueden obtener accesos a los bitcoins disponibles en la red y hacer uso de ellos.

¿Qué es un OP CODE o Código de Operación? En informática, un OP CODE (Operation Code, en inglés) o código de operación, es una porción de una instrucción de lenguaje de máquina que especifica la operación a ser realizada. Su especificación y formato serán determinados por la *arquitectura del conjunto de instrucciones (ISA)* del componente que procesa la instrucción. Generalmente este procesamiento es realizado por el hardware de computador (normalmente un CPU). Pero también puede ser un software preparado especialmente para emular el funcionamiento de un CPU y procesar dichas instrucciones. En general una instrucción completa de lenguaje de máquina contiene un OP CODE y, opcionalmente, la especificación de uno o más operandos, sobre los que el código de operación debe actuar. Algunas operaciones tienen operandos implícitos, o de hecho ninguno. En Bitcoin y en muchas otras criptomonedas, los OP CODES son la columna vertebral del sistema que permite programar las instrucciones de las transacciones. Recordemos que Bitcoin (y otras criptomonedas derivadas del mismo) son dinero programable. Y acá la palabra clave es “programable”, ya que Bitcoin Script es en realidad un lenguaje de programación donde las instrucciones son dadas en OP CODES que la red Bitcoin ha definido de antemano para su funcionamiento. De hecho, debido a la estructura como ha sido creada BItcoin, existe la posibilidad de definir 256 OP CODES, distintos los cuales empiezan desde el número 0 hasta el 255. De estos 256 OP CODES actualmente se encuentran en activo un total de 116. Estos OP CODES son los que permiten realizar las distintas operaciones en

Bitcoin y su programación de transacciones, como lo son el control de flujo de datos, manejo de constantes, manejo del stack o pila, manejo lógico, aritmética, bloqueo de tiempo, pseudo-palabras, operaciones criptográficas, y palabras reservadas. Puedes ver una lista completa y actualizada de los distintos OP_CODES directamente en el código de Bitcoin.

En la red Bitcoin, cada Bitcoin Script se divide en dos tipos de scripts, los *scriptSig* y *scriptPubKey*. El primero, el *scriptSig* es el *script de desbloqueo*, que requiere de una clave pública y una firma digital. De hecho, luego de detectar varios problemas en las primeras versiones del software de Bitcoin, se incluyeron las verificaciones de las firmas. Por lo que el sistema sólo acepta realizar transacciones si las firmas y su verificación cumplen con una serie de reglas establecidas que garantizan un comportamiento adecuado en la red. El segundo, el *scriptPubKey*, es el *script de bloqueo*, que contiene un hash de clave pública, también denominada *dirección de Bitcoin (Bitcoin Address)*. Algunos script de Bitcoin requieren de multifirmas, es decir, de la autorización de varios usuarios para realizar la transacción. En este caso, el script es más complicado debido a que se trata de una operación mucho más grande que la estándar entre iguales. De hecho, la programación como tal de las transacciones de Bitcoin es almacenada en esta parte del script.

Antes de profundizar en los detalles sobre cómo funcionan los scripts de Bitcoin, es importante revisar primero cómo funcionan las transacciones. ¿Recuerda el modelo UTXO? Bitcoin no tiene "*cuentas*" con recuentos de bitcoins asociados. Más bien, puede pensar en cada transacción como salidas de transacciones anteriores que se incorporan a nuevas entradas. Las transacciones contienen la firma del propietario de los fondos no gastados. Estas transacciones no gastadas son UTXO. Entonces, ¿cómo gastas tus bitcoins o "*tus UTXO*"? Es importante recordar que *gastar bitcoins* es el acto de canjear resultados anteriores con una prueba de que usted es el redentor legítimo y luego especificar quién puede canjear el resultado que está creando ahora codificando la información de esa persona en su transacción.

Por ejemplo, si envío bitcoins (en forma de UTXO) a Fede, en esa transacción está codificado que solo Fede puede canjear esos

UTXO. *Esa prueba* que Fede usaría para canjear su bitcoin se construye con dos cosas:

1.- Una clave pública

2.- Una firma.

Echemos un vistazo más profundo al contenido de la transacción a Fede. Recordemos que una transacción tiene tres "*secciones*" principales.

1.- *La sección de metadatos*: contiene algunos datos de mantenimiento, una identificación única de esta transacción, el tiempo de bloqueo y el tamaño.

2.- *La sección de entradas*: contiene una lista de UTXO creadas previamente, así como una prueba de que soy elegible para canjear el dinero. Esta prueba me permite canjear los UTXO y usarlos para producir nuevos resultados.

3.- *La sección de salidas*: contiene una lista de nuevas UTXO que se enviarán a nuevas direcciones.

Cada uno de estos valores va acompañado de un guión que bloquea el valor de todos, excepto del redentor previsto, que puede proporcionar una prueba válida.

Fuente: princeton_bitcoin_book

Echando un vistazo más profundo a la transacción, comenzamos con los Metadatos.

Metadatos.

La primera pieza de metadatos es el hash de nuestra transacción, o el "*ID*" único de esta transacción. También obtenemos información aquí en el campo vin_sz, que significa tamaño de entrada de vector, o el número de UTXO de entrada a las que se hace referencia en esta transacción, así como vout_sz, que significa tamaño de salida de vector, o el número de UTXO nuevos que se están creando. En este caso, creé esta transacción con 2 UTXO y las envié como una nueva UTXO a Fede. Finalmente, tenemos la versión y el tiempo de bloqueo.

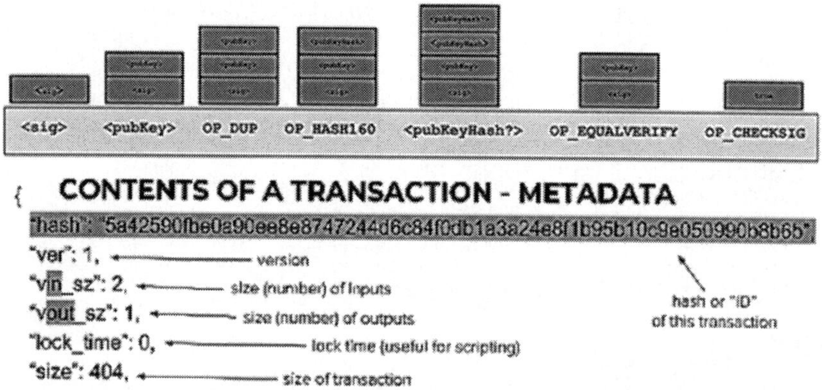

Versión es un número que especifica la versión del software de Bitcoin que está utilizando. Hablaremos más sobre el *Tiempo de Bloqueo* más adelante en esta conferencia. Ahora hablemos de *las Aportaciones*. Recuerde que en la sección de metadatos tenemos un ID único para todo este objeto de transacción del que estamos hablando. Bueno, estos son útiles en las entradas, y cada uno de los hash que ve aquí son referencias a los ID únicos de transacciones anteriores que contienen los UTXO relevantes que se están canjeando ahora.

También obtenemos una referencia al índice de la entrada en la transacción anterior. “0” significa la primera entrada. “1” significa el segundo, y así sucesivamente. El *scriptSig* es la parte más importante de estas entradas porque son las pruebas necesarias que demuestran que puede canjear el UTXO asociado.

Por último, pero no menos importante, el producto final de nuestra transacción son los resultados. En esta transacción en particular, que solo tenemos una *salida* con un valor de aproximadamente 10 bitcoins. *Satoshi* es la unidad más pequeña de bitcoin. Un bitcoin se puede convertir en 100 millones de satoshi, lo que significa que puede ser divisible hasta el octavo lugar decimal.

La *dirección de salida* adjunta es un script que bloquea la transacción y la hace canjeable solo por la prueba específica que especifiqué en esta transacción. En este caso, solo después de que Fede proporcione su *prueba*, podrá desbloquear y gastar los UTXO.

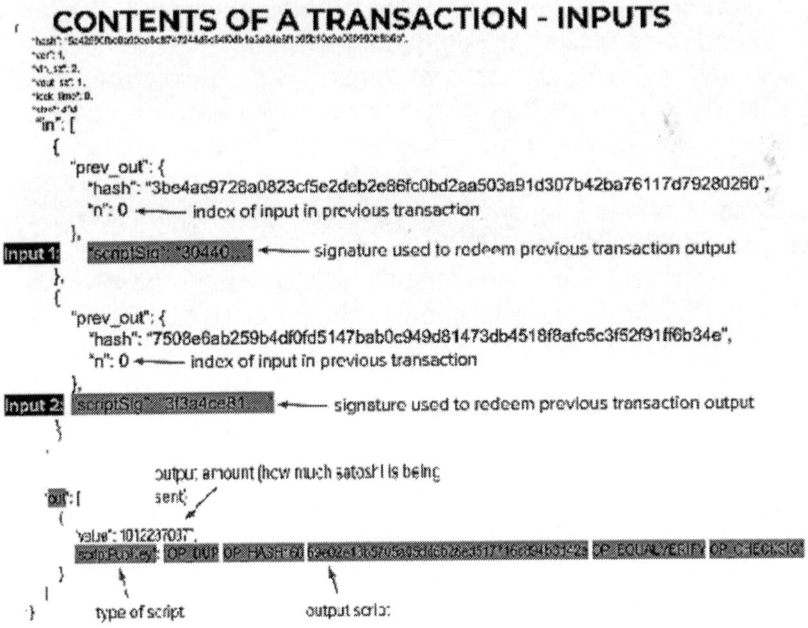

En esta transacción, las direcciones de salida son en realidad scripts. Para este script de salida en particular, podemos leerlo como "*Esta cantidad se puede canjear por la clave pública que tiene la dirección X, más una firma del propietario de esa clave pública*". Así que esto nos lleva de vuelta a Script. ¿Tiene una mejor idea de por qué Bitcoin conecta entradas y salidas a través de scripts? En lugar de simplemente conectar claves públicas, conectar entradas y salidas a través de scripts permite tipos de transacciones potencialmente complejas. El *lenguaje de secuencia de comandos* se basa en *pilas*, tiene un soporte nativo para criptomonedas y tiene una capacidad limitada a propósito por razones de seguridad.

Este script específica el tipo de transacción más común en Bitcoin, que consiste en canjear una salida de transacción anterior. Para canjear esta transacción anterior, necesitamos probar nuestras identidades con (1) una clave pública que, al ser hash, arroja la dirección a la que se envió la transacción anterior, y (2) una firma que acredite la propiedad de la clave privada correspondiente a la clave pública que proporcionamos. Este es el tipo de script más común en Bitcoin Pay to Public Key Hash (abreviado). Pero, ¿cómo implementamos esta funcionalidad? Con scripts de bloqueo y desbloqueo. *Los scripts de desbloqueo* o las *secuencias de comandos de desbloqueo* son secuencias de comandos que proporciona en su entrada cuando desea gastar desde una transacción anterior, lo que le permite canjear el bitcoin asociado. Dicho de otra manera, usted proporciona la firma y su clave pública, que son necesarias para probar su identidad y para desbloquear la salida de la transacción. Luego, su clave pública se somete a hash y se compara con la dirección a la que pertenece el UTXO. Debido a que proporciona una firma, este script se llama *scriptSig*.

Los *scripts de bloqueo* son los que se encuentran en las salidas de transacciones anteriores. El script de bloqueo especifica los requisitos para canjear un UTXO. Básicamente, esto "*bloquea*" el UTXO, de modo que solo pueda gastarlo quien pueda desbloquearlo. En nuestro ejemplo, la secuencia de comandos de bloqueo requiere que los usuarios que quieran gastar de una salida de transacción anterior deben demostrar que poseen una clave privada con hash a una dirección específica. Por esta razón, este script se llama *scriptPubKey*. Para que los scripts de desbloqueo y bloqueo funcionen en conjunto, simplemente los concatenamos. Colocamos el *script de desbloqueo* encima del *script de bloqueo*, (*scriptSig* encima de *scriptPubKey*), y luego los ejecutamos juntos. Y todo el script resultante debe ejecutarse correctamente para que la transacción se considere válida.

Para verificar si una transacción canjea correctamente una salida, creamos un script combinado agregando el scriptPubKey de la transacción de salida a la que se hace referencia (abajo) al scriptSig de la transacción de canje (arriba). Observe que <pubKeyHash?> contiene un '?' Usamos esta notación para indicar que, luego verificaremos para confirmar que, esto es igual al hash de la clave pública proporcionada en el script de canje.

<sig>

<pubKey>

OP_DUP

OP_HASH160

<pubKeyHash?>

OP_EQUALVERIFY

OP_CHECKSIG

Lista de instrucciones de script comunes y su funcionalidad

OP_DUP Duplica el elemento superior de la pila

OP_HASH160 Hashes dos veces: primero usando SHA-256 y luego RIPEMD-160

OP_EQUALVERIFY Devuelve verdadero si las entradas son iguales. Devuelve falso y marca la transacción como inválida si son desiguales

OP_CHECKSIG Verifica que la firma de entrada sea una firma válida utilizando la entrada pública clave para el hash de la transacción actual

OP_CHECKMULTISIG Verifica que las k firmas en la transacción sean firmas válidas de k de las claves públicas especificadas.

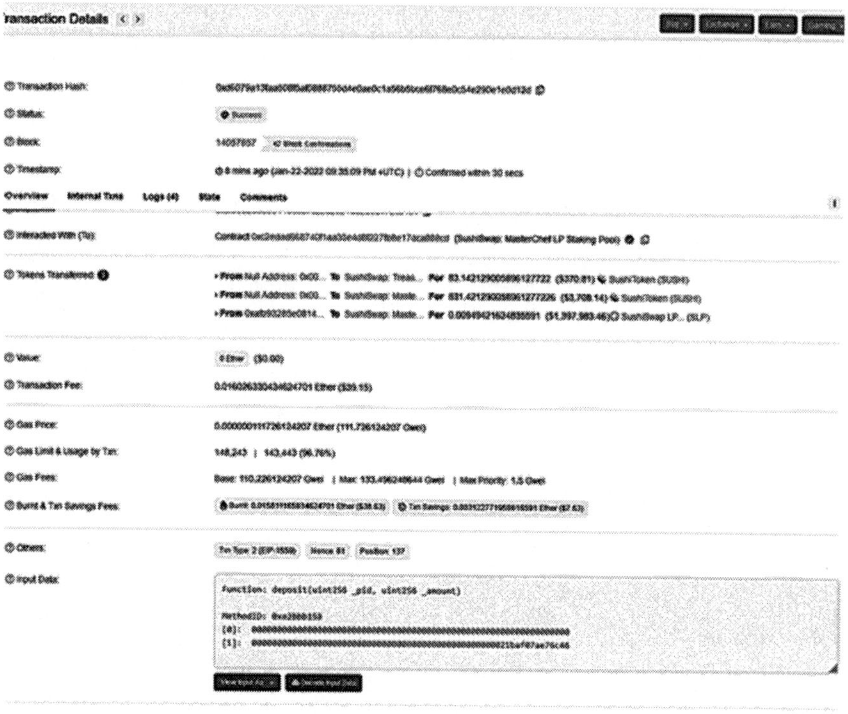
ransaction Details
Transaction Hash:
Status:
Block:
Timestamp:
Overview
Internal Txns
Logs (4)
State
Comments
Interacted With (To):
Tokens Transferred:
Value:
Transaction Fee:
Gas Price:
Gas Limit & Usage by Txn:
Gas Fees:
Burnt & Txn Savings Fees:
Others:
Input Data:
function: deposit(uint256 _pid, uint256 _amount)

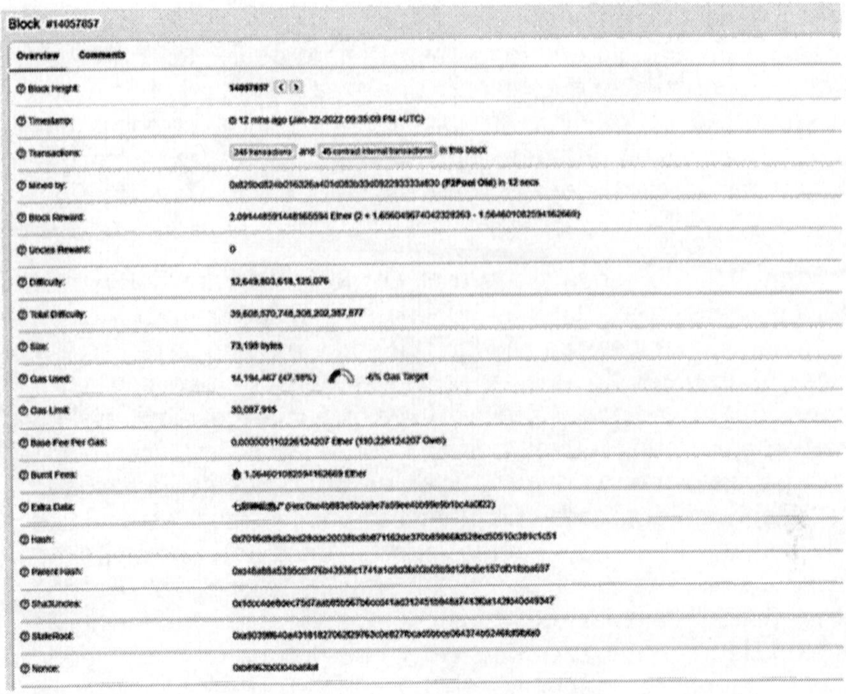

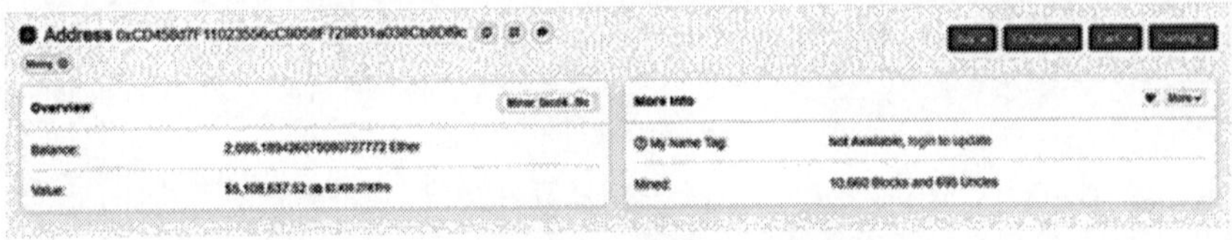

Proof of Burn - Prueba de quemado

¿Cómo podemos tener otra herramienta de control de precios de Bitcoin? ¿Cómo escribir algo para la posteridad en un bitcoin? ¿Cómo conseguir alcoin fácilmente? Algo interesante que puede hacer con Bitcoin Script es escribir datos arbitrarios en la cadena de bloques de Bitcoin. Esta es la idea detrás de la prueba de quemado. Hay un *código de operación* en el script llamado *OP_RETURN* que arroja un error si se alcanza. Si especifica una secuencia de comandos que tiene OP_RETURN antes de la secuencia de comandos de salida, la salida no se puede gastar, ya que la ejecución termina antes de esa fecha. Si esta transacción se publica en la cadena de bloques, entonces ha demostrado con éxito que ha destruido algunos bitcoins. Nadie puede volver a gastar ese bitcoin, ya que lo quemó. Debajo de OP_RETURN, hay espacio para poner lo que quiera. Una cosa que puede hacer con este concepto de *quemar bitcoins* es que podría arrancar una altcoin, requiriendo que deba destruir algo de Bitcoin, y mostrar una prueba de esto, para obtener alguna altcoin como CalCoin por ejemplo.

¿Cómo hacerlo? Además de usar OP_RETURN para obtener el valor de una altcoin, también puede escribir datos arbitrarios en la cadena de bloques. En OP_RETURN, hay espacio para escribir lo que quiera, por lo que la gente ha sido creativa con esto. Potencialmente, podría probar la existencia de algo en un momento particular en el tiempo. Por ejemplo, si acuñó una nueva palabra y quería demostrar en el futuro que había acuñado esta palabra en el pasado, simplemente puede grabar estos datos en la cadena de bloques. Como mencionamos anteriormente, la cadena de bloques de Bitcoin es inmutable, lo que significa que no se puede cambiar de manera realista. Las transacciones también tienen una *marca de tiempo*, por lo que la gente puede ver que realmente ha acuñado esta palabra en el pasado. Además de las palabras, también puede probar la existencia de un documento, una pieza musical, otros trabajos creativos o cualquier otra cosa, siempre que tenga bitcoins para quemar.

Script de Bitcoin avanzado P2PKH y P2SH

Veremos cómo crear *scripts arbitrarios* en un esquema llamado *P2SH* o *Pay to Script Hash*. Para una mejor comprensión, compararemos el pago con hash de script con el esquema de la sección anterior: pago con hash de clave de publicación. Y, para mejorar el modelo mental, explicaremos todo en términos de un escenario mercantil proveedor-cliente, donde el cliente crea una transacción para pagarle al proveedor. En otras palabras, el cliente es el remitente y el proveedor es el destinatario. Entonces, a modo de resumen, en Bitcoin, los remitentes especifican un *script de bloqueo* en la *salida de la transacción* que están enviando, y los destinatarios proporcionan un *script de desbloqueo* en la *entrada* cada vez que quieren canjear sus bitcoins.

En este esquema, el proveedor o el destinatario de la transacción dice: "*Envíe sus monedas al hash de esta... clave pública*". Y luego, el proveedor debe proporcionar una clave pública y una firma para canjear estos bitcoins. Este es, con mucho, el caso más simple y común. Por otro lado, existe el método *Pay to Script Hash más flexible*. En lugar de pagar solo por un hash de clave pública, ahora podemos pagar por un conjunto de instrucciones más complicado. Aquí, el vendedor dice: "*Envíe sus monedas al hash de este Script. Proporcionaré el guión y los datos para que el guión se evalúe como verdadero cuando canjee las monedas*". Esto tiene sentido porque realmente no queremos que los proveedores exijan a los clientes que creen primero un script de salida complicado. Es mucho más amigable para el cliente si el destinatario de la transacción, el proveedor, especifica el guión.

¿Cómo funciona P2SH? Como recordatorio, así es como funciona todo en *Pay to Pub Key Hash*. Si Fede quiere recibir bitcoins de Consuelo, Consuelo debe tener acceso al hash de clave pública de Fede. Luego, puede enviar una transacción pagando al hash de clave pública de Fede. Para que Fede pueda canjear el bitcoin que Consuelo le acaba de enviar, debe proporcionar una firma y una clave pública completa, que demuestre su identidad y le permita gastar con la salida de esta transacción.

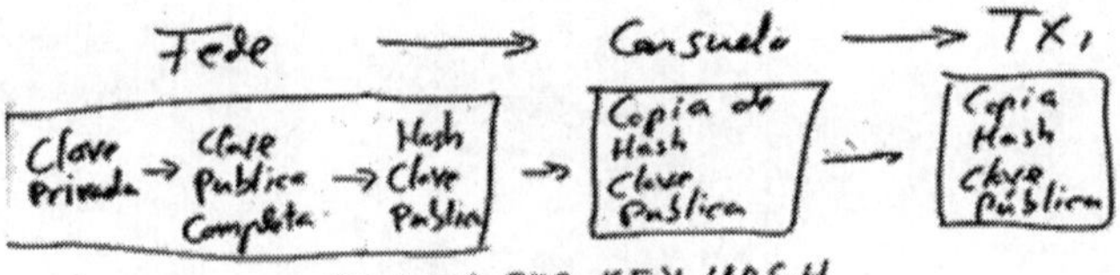

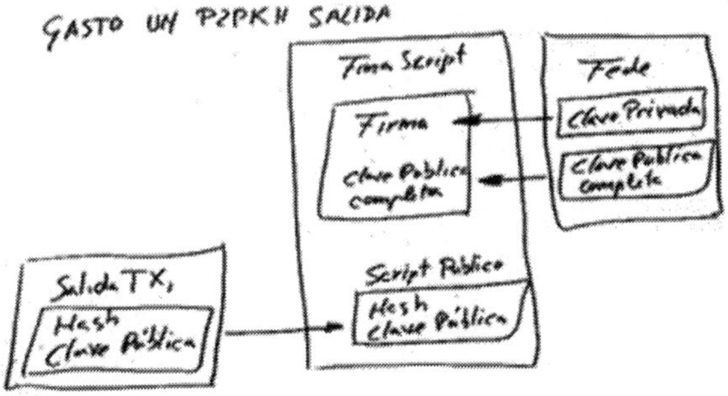

Ahora digamos que, Fede quiere introducir más funciones en su transacción con Consuelo. Supongamos que quiere usar *multisig o un bloqueo de tiempo*, (dos tipos de scripts que presentaremos más adelante). En lugar de proporcionar a Consuelo un hash de clave pública, Fede primero crea un script, toma el hash y se lo envía a Consuelo. Luego, Consuelo puede enviar una transacción pagando al hash del script de Fede. Para que Fede pueda canjear el bitcoin que Consuelo le acaba de enviar, debe proporcionar una firma y el guión completo que había escrito.

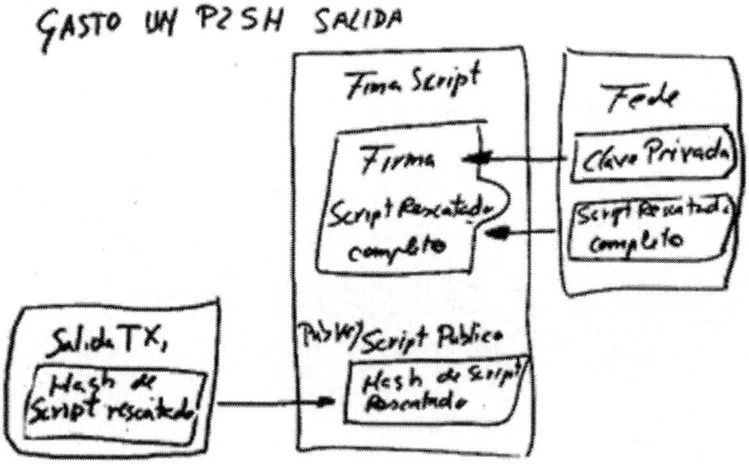

La duda surge de manera inmediata ¿Por qué pagar a Script Hash en lugar de simplemente pagar a un script? ¿Por qué utilizar P2SH si al proporcionar un hash del script al cliente, el proveedor se descarga de la complicada tarea de tener que componer un script de bitcoin para sí mismo? Veremos que, esto es particularmente útil desde el punto de vista proveedor-cliente, donde el proveedor es el destinatario de bitcoin y el cliente es el remitente. Supongamos que, un proveedor desea recibir dinero y utilizar funciones complicadas como la firma múltiple, no quieren sobrecargar a sus clientes obligándolos a escribir scripts complicados solo para realizar una transacción. Por lo tanto, todo lo que *P2SH* requiere es que el remitente use solo el *hash del script* para componer un *script de bloqueo*. En realidad al cliente no le importa cuál es *el guión*, todo lo que le importa es obtener sus productos. Depende del proveedor escribir el *script de salida* correcto para que ellos y *solamente* puedan canjear esa salida. También tiene sentido que el cliente no necesite saber nada sobre cómo el proveedor retiene sus fondos para poder enviarles dinero fácilmente. *Pay to Script Hash* fue una actualización de Bitcoin en 2012, y desde entonces ha sido una de las mejoras más importantes de Bitcoin desde el inicio de Bitcoin.

Uno de los ejemplos más utilizados de P2SH es *multisig* o la *firma múltiple*, donde se requiere un número específico de firmas preespecificadas para desbloquear un UTXO. Un esquema de firma múltiple típico es un ***m-de-n***, donde necesita *m de n usuarios de firmas* para *firmar una transacción* antes de que se considere válida. Algunos de los beneficios únicos de la firma múltiple son en Primer lugar, que el esquema de firma múltiple aumenta la dificultad de robar fondos. En lugar de usar una clave privada para desbloquear el fondo, el ladrón ahora debe tener la cantidad mínima de claves que satisfagan los requisitos de firma múltiple. En segundo lugar, el uso de varias claves para desbloquear cuentas evita pérdidas. Antes de usar *multisig*, perder la única clave privada de bitcoin sería una situación de fin de todo. Ahora, con una dirección 2 de 4, por ejemplo, aún puede canjear los fondos dentro de la dirección con solo proporcionar las firmas de 2 claves. Y en tercer lugar, también se puede utilizar para dar el control de una única dirección a varias personas. Por ejemplo, la Junta de Accionistas de una empresa puede exigir que 3 de cada 5 ejecutivos deban aprobar un presupuesto antes de que se pueda gastar un fondo, y el uso de una firma de 3 de 5 se adapta exactamente a objetivo. Es lo que en Derecho denominamos *Firma Mancomunada*.

Timelocks - Bloqueos de tiempo

Los temporizadores son un tipo de funcionalidad en Bitcoin que restringe el gasto de fondos hasta un momento posterior o una altura de bloque específica. En este caso, el tiempo puede representarse como una marca de tiempo de UNIX, la altura del bloque o el número de bloques construidos sobre el bloque que contiene la transacción. Los cronómetros pueden ser *absolutos* o *relativos. Los bloqueos de tiempo absolutos* especifican un punto absoluto en el futuro en el que se puede realizar una transacción en particular. Esto se hace usando una marca de tiempo *UNIX o blockheight. Los bloqueos de tiempo relativos*, por otro lado, especifican la profundidad de un bloque, o el número de bloques que se han construido sobre el actual.

También existe la distinción entre *bloqueos de tiempo de nivel de transacción* y *bloqueos de tiempo de nivel de script* o *de nivel UTXO*. Como lo implican sus nombres, *los bloqueos de tiempo a nivel de transacción* imponen un bloqueo de tiempo a la transacción en sí, mientras que *los bloqueos de tiempo a nivel de script* pueden imponer bloqueos de tiempo en UTXO específicos y se especifican en los scripts de Bitcoin. Los *bloqueos de tiempo a nivel de transacción* fueron la primera implementación de bloqueos de tiempo en bitcoin. Este bloqueo de tiempo garantiza que una transacción no se pueda incluir en un bloque válido hasta que se tiempo en el futuro. Sin embargo, la advertencia es que dado que el bloqueo de tiempo solo se coloca en la transacción, pero no el UTXO que se está gastando, el remitente podría simplemente enviar otro gasto de transacción desde el mismo UTXO que la transacción bloqueada por tiempo. Esta nueva transacción se realizará primero siempre que la primera transacción aún esté bloqueada en el tiempo. Y mientras sea válida, la nueva transacción invalida y anula en efecto la transacción bloqueada por tiempo, ya que las salidas de las que la transacción bloqueada por tiempo intenta gastar ya se habrán utilizado, cancelando así la transacción bloqueada por tiempo original. Para evitar esta advertencia, el bloqueo de tiempo también se puede colocar en el propio UTXO. *El bloqueo de tiempo de nivel UTXO* especifica que no se puede gastar un UTXO en particular hasta el tiempo especificado. Esto asegura que el remitente del UTXO no pueda anular la transacción enviando el UTXO a otra dirección antes de que se desbloquee el bloqueo de tiempo. Al usar *bloqueos de tiempo* los usuarios deben tener cuidado cerca del tiempo de vencimiento de un bloqueo de tiempo. No existe una noción de hora global en la cadena de bloques, ya que los relojes de los pares en la red podrían estar apagados. Por lo tanto, tenga cuidado al usar bloqueos de tiempo absolutos con marcas de tiempo de UNIX. Una transacción que parece lista para gastarse dado que ha pasado una cantidad de tiempo específica puede ser vista como prematura por otros. Además, los bloques tampoco se crean a intervalos garantizados, por lo que cualquier intento de cancelar una transacción con bloqueo de tiempo debe realizarse unas horas antes de que expire el bloqueo de tiempo, especificado en la *altura del bloque* o *blockheight*.

Antes de terminar este capítulo nos gustaría reflexionar sobre un par de temas candentes. Como primero planteamos que Bitcoin opera bajo ciertos supuestos, como una mayoría honesta de poder computacional. La suposición que discutimos en este libro es que los hashes criptográficos son únicos, dadas las propiedades de preimagen, segunda preimagen y resistencia a colisiones. Ahora bien, supongamos que alguien logra romper con la informática tal como la conocemos e idear una manera de hacer que cualquier entrada parezca su salida preferida. Formalmente, siempre puede construir una entrada y tal que pueda controlar el valor de H (y) para que esté a su favor. Puede crear colisiones a voluntad. ¿Cómo puede entonces manipular el protocolo Bitcoin a tu favor? Hay varias respuestas diferentes, pero solo pondremos algunas como ejemplo.

1.- Con una mala combinación de herramientas criptográficas.

2.- Se puede alterar una cadena de bloques incluso aunque se tenga menos de la mitad de la potencia minera que el resto de mineros. Engañando a otros nodos para que pierdan el tiempo en resolver rompecabezas criptográficos que ya tienen solución.

3.- Con el "*ataque de eclipse*", que se basa en controlar la comunicación del sistema.

4.- Localizando fallos en los puntos en los que las cadenas de bloques conectan con el mundo real, por ejemplo, en software de clientes y aplicaciones de terceros. Por ejemplo en las "*carteras calientes*" dominadas por casas de cambio digitales de criptomonedas. O también con los "*contratos inteligentes*".

Como segundo tema candente planteamos algunas preguntas que nos suelen hacer. ¿Qué pasaría si dos mineros encuentran y transmiten un bloque al mismo tiempo? ¿Cuál de los dos bloques es el valido? Un Blockchain Split, o división involuntaria de la cadena de bloques sucede cuando 2 mineros encuentran un bloque casi al mismo tiempo, con diferencia de apenas unos segundos o milisegundos por diferencia horaria en el mundo. A partir de aquí los mineros decidirán arbitrariamente que bloque formará parte de la cadena principal o "*The best chain*". Este conflicto se resolverá en base a que se escenario se encuentre: si este o no ocurre antes de un periodo de retargeting. Cuando al split no le sucede un periodo de retargeting, los mineros tienen una regla conocida como "*First Seen Block*", es decir, comenzarán a minar sobre el primer bloque que recibieron. Tambien pueden haber Blockchain Splits consecutivos, es decir, que dos bloques se minen al mismo tiempo y encima de cada uno se minen otro simultaneamente o incluso un split un sobre otro. Aunque estos son muy improbables, la regla sigue siendo la misma: la cadena más larga gana. Sin embargo, hay solo una excepción a esa regla y esa es cuando sucede un blockchain split en un periodo de retarget. Esta vez los mineros hacen una excepción y no comienzan a minar sobre el bloque que vieron primero, sino en el bloque que les dará un target menor; la cadena con mayor dificultad o "*The Strongest Chain*". El timestamp del bloque de Slush Pool hizo que la dificultad de la blockchain disminuyese aumentando el target en su rama correspondiente, en cambio el timestamp del bloque de Slush Pool hizo que aumentara disminuyendo el target. Ahora los mineros armaran el siguiente bloque sobre el bloque de Antpool ya que es la cadena más fuerte.

Resumen del Tercer Capítulo

Vimos los detalles de bajo nivel de Bitcoin que lo hacen funcionar. Bitcoin fue innovador porque permitió que una red descentralizada llegara a un consenso. Lo logró a través de pruebas de manipulación, lo que significa que aunque se puede modificar la información que pasa a lo largo de la red Bitcoin, sería obvio que se ha realizado alguna modificación. Este sistema a prueba de manipulaciones nos permite estar seguros de que cualquier actualización de Bitcoin es la misma para todos.

Logramos un sistema a prueba de manipulaciones que utiliza funciones de hash criptográficas para producir "*huellas digitales*" aleatorias estandarizadas de nuestros datos. Si los datos cambian, también lo harán las huellas digitales. Las funciones de hash criptográficas son pseudoaleatorias. Aunque la salida para cualquier entrada dada parece aleatoria, la salida seguirá siendo consistente para esa entrada.

Propiedades importantes de las funciones hash criptográficas:

- Resistencia previa a la imagen: Dado H (x), es computacionalmente difícil determinar x
- Resistencia de la segunda imagen: Dado x, es computacionalmente difícil encontrar algún valor x 'tal que H (x) == H (x')
- Resistencia a colisiones: es computacionalmente difícil encontrar xey tales que H (x) == H (y)

Estas propiedades producen el efecto Avalancha, donde incluso cualquier pequeño cambio en la entrada conduce a un cambio pseudoaleatorio significativo en la salida. La función hash particular que utiliza Bitcoin es SHA256, que toma una entrada de tamaño inferior a 2 ^ 64 bits y produce una salida de tamaño fijo de 256 bits. Esta función de hash criptográfica se utiliza para crear una base de datos a prueba de manipulaciones completa en Bitcoin. El encabezado de bloque de un bloque en Bitcoin es un hash de muchos contenidos dentro del bloque, en particular sus campos Merkle Root, Previous Block Hash y Nonce. La raíz de Merkle representa un resumen de transacciones, el hash de bloque anterior representa el encadenamiento y el Nonce representa la prueba de trabajo. Merkle Root es la cabeza del Merkle Tree, un árbol binario de hashes de todas las transacciones anteriores. El hash del bloque anterior contiene el hash del bloque anterior. Ambos hash cambian si se modifica alguna de las transacciones o bloques anteriores. El Nonce es la manifestación de la prueba de trabajo en Bitcoin; es un valor numérico que se debe encontrar para resolver el rompecabezas de hash de preimagen parcial. Los mineros procesan todo el encabezado del bloque (la entrada) y modifican el nonce y la base de monedas hasta que encuentran una salida que resuelve el rompecabezas hash. Los rompecabezas hash deben ser:

- Computacionalmente difíciles: la solución al rompecabezas hash no se puede encontrar fácilmente
- Parametrizables: la dificultad del rompecabezas hash debe ser ajustable
- Fácilmente verificables: las computadoras deberían tener que hacer poco trabajo para garantizar que la respuesta sea correcta.

La dificultad del rompecabezas hash en Bitcoin es:

difficulty = difficulty * two weeks / time to mine previous 2016 blocks

Dificultad. ¿Qué tan difícil es encontrar un bloque válido? A partir de marzo de 2015, el objetivo de dificultad de minería (En hexadecimal) es:

0000000000000000172EC0000000000000000000000000000000000
00000000000

Una vez que, los mineros resuelven el rompecabezas, reciben bitcoins a través de una transacción de base de monedas. Siempre que los mineros producen un bloque, primero crean una transacción de base de monedas, que es la primera transacción del árbol Merkle. Al utilizar funciones de hash criptográficas, nos aseguramos de que los bloques anteriores sigan siendo evidentes contra la manipulación; ahora centramos nuestra atención en cómo las firmas digitales nos ayudan a garantizar que las transacciones actuales también sean inviolables. Las claves públicas y privadas en Bitcoin se generan utilizando el algoritmo de firma digital de curva elíptica (ECDSA). ECDSA tiene tres propiedades clave:

1. Dado el mensaje cifrado y la clave pública del remitente, el destinatario debería poder identificar el origen del mensaje. Dado que el mensaje ha sido firmado por la clave privada del remitente, la capacidad de codificarlo utilizando la clave pública demuestra que el remitente original ha autorizado este mensaje.
2. El esquema de firma digital también debe garantizar el no repudio: una vez que el remitente firma el mensaje, no debe poder deshacerlo.
3. Finalmente, el esquema debe mantener la integridad; dado que los mensajes se firman con la clave privada, no se pueden modificar después de la firma.

La identidad en Bitcoin se deriva de claves privadas, que se generan aleatoriamente. Las claves públicas son el resultado de la multiplicación del punto de la curva elíptica de la clave privada contra un punto generador conocido en la curva. Dada la clave pública, computacionalmente no es factible llegar a la clave privada. Podemos aplicar estos conceptos de claves públicas y privadas para comprender cómo funcionan las transacciones en Bitcoin. Gastar bitcoins es el acto de canjear los resultados de transacciones anteriores con una prueba de que usted es el redentor legítimo y luego especificar quién puede canjear el resultado de la transacción que está creando ahora, codificando la información de ese per en su transacción. Una transacción tiene tres secciones principales:

1.- Metadatos: contiene datos de limpieza, una identificación única de esta transacción, el tiempo de bloqueo y el tamaño

2.- Entradas: Contiene una lista de UTXO creadas previamente y prueba de elegibilidad para canjear este dinero.

3.- Salidas: contiene una lista de nuevas UTXO que se enviarán a nuevas direcciones. Estos valores están bloqueados por un script que solo el redentor deseado puede desbloquear.

Bitcoin utiliza el lenguaje Turing incompleto basado en pilas llamado Script para crear transacciones. Los scripts de bloqueo y desbloqueo se encuentran en la entrada de la transacción y la salida de la transacción anterior y se utilizan para canjear la salida de una transacción anterior y especificar los requisitos para canjear las transacciones, respectivamente. Los remitentes especifican una secuencia de comandos de bloqueo y los destinatarios especifican una secuencia de comandos de desbloqueo. En Pay-to-Pub-Key-Hash (P2PKH), el destinatario dice "envía tus monedas al hash de esta clave pública". En Pay-to-Script-Hash (P2SH), el destinatario dice "*Envíe sus monedas al hash de este Script; Proporcionaré el guión y los datos para que el guión se evalúe como verdadero cuando canjee las monedas* ". Este último es popular entre las transacciones cliente-proveedor, donde el proveedor (destinatario) es responsable de escribir el guión.

Capítulo IV
BITCOIN EN LA VIDA REAL: CARTERAS, MINERÍA Y MÁS

Hemos analizado la mecánica de Bitcoin explicando las motivaciones principales de por qué hacemos lo que hacemos en Bitcoin y su implementación. Pero, ¿qué pasa con los usuarios? ¿Cómo se ve la experiencia de Bitcoin desde su perspectiva? Si quiero involucrarme en enviar y recibir Bitcoin, minar o ejecutar un nodo completo, ¿cómo se ve eso? La experiencia del usuario varía mucho según su participación con Bitcoin, pero si es un usuario ligero, un nodo completo, un minero en solitario o una granja minera, interactúa con la red Bitcoin de alguna manera y cada uno lo hará de manera diferente. En este Capítulo vamos a ver los aspectos de Bitcoin del mundo real más utilizados, como carteras, mecánica de carteras, minería, transacciones y gobernanza de Bitcoin. Explicamos las diversas formas en que uno puede interactuar con la red Bitcoin, dependiendo del software específico que ejecuten.

En discusiones anteriores sobre la mecánica de Bitcoin, explicamos todo desde la perspectiva de un nodo completo y desde la de un minero. Un usuario con capacidad de red para interactuar con la red de Bitcoin, mantiene activamente una copia completa y actualizada de la cadena de bloques de Bitcoin, tiene una billetera como un medio para administrar claves públicas y privadas, y mina para respaldar la red y también para obtener una recompensa minera. Un minero de nodo completo contiene todas esas caracteristicas. Hay un total de cuatro funciones: 1.- Enrutamiento de red, 2.- Minería, 3.- mantenimiento de una cadena de bloques completa, y 4.- Manejo de servicios de billetera. Pero los clientes normales no necesitan toda esta funcionalidad. No todos los clientes son mineros. Si mi computadora no es lo suficientemente rápida, no obtendré ganancias, así que ¿para qué molestarse? No todos los clientes necesitan tener toda la cadena de bloques. Si solo quiero enviar bitcoins a través de mi teléfono, ¿por qué querría descargar la cadena de bloques de más de 160 gigabytes? Mi teléfono ni siquiera tiene tanto espacio de almacenamiento. No todos los clientes necesitan una billetera, especialmente si no realizan transacciones con frecuencia. Digamos que es solo un nodo completo que aloja toda la cadena de bloques, pero no tiene interés en operar tú mismo. O tiene un software de billetera separado.Y finalmente, no todos los clientes necesitan estar conectados a la red Bitcoin, o incluso a Internet. En realidad, la distinción entre diferentes tipos de usuarios no es solo a través de estas cuatro funcionalidades principales: minería, enrutamiento, tener una cadena de bloques completa y administración de claves a través de billeteras, sino que resume mucho sobre la experiencia del usuario de Bitcoin.

Wallets - Billeteras o Carteras

El primer tipo de usuario del que hablaremos es el usuario de Bitcoin más común. No tiene toda la cadena de bloques descargada y no necesita funciones sofisticadas. Solo un *Wallet* (una billetera) para ayudar a administrar las claves, y este tipo de usuario puede enviar y recibir bitcoins con el resto de la red. Como pronto descubriremos, las billeteras vienen en muchas formas y tamaños diferentes. Por ejemplo, las alojadas en la Web, en su computadora, digitales o físicas. En Bitcoin se trata de otorgar identidades virtuales a entidades del mundo real. A través de estas identidades de Bitcoin, podemos autenticar fácilmente la propiedad y enviar bitcoins entre usuarios. También como se mencionó anteriormente, la clave privada es lo que desbloquea una identidad virtual. Es lo que da acceso a una dirección de Bitcoin.

Pero, ¿cómo protegemos realmente estas claves privadas? ¿Cómo nos aseguramos de que no estemos sujetos a robo de identidad? Aquí es donde entran las billeteras (Wallets). La función principal de las carteras de Bitcoin es realizar un seguimiento de su identidad. A diferencia de cómo usamos carteras físicas para retener y almacenar convenientemente nuestro dinero físico, nuestras carteras digitales de Bitcoin en realidad no nos permiten almacenar bitcoins. Las carteras de

Bitcoin son simplemente un método para almacenar y acceder a su clave privada, que luego le permite gastar el bitcoin correspondiente. La mayoría del software de billetera también almacenará, enviará, recibirá y enumerará las transacciones por usted, ya que es fácil para el software hacer esto, pero no necesariamente para los humanos. No sería factible realizar un seguimiento manual de toda la actividad de blockchain que lo involucre. Para encargarse de esto, el *software de billetera* almacenará toda la información relevante sobre la cadena de bloques en su nombre.

Wallets: Hot and Cold - Carteras: calientes y frías

Las carteras vienen en muchas formas. Generalmente hacemos la distinción entre dos categorías principales de billeteras, *calientes* y *frías*, en función de su conectividad a Internet. Las *billeteras calientes* están conectadas a Internet y el almacenamiento en frío *billeteras frías*, no. Algunos ejemplos de *billeteras calientes* son aplicaciones para teléfonos inteligentes como Mycelium y AirBitz. También hay carteras web en línea, como las alojadas en Blockchain.info y en coinbase.com. Y todos estos están conectados a Internet. Por otro lado, el almacenamiento en frío (*billeteras frías*) nunca toca Internet. Por ejemplo, hay carteras de papel, carteras de hardware y carteras para el cerebro (recordarlas).

1.- *Las carteras de papel* son, literalmente, trozos de papel con su clave privada impresa. Puede generar carteras de papel elegantes en sitios web como Bitcoinpaperwallet.com y Bitaddress.org. Para obtener la máxima seguridad, estos sitios web le pedirán que descargue todo el sitio web y lo ejecute localmente, pero solo después de apagar toda su conexión a Internet para una máxima seguridad. También advierten sobre las impresoras inteligentes que almacenan en caché los archivos que imprime y los sistemas operativos que ya podrían estar comprometidos. En situaciones como estas, los usuarios de carteras de papel sugieren usar una impresora anticuada y más tonta, y también dedicar una computadora nueva y fresca solo con el propósito de imprimir carteras de papel. Así es como algunas personas llevan la seguridad.

2.- *Carteras de hardware* como Ledger, Trezor, Case y Keep Key, que son pequeños dispositivos que se conectan a su computadora o teléfono inteligente a través de USB o algún otro método y firman transacciones para ti. La idea es que, si bien su computadora puede estar conectada a Internet, la billetera de hardware maneja su clave privada y firma transacciones en un entorno de ejecución confiable que se ejecuta por separado de su computadora y nunca toca Internet.

3.- *Carteras para el cerebro.* Imagina una billetera que sea tan segura que sea prácticamente imposible de piratear. Las billeteras web en línea pueden ser pirateadas. Su teléfono inteligente o billetera de hardware pueden ser robadas o su casa podría arder y llevarse su billetera de papel. Imagínese una billetera que sea inmune a todos estos desastres y más. La billetera más segura de todas la tiene usted mismo. Simplemente memorice su clave privada. Si bien es posible memorizar su clave privada sin procesar, una alternativa más fácil sería memorizar una colección de palabras o frases o un *sistema nemotécnico.* Después de haber elegido este conjunto, los agruparía para obtener mi clave privada. La idea es tener un conjunto de caracteres más fácil de memorizar que tu llave. De esta manera, puede tener la seguridad de una billetera cerebral, sin evidencia física de su clave privada y manteniendo todo en su cabeza. Como consejo, evite la clásica lista de 12 palabras que se aconseja en todas partes, porque todos la sabemos: Multiplicar, desechar, enviar, seleccionar, ajustar, finalizar, acusar, repostar, nariz, esperanza, silla, miedo. Los humanos no somos tan aleatorios como pensamos, por lo que las palabras que alguien elige para su billetera cerebral pueden adivinarse fácilmente; tal ataque se llama *ataque de diccionario.* Los *ataques de diccionario* son especialmente peligrosos para aquellos que toman las palabras de su billetera cerebral de una cita famosa de un discurso, una película, o de un libro. En general, siempre que sus palabras no estén estrechamente relacionadas, sigue siendo caro e improbable que alguien pueda adivinar y atacar con un diccionario con éxito su billetera cerebral.

Sin embargo, para los preocupados por la seguridad, para disminuir aún más la probabilidad de que alguien pueda adivinar su billetera cerebral, puede emplear lo que se conoce como *Key*

Stretching o *Estiramiento de claves*. En ninguna parte se dice qué función hash debe usar para pasar de la billetera de su cerebro a su clave privada, ni cuántas veces se le permite usar hash, todo depende de usted como usuario. La idea detrás del estiramiento de claves es hacer hash en la billetera de su cerebro una gran cantidad de veces: digamos 2^20 o algún otro número enorme. Así que tome su conjunto de palabras "multiplicar, eliminar, enviar, etc." y cámbielas por ejemplo por... Hash y hash y hash.... Un atacante no solo tendrá que adivinar su conjunto inicial de palabras, sino que también tendrá que adivinar cuántas veces ha codificado su conjunto de palabras. Hackear una billetera cerebral con una clave estirada es exponencialmente más difícil de usar con fuerza bruta que una billetera cerebral que solo se ha procesado una vez. Las claves SHA256 y SHA256d las hemos comentado ya en este libro. Puede generarse este tipo de claves en el siguiente enlace

https://webdev.box33.net/tools/online-hash-generator-sha256d

Por ejemplo, queremos generar una SHA256d (Double Hash SHA256) de "Bitcoin para abogados" y obtenemos nuestra SHA256d

0fd32131c427ab801623d8414a54f843353a97ff4d6c3134fbcc312ba463798c

Recomendamos también las *Secure Hash Standard (SHS)*. Puede encontrar claves tipo *Secure Hash Standard (SHS)* en U.S. Department of Commerce. National Institute of Standards and Technology. La Serie de Publicaciones de Normas Federales de Procesamiento de la Información del Instituto Nacional de Normas y Tecnología (NIST) es la serie oficial de publicaciones relacionadas con las normas y directrices adoptadas y promulgadas en virtud de las disposiciones de la Ley Federal de Gestión de la Seguridad de la Información (FISMA). Este estándar especifica algoritmos hash que se pueden usar para generar resúmenes de mensajes. Los resúmenes se utilizan para detectar si los mensajes han cambiado desde que se generaron los resúmenes. Explicación: este estándar especifica algoritmos de hash seguros: SHA-1, SHA-224, SHA-256, SHA-384, SHA-512, SHA-512/224 y SHA-512/256, para calcular una representación condensada de datos electrónicos. (Datos (mensaje)). Cuando se envía un mensaje de cualquier longitud inferior a 264 bits (para SHA-1, SHA-224 y SHA-256) o inferior a 2128 bits (para SHA-384, SHA-512, SHA-512/224 y SHA-512/256). Entrada a un algoritmo hash, el resultado es una salida llamada resumen de mensaje. Los resúmenes de mensajes tienen una longitud de 160 a 512 bits, según el algoritmo. Los algoritmos hash seguros se utilizan normalmente con otros algoritmos criptográficos, como los algoritmos de firma digital y los códigos de autenticación de mensajes hash con clave, o en la generación de números aleatorios (bits).

Los algoritmos hash especificados en este Estándar se denominan seguros porque, para un algoritmo dado, es computacionalmente inviable 1) encontrar un mensaje que corresponda a un resumen de mensaje dado, o 2) encontrar dos mensajes diferentes que produzcan el mismo resumen de mensaje. Cualquier cambio en un mensaje dará como resultado, con una probabilidad muy alta, un resumen de mensaje diferente. Esto dará como resultado una falla de verificación cuando el algoritmo hash seguro se use con un algoritmo de firma digital o un algoritmo de autenticación de mensajes hash con clave. Esta Norma es aplicable a todos los departamentos y agencias federales para la protección de información confidencial no clasificada que no está sujeta al Título 10 del Código de los Estados Unidos, Sección 2315 (10 USC 2315) y que no está dentro de un sistema de seguridad nacional como se define en el Título 40 del Código de los Estados Unidos. Código de los Estados Sección 11103(a) (40 USC 11103(a)(1)). Este estándar o el estándar federal de procesamiento de información (FIPS) 202 deben implementarse siempre que se requiera un algoritmo hash seguro para las aplicaciones federales, incluso como un componente dentro de otros algoritmos y protocolos criptográficos. Esta Norma puede ser adoptada y utilizada por organizaciones no gubernamentales federales.

Los algoritmos hash seguros especificados en este documento pueden implementarse en software, firmware, hardware o cualquier combinación de los mismos. Solo se considerará que las implementaciones de algoritmos que estén validadas por NIST cumplen con este estándar. Puede obtener información sobre el programa de validación en:

http://csrc.nist.gov/groups/STM/index.html. Calendario de implementación: Puede encontrar orientación sobre las pruebas y la validación de FIPS 180-4 y su relación con FIPS 140-2 en IG 1.10 de la Guía de implementación para FIPS PUB 140-2 y el Programa de validación del módulo criptográfico en http://csrc.nist.gov/groups/STM/cmvp/index.html. Control de exportación: Ciertos dispositivos criptográficos y datos técnicos relacionados con ellos están sujetos a controles federales de exportación. Las exportaciones de módulos criptográficos que implementen este estándar y los datos técnicos relacionados con ellos deben cumplir con estas reglamentaciones federales y contar con la licencia de la Oficina de Administración de Exportaciones del Departamento de Comercio de EE. UU. La información sobre las regulaciones de exportación está disponible en: http://www.bis.doc.gov/index.htm. Calificaciones: Si bien la intención de este estándar es especificar los requisitos generales de seguridad para generar un resumen de mensaje, la conformidad con este estándar no garantiza que una implementación en particular sea segura. La autoridad responsable en cada agencia o departamento se asegurará de que una implementación general proporcione un nivel aceptable de seguridad. Esta Norma será revisada cada cinco años para evaluar su adecuación. Dónde obtener copias del estándar: esta publicación está disponible electrónicamente http://csrc.nist.gov/publications/. Y http://dx.doi.org/10.6028/NIST.FIPS.180-4

Para entender qué tiene que ver la curva elíptica en todo esto, ponemos un ejemplo de firma digital con algoritmo de hash SHA-224 del mensaje “Example of ECSA with P-224” y sale lo siguiente:

Elliptic Curve Digital Signature AlgorithmCurve: P-224 Hash Algorithm: SHA-224

Message to be signed: "Example of ECDSA with P-224"

###

Signature Generation

H: 1F1E1CF892926CFCCFC5A28FEEF3D807D23F778008DBA4B35F04B2FD

E:

```
1F1E1CF892926CFCCFC5A28FEEF3D807D23F778008DBA4B35F04B2
FD
   K:
A548803B79DF17C40CDE3FF0E36D025143BCBBA146EC32908EB849
37
   Kinv:
B4D9D81FEFF7B325E09E770C40BACE8B008D6074371967326F39130
C
   R_x:
C3A3F5B82712532004C6F6D1DB672F55D931C3409EA1216D0BE773
80
   R_y:9BF4978CA8C8A8DF855A74C6905A5A3947ACFF772FCE436D
48341D46
   R:
C3A3F5B82712532004C6F6D1DB672F55D931C3409EA1216D0BE773
80
   D:
3F0C488E987C80BE0FEE521F8D90BE6034EC69AE11CA72AA777481
E8
   S:
C5AA1EAE6095DEA34C9BD84DA3852CCA41A8BD9D5548F36DABDF6
617
   Signature
   R:
C3A3F5B82712532004C6F6D1DB672F55D931C3409EA1216D0BE773
80
   S:
   C5AA1EAE6095DEA34C9BD84DA3852CCA41A8BD9D5548F36DAB
DF6617
   ============================================================
===== ==
   Signature                                    VerificationQ_x:
<E84FB0B8E7000CB657D7973CF6B42ED78B301674276DF744AF130B
3E>
Q_y:<4376675C6FC5612C21A0FF2D2A89D2987DF7A2BC52183B598
2298555>
   H:
<1F1E1CF892926CFCCFC5A28FEEF3D807D23F778008DBA4B35F04B
2FD>
   E:
<1F1E1CF892926CFCCFC5A28FEEF3D807D23F778008DBA4B35F04B
2FD>
```

```
Sinv:
<F37CDB765223F50175BC0ED92847E00DC6F1065C3D708E8C6CBDB
97A>
U:
<69DF611DF949498EBE20C1E453CF231CDD2F30ADEECBA93354812
95D>
V:
<86DAAF97DC9BB13A66EC7B735E69BCCD60F395EFB2CDFDED8A3C
CBCF>
Rprime.X:<C3A3F5B82712532004C6F6D1DB672F55D931C3409E
A1216D0BE77380>
Rprime.Y:<9BF4978CA8C8A8DF855A74C6905A5A3947ACFF772F
CE436D48341D46>
Rprime:<C3A3F5B82712532004C6F6D1DB672F55D931C3409EA1
216D0BE77380>
Verification Passed!
```

Otra manera de clasificar a los usuarios de Bitcoin es por el tipo de billetera en función de otros dos parámetros que deben elegir: *Comodidad* o *Seguridad*.

Como ejemplo de Wallet basado en la Comodidad, ponemos a *Coinbase.com*. Es muy fácil de usar, pero en realidad almacenan tus claves privadas en la nube y nunca puede verlas. A algunas personas no les gusta esto porque está confiando en un tercero poderoso y ¿confiable? Sin embargo, otros están dispuestos a cambiar esto por la conveniencia de tener sus bitcoins al alcance de la mano a través de un sitio web fácil de usar. Como ejemplo de Wallet basado en la Seguridad, ponemos a *Mycelium* y *Electrum* que no guardan las claves privadas de nadie en la nube. Los usuarios poseen sus propias claves privadas y son responsables de sus propios fondos. No hay ningún recurso de estos servicios en caso de que alguien pierda su clave privada. El beneficio, por supuesto, es la seguridad, ya que nadie más que usted controla sus claves privadas. Sin embargo, es una gran responsabilidad y carga, especialmente para los usuarios ocasionales de Bitcoin. Al final, su elección de billetera realmente depende de usted como individuo. Ya sea que prefiera las funciones de conveniencia, como el pago a través de teléfonos inteligentes y códigos QR, o elegantes billeteras con múltiples firmas, o haga un esfuerzo adicional para usar una billetera de hardware, imprimir una billetera de papel o memorizar una billetera para el cerebro... todo se reduce a sus necesidades personales y forma de afrontar la vida.

Bitcoin ATMs = Cajeros automáticos de Bitcoin

Quizás estés pensando que hemos estado hablando mucho sobre las billeteras de Bitcoin y cómo administrar sus claves privadas, pero ¿cómo obtener los primeros bitcoins sin afrontar riesgos y sin depender de bancos o gestores? Para ello han salido los *Bitcoin ATMs* (*cajeros automáticos de Bitcoin*). ¿Cómo lo conseguimos? Primero escanee su *código QR* desde una aplicación de billetera de teléfono inteligente o cualquier otro dispositivo (o hoja de papel) que pueda mostrar un código QR. Lo importante es que este código QR contenga su dirección de Bitcoin. Segundo inserte dinero en efectivo en el cajero y presione enviar. Algunos cajeros automáticos de Bitcoin funcionan de manera un poco diferente y, en lugar de que escanee su código QR, simplemente le imprimen una billetera de papel después de que haya pagado su monto equivalente en efectivo, tarjeta de débito o crédito.

Otra manera de obtener Bitcoin es a través de un *intercambio*, donde puede comerciar entre diferentes tipos de moneda tradicional y criptomonedas. Por ejemplo, puede operar de bitcoin a USD, EUR, etc, y de USD, EUR, etc. a bitcoin. Los intercambios son importantes porque establecen el precio de bitcoin, ya que definen el *valor de mercado*. Hay muchos intercambios, algunos de mayor reputación que otros, por lo que es importante hacer su propia Diligencia Debida al elegir qué intercambio usar. *Diligencia Debida*: "Conjunto de precauciones que la ley o el buen sentido aconsejan adoptar en el desarrollo de una actividad para evitar daños previsibles". (CC, art. 1104). Por ejemplo, existe la distinción entre *Intercambios Centralizados* e *Intercambios Descentralizados*.

1.- *Los Intercambios Centralizados* son fáciles de usar y de fácil acceso, pero podrían representar un riesgo para sus fondos. Ha habido algunos incidentes de piratería informática a lo largo de los años. Piense en el hackeo y la quiebra de Mt. Gox, y también en el hackeo de BitFinex más reciente en el que se robaron aproximadamente 120.000 bitcoins. Como regla general, "nunca es seguro mantener su dinero en intercambios a largo plazo”._Mucha gente hace esto, y es lamentable que pierdan todos sus fondos cuando ocurre un hack. Uno de los sitios para este tipo de intercambios es https://bitcoin.org/en/exchanges. Para el ejemplo, hemos hecho un intercambio en Europa, y allí en bitcoin.de

2.- *Intercambios Descentralizados*: Siguiendo la tendencia de descentralizar y por razones de seguridad, tenemos intercambios descentralizados. No dependen de un servicio de terceros para retener los fondos del cliente, ni realizar ninguno de los trabajos de back-end de misión crítica. En cambio, los intercambios solo ocurren directamente entre usuarios (piense en P2P). Generalmente, esto se hace creando tokens proxy, o activos, que representan cierta cantidad de moneda fiduciaria o criptográfica. Los *Intercambios Descentralizados* también pueden ser desconfiados. No tiene que confiar en la seguridad o la honestidad del intercambio, ya que los fondos los tiene usted en su billetera personal y no un tercero. Algunos ejemplos de intercambios descentralizados son Bitsquare, Bitshares, Openledger, NXT, CounterParty, etc. Los intercambios descentralizados pueden no ser necesariamente mejores que los intercambios centralizados, especialmente dado que los grandes intercambios centralizados generalmente están respaldados por empresas poderosas que pueden invertir en alta seguridad, pero por supuesto, haga su propia diligencia debida.

Ahora veremos algunos mecanismos de billetera y cómo habilitan la funcionalidad en su aplicación de billetera Bitcoin favorita. Ya sabemos que las billeteras ayudan a administrar su identidad: sus claves públicas y privadas. A estas alturas podemos preguntarnos ¿Cómo hago la *Verificación de pago simple* con clientes no muy introducidos en Bitcoin? ¿Por qué cuando uso el software de mi billetera, no tengo que descargar toda la cadena de bloques de Bitcoin? Disponemos de un sistema de *Verificación de Pago Simple* o SPV. Es un método para verificar si transacciones particulares (específicamente sus propias transacciones) están incluidas en un bloque o no; ya que al tener que descargar solo los encabezados de cada bloque, en lugar del bloque completo, que incluye todas las actas, la duda existe. Esto es particularmente útil para los clientes que están limitados por la capacidad de almacenamiento, ya que ahora pueden operar sin almacenar la cadena de bloques completa. Imagínese la típica aplicación de billetera para teléfonos inteligentes de Bitcoin. No tienes toda la cadena de bloques almacenada. En su lugar, tiene una billetera para realizar un seguimiento de sus claves y un componente de enrutamiento de red que le permite conectarse al protocolo P2P de Bitcoin. Todo esto se hace sin una cadena de bloques completa y, por esta razón, los clientes que ejecutan SPV se denominan *clientes ligeros* o *ligeros*.

En SPV, al tener los encabezados de bloque, simplemente puede ejecutar una *Prueba de Inclusión Merkle*, que explicamos anteriormente en la sección de base de datos a prueba de manipulaciones. Una suposición importante que debe hacer al usar SPV es que los *encabezados de bloque entrantes* no provienen de una *cadena falsa*. Si los encabezados de bloque que recibe son falsos o no válidos, es posible que una transacción que considere válida, no lo sea en realidad, y alguien podría estar intentando el "doble gasto" con usted Esto da idea de los riesgos. Generalmente habrá que suponer que los encabezados de bloque entrantes no provienen de una cadena falsa. Siempre que se conecte a muchos nodos diferentes, la probabilidad de que cada uno sea controlado por una entidad maliciosa se reduce significativamente. Siempre que esté conectado a una variedad de nodos, a largo plazo, la cadena que verá tiene muchas probabilidades de ser honesta. Y, de manera realista, no podemos permitirnos poner toda la cadena de bloques en nuestros teléfonos u otros dispositivos livianos, por lo que tener un *cliente ligero* que ejecute SPV es una compensación bastante decente.

En un momento dado mencionamos la *Firma Múltiple* con respecto al pago por hash de script, diciendo que *Multisig* es una forma de compartir criptográficamente una clave entre participantes y sirve para distribuir puntos de falla. Imagínese si desea compartir una billetera con su familia o incluso con usted mismo. Por ejemplo, considere un multisig 2 de 3. Imagina que tengo un 2 de 3 multisig con mis amigos Antonio y Consuelo. Solo dos de nosotros necesitamos firmar una transacción para poder enviarla. Pero nadie puede simplemente huir con nuestro bitcoin, ya que necesita al menos dos de tres claves. En lugar de perder su clave privada y luego perder todos sus fondos, tiene más de un punto de falla. Después de perder una clave privada, todavía tendría dos de las tres claves en total, por lo que todavía tener claves suficientes para acceder a sus fondos en un esquema multifirma 2 de 3. Como otro ejemplo, algunas empresas de intercambio y billeteras de software brindan servicios multigrupo 2 de 3, o 3 de 5. En el caso de múltiples firmas 2 de 3, usted conserva dos de sus claves y un tercero de confianza, como por ejemplo, la empresa, tiene la tercera. *El intercambio* no puede usar sus fondos, ya que solo tiene una clave, pero si alguna vez pierde una de sus claves, la empresa puede intervenir y ofrecer su clave para ayudarlo a recuperar sus fondos. Como puede imaginar, esto funciona de manera similar para 3 de 5 o cualquier otro multisig de M de N.

Alguien podría preguntarse ¿Cuáles serían entonces las mejores prácticas de generación de claves? En general, se considera una buena práctica no reutilizar nunca seudónimos. Esto requiere generar un nuevo par de claves pública y privada para cada transacción, de modo que sea más difícil determinar la cantidad de bitcoins que posee y en qué ha estado gastando esos bitcoins. Además, imagínese si no generara un nuevo par de claves pública y privada para cada transacción y tuviera todos sus fondos asociados con una identidad. Tan pronto como pierda la clave privada correspondiente, todos sus fondos se perderán. También es una buena práctica distribuir sus fondos entre varias identidades. A fin de cuentas, todas sus claves privadas son solo números aleatorios, no hay relación entre ellos, por lo que comprometer una clave es independiente de las demás. Las claves públicas y privadas son computacionalmente fáciles de generar de todos modos, entonces, ¿por qué no generaría nuevas claves públicas y privadas para cada transacción? Es un pequeño esfuerzo que podría contribuir a salvar su experiencia de usuario de Bitcoin. La última práctica aconsejable se enfoca en su billetera. *El software Wallet* generalmente se encargará de esto de todos modos, por lo que es mucho más fácil cumplir con las mejores prácticas.

Ahora bien, si cumple con las mejores prácticas y genera una nueva clave pública y privada para cada transacción que realiza, la pregunta natural es: ¿Cómo administro un número cada vez mayor de claves? Este es especialmente el caso si realiza transacciones frecuentes. La cantidad de teclas que controlas puede volverse abrumadora rápidamente. La forma tradicional de realizar un seguimiento de las claves era a través de lo que se conoce como *JBOK Wallets (carteras JBOK)*, donde *JBOK* es un acrónimo de "*Just a Bunch of Keys*" ("solo un manojo de llaves"). La idea detrás de las carteras JBOK es que después de realizar cada transacción, haría una nueva copia de seguridad del nuevo par de claves que genera. Alternativamente, también puede comenzar con un montón de claves generadas de antemano. Sin embargo, después de usar todas estas claves, seguirá teniendo el mismo problema de tener que generar más claves. Ahora bien, este llavero de billeteras tiene el mismo inconveniente que su homólogo físico, es decir, que a medida que aumentan las llaves añadidas al llavero, también lo hace su tamaño y es difícil de llevar en el bolsillo del pantalón. Las carteras JBOK no son demasiado convenientes porque tiene que almacenar todos y cada uno de los pares de claves. Considere si es un intercambio y tiene miles de usuarios operando constantemente. Tendría que lidiar con tantas claves e incluso más copias de seguridad que sería bastante inmanejable.

Entonces, en lugar de tener solo un montón de llaves, intentemos algo un poco más inteligente, las *HD Wallets* (*Carteras HD*) o *Carteras Deterministas Jerárquicas* que responden a la pregunta ¿Qué pasaría si, pudiéramos encontrar una forma de derivar claves a partir de un valor semilla original? Esa es la idea detrás de las carteras HD, o carteras deterministas jerárquicas. Comenzamos con un *valor semilla* generado aleatoriamente. En lugar de tener que hacer una copia de seguridad de cada clave, a partir de ahora podríamos generar de *forma determinista* un nuevo par de claves, siempre que conozcamos nuestra *semilla original*. Podemos pensar en esta *semilla* como una *llave maestra*. Primero generamos nuestra *clave maestra*, y para cada clave subsiguiente que queremos generar, podemos simplemente tomar el *hash de la clave maestra* con algún *contador o número de índice*, y luego llegaremos a nuestra *clave secundaria derivada*. Si quiero generar mi tercera clave secundaria, agregaría 3 a mi clave maestra y agregaría un hash a todo. Podemos pensar en la *clave maestra* como una *clave principal*, y cualquier clave que se genere a partir de ella son sus *claves secundarias*.

También podemos usar *claves secundarias* como *claves principales* para generar aún más claves secundarias. Al generar claves de una manera conocida en lugar de aleatoriamente, disminuimos en gran medida la carga en las billeteras al tener que realizar un seguimiento de todas sus claves, especialmente si está tratando con miles de claves como lo hacen los intercambios. Correremos el riesgo de que alguien adivine el sistema y nos vacie las carteras. Veamos un ejemplo, todas las billeteras HD usan una clave de semilla de 12 palabras, y cada vez, esta semilla se magnifica por un valor de contador, lo que hace posible que la billetera obtenga una cantidad incontable de nuevas direcciones. Las billeteras pueden crear la copia de seguridad debido a la semilla. Cada billetera tiene su propia semilla, y una semilla generalmente contiene 12 cadenas aleatorias de palabras. La semilla es crucial porque ayuda a recuperar los fondos almacenados en la billetera, por lo que debe almacenarse con mucho cuidado. La mejor forma de asegurarlos es tener varias copias en papel fuera de línea. Cada semilla tiene un estándar bien definido para el almacenamiento seguro de sus claves privadas. BIP 32 y BIP 44 son ejemplos de estándares de semillas. Para una mejor comprensión, la visualización de una estructura de billetera HD se puede observar a continuación:

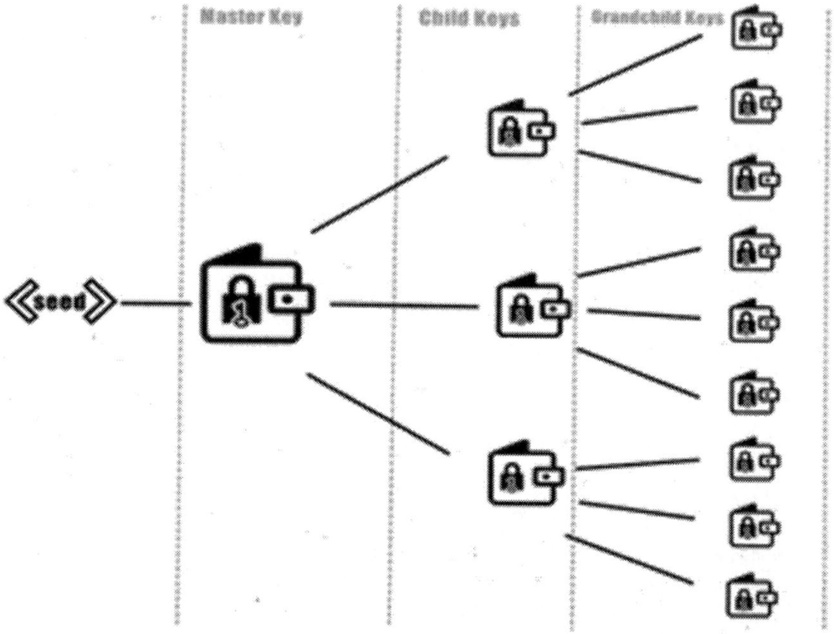

Ventajas

- No es necesario hacer una copia de seguridad de todas las claves generadas.
- La privacidad está fuertemente asegurada a través de un mecanismo de estructura jerárquica.
- Se pueden almacenar múltiples monedas únicas dentro de la misma billetera HD.
- Se pueden producir direcciones públicas ilimitadas para restringir la reutilización de direcciones
- Las direcciones permanecen seguras incluso después de que el comerciante haya perdido la copia de seguridad de la clave privada.

Contras

- Puede ser difícil hacer una copia de seguridad de los pares de claves de la billetera perdida o robada si se han seleccionado alabanzas iniciales difíciles de memorizar.
- Las claves secundarias se pueden entregar de forma segura sin poner en riesgo la clave principal. Las claves públicas

maestras también se pueden entregar sin arriesgar la clave privada maestra. Sin embargo, ambas acciones no se pueden realizar al mismo tiempo.

La *billetera determinista jerárquica* se ha convertido en una opción confiable entre los comerciantes de criptomonedas. Este concepto ha ayudado a los comerciantes a optimizar y ampliar sus opciones comerciales sin gastos generales adicionales ni necesidad de crear una copia de seguridad. Más y más proveedores de billeteras HD están surgiendo en el mercado para llenar el vacío que dejaron las billeteras de criptomonedas tradicionales. Entre los principales proveedores de billeteras que usan billeteras HD podemos mencionar a *Ledger Nano X*, *Trezor*, *KeepKey* o *Electrum*. Electrum es una de las billeteras de escritorio y Bitcoin más antiguas disponibles en el mercado, responsable de encargarse de casi el 10% de todas las transacciones de Bitcoin. https://electrum.org/

Por supuesto, los *Intercambios* pueden usar carteras HD para reducir en gran medida su carga, pero las carteras HD también son útiles en otros lugares. Imagina una organización con una estructura jerárquica. Imagine que tenemos al presidente controlando nuestra llave maestra. A partir de la clave maestra, podemos generar claves secundarias para cada uno de los jefes de departamento. Y a partir de las claves de los jefes de departamento, podemos volver a generar claves secundarias para cada uno de los empleados del departamento. Dado que las claves se derivan de forma jerárquica, alguien que controle una clave principal puede derivar una clave secundaria y, por lo tanto, puede gastar de ella. En nuestra organización jerárquica, si todos en la organización tuvieran una billetera HD como se definió anteriormente, entonces los jefes de departamento podrían gastar de las billeteras de los empleados de su departamento, ya que las claves de los empleados se generaron a partir de las claves del jefe de departamento. Y el presidente tendría más poder. La clave de todos se origina de alguna manera a partir de la clave maestra del presidente, por lo que el presidente podría gastar de la billetera de todos.

Tipos del algoritmo de aprendizaje automático

Nuestro mundo está cambiando a través de los avances tecnológicos, y el aprendizaje de las máquinas está a la vanguardia. Es uno de los factores que afectan a la forma en que las máquinas realizan las tareas. A través del aprendizaje automático, podemos realizar varias tareas diarias básicas y complejas. Las aplicaciones del aprendizaje automático incluyen el reconocimiento de voz, la proyección de imágenes, etc. Este campo de las ciencias computacionales ayuda a interpretar y analizar la estructura y el patrón de los datos para realizar tareas complejas. Estas tareas complejas a menudo requerirán la toma de decisiones, el razonamiento y el aprendizaje. En palabras sencillas, se pueden insertar numerosos datos en el algoritmo del sistema. El sistema entonces analizará esos datos e identificará el patrón y la estructura de los datos para tomar decisiones. Además, el algoritmo utilizará nuevos resultados para mejorar la toma de decisiones en el futuro. A continuación encontrará varios tipos de algoritmo de aprendizaje automático:

1. Aprendizaje supervisado

Con este método de aprendizaje de algoritmos, se entrena a la máquina proporcionando las respuestas correctas para los datos. Eso significa que todos los datos tienen respuestas precisas. En el aprendizaje supervisado, necesitas un profesional o supervisor con altas habilidades en ciencias de la información para realizar las tareas de entrenamiento. Puedes predecir el resultado de los datos no vistos proporcionando a la máquina datos etiquetados en el proceso de entrenamiento. Este algoritmo de aprendizaje es similar a las instituciones de aprendizaje donde un profesor le proporciona el conocimiento sobre un tema. Y empiezas a explorar más sobre el tema por tu cuenta.

¿Cómo funciona el sistema? Digamos que quieres crear un algoritmo que te diga cuánto tiempo viajarás de tu oficina al trabajo. Necesitas proporcionar a tu sistema la siguiente información: Ruta, Tráfico en esa ruta, Hora del día y Condiciones climáticas. Una vez que el sistema recibe esta información como entrada, puede decirte cuánto tiempo necesitarás para llegar a casa. La entrada sería los datos que usted proporciona o que el sistema recibe a través de una fuente que usted asigna. El sistema calculará la información a través del algoritmo y le proporcionará la salida. Así que en el aprendizaje supervisado, la máquina necesita recoger los datos y las condiciones al instante y analizar el resultado.

2. Aprendizaje no supervisado

El aprendizaje no supervisado carece de la necesidad de intervención humana para proporcionar referencias y datos. El sistema recogerá los datos de fuentes desconocidas, los analizará y generará el resultado. Es imposible entrenar a este tipo de máquinas - estos tipos de máquinas ayudan a descubrir patrones y estructuras de datos desconocidos. El resultado puede ser a veces pobre que el aprendizaje supervisado, pero no hay manera de encontrar la precisión del resultado. ¿Cómo funciona el sistema? Como este tipo de aprendizaje por máquina no requiere datos etiquetados, los datos codificados y el algoritmo trabajan juntos para la salida. El propósito del aprendizaje no supervisado es averiguar los patrones y tendencias ocultas. Por ejemplo, si diriges una fábrica que produce chips de computadora. Necesitas mantener varios factores, como la temperatura, la humedad y la vibración, para evitar fallos en los chips. Sin embargo, has descubierto que hay más chips que fallan. Para encontrar la razón y la combinación de factores que afectan a su producción, puede utilizar un algoritmo de agrupación no supervisado.

3. Aprendizaje semisupervisado

Como su nombre indica, este tipo de aprendizaje de la máquina es una mezcla de aprendizaje de la máquina supervisado y no supervisado. En este método de aprendizaje, se proporcionan etiquetas de algunos datos del sistema mientras que algunos datos no están etiquetados. La principal tarea de este sistema de aprendizaje es categorizar los datos no etiquetados analizando los datos etiquetados. ¿Cómo funciona el sistema? Como los datos etiquetados son caros, las máquinas de aprendizaje semisupervisadas crean datos etiquetados a partir de datos no etiquetados con un mínimo de recursos. Empresas como Google están usando SSL para etiquetar sus datos. El sistema analizará el patrón de datos etiquetados y utilizará el mismo patrón para etiquetar los datos que no incluyen ninguna etiqueta. Por ejemplo, si quieres que el sistema reconozca los pájaros de tu casa, añadirás fotos de pájaros etiquetados. Usando estos datos etiquetados, el sistema aprende acerca de las características de las aves, reconociéndolas instantáneamente. Con las nuevas imágenes que añadas al sistema, identificará a las aves a través de su algoritmo.

Tipos de algoritmo de aprendizaje automático por similitudes

1. Algoritmo de regresión

Un algoritmo de regresión es un tipo de aprendizaje de máquina supervisado. Este algoritmo funciona según la relación entre la entrada y la salida y genera nuevos datos. Por ejemplo, si quieres saber el precio de la casa, el sistema predecirá su precio en función de las características que ofrezcas. Estas características pueden incluir: cuántos dormitorios, cuál es el área, etc. Los algoritmos de regresión más populares son: Regresión por mínimos cuadrados ordinarios (OLSR), Regresión lineal, Regresión logística, Regresión por pasos, Líneas de Regresión Adaptativa Multivariante (MARS) y Suavizado de la trama de dispersión estimada localmente (LOESS)

2. Algoritmo basado en la memoria

Otros nombres para este sistema de aprendizaje automático incluyen sistema basado en instancias o aprendizaje perezoso. Este algoritmo comparará cada nuevo problema con los datos del sistema a través del proceso de aprendizaje. Por ejemplo, si desea encontrar varios correos electrónicos basados en una palabra clave o en el nombre del remitente, un algoritmo basado en la memoria buscará en su bandeja de entrada y encontrará todos los correos electrónicos que incluyan esa palabra clave o del remitente específico. Los algoritmos basados en memoria más populares son:k-Vecino más cercano (kNN), Cuantificación de Vectores de Aprendizaje (LVQ), Mapa auto-organizativo (SOM), Aprendizaje ponderado local (LWL) y Máquinas Vectoriales de Apoyo (SVM).

3. Algoritmos de regularización

Un algoritmo de regularización simplifica los datos o el problema para ayudar a reducir los errores y la sobrecarga. Para hacer la máquina más flexible, este algoritmo reduce el riesgo de sobreajuste. Este algoritmo hará que la máquina aprenda, en lugar de memorizar los datos, para funcionar bien con los datos no vistos. Los algoritmos de regularización más populares son: Regresión de cresta, Operador de Selección y Encogimiento Mínimo Absoluto (LASSO), Red elástica y Regresión de ángulo menor (LARS).

4. Algoritmos de la red neuronal artificial

Este algoritmo imita el funcionamiento interno del cerebro humano. El cerebro contiene varias redes neuronales que transfieren los datos de entrada a salida después de procesarlos. De manera similar, esta misma técnica de capas de entrada y salida puede ayudar a entrenar las máquinas. Los algoritmos de redes neuronales artificiales también consisten en una red oculta que calcula el resultado y lo transfiere a la salida.

Conclusión

El aprendizaje automático es la tecnología del futuro que ayudará a resolver muchos problemas y tareas futuras. Los datos son el combustible de toda industria. Con el aprendizaje automático, podemos reunir, entender y encontrar nuevas tendencias y patrones para tomar decisiones mejores e informadas. El algoritmo de aprendizaje automático puede abrir nuevas puertas en el campo de la IA y la automatización.

Minería

La minería de datos es el camino hacia la búsqueda de diseños en enormes índices de información, incluyendo estrategias en la convergencia de la IA, conocimientos y sistemas de bases de datos. La minería de información es un subcampo interdisciplinario de la ingeniería de software y las mediciones con el objetivo general de eliminar datos (con técnicas sabias) de una colección de información y convertir los datos en una estructura inteligible para su uso posterior. La minería de información es la empresa de examen del procedimiento de "divulgación de aprendizaje en bases de datos" o KDD. Además de la etapa de investigación bruta, incluye igualmente la base de datos y la información los ángulos del tablero, el pretratamiento de la información, las contemplaciones de modelos y suposiciones, las mediciones de calidad intrigantes, las contemplaciones de naturaleza multifacética, la preparación posterior de las estructuras encontradas, la percepción y la actualización en línea. La expresión "minería de información" es un término equívoco, habida cuenta de que el objetivo es la extracción de ejemplos e información a partir de mucha información, y no la extracción (minería) de información propiamente dicha. Además, es una palabra de moda y se aplica muchas veces a cualquier tipo de información o preparación de datos en gran escala (acumulación, extracción, almacenamiento, examen y conocimientos), así como a cualquier utilización de la red de apoyo emocional de la elección del ordenador personal, incluidos el razonamiento artificial (por ejemplo, la inteligencia artificial) y los conocimientos empresariales. El libro Information mining: Aparatos y sistemas pragmáticos de IA con Java (que cubre, en su mayor parte, material de IA) debía denominarse inicialmente simplemente IA con los pies en la tierra, y se incluyó el término "excavación de datos" por razones de promoción. Regularmente los términos más amplios (a enorme escala) de investigación y examen de la información - o, cuando se alude a técnicas reales, el poder mental del hombre y la IA - son progresivamente adecuados.

El verdadero mandado de la minería de información es el auto-cargamento o el examen programado de enormes cantidades de información para extraer de antemano ejemplos oscuros y fascinantes, por ejemplo, la recopilación de registros de información (investigación de racimos), registros no ordinarios (identificación de incoherencias) y condiciones (minería de reglas de afiliación, minería de ejemplos consecutivos). Esto incluye normalmente la utilización de sistemas de bases de datos, por ejemplo, listas espaciales. Estos ejemplos podrían considerarse como una especie de resumen de los datos y podrían utilizarse en la investigación ulterior o, por ejemplo, en la IA y el examen clarividente. Por ejemplo, en la etapa de extracción de información se pueden distinguir numerosas recopilaciones de información, que luego se podrían utilizar para obtener resultados de previsión progresivamente precisos mediante una red de apoyo emocional de elección. Ni la acumulación de información, ni la disposición de la información, ni la elucidación y el detalle de los resultados son una parte de la etapa de extracción de información, pero tienen cabida en el proceso general de KDD como etapas adicionales. La distinción entre el examen y la extracción de información es que la investigación de la información se utiliza para probar modelos y teorías sobre el conjunto de datos, por ejemplo, diseccionando la viabilidad de un esfuerzo publicitario, prestando poca atención a la medida de la información; por el contrario, la extracción de información utiliza la IA y los modelos fácticos para revelar diseños subrepticios o encubiertos en un enorme volumen de datos. Los términos conexos "búsqueda de información", "búsqueda de información" y "husmeo de información" aluden a la utilización de técnicas de extracción de información para comprobar porciones de un índice de información de una población mayor que son (o podrían ser) demasiado pequeñas para poder hacer deducciones fácticas fiables sobre la legitimidad de los ejemplos encontrados. No obstante, estas técnicas pueden utilizarse para hacer nuevas especulaciones para probarlas con las poblaciones de información más grandes.

Proceso: El proceso de descubrimiento de conocimientos en bases de datos (KDD) se define comúnmente con las etapas:

- Selección
- Preprocesamiento
- Transformación
- La minería de datos
- Interpretación / evaluación.

Sin embargo, existen muchas variaciones sobre este tema, como el proceso estándar interindustrial para la extracción de datos (CRISP-DM) que define seis fases:

- Comprensión de los negocios
- Comprensión de los datos
- Preparación de datos
- Modelado
- Evaluación
- Despliegue

O un proceso simplificado como el pre-procesamiento, la minería de datos y la validación de resultados.

Preparación: Antes de poder utilizar los cálculos de la minería de información, se debe acumular un índice de información objetiva. Como la minería de la información sólo puede revelar diseños realmente presentes en la información, el índice de información objetiva debe ser lo suficientemente grande como para contener estos ejemplos y al mismo tiempo ser lo suficientemente sucinto como para ser extraído dentro de un límite de tiempo satisfactorio. Un típico punto caliente de información es una tienda de información o un almacén de información. La preparación previa es fundamental para diseccionar las colecciones informativas multivariadas antes de la extracción de la información. A continuación, se limpia el objetivo fijado. La limpieza de la información expulsa las percepciones que contienen conmoción y las que carecen de información.

La minería de datos: La minería de datos incluye siete clases regulares de tareas:

- Reconocimiento de rarezas (anomalía/cambio/ubicación de desviación) - La prueba distintiva de registros de datos poco comunes, que pueden ser fascinantes o errores de datos que requieren un examen más profundo.

- Aprendizaje de las reglas de afiliación (demostración de confianza) - Escanea las conexiones entre los factores. Por ejemplo, una tienda de comestibles puede acumular datos sobre las propensiones de compra de los clientes. Utilizando el aprendizaje de las reglas de afiliación, la tienda puede averiguar qué artículos se compran juntos con la mayor frecuencia posible y utilizar estos datos con fines publicitarios. De vez en cuando se alude a esto como una investigación de mercado.

- Bunching - es el encargo de encontrar recopilaciones y estructuras en los datos que sean de alguna manera u otra "comparables", sin utilizar estructuras conocidas en la información.

- El orden - es la tarea de resumir la estructura realizada para aplicarla a los nuevos datos. Por ejemplo, un programa de correo electrónico puede intentar ordenar un correo electrónico como "genuino" o como "spam".

- Recaída - se esfuerza por descubrir una capacidad que modela la información con el menor error, es decir, para evaluar las conexiones entre la información o los conjuntos de datos.

- Esquema - dando un retrato progresivamente reducido de la colección de información, incluyendo la representación y la edad del informe.

- Aprobación de resultados

La extracción de datos puede ser objeto de abuso accidentalmente, y entonces sería capaz de crear resultados que tienen todas las características de ser dignos de mención; sin embargo, que no anticipan realmente la conducta futura y no pueden repetirse en otro ejemplo de información y tienen poca utilidad. Con frecuencia esto es el resultado de investigar un número excesivo de teorías y de no realizar las pruebas de teoría factual apropiadas. Una variante sencilla de esta cuestión en la IA se conoce como sobreajuste, sin embargo, puede surgir una cuestión similar en varios períodos del procedimiento y, en este sentido, una división de tren/prueba - cuando sea pertinente por cualquier medio - puede no ser adecuada para evitar que esto ocurra.

Receta ejemplo 1 para minería

Vayamos a un lenguaje menos formal y establezcamos varias recetas de minado. Hemos hablado de *consenso* y *prueba de trabajo*, pero no hemos hablado realmente de la implementación de la *minería* en Bitcoin. ¿Cómo se manifiesta la minería en el mundo real?, ¿Cómo ha evolucionado la minería de bitcoins desde la idea de su creador Satoshi Nakamoto? ¿Qué hace un minero de bloques? ¿Cuántos tipos de mineros hay? Repasaremos lo que hace un minero para validar bloques y veamos varios métodos de minar bloques. Primero echemos un vistazo a los pasos genéricos para la *minería* de un *nodo* completo.

0.- El paso preliminar para la minería, es descargar toda la cadena de bloques de Bitcoin. Esto nos permite conocer el historial para poder verificar transacciones futuras. Este paso es opcional si extrae en un grupo de minería.

1.- Verificar las transacciones. Verificar que llenamos nuestro bloque con transacciones válidas.

2.- Crear el bloque, utilizando las transacciones dadas y todos los metadatos necesarios, tales como la hora, la versión y el destino como mínimo.

3.- Encontrar la *prueba de trabajo*, también conocida como *un nonce válido* que resuelva el rompecabezas de hash de preimagen parcial.

4.- Transmitir su bloque si aún no ha visto ningún bloque de la competencia.

5.- Si su bloque se incluye en la cadena más larga… Obtenga sus ganancias

Parece algo sencillo y más aun si somos aficionados a las matemáticas y los crucigramas. Veamos en detalle cómo se desarrollan cada uno de estos pasos.

Paso 0: Descargar el historial de transacciones.

Solo debe realizarse una vez. Una vez que tenga el historial completo de la cadena de bloques de Bitcoin, no es necesario que vuelva a descargar esa información; solo necesita realizar un seguimiento de los bloques entrantes de otros mineros. Si eres un minero con un nodo SPV, solo necesitas almacenar los encabezados de los bloques y (request Info) solicitar información de los nodos completos para verificar las transacciones según sea necesario. Lo que significa que este paso es opcional. Sin embargo, si quieres ser un minero completo e independiente, debes seguir este paso. Ahora que tenemos el historial completo, sigamos adelante y comencemos con la minería

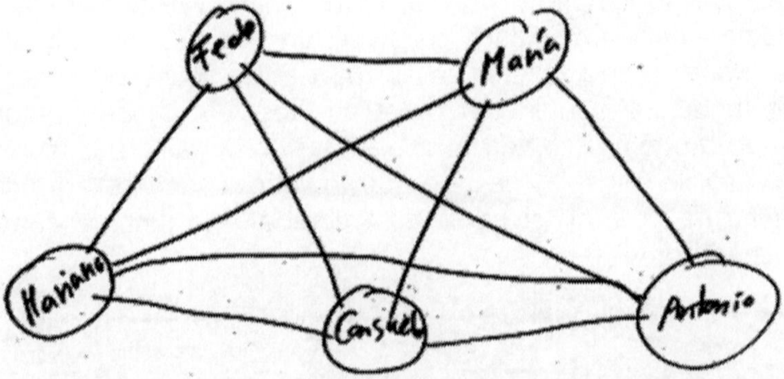

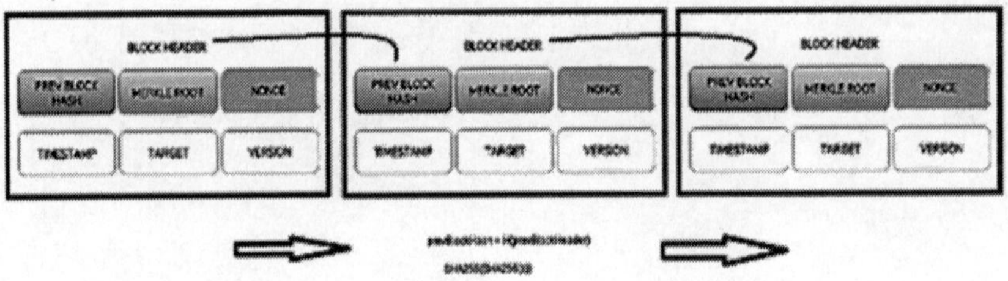

Paso 1: Verificar (Validar) las transacciones.

Los usuarios de Bitcoin envían transacciones a la red de Bitcoin cada segundo, y el trabajo de los mineros es verificar la validez de esas transacciones. A medida que las transacciones llegan al minero, las almacenarán en un *"mempool"*, donde *"mem"* significa *"memoria"* y *"pool"* significa *"suministro"* (refiriéndose al suministro de *transacciones*). Es donde residen todas las *transacciones* pendientes antes de que se conviertan en un *bloque*. Luego, los mineros elegirán las transacciones para verificar en función de sus tarifas de transacción, que analizaremos en breve. Verifican la validez de cada uno ejecutando el *script de desbloqueo* como ya explicamos en este libro (recuerde P2PKH y P2SH). Si ese fragmento de código puede desbloquear con éxito los bitcoins anteriores, entonces la transacción se realiza.

Paso 2: Generar un bloque

Como se mencionó anteriormente, hay varias piezas de información necesarias para construir un bloque, por ejemplo, Merkle Root, que generamos a partir de nuestra lista de transacciones. Después de construir los datos del bloque, finalmente podemos comenzar a trabajar en la parte más costosa del proceso de minería, el paso que le valió a todo este proceso de *Prueba de Trabajo* el título de "minería". Es decir encontrar un *nonce válido.*

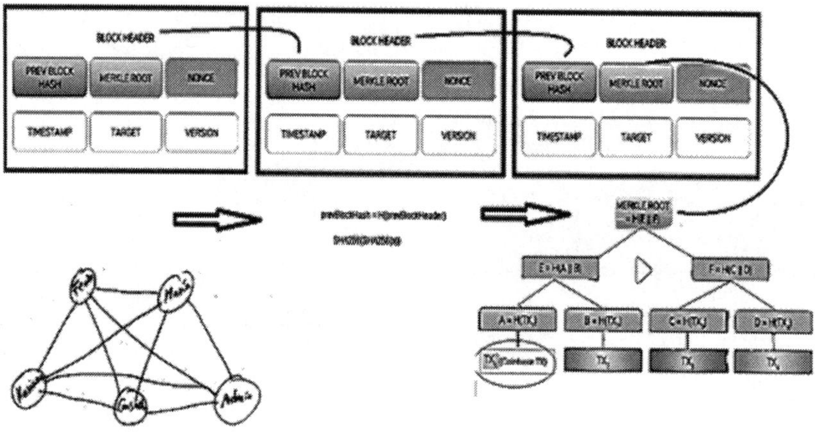

Paso 3: Proof of work (Prueba de Trabajo)

Si recordamos lo aprendido, cada minero necesita encontrar un *nonce* que haga que el *hash del encabezado del bloque* sea menor (<) que algún valor objetivo. Así es como implementamos la *Prueba de Trabajo* en Bitcoin y en todas las demás criptomonedas. Al encontrar el *nonce,* hemos traducido la energía consumida en el cálculo, directamente en *poder de voto* en el *protocolo de consenso* de *Prueba de Trabajo.* Si ha intentado alguna vez minar bloques, es posible que haya notado en algún pseudocódigo la existencia de dos nonces diferentes, *el encabezado nonce* y el *coinbase nonce.* Tenga en cuenta que el *nonce en el encabezado* es un número razonablemente pequeño: solo un número de 32 bits. Esto significa que un dispositivo potente puede ejecutar todas las posibilidades de nonce en un segundo. Para que no lleguemos a un callejón sin salida con nuestro *rompecabezas de minería*, debemos cambiar nuestro rompecabezas si el *encabezado* no tiene opciones viables. Para hacer esto, cambiamos el *nonce de coinbase*, un campo dentro de la *transacción de coinbase*. Al cambiar este *nonce*, cambiamos la *raíz de Merkle* y por lo tanto, podemos explorar más opciones y, con suerte, encontrar la respuesta al rompecabezas de la minería. Nuestro rompecabezas de minería ejemplo es completamente diferente. Pasamos por estos bucles hasta que finalmente encontramos un *nonce válido*.

```
TARGET = (65535 << 208) / DIFFICULTY;
coinbase_nonce = 0;
while (1) {
     header = makeBlockHeader(transactions, coinbase_nonce);
     for (header_nonce = 0; header_nonce < (1 << 32); header_nonce++){
          if (SHA256(SHA256(makeBlock(header, header_nonce))) <
     TARGET)
               break; //block found!
     }
     coinbase_nonce++;
}
```

En una transacción de base de monedas (coinbase) se crean nuevas monedas. No canjea una salida anterior y tiene un puntero hash nulo que lo indica. Tiene un parámetro coinbase que puede contener datos arbitrarios. El valor de la transacción de coinbase es la recompensa del bloque más todas las tarifas de transacción incluidas en este bloque.

```
"in":[
{
"prev_out":{
"hash":"000000.....0000000",
"n":4294967295
},
"coinbase":"..."
},
]
```

"out":[

{

"value":"25.03371419",

"scriptPubKey":"OPDUP OPHASH160... "

}

]

Ponemos otro ejemplo de un proyecto de XMRig que hemos adaptado para aplicación de enseñanza academica en Prueba de Trabajo en minado de bloques con pseudocódigo. https://github.com/csbymt/minarxmrig.git

```
"api": {
        "id": null,
        "worker-id": null,
},
"http": {
        "enabled": false,
        "host": "127.0.0.1",
        "port": 0,
        "access-token": null,
        "restricted": true
}
```

Para la CPU

```json
{
    "cpu": {
        "enabled": true,
        "huge-pages": true,
        "hw-aes": null,
        "priority": null,
        "asm": true,
        "rx/wow": [-1, -1, -1, -1],
        "cn": [
            [1, 0],
            [1, 2]
        ],
        "cn-lite": [
            [2, 0],
            [2, 2]
        ],
        "cn-pico": {
            "intensity": 2,
            "threads": 8,
            "affinity": -1
        },
        "custom-profile": [0, 2],
        "*": [-1],
        "cn/r": "custom-profile",
        "cn/0": false
    }
}
```

Ejemplo para minero solo

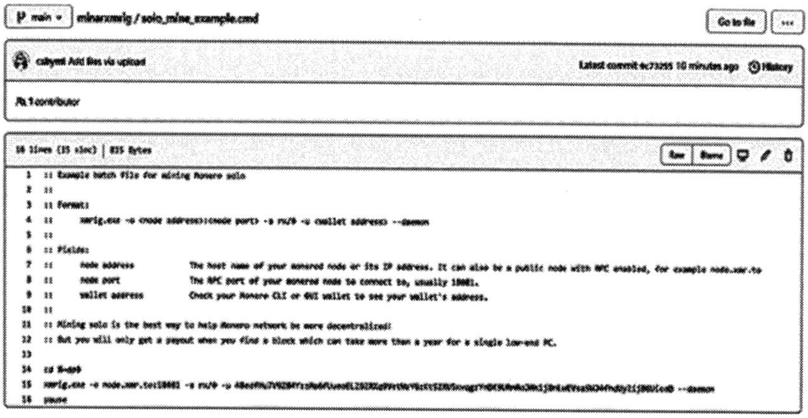

Ejemplo para pool

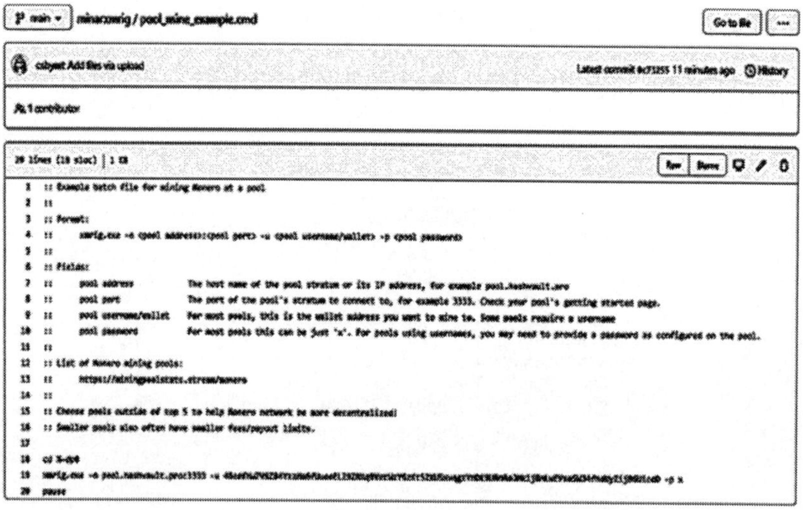

Paso 4: Transmisión de la Prueba de Trabajo (Proof of Work)

Después de encontrar el nonce, el minero lo transmite lo antes posible para que otros mineros sepan que se encontró un bloque. Esos mineros validarán el bloque por sí mismos antes de aceptarlo en su propia cadena, y luego transmitirán el bloque una vez más. Al transmitir el bloque primero, otros mineros abandonarán sus bloques anteriores y comenzarán a minar en esta nueva cadena más larga. Al menos, esa es la esperanza. Existe la posibilidad de que alguien más haya transmitido un bloque antes que tú que aún no has visto. Solo si su bloque se abre paso en la cadena más larga, obtendrá las recompensas. Entonces, ¿cómo nos aseguramos de que eso suceda? ¡No podemos! Todo lo que podemos hacer es esperar a tener suerte. Una situación en la que nuestro bloque no está en la cadena más larga es donde nuestro bloque está compitiendo con otro bloque que se envió a la red al mismo tiempo. En cuyo caso, los mineros probablemente elegirán al azar entre los dos, lo que significa que es una vez más suerte. Realmente la *Prueba de trabajo* es una *lotería aleatoria*.

Paso 5: Recoger Beneficios

Suponiendo que nuestro bloque se haya abierto camino en la cadena más larga, podemos coger los beneficios. Recibimos tanto la recompensa en bloque, representada por las transacciones de la base de monedas, como las tarifas de transacción. Todas las transacciones dentro de ese bloque se agregan al historial de transacciones de Canon. Planteabamos en el punto anterior una situación frecuente, en la que nuestro bloque no está en la cadena más larga es donde nuestro bloque está compitiendo con otro bloque que se envió a la red al mismo tiempo. En cuyo caso, los mineros probablemente elegirán al azar entre los dos, lo que significa que es una vez más suerte. Si su bloque se queda *huérfano* o se encuentra en una *bifurcación* que no es la cadena más larga, no obtendrá ningún beneficio. En realidad, nunca estaremos totalmente seguros de que nuestro bloque esté en la cadena más larga. Simplemente asumimos que la probabilidad de que ocurra una bifurcación disminuye con el tiempo. Hablaremos de eso más en la "teoría de juegos".

Incentivos a la minería: Block Reward (Bloque de Recompensa)

Visto lo visto, el esfuerzo realizado, el gasto invertido en electricidad, tiempo y equipos, alguien puede preguntarse si esto merece la pena. Antes de aportar mas datos sobre la realidad de la minería hoy en dia podríamos preguntarnos ¿Entonces, por qué hacemos este esfuerzo y por qué comerciamos con criptomonedas? Como todo en la vida, la respuesta es bastante simple, por los potenciales beneficios económicos. Pensemos que en 1 minuto de trabajo de un ordenador podemos obtener 0,10 bitcoins, los cuales a un precio bajo de 30.000 €/BTC obtendríamos 3.000 €. Dicho de otra forma, lo que alguien gana en un mes, se puede obtener en un minuto ¿Cuántos minutos puedes intentar en un mes? Digamos que seguimos la política especulativa (Del pelotazo, como decimos en España) y que paradójicamente sería contraria a los principios anarquistas del Bitcoin. A fin de cuentas, todo lo que alguien hace en su trabajo es con la expectativa de obtener algún beneficio. La definición de ganancia de cada persona es diferente, pero es bastante sencilla en Bitcoin: *más dinero significa más beneficios*. Es una palabra tan simple, sin embargo, este concepto de ganancias surgirá una y otra vez durante el resto de este libro. De hecho, cualquier tipo de mecanismo de incentivos dentro de los protocolos de blockchain se enfoca en alinear las ganancias personales con las ganancias generales. El hecho de que *la ganancia es igual a los ingresos menos los costos*. Cada persona en la red Bitcoin presumiblemente está maximizando el valor de su propio beneficio lo mejor que puede. Sigamos adelante y veamos los diversos componentes de las ganancias dentro de Bitcoin.

Incentivos a la minería: la recompensa en bloque

Es la fuente de ganancias más importante actual para los mineros. La recompensa de bloque es una recompensa que se otorga a un minero cuyo bloque está incluido en la cadena más larga. A partir de mayo de 2018, la recompensa del bloque es de alrededor de 12,5 bitcoins. Como se mencionó anteriormente, el minero incluye una transacción especial para ellos mismos que llamamos *transacción de coinbase*. Esa transacción es lo que permite la acuñación de bitcoins y, lo que es más importante, incentiva a los actores honestos a validar bloques. Para comprender mejor el fundamento de la *recompensa en bloque*, recuerde que las ganancias son el principal motivador de cualquier actividad y que un mayor incentivo para un comportamiento honesto conduce a una red más segura. Sin embargo y aunque parezca escandaloso, no podemos castigar directamente el comportamiento deshonesto, ya que todo el mundo es anónimo y no existe una forma eficaz de imponer el castigo. La conclusión es que, si no podemos castigar el comportamiento deshonesto, al menos, podemos recompensar el comportamiento honesto. Debido a que los mineros son recompensados por "*producir bloques*", se les incentiva a "*producir más bloques*". Sin embargo, solo son recompensados con bitcoins. Esto significa que, si un minero no ve ningún valor en Bitcoin, es menos probable que gaste dinero en electricidad y hardware para obtener bitcoins. Debido a esto, esperamos que el poder de la minería honesta se atraiga más a la red de Bitcoin.

El *límite de suministro de Bitcoin* se reduce en cierto punto, calculado en 21 millones de los que partió. Esto se debe a que la recompensa por bloque se reduce a la mitad cada 210.000 (doscientos diez mil) bloques, lo que equivale aproximadamente a 4 años. Comenzó con 50 bitcoins por bloque cuando Bitcoin comenzó por primera vez, luego cayó a 25 después de los primeros dos años, y se ha reducido a la mitad desde entonces. Al usar una *serie geométrica*, el *límite de suministro* se calcula en 21 millones de bitcoins. Una advertencia sobre esto. No todos los 21 millones de bitcoins serán líquidos. Por ejemplo, aproximadamente 1 millón pertenece a Satoshi Nakamoto (el creador), y es posible que esos bitcoins nunca se muevan. Además, se han perdido algunas claves privadas y se han quemado algunos bitcoins, lo que reduce el límite de suministro utilizable.

Cuando vemos la situación geopolítica y analizamos la subida del precio de la luz y las revueltas políticas, debemos mirar la trastienda de todo ello y comprobamos que hay un corte inmediato de internet, de tal modo que adivinamos inmediatamente una situación "*Si no hay internet, no hay minería*". "*sin minería de datos, no hay transacciones*", "*sin transacciones no hay suministros*". Esos cortes no solo han tenido impacto claro en las comunicaciones de todos o en el acceso a todo tipo de servicios, sino también en el precio de bitcoin.

Incentivos a la minería: tarifas de transacción

Ahora que hemos hablado de las recompensas en bloque, sigamos adelante y hablemos de las *tarifas de transacción*. Las *tarifas de transacción* son la segunda forma de beneficio para los mineros. La *tarifa de transacción* es un precio establecido por el remitente de una transacción. Puede considerar la tarifa de transacción como el costo del servicio por usar el poder de la red Bitcoin. No es necesario proporcionar tarifas de transacción para que se haga una transacción, pero incentivan a los mineros a considerar elegir su transacción sobre otras debido al espacio limitado en el bloque. Debido a que un minero solo puede aprobar un número determinado de transacciones a la vez dado el límite de tamaño de un megabyte, querrá elegir las transacciones que le den la mayor ganancia dentro de ese bloque. De hecho, la forma en que el minero calcula las transacciones que recopilará en un bloque es maximizando la relación entre las *tarifas de transacción* y *la unidad de almacenamiento*._Lo que esto significa es que las tarifas de transacción generales para su bloque se maximizarán, ya que están tomando todas las transacciones más rentables. Tenga en cuenta que a medida que la recompensa del bloque disminuye, las tarifas de transacción aumentarán si los mineros buscan la misma cantidad de ganancias en bitcoins. A medida que las recompensas en bloque se acerquen a cero, las tarifas de transacción se convertirán en la principal fuente de ingresos para los mineros.

Ganar dinero con Ethereum

¿Por qué hay gente minando ether que antes nunca hizo nada parecido con criptomonedas como bitcoin? Principalmente, porque minar bitcoins nunca puede ser rentable para una persona de a pie. Ya existe una industria muy profesional contra la que no se puede competir, pero con ethereum hoy en día es más fácil entrar. A fecha del libro, a partir de que la divisa alcance los 200 dólares ya sale rentable, y luego cuanto más alto esté el ether, más vas a sacar". Es muy difícil comprar una tarjeta gráfica salvo aquellas de un nivel más básico, las que cuestan por debajo de 100 euros. Si quiere una de gama media-alta. Con una docena de tarjetas y algunos componentes más bastará, tras buscar en internet cómo ensamblarlas, se montan dos “mining rig” (minas) de ethereum. A la inversión inicial en 'hardware' hay que restar los gastos de electricidad, que están en torno a 180 euros. Para un funcionamiento de 24 horas al día y siete días por semana, las dos minas pueden reportan unos tres ether cada mes. Otra opción para iniciarse en ethereum sin tener que montar un 'mining rig' es alquilar esa potencia de cálculo a un tercero, ya existen multitud de empresas que se ofrecen en internet. Mining Rig Rentals es un ejemplo de ello

https://www.miningrigrentals.com/

Costos de minería: costos fijos

Ahora que hemos discutido todas las diferentes fuentes de ingresos para los mineros, podemos pasar a los costos. Ya tenemos una orientación sobre los costes en Ethereum, veamos en bitcoin. Comencemos discutiendo los costos fijos y luego entremos en los costos variables. Como usted sabe, el hardware es lo que permite a los usuarios minar, y el *costo del hardware* es fijo. Es una compra única. Hay algunos tipos diferentes de hardware, que van desde dispositivos de computación genéricos hasta hardware de minería especializado.

1.- El primer tipo de *hardware de minería* utilizado fue una *CPU O Unidad Central de Procesamiento*. A finales de septiembre de 2017, la minería con una CPU le llevaría unos 7,6 millones de años para encontrar un bloque. Esto se debe a que hoy en día hay un hardware mucho más potente, lo que hace que sea mucho más difícil para una CPU competir con el resto de la red. El pseudocódigo anterior es lo que se ejecutó originalmente por los mineros de CPU. Eran el tipo original de potencia informática disponible para el público en general. Esto se debe a que las CPU están destinadas a realizar cálculos genéricos, pero no son excelentes para calcular hash específicamente. Algunos miembros de la comunidad de jugadores reconocieron rápidamente que tenían algunos dispositivos de computación más potentes disponibles en sus manos: GPU.

2.- Las *GPU, O Unidades de Procesamiento Gráfico*, son dispositivos que se utilizan normalmente para procesar medios, como los videojuegos. Estos dispositivos también son dispositivos computacionales genéricos en el sentido de que pueden manejar muchos tipos diferentes de computación, incluido el hash. Es un orden de magnitud más rápidos que las CPU en lo que respecta a la informática, lo que significa que pueden realizar el hash 10 veces más rápido. Los mineros de GPU eran más comunes hace unos 6 años, en 2012, cuando todavía no muchas personas habían oído hablar de Bitcoin. Fueron reutilizados de los juegos a la minería, lo que proporcionó a los mineros de GPU una ventaja significativa sobre los mineros de CPU. Sin embargo, algunas de las desventajas de usar GPU se derivan de sus componentes irrelevantes para la minería. Por ejemplo, la minería no requiere *números de punto flotante*, por lo que los componentes en exceso no son útiles, pero aún están incluidos en el costo del hardware de la GPU. Además, no están diseñados para ejecutarse en granjas una al lado de la otra, por lo que es difícil operar una configuración de minería de GPU a gran escala.

3.- Las *FPGA, o Matrices de Puertas Programables en Campo*. Estas fueron las primeras formas de hardware de minería especializada en Bitcoin. Estos dispositivos se optimizaron para la minería de Bitcoin, pero no perdieron toda la potencia de cálculo general. La razón de esta compensación fue porque todavía había cierta incertidumbre sobre el éxito futuro de Bitcoin, y el hardware específico de Bitcoin se volvería inútil si Bitcoin desapareciera. Sin embargo, si Bitcoin prospera, entonces existe el deseo de vencer a la competencia minera. Sin embargo, los FPGA solo se utilizaron brevemente, porque en 2014 llegó rápidamente al mercado hardware mucho más potente.

4.- Los *ASIC, o Circuitos Integrados Específicos de la Aplicación*, se mencionan en todo el ecosistema de Bitcoin. Estos son dispositivos completamente especializados que solo pueden hacer una cosa. Los ASIC de Bitcoin solo pueden realizar un tipo de cálculo "minería" sin usar SHA-256. Estos dispositivos no hacen más que resolver el rompecabezas hash de Bitcoin, pero lo hacen mejor que cualquier otra cosa. Hay una gran capacidad de personalización cuando se trata de ASIC. Estos van desde elegir un costo base más bajo a cambio de un mayor uso de electricidad, o elegir un dispositivo más pequeño y perder el hashrate. Dependiendo de sus necesidades específicas, probablemente exista un ASIC relevante. Sin embargo, un problema con los ASIC es su costo inicial. Los ASIC no solo requieren una gran cantidad de capital inicial para producir, sino que también deben comprarse en grandes lotes para obtener una ganancia razonable. Por ejemplo, no de los ASIC más populares y potentes, el Antminer S9, puede realizar 14 billones de hashes por segundo, pero aún tardaría unos 10,9 años en encontrar un bloque y su coste estaria entorno a 3.000 €.

Costes Variables de minería = costes operativos

Los costes variables son de tipo 1.- *Energía Consumida* y 2.- del tipo *Infraestructura* y *Gastos Generales*.

1.- Costes Variables del tipo: Energía Consumida: Ahora que hemos discutido los costos fijos o costos de hardware, terminemos las ecuaciones con una comprensión de los costos variables en la minería. Entonces, como sabemos, hay varios costos diferentes de *energía consumida* en el proceso de minería, todos los cuales son consideraciones sobre el costo de Bitcoin en el medio ambiente. Estos *costos de energía* se presentan en múltiples formas, pero principalmente las siguientes tres.

1.- La energía incorporada se consume al producir hardware,

2.- la electricidad alimenta el hardware

3.- y la refrigeración mantiene el hardware a medida que se calienta.

Todos estos tipos de energía son consideraciones, pero la electricidad y el enfriamiento son los costos de energía variables que son las consideraciones más importantes cuando se analizan las proyecciones de ganancias a largo plazo.

2.- Costes Variables del tipo: infraestructura y gastos generales que mantener, como el espacio y los empleados. Dependiendo de la escala de su operación, es posible que deba ir tan lejos como para comprar *almacenes completos* y algunos *mantenedores* para asegurarse de que nada salga mal con el hardware, o para encargarse de las cosas cuando el hardware falla. Finalmente, comprende todo lo que hay que saber sobre cómo beneficiarse de la minería. Si mantiene sus ingresos por encima de sus costos, obtendrá ganancias de la minería. Tenga en cuenta que la mayoría de las operaciones mineras no obtienen ganancias durante bastante tiempo, así que investigue mucho más antes de desarrollar su propia *granja ASIC*.

ASICs - granja minera

Hemos visto y entendido la minería desde el punto de vista teórico y técnico, pero **¿cómo se ve en la práctica?** En esta sección, veremos cómo se ven las operaciones mineras en el mundo real. La teoría y la práctica a menudo difieren en muchos escenarios, y este es definitivamente el caso de Bitcoin. Veremos que, si bien el objetivo inicial de Bitcoin era descentralizarse, respetando el mantra de "una CPU, un voto", esto no podría estar más lejos de la verdad. La granja se enfoca en reducir costos innecesarios, lo que aumenta las ganancias para los mineros. *Los racks* son para la asignación sistemática de hardware y los *ventiladores gigantes* son para enfriar. El enfriamiento por agua es lo más habitual. Cualquiera que esté familiarizado con el mantenimiento de hardware reconocerá que la refrigeración por agua es mucho más cara que la refrigeración por aire, lo que significa que quien esté refrigerando sus dispositivos con refrigeración por agua está dispuesto a asumir un coste mayor por un mejor mantenimiento de su hardware. Quizás, a largo plazo, un mejor mantenimiento significa que hay menos necesidad de reemplazar el hardware. De cualquier manera, el objetivo de cada una de estas granjas mineras es maximizar sus ganancias. Es por eso que los lugares que son fríos, por lo que proporcionan un enfriamiento natural, o que brindan la electricidad barata para establecer una operación minera a largo plazo. Llama la atención lo paradójico del tema, pues estos anarquistas que iniciaron el sistema bitcoin contra el sistema bancario, sueklen estar encabezando las manifestaciones ecologistas del cambio climático, mientras gastan ingentes cantidades de agua y electricidad para beneficio propio. Pero, por supuesto, incluso con la tecnología más impresionante, todavía se tarda demasiado en encontrar un bloque.

Dado que no podemos reducir el consumo de agua y electricidad, podríamos preguntarnos ¿Existe alguna forma de que podamos reducir la cantidad de tiempo que nos lleva obtener beneficios de nuestro hardware? Con el dicho de la unión hace la fuerza, surgieron las *Mining Pools* (Piscinas mineras), que es donde encontramos a los *Grupos de Mineros*. Los *Grupos de Minería* permiten a los mineros individuales unir su poder de hash. De esta manera, encontrarán bloques colectivamente y obtendrán recompensas con más frecuencia, incluso si solo obtienen una cantidad menor con cada bloque que encuentre el grupo. Los *grupos de minería* son administrados por un *administrador de grupo*, o un *operador de grupo*, que se encarga de ejecutar un nodo completo de Bitcoin y distribuir los trabajos a otros mineros. También toman una parte de las recompensas como compensación. De esta manera, los mineros ni siquiera tienen que almacenar la cadena de bloques ellos mismos. De manera similar a la computación en la nube, brindan acceso a los grupos a su hardware a cambio de una parte de las ganancias del grupo. Con el paso del tiempo y la realidad, vamos viendo la evolución del bitcoin desde su inicio con ideales descentralizadores a una centralización controlada por unas pocas manos y en poder del que más poder computacional y por ende, más poder económico posee. En efecto péndulo en toda regla.

¿Cómo puedo demostrarle a un grupo que estoy gastando poder de cálculo para ayudarlos? *"Recuerde algo realmente interesante: este problema es una versión más pequeña del problema que Bitcoin mismo resolvió"*. Podemos hacer que los mineros demuestren que están haciendo un trabajo para el grupo a través de *Acciones*. Las *Acciones* se definen como bloques casi válidos o válidos. Así es como funciona: Digamos que estoy en *PatitoPool*, el hipotético *Grupo Minero* de los autores del libro. Por ejemplo, uno de los mineros acaba de encontrar un *hash de bloque* con la mitad de ceros a la izquierda que un bloque válido. Este es un evento poco probable que resultó de gastar una cantidad significativa de recursos computacionales. Los *grupos de minería* pueden usar esta información para medir la *cantidad de poder de minería* que está contribuyendo y pueden recompensarlo por acciones válidas. De esa manera, PatitoPool le puede pagar incluso si nunca encontrase un bloque válido, porque estos bloques casi válidos, son indicadores de que al menos estoy tratando de encontrar un bloque válido. Así es como podemos crear *grupos de minería* a través de Bitcoin.

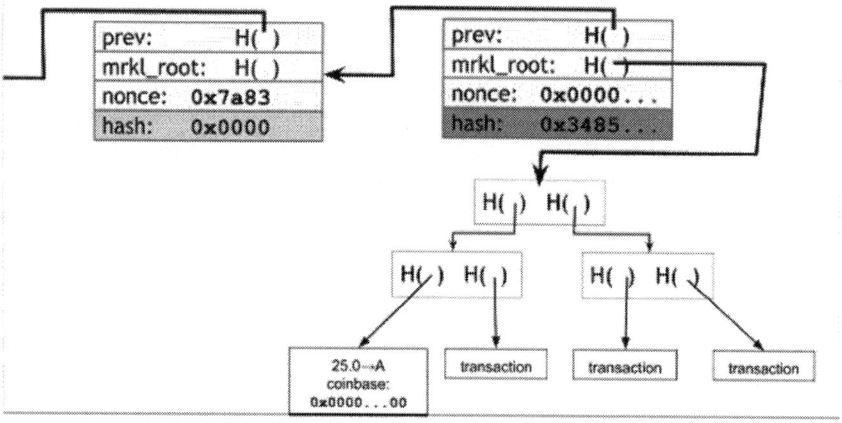

En este ejemplo, el minero intenta encontrar un bloque válido localizando un nonce de todos los 0. No produce una salida de hash válida, por lo que el minero procedería a probar un nonce diferente. En la mayoría de los casos, probará todos los valores posibles de 32 bits para el nonce y ninguno de ellos producirá un hash válido. En este punto va a tener que hacer más cambios. Observe en la imagen anterior que hay un nonce adicional en la transacción de coinbase que también puede cambiar. Después de haber agotado todos los nonces posibles para el encabezado del bloque, cambiará el nonce adicional en la transacción de la base de monedas, por ejemplo, incrementándolo en uno, y luego comenzará a buscar nonces en el encabezado del bloque una vez más. Sabemos también que cambiar un nonce en la transacción de coinbase se propaga hacia arriba en el árbol de Merkle.

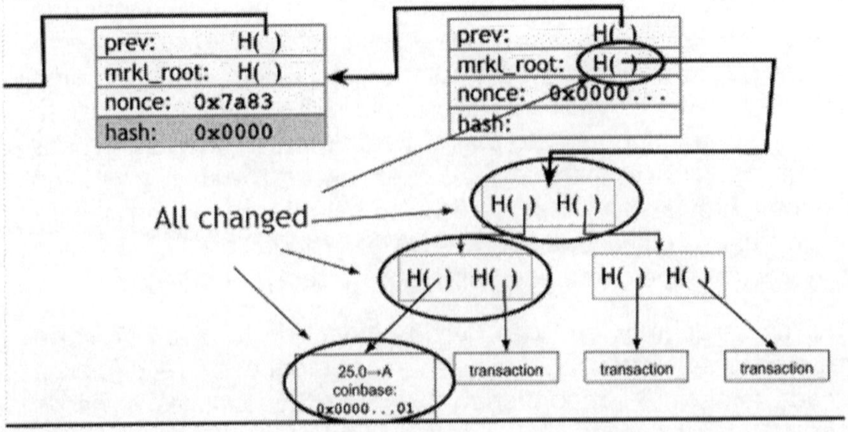

Además de eso, sabemos que ningún minero en el *grupo de minería* puede tomar las recompensas por sí mismo. Tenga en cuenta que las recompensas se otorgan a través de la *transacción de coinbase*. En los *grupos de minería*, el *rompecabezas* que está tratando de resolver contiene una *transacción de base* de monedas que le paga al *administrador del grupo* la *recompensa del bloque*. Y luego, con suerte, el *administrador del grupo* redistribuiría la *recompensa del bloque* entre el resto del Pool. Los mineros están resolviendo un problema basado en *Merkle Root*, ya que están mezclando todo en el *encabezado del bloque*. Y la *raíz de Merkle del bloque* se basa en *la transacción de la base* de monedas. Si un minero quiere obtener recompensas para sí mismo, tendrá que cambiar la *transacción de la base de monedas* para redirigir las recompensas del bloque a sí mismo. Por lo tanto, no obtendrían acciones del grupo de minería, ya que el *administrador del grupo* de minería vería que la *transacción de la base de monedas* del minero no paga a *la dirección del administrador*.

Esquemas de pool de minería

Existen varios esquemas de pago que utilizan los grupos de minería. Las dos categorías más fundamentales son *Pago por Acción* y *Pago Proporcional*. Probablemente pueda recopilar las ideas básicas de los nombres.

1.- Los esquemas de *Pago por Acción* le pagarán una cantidad fija de dinero por cada acción. Este pago está garantizado y es constante por acción, independientemente de la recompensa que obtenga el fondo. La mayoría de las piscinas utilizan este esquema, ya que es fácil de implementar y comprender. Como puede ver, esto es más ventajoso para el minero, ya que se reduce la variación de su pago. Esto implica que los grupos asumen más riesgos porque incurrirán en costos si el grupo no encuentra bloques. Además de eso, no hay ningún incentivo para que un minero envíe bloques válidos al grupo. Veremos por qué esto es un problema, cuando hablemos de *teoría de juegos*.

2.- Los esquemas de *Pago Proporcional* son la otra categoría que se paga solo cuando se encuentra un bloque. La recompensa de cada minero es proporcional al número de acciones enviadas antes de que se encontrara el bloque. Esto es más ventajoso para el grupo, ya que nunca pagarán más dinero del que tienen, pero conduce a una mayor variación y riesgo para los mineros. Debido a la dificultad de compra, los *esquemas proporcionales* no se ven a menudo, si es que alguna vez, en el mundo de la minería.

Esta es una demostración de varios esquemas de pago diferentes que se han pensado. El punto es que hay muchas formas de pagar a los mineros, y cada una tiene un conjunto diferente de compensaciones de incentivos. Todo depende del tamaño y las suposiciones del grupo de minería.

Pros y contras del pool de minería

Ahora que estamos familiarizados con los esquemas de grupos de minería, podemos hablar sobre los pros y los contras de los grupos de minería.*Las ventajas* de los grupos de minería son que brindan a los mineros individuales y más pequeños la oportunidad de obtener ganancias sin esperar décadas para recibir el pago. Además de eso, los cambios de software son fáciles de realizar. Solo una persona está ejecutando un nodo completo para el grupo de minería, y esa persona puede actualizar en nombre del grupo. *Los contras* incluyen la confianza en el administrador de la piscina. Tienes que confiar en ellos para no abusar de tu poder minero y no retener recompensas. Esta es una consecuencia de la centralización. Además de eso, los grupos de minería habilitan una multitud de ataques, que discutiremos más adelante en la *Teoría de juegos*. Por lo general, a la comunidad no le gustan las grandes piscinas mineras. Por ejemplo, GHash.io una vez se acercó al 50% de la potencia minera de la red. Los mineros dentro de GHash se retiraron voluntariamente del grupo de minería porque eran conscientes de los peligros de acercarse al 51% de la red. Otra preocupación es que una sola entidad podría estar ocultando su cantidad total de poder minero y ¿qué les impide enviar *Hashpower* a otros grupos? Esto se conoce como *lavado de hashes*, al ocultar el origen del poder minero. Esto le permite aprovechar grandes cantidades de poder minero sin revelar su destreza a la comunidad. Al hacerlo, no experimentará reacciones negativas y, al mismo tiempo, obtendrá importantes beneficios. La realodad de las grandes piscinas mineras es que no conocemos la verdadera concentración de control sobre el hardware de minería y es posible que nunca lo sepamos.

Hagamos un resumen para mostrar el contraste entre la minería individual y la minería en grupo. Mostraremos una paradoja interesante que puede haber notado. Cuanto más poder de minería, mas se conduce a la centralización. El *hashrate* de la red actual (a fecha del libro) según blockchain.info es 33,971,919 TH / s (alrededor de 34 millones).

1.- Minería individual: La recompensa minera es actualmente de 12.5 BTC por bloque, y dado que los bloques se extraen cada 10 minutos en promedio, podemos calcular que la recompensa minera total anual es de 657,000 BTC / año. (seiscientos cincuenta y siete mil). Además, por el bien de este cálculo, asumimos que el precio de bitcoin es constante, manteniéndose en 10,000 USD. Suponga que desea comenzar a minar en solitario hoy. Primero debe comprar su hardware de minería, y vamos a comprar un Antminer S9, que cuesta 3.000 € con una tasa de hash de 14 TH / s. Su hashrate en relación con el hashrate de toda la red es muy pequeño. Si hacemos los cálculos, terminará teniendo 0.0000004% de la potencia total de hash de la red. En este caso, esperaba que la recompensa anual sería de 2707 euros por año, y esto es solo una estimación de su ingreso promedio. Sin embargo, si no tiene suerte, es posible que no encuentre un bloque en mucho tiempo. Teniendo en cuenta la variación de tener una proporción tan pequeña de la tasa de hash de la red, podemos ver que con nuestros números actuales, podemos esperar extraer 1 bloque cada 2.426.566 (aproximadamente 2.4 millones) de bloques, lo que se traduce en una recompensa de aproximadamente $ 125.000 una vez cada 46,2 años.

2.- *Minería en grupo*: Por otro lado, si tuvieras que minar con un fondo común, podrías esperar obtener pagos mucho más regulares. Suponiendo que un grupo al que elijas unirte tiene una sexta parte del hashrate de la red, esto significa que el grupo se encuentra cada sexto bloque o cada hora. Esto significa que puede esperar 31 centavos cada hora. Entonces, la pregunta es, ¿preferiría tener un gran pago cada dos décadas como minero en solitario, o un pequeño pero regular pago de minería en un grupo? Obviamente, la minería de grupos suena más atractiva debido a su baja variación. Y de todos modos, sus ASIC probablemente estarán realmente desactualizados en un par de años, por lo que, de manera realista, no puede darse el lujo de tener una gran variación en su pago de minería. Esto lleva a la paradoja de que, cuanto más seguro se vuelve Bitcoin, con más y más poder hash, mayor es el atractivo para unirse a un grupo de minería, ya que su poder hash individual disminuye cuando más poder hash se une a la red. Ejemplo de Pool de minería es *Minergate* https://minergate.com donde se pueden unir al Pool que se quiera descargándose la app, adquirir material, ver estadísticas de varias criptomonedas, blockchain y Ether, entre otras cuestiones.

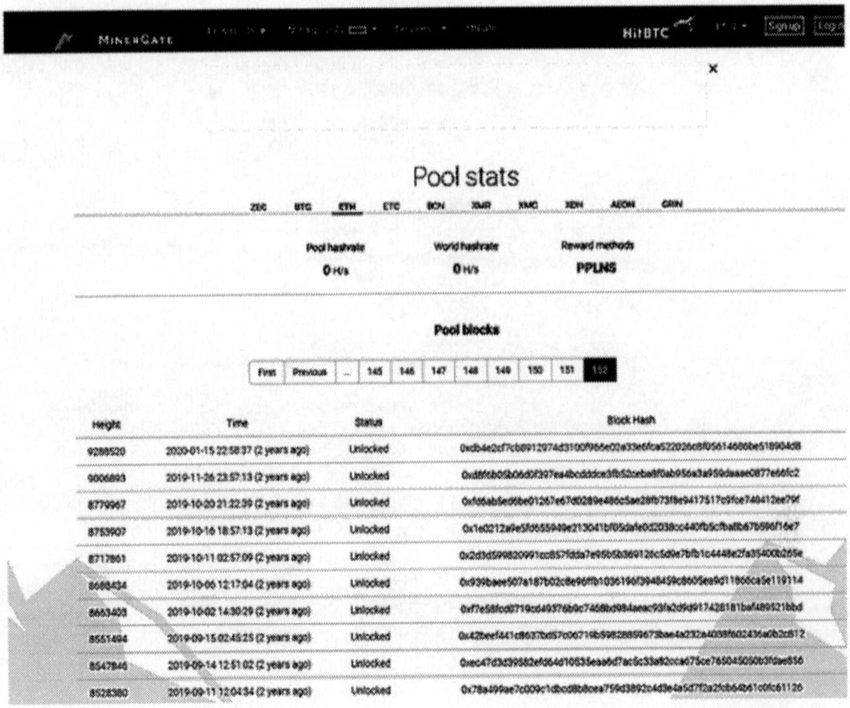
MinerGate
HitBTC
Sign up
Pool stats
ZEC
BTG
ETH
ETC
BCN
XMR
XMC
XDN
AEON
GRIN
Pool hashrate
0 H/s
World hashrate
0 H/s
Reward methods
PPLNS
Pool blocks
First
Previous
...
145
146
147
148
149
150
151
152
Height
Time
Status
Block Hash
9288520
2020-01-15 22:58:37 (2 years ago)
Unlocked
2019-11-26 23:57:13 (2 years ago)
Unlocked
8779967
2019-10-20 21:22:39 (2 years ago)
Unlocked
8753907
2019-10-16 18:57:13 (2 years ago)
Unlocked
8717861
2019-10-11 02:57:09 (2 years ago)
Unlocked
2019-10-06 12:17:04 (2 years ago)
Unlocked
8663403
2019-10-02 14:30:29 (2 years ago)
Unlocked
8551494
2019-09-15 02:45:25 (2 years ago)
Unlocked
8547846
2019-09-14 12:51:02 (2 years ago)
Unlocked
8528380
2019-09-11 12:04:34 (2 years ago)
Unlocked

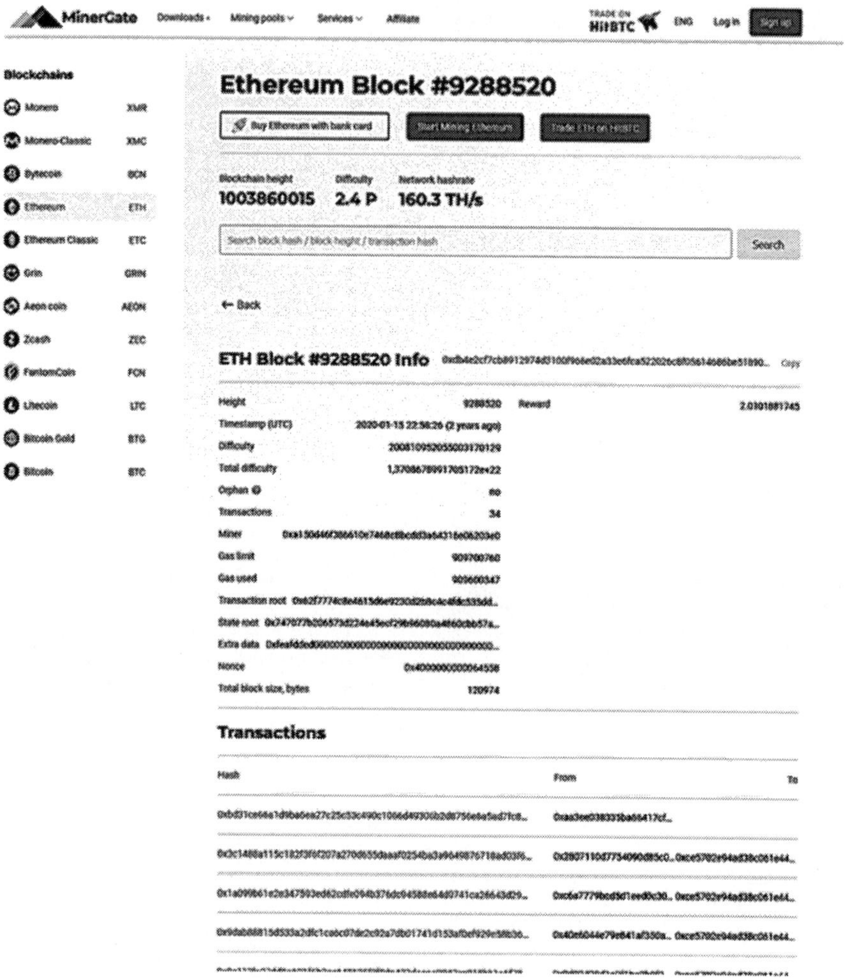
MinerGate
Blockchains
Ethereum Block #9288520
Blockchain height
1003860015
Difficulty
2.4 P
Network hashrate
160.3 TH/s
Search
← Back
ETH Block #9288520 Info
Transactions
Hash
From
To

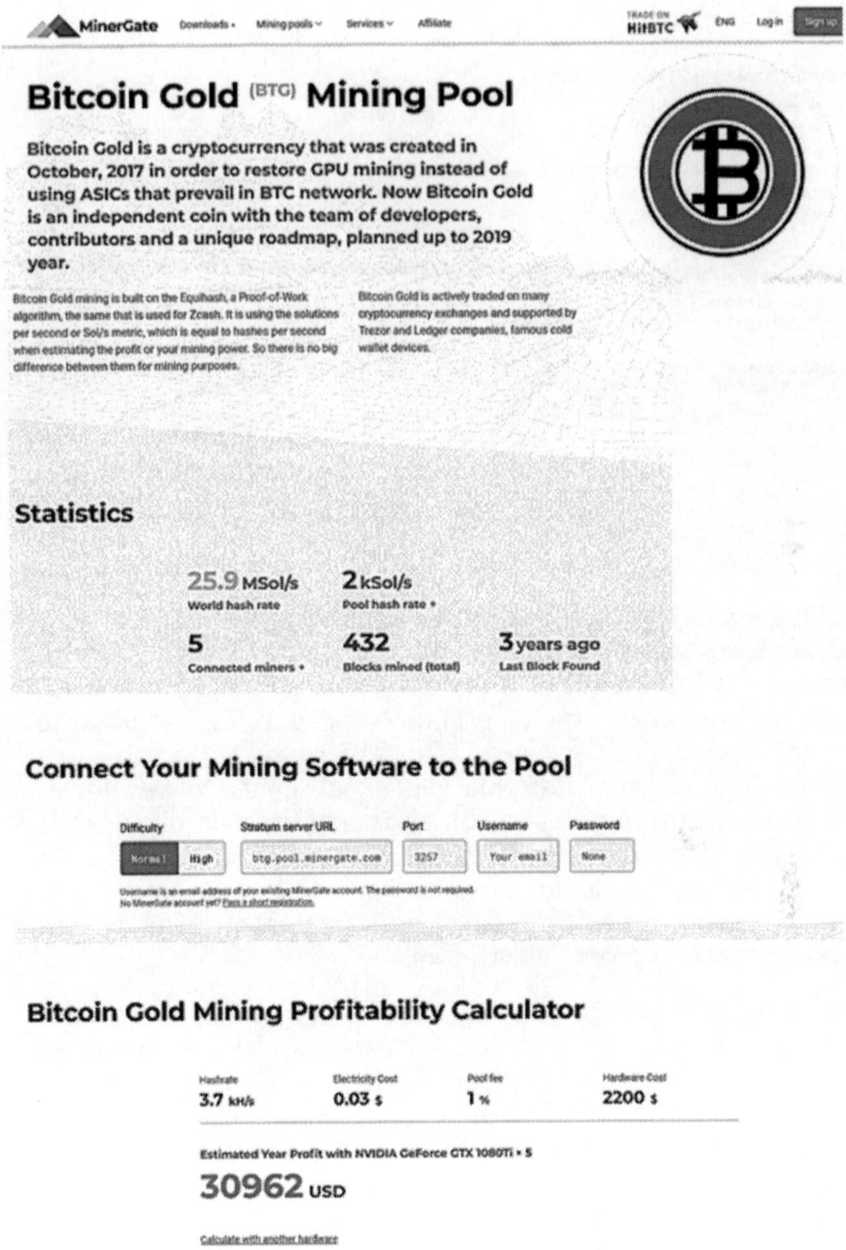
MinerGate
Downloads
Mining pools
Services
Affiliate
TRADE ON
HitBTC
ENG
Log in
Sign up
Bitcoin Gold (BTG) Mining Pool
Bitcoin Gold is a cryptocurrency that was created in October, 2017 in order to restore GPU mining instead of using ASICs that prevail in BTC network. Now Bitcoin Gold is an independent coin with the team of developers, contributors and a unique roadmap, planned up to 2019 year.
Bitcoin Gold mining is built on the Equihash, a Proof-of-Work algorithm, the same that is used for Zcash. It is using the solutions per second or Sol/s metric, which is equal to hashes per second when estimating the profit or your mining power. So there is no big difference between them for mining purposes.
Bitcoin Gold is actively traded on many cryptocurrency exchanges and supported by Trezor and Ledger companies, famous cold wallet devices.
Statistics
25.9 MSol/s
World hash rate
2 kSol/s
Pool hash rate
5
Connected miners
432
Blocks mined (total)
3 years ago
Last Block Found
Connect Your Mining Software to the Pool
Difficulty
Normal
High
Stratum server URL
btg.pool.minergate.com
Port
3257
Username
Your email
Password
None
Username is an email address of your existing MinerGate account. The password is not required.
No MinerGate account yet? Pass a short registration.
Bitcoin Gold Mining Profitability Calculator
Hashrate
3.7 kH/s
Electricity Cost
0.03 $
Pool fee
1 %
Hardware Cost
2200 $
Estimated Year Profit with NVIDIA GeForce GTX 1080Ti × 5
30962 USD
Calculate with another hardware

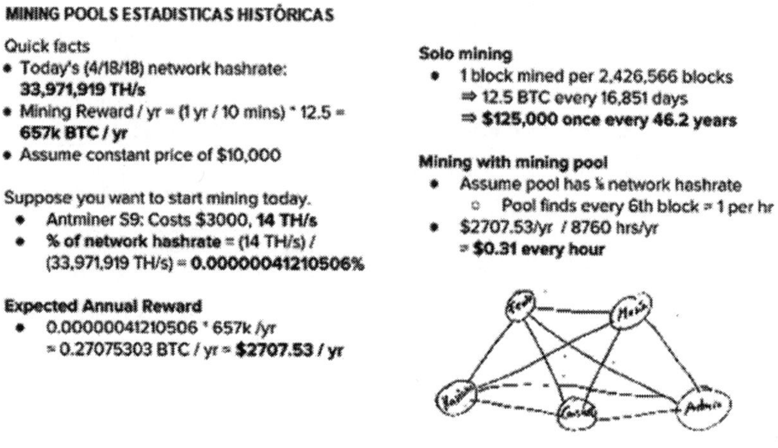

Algunas de las pools más conocidas son las siguientes:

Slush Pool: Esta pool ofrece una interfáz sencilla, bonita y muchos datos actualizados de forma continúa. En contraparte, cobran un 2% de interés a descontar de nuestro trabajo minero. Recientemente añadieron minería de Namecoins. Para minar este tipo de bloques no es necesario realizar ninguna acción especial. Es decir; cuando la plataforma valida que minar Namecoins es más rentable, los mineros recibirán de este tipo de bloques. La misma piscina de mineros se hará cargo de intercambiarlos por Bitcoins. El pago se basa en el sistema de puntuación PPLNS, pero con variaciones estabilizadas. Esta pool solo admite conexiones con el protocolo Stratum.

Bitminter: Tiene una interfaz bastante deficiente; pocos datos y no muy organizados. Cobra un interés del 1%, Si queremos tener acceso a ciertas habilidades como la API o trabajos con dificultad reducida, tendremos que aumentar "*opcionalmente*" ese interés. Esta pool también ofrece minería de Namecoin, pero la pool no hará ni el más mínimo esfuerzo por cambiar los namecoins por lo que tendremos que lidiar con este proceso nosotros mismos. Esta pool nos pagará usando el metodo PPLNSG, similar al PPLNS, con la diferencia de que los "shares" se agrupan en instancias conocidas como "*shifts*" los cuales se pagan en conjunto. Este pool admite conexiones de protocolos como Getwork, Stratum y Getblocktemplate.

EclipseMC: Por aquello, MC significa Mining Consortium y no tiene nada que ver con Minecraft. Usa DGM como sistema de pago, este método es parecido a PPLNS con la diferencia de que si la ronda se hace corta porque hay mucha suerte, el operador absorberá parte del pago para liberarlo en una ronda más larga con poca suerte. Esta pool no cobra intereses, aunque, si no nos gusta el método de pago por defecto, podemos optar por el PPS, con el que nos pagarán por cada share que completemos sin ninguna condición, incluso aunque el bloque se quede huérfano o no sea válido. A cambio del riesgo que el operador asume, los intereses serán un monumental 5%. Admite protocolos como Getwork, Stratum y Getblocktemplate.

Eligius: Dispone de una interfaz minimalista que ofrece organizada y básicamente mente los datos que necesitamos. Esta pool no requiere, ni permite que te registres. No es necesaria ninguna contraseña, si necesitas modificar alguna configuración, tu contraseña será un mensaje firmado con tu cartera. No cobra ningún interés. El pago se calcula mediante el sistema CPPSRB, que funciona como un PPS con la diferencia de que si un bloque se hace muy largo, el pago se queda almacenado, puesto que el PPS te paga por cada "*share*". Admiten conexiones con protocolos Getwork, Stratum y Getblocktemplate.

Ghash.IO: Su interfaz posee un buen diseño y una gran cantidad de datos bien organizados y continuamente actualizados. No cobran ningún interés y te permiten minar Bitcoin, Litecoin + Dodgecoin, DRK o una mezcla de muchas Altcoins en base a cual es más rentable. Usted elige. Los pagos se basan en PPLNS. Solo admiten conexiones con el protocolo Stratum. Esta pool está gestionada por Cex.IO, una conocida plataforma de comercio de bloques, lo cual significa que cuando tengamos nuestros Bitcoins, los mismos proveedores de la pool nos ofrecerán una forma de negociarlas.

AntPool: Está gestionada por BITMAIN, los fabricantes de los AntMiner. Es un gran detalle que un fabricante de ASICs de a sus clientes una bastante buena pool donde usar sus recién adquiridos AntMiner. En esta pool podemos elegir diversos métodos de pago, PPLNS con el que no nos cobrarán ningún interés, PPS que tiene un interés de 2,5% y logras encontrar un bloque de 25 Bitcoins el interés seria del 1%.

Tipos de mineros

En capítulos anteriores describimos los diferentes tipos de usuarios de Bitcoin y comentamos algo sobre algunos tipos de mineros. Ahora detengamosnos un momento a entrar en detalle sobre los tipos de mineros actuales.

1.- Mineros denominados *"Clientes de referencia"*: controlan una billetera para almacenar claves privadas, un nodo de enrutamiento para comunicarse con otros, una cadena de bloques para validar transacciones y software de minería para enviar energía hash a la red.

2.- Los *Mineros en Solitario*: No tienen funcionalidad de billetera, probablemente tienen algún otro software de billetera separado. Aparte de la billetera, son idénticos al *Cliente de referencia.*

3.- Los *Nodos de Minería:* Son nodos generales que tienen algún hardware de minería y un protocolo mediante el cual se conectan a un grupo de minería. Existe el protocolo de minería *Stratum*, un estándar no oficial para enviar *hashpower* a un grupo, pero no es la única posibilidad. Como notará, estos nodos no tienen la carga de almacenar información. Solo necesitan almacenar código y controlar el hardware para interactuar con los grupos de minería. Hoy en dia Stratum se ha actualizado a *Stratum V2*. Stratum V2 es un protocolo totalmente binario, característica que le permite minimizar el tamaño de los datos procesados por los equipos de minería. Por ejemplo, en el actual protocolo un mensaje tiene mínimo 100 bytes, pero en Stratum V2 el mismo mensaje pueden llegar a tener entre 23 y 48 bytes. Debido a esta diferencia de tamaño, el nuevo protocolo procesa los datos de una manera más eficiente y, por ende, tiene un mejor rendimiento. Todo lo anteriormente dicho se traduce para los mineros en mayores ganancias y una contabilización más eficiente del trabajo realizado. Dado que Stratum V2 procesa la información de los servidores y los mineros mucho más rápido, el protocolo puede enviar frecuentemente datos sobre la a los operadores del pool. Gracias a ello se puede medir el hash rate de una forma más precisa, así como distribuir la recompensa entre los participantes basado en un informe fidedigno de cuánto trabaja cada minero. El nuevo protocolo de Braiins también permite la minería de encabezado. Una modalidad de minado en donde los dispositivos no tienen que calcular la raíz de Merkle, — dato que posee la transacción coinbase con la recompensa por el bloque —, puesto que el pool puede almacenar dicha información en el caché y suministrarla al minero cada vez que empieza a trabajar en un bloque. Stratus V2 es un protocolo binario, lo que reduce el tamaño de los mensajes entre 50% y 75% y permite la minería de encabezado. Dicha función optimiza el ancho de banda de los computadores y mineros de la red, evitando que los dispositivos gasten una enorme cantidad de poder computacional recalculando la raíz de Merkle. El excedente puede ser utilizado para conseguir la solución al bloque mucho más rápido, mientras los mineros y servidores de pools ahorran dinero por gastos de operación. En resumidas cuentas, esta nueva función permite minar más rápido, más económico y con mayores posibilidades de éxito.

Otro punto a considerar en Stratum V2 es que ofrece a los mineros particulares la posibilidad de operar varios equipos en una sola conexión. La función multiplexado (multiplexing) permite enviar múltiples flujos de información a través de un enlace de comunicaciones conformando una única y compleja señal. Esta nueva opción permite que los mineros ahorren dinero y tiempo instalando cada dispositivo en una conexión única. Asimismo, los propietarios pueden ocupar a sus máquinas con distintas tareas sin importar que compartan un mismo canal de comunicación, llegando incluso a permitirles minar distintas blockchain en una sola conexión. Con Stratum V2 los mineros también podrán empezar a trabajar apenas se conecte el dispositivo al servidor del pool. En el actual protocolo, los participantes tienen que enviar un mensaje al pool primero para conectar su minero a la red y luego otro para confirmar que iniciará operaciones en la blockchain. El nuevo código anula los mensajes redundantes, por lo cual será más fácil y directo conectarse para minar. Adicional al protocolo de minería, los desarrolladores Pavel Moravec y Jan Cápek incorporaron otros tres subprotocolos opcionales que permiten a los mineros particulares escoger cuáles transacciones desea minar. El objetivo de Stratum V2 es redistribuir las ofertas de trabajo en la industria de la minería. De esta manera, no sólo los operadores de pools pasan propuestas a los mineros particulares sobre cuáles transacciones serán procesadas, sino que cada minero tendrá también la posibilidad de realizar sus propuestas. La idea se basa en una propuesta del desarrollador Matt Corallo, llamada BetterHash, la cual busca descentralizar aún más la minería de Bitcoin y evitar la censura de transacciones. Por ejemplo, la empresa F2pool ha sido acusada de evitar la aprobación de transacciones blindas en Zcash; una actividad que podía llevar a cabo debido a que los operadores de pools tienen mayor poder de decisión. Stratum V2 planea repartir de forma equitativa este poder para que la minería grupal pueda tener los mismos niveles de descentralización que la minería solitaria. Stratum V2 funciona con un sistema de cifrado autenticado con datos asociados (AEAD) que garantiza la confidencialidad de los datos. Esta nueva función mantiene los datos compartidos por los dispositivos de la red totalmente ilegibles para terceros potencialmente peligrosos. Los mineros que utilicen Stratum V2 estarían a salvo de un ataque de secuestro de hash rate. Vulnerabilidad que se encuentra en el actual protocolo y permite que un tercero malicioso interceptar las comunicaciones entre el dispositivo de minería y el operador del pool. Si el hacker logra infiltrarse en dicha información puede robar soluciones al minero (shares) y reclamarlas como suyas, robando así parte del dinero generado por trabajos de minería.

¿Cómo beneficia a los operadores de pools? Al igual que los mineros, Stratum V2 también ofrece a los operadores una mayor eficiencia y, por ende, ganancias más cuantiosas. Asimismo, el nuevo protocolo se destaca para este sector de la industria debido a su enorme reducción de costos; una característica que según los representantes de Braiins es la más codiciada por los operadores de pools. La minería de encabezado, que hemos explicado anteriormente en este artículo, también beneficia a los operadores de pools. Debido a que ciertos datos de minería —tales como la raíz de Merkle— pueden ser almacenados en el caché de su servidor, los computadores del pool no necesitan utilizar todo su poder de procesamiento para validar el trabajo realizado por los mineros. La actividad de validación de trabajo se simplifica enormemente, mientras se optimiza el ancho de banda de los computadores. De esta manera, el uso del CPU de los operadores de pool puede liberarse hasta un 80%, mejorando considerablemente el rendimiento del computador. Estos cambios reducen los costos operacionales del pool, así como mejora la eficiencia de su trabajo. El lenguaje binario de Stratum V2 también mejora considerablemente los ingresos de los pools de minería. Debido a que ahora el protocolo procesa mensajes mucho menos pesados y elimina la información redundante, no se realiza tanto gasto computacional y, por ende, el pool escatima en gastos. Mientras menores sean los costos de operación de la empresa, mayor será la ganancia por minar la blockchain de Bitcoin.

Stratum V2 planea erradicar la minería de bloques vacíos, una práctica en donde un operador de pool envía a los mineros una plantilla de bloque vacía de transacciones. Debido a que en el protocolo Stratum V1 existe un incentivo para aquellos que comienzan a minar más rápido, ciertos pools deciden minar bloques vacíos para ganar tiempo frente a sus competidores y dar con la solución del bloque más rápido. El método ha sido fuertemente criticado por la comunidad bitcoiner, siendo organizaciones como F2pool o Antpool las más señaladas, puesto que mientras los pools ganan dinero la blockchain se congestiona. Los mineros trabajan no sólo para conseguir la recompensa, sino que ese premio es dado por su trabajo a la hora de verificar transacciones. Si un operador manda bloques vacíos no está trabajando, pero seguiría cobrando la recompensa como si hubiese realizado su labor. El nuevo protocolo elimina el incentivo que llama a minar más rápido, por lo cual vuelve a ser igualmente remunerable minar un bloque vacío de transacciones a uno lleno. De esta manera, Stratum V2 propicia actividades de minería más éticas que puedan restablecer la reputación de los pools de minería.

Gracias a que Stratum V2 posee un grupo de canales que procesan distintos datos, el nuevo protocolo puede separar ciertos mensajes de otros. La función hace posible que tanto los operadores de pools como mineros pueden enviarse información separada que propicia el minado más rápido. Por ejemplo, los mineros pueden enviar el hash del bloque válido encontrado más recientemente por separado al pool, permitiendo que el operador pueda adelantar la propuesta de trabajo del próximo bloque. Mientras los mineros están trabajando en conseguir la solución correcta para el bloque actual, el operador de pool puede ir adelantando una plantilla de bloque con un grupo de transacciones a ser validadas. De esta manera, la propuesta se mantiene en espera hasta que los mineros consigan la solución al bloque que están trabajando. Los dispositivos empezarán a minar de inmediato luego de encontrada la solución, ahorrando un milisegundo de minado. Los desarrolladores de Stratum V2 apuntan que, con cada milisegundo que no mina un dispositivo, los participantes pierden oportunidades para ganar dinero. Por esa razón consideran que Stratum V2 tiene tiempo de ventaja de minado en comparación con la versión más vieja del protocolo. Los mineros y operadores de pools son quienes tendrán la última palabra sobre si Stratum V2 será ampliamente adoptado por la industria o no. Por el momento solo se puede constatar que el nuevo código brinda un grupo de beneficios que podría convencer a más de uno con su funcionamiento.

4.- Mineros "Clientes Ligeros / SPV": La *Verificación de Pago Simple* (SPV) es un método para verificar si transacciones particulares están incluidas en un bloque o no, al tener que descargar solo los encabezados de cada bloque, en lugar de todo el bloque, que incluye todas las transacciones. Estos *"Clientes Ligeros / SPV"*son especialmente útiles para clientes que tienen un espacio de memoria limitado y simplemente quieren carteras bitcoin sin descargar toda la cadena de bloques. También hay un *software de minería liviano,* que se diferencia del *software de billetera liviano.* En lugar de usar SPV, los usuarios pueden minar usando otros métodos sin descargar ningún dato de la cadena de bloques. Una forma en que los usuarios con estos *clientes ligeros* pueden minar es uniéndose a un *grupo de minería.* Estos mineros trabajan fuera de la red y solo necesitan minar las transacciones que les da el *operador del pool,* confiando en que los operadores tienen todo el blockchain y las transacciones que se les entregan son válidas. Depende del operador del grupo tener en cuenta estos nuevos bloques y validar sus transacciones. Para ello, el operador envía al minero una *plantilla del bloque* en el que trabajar. Si se encuentra un bloque, se vincula a esta plantilla, que incluye la transacción de la base de monedas que otorga la recompensa al operador del grupo. De esta manera, un usuario no puede robar la recompensa si encuentra un bloqueo.

5.- *Mineros Getwork, getblocktemplate y Stratum*: *Getwork* es un método de *llamada a procedimiento remoto* al que un cliente puede llamar para obtener un encabezado de bloque de un operador de grupo de minería. Sin embargo, una persona que llama de este método no recibe ninguna información sobre el bloque o las transacciones dentro de él. Un servidor malintencionado podría enviar fácilmente a este usuario un hash de encabezado de bloque que contenga transacciones no válidas, y el usuario extraería este bloque no válido. *Getwork* ha sido reemplazado por *getblocktemplate*, que permite a los mineros crear sus propios bloques en lugar de tener que confiar en otra persona (por ejemplo, un operador de grupo) para que les proporcione un bloque válido para minar. Solo se proporciona una *plantilla de bloque* con parámetros de configuración específicos, con datos de bloque que el cliente puede modificar si es necesario. De esta manera, el control se le devuelve al minero, porque ahora puede elegir las transacciones que se incluirán en el bloque en el que están extrayendo. Sin embargo, los mineros están incentivados a incluir datos específicos del grupo, como una transacción de base de monedas para el operador del grupo, para hacer acciones válidas y obtener recompensas del grupo de minería. Aunque getblocktemplate proporciona una buena funcionalidad, requiere mucho ancho de banda debido a la transferencia de todo el bloque. Debido a este problema de escalabilidad, algunos grupos ahora usan *Stratum*, que es otro protocolo para la minería del que ya hemos hablado. Similar a getblocktemplate, el servidor envía al cliente una *plantilla de bloque*. Sin embargo, en Stratum solo se incluyen el encabezado del bloque y la primera transacción, en lugar del bloque completo.

6.- *Minería sin validación*: Para minar, un cliente debe tener el *hash de encabezado del bloque anterior*, que proviene del *encabezado del bloque anterior*, que a su vez se genera a partir del *bloque anterior*. Una pieza de información que nuestro nuevo bloque debe tener es el *hash del encabezado del bloque*, ya que debemos hacer referencia al *bloque anterior* en la cadena. Simplemente pueden recibir este valor de una fuente externa y extraerlo en ese bloque. Sin embargo, esto viene con una advertencia, ya que el minero no puede validar el *hash del encabezado del bloque* y debe confiar en cualquier fuente, como un *operador de grupo* del que obtienen el *hash del encabezado del bloque*.

7.- *Minería espía*: En los grupos de minería, una vez que se encuentra un bloque, el hash del encabezado del bloque se envía inmediatamente a los mineros para que todos puedan comenzar a extraer en el nuevo bloque lo antes posible. Los mineros de la competencia que están fuera de este grupo de minería pueden aprovechar esto al conectarse al grupo de minería, escuchar el hash del encabezado del bloque y extraerlo por sí mismos.

Gobernanza de Bitcoin

Hemos hablado de muchos de los mecanismos y protocolos subyacentes de Bitcoin, pero no hemos hablado de cómo se produjeron esos cambios. La gente quiere cambiar Bitcoin por una gran cantidad de razones. Por ejemplo, algunos pueden sentir que debe estar más vinculado a la visión cypherpunk original de descentralización, mientras que otros quieren niveles más altos de seguridad. En este momento, una de las grandes características de Bitcoin, así como de otras criptomonedas, es el hecho de que, en teoría, pueden extraerse de forma descentralizada. Hay una razón por la que decimos "*teóricamente*", y es porque la minería tiende a volverse más centralizada con el desarrollo de ASIC, grupos de minería y granjas mineras. El hecho de que los grupos de minería y las granjas mineras son bastante sencillo, ya que generalmente están administrados por una sola entidad. Los ASIC, por otro lado, también están centralizados, pero en el sentido de que los ASIC pueden costar mucho dinero. Esto significa que solo las personas con el capital suficiente pueden adquirirlos, centralizando el proceso minero. Intentaremos abordar el problema de la centralización de la minería considerando el diseño del rompecabezas de hash subyacente y veremos si hay alguna forma de rediseñarlo. Aquí tiene un recordatorio rápido sobre las propiedades que debe tener un rompecabezas criptográfico:

1.- Un acertijo debería ser difícil de resolver pero fácil de verificar.

2.- En Bitcoin, encontrar un nonce es increíblemente difícil, pero verificar que un nonce en particular es correcto es mucho más fácil.

3.- La dificultad debe ser ajustable para tener en cuenta los cambios en la tecnología minera (es decir, ASIC). En Bitcoin, la dificultad se ajusta cada dos semanas.

4.- Necesita una tasa de resolución proporcional a la potencia computacional, lo que significa que la dificultad refleja la cantidad de potencia hash en la red.

5.- Un rompecabezas debe estar "*libre de progreso*", lo que significa que encontrar un hash no facilita la búsqueda del siguiente hash. Cada solución es independiente de las anteriores.

6.- Por último, necesita un rompecabezas generado pseudoaleatoriamente. El rompecabezas de Bitcoin se describe como un rompecabezas de preimagen de hash parcial. No es necesario que busque la preimagen exacta del hash, siempre que tenga el número prerrequisito de ceros a la izquierda.

Los ASIC funcionan porque es fácil crear hardware para calcular solo un determinado rompecabezas. Están vinculados a la computación. Una forma de sortear el problema de la dominación de ASIC es hacer acertijos que se basen no solo en la velocidad de cálculo, sino también en la memoria, dando lugar a las nociones de memoria dura y limitada a la memoria. Un *Problema de Memoria Difícil* es aquel que necesita una gran cantidad de memoria necesaria para resolverlo, y un *Problema de Límite de Memoria* es un problema que se escala en función de la cantidad de memoria que tiene. Estos problemas disuaden a los ASIC, ya que optimizar el cálculo es inútil si la memoria es el agente limitante.

Dogecoin y *Litecoin* implementan una función *hash* vinculada a la memoria llamada *Scrypt*. Todavía usan un rompecabezas de *Preimagen de Hash Parcial* como en Bitcoin, solo que con una función de hash diferente. Esto significa que los ASIC creados para Bitcoin no funcionan para Dogecoin o Litecoin. Recordemos que *Scrypt* se diseñó originalmente para proteger las contraseñas y hacerlas difíciles de usar por fuerza bruta, por lo que un tipo de problema ligado a la memoria tiene sentido. *Scrypt* tiene dos pasos principales. Primero hay que llenar un *búfer* con *datos interdependientes* y luego acceder a esos datos de forma *pseudoaleatoria*.

Scrypt pseudocode

```
def scrypt(N, seed):
    V = [0] * N  // initialize memory buffer of length N

    // Fill up memory buffer with pseudorandom data
    V[0] = seed
    for i = 1 to N:
        V[i] = SHA-256(V[i-1])

    // Access memory buffer in a pseudorandom order
    X = SHA-256(V[N-1])
    for i = 1 to N:
        j = X % N  // Choose a random index based on X
        X = SHA-256(X ^ V[j]) // Update X based on this index

    return X
```

El ejemplo anterior demuestra los principios básicos, pero hemos omitido algunos detalles. En realidad, scrypt funciona en bloques de datos un poco más grandes y el algoritmo para llenar el buffer es un poco más complejo.

Para ver por qué esto está ligado a la memoria, echemos un vistazo a lo que sucede cuando llena un búfer con datos no interdependientes. Buscar algo es fácil, ya que solo encuentra el índice del dato que desea. Sin embargo, si los datos son interdependientes de otros datos, también debe buscarlos. Si no están almacenados en el búfer, entonces debe dedicar tiempo a calcularlos sobre la marcha. Dependiendo de la cantidad de datos que haya, esto puede volverse inviable rápidamente, lo que significa que almacenar tantos datos interdependientes en la memoria es la única opción eficiente. Eso es lo que hace que Scrypt esté ligado a la memoria. Sin embargo, *Scrypt* también tiene sus inconvenientes. Requiere la misma cantidad de memoria para verificar, ya que los verificadores deben llenar y acceder a un búfer equivalente, con los mismos parámetros. Recuerde que los acertijos deben ser fáciles de verificar, por lo que esto no es lo ideal. Además, aunque *Scrpyt* se desarrolló para ser resistente a ASIC, en realidad se ha desarrollado un ASIC para él, por lo que ya no se considera resistente a ASIC.

Otra idea para lograr la resistencia ASIC que la gente intentó fue encadenar un montón de funciones hash. La idea era que era mucho más difícil crear un ASIC que pudiera manejar tantas funciones hash, no solo una vez. Y esa fue la idea detrás de x11 y x13, que encadenan 11 y 13 funciones hash diferentes de forma respetuosa. La criptomoneda *Dash* usa el algoritmo *hash x11*, usando una cadena de variantes *SHA3*. El *x11* de *Dash* fue diseñado para ser difícil de hacer un ASIC, pero no imposible, por lo que nunca se pretendió que fuera resistente a ASIC. Los desarrolladores querían obtener una buena distribución de monedas al principio del ciclo de vida de Dash. Más tarde, si alguien desarrollara un ASIC para x11, las monedas ya se habrían distribuido de manera justa. Y eso es exactamente lo que sucedió. Veamos un ejemplo comparativo de los beneficios de minar con x11 de Dash y con el habital hash de Bitcoin.

Otra idea que se lanzó fue diseñar monedas que cambiaran periódicamente los rompecabezas de minería, lo que dificultaba la optimización. Por ejemplo, podría cambiar de SHA-1 a SHA-3 a Scrypt durante 6 meses cada vez. Sin embargo, la sobrecarga requerida para crear tal algoritmo ha disuadido históricamente a la gente de implementarlo. Como un consejo personal le diría que, siempre que haya dinero que se pueda ganar, alguien estará trabajando para obtener el mayor beneficio. En las criptomonedas, eso puede tomar la forma de trabajar para crear ASIC para nuevos algoritmos de hash. Mike Hearn, un desarrollador de Bitcoin Core, dijo (cita): "*Realmente no existe un algoritmo resistente a ASIC*". Resulta que la resistencia ASIC en realidad podría no ser una gran idea. Todavía es un debate en curso. En un sistema no resistente a ASIC, los ASIC tienden a dominar la red, reprimiendo a la gente normal. Un mantra común en los primeros días de Bitcoin era "*1 CPU = 1 voto*". La idea era que la minería fuera verdaderamente descentralizada, con todos los nodos de la red teniendo la misma voz en la validación de bloques. Desde entonces, el aumento de los ASIC ha disminuido esto, dando a algunas personas más votos que a otras. La resistencia ASIC recupera esta idea de democracia y disminuye la centralización minera en la red. Un contraargumento común, por otro lado, es que dado que los ASIC están diseñados únicamente para resolver un rompecabezas criptográfico, son incapaces de hacer nada más. Por lo tanto, los mineros que poseen ASIC están comprometidos con la red. Su hardware solo tiene valor en la red para la que fueron diseñados sus ASIC. Si un sistema con una gran cantidad de mineros que dependen de ASIC cambia a un algoritmo resistente a ASIC y luego el tipo de cambio de la criptomoneda se bloquea, muchos mineros se quedarán repentinamente con un hardware inútil que consume electricidad, ya que ya no tienen ningún incentivo para minar. Los mineros de ASIC ya se han comprometido con la red comprando sus ASIC, por lo que no quieren hacer nada que interrumpa la red. Los grupos de minería se han disuelto históricamente una vez que se han vuelto demasiado grandes, ya que la noticia de un grupo de minería con una gran cantidad de hashpower disminuiría la confianza en la red.

Esta idea de hardware inútil y hashpower desperdiciado nos lleva a la siguiente cuestión de la *Eliminación de Residuos*. Aquí también se generan residuos, cadenas sin minar, oncles, huérfanos y basura. Dado que se está gastando tanto poder computacional para resolver acertijos criptográficos, que en su esencia son solo números aleatorios, ¿por qué no hacer de esos acertijos algo que pueda ser útil para el resto del mundo? Por ejemplo, los mineros pueden buscar números primos grandes, buscar extraterrestres y planetas, simular proteínas a nivel atómico o generar modelos climáticos predictivos. Si podemos usar toda la potencia computacional de la red Bitcoin para trabajar en estos problemas, podríamos resolverlos mucho más rápido ¿No sería genial poder predecir el clima? Parece una gran idea, pero hay problemas. Estos *Problemas de Computación Distribuida* generalmente no son adecuados para la *Prueba de Trabajo* y no funcionan como *rompecabezas criptográficos.* Hay una cantidad fija de datos en el sistema, lo que significa que hay un número finito de soluciones al problema. Tan pronto como alguien ha encontrado la solución a un problema en particular, ¿qué sucede entonces? ¿O qué pasa si no hay suficientes datos para encontrar una solución? El problema ya no se puede utilizar como *Prueba de Trabajo*. En Bitcoin, dado que el *rompecabezas* se basa en el *bloque anterior*, el *espacio problemático* es inagotable. Siempre puedes generar más problemas con más soluciones y no llegar a ninguna parte.

Folding@Home es otro proyecto de *computación distribuida*, Impulsado por la Universidad de Stanford y diseñado con el fin de "*realizar simulaciones de plegamiento proteico relevante en enfermedades y otras dinámicas moleculares*". La idea del proyecto se basa en la idea de que, si conseguimos comprender el modo en que las proteínas alcanzan su estructura final, entenderemos también el desarrollo de varias enfermedades y podremos fabricar así fármacos más efectivos. Ahora, han decidido aprovechar toda la capacidad de cálculo que eso le confiere para sumarse a "*los investigadores de todo el mundo que trabajan para comprender mejor el Coronavirus 2019 (2019-nCoV) para acelerar el esfuerzo de la ciencia para desarrollar nuevas terapias que salven vidas*".

https://foldingathome.org/start-folding/?lng=es-ES

BOINC es una plataforma multiproyecto de la Universidad de Berkeley y una referencia en este ámbito. Nos podemos descargar la aplicación desde su página web. Una vez finalizado el proceso de instalación, se iniciará automáticamente la aplicación BOINC Manager y nos mostrará los 35 proyectos activos de la plataforma para que nos sumemos a uno de ellos, proporcionando una breve descripción de cada uno e indicando qué sistemas operativos y arquitecturas son compatibles con cada uno. Una vez seleccionado uno de estos proyectos, el programa nos pide que nos registremos y luego nos lleva a nuestro espacio de usuario en la web del proyecto elegido. Debemos tener en cuenta que un par de ellos nos exigirán conectar sensores específicos a nuestros equipos (es el caso de *Quake-Catcher Network*, dedicado a la detección de ondas sísmicas y de *Radioactive@Home*, enfocado en la creación de un mapa de niveles de radiación).

https://boinc.berkeley.edu/download_all.php

Algunos de los mejores divulgadores de ciencia en Internet en la actualidad serían a nuestro modo de entender:

Rosetta@Home: Tiene por objetivo ayudar en la cura de algunas de las enfermedades humanas más importantes (como el cáncer, el SIDA, la malaria y el Alzheimer) mediante la determinación de la forma tridimensional de proteínas.

Einstein@Home: Puesto en marcha por varias instituciones científicas internacionales, analiza datos procedentes del LIGO, del radiotelescopio de Arecibo y del satélite Fermi, con el objetivo de buscar señales astrofísicas débiles de estrellas de neutrones giratorias (a menudo llamadas púlsares). Sus voluntarios ya han descubierto en torno a 50 nuevas estrellas.

Universe@Home: Proyecto dedicado a crear la primer base de datos de contenido estelar simulado del Universo, desde las primeras estrellas hasta los más exóticos agujeros negros binarios.

ClimatePrediction.net: Busca investigar y reducir las incertidumbres en el modelado de predicciones climáticas, mejorando nuestro conocimiento sobre la sensibilidad de los modelos climáticos ante, por ejemplo, pequeños cambios en los porcentajes de CO2. Es el proyecto de modelado climático que mayor volumen de datos ha generado.

MindModeling@Home: Usa el modelado computacional de procesos cognitivos para entender mejor la mente humana, y específicamente para estudiar los mecanismos y procesos de aprendizaje.

LHC@home: Ejecuta simulaciones para mejorar el diseño del mayor laboratorio de física de partículas del mundo: el Gran Colisionador de Hadrones, operado por el CERN.

Enigma@Home: Alan Turing, padre de la inteligencia artificial, logró descifrar los mensajes encriptados de los nazis. O, al menos, la mayoría: tres de ellos, interceptados sólo parcialemnte en 1942, siguen sin descifrar. Y este proyecto pretende lograrlo.

Actualizaciones de consenso

A.- Actualizaciones de consenso: Bitcoin Core

La idea detrás de una *actualización de consenso* es que, dado que Bitcoin está descentralizado, ninguna persona puede decir "*este es el cambio que vamos a hacer en el protocolo*". Todos tienen que estar de acuerdo y llegar a un consenso para que se lleve a cabo una actualización. Hay un equipo centralizado que trabaja en estos cambios de protocolo, el *equipo de Bitcoin Core*, junto con algunas otras personas que trabajan en partes específicas del software. Este es el software que se utiliza en los nodos completos. La última versión de Bitcoin [BTC] Bitcoin Core Software Wallet ha cambiado significativamente en su interfaz gráfica de usuario. Por defecto, las direcciones de Bitcoin se muestran en formato bech32. Además, hay nuevas opciones de configuración y algunas nuevas llamadas RPC, pero se han modificado docenas de llamadas RPC en la nueva versión. La versión 0.19.1 es esencialmente la misma para el usuario final, excepto que la nueva dirección BTC mencionada está en el formato 'bc1'. La nueva versión 0.19.1 Bitcoin Core ahora muestra la dirección en formato "*bech32*". Comienzan con "*bc1*" y son más largas que las direcciones de billetera Bitcoin normales. Bitcoin core 0.19.0.1 es la primera versión de la serie 0.19. No hay una versión 0.19.0, aunque está marcada y debería aparecer en principio, pero no sucede. El registro de cambios para esta versión es el siguiente: "*El problema más reciente [# 17449] causó que 0.19.0 se marcará, pero nunca se publicara*". El hacker ético, el conocimiento práctico, la gente notó el problema número 17.449, y durante mucho tiempo ha encontrado problemas de seguridad del núcleo de bitcoin. Ha publicado una revisión de este tema: "*Impresionante es: 1.] No se detectó automáticamente en el análisis estático y dinámico en Estonia; 2. No se encontró en la evaluación; 3.] Permaneció en la base de datos principal durante más de un mes. El error finalmente se corrigió después de 12 días*".

De manera predeterminada, la dirección de la billetera de Bitcoin es la siguiente: 1EmtPRcdK168WSN5czx15VuUxBBLhR8MZC-34 bytes comienzan con una dirección de billetera tradicional y 3 bytes comienzan con una dirección de firma múltiple. Por defecto, el nuevo formato bech32 difiere en Bitcoin Core 0.19. El título tiene un prefijo bc y es más largo. Se ven así: bc1qst0pzqll7wtjwqs3i5xut2e8vd9dsx15ms9tvn, que se considera un título nativo de SegWit. Aunque bech32 ya es un formato histórico de 2 años, es funcionalmente idéntico, y aunque debería agregarse, todavía hay billeteras que no lo admiten. De forma predeterminada, tiene prohibido transferir Bitcoin al nuevo formato de dirección SegWit, o está permitido, pero el monto de la transacción no es nada. Si no está seguro de si su billetera es compatible con bech32, debe continuar usando el antiguo 1 o 3.

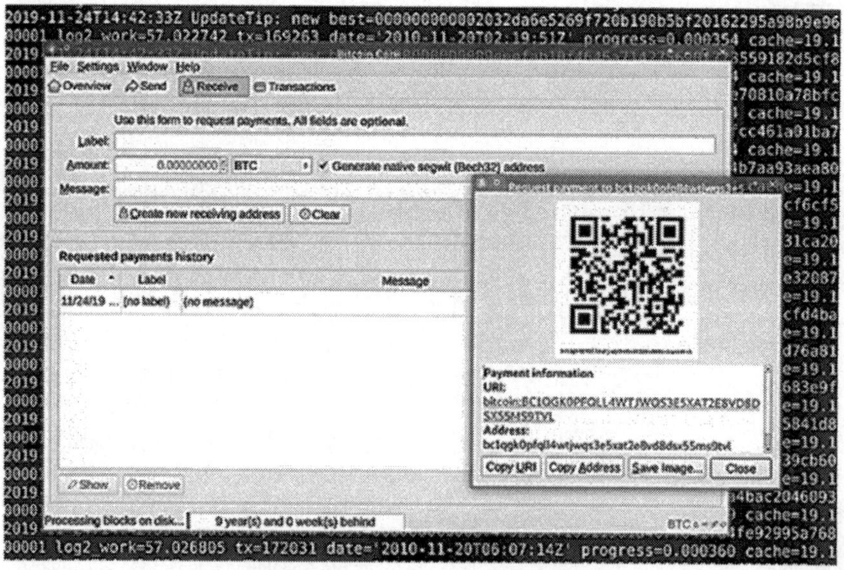

Bitcoin Core está programado para decidir qué cadena de bloques contiene transacciones válidas. Los usuarios de Bitcoin Core sólo aceptan transacciones para esa cadena de bloques, convirtiéndola en la cadena de bloques de Bitcoin que todos los demás quieren utilizar. Son estos usuarios los que mantienen a Bitcoin descentralizado. Dirigen individualmente sus propios nodos completos de Bitcoin Core, y cada uno de esos nodos completos sigue por separado exactamente las mismas reglas para decidir qué cadena de bloques es válida. No hay ninguna votación u otro proceso corruptible involucrado: sólo hay un software individual que sigue reglas idénticas - "matemáticas"- para evaluar bloques idénticos y llegar a conclusiones idénticas sobre qué cadena de bloques es válida. Bitcoin Core garantiza que todos los bloques y transacciones que acepta son válidos, aumentando no sólo su seguridad sino también ayudando a evitar que los mineros y los bancos tomen el control de Bitcoin. Bitcoin Core proporciona características exclusivas de privacidad que pueden dificultar que alguien le vincule a sus transacciones. La necesidad de utilizar un monedero oficial que provenga de la propia red Bitcoin es especialmente notable para los nuevos usuarios de criptodivisas. Los nuevos usuarios de criptodivisas buscan ese factor de fiabilidad y confianza que sólo puede venir con el uso de medios "oficiales" con el fin de mantener sus Bitcoins a salvo, seguro y lejos de las miradas indiscretas de las partes maliciosas. Aunque no se recomienda a menudo, existe una solución de este tipo en forma de Bitcoin Core Wallet, que permite a los usuarios mantener sus Bitcoin a salvo a través de un software que fue desarrollado y funciona como la puerta principal a la blockchain de Bitcoin. A menudo denominado como el monedero "oficial" de Bitcoin, el Bitcoin Core Wallet es parte de la implementación original del software de Bitcoin, que fue desarrollado por el creador de Bitcoin, Satoshi Nakamoto. Sin embargo, mientras que el Bitcoin Core Wallet sigue siendo la primera implementación para cualquier monedero de criptomonedas, su configuración y procesos pertinentes piden el cumplimiento de algunos requisitos y conocimientos técnicos que algunos usuarios podrían no ser capaces de cumplir.

¿Qué es Bitcoin Core Wallet? La billetera Bitcoin Core, una creación del desarrollador seudónimo Satoshi Nakamoto, nació en 2009 con el nacimiento de la cadena de bloques Bitcoin. El cliente Bitcoin Core fue creado para la verificación de

transacciones convirtiendo las computadoras de los usuarios en nodos de red. Bitcoin Core es el software que ejecuta toda la red bitcoin. El software Bitcoin Core incluye una billetera digital segura conocida como billetera Bitcoin Core que se puede usar para almacenar, enviar y recibir bitcoins. Al elegir almacenar su bitcoin en la billetera Bitcoin Core, puede contribuir a la red bitcoin descentralizada validando transacciones y almacenando una copia de la cadena de bloques. Características principales de Bitcoin Core: *Interfaz de usuario*: Utiliza una interfaz gráfica de usuario (GUI) o un conjunto de herramientas de línea de comandos para acceder y navegar por su billetera. *Diseño de código abierto*: Bitcoin Core se basa en un diseño de código abierto que permite que cualquiera pueda auditar el código. Por tanto, los usuarios pueden analizarlo y sugerir mejoras. *Algoritmo determinista jerárquico:* La billetera genera automáticamente un árbol de claves para sus usuarios. Los usuarios pueden acceder a esto usando una frase de 12 o 24 palabras basada en el árbol.*Tarifa:* Aunque no hay tarifas de billetera Bitcoin Core para descargar el software, incurrirá en algunos costos al usarlo. Estos incluyen el ancho de banda (datos) y las tarifas de transacción. Puede establecer sus propias tarifas utilizando una escala móvil que basa sus cifras en la prioridad de la transacción.*Seguridad:* Bitcoin Core ofrece algunas de las excelentes características de seguridad para sus usuarios. Todas las transacciones realizadas hacia y desde cualquier billetera en Bitcoin Core pasan por una gran red de igual a igual y también son compatibles con Tor. La billetera Bitcoin Core se puede descargar y usar de forma gratuita, pero le costará algo de tiempo, ancho de banda y espacio en el disco duro. Si bien el software en sí es gratuito, tendrá que pagar tarifas de transacción para enviar y recibir bitcoins. Tiene la opción de establecer sus propias tarifas en una escala móvil, según la prioridad de la transacción. *Bitcoin (BTC)* es la única moneda nativa compatible con la billetera Bitcoin Core.

Llegados a este momento y tras haber adquirido tantos comentarios alguien podría preguntarse ¿Es seguro Bitcoin Core? La billetera Bitcoin Core tiene un nivel significativo de seguridad para sus usuarios. Se basa en un diseño de código abierto que permite que cualquiera pueda auditar el código. Por tanto, los usuarios pueden analizarlo y sugerir mejoras. También es fácil identificar errores en el sistema Bitcoin antes de que causen daños. La billetera Bitcoin Core es compatible con Tor, un servicio de anonimización que puede ocultar las direcciones IP del usuario. También puede dificultar que terceros rastreen los detalles de la transacción. Todas las transacciones realizadas hacia y desde cualquier billetera en Bitcoin Core pasan por una gran red de igual a igual. Una vez más o menos convencidos, podríamos tener la intención de registrarnos en esta Plataforma. ¿Cómo registrarse en Bitcoin Core Wallet? *Paso 1:* Descargue la billetera Bitcoin Core y luego instale e inicie el software. *Paso 2:* Una vez que se complete la descarga, haga clic en "*Configuración*" y luego ir a "Encriptar billetera" para configurar su contraseña.

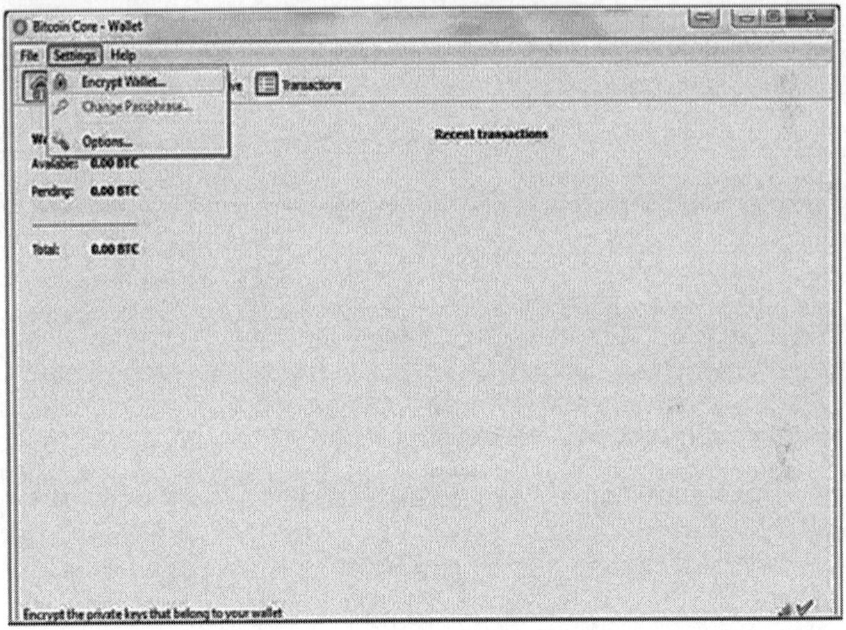

Paso 3: Después de configurar la contraseña, deje que el software se apague automáticamente. No intente abortar el proceso o cancelarlo usando el administrador de tareas. *Paso 4:* Una vez que se complete el proceso de apagado, vuelva a iniciar el cliente. *Paso 5:* Haga una copia de seguridad de su billetera yendo a "*Expediente*" y haciendo clic en "*Billetera alternativa*" y luego elegir el destino donde se guardará la copia de seguridad.

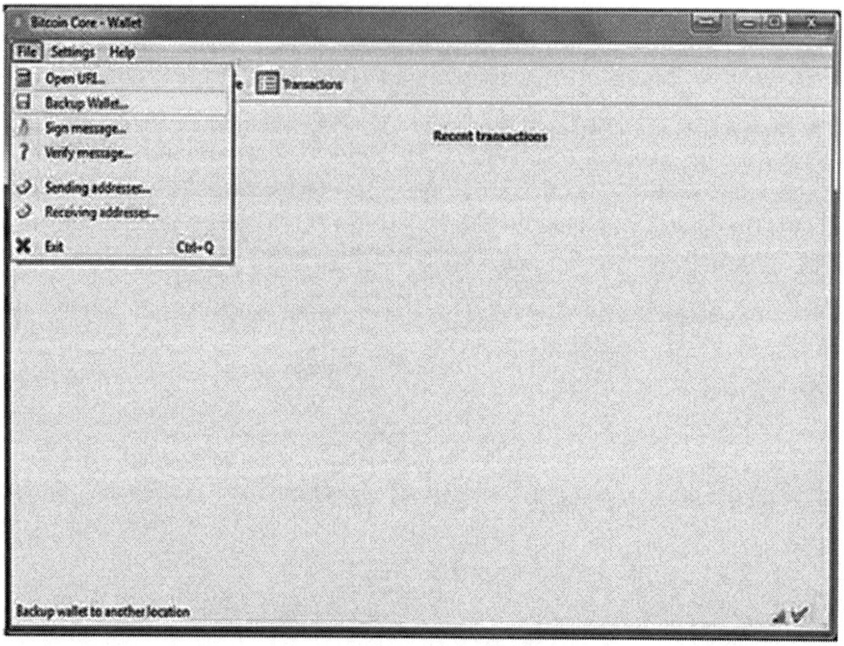

Paso 6: Haga una copia de seguridad de su clave privada yendo a *Ayuda> Ventana de depuración> Consola* y luego ingresando la *Contraseña.* Será importante saber ¿Cómo recuperar la contraseña de Bitcoin Core? En los casos en los que tenga que restablecer su contraseña, vaya a 'Configuración' y haga clic en 'Encriptar billetera' y luego seleccione el 'Se te olvidó tu contraseña' opción. Siga las indicaciones que aparecen en la pantalla para crear una nueva contraseña.

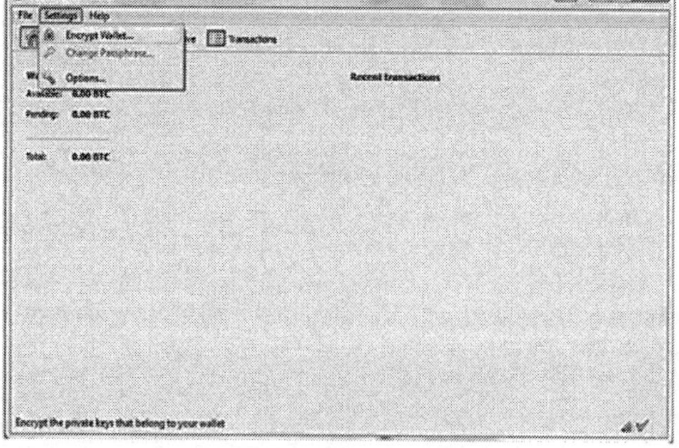

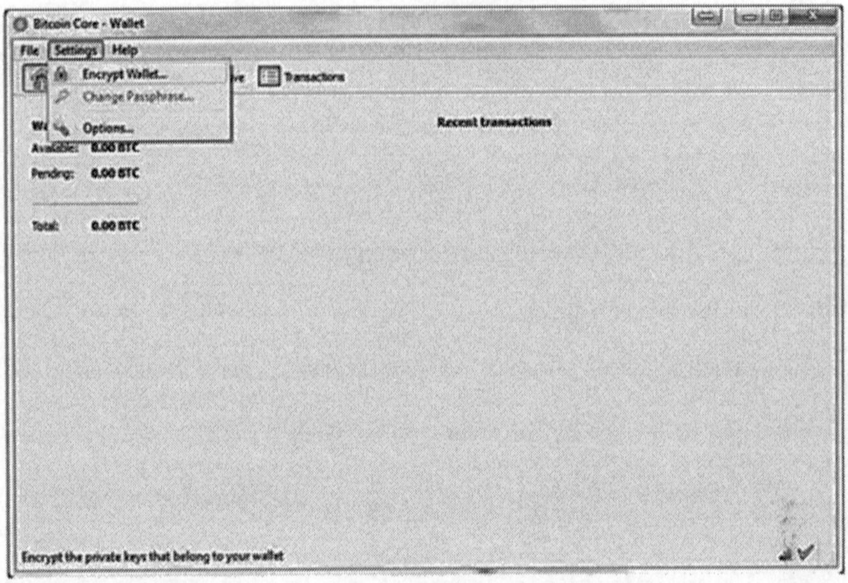

Es hora de trabajar ¿Cómo enviar criptoactivos usando Bitcoin Core? *Paso 1*: Abra su billetera y haga clic en "Enviar" para completar el formulario de envío. *Paso 2:* Ingrese la dirección del destinatario en el "*Pagar a*" campo. Asegúrese de verificar su información dos veces, ya que las transacciones no se pueden revertir ni cancelar. *Paso 3:* Ingrese la cantidad que desea enviar BTC. *Paso 4*: Establezca la tarifa de transacción para asegurarse de que su transacción se confirme en el período de tiempo deseado. *Paso 5*: Para hacer esto, deslice el "*Hora de confirmación*" botón izquierdo o derecho, que reducirá o aumentará las tarifas mientras reduce o aumenta el tiempo de espera. *Paso 6*: Verifique el monto del pago y la dirección nuevamente y haga clic en "*Enviar*" y luego ingrese la contraseña y haga clic en "*OKAY*".

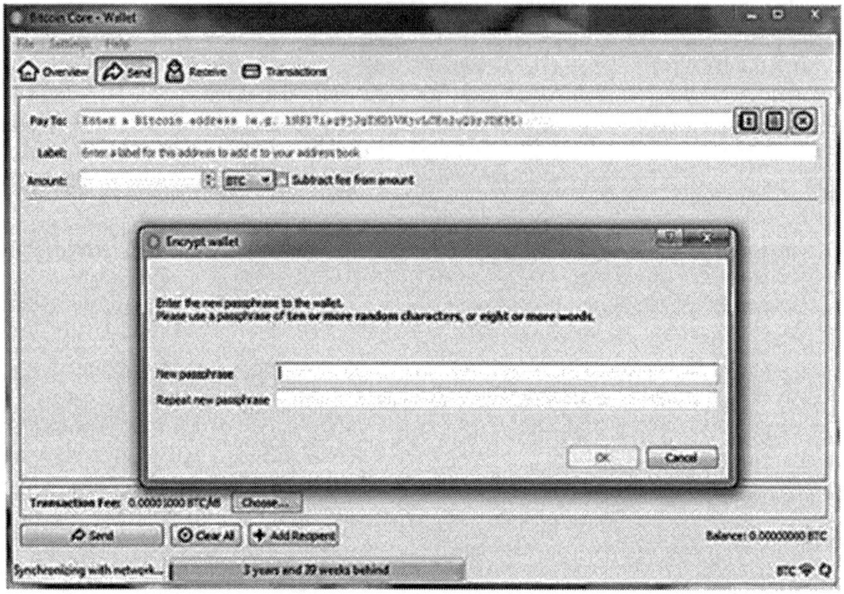

¿Cómo recibir criptoactivos usando *BitGo*? *Paso 1*: Abra su billetera y haga clic en la pestaña “Recibir” en su billetera. *Paso* 2: Rellena el formulario de solicitud de pago con todos los datos relevantes. *Paso 3*: Ingrese la cantidad que desea en Bitcoin, la etiqueta / descripción y escriba un mensaje. *Paso 4*: Haga clic en “Solicitar pago” para generar un código QR para el remitente y enviar la solicitud.

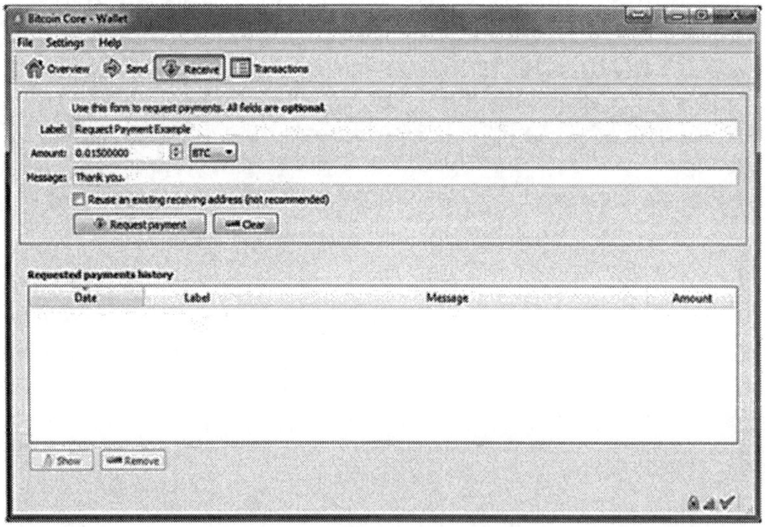

Como todo en la vida tiene sus ventajas e inconvenientes, Bitcoin Core tiene Pros y contras ¿Cuáles son? Empecemos por los Pros: Alto nivel de privacidad para transacciones entrantes y salientes. Compatible con Tor, el software que protege el anonimato. Monedero de código abierto con un diseño determinista Control total sobre las tarifas en virtud de sugerencias de tarifas Control total del usuario sobre los fondos criptográficos. Sigamos con los Contras: La descarga inicial lleva mucho tiempo y los datos requieren más de 140 GB de espacio de almacenamiento en su disco duro. Puede ser difícil de usar para principiantes. Los virus informáticos conocidos se almacenan en la cadena de bloques. La billetera Bitcoin Core solo se puede ejecutar en una computadora portátil, computadora de escritorio o dispositivos ARM. Y terminemos con una Conclusión. Bitcoin Core es el software fundamental utilizado por los usuarios de Bitcoin para enviar, recibir y almacenar Bitcoin. Puede validar completamente las transacciones de bitcoin usted mismo en lugar de depender de un servicio de terceros. Además, Running Bitcoin Core contribuye al ecosistema bitcoin descentralizado. En general, como una aplicación independiente, Bitcoin Core Wallet ofrece todo lo que esperaría de una billetera de criptomonedas de alto nivel. Proporciona una inmensa seguridad, facilidad de uso y alta accesibilidad.

B.- Actualizaciones de consenso: Forks = bifurcaciones duras y blandas

Esto nos lleva a las dos formas en que se pueden actualizar las cadenas de bloques: bifurcaciones duras y bifurcaciones suaves. *Las bifurcaciones duras y blandas* no se refieren a las bifurcaciones como se mencionó anteriormente, donde se producen dos bloques al mismo tiempo, sino a las bifurcaciones de protocolo. Tenga en cuenta que todos los mineros operan de forma independiente y no es obligatorio que actuen sus protocolos. Cuando un grupo grande adopta cambios de protocolo, la cadena de bloques reaccionará de dos formas diferentes según las reglas del nuevo protocolo.

1.- *Un hard fork* resulta de un nuevo protocolo que hace cosas no permitidas en el protocolo anterior. Un ejemplo es Bitcoin Cash, que aumentó el tamaño del bloque de 1 MB a 8 MB. Los nodos del antiguo protocolo heredado de Bitcoin rechazarán los nuevos bloques de 8 MB, lo que llevará a una bifurcación permanente. Estas dos bifurcaciones, teóricamente, continuarían para siempre que ambas cadenas tengan soporte, mineros que ejecuten continuamente ese software. Esencialmente, el hard fork no es compatible con versiones anteriores. Otro ejemplo fue Ethereum, donde se hizo un hard fork para resolver los efectos de un ataque malicioso que tuvo como objetivo una de sus aplicaciones (la llamada Organización Autónoma Descentralizada, o DAO). Sin embargo, una parte minoritaria de la comunidad se opuso a los cambios porpuestos la cadena bloques, por motivos filosóficos, alegando que dichos cambios afectarían a su naturaleza inmutable. Debido a que tanto los desarrolladores 'core' de Ethereum como la mayoría de la comunidad llevó a cabo el hard fork, este grupo minoritario quedó atrás y siguió desarrollando tareas de minado sin actualizar el software, dando origen a la red ahora conocida como Ethereum Classic (ETC). Cabe destacar que dado que la mayoría de participantes llevó a cabo la transición, esta mayoría ha mantenido el símbolo ETH original, mientras que a la minoría que soporta la versión anterior pasó a denominarse Ethereum Classic, ETC.

2.- En una *bifurcación suave*, las reglas del nuevo protocolo solo están restringidas. Por ejemplo, si una nueva bifurcación de Bitcoin llamada Bitcoin Euros redujera el tamaño del bloque a medio megabyte, entonces todo lo válido en el nuevo protocolo seguirá siendo válido en el protocolo anterior. Sin embargo, los bloques del protocolo antiguo ya no son válidos en el nuevo protocolo, lo que significa que una bifurcación suave es compatible con versiones anteriores pero no compatibles con versiones posteriores. Los nodos nuevos y antiguos aceptarán bloques de los nuevos protocolos, pero los nodos antiguos nunca tendrán sus bloques aceptados en la cadena más larga extraída por los nuevos nodos. Luego, los nuevos nodos presionan a los nodos antiguos para que adapten el nuevo protocolo, de modo que no se queden atrás. Antes de cada bifurcación, dura o blanda, toda la comunidad se lanza a debates sobre el futuro de Bitcoin. Existen dos tipos de Soft Fork que son:

1.- Cuando la mayoría de los mineros se actualizan para hacer cumplir las nuevas reglas. Este se denomina Soft fork activado por minero (MASF).

2.- Cuando los nodos completos se coordinan para hacer cumplir las nuevas reglas, sin el apoyo de los mineros. Este se denomina Soft fork activado por el usuario (UASF). Pongamos como ejemplo, la actualización de Bitcoin de Segregated Witness o SegWit. Esta se activó oficialmente en el bloque 481822 con una aceptación por parte de la red del 99.95%. Se calcula que en febrero de 2018 más del 30% de las transacciones se basan en SegWit. SegWit era una propuesta de la empresa Blockstream y ha sido ampliamente implementada. No solo en Bitcoin sino también se ha implementado en Litecoin y Vertcoin, entre otros. Uno de los motivos para crear esta actualización es solucionar mínimamente los problemas de escalabilidad que presenta en la actualidad el Bitcoin. Pese a que no todos los nodos de Bitcoin soportan SegWit aún, la red sigue funcionando perfectamente. Esto es gracias a que este soft fork es compatible con versiones más viejas de software de los nodos completos.

En resumen, las bifurcaciones suaves son difíciles de programar y no requieren de consenso para su implementación. Esto muchas veces termina fragmentando el nivel de actualización de software en los nodos de la red, lo que resulta en un escenario poco deseable.

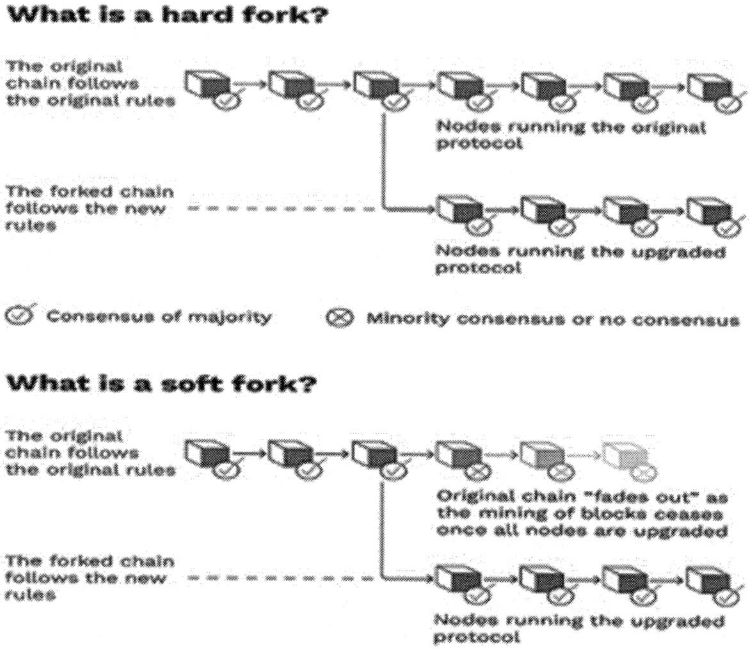

C.- Actualizaciones de consenso: BIP (Bitcoin Improvement Proposal)

En Bitcoin, los cambios en el protocolo vienen en forma de *BIP o Propuestas de Mejora de Bitcoin.* Estos pueden ser cambios en el protocolo de red, validación de bloque o transacción, o cualquier cosa que afecte la interoperabilidad. Esta es la forma en que la comunidad vota sobre los cambios que quieren apoyar. Hay tres tipos de BIPS: estándar, informativo y de proceso.

1.- Un *BIP Estándar* es una actualización o cambio real del protocolo. Así es como cambia el ecosistema y sobre lo que votan los mineros.

2.- Los *BIP Informativos* son más bien pautas sobre cómo las personas deberían hacer las cosas en el futuro, pero no cambian el protocolo. Un ejemplo de un BIP informativo sería un BIP que habla sobre cómo ejecutar un grupo de minería.

3.- Los *BIP de Proceso*, son cosas específicas que se deben hacer, así como las mejores prácticas.

El primer BIP fue de Amit Taaki en 2011, y en realidad fue un BIP para hacer BIP. Los mineros votan por los BIP al incluir una referencia a ese BIP en el bloque que extraen.

Un BIP tiene un determinado ciclo de vida que depende de los estatus en los que se encuentre el mismo. En ese punto podemos decir que los estatus de un BIP son los siguientes:

1. *Borrador (Draft)*. En este punto, el BIP apenas está en su estado más temprano de presentación. En este punto, el BIP está incompleto.

2. *Diferido (Deferred)*. El BIP ha sido pospuesto debido a que no se han realizado avances en el desarrollo del mismo.

3. *Propuesto (Proposed)*. Es la propuesta acompañada con la mayor parte de sus elementos explicativos y presentada a la comunidad. En este punto, se comienza el debate sobre su aplicación o no dentro del ecosistema de desarrollo de Bitcoin.

4. *Rechazado (Rejected)*. Si la propuesta presentada no es bien recibida, existen elementos perjudiciales o cualquier otra razón que esgrima la comunidad para su rechazo, esta será marcada con este estatus.

5. *Retirado (Withdraw)*. Este estatus aplica a aquellas propuestas que han sido retiradas por sus autores por razones que atienden a su interés.

6. *Final/Activo (Final/Active)*. Para llegar a este punto, la propuesta debe haber pasado por la revisión y consenso de la comunidad. Debe tener todos los espacios y estructuras necesarias para su aprobación.

7. *Reemplazado (Replaced)*. Este estatus se entrega a propuestas que han sido reemplazada por mejores propuestas. Generalmente porque las nuevas propuestas, solucionan o mejoran aún más la propuesta anteriormente presentada.

8. *Obsoleto (Obsolete)*. Este cambio de estatus está relacionado sobre todo cuando los cambios introducidos por el BIP ya no son relevantes. Esto puede deberse a distintas

situaciones, generalmente porque existen nuevos cambios que hacen innecesaria su aplicación.

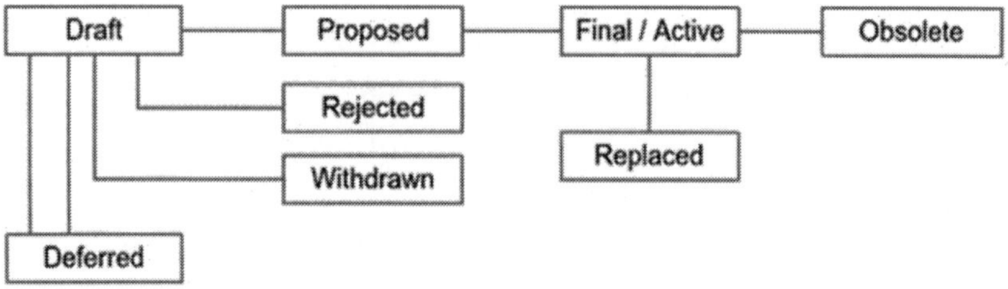

Algunos BIP relevantes dentro de la blockchain de Bitcoin son los siguientes:

BIP-11 Transacciones estándar M-of-N: El BIP-11, está pensado en habilitar monederos seguros, transacciones en custodia y otros casos de uso en los que el canjeo de los fondos requiere más de una única firma. Presentado por Gavin Andresen, el 18 de octubre de 2011. Esta propuesta es del tipo Seguimiento de Normas y se encuentra en estatus Final.

BIP-16 Pay to Script Hash. El BIP-16, es una nueva forma de manejar los sistemas de pago de Bitcoin permitiendo que se pueda incluir los datos de pago en un código QR para facilitar los pagos. Este BIP fue presentado por Gavin Andresen, el 03 de enero de 2012. Esta es otra propuesta del tipo Seguimiento de Normas y se encuentra en estatus Final.

BIP-141 SegWit: El BIP-141 tiene como objetivo aumentar la capacidad de la red Bitcoin y también resuelve el problema de la maleabilidad de las transacciones. Es un soft fork que requiere que la mayoría (95%) de los mineros reConsuelon la actualización durante dos semanas.

```
BIP: 141
Layer: Consensus (soft fork)
Title: Segregated Witness (Consensus layer)
Author: Eric Lombrozo <elombrozo@gmail.com>
        Johnson Lau <jl2012@xbt.hk>
        Pieter Wuille <pieter.wuille@gmail.com>
Comments-Summary: No comments yet.
Comments-URI: https://github.com/bitcoin/bips/wiki/Comments:BIP-0141
Status: Final
Type: Standards Track
Created: 2015-12-21
License: PD
```

```
  BIP: <BIP number, or "?" before being assigned>
* Layer: <Consensus (soft fork) | Consensus (hard fork) | Peer Services | API/RPC | Applications>
  Title: <BIP title; maximum 44 characters>
  Author: <list of authors' real names and email addrs>
* Discussions-To: <email address>
* Comments-Summary: <summary tone>
  Comments-URI: <links to wiki page for comments>
  Status: <Draft | Active | Proposed | Deferred | Rejected |
          Withdrawn | Final | Replaced | Obsolete>
  Type: <Standards Track | Informational | Process>
  Created: <date created on, in ISO 8601 (yyyy-mm-dd) format>
  License: <abbreviation for approved license(s)>
* License-Code: <abbreviation for code under different approved license(s)>
* Post-History: <dates of postings to bitcoin mailing list, or link to thread in mailing list archive>
* Requires: <BIP number(s)>
* Replaces: <BIP number>
* Superseded-By: <BIP number>
```

Segregated Witness (también conocido como SegWit) es una solución de escalado de blockchain. En un lenguaje sencillo, SegWit significa separar las firmas de los testigos de las transacciones.

¿Cómo crear una criptodivisa?

Hagamos un resumen aclaratorio visto desde un enfoque más práctico. Vamos a hacerlo de desde lo más habitual y fácil y después desde la codificación. Lo primero instalamos MetaMask en el ordenador, una vez hecho se nos proporciona una cuenta nueva. En la esquina superior derecha puede ver que estamos conectados a la Red Principal de Ethereum. (Main Ethereum Network). En esta red se pueden realizar transacciones con ethers, crearlos etc. Vamos a usar la parte que nos dejan de pruebas para no perjudicar nuestros wallets reales. Vamos a crear en Ethereum la cripto "*Patito*" y al mismo tiempo vamos a crearla en código para tener ambas posibilidades para el ejemplo. Seleccionamos en la opción de network y elegimos la red de pruebas Rinkeby ("*Red privada Rinkeby*" en el menú). Esta es la red más comúnmente utilizada para nuestra intención de explorar, y la red que usamos en este ejemplo. Podemos ingresar fondos en nuestra cuenta haciendo clic en el botón "*Deposit*" que se encuentra debajo de la selección de red. Esto nos permitirá depositar directamente de otra fuente. En este caso, del "Test Faucet". Este es un sistema diseñado para generar ethers ficticios, gratuitos, que se pueden utilizar en la red Rinkeby. Esto nos lleva a la página de rinkeby.io, la página dedicada a la red de pruebas, y en la parte inferior izquierda de la barra de herramientas hay un link al faucet. Haciendo clic en este link se nos dirigirá a la página del faucet. Deberemos añadir un smartcontract, que habitalmente es admitido por todos. Es un conjunto estándar de funciones y atributos que la comunidad ha decidido que será el estándar para este tipo de criptomonedas que se comportan como las monedas digitales comunes.

```
pragma solidity ^0.5.0;
contract MITERC20Token {
    // Track how many tokens are owned by each address.
    mapping (address => uint256) public balanceOf;

    // Modify this section
    string public name = "MIT ERC20 Token";
    string public symbol = "MIT001";
    uint8 public decimals = 18;
    uint256 public totalSupply = 1000000 * (uint256(10) ** decimals);

    event Transfer(address indexed from, address indexed to, uint256 value);

    constructor() public {
        // Initially assign all tokens to the contract's creator.
        balanceOf[msg.sender] = totalSupply;
        emit Transfer(address(0), msg.sender, totalSupply);
    }

    function transfer(address to, uint256 value)
        public returns (bool success){
        require(balanceOf[msg.sender] >= value);
```

Haz clic en la pestaña compile (compilar) en la esquina superior derecha y selecciona el compilador en el menú desplegable 0.5.0+commit. Una vez hayas hecho esto, haz clic en "*compile*", y deberíamos estar listos para desplegar el contrat Haz clic en la pestaña compile (compilar) en la esquina superior derecha y selecciona el compilador en el menú desplegable 0.5.0+commit. Una vez hayas hecho esto, haz clic en "*compile*", y deberíamos estar listos para desplegar el contrato y nuestra nueva moneda en el blockchain.o y nuestra nueva moneda en el blockchain. Haz clic en la pestaña "*Run*" (ejecutar), junto a "compile" y presiona "*deploy*" (desplegar). Esto aprobará la transacción de la misma forma que ocurrió en nuestro ejercicio de contratos inteligentes. Recuerda que necesitas estar en MetaMask en tu navegador y que tu cuenta necesita contar con fondos. Además, debes emplear la red de pruebas Rinkeby. Si no has instalado y preparado MetaMask, regresa al ejercicio en el que tratamos este proceso y luego regresa a este punto. Pasados unos instantes, se aprobará la transacción y tendremos el contrato desplegado en el blockchain. Si clicas en la imagen del portapapeles junto a la instancia desplegada del contrato, se copiará la dirección de los tokens/criptomonedas en el blockchain. Necesitamos esto para importar los tokens cuando usamos MetaMask.

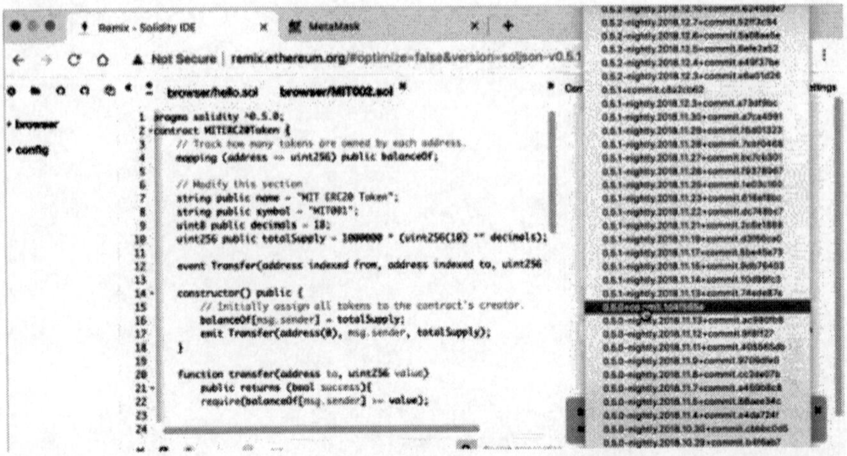

Ahora que tenemos ethers, podemos realizar las acciones más simples en Ethereum, enviar ethers a otra cuenta. En el plugin, selecciona la opción send (enviar) y se te guiará paso a paso en el proceso de envío. Ethereum utiliza el lenguaje Solidity, ya que en cada transacción se considera implícito un smartcontrat.

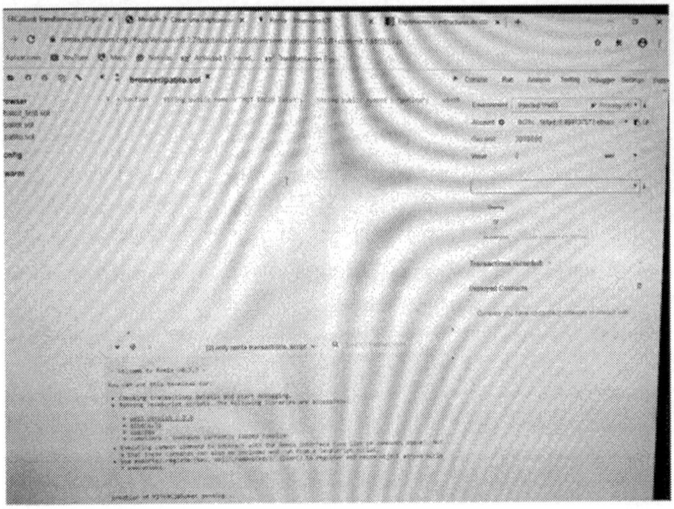

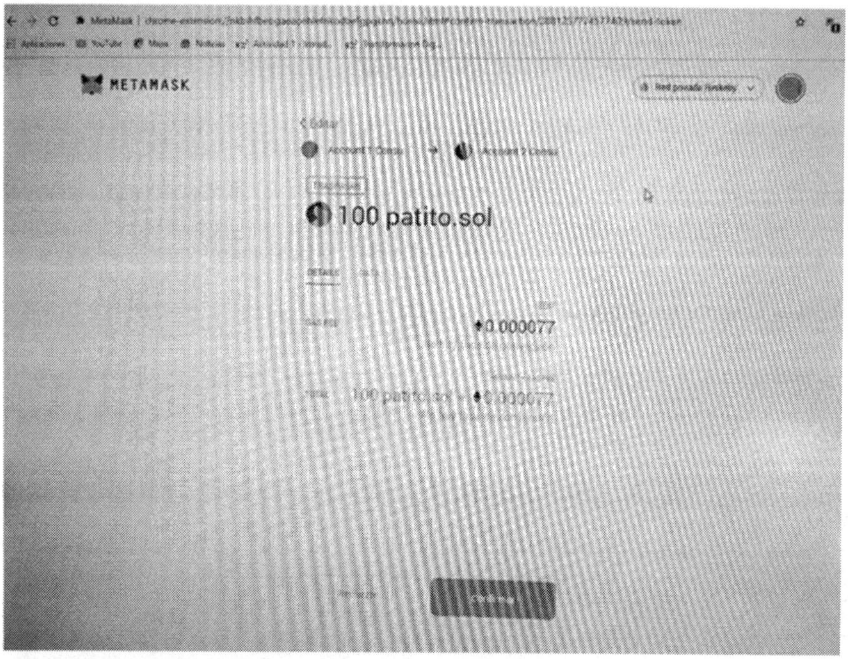
METAMASK
100 patito.sol
0.000077

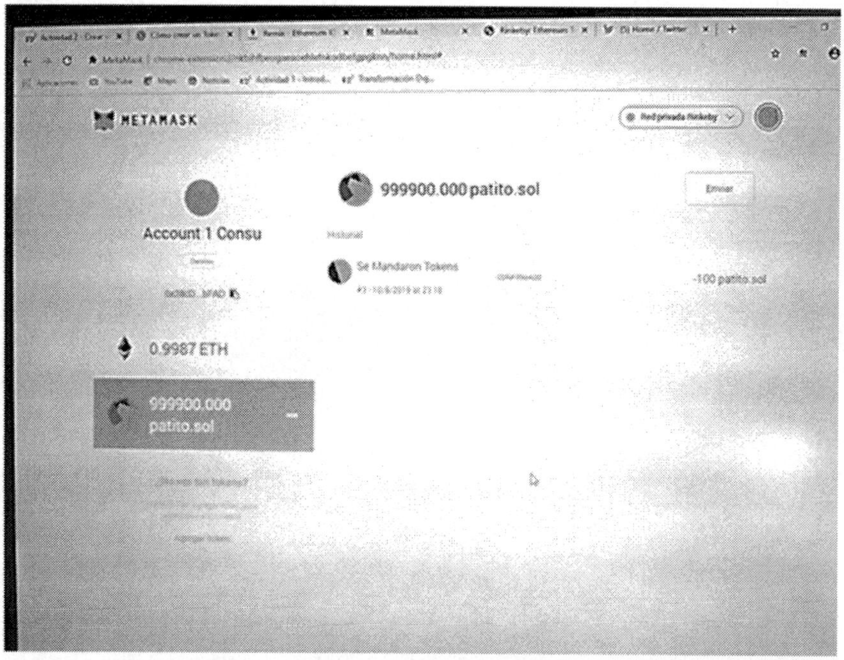
METAMASK
999900.000 patito.sol
Account 1 Consu
Se Mandaron Tokens
-100 patito.sol
0.9987 ETH
999900.000
patito.sol

Ahora vamos a poner un ejemplo codificando nosotros y se puede seguir en

https://github.com/csbymt/patitocoincode.git La criptodivisa que se ha creado para este ejemplo recibe el nombre de Patitocoin (PC) y ha sido programada de forma íntegra en Java al ser el lenguaje utilizado en muchas escuelas. Sin embargo, los autores aclaramos que Java tal vez no sea la mejor opción para programar una criptomoneda, siendo preferible usar en su lugar un lenguaje como C/C++ o incluso Python. Por último, resaltar que Patitocoin ha sido programada con fines ilustrativos, priorizando funcionalidad y simplicidad frente a rendimiento. La entidad básica de una divisa son las transacciones, o movimientos de dinero entre sus distintos usuarios. Para poder identificar a las partes implicadas en una transacción, hablamos de monederos o identidades, que se representan por una cadena alfanumérica utilizada como clave pública. En cualquier criptodivisa de primera generación (como puede ser Bitcoin), cada usuario de la red dispone de un par clave pública-privada. La clave privada, como su propio nombre indica, es únicamente conocida por la persona a la que pertenece y se genera a partir de un número aleatorio la primera vez que el usuario se conecta a la red Patitocoin. A partir de la clave privada se genera una clave pública que es conocida por el resto de nodos de la red. De la clave privada se puede obtener la pública, pero no al revés, y también puede utilizarse para firmar contenidos para posteriormente demostrar la autoría de los mismos. Este tipo de cifrado recibe el nombre de criptografía asimétrica, del cual Patitocoin utiliza, más concretamente, el cifrado RSA de 1024 bits. Toda la arquitectura de la criptodivisa se basa y depende de este par de claves, por lo que si un usuario pierde la clave privada de su monedero perderá por completo el control de su dinero, haciendo imposible el poder recuperarlo. En resumen, los monederos se representan mediante una clave pública y sirven para identificar a las partes implicadas en una transacción. La dirección de un monedero no es más que una representación en Base64 de la clave pública del mismo, que puede ser fácilmente compartida entre usuarios mediante códigos QR o mensajes de texto. Cada uno de estos monederos dispone, a su vez, de una clave privada que solo conoce su propietario, y que le permite enviar los fondos que éste contiene.

En Patitocoin, como acabamos de ver y por simplificar, las direcciones se obtienen a partir de codificar la clave pública del monedero de un usuario en Base64. Teniendo en cuenta que estas claves tienen una longitud de 1024 bits, su representación en texto plano ocupará 172 caracteres, lo cual dificulta enormemente la compartición de monederos entre usuarios de la red. Este cálculo surge de tener en cuenta que, en Base64, un carácter equivale a 6 bytes y que los mensajes se deben regular hasta tener una longitud que sea múltiplo de cuatro. Otras criptodivisas optan por hashear la clave pública para obtener una dirección mucho más corta que sea fácil de compartir. En el caso de Bitcoin se toma la clave pública de 64 bytes y se hashea en SHA-256 para después volver a hashear ese resultado usando el algoritmo RIPEMD-160, el cual es bastante eficaz frente a colisiones. El resultado que obtenemos es una cadena de 20 bytes a partir de la cual generamos un checksum tras pasarlo por el algoritmo de hasheado SHA-256 dos veces y tomar los primeros 4 bytes resultantes. Este checksum servirá para verificar la integridad de la dirección a generar y confirmar que no ha habido errores durante el transporte de la información. Finalmente, concatenamos el checksum a continuación de los 20 bytes del paso anterior y lo codificamos en Base58, que no es más que Base64 con un alfabeto reducido para evitar tener en una misma dirección números y letras que se pudieran confundir, como el número uno (1) y la letra ele (l), o el número cero (0) y la letra o.

Las transacciones son la entidad básica de una criptodivisa y representan una operación monetaria. Cada transacción se compone de dos claves públicas, la de la persona que realiza la transacción (from) y la de la persona que la recibe (to). También se indica la cantidad de Patitocoin asociada a la transacción (amount), la fecha y hora en la que se realiza (timestamp) y, por último, una firma de la transacción que garantiza la validez y autenticidad de sus datos (signature). La firma se utiliza para demostrar que la persona que envía la transacción (from) es realmente su autor y no ha sido falsificada. Ésta se genera utilizando la clave privada asociada a la clave pública de from. Recuerde que firmar una transacción no solo está asociado a validar la autoría de la misma utilizando la clave privada del autor, sino que además se garantiza que su contenido no se ha visto alterado al firmar sus atributos (from, to, amount y timestamp). Así se garantiza que la transacción no puede ser modificada o alterada una vez firmada. Para validar una transacción se comprobaría que los bytes de signature se corresponden con los contenidos previamente firmados (from + to + amount + ";" + timestamp) y que la firma ha sido generada con la clave privada correspondiente a la pública del atributo from (quien envía la transacción). Una vez creada la transacción, ésta debe ser propagada por la red de Patitocoin a la espera de que un nodo la añada al blockchain dentro de un bloque. Este proceso se explica en el apartado de "Comunicación peer-to-peer".

Ahora que ya tenemos una entidad capaz de representar transacciones en nuestra criptodivisa, necesitamos una forma optimizada de guardarlas y propagarlas por la red. La solución que todas las criptomonedas de primera y segunda generación utilizan es la tecnología de blockchain o encadenamiento de bloques. La idea es realmente sencilla: consiste en agrupar las transacciones en bloques que a su vez son enlazados en un orden concreto para formar una cadena que recibe el nombre de blockchain. A raíz del blockchain surge el concepto de confirmaciones de una transacción, que es el número de bloques que se encuentran a partir de aquel que contiene a una transacción, contándose a él mismo. Este concepto se utiliza como referencia para determinar la validez de una transacción, ya que se considera que cuando un bloque está lo suficientemente "*enterrado*" en la cadena es prácticamente imposible que esa transacción sea retirada debido a una ruptura de la cadena o a otra causa similar. El número idóneo de confirmaciones a partir del cual considerar la transacción completada depende del criterio de cada usuario. En el caso de Bitcoin, se suele recomendar una o dos confirmaciones para transacciones de un importe menor, y de seis en adelante para el resto. Dado que todas las transacciones ocurridas desde el inicio de la red se almacenan en orden agrupadas en bloques, para calcular el saldo actual de una dirección será necesario recorrer todos los bloques empezando por el primero hasta llegar al último y consultar las transacciones contenidas en cada uno de ellos.

En Patitocoin, los bloques poseen los siguientes atributos: El primero de ellos es el índice (index). Éste debe ser un número entero correlativo que determina la posición que ocupa un

bloque en la cadena. El primer bloque se considera el #0 y recibe el nombre de "bloque génesis". Todos los demás deben ser el #1, #2, #3, etc., y así sucesivamente para poder ser considerados válidos. Este atributo es de especial importancia, ya que determinará qué transacciones ocurrieron antes en el tiempo y cuáles después, detalle de especial relevancia para calcular el saldo de una dirección y evitar fraudes. Después tenemos *transactions*, que almacena todas las transacciones que contiene el bloque. También se le conoce como la carga o el *payload*. Los bloques poseen un atributo hash que los identifica por su contenido. En el caso de Patitocoin, se genera de la siguiente forma: String signature = index + transactions.toString() + nonce +
previous_hash + miner + fee; String hash = Utils.sha256(signature); A su vez, un bloque contiene el hash del bloque que le precede (previous_hash), para así garantizar la correcta continuidad de la cadena y evitar que puedan ser modificados una vez enlazados. El bloque génesis no contiene previous_hash al ser el primero.

Para asegurar la persistencia e inmutabilidad del blockchain de Patitocoin se añade una regla adicional al juego: un bloque solo se considera válido si su hash de 256 bits empieza con un número determinado de ceros. Este número suele variar en función de la saturación de la red y recibe el nombre de dificultad, aunque en nuestro caso vamos a suponer que siempre es cinco por simplificar. Supongamos que el hash de un bloque candidato con un índice correlativo y con todas sus transacciones correctamente firmadas es el siguiente:

6f668f5ab0e55b5e603456b0864a502894c2c1fb3d316d09142...

Pese a cumplir lo anterior, no sería válido al tener un hash que empieza por 6f668 en vez de por cinco ceros. Necesitamos modificar su hash sin alterar su contenido, y para ello se hace uso del atributo nonce, un número entero que afecta al resultado del hash pero que no aporta información por sí mismo. Minar un bloque consiste, por tanto, en dar un valor por defecto de 0 al nonce e ir incrementándolo hasta conseguir un hash válido. Tras este proceso se obtendría, por ejemplo, un hash como el siguiente:

00000c4b36f1812e11bce4445399cef8f3a3f8d260c82371ab3...

Este tipo de problemas matemáticos reciben el nombre de Proof-of-Work (pruebas de esfuerzo o trabajo), y se caracterizan por ser difíciles de resolver (hay que probar todas las combinaciones posibles hasta encontrar una solución válida) pero extremadamente sencillos de verificar. Cuando un nodo reciba un bloque minado, lo único que tendría que hacer para comprobar que ha habido un esfuerzo computacional de por medio es generar su hash usando el nonce proporcionado y comprobar que, efectivamente, empieza por un número determinado de ceros.

Realizar tal esfuerzo computacional requiere de un incentivo que anime a los nodos de la red a minar, y más en una condición de carrera en la que gana el primero que mine el siguiente bloque, ya que si no se generan bloques válidos con frecuencia no es posible añadir nuevas transacciones al blockchain. Patitocoin soluciona este problema mediante la incorporación de comisiones a los bloques. Cuando un nodo decide minar un nuevo bloque, éste puede solicitar una comisión de entre 0 y 10 Patitocoin a cambio del esfuerzo realizado. Para ello son usados dos atributos mencionados anteriormente: miner y fee, siendo el primero la clave pública del monedero del nodo que minó el bloque, y el segundo la comisión que quiere que le sea otorgada. Si el valor de fee no es válido, el bloque tampoco lo será. En la práctica, otras divisas como Bitcoin delegan la potestad de incluir una comisión a los usuarios de la red. Cuando se realiza una transacción, quien la envía puede opcionalmente añadir una comisión para el primero que la incluya en un bloque. De esta forma, cuanta más comisión tenga una transacción más se incentiva que sea añadida a un bloque y, en teoría, menos tiempo tardará en ser incorporada al blockchain. Finalmente, la comisión efectiva que recibirá un minero al crear un bloque será la suma de todas las comisiones de las transacciones que haya decidido incluir.

Sin un sistema capaz de lograr un acuerdo entre los distintos nodos de la red es posible que el blockchain se divida en múltiples cadenas debido a discrepancias entre cuál es el bloque a insertar a continuación. Aunque Patitocoin no implementa este tipo de sistemas de consenso, Bitcoin plantea una solución basada en elegir siempre la cadena en la que la red ha puesto el mayor esfuerzo de trabajo (work effort). Esto significa, a efectos prácticos, que los nodos deberán elegir siempre aquella cadena que posee más bloques que el resto de cadenas alternativas. Como hemos visto antes, los sistemas Proof-of-Work se fundamentan en cobrar comisiones a los usuarios de la red para incentivar la minería de bloques. Sin embargo, cuando se trata de pagar por elementos de bajo valor (supóngase un café de 1,50 €) al usuario no le compensa añadir una comisión a esa transacción, pero si no lo añade lo más probable es que tarde horas en ser incorporada a un bloque o, incluso, no ser añadida nunca. La solución ante este problema que plantea IOTA, la primera criptodivisa no basada en blockchain, consiste en eliminar por completo a los mineros: sin mineros no hay necesidad de incentivar a nadie y las transacciones pueden ser completamente gratuitas, independientemente de si se manda 1 IOTA o una millonésima de IOTA. La arquitectura que plantea para almacenar y distribuir transacciones (aquí llamadas sitios) recibe el nombre de tangle (enredo) y, en definitiva, no es más que un grafo acíclico dirigido. Para poder validar sitios sin necesidad de mineros, cada vez que una nueva transacción tiene lugar, ésta debe validar dos sitios que se encuentre en un extremo del grafo al extender una arista hacia cada uno de ellos. Otras criptodivisas como Ethereum plantean reemplazar el sistema Proof-of-Work por uno Proof-of-Stake, en el que la responsabilidad de mantener la red recae sobre aquellos usuarios que más monedas tienen, conservando la tecnología de blockchain.

Dado que Patitocoin está programado en Java, es imperativo utilizar las APIs que este lenguaje proporciona para programar la criptodivisa. Lamentablemente, Java no dispone de ninguna clase nativa que permita comunicaciones P2P o librerías que no estén obsoletas como la que buscamos, así que tendremos que recurrir a vías más creativas para llegar al fin deseado. Si nos abstraemos lo suficiente, veremos que el modelo P2P no es más que un cliente-servidor en el que todos los nodos tienen ambos papeles. Asumiendo lo anterior, necesitamos que cada máquina tenga un servidor preparado para recibir peticiones para después poder crear un socket cliente hacia otra máquina siempre que necesitemos enviar información. Una vez abierto un socket TCP a la espera de recibir mensajes, es imperativo buscar nodos de la red de Patitocoin con los que poder comunicarnos. Lo aconsejable, si queremos ser puristas y no usar un servidor rastreador (tracker), pasa por enviar packets periódicos al broadcast indicando que pertenecemos a un grupo P2P determinado y que estamos aceptando conexiones. De esa forma, cuando un nodo reciba ese mensaje al escuchar la difusión sabrá con qué IP puede conectarse. El sistema de búsqueda de nodos por el que se ha optado finalmente consiste en abrir sockets TCP al puerto utilizado por Patitocoin hacia todas las direcciones IP del rango de la red en la que estamos conectados y recordar aquellas máquinas que tengan el puerto abierto. La variable peers no es más que una lista que contiene las direcciones de los nodos de la red conocidos:

```
private final ArrayList<InetAddress> peers = new ArrayList<>();
```

Una vez implementada la arquitectura de la red, ya se puede usar para intercambiar información entre los distintos nodos que la forman. Pero antes de empezar a compartir los datos de nuestra cadena y las transacciones que tenemos en la cola de pendientes debemos estar actualizados a la última versión del blockchain o la información que enviemos será rechazada por el resto de nodos al ser considerada inválida. La solución extremadamente sencilla por la que se ha optado para Patitocoin consiste en propagar dos comandos pidiendo el último bloque y las transacciones pendientes, esperando que algún nodo nos responda con esa información. Esto solo es necesario cada vez que es arrancado el cliente/servidor de Patitocoin. Para propagar el mensaje por la red enviamos los datos a todas las direcciones IP de nodos conocidos. Dentro del método propagate se llama a otro llamado send que se encarga de escribir el objeto mensaje en el stream del socket receptor correspondiente. El método propagate recupera la lista de peers rellenada con anterioridad y utiliza el método send para escribir un objeto serializable en cada uno de los sockets creados de forma temporal. Como se puede observar, este método de propagación de mensajes se distancia de una arquitectura P2P para acercarse a una red en forma de estrella. Lo ideal sería, entonces, hacer de proxy de los mensajes que nos llegan y seguir propagándolos por el resto de la red, aunque para ello se necesitaría distinguir los mensajes propagados de los directos hacia un nodo, y de un mecanismo que evite la retroalimentación de packets.

Resumen Cuarto Capítulo

I. Tipos de usuarios

Bitcoin hace la distinción de 4 funcionalidades clave que cada nodo en la red es una combinación de: Carteras: gestión de claves y direcciones. Minería: el proceso de votación que gasta poder computacional. Cadena de bloques completa: una copia de la cadena de bloques completa de Bitcoin. Y Enrutamiento: software que le permite hablar con otros nodos de Bitcoin. Podemos hacer poderosas generalizaciones utilizando estas 4 características clave, sin embargo, también existen otras distinciones entre los usuarios.

Recomendamos
https://github.com/csbymt/librocodigosblockchain.git
Mastering Bitcoin es un libro para desarrolladores, aunque los primeros dos capítulos cubren bitcoin a un nivel que también es accesible para quienes no son programadores. Cualquier persona con un conocimiento básico de la tecnología puede leer los primeros dos capítulos para obtener una gran comprensión de bitcoin. Este repositorio contiene la primera edición completa, segunda impresión, publicada en diciembre de 2014, y la segunda edición completa, tercera impresión, publicada en marzo de 2018, publicadas por O'Reilly Media en formato de libro de bolsillo y libro electrónico.

II. Carteras (Wallets)

La función principal de las carteras de Bitcoin es realizar un seguimiento de su identidad. En Bitcoin, una clave privada le da derecho a su identidad virtual; desbloquea su identidad virtual y le da acceso a su dirección de Bitcoin. Las billeteras almacenan principalmente sus claves privadas, pero la mayoría de los softwares de billetera también generan claves públicas / privadas con cada nueva transacción y realizan un seguimiento de sus transacciones. A diferencia de las carteras físicas que usamos para el dinero, las carteras de Bitcoin no almacenan bitcoins físicos. Son simplemente imposibles de almacenar. Por lo tanto, el control sobre las claves privadas es esencialmente el control sobre la identidad y los bitcoins. Hay dos tipos de billeteras Bitcoin: las billeteras activas (Mycelium, AirBitz, Webapp, aplicación móvil, etc.) están conectadas en algún momento a Internet, mientras que las billeteras frías (es decir, papel y hardware) no lo están. Puede encontrarlos en los cajeros automáticos de Bitcoin, donde puede cambiar efectivo por bitcoins. También puede obtener bitcoins a través de un intercambio, donde puede comerciar entre diferentes tipos de monedas fiduciarias y criptomonedas. Los intercambios centralizados son fáciles de usar y acceder, pero son puntos únicos de falla que pueden ser vulnerables a los ataques. Los intercambios descentralizados (es decir, Bitshares y Bitsquare) realizan transacciones directamente entre usuarios mediante la creación de tokens proxy y, en su mayoría, no tienen confianza, pero pueden sufrir problemas de liquidez.

III. Mecánica de billetera

Para que las billeteras obtengan un seguimiento exitoso de su identidad y bitcoin, deben implementar mecanismos para verificar las transacciones y realizar un seguimiento de muchas claves. Cuando utiliza un software de billetera, no tiene que descargar la cadena de bloques de Bitcoin completa gracias a la Verificación de pago simple (SPV). SPV es un método para verificar si transacciones particulares (específicamente sus propias transacciones) están incluidas en un bloque sin tener que descargar bloques completos. En su lugar, simplemente puede pedirles a sus vecinos información relevante sobre los bloques, aunque debe confiar en que le proporcionarán datos legítimos. Para mantener el anonimato, es una buena práctica no reutilizar nunca seudónimos. Las direcciones de Bitcoin son baratas de generar y el uso de un nuevo seudónimo para cada transacción hace que rastrear su actividad y descubrir su identidad sea mucho más difícil. La forma tradicional de realizar un seguimiento de una gran cantidad de claves es a través de una billetera "Solo un manojo de claves" (JBOK): se crea un nuevo par de claves y se realiza una copia de seguridad para cada transacción. Sin embargo, los JBOK son difíciles de escalar. Puede ver cómo los intercambios tienen que lidiar con miles de transacciones al día para miles de usuarios que necesitarían algo más eficiente que las carteras JBOK. Las carteras jerárquicamente deterministas (HD) superan este problema al derivar todas las claves nuevas de un valor inicial aleatorio original. En HD Wallets, cualquiera que controle la clave principal también puede generar y controlar claves secundarias.

IV. Minería

La minería en Bitcoin requiere que los mineros verifiquen las transacciones entrantes, creen un bloque, encuentren un nonce válido, difundan el bloque y obtengan ganancias en bitcoins. Los mineros están motivados principalmente para mantener la red, o ejecutar el mecanismo de consenso de Prueba de trabajo y poner en circulación nuevos bitcoins, obteniendo ganancias. Los mineros solo obtienen ganancias de la minería cuando los ingresos de la recompensa del bloque y las tarifas de transacción son mayores que los costos fijos y variables de la minería. Una recompensa de bloque es una recompensa que se otorga a los mineros cuyos bloques están incluidos en la cadena más larga. Bitcoin incentiva la minería honesta recompensando a los mineros en bitcoin. La recompensa de bloque se reduce a la mitad cada 210.000 bloques, aproximadamente 2 años, y caerá a 0 una vez que se hayan extraído 21 millones de bitcoins. Independientemente de la cantidad de bitcoins en circulación, los mineros siempre serán recompensados mediante tarifas de transacción. El principal costo fijo en la minería es el hardware que permite a los usuarios minar. Las CPU, GPU, FPGA y ASIC son todos tipos de hardware que se han utilizado para la minería, y cada uno es más potente computacionalmente que el anterior. Los ASIC, que son las siglas de Application-Specific Integrated Circuits, actualmente son capaces de calcular 14 billones de hashes por segundo. Son dispositivos totalmente especializados que solo pueden hacer una actividad: la mía por Bitcoin. Los principales costos variables asociados con la minería son los costos de energía e infraestructura (es decir, almacén y personal). Los costos de energía se dividen además en tres tipos: Energía incorporada, para producir hardware; Electricidad, para alimentar hardware; y Refrigeración, para mantener el hardware.

V.- Minería del mundo real

Incluso con la tecnología más impresionante, todavía se necesita una gran cantidad de tiempo y energía para encontrar un bloque. Los grupos de minería permiten a los mineros unir su poder de hash para que colectivamente encuentren bloques y recolecten recompensas con más frecuencia, reduciendo la variación. Como miembro de un grupo de minería, su recompensa se calcula por el número de "acciones" que contribuye. Una acción se define como un bloque casi válido, que se utiliza para estimar la potencia minera que contribuyó. Más acciones equivalen a más intentos de encontrar un nonce válido equivale a una porción más grande del pastel.

Los dos principales mecanismos de pago en los pools de minería son:

Pago por acción: donde a los mineros se les paga una cantidad fija de dinero por cada acción, independientemente de la recompensa que obtenga el fondo.

Esquemas proporcionales, donde los mineros reciben una recompensa proporcional al número de acciones enviadas antes de que se encontrara el bloque.

Los grupos de pago por acción son ventajosos para el minero debido a los pagos garantizados, pero son riesgosos para el grupo porque los mineros no tienen ningún incentivo para enviar bloques válidos al grupo. Los esquemas proporcionales son ventajosos para el grupo porque el operador del grupo solo paga después de que se encuentra un bloque, pero son más riesgosos para el minero debido a una mayor variación de recompensa.

VI. Cambiar Bitcoin

Uno de los desafíos actuales de Bitcoin es que la minería tiende a la centralización con el desarrollo de ASIC, grupos de minería y granjas mineras. Los ASIC cuestan mucho dinero, lo que significa que solo aquellos con acceso a grandes volúmenes de capital pueden pagarlos, concentrando así el poder de la minería en manos de unos pocos. Para abordar este problema, debemos desarrollar un ajuste al protocolo que reduzca la centralización pero que aún se adhiera a los requisitos del rompecabezas (rápido de verificar, dificultad ajustable y computacionalmente difícil). Podemos sortear el dominio de ASIC creando un acertijo de memoria difícil o ligado a la memoria, cambiando periódicamente los acertijos de minería o reemplazando Prueba de trabajo por Prueba de trabajo útil. Si bien la resistencia de ASIC puede descentralizar la minería y convertirla en un proceso más democrático, lograr la resistencia de ASIC también puede causar interrupciones en la comunidad minera que socavarían la red. Los cambios reales se implementan en Bitcoin a través de bifurcaciones duras o blandas. Las bifurcaciones duras son el resultado de un nuevo protocolo que hace cosas no permitidas en el protocolo anterior. En una bifurcación suave, las reglas del protocolo solo están restringidas. Una horquilla blanda es compatible con versiones anteriores, pero no con versiones anteriores. En Bitcoin, los cambios en el protocolo vienen en forma de BIP o propuestas de mejora de Bitcoin. Estos pueden ser cambios en el protocolo de red, validación de bloque o transacción, o cualquier cosa que afecte la interoperabilidad. Hay tres tipos principales de BIPS: estándar, informativo y de proceso.

El principio fundamental que promueve la tecnología blockchain es el de la descentralización. Las redes de cadenas de bloques, como Bitcoin, Ethereum y Ripple, están diseñadas como una estructura distribuida, donde cientos o miles de equipos informáticos contribuyen a su funcionamiento. Trátese de sistemas de pago, como las criptomonedas, aplicaciones de entretenimiento como CryptoKitties y otros casos de uso, la idea siempre ha sido saltarse la participación de los intermediarios en el proceso. La descentralización de la red se conserva en la misma medida en que el poder de cálculo necesario para resolver los bloques siga distribuido en ella lo más equitativamente posible. Cuando este equilibrio se pierde, puede ocurrir un "ataque del 51%" que tome el control de la red y altere el contenido de la cadena a voluntad. Los ASIC para minado son dispositivos potentes que ejecutan mucho mejor que una GPU, con una relación precio-valor efectiva y eficientes en cuanto al consumo de energía por hash. Siendo los equipos de minería ASIC dispositivos de alta capacidad de cálculo, su aparición en el mercado puso en riesgo la descentralización de las principales blockchains de monedas virtuales conocidas. ¿Qué sucede con las monedas resistentes a ASIC? La etiqueta "resistente a ASIC" se aplica a aquellas monedas digitales cuyo algoritmo no puede ser resuelto todavía por los equipos ASIC existentes, por lo tanto, su extracción no es practicable con esos dispositivos o una solución de software equivalente. Los mineros con PCs o GPUs continuarán con su actividad normalmente, hasta que alguien desarrolle un ASIC que se encargue de romper su algoritmo, lo que depende básicamente de una cosa: la rentabilidad que ello signifique. Ese ha sido el caso para Bitcoin y los ASIC elaborados para resolver algoritmos de otras criptomonedas. Técnicamente, el ASIC para una moneda virtual puede aparecer en cualquier momento. Afirmar que los ASIC son una amenaza para la descentralización de una criptomoneda es parte de la verdad. La otra parte quizá tenga que ver con la naturaleza humana. Los ASIC se han convertido prácticamente en la primera opción para extraer Bitcoin rentablemente, aunque no todo el mundo los utiliza. Unos por desconfianza en fabricantes con fama, pero con mal soporte al usuario y otros por no llegar a tiempo. Los modelos ASIC de mejor reputación suelen agotarse pronto, a pesar de sus elevados precios. Además, son elaborados en lotes, y no se encuentran disponibles siempre. Bitcoin parecía una buena inversión hace algunos años, pero aparentemente no se está volviendo demasiado borroso y fácilmente influenciado por otros (por ejemplo, legalmente Elon Musk). Conociendo mucho más sobre BTC como lo sabía al principio, soy bastante escéptico en este tipo de moneda digital. Además, después de la volatilidad del mercado y el claro adelantamiento de ethereum en relación con el crecimiento, ¿deberíamos (los inversores) pasar a la segunda moneda más grande de la historia? Todo se está volviendo demasiado influenciado, y aparentemente ETH es el único (de los grandes) que puede resistir los ataques de algunos inversores en el mercado. Creemos plenamente que el precio de bitcoin solo seguirá subiendo a largo plazo, aunque a corto plazo experimentaremos volatilidad. La diferencia entre invertir y negociar es el período de tiempo al que compromete su capital. Entonces, para invertir, tiene una proyección a largo plazo del ROI. Para el comercio, eso requiere un marco de tiempo más corto. Por lo tanto, si tiene la intención de asignar capital a largo plazo, entonces sí, bitcoin es una buena inversión. De hecho, en caso de que no lo supiera, Coinbase ofrece un producto a inversores institucionales (conocido como Prime y así es como Tesla compró BTC), y en su informe discuten cómo la mayor parte del capital en los mercados de criptomonedas proviene de instituciones inversores en lugar de inversores minoristas. Esto debería darle una idea de la adopción que está ocurriendo muy rápida y silenciosamente.

Coinbase: qué es y cómo funciona

Existen multiples plataformas donde comprar y vender los tokens y las criptomonedas, la más conocida es blockchain.com. No obstante existen otras populares. Para saber el funcionamiento hemos elegido coinbase como ejemplo. Es uno de los servicios de referencia que facilitan la compraventa de criptomonedas a los usuarios que no tienen experiencia. Sirve tanto como monedero virtual en el que almacenar sus criptomonedas como una plataforma de compraventa en la que poder adquirir nuevas. Una de las grandes ventajas de este servicio es que ofrece gráficas con la evolución de los precios, de manera que puede saber cómo está subiendo o bajando el valor de las criptomonedas que tiene. Pero todo este tipo de plataformas tiene sus correspondientes comisiones. Cuando compre (a fecha de del libro) criptomonedas la comisión será del 1,49%, mientras que cuando venda para cambiar criptomonedas por dinero real, la comisión será del 1%. Lo que no tiene comisión es la transferencia de activos a otras carteras virtuales. Coinbase es una plataforma online que actúa por una parte como monedero digital, lo que quiere decir que puede utilizarla para guardar todas sus criptomonedas en un sitio unificado. En este aspecto, puede pensar en ella como la aplicación de su banco, conde puede ver la cantidad de criptomonedas que tiene y la evolución de su valor. Además de esto, como monedero digital también tendrá una dirección única con la que otras personas podrán enviarle criptomonedas a ella, lo que te permite recibir o realizar pagos con ellas sin tener que pasar por otros servicios. Por otro lado, también es un servicio de compraventa de criptomonedas, lo que se conoce como una *exchange de criptomonedas*. Esto quiere decir que puede vincular su tarjeta de crédito al servicio y utilizar su dinero real para comprar diferentes tipos de criptomonedas, y que luego en el momento que quiera puedes volver a venderlas. Con ello, tiene un servicio cuyo funcionamiento puede ser muy parecido a otros como PayPal o la app de su banco a la hora de pagar y obtener criptomonedas. También puede gestionarlas como si fuera una aplicación de bolsa, sólo que en vez de especular en el mercado de valores puede hacerlo con el de criptodivisas. Eso sí, tiene que tener en cuenta que el valor de las criptomonedas es bastante volátil, o sea que tenga cuidado con tomar demasiados riesgos. Hay que tener en cuenta que las cotizaciones también varian con la moneda real que se use, es decir, un mismo token o criptodivisa tendrá diferentes precios y volatilidades si se trata de dólar, euro u otra moneda. De esta manera oirá que alguien gana más que otros o pierde menos en un mismo momento.

Capítulo V
TEORÍA DE JUEGOS Y ATAQUES DE RED: ¿CÓMO DESTRUIR BITCOIN?

Aunque hasta ahora nos hayamos centrado principalmente en Bitcoin, estamos comenzando a comprender no solo Bitcoin, sino también las criptomonedas y blockchain en general. Con todo nuestro conocimiento hasta ahora, tenemos una comprensión bastante buena de las motivaciones y el diseño de alto nivel de Bitcoin, así como de la mecánica de bajo nivel. Así que ahora, con nuestro conocimiento de los entresijos de Bitcoin... vamos a destruirlo. Investiguemos cómo y por qué destruir Bitcoin, incluidos varios ataques a la red. Específicamente, anConsuelomos vulnerabilidades como la canibalización de grupos, los ataques de doble gasto y bifurcación, los ataques de red, el ataque Goldfinger, las estrategias maliciosas de ganancias mineras y los ataques del 51% mientras profundizamos en su influencia sobre las remuneraciones de los mineros y su papel en los pools. Podremos comprender que el enfoque teórico del juego y el análisis de los vectores de ataque se aplican a todas las cadenas de bloques de prueba de trabajo, no solo a Bitcoin.

Pool Strategies - Estrategias de la piscina

Somos consciente de que todo está impulsado por los beneficios económicos, y Bitcoin ciertamente no es una excepción. Por ejemplo, puede que no sea rentable ser un minero en solitario, especialmente si no tienes mucho hardware especializado. Por lo tanto, es posible que desee unirse a un *Grupo de Minería*, donde los usuarios agrupan sus recursos informáticos para que, en conjunto, todos tengan una mayor probabilidad de encontrar el siguiente bloque y, por lo tanto, reciban la recompensa del bloque. Existen algunas estrategias que puede emplear para aumentar aún más sus ganancias. Y cuando se trata de obtener el mayor beneficio, las estrategias honestas "no suelen ser la mejor manera de hacerlo". Cuando nos introdujimos en la descripción de los *Esquemas de Pago por Acción* vimos que pagarán una cantidad fija de dinero por cada *acción*, o *bloque casi válido*. Este pago está garantizado y es constante por *acción*, independientemente de la recompensa que obtenga el fondo. Un problema es que no existe ningún incentivo para que un minero envíe bloques válidos al grupo, porque la cantidad de ingresos recaudados de esa participación es igual a cualquier otra participación. Por lo tanto, los mineros dejarán de trabajar en su bloque actual tan pronto como se satisfagan los requisitos de bloque *casi válidos*.

Por su parte, cuando nos introdujimos en la descripción de los *Esquemas Proporcionales* vimos la otra categoría que se paga solo cuando se encuentra un bloque. La recompensa de cada minero es *proporcional al número de acciones* enviadas antes de que se encontrara el bloque. Sin embargo, este esquema es desventajoso para el minero, porque ahora el minero tiene que asumir el riesgo de no encontrar un bloque y, por lo tanto, la variación de las recompensas. Solo se paga cuando se encuentra un *bloque válido junto al grupo*. Por la misma razón, los esquemas de pago proporcional son beneficiosos para el grupo, ya que solo tienen que pagar a los mineros cuando se encuentra un bloque válido. Dadas las estructuras de incentivos tanto en el pago por acción como en los esquemas de pago de fondos proporcionales, podemos preguntarnos si ¿es posible que los fondos sean vulnerables a alguna desalineación de incentivos? Recuerde que nosotros, como mineros, queremos maximizar lss ganancias. Entonces, vayamos por partes ¿hay alguna manera de aprovechar los *Esquemas de Pago Proporcional*? Sabemos que el *Pago Proporcional* comienza con remuneraciones altas pero disminuye con el tiempo, mientras que los *Esquemas de Pago Proporcional* permanecen constantes. Pero podemos aumentar nuestros márgenes de beneficio con un poco de inteligencia y habilidad. Consiguiendo una la *recompensa total por acción* multiplicada por el número de acciones. Si extraemos solo bajo el *Esquema Proporcional*, la recompensa ganada por acción disminuye a medida que se envían más y más acciones a este bloque, lo que significa que nuestras recompensas marginales comienzan a acercarse a cero. Un minero inteligente buscará formas de aprovechar ambos esquemas de pago para aumentar su beneficio total de las acciones. ¿Cómo hacerlo? Mediante el *Ataque Salto de Grupo*

Ataque Salto de Grupo

1.- Digamos que un minero comienza a minar bajo el *Esquema de Pago Proporcional*. Esto significa que cada acción es muy valiosa al principio. Si comenzamos a minar aquí y encontramos un bloque rápidamente, obtendremos una gran cantidad de ganancias por acción. Sin embargo, si no encontramos un bloque durante bastante tiempo en este grupo, nuestras acciones comienzan a ser menos rentables. Para obtener el máximo beneficio, podemos reconsiderar dónde ponemos nuestro poder minero.

2.- En lugar de continuar minando en el *Esquema de Pago Proporcional*, cambiamos al *Esquema de Pago por Acción*. ¿Por qué? Porque la recompensa por acción adicional es más alta y producirá más ganancias que el pago proporcional. Este cambio, podría ser considerado como uno de los *Ataques al Sistema*. Para comprender completamente este ataque, debe hacerlo justo en el punto donde el valor por acción del esquema proporcional disminuye por debajo del valor por acción del esquema de pago por acción. Es por eso que se conoce como el *Ataque Salto de Grupo*: el minero salta al grupo más valioso como mejor le parezca.

Es decir, un minero explotará racionalmente en el grupo proporcionando la mayor recompensa por acción. Debido a esto, los mineros honestos y leales serán engañados por los mineros racionales, quienes eligen el beneficio personal sobre el grupo y debido a esto, los fondos proporcionales no son factibles en la práctica. Hasta ahora, el diseño de un esquema de recompensas de grupos de minería que alinee completamente los incentivos y no sea vulnerable al *Salto de Grupo* sigue siendo un problema abierto. ¿Cómo podría defenderse el Pool? Un grupo con incentivos totalmente alineados haría que los mineros apuntasen a enviar nonces que produzcan encabezados de bloque válidos al grupo y se mantengan leales al grupo. El *Esquema Proporcional* incentiva a los mineros a enviar tales nonces, pero no incentiva la lealtad de los mineros. Los grupos de *Pago por Acción* son lo inverso, como dijimos anteriormente. Veremos cómo esta desalineación de incentivos en los modelos de *Pago por Acción* puede llevar a ataques aún mayores.

Pool Cannibalization - Canibalización de la Piscina

Recuerdemos que en un modelo de *Pago por Acción,* un minero no está incentivado a darle a su grupo de minería bloques válidos. No hay recompensa adicional para el individuo por encontrar una acción que le dé un bloqueo al grupo. Ese minero podría preguntarse si ¿existe alguna manera de aprovechar esta desalineación de incentivos? Y se daría cuenta que si le pagan por encontrar acciones *casi válidas,* ¿por qué no nos pagan por el trabajo sin enviar bloques válidos? Y esto se conoce como *Canibalización de la Piscina.* Las piscinas pueden "consumir" partes de otras *piscinas* mediante la *Canibalización de la Piscina.* La forma en que "canibalizamos otros grupos" es que si tenemos una cantidad importante de *Poder de Minería,* podemos distribuir parte de nuestro poder en otros *esquemas de pago por acción,* pero para estos grupos, no enviamos bloques válidos. De esta manera, podemos pagar con esos otros grupos sin aumentar sus ingresos. Con la *Canibalización de la Piscina,* aumentamos las ganancias propias en detrimento de otras piscinas. La ventaja de este ataque es que es muy difícil de detectar en pequeñas cantidades. Sigamos adelante y mostremos por qué este es el caso a través de algunos cálculos. Primero establezcamos algunas suposiciones. Supongamos que tenemos 30 hashes por segundo, de energía en tu grupo y la red total tiene 100 hashes por segundo. Fácilmente, vemos que tenemos el 30% del hashrate de la red. Además de eso, pongamos para el ejemplo, una recompensa de bloque actual de 1 bitcoin por bloque. (Estos números son por simplicidad para preparar el escenario para el análisis de canibalización de la piscina y no representan en absoluto las condiciones del mundo real). Con estadísticas básicas, podemos calcular una *Expectativa de Beneficio por Bloque,* que sería el *beneficio medio obtenido por bloque,* y que no debe confundirse con el *beneficio real por bloque.* Entonces, sii tenemos el treinta por ciento del hashrate de la red, esto significa que también se espera que obtengamos el treinta por ciento de los bloques en la cadena más larga. Por implicación, también esperamos ganar el treinta por ciento de las recompensas mineras totales en promedio, que en el ejemplo es de 0.3 bitcoins por bloque.

Segundo, consideremos algo la posibilidad de comprar un poco más de hardware, que actualmente vale el 1 por ciento del hashrate total de la red. Consideremos lo que podemos hacer con este poder de minería adicional. Lo más simple y estándar que se puede hacer con este poder de minería adicional es agregarlo a sus propios recursos. Esto significa que tenemos 31 hashes por segundo y la red total tiene 101 hashes por segundo. Ahora tenemos el 30,69 por ciento del hashrate total. Esto significa que nuestro aumento en las ganancias es de 0.0069 bitcoins de nuestro hardware adicional. Tercero, pero, ¿cómo podemos aprovechar nuestro conocimiento previo sobre los *grupos de pago por acción*? Si pretendemos hacer el ataque, debemos hacer algo mezquino pero rentable, que es distribuir nuestra 1 unidad de potencia minera entre todos los demás grupos, es decir, entre el otro 70% de la potencia hash de la red. Sin embargo, nos aseguramos de no aumentar sus ingresos. Retenemos cualquier bloqueo válido, mientras enviamos todas las demás acciones. El resultado es que los fondos nos pagan, porque todavía estamos enviando acciones, pero no obtienen ningún beneficio de nuestro poder hash, ya que no enviamos bloques válidos. Lo que hemos planteado en este ejemplo que el resto de las piscinas son 70 partes honestas, 1 parte deshonesta que somos nosostros. Con "honesto", nos referimos a minar y enviar bloques válidos, y con "deshonesto" a desobedecer esta intención y retener bloqueos válidos, y eso es lo que estamos haciendo. Lo que esto significa es que el *hashrate efectivo* de los otros grupos no ha cambiado (todavía es del 70%). Sin embargo, los grupos de minería todavía nos están pagando. Esto significa que nuestro valor esperado de minar con este uno por ciento de hashpower termina siendo 0.0098 bitcoins. Llegamos a una conclusión aterradora pero que a estas alturas no sorprende a nadie. ¡La deshonestidad es más rentable que la honestidad! Acabamos de demostrar que es más rentable canibalizar piscinas que extraer directamente a través de nuestra propia piscina. Esta es una deducción aterradora que hemos hecho, pero no se detiene aquí. Si es más rentable para cualquier grupo hacer esto, ¿cómo se ve dentro de la propia red? ¿Comenzarán todas las piscinas a canibalizarse entre sí? ¿Todos van a empezar a ser deshonestos con fines de lucro? ¿Los grupos van a hacer la guerra entre sí a través de este ataque?

¿Seguiremos el paso hacia la centralización? ¿En manos de quiénes estarán los poderes de la red Bitcoin/Blockchain? ¿Quién dominará la economía mundial cuando esto de las cripdodivisas se globConsuelo? ¿Cambiará la sociedad o se hará más esclavista y dictatorial? Para aumentar el conocimiento de lo que pasa en la realidad de este mundo virtual, pero real, debemos seguir con la *Teoría de Juegos Económicos*, el *Dilema del Prisionero*, el *Equilibrio de Nash* y la *Tragedia de los Comunes*.

Como todas las demás competiciones por recursos que hay en la vida, podemos enfocar este problema como si de un juego se tratara y analizarlo con la *Teoría de Juegos Económicos*. En esta teoría tenemos varios jugadores que intentan maximizar sus ganancias individuales, y cada uno tiene opciones sobre si canibalizar o no. Podemos, por el bien del análisis, verlo como un juego iterativo. En otras palabras, hay rondas distintas y es necesario hacer una elección en cada ronda. Hay varios grupos de minería diferentes en la red de Bitcoin, pero centrémonos en dos grupos teóricos llamándolos Grupo 1 y Grupo 2. Cada ronda, o iteración, es un caso típico del *Dilema del Prisionero*. El *Dilema del Prisionero* es en realidad un ejemplo típico del *Problema de Cooperación*. El Grupo 1 y el Grupo 2 quieren atacarse entre sí para aumentar su propio beneficio personal a expensas del otro. Sin embargo, si ambos se atacan, estarán en peor situación que si ambos eligieran cooperar y no atacar en absoluto.Digamos que el Grupo 1 elige atacar el Grupo 2. El Grupo 1 aumenta su propio beneficio personal, como demostramos anteriormente, pero el Grupo 2 sufre. Entonces, ¿qué puede evitar que el Grupo 2 tome represalias para aumentar los ingresos? ¡Pues nada! El Grupo 2 no tiene ninguna razón para no atacar de nuevo el Grupo 1. Debido a esto, elegir atacar es tentador para ambos grupos. De hecho, podemos decir formalmente que ambos grupos que se atacan entre sí es a su vez, un ejemplo tipico del llamado *Equilibrio de Nash*. Un *Equilibrio de Nash*, en pocas palabras, se refiere a las elecciones que los actores consideran más rentables, siempre que las decisiones de los demás permanezcan sin cambios. Tanto el Grupo 1 como el Grupo 2 no dejarían de atacar, incluso si el otro dejaba de atacar, porque eso implicaría menos ganancias para ellos. Sin embargo, si tanto el Grupo 1 como el Grupo 2 se atacan entre sí, ambos pierden *poder de minería* en relación con el resto de la red. Esto significa, que su beneficio de atacar es en realidad menor, que si ambos eligieran no atacarse entre sí.

Entonces, ¿por qué no se atacan entre sí y obtienen más ganancias que en este *Equilibrio de Nash*? De momento, porque el escenario sin *ataques de grupo* no es un *Equilibrio de Nash*. En otras palabras, si ambos grupos optan por no atacarse entre sí, no obtendrán tantas ganancias como podrían. ¿Existe una opción más rentable para ellos? Al atacar, pueden aumentar sus ganancias, y eso es lo que hemos establecido que todos los actores quieren hacer. Debido a esto, cae en este problema en el que los actores racionales eventualmente elegirán el *Equilibrio de Nash* si buscan ganancias. Por lo tanto, se atacarán continuamente entre sí con la esperanza de obtener ganancias. Claro, si las piscinas se adhieren a una cultura en la que acuerdan no atacarse entre sí mediante la canibalización, entonces todos se benefician a largo plazo. Sin embargo, no es una garantía de que todos los grupos se adhieran a esto. De forma anónima o no, nada los detiene en este punto, excepto las construcciones sociales. Excepto por el miedo a ser atacado, existe una gran cantidad de incentivos para atacar otros grupos con fines de lucro. Los grupos podrían detectar estos ataques en el futuro, y la detección de estos ataques permitiría una solución a largo plazo, pero a partir de ahora sigue siendo muy difícil de detectar. No siempre podemos decir el origen del poder de la minería, lo que significa que confiamos en que no estamos siendo atacados o aceptamos que no hay solución para este problema. Debido a esto, puede ver el problema como otro ejemplo típico de una *Tragedia de los Comunes*, en la que todos los grupos son incentivados individualmente para actuar de maneras que no mejoran en su conjunto el bienestar de todo el grupo. Como vemos, al final, todo vuelve a este tema de *alinear los incentivos personales* con *los incentivos grupales*.

Teoría de Juegos

¿Podemos modelar el comportamiento de diferentes actores en la red Bitcoin para una situación dada usando un análisis *Teórico del Juego*? Para responder esa cuestión, debemos introducir parámetros tales como la *Racionalidad*, la *Utilidad* y ver diferentes escenarios. En un primer supuesto, podemos decir que los actores actuarán de manera racional, donde la *Racionalidad* se define como la realización de acciones que maximicen su utilidad. En nuestro escenario, la *Utilidad* se define por las ganancias monetarias que resultan de una acción. Si bien no todos los mineros en Bitcoin están motivados puramente por la ganancia monetaria, esta sigue siendo una generalización poderosa dentro de los usuarios. Un *Equilibrio de Nash* de estrategia pura es el conjunto de acciones que maximizan la utilidad de cada actor dadas las respuestas de todos los demás actores. Tenga en cuenta que la *Utilidad* que recibe cada jugador depende de las propias decisiones del jugador y de las decisiones de todos los demás actores, de la misma manera que las recompensas que obtiene un minero en el grupo de minería, dependen de la propia decisión del minero de atacar o cooperar y el resto de la decisión del grupo de atacar o cooperar. Los jugadores en la red Bitcoin o en un *grupo de minería* convergerán para actuar de acuerdo con el *Equilibrio de Nash de Estrategia Pura* para un escenario dado, asumiendo que todos se comportan de manera racional.

Echemos un vistazo a un escenario sencillo. Supongamos que solo hay 2 grupos de minería en la red de Bitcoin, Grupo A y Grupo B. Sus utilidades se muestran a continuación. El valor numérico de la *Utilidad* es arbitrario en economía; no tiene unidades asociadas y se calcula utilizando una *Función De Utilidad* de otros parámetros definidos por el economista. Solo nos interesa el *Valor Comparativo de la Utilidad de una Acción*, ya sea mayor o menor que otra. No nos interesa su valor absoluto. En este ejemplo, las utilidades respectivas se derivan de las ganancias monetarias que cada jugador recibiría de los escenarios dados de atacar o cooperar con el otro. Los valores numéricos específicos para las utilidades en este ejemplo se eligieron arbitrariamente para reflejar un escenario en el que los jugadores están incentivados a actuar de manera deshonesta, pero les va peor cuando ambos jugadores son deshonestos que cuando ambos son honestos. Tomemos la perspectiva del jugador A. Dado que el jugador B actúa con honestidad, el jugador A obtiene la mayor utilidad al actuar de manera deshonesta, ya que una utilidad de 3 es mayor que la utilidad de 2 que A recibiría al actuar con honestidad. Dado que el jugador B actúa deshonestamente, el jugador A preferiría actuar también deshonestamente ya que una utilidad de 1> utilidad de 0.

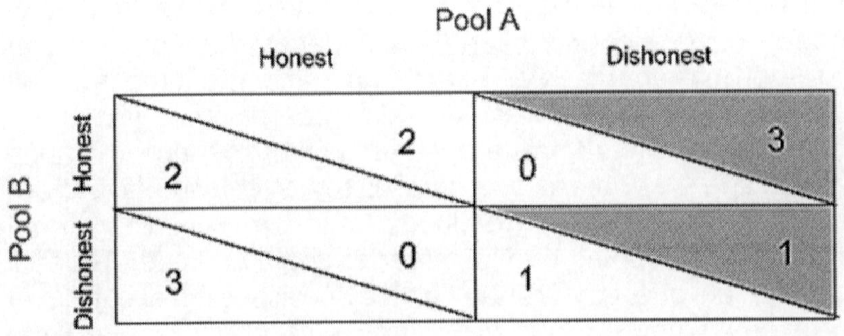

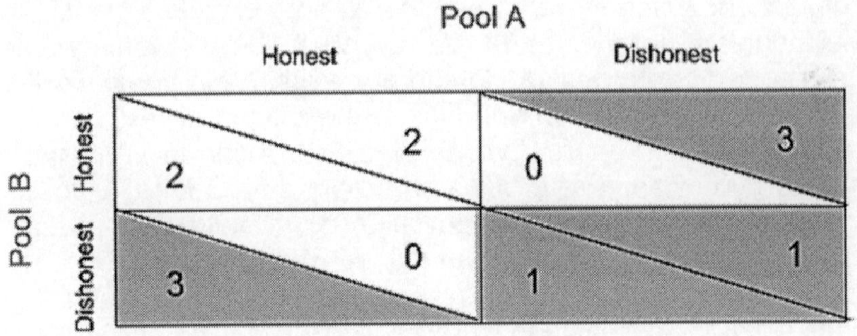

Podemos ver que el escenario en el que ambos jugadores eligen actuar deshonestamente es el *Equilibrio de Nash de Estrategia Pura,* ya que en esta posición, ambos jugadores están maximizando sus ganancias dadas las acciones del otro jugador. Por lo tanto, a pesar de recibir mayores ganancias por actuar con honestidad, los Jugadores A y B actuarán de manera deshonesta.

Race Attack = Double Spending - Ataque Racial = Doble Gasto

Al principio del libro conocimos este tipo de ataque. Ahora que hemos hablado de la *Teoría de Juegos*, sigamos adelante y revisemos el clásico ataque del mundo de las criptomonedas, el ataque de *Doble Gasto* y apliquémoslo a los Pools. ¿Cómo se ve esto realmente dentro de la cadena de bloques? Además de eso, ¿todavía hay una manera de duplicar el gasto? ¿Puedo gastar el doble con menos de la mayoría del poder de voto? Sabemos que un ataque de *Doble Gasto* significa poder gastar con éxito el mismo valor más de una vez. Tenga esto en cuenta a medida que avanzamos en los ataques en las siguientes páginas. Imagínese que en el año 2099, yo Consuelo, quiero comprar el nuevo iPhone 92XCS de Fede en el *mercado negro*. Estoy ofreciendo la friolera de 100 bitcoins, pero en realidad no quiero renunciar a mi dinero. Entonces, ¿cómo puedo gastar el doble en Fede? Todo va a depender de qué tan pronto Fede esté dispuesto a darme el iPhone. Explicaremos lo que eso significa. Supongamos que Fede es muy ingenuo y confiado. En el momento en que ve una transacción válida mía, me envía el iPhone. Esto es incluso antes de que la transacción entre en un bloque; pero él asume que si la transacción está flotando en la red, eventualmente se convertirá en un bloque y se le pagará. Puedo aprovechar eso y engañarle enviándole una *transacción válida* a él y enviando al resto de la red una *transacción conflictiva*. Si bien Fede tiene la impresión de que estoy enviando el UTXO a su propia dirección, le digo al resto de la red, que quiero enviar ese mismo UTXO a una dirección diferente, que en realidad es otra dirección que yo controlo. Puedo incluso incentivar a los mineros a elegir la segunda transacción haciendo que la *tarifa de transacción* sea más alta también. Es posible, entonces, que Fede me envíe el iPhone, y yo me quedo con mi dinero. Acabo de gastar el doble con éxito en Fede a través de un ataque de racial. Se le llama también Ataque Racial porque el momento de las transacciones afecta el resultado. La transacción a Fede no se realiza porque es superada por la segunda transacción que gasta del mismo UTXO. La segunda transacción que se abre camino hacia la cadena de bloques evita que el pobre Fede obtenga sus bitcoins. La pregunta que cualquiera puede plantearse de inmediato es ¿cómo podría Fede protegerse de esto? Sabemos que Fede solo puede quedarse con sus bitcoins si una transacción con él llega a la cadena más larga. Y, como sabemos, la cadena más larga podría bifurcarse desde el principio. Para brindar cierta confianza en la inmutabilidad de la transacción, puede buscar lo que llamamos *Confirmaciones*. En lugar de simplemente aceptar una transacción como válida cuando la ve flotando por la red o cuando se abre paso por primera vez en un bloque, Fede espera que la transacción obtenga una cierta cantidad de confirmaciones. Una *Confirmación* se define como el número de bloques construidos a partir de un bloque en particular. Cuantas más *Confirmaciones* tenga una *Transacción*, más difícil será *Gastar el Doble*, ya que un minero malintencionado como yo tendría que bifurcar la cadena comenzando antes del bloque que contiene esa transacción, y minar lo suficientemente rápido para superar con la cadena honesta. Este es un concepto razonablemente simple, pero podemos ver algunas cosas interesantes que involucran *Confirmaciones*.

La pregunta que probablemente se esté haciendo: ¿cuántas *Confirmaciones* necesita Fede antes de sentirse seguro del buen fin de su transacción? Volvamos al ejemplo conmigo y con Fede. Fede se ha vuelto más sabio desde la última vez que Gasté El Doble en él, por lo que ahora va a esperar algunas confirmaciones antes de enviar el iPhone. Digamos que espera las confirmaciones "k". Esto significa que espera a que se creen "k bloques" sobre su *transacción* antes de considerar que la *transacción* está finalizada. Desde mi perspectiva, ahora necesito encontrar una manera de que la transacción de Fede obtenga k confirmaciones, pero luego necesito encontrar una manera de producir una cadena más larga que contenga el gasto de la transacción del mismo UXTO exacto para mí. Esta cadena más larga invalidará la transacción de Fede. La forma en que hago esto es iniciando una *cadena privada* que contiene mi propia transacción maliciosa, *mine k blocks*, y luego transmito la cadena después de que Fede me haya enviado el iPhone. En este ejemplo, extraeré k + 1 bloques en la parte superior del bloque que contiene mi propia transacción para mí. Si hubiera extraído solo k bloques, me habría puesto al día con el resto de la red. Pero si quiero invalidar la cadena honesta con la transacción de mí a Fede, mi cadena tiene que ser más larga. De ahí el más uno. Al hacerlo, habré recibido los productos y me habré quedado con mi propio bitcoin. Veamos cómo hacerlo. Digamos que k en este caso es igual a 2 confirmaciones que quiere Fede para estar seguro. En otras palabras, Fede asumirá que la transacción finaliza después de 2 confirmaciones. Publico mi transacción en Fede y se ha incluido en un bloque. Esperamos Una confirmación.... Dos confirmaciones y Fede nota las dos confirmaciones, y ya confía en el buen final de la transacción, de modo que me envía el iPhone para no hacerme esperar. Pero eso era exactamente lo que yo esperaba. Todo este tiempo, estuve minando en una *cadena privada* que no revelé al resto de la red. Esta cadena contiene una transacción de la misma UTXO, a una dirección diferente que también controlo. Esta transacción de mí a mí misma es para asegurarnos de que la transacción mia a Fede sea inválida para siempre y nunca se pueda volver a publicar. Esto se debe a que una vez que la red acepta la transacción mia para mí, el UTXO correspondiente se agota, y dado que tanto esta transacción como la transacción de mí a Fede pasan del mismo UTXO, esto invalida la transacción de mí a Fede. Cuando transmito mi cadena, el resto de la red acepta mi cadena sobre la cadena anterior porque es más larga. Debido a esto, se invalida toda la cadena de bloques, que contiene la transacción de mí a Fede y en adelante. El resto de la red seguirá minando en mi cadena, lo que significa que habré recibido el iPhone de Fede y aún me quedaré con mi propio dinero.

Observe que mi *Doble Gasto* de Fede se basó en mi capacidad para producir una cadena más larga que la red honesta. Quizás se esté preguntando ¿cuál es la probabilidad de que yo pueda producir una cadena más larga que el resto de la red? Bueno, veremos de inmediato cómo es posible, pero antes veamos cómo Ethereum se adelanta a solucionar parte de este problema. Ethereum fue desarrollado pensando en apelar a un mecanismo de consenso llamado *Prueba de Participación o Proof of Stake (PoS)* por sus siglas en inglés, que le permita escalar a las actualizaciones de su blockchain.

Prueba de Participación o Proof of Stake (PoS)

La *Prueba de Participación o Proof of Stake (PoS)* es un tipo de mecanismo de consenso utilizado por las redes blockchain para lograr un *Consenso Distribuido*, valga la redundancia. Requiere que los usuarios apuesten su *Ether* para convertirse en un *Validador en la Red*. Los mismos son responsables de lo mismo que los mineros en *Prueba de Trabajo*, es decir *ordenar transacciones y crear nuevos bloques* para que todos los *nodos* puedan ponerse de acuerdo sobre el estado de la red. *Prueba de Participación o Proof of Stake (PoS)* viene con una serie de mejoras que el sistema de *Prueba de Trabajo* que conocemos de Bitcoin:

- *Mejor eficiencia energética*: no es necesario utilizar muchos bloques de minería de energía

- *Barreras de entrada más bajas*, requisitos de hardware reducidos: no necesita hardware de élite para tener la oportunidad de crear nuevos bloques.

- *Mayor inmunidad a la centralización*: la prueba de participación debería conducir a más nodos en la red

- *Mayor soporte para las cadenas de fragmentos*: una mejora clave para escalar la red Ethereum

La *Prueba de Participación o Proof of Stake (PoS)* es el mecanismo subyacente que activa a los validadores al recibir suficiente participación. Para Ethereum, los usuarios deberán apostar *32 Ethers* para convertirse en *Validador*. Estos se eligen al azar para crear bloques y son responsables de verificar y confirmar los bloques que no crean. La participación de un usuario también se utiliza como una forma de incentivar el *buen comportamiento del validador*. Por ejemplo, un usuario puede perder una parte de su participación por cosas como desconectarse y no validar. A diferencia de la *Prueba de Trabajo*, los validadores no necesitan usar cantidades significativas de poder computacional porque se seleccionan al azar y no compiten. No necesitan extraer bloques; solo necesitan crear bloques cuando se eligen y validar los bloques propuestos cuando no lo son. Esta validación se conoce como *Acreditación*. Puede pensar en "dar fe" como si dijera "este bloque me parece bien". Los Validadores obtienen recompensas por proponer nuevos bloques y "dar fe" de los que han visto. Si "da fe" de los bloqueos maliciosos, perderá su participación en la red.

¿Qué es la cadena de balizas?

Cuando Ethereum reemplace la *Prueba de Trabajo* con la *Prueba de Participación*, habrá una complejidad adicional de las *cadenas de fragmentos*. Estas son cadenas de bloques separadas que necesitarán validadores para procesar transacciones y crear nuevos bloques. El plan es tener *64 cadenas de fragmentos*, cada una, con una *Comprensión Compartida* del estado de la red. Como resultado, es necesaria una coordinación adicional y será realizada por la denominada *Cadena de Balizas. La Cadena de Balizas* recibe información del *estado de los fragmentos* y la pone a disposición de otros fragmentos, lo que permite que la red se mantenga *Sincronizada.* La *Cadena de Balizas* también gestionará a los *Validadores* desde el registro de sus depósitos de participación hasta la emisión de sus recompensas y sanciones. Entonces, ¿Cómo funciona la PoS? Cuando envía una transacción en un fragmento, un validador será responsable de agregar su transacción a un bloque de fragmentos. Los validadores son elegidos algorítmicamente por la cadena de balizas para proponer nuevos bloques. ¿Pero cómo funciona? Mediante un sistema de *Atestación.* **Es decir, s**i no se elige un validador para proponer un nuevo bloque de fragmentos, tendrá que dar fe de la propuesta de otro validador y confirmar que todo se ve como debería. Es la *Atestación* la que se registra en la *Cadena de Balizas* en lugar de la *Transacción* en sí. Se requieren al menos 128 validadores para "dar fe" de cada bloque de fragmentos; esto se conoce como un *"Comité".* El *Comité* tiene un marco de tiempo para proponer y validar un bloque de fragmentos. Esto se conoce como *"Ranura"*. Solo se crea un bloque válido por ranura y hay 32 ranuras en una *"Época".* Después de cada *Época*, el *Comité* se disuelve y reforma con diferentes participantes aleatorios. Esto ayuda a mantener los fragmentos a salvo de los comités de malos actores. Una vez que una nueva propuesta de bloque de fragmentos tiene suficientes certificaciones, se crea un *"Enlace Cruzado"* que confirma la inclusión del bloque y su *Transacción* en la *Cadena de Balizas.* Una vez que hay un *Enlace Cruzado*, el *Validador* que propuso el bloqueo obtiene su recompensa.

En las redes distribuidas, una transacción tiene *"Finalidad"* cuando es parte de un bloque que no puede cambiar. Para hacer esto en *Prueba de Participación*, existe algo llamado *"Casper".* Es un *"Protocolo de Finalidad"*, que hace que los *Validadores* acuerden el *estado* de un bloque en ciertos puntos de control. Siempre que 2/3 de los validadores estén de acuerdo, el bloque estará finalizado. Los validadores perderán toda su participación si intentan revertir esto más adelante mediante un *Ataque del 51%.* Este ataque lo vimos al inicio del libro junto con el ataque Doble Gasto. La amenaza de un *Ataque del 51%* todavía existe en la *Prueba de Participación*, pero es curioso saber que es aún más arriesgado para los propios atacantes. Como sabemos, para hacerlo se necesitaría controlar el 51% del Ether apostado. No solo es mucho dinero, sino que probablemente haría que el valor de Ether cayera. Hay muy pocos incentivos para destruir el valor de una moneda en la que tiene una participación mayoritaria.

Existen incentivos más fuertes para mantener la red segura y saludable. En cambio, existirán los denominados *Cortes de Estaca (baliza)*, y habrá expulsiones y otras sanciones, coordinadas por la *Cadena de Balizas*, para prevenir otros actos de mala conducta. Los validadores también serán responsables de marcar estos incidentes. Como todo sistema, tiene sus pros y contras:

- *La PoS facilita la ejecución de un nodo*: No requiere grandes inversiones en hardware o energía, y si no tiene suficiente ETH para apostar, puede unirse a grupos de participación

- *La PoS está más descentralizada*: Permite una mayor participación, y más nodos no significa un mayor% de rendimiento, como con la minería

- *La PoS permite una fragmentación segura*: Las cadenas de fragmentos permiten a Ethereum crear varios bloques al mismo tiempo, lo que aumenta el rendimiento de las transacciones. La fragmentación de la red en un sistema de prueba de trabajo simplemente reduciría la potencia necesaria para comprometer una parte de la red

- *La PoS está todavía en su infancia* y menos probada en batalla, en comparación con la prueba de trabajo

Una vez conocidos y comparados los dos sistemas, Proof of Work versus PoS, y teniendo en cuenta los pasos del proceso hasta la confirmación del bloque ¿Podríamos considerar a la PoS más compleja que la PoW? No es necesariamente más complejo el PoS, aunque si tenga más pasos y elementos integrantes. A fin de cuentas se trata de lograr mayor eficiencia energética haciendo que, un ataque del 51% sea aún menos improbable. Una vez se siguen los pasos de validación, es el algoritmo el que elige al que forjará el bloque. Al hablar de consenso y que se necesitan tantos o cuantos mineros en un lado y validadores en el otro, podemos preguntarnos si ¿esto es fácil de conseguir para minar o es un recurso en manos de unos pocos potentes? ¿Cuáles son Las que mayor capitalización en blockchain? En la página stakers.info uno puede comprobar el número de Stakers a día de hoy en Ethereum que alcanza los 289,081. Y las mayores son Cardano, Avalanche, Tezos etc. Tambien tenemos información relevante en https://gitcoin.co/grants/1624/cryptofees-info

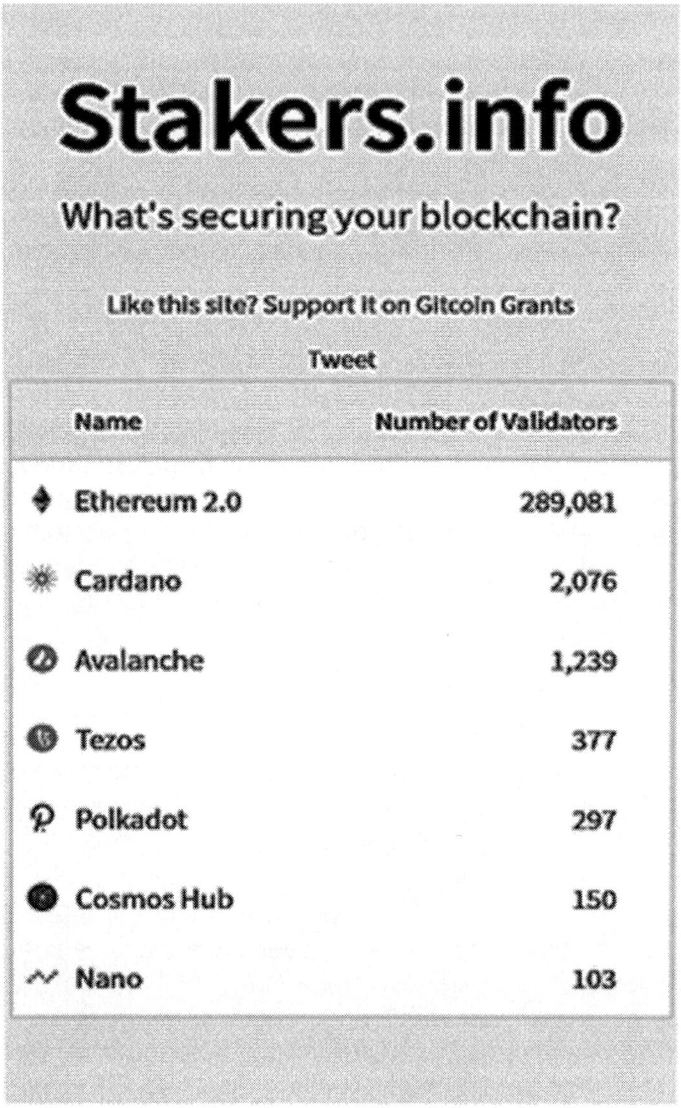

Stakers.info

What's securing your blockchain?

Like this site? Support it on Gitcoin Grants

Tweet

Name	Number of Validators
Ethereum 2.0	289,081
Cardano	2,076
Avalanche	1,239
Tezos	377
Polkadot	297
Cosmos Hub	150
Nano	103

Respondiendo a la duda que teníamos sobre la probabilidad de que estos ataques ocurran, estamos en disposición de ratificar que en cualquier momento, el atacante al 50% puede producir una cadena que se pondrá al día con el resto de la red honesta. Con más del 50%, digamos el 51%, siempre podrá *Gastar el Doble* y siempre tendrá el control total de qué bloques se incluyen en el historial de transacciones. Es lamentable ver qué lejos estamos en este momento sobre los principios iniciales de Bitcoin ¿Verdad? Lo triste es que aun estamos en la mitad de lo que realmente ocurre en la red. Ahora entramos en un ataque que por el nombre ya podremos intuir de que se trata. Nos referimos al Goldfinger Attack.

Goldfinger Attack - Ataque Goldfinger

Solo porque pueda *Duplicar el Gasto* no significa que deba hacerlo. Hay muchas consecuencias en el mundo real del *Doble Gasto* que no consideramos cuando solo hablamos de teoría y matemáticas. Si el resto del mundo alguna vez se da cuenta de que se llevó a cabo un ataque de *Doble Gasto* en Bitcoin, el valor se desplomaría instantáneamente, porque ya no se cree en la finalidad de las transacciones y la seguridad de la red. Su propio bitcoin también bajaría de valor, y eso significa que perderá mucho dinero. ¿Cuántas veces se ha desplomado el Bitcoin por esta causa? Supongo que por propio interés de la red, siempre habrá quedado silenciado. Además, todo el hardware especializado que posea el atacante también sería inútil, ya que el hardware solo puede extraer Bitcoin. Si Bitcoin no tiene valor, entonces tampoco lo tendría el hardware. Con estos comentarios parece que pudieran retraerse algunos atacantes, sin embargo, otros más inteligentes se preguntarían ¿cuáles son algunas otras opciones? Y encontrarían varias vías, como por ejemplo *Sobornar a los Mineros*. Si no se es el propietario del hardware o no quiere gastar tanto capital en hardware que está a punto de volverse inútil con un ataque exitoso, también podría sobornar a otros mineros para que lo hagan con mi *Propia Cadena Retenida*.

Pero ¿qué pasa si soy un gobierno hostil, altcoin adversario, una gran institución u otro enemigo de la red con una gran cantidad de capital? Entonces hay una manera de recuperar su dinero incluso después de comprar todo ese hardware. Lo que puede hacer es un ataque llamado "Goldfinger". Llamado así por la película de James Bond del mismo nombre. El objetivo de este ataque es sacar provecho de la destrucción de algunos activos. En la película de James Bond, el villano intentó sacar provecho de la destrucción del oro en Ft. Knox.

Con Bitcoin, puede vender la moneda en *Corto*, es decir, apostar por su devaluación. ¿Cómo hacerlo? Veámoslo paso a paso. Primero puede apostar a que Bitcoin va a bajar de valor. Luego lanzar el ataque de *Doble Gasto* para hacer que su predicción se lleve a cabo. En este punto, el *Doble Gasto* en alguien es, curiosamente, solo un medio para un fin. Por último denuncie usted mismo en los periódicos y redes sociales que ha detectado un ataque Doble Gasto en la red, añadiendo parte de su información, sin perjudicarse a si mismo, aunque quizás pretenda asumir todo el protagonismo y pasar a la historia del pirateo informático y ser rico al tiempo.

Censorship Attacks - Ataques de Censura

Hasta ahora, hemos analizado ejemplos de cómo los usuarios con suficiente poder de hash pueden aprovechar las propiedades de la cadena de bloques para *Gastar el Doble* de forma maliciosa en sus monedas. Ahora, veremos otro tipo de ataque denominado la *Censura de Transacciones*. Si el anterior parece fácil y de alto riesgo, este que vamos a ver es habitualmente frecuente y tiránico. Con el ataque de *Censura de Transacciones*, podemos optar por ignorar las transacciones de un individuo o grupo de individuos, aislándolos de la red e inutilizando efectivamente sus bitcoins. Dentro de estas "Censuras" hay varios tipos y muy semejantes a lo que ocurre en la vida real con el agravante de el encubrimiento del anonimato de la red, que deja poca defensa.

El primero que vamos a ver se denomina *Naive Censorship (Censura Ingenua)* o de *Listas Negras*. Digamos que Consuelo está a cargo de la Nación "Consueland" y tiene jurisdicción sobre todos los *grupos de minería* dentro de sus límites, lo que suma más del 51% del poder hash de la red Bitcoin. Fede no le agrada a Consuelo, así es que su objetivo es censurar todas mis *Direcciones* de Bitcoin y evitar que gaste nada de mi Bitcoin. Los bloques en la cadena de bloques ideal de Consuelo no incluirán ninguna de mis transacciones. La estrategia más ingenua dentro de la *Censura Ingenua*, es que Consuelo instruya a todos sus *grupos de minería* para que no incluyan mis *transacciones*, también conocidas como *Listas Negras*. Sin embargo, a menos que los *grupos de minería* de Consuelo tengan el 100% de toda la potencia de hash de la red, otros mineros fuera de su jurisdicción, eventualmente podrían incluir mis transacciones en uno de sus bloques y cadenas. Esto no me incluye completamente en la *Lista Negra* y solo termina causando retrasos e inconvenientes, aunque esos retrasos e inconvenientes pueden volverse significativos dependiendo de la cantidad de hashpower que tenga Consuelo.

El segundo se denomina *Punitive Forking o Bifurcación Punitiva.* Veamos otra estrategia que Consuelo podría usar contra Fede, dentro de las *Censuras*. Recuerde que los *grupos de minería* de Consuelo tienen más del 51% del hashrate de la red. Ella puede decir que todos los fondos de *Consueland* se negarán a trabajar en una cadena que contenga transacciones de gasto de mi dirección y lo anunciarán al mundo. Si los mineros incluyen una de mis transacciones en un bloque, Consuelo se bifurcará y creará una cadena de *Prueba de Trabajo* más larga. Lo cual es posible solo porque tiene la mayor parte del hashrate. Los bloques que contienen mis transacciones ahora no serán válidos porque no están en la cadena más larga y nunca se publicarán. Esto también significa que los mineros de esa cadena no recibirán recompensas mineras por sus esfuerzos. Los mineros que no pertenecen a *Consueland* eventualmente dejarán de incluir mis transacciones en sus bloques, ya que saben que sus bloques no formarán parte de la cadena más larga de todos modos, porque serán invalidados por los mineros de *Consueland.* Esta estrategia se conoce como *Bifurcación Punitiva* y puede ser muy poderosa en manos de alguien con una tasa de hash mayoritaria del 51%. Esa entidad puede evitar que nadie que ella no quiera, acceda a sus fondos.

El tercero de los ataques de censura que vamos a comentar es el denominado *Feather Forking o Bifurcación de Plumas.* Si Consuelo no ha logradoa un censurarme, por desgracia para fede, aun tiene mas sistemas que emplear. En la *Bifurcación de Plumas,* Consuelo anuncia que intentará bifurcar si ve un bloqueo con una de mis actas. Pero ella se rendirá después de un tiempo. Esto contrasta con la *Bifurcación Punitiva,* ya que solo funciona si la bifurcación garantiza una cadena más larga. Parece una contradicción que vamos a intentar explicar. Decimos que Consuelo se da por vencida después de que un bloqueo con mis transacciones que tiene k confirmaciones, donde k es cualquier número que Fede plantee, como vimos en otros tipos de ataques donde se quería seguridad de llegar a buen término y no caer en un *Doble Gasto*. En el ejemplo, Consuelo ve un bloque que contiene una de mis transacciones e intenta bifurcar. Sin embargo, obtengo 3 (k) confirmaciones, por lo que deja de intentar continuar con la bifurcación. Veamos un poco de matemáticas. Sea (q) la proporción de poder minero que tiene Consuelo. Sea (k) igual a uno, de modo que Consuelo se rinda después de una confirmación en mi bloque. Esto significa que la probabilidad de dejar uno de mis transacciones como *bloque huérfano* con éxito es (q) al cuadrado, ya que Consuelo tiene que competir con cada confirmación. Si (q) es del 20%, entonces Consuelo tiene un 4% de posibilidades de dejar huérfano a mi bloque, lo cual no es tan bueno. Sin embargo, otros mineros ahora son conscientes de que su bloqueo tiene un q^2, o 4% de posibilidades de quedar huérfano y tienen que decidir si deben incluir mi transacción en su bloque o ser fieles a Consuelo. El *Valor Esperado* de incluir mi transacción es la posibilidad de que mi bloque se incluya multiplicado por la recompensa del bloque, más la tarifa de transacción que pago. Recordemos que hay un “tira y afloja” en todo esto y subyace el beneficio económico por encima de todo. Si un Pool es consciente de este intento de Censura por parte de Consuelo, es posible que otros Pool de otras naciones, vean la posibilidad de agrupación y control del Pool de Consuelo y por ende de la Nación Consueland. De igual modo Fede puede reaccionar intentando un Soborno de Mineros, ¿Qué cantidad debería pagarles como incentivo de minado? Si el *Valor Esperado* de no incluir mi transacción es simplemente la recompensa en bloque, ya que todos los mineros estarían trabajando en esa cadena. Por lo tanto, mirando las matemáticas, a menos que Fede pague al menos q^2 veces la recompensa del bloque en tarifas de transacción, otros mineros minarán en la cadena maliciosa. A partir del 17 de abril de 2018, esa sería una tarifa de tx mínima de $ 4000, que es increíblemente limitante. Es muy probable que Fede no pueda pagar esos costos de transacción, por lo que ni siquiera podría enviar sus transacciones. Por lo tanto, Consuelo habría logrado censurar mis transacciones con solo el 20% del hashrate total.

Selfish Mining Attacks o Block Withholding - Ataques Mineros Egoístas o Retención en Bloque

En el caso anterior hemos planteado ya una posible reacción de que podría tener lugar por parte del atacado y de otros competidores. Es importante considerar cómo se comportarán los actores racionales y maliciosos para aumentar la cantidad de dinero que ganan. Si en el caso anterior, se trataba específicamente de motivaciones para la minería y ya hemos intuido posibles movimientos de dentro y fuera del Pool, debemos ser conscientes que si existe una manera de que los mineros maximicen las ganancias, asuma que lo harán, incluso si no es totalmente justo para todos los demás. Uno de los mejores ejemplos de este tipo de comportamiento es la *Minería Egoísta*. Digamos que usted es un minero y acaba de encontrar un bloque. Quiere tener una ventaja sobre el resto de la red, así es que en lugar de publicar el bloque a través de la red y recibir la recompensa del bloque, mantienes tu bloque en secreto. Dado que no ha liberado su bloqueo, es efectivamente la única persona que trabaja en el *Bloqueo* más reciente y, efectivamente, tiene el 100% de la potencia de hash en su *Cadena Oculta*. Nadie más en la red puede siquiera intentar resolver el rompecabezas. A esto se le llama *Minería Egoísta o Retención En Bloque*. Tenga en cuenta que la *Retención de Bloque*, a veces también se usa en el contexto de *grupos de minería*, donde se envían acciones pero se retienen bloques. Si encuentra dos bloques en su *Cadena Secreta*, antes de que la red encuentre el siguiente, de repente tiene la *cadena más larga*. La red cree que está minando en la cadena más larga, pero poco sabe que en realidad usted tiene la cadena más larga. Básicamente engañó a la red. Se ha garantizado al menos dos recompensas en bloque porque puede continuar minando en su propia cadena, asumiendo que siempre se mantiene por delante de la cadena de la red honesta. En el momento en que la red honesta está a punto de alcanzarlo, puede publicar su cadena oculta y, de repente, la cadena honesta se invalida, ya que su cadena es la más larga y, como ya sabemos, los nodos honestos en la red siempre lo harán. Eligen la cadena más larga. Por lo tanto, puede continuar minando de esta manera y continuar engañando al sistema hasta que la red honesta lo alcance. Se ha garantizado más recompensas de bloque que la red honesta y, lo más importante, le niega a la red honesta la oportunidad de hacer un trabajo significativo, porque usted tiene tu propia *cadena secreta*, y puede invalidar inmediatamente la *cadena honesta* tan pronto como publique su *cadena secreta*.

¿Qué pasa si la red honesta percibe su bloqueo? Solo puede intuir un bloqueo y no percibirlo a priori. A posteriori puede sospechar de un bloqueo pero su honestidad irá en su propia contra. ¿Por qué les va a resultar difícil impedírselo? Asumiendo que usted le saca dos bloques a la red honesta, si la ésta encuentra el bloqueo, usted transmite sus dos bloques secretos para reclamar las recompensas de dos bloques y evitar que la red honesta se ponga al día. Esto invalida el bloqueo de la red honesta, ya que la cadena honesta es ahora la más corta. Debido a que la red honesta estaba minando en una cadena que luego fue invalidada, efectivamente tuvo tiempo para extraerlo usted mismo, de forma gratuita. Como no tenía competencia, tenía una mayor proporción del hashrate efectivo y por lo tanto, una mayor rentabilidad esperada. La clave a tener en cuenta aquí es que esa red honesta asume que usted, como minero malintencionado, puede encontrar dos bloques más rápido de lo que el resto de la red puede encontrar un bloque. Si no puede, entonces su cálculo es el que se desperdicia. Podemos intuir que hay un alto riesgo de que algo falle entonces ¿Qué pasa si la red encuentra un bloque antes de que usted encuentre un segundo? Logicamente se convierte en una carrera para propagar los nuevos bloques. Resulta que si tiene la capacidad de decirle al 50% de la red sobre su bloqueo antes que a la otra parte, así como más del 25% del hashpower, entonces una estrategia maliciosa es más rentable. Si tiene más del 33% de la potencia de hash, puede perder la carrera de propagación cada vez y la estrategia maliciosa seguirá siendo más rentable. Las matemáticas detrás de estos resultados se omiten aquí debido a la complejidad, pero le si lo investiga averiguará lo rentable que es.

Y llegados a este punto deberíamos estar ya preguntándonos cómo nos podemos defender. Dado que los mineros malintencionados son incentivados por mayores ganancias potenciales para atacar o intentar subvertir la red, las personas honestas están incentivadas para prevenir tal comportamiento. Hay una lucha constante para tratar de reparar el ecosistema de Bitcoin para evitar cualquier cosa que destruya completamente a Bitcoin. En la siguiente sección, veremos algunas de las defensas que tenemos para contrarrestar la *Minería Egoísta*. Primero echaremos un vistazo a algunas de las defensas más ingenuas y veremos qué podemos mejorar a partir de ahí.

Validación del bloque y ataque Sybil

En páginas anteriores ya hablamos de la validación para defendernos del Doble Gasto. Pues igualmente aplicable y una de las soluciones para resolver la *Minería Egoísta* fue validar bloques utilizando *Bloques Ficticios* que contienen *Metadatos*. Esta técnica fue propuesta por Schultz en 2015, y luego por Solat y Potop-Butucaru en 2016. La idea es que además de tener *Bloques Regulares*, también creemos *Bloques Adicionales (Ficticios)* que contengan firmas para ese bloque. De modo que para cualquier bloque dado, sea fácil mirar el *Bloque Ficticio* correspondiente para verificar "cuántos usuarios" han visto y cerrado la sesión en ese bloque. Los bloques que se extraen de manera egoísta solo los habría visto el que los retuvo, y no tendrían suficientes firmas. Esto prueba que la red es testigo de un bloqueo honesto y también prueba que falta un bloque competidor antes de que los mineros puedan trabajar en él. Entonces, cuando un actor malintencionado que ha estado reteniendo bloques finalmente publica su cadena, todos menos el primer bloque serán rechazados automáticamente, ya que el primer bloque no tendría suficientes firmas. Con este método, los mineros egoístas no pueden ganar más de su recompensa esperada, que es solo por un bloque. Esto invalida gran parte del trabajo que hacen para construir la cadena a partir del primer bloque que encuentran. Por lo tanto, la validación de bloques con este *esquema de firma de bloques ficticios* desincentiva la minería egoísta. Un defecto inmediato que podemos ver es que esta técnica es vulnerable a los *ataques de Sybil*. No hay forma de garantizar que todas las firmas de un bloque provengan de diferentes usuarios. Y así, el minero egoísta podría generar tantas firmas falsas como sea necesario para que parezca que los bloques retenidos son válidos. Pueden hacer esto porque, como sabemos de paginas anteriores cuando vimos las *Identidades*, lo fácil que era generar nuevas identidades en Bitcoin. Además, no existe una forma real de determinar cuántas firmas son suficientes para demostrar que un bloque es válido. Por ejemplo... ¿Qué orden de magnitud es el número umbral de firmas? ¿Y tendría que cambiar dependiendo del número cambiante de usuarios dentro de la red? Todas estas preguntas son difíciles de responder, pero son importantes para la implementación de este esquema. Además, no importa cuántas firmas se necesiten, un usuario malintencionado podría atacar fácilmente el *sistema de Sybil*. A fin de cuentas, el hecho de que no haya una buena manera de determinar un umbral de volumen de firmas y el hecho de que sea susceptible a un ataque de Sybil hace que toda la defensa sea inútil. Además, otra desventaja de tener *bloques de firmas ficticias* es que su implementación requeriría cambios fundamentales en las *reglas de validez de bloques* ya establecidas. Tal cambio requeriría una *Bifurcación Dura*, lo cual no es deseable. Veamos por qué.

Fork-punishment o Castigo con Tenedor (Castigo de la bifurcación)

Otra idea de defensa contra la minería egoísta fue el *Castigo con Tenedor*, propuesto por Lear Bahack en 2013. La regla del *Castigo de la Bifurcación* es como suena. Se castiga a cualquiera que bifurque la cadena de bloques. Los bloques de la competencia no reciben ninguna recompensa de bloque, independientemente de si se extrajeron de manera egoísta u honesta, y el primer minero que demuestre que efectivamente hubo una bifurcación, obtiene la mitad de las recompensas perdidas de la altura del bloque anterior. Esto desincentiva a los usuarios malintencionados para que intenten bifurcar la cadena de bloques trabajando en su propia cadena secreta, y también incentiva a los mineros honestos a informar cualquier bifurcación que hayan visto. Dado que dos bloques se transmiten a la misma *altura de bloque*, son *bloques en competencia* (No bloques de la competencia) y, por lo tanto, ninguno de ellos tiene una *recompensa de bloque* asociada. El primer minero que demuestre que había una bifurcación, e incluye esto en el siguiente bloque, obtiene la recompensa del bloque por el bloque que acaba de extraer, así como la mitad de la recompensa del bloque de la altura del bloque anterior. Uno de los inconvenientes inmediatos es que, debido a que castigamos a todos los *bloques en competencia*, los mineros honestos sufren daños colaterales por el *Castigo de Horquilla (Castigo de la Bifurcación o con Tenedor)*. Y el hecho de que estemos castigando a los mineros honestos constituye un tipo diferente de ataque. De modo que el *castigo de la bifurcación* también se ve afectado por el hecho de que tendríamos que cambiar fundamentalmente las *reglas de distribución de recompensas* de Bitcoin. Tendríamos que tener alguna forma de cambiar las *transacciones* de la *base de monedas* de los bloques donde hay una bifurcación. Para hacer esto y también para reenviar la mitad de la recompensa del bloque al siguiente bloque, tendríamos que aprovechar un concepto llamado *Maleabilidad de Transacción*. Y al final, el *castigo de la bifurcación* requeriría de una *bifurcación dura* para implementar, y como antes, eso es bastante indeseable.

Alguien podría preguntarnos si ¿la *Maleabilidad de Transacción* puede ser considerada como un Bug? Comprendamos primero qué es la *Maleabilidad de Transacción*. La *Maleabilidad de Transacción* se trata de un ataque donde se cambia el ID de una transacción de Bitcoin antes de que sea confirmada por la red. El objetivo de esto es simular que la transacción no ha ocurrido, siempre y cuando las condiciones necesarias se cumplan. Recordemos que antes de que se complete una transacción, lo que se conoce como confirmación, es necesario que sea validada y verificada por los nodos de Bitcoin. Cuando validan buscan que incluya la siguiente información:

- *La entrada*: la dirección de donde provienen los fondos.
- *La salida*: hacia donde van.
- *La cantidad*: que se desea transferir.
- *La firma*: firma digital que se genera con la clave privada.

Claro que una transacción tiene más información, pero para hacerlo simple y que se entienda este tipo de ataque es más que suficiente. Cada transacción tiene un identificador único, algo que permite luego que pueda ser referenciada dentro de la cadena de bloques. Es lo que se conoce como *ID de transacción o TxID*, que se consigue tomando la información de la transacción y pasándola por una *función de hash*. Una *función de hash* es básicamente una función matemática que permite ingresar una cantidad de información de longitud variable y devuelve siempre una información con una longitud fija, lo que se conoce como *hash*. Una característica importante de un *hash* es que es prácticamente imposible determinar la información original, ya que la misma no es inversa. Si alguien quisiera determinar cual era esa información necesitara ingresar información hasta que halle cual es la que produce el mismo *hash*. Tampoco es posible predecir cual será el hash a partir de la información de entrada. Cualquier mínimo detalle que se cambie de esa información producirá un resultado completamente diferente. Por su parte, recordamos que la *clave privada* es una información muy importante de la *transacción*, ya que permite demostrar que la misma proviene de la persona que tiene la autoridad para gastar esos fondos. Todo esto hace que un *ID de transacción* sea casi imposible de falsificar. Cada transacción solo debería tener un hash posible. Para comprobar que una transacción es válida, simplemente tomamos toda la información de la misma y lo pasamos por la función de hash, si obtenemos el mismo hash entonces ya sabemos la respuesta a nuestra pregunta. La *firma digital del usuario* usada como parte del hash para firmar la transacción está pensada para tener cierto formato. Este formato no siempre es revisado, lo cual implica que un formato diferente puede ser introducido y aun así ser aceptado.Alterar *la firma* de esta forma puede hacer posible crear diferentes *hashes* para la misma transacción. Como podrá imaginar, ocasionando grabes problemas. ¿Qué la hace posible? *La respuesta es la Maleabilidad de la Transacción*. Y esto es posible debido a que el *algoritmo de desbloqueo*, o *scriptSig*, que ya conocemos, contiene *la firma digital* puede ser modificado por un atacante. Si el *Script* es modificado, la información a hashear será diferente, por tanto, el *ID de transacción* también lo será. Sin embargo, es un ataque que alguien podría realizar solamente, antes de que sea confirmada por un bloque. Porque después de que la transacción haya sido confirmada, *la firma digital* y el *TxID* son inmutables.

El problema afecta principalmente a *los "Exchange"*, donde los usuarios de Bitcoin suelen comprar y vender sus BTC. Pueden enviar dinero fiduciario o bitcoins al exchange, donde luego son convertidos. El problema ocurre cuando desean hacer una extracción de los bitcoins de la cuenta del exchange a sus monederos personales. Existen varios escenarios donde alguien podría aprovecharse de este ataque tales como los denominados *Ataques individuales*, o bien por *Errores de nuestro sistema* o bien, los más habituales son los denominados *Ataques de Denegación de Servicios Masivos*. Incluso se podría generar un problema mayor para la red de Bitcoin si se lanzara un ataque como este a diferentes exchanges al mismo tiempo. Solo hace falta un software diseñado para crear *transacciones modificadas*. Esto también implica problemas en el corto plazo para el mercado. Y sabemos que cualquier tipo de inestabilidad en el mercado tiene efecto en el precio, especialmente con un activo como el Bitcoin que es conocido por su volatilidad.

Para responder a la pregunta de si ¿esta *Malabilidad de Transacción* puede o no, ser considerada como un Bug (bicho) de Bitcoin? Hay que decir que históricamente han existido varios problemas con la tecnología, que la red de Bitcoin utiliza, lo cual ha arrojado como resultado este problema de la maleabilidad. Uno de ellos se originó en el software de referencia de Bitcoin en 2014, *Bitcoin Core*, que ya hemos visto y fue producido producido por el equipo de desarrolladores. Esta es la implementación que la gente suele utilizar como punto de partida cuando genera sus propios servicios. El problema en particular era que no revisaba correctamente la información de la *firma* antes de enviársela a otro nodo de la red. El problema en particular que sufrió esta implementación tan popular de Bitcoin era que el cliente no gestiona correctamente las firmas con el formato incorrecto. Si bien este no era un problema particular introducidor por los desarrolladores de Bitcoin Core, si es verdad que no habían integrado en el cliente un proceso de verificación extra para saber si las firmas estaba creadas de manera correcta. Hubo que esperar hasta la versión 0.8 del cliente para finalmente ver algo así implementado. Por su parte, no todos los *exchanges* utilizaban esta implementación. Aquellos que no lo hacían decidieron trabajar en una solución personalizada.

Otro método que fue utilizado para hacer frente a este problema por parte de los *exchange* fue verificar manualmente las extracciones de Bitcoin, algo que ha disminuido este problema enormemente. Si bien es cierto que cuando una de estas grandes plataformas ha quebrado, como fue el caso de Mt. Gox, la *maleabilidad de la transacción* fue utilizada como excusas para limitar la extracción de fondos de los clientes. Otra cuestión es saber si ¿el *doble gasto* y la *maleabilidad de la transacción* son lo mismo? La respuesta es no. Mientras que en la *maleabilidad* se cambia el TxID de la transacción antes de que sea confirmada por un minero, el *doble gasto* consiste en crear una transacción con las mismas monedas antes de que la primera sea confirmada. La gracia de este asunto es conseguir que se confirme la transacción fraudulenta antes en la red de Bitcoin, haciendo que la primera de ellas pase a ser invalidada. Esto permite que podamos gastar dos veces los mismos fondos. Hoy en dia sería bastante complicado que esto afectara de manera significativa a Bitcoin, no asi en otros sistemas de Inteligencia Artificial ya conocidos por sus vulnerabilidades al ataque *de Denegación de Servicios.*

Uniform Tie Breaking o Ruptura de Corbata Uniforme o el Desempate Uniforme

Despues de este autoFork que hemos hecho para explicar la *Maleabilidad de Transacción,* volvamos a los *castigos,* comentando el denominado *Uniform Tie Breaking o Ruptura de Corbata Uniforme o el Desempate Uniforme.* En lugar de castigar a todos como en el castigo del *Tenedor,* podemos preguntarnos si ¿hay otra forma? Quizás, en cambio, podamos evitar la carrera de propagación de bloques y considerar cada bloque enviado en cada bloque de altura. Para ello, podemos utilizar el *Desempate Uniforme,* que fue una idea propuesta por Eyal y Sirer en 2014. Cuando tenemos una carrera para propagar, es más probable que el minero que tiene una ventaja de red consiga que su bloque sea aceptado en la cadena más larga. Esto se debe a que están mejor conectados en la red de Bitcoin y pueden hacer llegar su bloqueo a más personas. Podemos utilizar el *Desempate Uniforme* para protegernos de los *mineros egoístas* que tienen una ventaja en la red. Veámoslo; después de que se publica cada bloque, en lugar de considerar válido el primer bloque visto, ya que este podría ser un bloque de un minero egoísta bien conectado, cada minero primero espera a escuchar acerca de todos los bloques en competencia. En el caso de un empate, donde un minero ve varios bloques a la misma altura de bloque, el minero elige al azar en qué cadena extraer. Al elegir al azar en qué cadena minar, los mineros mitigan el dominio a nivel de red de un atacante. Eyal y Sirer descubrieron que el protocolo Bitcoin predeterminado tiene un umbral de beneficio del 0% si existen *mineros egoístas* que están realmente bien conectados en la red y, por lo tanto, pueden influir en la forma en que los datos fluyen a través de la red. Esto significaría que para que Bitcoin sea completamente seguro, el 100% de la red tiene que ser honesta. En su documento, con su propuesta de *Desempate Uniforme,* afirmaron que elevó el umbral de ganancias para la *minería egoísta* al 25%. Sin embargo, más tarde en 2015, un documento separado publicado por Sapirshtein propuso una estrategia de *minería egoísta más óptima* que redujo el umbral de ganancias al 23,2%. Un umbral de ganancia del 25% usando un *Empate Uniforme* puede parecer enorme para un neófito que no ha considerado la inversión hecha por el atacante, por eso es bastante malo, considerando que la *minería egoísta* siempre es rentable cuando tienes el 33% del poder de minería. Aún más impactante es cuando comparamos esto con nuestro diseño original para Bitcoin, que se suponía que era tolerante con hasta un 50% de mineros maliciosos.

Si un 25% es malo para los mineros egoístas, éstos vana pensar maneras de romper esta barrera y preguntarse ¿Podemos mejorar aun más y con ello sus beneficios? O dicho de otra manera ¿Cómo mejoramos un 25%? En 2014, Ethan Heilman propuso una defensa de la minería egoísta utilizando *Marcas de Tiempo*. La idea es que las *Marcas de Tiempo* las emita una parte de confianza y los mineros las incorporen en cada bloque. Las *Marcas de Tiempo* serían globales en toda la red de Bitcoin y se emitirían regularmente, digamos cada 60 segundos. También serían de acceso público, pero no falsificables porque usaríamos firmas criptográficas. Los bloques se consideran en competencia si se reciben aproximadamente dentro del mismo período de tiempo, digamos 120 segundos entre sí, y cuando surgen situaciones en las que hay competencia entre bloques, los mineros simplemente elegirán el bloque cuya marca de tiempo sea más reciente, o el más reciente. En el documento, dice que el *umbral de ganancias* para los *mineros egoístas* que usan este método de *Marcas de Tiempo* no rentables sube al 32%, una mejora sólida del 25% que vimos con el desempate uniforme. En resumidas cuentas, resulta que los mineros egoístas pueden romper fácilmente esta defensa.

Las *Uniform Tie Breaking o Ruptura de Corbata Uniforme o el Desempate Uniforme* solo se aplican cuando hay una *carrera de propagación* de bloques, nunca cuando la *cadena minera egoísta* es más larga que la *cadena pública*. Y resulta que se ha demostrado que si un atacante tiene una gran cantidad de poder computacional, digamos más del 40%, entonces estas defensas que rompen el empate contra la minería egoísta son esencialmente inútiles. Como puede ver, un minero egoísta aún puede invalidar la cadena honesta si tiene la cadena más larga. Los mineros elegirán la cadena más larga, ya que tiene la mayor cantidad de trabajo realizado en ella, y pesarán esto más que el hecho de que un bloque en la cadena honesta sea "más fresco" o más reciente. Y otra cosa de la que quizás se haya dado cuenta, es que esta defensa requiere de un tercero de confianza para distribuir las *marcas de tiempo* a todos. El inconveniente aquí es que Bitcoin apunta a estar lo más descentralizado posible, y aunque esto podría funcionar con otros sistemas, la centralización ciertamente no se mezcla con la filosofía de Bitcoin.

Publish or peish - Publicar o Perecer

Ahora nos adentramos en uno de los desarrollos más recientes en las defensas mineras egoístas. Este ataque se llama *Publicar o Perecer*, y fue publicado por Zhang y Preneel en 2017. Las defensas anteriores que hemos visto tenían muchos fallos, tales como requerir una *bifurcación dura*, por ejemplo, en el castigo de la bifurcación, o no desincentivar la minería egoísta cuando el minero egoísta tiene una cadena más larga, por ejemplo, en *marcas de tiempo* imperdonables. *Publicar o Perecer* afirma ser la mejor defensa hasta ahora de la *minería egoísta* y aborda todos estos problemas anteriores. No requiere de una *bifurcación dura*, lo que significa que es compatible con versiones anteriores de la cadena anterior, y también desincentiva la *minería egoísta* incluso cuando el minero egoísta tiene una cadena más larga. La idea de la *minería egoísta* se reduce a construir maliciosamente un bloque secreto y luego publicarlo en una cadena. El objetivo principal de *Publicar o Perecer* es asegurarse de que los *bloques secretos* no ayuden en absoluto a los *mineros egoístas*. Para hacer esto, el enfoque de *Publicar o Perecer* se centra en modificar la *Política de Resolución de Bifurcaciones* de Bitcoin, *o FRP*. De forma predeterminada, sabemos que los mineros eligen la cadena más larga para que sea válida, por lo que para Bitcoin, decimos que tiene una longitud de FRP. La información de *Publish or Peish* fue cambiar de longitud a peso como una *heurística* para la *Política de Resolución de Bifurcaciones* de Bitcoin, *o FRP*. En lugar de simplemente contar la longitud de las cadenas, también consideramos el peso, que es, en términos generales, una función de la *cantidad de exposición* que recibe un bloque en la red, lo que hace que sea desventajoso retener bloques. Hay mucha terminología y definiciones formales, así que vamos a entrar en eso primero.

Definimos *Tiempo Tau* como un límite superior asumido en el tiempo que lleva propagar bloques a través de la red Bitcoin. Y desde la perspectiva de un minero, el término en el tiempo significa que para un bloque recibido válido, o (1) su valor de altura es mayor que el de la cabeza local, o (2) su valor de altura es el mismo que el de la cabeza local, pero se propagó dentro del *Tiempo Tau*.

Uncle (Tío) se refiere a un bloque en el tiempo que compite con el *Padre* de un bloque, siendo el *Padre*, el bloque anterior al actual. Para formalizar, el *Uncle* de un bloque B tiene una altura menos de B. Tiene sentido porque el *Tío* de B tiene que estar a la misma altura que el *Padre* de B. Y para que el *Tío* de B llegue a tiempo, debe estar dentro del *Tiempo Tau* del *Padre* de B.

El *Peso de una Cadena*, desde la perspectiva de un minero, es el número de sus *bloques de tiempo* más el número de *bloques de tío de tiempo*. Y para asegurarnos de que tenemos *bloques de tiempo válidos* y *tíos de tiempo*, hacemos que los mineros incrusten Hashes de los bloques que cuentan para el peso de los bloques. De esa manera, otros pueden verificar fácilmente el peso de los bloques. Y nuevamente, decimos que todo es desde la perspectiva de un minero porque si un bloque está a tiempo se evalúa desde la perspectiva local del minero. Y calculamos el *Peso de una Cadena* a partir del bloque después de su *raíz*, ya que las *cadenas en competencia* siempre tienen una *raíz compartida*. Habiendo definido el peso, podemos ver cómo se desincentiva a los mineros de *retener bloques*. Si retiene los bloques, entonces sus bloqueos no llegarán a tiempo y, por lo tanto, tendrán menos peso.

Con todas estas definiciones, ahora podemos especificar la *Política de Resolución de Bifurcaciones Ponderadas*. Tiene tres reglas principales. Primero, si una cadena es más larga en altura que la otra en (k) bloques o más, los mineros extraerán en esta cadena. Segundo, si una cadena es más larga que las otras en (k) bloques, probablemente podamos confiar en que es una *cadena válida*. Este tipo hereda la noción de una mayoría honesta del FRP de longitud de Bitcoin predeterminado. Tercero, si una cadena es más larga que otras cadenas por (k) bloques y es maliciosa, entonces tenemos un problema mayor en nuestras manos; todo está roto, por lo que deberíamos dejar de usar Bitcoin, ya que probablemente alguien posea la mayor parte del poder de hash de la red. Si todas las cadenas están a una altura de k bloques entre sí, el minero elegirá extraer en la cadena con el mayor peso. Si el mayor peso se logra mediante *múltiples cadenas simultáneamente*, entonces el minero elige una de ellas al azar. Detengámosnos un instante para reflexionar y ver que en la primera regla (k) es un parámetro a prueba de fallos que mide la cantidad permitida de partición de red. Si establecemos (k) en infinito, la regla nunca se aplicará.

Ahora que hemos definio todos estos términos y procedimientos, veamos cómo *Publicar o Perecer* realmente desincentiva la *minería egoísta* mediante un ejemplo. Digamos que un minero egoísta ya ha minado en secreto un bloque. Antes de que puedan extraer un segundo bloque secreto, la red honesta publica un bloque competidor. Ahora hay una *carrera de propagación de bloques*. En este momento, el minero egoísta tiene dos opciones: la opción 1, publicar, o la opción 2, no publicar. Si el minero egoísta publica su bloque, el siguiente bloque honesto ganaría un peso mayor porque podría incrustar una *prueba* de haber visto a su *Tío*. Por otro lado, publicar el bloque aseguraría que contribuiría al peso de la cadena egoísta, ya que está a *Tiempo*. Entonces, el bloque del minero egoísta obtiene un peso de 1, pero también contribuye al peso de la cadena honesta. Por otro lado, si el minero egoísta mantiene su bloque en secreto y pierde la ventaja de tiempo por “estar a tiempo”, entonces, el bloque secreto no contribuiría al peso de su propia cadena. En este momento, el bloque del minero egoísta obtiene un peso de 0, pero dado que la red honesta tampoco habría visto este bloqueo secreto, no contribuiría al peso de la cadena honesta. La conclusión que podemos sacar es que no importa qué opción elija el minero egoísta, porque ninguna opción le da peso a la cadena egoísta que no se le da también a la cadena honesta.

Publicar o Perecer también tiene muchas limitaciones. En primer lugar, asume *sincronía* y Bitcoin es *asincrónico*. No es útil definir un límite superior en el *Tiempo de propagación del bloque* porque nunca se puede estar seguro de si todos los bloques a una determinada *altura de bloque* se han entregado o no. Esto es algo inherente a los grandes sistemas distribuidos como Bitcoin. Por ejemplo, para cualquier parámetro a *prueba de fallos* (k) > 1, un atacante podría transmitir sus bloques justo antes de que lleguen tarde. Esto causaría puntos de vista inconsistentes entre los mineros honestos, ya que algunos verían los bloques como en el *Tiempo*, y otros los verían tarde, dependiendo de cuánto tiempo tardaron estos bloques en propagarse a través de la red. Sin embargo, no se trata solo de *Publicar o Perecer*, para todas las defensas o actualizaciones o propuestas que asumen que Bitcoin es *síncrono*, simplemente todo se derrumba porque no puede hacer de manera realista estas suposiciones sobre la red, especialmente porque Bitcoin se publica y está abierto a cualquier persona. Además, dado que *Publicar o Perecer* se implementaría como una *actualización de software* para los mineros de bitcoin, no todos los mineros actualizarían su software al mismo *Tiempo*. Durante el *Período de Transición del FRP de Longitud Predeterminada de Bitcoin al FRP Ponderado*, los atacantes podrían aprovechar la situación y lanzar ataques de *Doble Gasto* en usuarios confundidos. Otra limitación de *Publicar o Perecer* es que descuida algunos factores del mundo real. Debido a la *Latencia* de la red, a menudo hay *Bifurcaciones* que ocurren naturalmente, pero no están permitidas en este modelo. Otro hándicap de *Publicar o Perecer es que* no considera las *Tarifas de Transacción* como un incentivo adicional a las *Recompensas en Bloque* y tampoco considera cuándo hay varios *mineros egoístas* y cómo interactuarían entre sí y con el resto de la red. En conclusión, *Publicar o Perecer* no logra una verdadera *compatibilidad* con los *incentivos*. Sin embargo, analizar *Publicar o Perecer* y todos los demás trabajos que hemos revisado es un muy buen comienzo para diseñar mejores defensas para Bitcoin. Tal vez migrar sobre *Publicar o Perecer* en un *Modelo Asincrónico* sea una buena dirección de cómo podemos abordar la defensa contra los *mineros egoístas*, pero tampoco se ha probado conveniente y convincentemente.

Red Bitcoin Real

Dando un paso atrás en el análisis de las *Defensas Individuales*, es importante comprender a la propia *Red Bitcoin Real* en sí. Después de todo, como vimos con *Publicar o Perecer*, que sonaba realmente asombroso en teoría, finalmente no funciona en la práctica, debido a suposiciones sobre ciertas propiedades de la *Red Bitcoin Real*, particularmente la de la *Sincronía*. En primer lugar, la *Red Bitcoin* es de *igual a igual* y no hay una *entidad central* que envíe y reciba mensajes por y para nosotros. La forma en que los mensajes se envían por la red es a través de un Protocolo *Gossip (Protocolo de Chismes)*, que también se llama *Inundación*. *Gossip* es un protocolo distribuido con una idea descentralizada, que resuelve los dos problemas de propagación del *Estado* en el cluster y *garantía de consistencia del estado*. El *Protocolo de Chismes* también se denomina *Protocolo de Epidemias*, alias: *Algoritmo de Rumores*. El proceso de *Estado de Sincronización* de los *Chismes* es similar a la difusión de *Rumores*. Después de que el nodo infectado actualiza los datos, selecciona aleatoriamente k nodos vecinos para enviarles los datos actualizados, y este último los transmite al nodo seleccionado. Y así sucesivamente, hasta que todos los nodos estén "infectados"; introduce el número de versión en el cuerpo del mensaje y el nodo solo recibe los datos actualizados del número de versión. Mediante la comparación del número de versión, los datos son consistentes en todo el clúster. Bajo el protocolo de chismes, hay tres métodos de comunicación entre dos nodos:

1. Push - Empujar: el nodo a empuja los datos (clave, valor, versión) y el número de versión correspondiente al nodo b, y el nodo b actualiza los datos más nuevos en el nodo;

2. Pull - Tirar: a solo inserta la clave de datos, versión ab, b inserta los datos locales (clave, valor, versión) más nuevos que a a a, y a actualiza el local;

3. Push / Pull - Empujar / Tirar: además de la operación de extracción, a empuja los datos más nuevos localmente que b ab de nuevo, y b actualiza el local;

Entre los tres métodos de comunicación, la comunicación *Push* es de una vez, *Pull* se actualiza dos veces y *Push / Pull* se actualiza tres veces, pero la convergencia push / pull es más rápida. Ejemplo del *pseudocódigo* implementado por el *Protocolo de Chismes*.

```
do forever                                    do forever
  wait(T time units)                            (p, view_p) ← waitMessage()
  p ← selectPeer()                              view_p ← increaseHopCount(view_p)
  if push then                                  if pull then
    // 0 is the initial hop count                 // 0 is the initial hop count
    myDescriptor ← (myAddress, 0)                 myDescriptor ← (myAddress, 0)
    buffer ← merge(view,{myDescriptor})           buffer ← merge(view,{myDescriptor})
    send buffer to p                              send buffer to p
  else                                          buffer ← merge(view_p,view)
    // empty view to trigger response           view ← selectView(buffer)
    send {} to p
  if pull then
    receive view_p from p
    view_p ← increaseHopCount(view_p)
    buffer ← merge(view_p,view)
    view ← selectView(buffer)

          (a) active thread                          (b) passive thread
```


Como ventajas de los *Chismes* mencionaremos la *Escalabilidad* que permite que los *nodos* aumenten o disminuyan arbitrariamente, asegurando que el *estado* sea consistente con otros nodos. La *Tolerancia a Fallos*, ya que el tiempo de inactividad y el reinicio de cualquier nodo de la red no afectarán la propagación de los *mensajes de Gossip*. También podemos incluir como ventaja la *Descentralización*, porque todos los nodos son iguales. La *Convergencia De Consistencia*, ya que el *tiempo* converge a O (log (N)) y finalmente porque es *Sencillo de implementar*. Como desventajas de los *Chismes* tenemos el *Retraso del mensaje* y la *Redundancia de mensajes*.

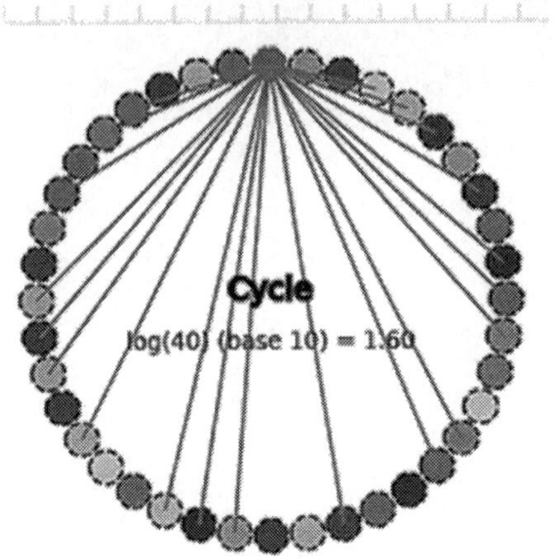

El *Protocolo Gossip* es un protocolo que permite diseñar *Sistemas de Comunicaciones Distribuidos* (P2P) altamente eficientes, seguros y de baja latencia. La inspiración para su diseño ha sido tomada de estudios sobre la expansión epidémica y algoritmos resultantes de la misma. El Origen del *Gossip Protocol* está relacionado con los algoritmos de replicación epidémica descrito por Demers Alan, Greene Dan, Hauser Carl, Irish Wes, Larson John, Shenker Scott, Sturgis Howard, Swinehart Danm y Terry Doug en su estudio *"Epidemic Algorithms for Replicated Database Maintenance"* de 1987. Desde la aparición de este estudio, la propagación epidémica ha despertado un gran interés en informática. Esto debido a que su sistema de funcionamiento es perfecto para redes de gran tamaño con altos niveles de descentralización. De hecho, los primeros usos prácticos de protocolos del tipo *Gossip* lo podemos ver en los *Sistemas de Enrutamiento* de las primeras redes que fueron el preámbulo del Internet que tenemos hoy en día. Básicamente, si quiero enviar una *transacción,* tengo que decirle a todos los *nodos* a los que estoy conectado, a los que llamamos mis *vecinos.* Todos mis *vecinos* se lo dicen a sus vecinos, y sus vecinos se lo dicen a sus vecinos, y así sucesivamente. Por ejemplo, si la red se viera así ... ... y quisiera enviar un mensaje a María ... ... se lo diría a mis vecinos Antonio y Consuelo. Antonio y Consuelo se lo dirían a sus vecinos y, afortunadamente, Antonio está conectado con María, por lo que María recibe mi mensaje. Además, una nota es que, como discutimos en el módulo de mecánica de Bitcoin, mi mensaje estaría firmado digitalmente. Muchas redes de distribución en la actualidad utilizan los Gossip Protocol como un medio por el cual pueden distribuir información de forma precisa y oportuna. Por ejemplo, *Bitcoin* emplea los *Gossip Protocol* para distribuir los valores nonce entre cada uno de sus nodos mineros. Así mismo, la red distribuida *HashGraph* también se basa en estos protocolos para la transferencia y difusión de información entre su red. Por otro lado, el software *Apache Cassandra* utiliza estos protocolos para establecer una comunicación mediante la cual todos sus nodos pueden recibir información y descubrir pares, que ayuden a la propagación de metadatos dentro de la red. Así mismo, la base de datos *Riak* también implementa los *protocolos de Gossip* para compartir el estado y las propiedades de sus *anillos.* Un proceso que realizan los nodos de forma constante para mantener informados y actualizados a los demás nodos de las actualizaciones que ocurren dentro de la base de datos. Por su parte, *Dymano* utiliza un *protocolo de Gossip* para llevar un *registro de las membresías*, que le ayuda a descubrir a nuevos miembros participantes del programa, así como a la detección de alguna falla. Una funcionalidad similar tienen los *protocolos Gossip* dentro de la red de servicios *Consul*. Que utiliza estos protocolos igualmente para la detección de nuevos miembros, como para la detección de fallas o posibles fallas dentro de la red. Así mismo, la red *Consul* emplea los protocolos de Gossip para transmitir la información de nuevos servicios y eventos de forma confiable y eficiente dentro de la red. No obstante, aunque la principal aplicación de estos protocolos es el de difundir la información, los *Gossip Protocol* tienen muchas más aplicaciones dentro de las *redes de distribución de información*. Por ejemplo, pueden ser empleados para la resolución de problemas complicados en redes demasiado amplias. Así como pueden ser utilizados para replicar bases de datos completas y mucho más.

Siguiendo con la *Red de Bitcoin en la Realidad* mencionaremos como siguiente punto importante que la forma en que se conecta y se une a la red Bitcoin en primer lugar es mediante un *Procedimiento Recursivo*. Codificado en el software central de Bitcoin hay una lista de *Pares Semilla* a los que se conecta inicialmente. Pregunta a estos nodos semilla por sus vecinos, elige algunos, pregunta a estos nodos por sus vecinos y repite esto hasta que crea que tiene un conjunto de conexiones bastante aleatorio. Bitcoin permite que cada nodo tenga un máximo de 125 conexiones y, en general, tiene 8 conexiones salientes y 117 conexiones entrantes. Para comprender mejor cómo se propaga la información a través de la *Red Bitcoin*, debemos comprender la *Topología* y la *Latencia* de la red. *La Topología de Red* significa cómo se ve la red de Bitcoin si la dibujara como lo hemos estado haciendo con círculos, para nodos individuales, y líneas, para conexiones entre nodos.

En Bitcoin, se prefiere una *topología uniforme*. Que cada nodo tenga aproximadamente el mismo *peso (potencia minera)*. Que tenga *conexiones aleatorias* y se vea bastante *uniforme*. Pero este no es realmente el caso. Como sabemos, existe una gran diferencia en la minería de energía de nodo a nodo. Esto significa que algunos nodos son más influyentes que otros. Entonces, ¿la red Bitcoin es realmente tan descentralizada y distribuida como pensamos? La respuesta es claramente un No rotundo. Supongamos que Antonio tiene una tasa de hash increíblemente alta... Podría ser que esté administrando una granja minera o un grupo. Realmente no podemos decirlo, ya que las *granjas mineras* y *las piscinas* a veces quieren permanecer en secreto para que la gente no las ataque. Antonio es posiblemente más influyente que otros nodos de la red. Compare su poder de hash con alguien que es solo un nodo SPV en la red, o un nodo que es solo un minero en solitario. El grupo de Antonio tiene mucho más poder de hash que cualquiera de estos. Y no existe una forma sencilla de determinar la *topología de la red*. Si Antonio está ejecutando un *grupo de minería*, sus mineros no tienen que estar conectados directamente a la *Red De Bitcoin* en absoluto. Podrían, simplemente conectarse al nodo de Antonio directamente a través de algún *Protocolo Ligero*. Entonces, todos los mineros de Antonio forman esencialmente un *Subgrafo Secreto*. Y resulta, que debido a esta *Topología de Gráficos Ocultos* y al hecho de que Antonio podría tener varios nodos en la red, posiblemente ejecutando varios grupos, Antonio podría ocultar el hecho de que tiene más del 50% de la potencia de hash de la red. Y aún más aterrador, Antonio ni siquiera necesita el 50% de la potencia de hash de la red. Como vimos con los ataques y defensas anteriormente, Bitcoin sufre algunos problemas de *Alineación de Incentivos*, especialmente en el caso de la *minería egoísta*. Resulta que la *Red de Bitcoin* podría estar en peligro si el grupo de Antonio, o los grupos similares, tuvieran el 33% de la tasa de hash de la red. O el 25% ... o el 23,2% ... o el 32% como ya hemos visto en los diferentes tipos de ataques.

Quizás haya un *ataque* o un *plan de minería egoísta* que aún no se ha descubierto y que reduce aún más el umbral de ganancias. Además de la *Topología de la Red*, también tenemos que preocuparnos por la *Latencia de la Red*. Como vimos en *Publicar o Morir*, un *minero egoísta* podría publicar sus bloques secretos justo antes de que sea demasiado tarde. Algunos nodos lo verían como en el *tiempo* y otros lo verían como tarde. Y ese es un buen ejemplo de cómo la *Latencia de la Red* es un problema. Además, considere el caso en el que dos mineros encuentran un bloque válido al mismo tiempo. Hay una carrera para propagarse como antes, y el minero que esté mejor conectado en la red y tenga un tiempo de propagación más rápido finalmente ganaría. Esto conduce a ganancias desproporcionadas en los mineros. Los mineros que están mejor conectados en la red ven las cosas más rápido y también pueden enviar mensajes y bloqueos más rápido. Mientras tanto, es posible que un minero mal conectado pueda pasar todo este tiempo buscando un bloque, y cuando finalmente encuentre uno, su tiempo de propagación podría ser tan lento debido a la *Latencia de la Red* que dentro de ese *Tiempo*, otro minero ya habría encontrado y enviado un bloque que compite con la mayoría de la red. Y ahora algo aún más grande. Piense cuando discutimos los *ataques de Sybil* y cómo no es beneficioso tener más *Identidades* porque en *Prueba de Trabajo*, hacemos que la *potencia computacional* sea el factor limitante. Pero, si somos lo suficientemente inteligentes, podemos lanzar un *ataque Sybil* de otra forma, aprovechando lo que acabamos de ver: *topología de red y latencia*.

Supongamos que Antonio tiene la capacidad de *Inundar* la red con nodos. Estos podrían ser sus mineros o, si es lo suficientemente inteligente, incluso podría escribir malware que haga que las computadoras de las víctimas actúen como *Nodos de Potencia Cero*, simplemente sentado allí escuchando la *Red de Bitcoin* y transmitiendo información a Antonio. Actuarían como sensores. Antonio podría atacar a los mineros honestos aprovechando su dominio de nivel de red. Digamos que Antonio también es minero egoísta y ya tiene algunos *bloques secretos*, que se distribuyen a todos sus nodos de poder 0. Cuando los nodos de Antonios escuchan sobre el *próximo bloque X honesto*, Antonio podría ignorar X y publicar su *bloque secreto P*. Si el bloque P llega a un minero antes que el bloque X, entonces el minero por defecto mina en el bloque P. Entonces, en este ataque, Antonio aprovecha tanto *la Latencia* como *la Topología de la Red*. Antonio está bien conectado y tiene menos *latencia*, y es capaz de propagar su *bloque secreto P* más rápido que si solo tuviera el control de un nodo. También es su propiedad única de la *Topología de la Red*, ya que posee muchos nodos alrededor de la red, y también porque tiene una gran proporción de la *potencia minera* de la red. Como nota final, sepa que en ese mundo virtual, pero muy... muy real, hay muchos más tipos de ataques y de defensas, tales como como *Ataques de Eclipse* y *Minería Obstinada*, que toman en cuenta la *latencia* de la red, *la topología* y más. No queremos hacer un vademécum de ataques y defensas, pero últimamente detectamos una casuística elevada en la formación de *Ataques Cartel*. Veámoslos.

Ataque del Cartel - Ataque 25% - Ataque Económico

¿Podemos imaginar un escenario de un ataque con el que los mineros en connivencia, donde los mineros racionales preferirán unirse a los mineros egoístas para obtener un ingreso mayor que su parte justa? Este *Ataque del Cartel - Ataque 25% - Ataque Económico* como se denomina de las tres maneras, va en contra de la propa Red Bitcoin y como tal, puede tener consecuencias significativas para el precio y la estabilidad del Bitcoin. Los mineros racionales preferirán unirse a los mineros egoístas, y el grupo confabulador aumentará de tamaño hasta convertirse en mayoría. En este punto, el sistema Bitcoin deja de ser una moneda descentralizada. La minería egoísta es factible para cualquier tamaño de grupo de mineros coludidos. Proponemos una modificación práctica al protocolo Bitcoin que protege contra grupos de minería egoístas que controlan menos de 1/4 de los recursos. Este umbral es más bajo que el 1/2 límite asumido erróneamente, pero mejor que la realidad actual donde un grupo de cualquier tamaño puede comprometer el sistema.

La descripción general de alto nivel del ataque es la siguiente: en lugar de actuar como un minero normal y publicar bloques en la red inmediatamente después de encontrarlos, el atacante publica bloques de forma selectiva, a veces sacrificando sus propios ingresos pero también publicando muchos bloques a la vez y obligando así al resto de la red a descartar bloques y perder ingresos. Esto reduce los ingresos del atacante a corto plazo, pero reduce aún más los ingresos de todos los demás, por lo que los nodos neutrales ahora tienen el incentivo de unirse a la coalición del atacante para aumentar sus propios ingresos. Eventualmente, la coalición del atacante se expandiría a más de 50 en tamaño, lo que podría darle al atacante un alto grado de control sobre la red. La estrategia precisa del atacante es la siguiente. El atacante realiza un seguimiento de su propia "cadena privada", que está separada de la "cadena pública" en la que trabaja el resto de la red. Al principio, la cadena privada y la cadena pública comienzan igual. El atacante siempre mina en la cadena privada y mantiene privados los bloques que encuentra. La estrategia dicta exactamente cuándo el atacante debe publicar bloques. Supongamos que la parte del poder de hash de la red del atacante es X, y cuando hay dos cadenas públicas en competencia, la parte de la red que capta la cadena del atacante es Z.

- Estado 0: si la cadena privada del atacante es la misma que la cadena pública, la mía en la cadena privada. Con probabilidad X, el atacante descubre un bloque y avanza al estado 1 (cadena privada 1 bloque adelante). Con probabilidad 1-X, la red pública descubre un bloque y el atacante restablece su cadena privada a la cadena pública.

- Estado 1: si la cadena privada del atacante es 1 más larga que la cadena pública, la mía en la cadena privada. Con probabilidad X, el atacante avanza al estado 2 (cadena privada 2 bloques más adelante). Con probabilidad 1-X, la red pública descubre un bloque, poniendo el sistema en estado 0'.

- Estado 0': El atacante publica su bloque. Ahora hay dos cadenas competidoras, ambas de una cuadra de largo. Con probabilidad X, el atacante descubrirá otro bloque, lo que hará que la red cambie a la cadena privada. El atacante obtiene un ingreso de 2 y el sistema se restablece al estado 0. Con probabilidad (1-X) Z, la red encuentra un bloque encima del bloque del atacante. El atacante y la red obtienen un ingreso de 1, y el sistema se restablece al estado 0. Con probabilidad (1-X) (1-Z), la red encuentra un bloque encima de su propio bloque, la red obtiene un ingreso de 2 y el sistema se restablece al estado 0.

- Estado 2: con probabilidad X, el atacante avanza al estado 3 y obtiene un ingreso de 1 (técnicamente, el atacante obtendrá el ingreso más tarde, pero es más fácil contabilizarlo aquí). Con probabilidad 1-X, la red encuentra un bloque, por lo que el atacante publica su cadena privada de 2 bloques, que sigue siendo un bloque más larga que la cadena pública, por lo que la red cambiará a la cadena del atacante. El atacante obtiene un ingreso de 2.

- Estado n (n > 2): con probabilidad X, el atacante avanza al estado n+1 y obtiene un ingreso de 1. Con probabilidad 1-X, el atacante retrocede al estado n-1.

Para ver por qué funciona esta estrategia, suponga que Z está cerca de uno. En este caso, nunca hay posibilidad de que el atacante tenga que descartar un bloqueo; la única vez que puede ocurrir es desde el estado 0′, y si Z ~= 1, casi toda la red, incluido el atacante y otros nodos, está minando en el bloque del atacante, por lo que el bloque del atacante no se descartará. Por lo tanto, el atacante está minando con total eficiencia. Sin embargo, la red pública puede ver bloques descartados en el estado 0 'y el estado 2, por lo que la red pública está minando con una eficiencia parcial. Por lo tanto, los nodos neutrales (que maximizan las ganancias) tienen el incentivo de unirse a la coalición del atacante para aumentar sus ingresos. A medida que Z disminuye, la ventaja del atacante disminuye; en Z = 0.5, Eyal y Sirer demostraron que el atacante se vuelve más eficiente que la red pública en X > 1/4, y si X > 1/3 el atacante es más eficiente que la red pública en cualquier Z. Entonces, ¿cómo calculamos Z? Actualmente, la red Bitcoin está configurada para seguir una regla simple: cada nodo solo extrae y propaga el primer bloque que ve. Contra atacantes con solo poder minero, esta es una defensa exitosa; debido a que la estrategia del atacante es reactiva, publicando bloques solo después de que lo haga la red pública, Z es cercano a cero. Sin embargo, los atacantes bien financiados (o los atacantes que controlan botnets) pueden montar un "ataque Sybil", creando millones de nodos e insertándolos en la red en tantos lugares como sea posible. Durante un ataque, los nodos de Sybil propagarían solo los bloques del atacante. En este caso, la conjetura de Eyal y Sirer, Z puede potencialmente acercarse mucho a uno. En realidad, eso no es del todo cierto; como mínimo, cada grupo de minería será el primero en escuchar acerca de sus propios bloques, por lo que Z <= 0.8 está esencialmente garantizado, pero es un tema de debate cuánto puede hacer un ataque Sybil.

Para hacer que Bitcoin sea seguro contra los ataques de Sybil, argumentan Eyal y Sirer, los mineros honestos deberían cambiar a la estrategia de propagar todos los bloques y, si reciben múltiples cadenas competidoras de la misma longitud, minar en una al azar. Si todos los mineros implementan esto, tendríamos Z = 0.5, creando un umbral razonable de X >= 1/4 para que este ataque funcione. ¿Es esta una amenaza fatal para Bitcoin? Realmente no. La idea detrás del ataque no es nueva; Se teorizaron ataques muy similares en los foros de Bitcoin ya en 2010, y el propio desarrollador líder de Bitcoin, Gavin Andresen, participó en la discusión. Sin embargo, en ese momento no se tomó ninguna medida, en gran parte porque todos en ese momento consideraron que no valía la pena preocuparse por el ataque en comparación con las otras amenazas que Bitcoin tiene que enfrentar. En la práctica, la mayoría de los mineros de Bitcoin actúan de manera altruista para apoyar la red, tanto por consideraciones ideológicas como porque no quieren desestabilizar la fuente de sus propios ingresos. Tales preocupaciones económicas de alto nivel están más allá del alcance del artículo de Eyal y Sirer, pero reducen seriamente la posibilidad de que este ataque económico funcione en la práctica.

A diferencia de un ataque estándar 51%, que solo se vuelve obvio después del hecho, este *Ataque Económico* o 25%, debería anunciarse con anticipación para que los mineros neutrales sepan que tienen la oportunidad de unirse a la coalición atacante para su propio beneficio. Por lo tanto, los pools de minería prácticamente no pueden lograr esto; tan pronto como uno anuncie su intención de engañar a la red, sus usuarios dejarán de lado las consideraciones ideológicas, e incluso si no lo hacen, es probable que otros grupos de minería ofrezcan grandes descuentos en las tarifas a los usuarios de ese grupo de minería para convencer incluso a los participantes que maximizan las ganancias de que cambiar de distancia Sin embargo, el resultado de Eyal y Sirer, así como el trabajo de otros en los años anteriores, son una parte importante y subestimada de la investigación teórica de juegos en torno a Bitcoin, que nos muestra que la seguridad de la red de Bitcoin es un poco menos infalible que nosotros en primero podría pensar que lo es.

Eclipse attack - Ataque eclipse

Este tipo de ataques es usual y está relacionado con un tipo de ataque a los nodos de una red relativamente sencillo. Con él, lo que pretende el atacante es hacer desaparecer a un usuario de una red peer-to-peer. Lo que el agresor desea es ocasionar una perturbación generalizada o elaborar ataques más sofisticados. Este tipo de ataques va dirigido solo a un nodo de la red y no afecta o inunda toda una red. El gran objetivo de esta modalidad de ataque en la minería de criptomonedas es debilitar a los mineros competidores. Un eclipse attack pretende principalmente desconectar a la víctima del ataque de un flujo de datos válidos. En consecuencia, la víctima comenzará a recibir por parte del agresor una serie de datos manipulados. Este tipo de ataque y manipulación de datos puede ser muy dañino. Cuando se trata de Bitcoin, el objetivo de un *eclipse attack* es el de controlar una cantidad suficiente de direcciones IP para monopolizar todas las conexiones. Seguidamente, el agresor puede explotar a la víctima para atacar el sistema de minería de bitcoin. Como resultado, la función del ataque será debilitar a los mineros competidores. También afecta a la *minería egoísta* y las *bifurcaciones adversas* en la cadena de bloques de Bitcoin. Un *ataque de eclipse* contra Ethereum puede resultar muy distinto a uno realizado contra Bitcoin. Ciertamente, para llevar a cabo un eclipse attack en Bitcoin, el atacante, necesita controlar una gran cantidad de direcciones IP (máquinas) para monopolizar las conexiones que van hacia y desde el nodo de la víctima. Por el contrario, en el caso de los ataques a Ethereum, basta con controlar una o dos máquinas. Como consecuencia, los *ataques de eclipse* en Ethereum pueden considerarse más fuertes y menos costosos que los que se dan contra Bitcoin. Cuando un atacante logra obtener cierto control sobre la red, podrá seguir tomando el control. Seguramente, una vez que tenga el control de todos los nodos, podrá controlar y sabotear el acceso a la red. Finalmente, si un atacante se lo propone, una vez que tenga el dominio de ciertos bloques, podrá manipular *el libro mayor* de la red blockchain.

¿Qué es la ingeniería de carrera de bloques? En el caso de que dos mineros encuentren un bloque simultáneamente, un agresor puede lanzar un *ataque elipse*. De esta forma, el atacante puede ocasionar que los mineros abandonen dicho bloque encontrado. Por consiguiente, el atacante podría tomar estos bloques como suyos. De esta forma, podría obtener una recompensa por ello. ¿Cómo prevenir ataques con el sistema de identificación de pares? Las medidas de prevención siempre van a ser muy importantes para impedir un ataque. En el caso del sistema de identificación de pares, este método es altamente efectivo para evitar los *eclipse attack*. Lo que busca este sistema es que los pares de conexión de red tengan un ID único. En consecuencia, se creará un *árbol de conexiones* en donde se permite conocer e identificar a los que están conectados en la red. Otra medida importante aplicada en la red blockchain para evitar los *eclipse attack* es mantener el control de las conexiones entrantes y salientes. De esta forma, se previene que si sucediese un ataque de nodo, este no sea muy relevante y el agresor deba mantener el control de varios nodos para hacer un ataque exitoso.

¿Por qué es posible realizar un ataque de este tipo? ¿Se pueden evitar de alguna manera? Pues bien, en primer lugar este tipo de ataques son posibles debido a la estructura y las limitaciones del protocolo de comunicación peer-to-peer que use una blockchain. Más específicamente se debe a la limitación en la cantidad de conexiones y selección segura de los nodos. Por ejemplo, en la red Bitcoin el límite de conexiones de salida (las que puedes establecer con otros nodos remotos) es de 8 conexiones. Esto significa que cada nodo de Bitcoin es capaz de mantener conexiones bidireccionales con 8 nodos a la vez. El ciclo se repite en cada nodo, porque este comportamiento es parte del protocolo descrito en Bitcoin Core. Ahora bien, esto representa tanto una ventaja como una desventaja. Por un lado, la ventaja que presenta es que al ser pocas conexiones, se requiere poco poder de cómputo y de ancho de banda. Esto abre las puertas a que cualquier persona desde cualquier parte del mundo pueda tener un nodo de Bitcoin. Con ello se descentraliza la red y se agrega mayor seguridad. Pero la limitación de conexiones también tiene una desventaja, y es que resulta relativamente sencillo secuestrar estas conexiones. El esfuerzo requerido para lograr esto varía dependiendo de las protecciones, el proceso de selección segura de nodos y el tamaño de la red. Pero básicamente lo único que se necesita es *una red de bots* a su control y detectar las direcciones IP del resto de nodos de la red. Así cuando estos nodos reinicien su conexión a la red, los nodos maliciosos pueden intervenir la conexión y tomar el control de la víctima. Ciertamente las redes peer-to-peer (P2P) y la tecnología blockchain son muy seguras, pero la seguridad absoluta no existe.

Este es un tipo de ataque altamente especializado que puede realizarse en redes que usan el Protocolo de Prueba de Trabajo (PoW). Este tipo de ataque fue señalado en 2015 por los investigadores Ethan Heilman, Alison Kendler, Aviv Zohar, y Sharon Goldberg, en su trabajo “Eclipse Attack on Bitcoin’s Peer-to-Peer Network”. Otra consecuencia de este tipo de ataques es el de realizar ataques a los protocolos de segunda capa. Es decir, hacer vulnerable a protocolos como Lightning Network, OmniLayer o RSK en Bitcoin. O Incluso a creaciones derivadas de smart contracts como todas las que se ejecutan sobre Ethereum, EOS o TRON. Esto sería posible porque un *Eclipse Attack* engañaría a su víctima para que vea un estado irreal de la red. Por ejemplo, un canal de pago de Lightning se mostraría como abierto para la víctima, mientras que el atacante ha cerrado el canal llevándose consigo los fondos. En el caso de los smart contracts, los usuarios verían estados inconsistentes de la cadena de bloques. El Ataque Eclipse es también el origen de un tipo de ataque más peligros y de mayor alcance, el Ataque Erebus. Este ataque, es capaz de ejecutar un Ataque Eclipse a gran escala sobre la red, teniendo como resultado la partición de la misma. Como resultado, quien reConsuelo un Ataque Erebus es capaz de partir la red y manejarla a su antojo, pudiendo incluso hacer una Denegación de Servicios (DoS), realizar un Ataque de 51% o crear un hard fork de la blockchain. El Ataque Erebus es un ataque descrito en 2019 por Muoi Tran, Inho Choi, Gi Jun Moon, Anh V.Vu y Min Suk Kang, de la Universidad Nacional de Singapur.

El Riesgo Legal en DevOps ¿Cuáles son los principales riesgos jurídicos al implementar DevOps en una empresa?

En cierta ocasión acudieron dos empresas al Despacho para ser asesoradas sobre una fusión que pretendían hacerse mutuamente. Nos aportaron los documentos y contratos habituales en estos casos. Por resumir vimos que en dicha documentación, la fusión de las dos empresas se hablaba de: las ventajas de la fusión, aportando datos empresariales, la experiencia legal y comercial en una variedad de sectores. Se comentaba el factor de innovación de productos/servicios en sector de la tecnología legal. Se destacaba el hecho de que la fusión se hubiera realizado de manera virtual (tokenizando activos), como ejemplo a los clientes. Se nombraban los galardones en Propiedad Intelectual y Legaltech con sendos productos: Producto 1, una herramienta de protección de la propiedad intelectual que utiliza inteligencia artificial (IA) de vanguardia para identificar infracciones de diseño, y Producto 2, un sistema de análisis de contratos que proporciona opiniones legales detalladas y específicas del cliente fácilmente accesibles para cualquier usuario empresarial sobre cualquier aspecto de un libro de contratos. El CEO nos hablaba de "cambio de modo de trabajo" usando la I.A. para lograr identificar errores y duplicidades en un contrato, utilizando tecnología de procesamiento de lenguaje natural. ¿Cuáles son los principales riesgos jurídicos al implementar DevOps que se recogen en el texto?

Premisa 1: Como profesional del Derecho sería negligente por nuestra parte llevar a cabo un análisis legal y jurídico del contrato, sin tener acceso al mismo y por tanto sin saber si se cumplen los requisitos de un contrato (nacional o internacional), el tipo de estrategia, los objetivos de la empresa, el convenio laboral, Protección de datos, Seguridad laboral, protección de los empleados o a la salud, Si es aplicable el Derecho Internacional Público/Privado, Contratación Pública, concurso de acreedores....etc., etc., etc.

Comentario explicativo: El *Riesgo Legal* es un tipo de *Riesgo Empresarial* muy amplio, que tiene un importante impacto en la estrategia de las compañías. Este riesgo se presenta como *la probabilidad de que se produzcan pérdidas como consecuencia de que las actividades de la empresa no cumplen con la legislación y la normativa vigente, o porque la contraparte no tiene la autoridad legal para realizar una transacción*. Así, es un riesgo que tiene la doble condición de estratégico y operacional, aunque en el entorno financiero puede afectar más a la estrategia. La gestión de los *Riesgos Legales* es clave en sectores muy regulados como el financiero o el farmacéutico, y suelen formar parte de los sistemas de *Compliance* de las organizaciones. Las amenazas que se derivan del incumplimiento de obligaciones legales y contractuales deben tenerse en consideración a los efectos de disponer de un *Mapa de Riesgos* completo, así como de un *Sistema de Gestión de Riesgos*, que permita identificarlos, valorarlos y gestionarlos de forma adecuada. El *Riesgo Legal* ha de ser tenido en cuenta por parte de todos los departamentos de la empresa. Y es que es un riesgo multi-localizado, que afecta a diferentes entornos. Los principales tipos de riesgo legal son los siguientes:

- *Corporativos:* Son fruto de la naturaleza y estructura legal de la organización. Son los riesgos fiscales, los de responsabilidad civil, ausencia de documentación, etc.

- *Riesgos de Activos*: Tienen que ver con la protección del valor de los activos tangibles e intangibles.
- Los *Riesgos Legales Contractuales*: Son riesgos asumidos voluntariamente por la firma de contratos, errores en los contratos, incapacidad de la empresa de cumplir lo pactado, cancelación de contratos, etc.
- *Riesgos de Litigio*: Están relacionados con la resolución de disputas en tribunales, fruto de demandas, conducta de empleados...
- El riesgo regulatorio: Este riesgo implica la imposición de sanciones por infracciones y el cambio de las leyes que pueda afectar negativamente a la empresa. Hablamos de cambios en la regulación del comercio, regulaciones fiscales, etc.
- *Riesgos Constitutivos*: Aparecen en el momento de la constitución de la sociedad. Afecta a la denominación de la empresa y a la regulación del tipo de empresa: SA, SL, cooperativa,...
- Los *Riesgos Territoriales*: Aquí se encuadran tratados, sentencias vinculantes, normativas de la Unión Europea, normativa internacional, etc.
- *Riesgos Extintivos*: Son riesgos legales relacionados con concursos, quiebras, quitas o liquidaciones.
- *Protección de Datos*
- Asegurar el cumplimiento por parte de la organización con sus obligaciones legales, estatutarias y regulatorias, así como que los que gestionan y su staff trabajan en la consecución de los objetivos de la organización, mientras trabajan dentro del marco de cumplimiento definido por el cuerpo de gobierno.

Resumen: No obstante podemos intuir que los *Riesgos Legales* que se enfocan en este tipo de acuerdos virtuales, básicamente se resumen en:

- Protección de Datos, Protección de la propiedad intelectual y Confidencialidad de la información en el caso de ambas herramientas Producto 1 y Producto 2
- Procesamiento de lenguaje natural, Reutilización de información pública y privada, Interoperabilidad de datos públicos y privados en la segunda herramienta Producto 2

Cualquier *Procesamiento del Lenguaje* se basa en el uso de recursos diversas procedencias. En particular, las *tecnologías de procesamiento de lenguaje* requieren el uso de grandes volúmenes de recursos lingüísticos como corpus de textos (textos científicos, documentos traducidos y memorias de traducción, contratos, sentencias, patentes, textos anotados, etc.), listas de nombres (de personas, organizaciones, marcas, topónimos, etc.), taxonomías y clasificaciones o terminologías y diccionarios. Asimismo, los recursos no solo pueden estar en formato de texto sino que eventualmente también se pueden utilizar como recursos vídeos, imágenes o fotografías respecto a las que serán de aplicación las mismas consideraciones que se hagan a continuación. Las tecnologías del lenguaje se basan en el uso y la reutilización de información de muy distinto origen y tipología. Con frecuencia, los recursos utilizados no están en posesión o son de titularidad del organismo o entidad que los procesa. Estos recursos deben estar a disposición de desarrolladores no sólo en unos formatos técnicos sino también en unas condiciones jurídicas que faciliten su utilización. Ello implica la necesidad de tener en cuenta un amplio abanico de normas para poder determinar si un determinado recurso lingüístico puede ser utilizado por las tecnologías del lenguaje, con que finalidad y bajo qué condiciones.

- Los datos abiertos de interés lingüístico
- La reutilización de los recursos públicos de interés lingüístico
- La interoperabilidad de los recursos lingüísticos
- Condiciones para licenciar la reutilización de recursos lingüísticos
- La apertura de los recursos privados de interés lingüístico
- Los regímenes que pueden restringir la apertura de los recursos
- La protección de la propiedad intelectual
- La protección de los datos personales y la anonimización
- La confidencialidad de la información
- El papel de las administraciones públicas en la apertura de procesadores del lenguaje
- La contratación del desarrollo de los procesadores
- La protección jurídica de los procesadores
- Licencias para la apertura de los procesadores
- Gestión del riesgo y evaluación de impacto en tratamientos de datos personales. Aplicación de la gestión del

riesgo en el ámbito de la protección de datos, y los nuevos criterios e interpretaciones, tanto de la AEPD como del Comité Europeo de Protección de Datos (CEPD) y del Supervisor Europeo de Protección de Datos (SEPD)

Referencias Normativas:

Sobre protección de datos

- Me remito a lo que expuesto en otras páginas de este libro
- Reglamento (UE) 2016/679 del Parlamento Europeo y del Consejo, de 27 de abril de 2016, relativo a la protección de las personas físicas en lo que respecta al tratamiento de datos personales (Reglamento General de Protección de Datos, en adelante RGPD)

Sobre otros aspectos mencionados:

- Ley 14/2011, de 1 de junio, de la Ciencia, la Tecnología y la Innovación
- Ley 9/2017, de 8 de noviembre, de Contratos del Sector Público, por la que se transponen al ordenamiento jurídico español las Directivas del Parlamento Europeo y del Consejo 2014/23/UE y 2014/24/UE, de 26 de febrero de 2014..
- Open Source Initiative. Accesible en: https://opensource.org/
- Portal Datos abiertos Aviso legal http://datos.gob.es/datos/?q=aviso-legal
- Open Data Euskadi Información legal http://opendata.euskadi.net
- Dades obertes gencat Avís legal http://www20.gencat.cat/
- Portal Open Data Xunta de Galicia Condiciones de uso http://abertos.xunta.es/portada
- Datos Abiertos Junta de Andalucía Condiciones de uso http://www.juntadeandalucia.es/datosabiertos/portal.html
- Catálogo de Datos de Asturias Términos de uso http://risp.asturias.es/catalogo/index.html
- Portal de Datos Abiertos de la Junta de Comunidades de Castilla-
- La Mancha Licencia de uso http://opendata.jccm.es

- Portal de Gobierno Abierto de la Comunidad Foral de Navarra Términos de uso http://gobiernoabierto.navarra.es/es/open-data
- Portal del proyecto Dades Obertes CAIB Acord de Consell de Govern http://www.caib.es/caibdatafront/index?lang=ca
- Portal de Datos Abiertos Castilla y León Aviso legal http://www.datosabiertos.jcyl.es
- Aragón Open Data Términos de uso y licencias http://opendata.aragon.es
- Dato Abierto Rioja Términos de uso http://www.larioja.org/npRioja/default/defaultpage.jsp?idtab=758984
- Convenio de Berna para la protección de las obras literarias y artísticas (1886), el Tratado OMPI sobre Derecho de autor (Ginebra, 1996) y el ADPIC-Acuerdo sobre los Aspectos de la Propiedad Intelectual Relacionados con el Comercio (1994). Todos ellos son accesibles a través del web de la Organización Mundial de la Propiedad Intelectual (OMPI/WIPO) y de la Organización Mundial del Comercio (OMC/WTO): http://www.wipo.int y http://www.wto.org/.
- 17 Directiva 91/250/CEE (derogada y codificada por la Directiva 2009/24/CE), sobre la protección de los programas de ordenador; Directiva 93/98/CEE (derogada y codificada por Directiva 2006/116/CE), sobre plazo de protección y modificada por la Directiva 2011/77/UE, sobre plazo de protección de los fonogramas; Directiva 96/9/CE, sobre bases de datos; Directiva 2001/29/CE, sobre derechos de autor y conexos en la sociedad de la información; Directiva 2012/28/UE, sobre obras huérfanas

Aparte de lo anteriormente citado: Así pues, mientras que el *Despliegue Continuo* no es quizás lo mejor para los equipos legales de todas las empresas, especialmente para aquellas que deban cumplir con requisitos legales, la *Entrega Continua* es un requisito indispensable en la cultura DevOps. ¿Podemos automatizar las revisiones del código para detectar errores comunes? ¿Es posible automatizar los sistemas para vincular problemas, incidentes y solicitudes a los cambios o publicaciones que puedan haberlos desencadenado? ¿Podemos automatizar los controles y balances que nos impiden publicar código que no cumpla con los requisitos legales o de seguridad? ¿Es posible automatizar los sistemas para que congelen las publicaciones nuevas si nos acercamos demasiado a nuestros compromisos de

SLO? Las métricas que tendrán que supervisar los equipos dependerán del equipo en cuestión, de los compromisos que se hayan adquirido con los clientes en los SLA, de los objetivos de SLO acordados con la organización y de los problemas específicos que quieras abordar. También es importante ser consciente de que las métricas no son estáticas: si algo cambia dentro de la empresa, como los productos a los que TI presta soporte, las necesidades de las partes interesadas o las obligaciones legales o de seguridad externas, es posible que también haya que cambiar las métricas que se supervisan y cómo se supervisan.

Debemos ser conscientes que cuando nos bajamos una *Licencia de Código Abierto,* aunque sea gratis, asumimos la responsabilidad legal del tema. Tienes que encargarte de ella, tienes que trabajarla y tienes que entrenarla, necesitas un lugar al que acudir en busca de apoyo y puedes modificarlo según sea necesario. Pero eso no solo requiere habilidades técnicas, también requiere un nuevo enfoque de la *Propiedad Intelectual Corporativa* ¿Cuál es nuestro valor agregado como empresa? ¿Qué es lo que es exclusivo para nosotros y debemos mantenerlo internamente? ¿Y qué podemos aportar a la comunidad y de qué permisos disponemos? No hay ningún precedente legal sólido. Google versus Oracle es lo más aproximado que he encontrado.

Otra cuestión intrínseca es la formación en Nuevas Tecnologías de los abogados. Un gran punto de conflicto son las "Licencias" ¿Qué licenciamos y cómo licenciamos las cosas de código abierto que creamos dentro de nuestra empresa? La perspectiva legal de las empresas también se ha complicado aún más por los diversos enfoques entre los proveedores y las fundaciones de código abierto para los acuerdos de derechos de autor, y una falta generalizada de precedentes legales para guiar a los asesores corporativos en cuestiones de propiedad intelectual de código abierto. El mundo de los acuerdos de licencia de contribuyente (CLA) es una sopa de letras de acrónimos, incluido el acuerdo de licencia de contribuyente individual (ICLA), el acuerdo de licencia de contribuyente corporativo (CCLA), el Acuerdo de subvención de software (SGA) y el certificado de origen de desarrollador (DCO). Todos certifican de diferentes formas que un colaborador de un proyecto de código abierto tiene el derecho legal de donar su código y que el código no estará sujeto a disputas de derechos de autor más adelante. Incluso los departamentos legales con experiencia pueden experimentar confusión al tratar con las diferentes formas de CLA utilizadas por las diversas bases de software de código abierto, así como las reglas de gobierno que determinan cuándo y cómo se usan. Hay ciertas cosas, tales como Smartcontracts, documentos, acuerdos de derechos de autor, que son difíciles de legislar debido a la diferencia temporal entre el Desarrollo y el legislador. Está surgiendo una categoría de software llamada gestión de servicios empresariales Fintech, Edutech, Legaltech. etc. que están comenzando a expandir sus productos como Jira Service Desk, ahora es Jira Service Management, para adaptarse a los equipos legales y de recursos humanos; los cuales suelen tener interfaces de código bajo o sin código para esos sectores y ofrecer cosas como tipos de servicios de intranet corporativa.

Seguridad DevOps

Inicialmente DevOps fue pensado para proveer servicios a las empresas de informática basando la seguridad en los contenedores y de manera estática en las imágenes. A medida que las prácticas de DevOps maduraron en la industria, la seguridad se dejó en la periferia. Con un desarrollo ágil e implementaciones de código rápidas, también vimos una ola de introducciones rápidas de vulnerabilidades en las aplicaciones. Y dado que la mayoría de las pilas de DevOps priorizan la funcionalidad y la velocidad sobre la seguridad, a los profesionales a menudo se les desaconseja pasar por controles de seguridad, ya que ralentiza el proceso. Sin embargo, brechas reveladoras como la de British Airways de 2018, demostraron lo importante que es mejorar nuestras prácticas de DevOps e integrar tantos controles de seguridad como sea posible. Especialmente después de ver las consecuencias legales y las multas de GDPR a las que British Airways enfrentó recientemente. Más adelante surgió el tema de la Protección de datos, LPD, donde cada país iba legislando a su modo, hasta llegar a los cambios actuales de GDPR. También surgió el concepto de cumplimiento y obligaciones legales. Para hacer frente a ello se creó DevSecOps que amplía los componentes de desarrollo (development) y de operaciones (operations) añadiéndoles estrategias de seguridad (security). Se trata, por lo tanto, de la integración directa de los elementos de seguridad más importantes en el proceso de desarrollo. Ahí es donde entran en juego las herramientas de prueba de seguridad de aplicaciones (AST). Hay dos tipos principales de AST (hay más de dos, pero estos son los más comunes): AST D (dinámico) y AST S (estático). La diferencia entre los dos es que las herramientas SAST escanean el código en busca de vulnerabilidades y las herramientas DAST escanean la aplicación una vez que es funcional. Los ataques de phishing e ingeniería social falsos son tan frecuentes como los hackers y malwares, por ello es aconsejable formar a los desarrolladores con *Listas de Verificación* de aplicaciones web para actuar de manera preventiva y reactiva. Son muy aconsejables las *Técnicas de Pentesting* (de caja blanca "White Box", de caja negra "Black Box", de caja gris "Grey Box")

Pentesting, Pentester.... ¿Ha oído hablar de estos términos? ¿Quién es el Pentester? Se ha preguntado alguna vez quiénes son las personas que velan por la seguridad, tanto de las empresas como de la nuestra. Sabía que actualmente es imprescindible para cualquier pequeña, mediana o gran empresa invertir en ciberseguridad que evite, o al menos contenga, los ciberataques. Cierto es que en los últimos años el número de ciberataques han aumentado significativamente debido a la proliferación de virus, malwares y a la creación de nuevas técnicas cada vez más sofisticadas. ¿Quién no ha recibido un rasomware pidiéndole una cantidad determinada de bitcoins a cambio de liberar sus Sistema secuestrado? Por eso, todas las empresas se enfrentan a riesgos que ponen en peligro su sistema y pueden dejar expuesta información confidencial. No todas las organizaciones son conscientes de los riesgos a los que se enfrentan y por eso las brechas de seguridad siguen creciendo. Vivimos en una época de constantes cambios tecnológicos y uno de los mayores retos de la seguridad informática son precisamente estos avances. ¿Qué es el Pentesting y en qué consiste el trabajo del Pentester? El Pentesting es una abreviatura formada por dos palabras *"penetration"* y *"testing"* y es una práctica/técnica que consiste en atacar diferentes entornos o sistemas con la finalidad de encontrar y prevenir posibles fallos en el mismo. El Pentesting o también llamado *Test de Penetración* está diseñado para determinar el alcance de los fallos de seguridad de un sistema.

Existen varios tipos de Pentesting que se clasifican según el tipo de información que se tenga a la hora de realizar los test:

1.- *Pentesting de caja blanca "White Box"*: En este caso, el Pentester o Auditor conoce todos los datos sobre el sistema: Estructura, contraseñas, IPs, firewalls... Y suele formar parte del equipo técnico de la empresa. Es el más completo y forma parte de un análisis integral de la estructura. Gracias a toda esta información preliminar es relativamente fácil saber qué puede ser modificado o mejorado dentro de la arquitectura del sistema.

2.- *Pentesting de caja negra "Black Box":* Es el tipo de pentesting más "real" ya que, el Pentester no tiene apenas datos sobre la organización y actúa como un ciberdelincuente más. Por eso, como si fuera una prueba "a ciegas" se debe descubrir las vulnerabilidades y amenazas en la estructura de la red.

3.- *Pentesting de caja gris "Grey Box"*: Puede definirse como la mezcla de los dos anteriores, el auditor posee cierta información a la hora de realizar el test, la suficiente para no partir de cero. Es el tipo de pentest más recomendado ya que se necesitará tiempo y medios para poder realizar este test de penetración en su totalidad.

Gobernanza y Gobierno abierto

El concepto de *Digitalización de la Sociedad* promete revolucionar aún más estos cambios, al permitir el tratamiento de cualquier tipo de información, bajo cualquier formato, sin estructurar y en volúmenes insospechados, desde cualquier lugar y con la flexibilidad que ofrece la arquitectura de nube facilitando no solo la toma de decisiones con mayor rapidez, sino también la innovación y el incremento de productividad así como mejorar la sostenibilidad económica y medio ambiental. Los estudios realizados por Jon Thorpe, Peter Weill y Jeanne Ross en 2004 en el MITCISR , Mark Tommey en Australia, Van Gremberger y Steven Haas en la Universidad de Amberes y otros muchos más, llevaron a la publicación por vía de urgencia de la norma ISO/IEC 38500, en el año 2008, modificada en 2014, que es un estándar internacional que proporciona principios, definiciones y un modelo para los cuerpos de gobierno que puede ser utilizado cuando se evalúe, dirija o se monitorice el uso de la TI en sus organizaciones. Este modelo hace especial énfasis en la diferencia entre gobernanza y gestión. En el año 2010 se publica la norma ISO 26000 sobre Responsabilidad Social Corporativa la cual guía a las organizaciones sobre varios aspectos de la responsabilidad social - societaria, del medio ambiente, legal, cultural, política - establece una lista de principios para guiar la política de las organizaciones en esta área. El estándar define el término "gobernanza organizacional" y promueve la actividad de buena gobernanza como el núcleo desde el cual pueda fluir el trabajo para implementar los principios. El estándar ofrece un marco de referencia para el gobierno eficiente de la TI, con el objetivo de que los más altos directivos de una organización comprendan y satisfagan sus compromisos legales y obligaciones éticas en relación con el uso de la TI dentro de su organización.

Usos de Blockchain en la construcción de una ciudad inteligente

A menudo se describe blockchain como **un ecosistema colaborativo** que, por sus características, tiene potencial para resolver los problemas de confianza entre las partes involucradas. Es una tecnología que nos ofrece una base de datos descentralizada y distribuida con documentación encriptada para compartir información de manera segura. A continuación, observamos algunos ejemplos sobre cómo la implementación de blockchain puede mejorar una ciudad inteligente.

Aumentar la efectividad

Uno de los componentes básicos de la **modernización de las ciudades es la tecnología IoT (*Internet of Things*)**. Estos sistemas requieren de una base de datos para almacenar y analizar la información que producen. Sobre la base de estos datos, se toman otras acciones, que también deben registrarse y almacenarse en algún lugar. Por ejemplo, en el caso de un contenedor de basura inteligente, primero se genera la información 'está llena'. La persona responsable de vaciarla, recibe este dato. Una vez que el contenedor está vacío, se genera otra información sobre su estado actual. Con otros sistemas de almacenamiento de datos, el uso de varios dispositivos y sistemas por parte de varios participantes que pueden necesitar acceso a la misma información al mismo tiempo, puede conllevar algunos problemas. Blockchain ofrece la posibilidad de tener toda la información en una base de datos con participantes que tienen permisos predefinidos para ver o modificar la información que necesitan.

Aumentar la confianza

Las ciudades de hoy operan en un entorno donde los residentes tienen poca confianza en el gobierno, pero al mismo tiempo tienen cada vez las expectativas más altas. Blockchain puede ayudar a cumplir con estas expectativas, al tiempo que ofrece a las comunidades un mayor nivel de autonomía y control. Por ejemplo, las plataformas de votación basadas en blockchain pueden lograr una votación segura, anónima y única de manera descentralizada (digitalizada), al eliminar las ineficiencias y complejidades que caracterizan otras formas de votación. Dichas plataformas se pueden utilizar también para encuestar a los ciudadanos con el fin de promover las iniciativas de la ciudad. De esta manera, la ciudad pone a la disposición de la ciudadanía una manera de ejercer su derecho a voto más cómodo y compatible con su vida cotidiana.

Motivar a los ciudadanos a hacer elecciones inteligentes

Blockchain ofrece la posibilidad de crear incentivos para motivar el comportamiento sostenible de los ciudadanos. Utilizando esta funcionalidad, las ciudades o los gobiernos pueden lograr que los ciudadanos tomen mejores decisiones para la sociedad. Por ejemplo, supongamos que el transporte público de la ciudad utiliza blockchain y cada usuario tiene una billetera en su teléfono que puede usar para pagar por sus viajes. Si usted, como ciudadano, decide que usará el transporte público esta semana en lugar de conducir al trabajo todos los días, la ciudad verá esta acción. Gracias a un contrato inteligente, podrá darle automáticamente una recompensa por el comportamiento consciente del medioambiente. Esto podría resultar en un descuento en su factura de electricidad del próximo mes, transporte público gratuito durante el fin de semana o cualquier otra cosa que la ciudad considere apropiada para motivar a los ciudadanos. Las posibilidades de incentivo son casi infinitas y ofrecen oportunidades de ahorro y mejora la calidad de vida en la ciudad.

Eficiencia energética

Las compañías que buscan mejorar el proceso de producción y distribución de electricidad también se están estableciendo en blockchain. Por ejemplo, los ciudadanos con paneles solares en sus casas podrían, gracias a estos proyectos, intercambiar automáticamente la electricidad no utilizada con sus vecinos y otros que están conectados a la red. Estas transacciones se realizan automáticamente, con la ayuda de contratos inteligentes y, por lo tanto, se lograría la efectividad. Este método no sólo crea un incentivo para que las personas avancen hacia fuentes de energía sostenibles, sino que también permite un uso más eficiente de la energía producida.

Fuentes:

https://sunlightfoundation.com/
https://datos.gob.es/
Ley 3/2014, de 11 de septiembre, de Transparencia y Buen Gobierno de La Rioja.

Perspectiva legal del FinTech y de las Criptomonedas

La nueva realidad FinTech transforma mercados, intermediarios, productos y servicios financieros que deben venir acompañados de mecanismos jurídicos que garanticen la efectiva tutela del usuario, la protección de sus datos personales frente a la explotación comercial y la integridad de los mercados financieros. Se deben analizar jurídicamente los siguientes aspectos:

- Concepto legal de plataforma intermediaria de la contratación
- La estructura triangular del mercado regido por las plataformas intermediarias de la contratación
- Las relaciones entre la plataforma intermediaria y sus «usuarios profesionales»
- Las relaciones entre la plataforma intermediaria y el destinatario de los bienes o servicios contratados

- Las posibles vías de intervención legislativa sobre la actividad de las plataformas intermediarias en línea
- Régimen jurídico del token inmobiliario, criptomonedas
- Figuras jurídicas diferentes de la tokenización de activos
- Smart contracts
- El proceso de formación de la voluntad en los contratos automatizados
- El nuevo marco regulador de los servicios de pagos
- Régimen sancionador
- Régimen jurídico del crowdfunding de inversión
- Régimen jurídico societario
- Relación contractual entre los usuarios y la plataforma

Recomendación

https://tienda.wolterskluwer.es/p/perspectiva-legal-y-economica-del-fenomeno-fintech#.YUHEKOQyA6p.linkedin

Otras cuestiones legales a considerar para el futuro inmediato que aconsejamos en el Despacho:

La importancia de la capacidad de *Demostrar el Cumplimiento*. Las empresas deben hacer todo lo posible y establecer un gobierno y permisos globales y universales para todas las interacciones, experiencias y gestión de datos. Por poner ejemplos de legislaciones a cumplir según países, cito las siguientes:

- Ley de Derechos de Privacidad de California (CPRA), Ley de Privacidad de Colorado después de que se hicieron una serie de revisiones. La ley debe entrar en vigor el 1 de julio de 2023. La Ley otorga a los consumidores que residen en Colorado cinco derechos clave sobre sus datos personales. En primer lugar, tienen derecho a optar por la venta de sus datos personales, el procesamiento de datos personales con fines publicitarios específicos y la elaboración de perfiles automatizada para promover decisiones que produzcan efectos legales o de importancia similar. También tienen derecho a acceder a sus datos personales en poder de un controlador de datos y el derecho a realizar correcciones en sus datos personales si se identifican inexactitudes. Por último, tienen derecho a que se les faciliten sus datos en un formato portátil y listo para usar, y el derecho a que se borren sus datos personales.

- Reglamento general de privacidad de datos (GDPR) en Europa. Reglamento (UE) 2016/679 del Parlamento Europeo y del Consejo, de 27 de abril de 2016, relativo a la protección de las personas físicas en lo que respecta al tratamiento de datos personales y a la libre circulación de estos datos.
- "Algorithm charter for Aotearoa New Zealand" (Carta de Algoritmos de Nueva Zelanda), que establece los principios que deben aplicarse cuando una evaluación de impacto del uso de un algoritmo revele un riesgo significativo para los derechos de los ciudadanos: Transparencia, protección de la ciudadanía, adecuación del uso de datos, protección de la privacidad, la ética y los derechos humanos, y la supervisión humana.
- Iniciativas legislativas de la Unión, el 20 de octubre de 2020 el Parlamento Europeo dictó la Resolución 2020/2012(INL) con recomendaciones destinadas a la Comisión sobre el "Marco de los aspectos éticos de la inteligencia artificial, la robótica y las tecnologías conexas", así como la Resolución 2020/2014(INL) con recomendaciones destinadas a la Comisión sobre el "Régimen de responsabilidad civil en materia de inteligencia artificial".
- Ley de privacidad del consumidor de California (CCPA)
- Ley de derechos de privacidad del consumidor (CPRA) en California
- Ley Cloud de EE. UU. 2018
- Ley de Ciberseguridad de China de 2017
- CASL de Canadá.
- El RGPD y la Ley Europea de Ciberseguridad.
- La Ley de Ciberseguridad 5G
- Anteproyecto de Ley de Startups
- Ley de Creación y Crecimiento Empresarial
- Reforma de la Ley Concursal
- Ley Orgánica 5/2002, de 19 de junio, de las Cualificaciones y de la Formación Profesional,
- Real Decreto 479/2020, de 7 de abril, por el que se establece el Curso de especialización en ciberseguridad en entornos de las tecnologías de la información y se fijan los aspectos básicos del currículo, modificado por el Real Decreto 261/2021, de 13 de abril, por el que se establece el Curso de especialización en Desarrollo de videojuegos y realidad virtual y se fijan los aspectos básicos del currículo, se modifican diversos

Reales Decretos por los que se establecen cursos de especialización y los aspectos básicos del currículo y se corrigen errores del Real Decreto 283/2019, de 22 de abril y del Real Decreto 402/2020, de 25 de febrero, por los que establecen los títulos y los aspectos básicos del currículo.

- Real Decreto Legislativo 1/2013, de 29 de noviembre, por el que se aprueba el Texto Refundido de la Ley General de derechos de las personas con discapacidad y de su inclusión social. Asimismo, hace efectivo el derecho de igualdad de oportunidades y de trato entre mujeres y hombres en cualquier ámbito de la vida, como dispone el artículo 1 de la Ley Orgánica 3/2007, de 22 de marzo, para la igualdad efectiva de mujeres y hombres, y garantiza la integración del principio de igualdad y no discriminación por razón de identidad de género o expresión de género, dando cumplimiento a lo que establece la Ley 3/2016, de 22 de julio, de Protección Integral contra la LGTBIfobia y la Discriminación por Razón de Orientación e Identidad Sexual en la Comunidad de Madrid y la Ley 2/2016, de 29 de marzo, de Identidad y Expresión de Género e Igualdad Social y no Discriminación de la Comunidad de Madrid.

¿Crees que las firmas de abogados están desarrollando softwares propios utilizando DevOps? ¿Y las compañías de Legal Tech?

Los grandes despachos, los Big Four etc. están desarrollando legaltech desde hace años. BlackBoiler obtiene dos patentes más para su producto de revisión de contratos asistido por Inteligencia Artificial. El sector está sufriendo una transformación agilizando procesos rutinarios como la generación automatizada de documentos legales, los Smart Contracts, los softwares de gestión y tramitación de expedientes, o las infinitas posibilidades de analítica de datos aplicada al tratamiento de grandes volúmenes de documentación. Digitalización de los despachos, La cultura del dato: Legal analytics, La inteligencia colectiva, La Gig economy: el talento digital, Digital Selling para unir a despachos y clientes, Chatbots para servicios jurídicos bajo demanda, Protección X.0 para facilitar la solicitud de patentes. Basten dos ejemplos actuales. Ross ¡primer abogado robot¡ de Baker & Hostetler encargado de las quiebras. Y desde el 2.014, en Deep Knowledge Venture (DKV) se usan robots en las decisiones del Consejo de Administración. Aun habrán de evolucionar con la incorporación de la I.A. y la robótica a los futuros Consejos de Administración, desde aquellos planes de carrera basados tan solo en el principio de up or out durante 20 años antes de ser socio. Las herramientas tecnológicas en el sector legal, agrupadas bajo el término «Legal Tech», Se identifican claramente las implicaciones estratégicas y legales de tecnologías como el blockchain, la inteligencia artificial (IA) o los smart Contracts.

Varias tendencias en la evolución del mercado de tecnología legal (es decir, paisajes cambiantes de negocios legales, modelos de entrega, segmentos del mercado legal y tecnologías disruptivas, análisis de costo-calidad-beneficio. La madurez del ecosistema de tecnología legal, la automatización, el aumento de la transparencia, la innovación y el cambio de generación ha dado un impulso a las nuevas empresas de tecnología legal. El primer segmento de empresas emergentes de tecnología jurídica(es decir, firmas como Great Way Great Win, Rocket Lawyer y Legal Zoom), derecho inteligente y redacción de contratos inteligentes (empresas como ShakeLaw, smartlaw.de y synergist.io). El segundo segmento trabaja en un modelo de negocio múltiple, que incluye mercados legales electrónicos, redes y plataformas multilaterales para servicios L2C, L2B y L2L. El tercer segmento de nuevas empresas de tecnología legal trabaja en un modelo de gran negocio y contiene una gran variedad de herramientas de alta tecnología para flujos de trabajo, procesos y tareas legales específicos. Esta categoría incluye revisión de documentos, descubrimiento electrónico, administración de activos de propiedad intelectual, ensamblaje automatizado de documentos, administración de contratos legales, análisis de investigación legal y administración de prácticas legales. Descubrimiento electrónico las empresas incluyen Kcura, Epiq, Recommind, Zapproved y CS Disco; Las empresas de gestión de activos de propiedad intelectual incluyen Anaqua, Lecorpio, AcclaimIP y Trademarknow; las empresas de gestión de contratos legales incluyen lexalgo.com, knowledgetools.de y normfall.de; Las firmas de análisis de investigación legal incluyen CaseText, Judicata, RavelLaw y LexMachina; y las empresas de soluciones de gestión de la práctica jurídica incluyen RAMICRO, AnNoText, Renostar, Lawpal, Clio y ViewABill. El cuarto segmento de startups legales proporciona plataformas de resolución de disputas en línea (ODR). El quinto segmento del modelo de negocio de las nuevas empresas de tecnología legal trabaja en las soluciones de tecnología legal más avanzadas, es decir, los sistemas legales de inteligencia artificial. Por ejemplo, en el laboratorio del programa de innovación NextLaw. Empresas de adscripción, Empresas de Asesoría Jurídica y Empresarial (Avtikka, General Counsel Limited, Innova Counsel, LLP y Conduit Law). Empresas de acordeón de bufetes de abogados (Counsel On Call, Montage Legal Group, Custom Counsel y Cadence Counsel). Empresas y despachos de abogados innovadores como Smithline PC. Mutualidad de la Abogacía ha lanzado ALMA, su chatbot conversacional desarrollado con Inteligencia Artificial. Jurimetria y vLexCloud, Luminance, IA legal, Lawyou, UNAES, Emérita Legal, Aplicaciones de los chatbots en el sector jurídico. Procesamiento del Lenguaje Natural al sector legal RigoBERTa. Centinela Canal De Denuncias El servicio ofrecido por Lefebvre se basa en un proceso que se centra en el desarrollo de una cultura ética en el seno de la empresa cumpliendo con la normativa en materia de prevención de delitos. Asegura un sistema de alerta y detección de irregularidades que genera evidencias para la potencial exención o atenuación de responsabilidad penal de la persona jurídica. Garantiza la protección al denunciante mediante su anonimato en caso de que fuera necesario. El servicio Centinela Canal de Denuncias de Lefebvre consta del software Centinela Canal de Denuncias + el servicio personalización o consultoría de implantación del canal de denuncias.

Resumen Quinto Capítulo

Estrategias de pool

Los mineros pueden maximizar las ganancias a través del *Salto de Grupo*. Esto ocurre cuando los mineros cambian entre los grupos de minería de esquema de pago por acción y proporcional a cualquier protocolo de pago que produzca recompensas más altas por acción adicional. En este escenario, los mineros de grupo, honestos y leales serán estafados de sus ganancias por los mineros que agrupan el salto y causan inconsistencia en la tasa de hash del grupo.

Canibalización de piscinas

En este ataque, los mineros de grupos distribuyen un pequeño porcentaje de la potencia minera por igual entre otros grupos, sin enviar bloques válidos. Al hacerlo, aumentamos las ganancias personales en detrimento de nuestros grupos de minería. La canibalización de piscinas es muy difícil de detectar, a menos que sea estadísticamente significativa. Dado que es más rentable ser deshonesto que honesto, los mineros están incentivados a gastar el poder de la minería canibalizándose entre sí en lugar de aumentar la tasa de hash útil para encontrar el siguiente bloque válido. Si modelamos la elección entre atacar y no atacar la red Bitcoin utilizando la teoría de juegos, vemos que la estrategia dominante es que cada minero ataque la red, lo que lleva al detrimento final de Bitcoin.

Pool 2 \ Pool 1	no attack	attack
no attack	$(r_1 = 1, r_2 = 1)$	$(r_1 > 1, r_2 = \tilde{r}_2 < 1)$
attack	$(r_1 = \tilde{r}_1 < 1, r_2 > 1)$	$(\tilde{r}_1 < r_1 < 1, \tilde{r}_2 < r_2 < 1)$

Tabla que muestra los resultados de atacar y no atacar entre el Grupo 1 y el Grupo 2.

En esta situación, el *Equilibrio de Nash*, o la posición desde la cual ningún actor puede cambiar su posición para mejorar su resultado, también se conoce como la *Tragedia de los Comunes*, donde cada actor individual encuentra individualmente beneficioso explotar el bien público, lo que lleva a el deterioro final del bien público.

El ataque del doble gasto

El ataque de *Doble Gasto* ocurre cuando una persona gasta con éxito el mismo valor más de una vez. Puedes gastar el doble a través del *Ataque de Carrera*. El *Race Attack* ocurre cuando engañas a alguien para que piense que la transacción está completa antes de que la transacción entre en un bloque. Si bien puede mostrarle a su víctima una transacción válida, también puede enviar a la red una transacción conflictiva que envía bitcoins desde ese mismo UTXO a una cuenta que usted controla, e incentivar a los mineros a incluir esta transacción conflictiva en lugar de la primera transacción ofreciendo una tarifa de transacción. En otras palabras, "compite" con la transacción en conflicto \ para ser incluido en la cadena más larga. El *Race Attack* ocurre cuando engañas a alguien para que piense que la transacción está completa antes de que la transacción entre en un bloque. Si bien puede mostrarle a su víctima una transacción válida, también puede enviar a la red una transacción conflictiva que envía bitcoins desde ese mismo UTXO a una cuenta que usted controla, e incentivar a los mineros a incluir esta transacción conflictiva en lugar de la primera transacción ofreciendo una tarifa de transacción. En otras palabras, "compite" con la transacción en conflicto \ para ser incluido en la cadena más larga. Para protegerse contra este tipo de ataque, la víctima debe esperar k confirmaciones, k blocks construidos a partir de algún bloque en particular. En la práctica, kequals 6. Si aún desea *duplicar el gasto*, debe crear una cadena privada más larga con el mismo UTXO. Si la víctima espera k confirmaciones, debe extraer k + 1 bloques en su cadena privada y luego publicar su cadena privada en la red, ya que nadie más puede verla cuando es privada, para completar el Ataque de *Doble Gasto*. Podemos ver que si tiene más del 50 por ciento del poder de hash, la probabilidad de que eventualmente obtenga una cadena más larga que la cadena honesta es del 100 por ciento y, por lo tanto, realizará con éxito un *Ataque de Carrera*.

El ataque del 51%

Si usted, el atacante, tiene más del 50 por ciento del hashrate de la red, siempre podrá *Duplicar el Gasto* porque siempre podrá crear la cadena más larga, y ya que tendrá el control total de qué bloques están incluidos dentro de esa cadena. Dado que las personas en la red simplemente abandonarían la red cuando vean un ataque del 51 por ciento y, posteriormente, devaluarían bitcoin, llevar a cabo un ataque de este tipo es demasiado arriesgado.

El ataque de Goldfinger

El ataque Goldfinger permite a los atacantes seguir beneficiándose de la destrucción de Bitcoin. Los atacantes pueden "corto" o apostar a la devaluación de bitcoin.

Censura

Además de atacar a Bitcoin aprovechando el *poder de hash*, también puede atacar la red a través de la *Censura*. Con la *Censura*, podemos optar por ignorar las transacciones de un individuo o grupo de individuos, aislándolos de la red e inutilizando efectivamente sus bitcoins. Un grupo de minería con más del 51 por ciento del hashrate de la red puede decidir no trabajar en una cadena que contenga transacciones que se gasten desde una dirección en particular. Otros mineros verán que si incluyen una transacción con esa dirección, su bloque no se incluirá en la cadena, ya que el grupo de minería con el hashrate mayoritario puede bifurcarse y crear una cadena de *Prueba de Trabajo* más larga. Por lo tanto, estarán incentivados a excluir las transacciones con esa dirección de su cadena. Esto se llama *Bifurcación Punitiva*. Incluso sin el 51 por ciento de la tasa de hash de la red, puede censurar las transacciones de otra dirección mediante la *Bifurcación de Plumas*. En *Bifurcación de Plumas*, el atacante anuncia que intentará bifurcar si ve un bloque con transacciones de una determinada dirección, pero se dará por vencido después de k confirmaciones. Aunque el atacante tiene pocas posibilidades de dejar *huérfano* o excluir ese bloque, los mineros ignorarán los bloques con la dirección dada. Esto sucede porque los mineros se ven incentivados principalmente por las ganancias que esperan obtener de la extracción de un bloque en particular. Incluso si existe una pequeña posibilidad de que el atacante bifurque un bloque con la dirección dada, las matemáticas funcionan de tal manera que la ganancia esperada de ignorar esa transacción excederá la de incluirla. Por lo tanto, la víctima tiene que pagar una tarifa de transacción mucho más alta para incentivar a los mineros a incluir su transacción.

Minería egoísta

Al ser el primero en encontrar un *bloque válido*, puede retener ese bloque de la red y continuar trabajando en él de forma privada. Si encuentra dos bloques en su *cadena secreta* antes de que la red encuentre el siguiente, de repente tiene la cadena más larga. Esto significa que obtienes al menos dos recompensas en bloque y has engañado a la red para que trabaje en una cadena honesta que volverás inútil. Puede seguir haciendo esto y enviar su *cadena secreta más larga* a la red justo antes de que crea que la red lo alcanzará. Esta es una *minería egoísta*.

VII. Defensa

A lo largo de este Capítulo discutimos varias defensas teorizadas contra la minería egoísta. La Primera fue la *Validación de bloques mediante firmas de tiempo* propuesto por Schultz (2015) y Solat y Potop-Butucaru (2016). Bitcoin se introdujo recientemente como una moneda electrónica peer-to-peer para facilitar las transacciones fuera del sistema financiero tradicional. El núcleo de Bitcoin, Blockchain, es el historial de transacciones en el sistema mantenido por todos los mineros como un registro compartido distribuido. Los nuevos bloques en Blockchain contienen las últimas transacciones en el sistema y son agregados por los mineros después de un proceso de minería de bloques que consiste en resolver una prueba de trabajo que consume recursos (rompecabezas criptográfico). La recompensa es una motivación para el proceso de minería, pero también podría ser un incentivo para ataques como la minería egoísta. En este documento, proponemos una solución para uno de los principales problemas de Bitcoin: la minería egoísta o el ataque de retención de bloques. Este ataque lo llevan a cabo mineros adversarios o egoístas para obtener recompensas indebidas o desperdiciar el poder computacional de los mineros honestos. A diferencia de las soluciones recientes, Siamak Solat (LIP6), Maria Potop-Butucaru (LIP6) proponen otra solución, ZeroBlock, que evita la retención de bloques mediante una técnica sin marca de tiempo que se puede falsificar. Además, la solución cumple con la rotación de nodos. https://arxiv.org/abs/1605.02435

El segundo que hablamos en este Capítulo fue la *Regla de Castigo del Tenedor*, propuesta por Lear Bahack (2013). La tercera mencionada fue la *Regla Uniforme de Ruptura de Empates*, propuesta por Eyal y Sirer (2014). Como cuarta propusimos *Publicar o Perecer*, propuesto por Zhang y Preneel (2017). Sin embargo, según Vitalik Buterin, "en la práctica, la mayoría de los mineros de Bitcoin actúan de manera altruista para apoyar a la red, tanto por consideraciones ideológicas como porque no quieren desestabilizar la fuente de sus propios ingresos. Tales preocupaciones económicas de alto nivel están más allá del alcance del artículo de Eyal y Sirer, pero reducen seriamente la posibilidad de que este ataque económico funcione en la práctica.

La red Bitcoin

Además de los *Ataques Individuales*, la propia arquitectura de la *Red Bitcoin* contiene vulnerabilidades para ataques colectivos. El protocolo Bitcoin es P2P, en el que los mensajes se envían a través de un *Protocolo de Chismes*, donde cada nodo pasa un mensaje a sus nodos conectados. Aunque nos gustaría una *Topología Uniforme*, este no es el caso. Los nodos con una *tasa de hash* más alta, tal vez por ejecutar grupos de minería, pueden tener mineros conectados a ellos directamente en un *Protocolo Ligero* o en un *Subgrafo Secreto*. Debido a esta topología de *gráficos ocultos*, un usuario podría ocultar potencialmente que tiene más del 50% de la potencia de hash de la red. Además de la *Topología de la Red*, la *Latencia de la Red* también plantea un problema. Los nodos que están mejor conectados a la red ven las cosas más rápido y pueden enviar mensajes y bloques a la red más rápidamente. Esto conduce a ganancias desproporcionadas en los mineros. Terminábamos este Capítulo planteando un escenario de *Ataque Económico* o *Ataque Cartel*, que cada vez se estaba dando com más frecuencia y podría estar detrás de las enormes fluctuaciones de Bitcoin, e incluso, poner en riesgo todo el Sistema de red de Bitcoin.

Capítulo VI
ETHEREUM - SMART CONTACTS

Vamos a centrarnos en las propiedades de la segunda plataforma blockchain más grande, *Ethereum*. Destacaremos la *máquina virtual Ethereum*, la idea de la *integridad de Turing*, y examinamos algunas de las diferencias de protocolo clave entre Bitcoin y Ethereum, tales como el modelo y la funcionalidad *UTXO* frente a *Cuentas*. Analizamos algunos de los casos de uso de Ethereum; una descripción general de los *smartcontracts* (contratos inteligentes) y la creación de *aplicaciones descentralizadas*. Hasta ahora, nos hemos estado basando, casi con exclusividad en criptomonedas, en este Capítulo enfocaremos también en casos de uso de blockchain fuera de las criptomonedas.

Ethereum

Al observar primero lo que hace que Bitcoin sea especial y la arquitectura subyacente que lo hace como es, vimos cómo podíamos tener en cuenta la filosofía de diseño de bitcoins mientras buscábamos formas de diseñar una *Plataforma de Contrato Inteligente*. Ethereum es una tecnología sobre la que las personas han creado innumerables aplicaciones, que van desde organizaciones autónomas descentralizadas hasta mercados en línea para gatitos digitales. Pero ahora finalmente podemos preguntar, ¿qué es exactamente Ethereum y cómo funciona? Resulta que aprovechar nuestra comprensión del funcionamiento interno de Bitcoin hace que la comprensión de Ethereum sea mucho más accesible. Ethereum fue el primer blockchain público que permitió la programación de Smart Contracts (programas utilizando lenguaje Turing completo) en la propia cadena de bloques, esto fue algo revolucionario ya que permite hacer algoritmos, o añadir una lógica a las transferencias. Sobre Ethereum se han desarrollado otras dos soluciones que compararemos más tarde, estas últimas añaden características a las de ethereum para complementarlo en sus casos de uso, Monax y Quorum. Existen maneras de crear redes Ethereum privadas donde solo se permita acceder a determinados nodos, pero eso hace que la red tenga menos nodos mineros, validadores que buscarán el hash que valide los bloques, lo que los hace ineficientes ya que ya no nos interesara solucionar el problema de la confianza en los nodos, son privados, nuestros. Todos los movimientos de ethers aparecerán en la red, y será visible para todos los nodos conectados. Al igual que Bitcoin, Ethereum es una plataforma que cambia constantemente. Está en desarrollo activo no solo por el equipo oficial de la Fundación Ethereum, sino también por su gran *comunidad de código abierto*. A lo largo de los años, ha sido moldeado por los acontecimientos actuales y su comunidad. Y las mejoras y propuestas de software a lo largo de los años son, como en Bitcoin, un testimonio de la gran base de usuarios y también de la naturaleza democrática del software. A medida que más y más personas comienzan a usar Ethereum para crear aplicaciones, Ethereum necesita adaptarse cada vez más. En su sitio web, dice que Ethereum es una *Plataforma Descentralizada* diseñada para ejecutar contratos inteligentes. En resumen, es una computadora distribuida entre una multitud de nodos en todo el mundo que ejecuta código que la gente le envía. Y gracias a esta arquitectura, puede ejecutar aplicaciones imparables. Las aplicaciones se ejecutan exactamente según lo programado, sin posibilidad de tiempo de inactividad, censura, fraude o intervención de terceros. Utiliza una *cadena de bloques*, y su cadena de bloques está basada en *Cuentas*, en lugar de basada en UTXO como Bitcoin.

Formalmente, Ethereum se implementa como una *máquina de estado distribuida* y las transacciones en la red cambian el estado global del sistema. *Los nodos en Ethereum* realizan un seguimiento y llegan a un *consenso* sobre el *estado del sistema global*, que incluye datos sobre quién posee qué. Por su parte, *la ejecución de transacciones* nos lleva de un *estado anterior* a un *nuevo estado*, por lo que son *las funciones de transición de estado*. El activo nativo de Ethereum es el *Éter*, que es la base del valor en el ecosistema Ethereum y también es crucial para alinear los incentivos. Como recapitulación de la sección anterior, lo que hace que Bitcoin sea tan especial son las siguientes propiedades: es sin confianza, inmutable, sin censura, seudónimo, no tiene un punto central de falla, y apunta a una política de una CPU, un voto. Ethereum tiene todos estos, pero tiene un caso de uso diferente. Antes de la creación de Ethereum, Vitalik Buterin, el creador de Ethereum, había argumentado que Bitcoin necesitaba un lenguaje de scripting de propósito más general, pero no obtuvo mucho apoyo para su propuesta. Entonces, hizo Ethereum. Y una de las características más notables es que admite un lenguaje de scripting completo turing. *Ethereum = Bitcoin + lenguaje Turing.*

Ethereum vs. Bitcoin

Ethereum y Bitcoin son las dos *Plataformas de Cadenas de Bloques* más populares del mundo en la actualidad, pero tienen dos objetivos diferentes. Bitcoin es el "estándar de oro" de las cadenas de bloques. Ha existido durante más tiempo y su protocolo ha respaldado con éxito una enorme cantidad de transacciones en los últimos años. Su propósito previsto es únicamente *permitir la transacción de bitcoins*, su activo nativo. Por otro lado, Ethereum es una plataforma blockchain de *Smartcontract (Contrato Inteligente)*, una computadora mundial distribuida. Su activo nativo *Ether* existe para financiar el cálculo y alinear los incentivos. Su propósito principal no es actuar como medio de intercambio de valor. Bitcoin es *simple y robusto*. Es un sistema de pago global. Eso es todo lo que realmente se propone hacer. Ethereum tiene una visión mucho más amplia y, por lo tanto, admite muchas más funciones, por ejemplo, un lenguaje de secuencias de comandos mucho más potente. Bitcoin tiene un *lenguaje de scripting primitivo* basado en *pila* que no está completo, lo que significa que las aplicaciones que podemos hacer en Bitcoin son bastante limitadas. Ethereum, por otro lado, tiene un *lenguaje de scripting completo de Turing*, uno de los factores motivadores para la creación de Ethereum en primer lugar. Por lo tanto, se puede crear una variedad más amplia de aplicaciones en Ethereum que en Bitcoin, lo que lo hace más amigable para los desarrolladores. Otra diferencia clave es que Bitcoin está basado en UTXO, mientras que Ethereum está basado en *Cuentas*.

Características de Ethereum

En Bitcoin, las *claves privadas* demuestran la propiedad de las UTXO. Cuando gasta bitcoins, gasta de *transacciones anteriores*. Y para calcular su saldo actual, debe sumar todos los UTXO que posee. La razón por la que Bitcoin usa UTXO es que facilitan la realización de transacciones y evitan el doble gasto.

En Ethereum, las *claves privadas* demuestran la propiedad de una cuenta, que rastrea un saldo actual. Las cuentas son más eficientes en espacio que las UTXO, ya que para calcular su saldo, solo tiene que hacer referencia a su cuenta, en lugar de sumar todas sus UTXO. Además, dado que nuestro objetivo final es admitir *contratos inteligentes*, es mucho más barato y más fácil buscar el saldo de una cuenta y también transferir entre cuentas cuando tenemos un modelo de cuenta en lugar de un modelo UTXO. En Ethereum, hay dos tipos de *Cuentas*:

1.- *Las Cuentas de Propiedad Externa* son, como su nombre lo indica, propiedad de alguna entidad externa de la red Ethereum. Puede ser una persona, un grupo de personas, una corporación o cualquier otra cosa. Las cuentas de propiedad externa contienen una dirección que utilizan para permitir que las personas les envíen ether, y también un saldo de ether. Este tipo de cuenta puede enviar transacciones para transferir ether o para activar el código de contrato, que vive en cuentas de contrato.

2.- Las *Cuentas de Contrato* son propiedad de contratos inteligentes. Contienen una dirección, un código de contrato asociado y también un almacenamiento persistente. Su código se ejecuta cuando cuentas de propiedad externa u otras cuentas de contrato realizan transacciones para activar las llamadas a funciones de su código.

Los *Contratos Inteligentes* en Ethereum son como agentes autónomos que viven dentro de la red Ethereum, mientras que los *Usuarios Regulares* que controlan cuentas de propiedad externa no lo son.

1.- Los *Contratos Inteligentes* reaccionan al mundo externo cuando son empujados por transacciones, que llaman a funciones específicas.

2.- Los *Contratos Inteligentes* tienen control directo sobre un equilibrio de éter interno, el estado del contrato interno y también el almacenamiento permanente.

3.- Los *Contratos Inteligentes* de Ethereum generalmente tienen cuatro propósitos principales.

3.1.- Se pueden utilizar para almacenar y mantener datos.

3.2.- Los datos que representan algo útil para los usuarios u otros contratos.

3.3.- Por ejemplo, podría haber un contrato inteligente que defina una nueva moneda de token, o tal vez la membresía de una determinada organización, que debe pagar una cierta cantidad para obtenerla.

3.4.- Los contratos inteligentes también se pueden utilizar para gestionar un contrato o una relación entre usuarios que no confían. Este es quizás el uso más fácil de entender de los contratos inteligentes, ya que solo ejecuta un contrato regular pero en la red distribuida de Ethereum. Por ejemplo, podría tener contratos inteligentes que administren contratos financieros, plica o seguros.

4.- Los *Contratos Inteligentes* también pueden proporcionar funcionalidad adicional a otros contratos.

5.- Puede redactar *Contratos Inteligentes* que llamen a otros *Contratos Inteligentes*, quizás usándolos como una biblioteca de software, aprovechando la funcionalidad de un contrato existente.

6.- Y finalmente, los *Contratos Inteligentes* se pueden utilizar para casos de uso de autenticación complejos. Por ejemplo, puede definir m de n firmas múltiples, que también es algo que observamos cuando estudiamos Bitcoin.

El paradigma de la cadena de bloques, cuando se combina con transacciones criptográficamente seguras, ha demostrado su utilidad a través de una serie de proyectos, entre ellos Bitcoin. Cada uno de estos proyectos puede verse como una simple aplicación en un recurso informático descentralizado, pero único. Podemos llamar a este paradigma una máquina singleton transaccional con estado compartido. Ethereum implementa este paradigma de manera generalizada. Además, proporciona una pluralidad de tales recursos, cada uno con un estado y código operativo distintos, pero capaz de interactuar a través de un marco de paso de mensajes con otros. Discutimos su diseño, problemas de implementación, las oportunidades que brinda y los obstáculos futuros que prevemos.

Máquina virtual Ethereum

Hemos visto cómo los *Contratos Inteligentes* se pueden expresar en código, pero ¿cómo se ejecutan en la red Ethereum? ¿Qué sucede bajo el capó que permite la ejecución distribuida y descentralizada de contratos inteligentes? Veremos la *Máquina Virtual Ethereum*, el corazón de Ethereum, que permite que la *Cadena De Bloques* de Ethereum sea *Programable*. Comencemos entendiendo que los *Contratos Inteligentes* de Ethereum generalmente están escritos en lenguajes de programación de alto nivel. El más popular es *Solidity*, que parece una mezcla entre C ++ y JavaScript. También está *Vyper*, que es un lenguaje más nuevo que se encuentra actualmente en desarrollo. Los *Contratos Inteligentes* escritos en estos lenguajes de programación de alto nivel deben *Compilarse* en el *Código Ethereum Virtual Machine*, abreviado como código EVM. Así que pasamos de un lenguaje de nivel superior, legible por humanos, y lo compilamos en código EVM, que es un lenguaje de nivel más bajo, más simple, mucho más fácil de entender y ejecutar para una máquina. Una vez que el código se *compila* en el código EVM, todos los nodos de la red Ethereum lo ejecutan. Y todos los nodos ejecutan el código de la misma manera, siempre que tengan una versión actualizada del software EVM. Decimos que Ethereum es una *computadora distribuida* porque cada nodo ejecuta los *Contratos Inteligentes* de Ethereum. Luego, los *nodos* llegan a un *consenso* sobre el nuevo *estado* del sistema. Ya vimos en páginas anteriores cómo cada *nodo completo* en Bitcoin *almacena* su propio *libro mayor*, convirtiendo a todos en el banco. En Bitcoin, los nodos llegan a un consenso sobre el estado de quién posee, qué UTXO. Y en Ethereum ocurre lo mismo después de ejecutar el código EVM, los nodos llegan a un consenso sobre el estado general de la red. ¿Y cómo llegan los nodos a un consenso? Con *Prueba de Trabajo*. El mismo *protocolo de consenso distribuido* que se usa en Bitcoin también se usa en Ethereum. Por supuesto, hay diferencias entre las implementaciones de prueba de trabajo de Ethereum y Bitcoin, pero los conceptos generales que hemos aprendido todavía se aplican. Recuerde que la *Prueba de Trabajo* requiere que los mineros gasten *poder computacional* para aumentar sus posibilidades de poder proponer bloques a la red. No hay una forma realmente fácil de resolver el *rompecabezas hash*, por lo que los mineros tienen que usar la fuerza bruta.Y al vincular el *poder de voto* al *poder computacional*, , podemos prevenir *ataques ingenuos de Sybil*.

Existendiferencias entre los algoritmos de *Prueba de Trabajo* de Bitcoin y Ethereum?, ¿Cómo funciona la Máquina virtual Ethereum? En Ethereum, el *tiempo de creación* de bloques es de 15 segundos, mientras que en Bitcoin es de 10 minutos. Esto permite que la ejecución de *contratos inteligentes* se resuelva y fininConsuelon con bastante rapidez. Sin embargo, tener *tiempos de bloqueo* tan rápidos aumenta la *tasa de bifurcaciones naturales* y *bloques huérfanos*, pero esto se tiene en cuenta en el *protocolo de Ethereum*. Anteriormente estudiamos el algoritmo de *prueba de trabajo* de Bitcoin y cómo está vinculado por el cálculo y usa sha-256. En Ethereum, el algoritmo de *prueba de trabajo* se llama *Ethash*. *Ethash* está limitado a la memoria y afirma ser resistente a ASIC. Los mineros en Ethereum crean bloques de manera competitiva ejecutando *código EVM* y buscando una solución a un *rompecabezas* de minería. E igual que antes, la *Prueba de trabajo* es una competencia, y solo un minero puede agregar un bloque a la cadena de bloques Ethereum y reclamar la recompensa asociada. La *prueba de trabajo* es esencialmente una forma de seleccionar aleatoriamente, según la proporción de *potencia de hash*, el resultado de ejecución de un nodo como el correcto para agregar a la cadena de bloques. Cada nodo de Ethereum ejecuta la *máquina virtual de Ethereum* como parte de su *procedimiento de verificación de bloques*. Como antes, el *consenso de la red* elimina la necesidad de un tercero de confianza. Para hackear *contratos inteligentes*, tendría que subvertir toda la red. Por lo tanto, esto permite acuerdos de *igual a igual* que viven en la cadena de bloques para siempre. El *código de contrato* es ejecutado por la *Máquina Virtual Ethereum, o EVM* para abreviar, como mencionamos anteriormente. El *código del contrato* se *compila* y el código que realmente se ejecuta en cada nodo es el código EVM. Y el código EVM es un *lenguaje de código de bytes* basado en *pila de bajo nivel*. Si está familiarizado con la JVM, es como la forma en que los lenguajes JVM como Java, Scala y Groovy se compilan en el código de bytes de la JVM. El hecho de que podamos compilar un código de contrato inteligente complejo en instrucciones simples, comprensibles para la máquina en forma de código EVM y que todos los nodos de la red pueden ejecutar de la misma manera determinista, proporciona la base para el consenso en Ethereum.

Debido a que todos los nodos de la red Ethereum están ejecutando contratos inteligentes, un problema inmediato al que nos enfrentamos es ¿Qué pasa si un contrato tiene un ciclo infinito? De repente, este contrato se inserta en la red Ethereum y alguien llama a la *Función Foo*, que tiene un bucle infinito, y todos los nodos ven esta transacción y comienzan a ejecutar foo para siempre. Por lo tanto, todos los nodos de la red se atascarían ejecutando este bucle infinito.

```
function foo()
{
        while (true) {
                /* Loop forever! */
        }
}
```

Y por el *Problema de la Interrupción*, un problema bien conocido en la teoría de la computación, sabemos que es imposible determinar de antemano si un contrato determinado terminará alguna vez. Y todo esto conduce a una forma muy fácil para que los atacantes lancen ataques de *Denegación de Servicio*, atrapando computadoras de todo el mundo en un bucle infinito, lo que las imposibilita para ejecutar otros contratos más significativos. Afortunadamente, los desarrolladores de Ethereum pensaron en esto, e implementaron una solución en forma de lo que se conoce como *Gas*. El *Gas* es lo que alimenta la ejecución de un contrato determinado. Cada código de operación de EVM requiere *Gas* para ejecutarse, lo que evita el ataque de *denegación de servicio de bucle* infinito mencionado anteriormente. Cada transacción especifica dos parámetros, *"Gas inicial"*, o la cantidad máxima de gas que la transacción está dispuesta a consumir, y el *"Precio del Gas"*, o la tarifa en Ether que el contrato está dispuesto a pagar por unidad de *Gas*. Al comienzo de una transacción, "*Startgas * Gasprice*", que representa la cantidad de éter pagado por un cálculo, se resta de la cuenta del remitente. El remitente es quien invoca el contrato enviando una transacción. Si el contrato se ejecuta con éxito, el *Gas* restante se reembolsa al remitente. Por otro lado, si la ejecución del contrato se queda sin *Gas* antes de que finConsuelo, entonces la ejecución se revierte. Sin embargo, la cantidad en *Éter* que se consumió no se reembolsa. La idea aquí es que, aunque se revierte la ejecución del contrato, alguien en la red tuvo que poner el *poder computacional* para ejecutar el código EVM, y una vez que se agota el *Gas*, es una prueba de que alguien ejecutó el programa, por lo que no lo es reintegrado. Esto nos genera dos estados finales: O bien un programa termina, o bien se queda sin *Gas*. Una aclaración, Ethereum permite que alguien escriba un bucle infinito en un contrato inteligente. Sin embargo, el atacante que intenta hacer DoS a la red tiene que pagar suficiente ether para financiar el DoS. En cierto modo, puede pensar en la compra de gas como el precio que tiene que pagar para utilizar esta potencia computacional distribuida y sin confianza. Esto, por lo tanto, desincentiva a los usuarios de ejecutar costosos cálculos sin tener fondos suficientes. Dado que cada cálculo requiere gas, un atacante que busque DoS en la red necesitaría una cantidad absurdamente grande de éter, y dado que el ataque es tan costoso, eso prácticamente desincentiva este tipo de ataque.

Mencionamos que los nodos llegan a un consenso sobre el estado de la red y que la ejecución del código en el EVM, cambia el estado. En cierto modo, puede pensar en el EVM como el mecanismo de transición de estado subyacente. Cuando ejecutamos una transacción, pasamos de un estado anterior a un nuevo estado. Al principio, había un *estado de Génesis en blanco*, sobre el cual se ejecutaban muchas transacciones. Y en cualquier momento, el *estado final* representa el estado actual de la red Ethereum. Entonces, comienza con el *estado actual del bloque*, el *gas requerido, la memoria actual, la transacción* que llama a un *contrato, un mensaje* que básicamente contiene *metadatos de la transacción, el código del contrato y la pila y el contador del programa*. Básicamente todo lo que necesita para ejecutar correctamente una transacción. Alimenta esto en el EVM, y sale del nuevo estado de bloqueo, con todos los saldos de cuenta actualizados y el estado interno, y el nuevo valor de gas, que se reembolsa.

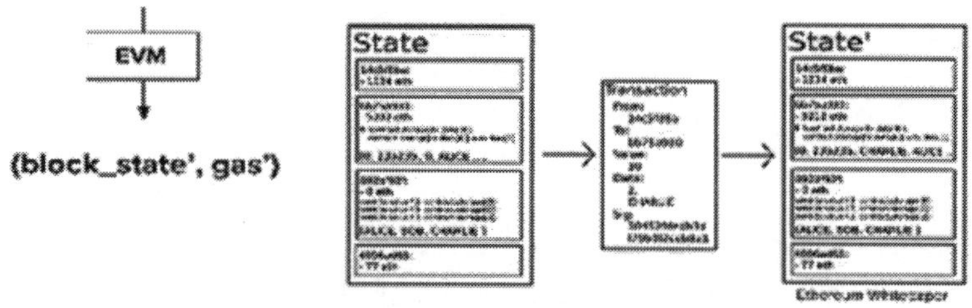

Bloque estado, gas, memoria, transacción, mensaje, código, pc

Si alguien está realmente interesado en conocer las matemáticas que hay detrás de Ethereum, de los contratos inteligentes y de la minería de contratos, les recomendamos la lectura "Ethereum a Secure Decentralised" que se puede descargar en pdf en: https://ethereum.github.io/yellowpaper/paper.pdf https://github.com/ethereum/wiki/wiki/White-Paper

Al igual que con Bitcoin, el *Ecosistema Ethereum* cambia constantemente. Sin embargo, puede argumentar que Ethereum está un poco más centralizado políticamente. Tienen gente más reconocible. Después de todo, sabemos que Vitalik Buterin creó Ethereum, pero ¿qué sabemos sobre Satoshi Nakamoto? Conocer a algunos de los actores clave en el espacio le dará una ventaja para comprender lo que está sucediendo en este momento y hacia dónde se dirigen las cosas. También le presentará las formas en que Ethereum y su comunidad están impulsando el espacio blockchain hacia adelante. Veamos la comunidad de líderes para centrar este "sistema plataformario Ethereum"

Vitalik Buterin. Creó Ethereum y también cofundó Bitcoin Magazine, ambos cuando tenía menos de 20 años. Algunas personas argumentan que él representa un punto de centralización detrás de Ethereum. Él es la personalidad que impulsa a Ethereum hacia adelante, y es un tipo bastante agradable, pero ¿qué sucede cuando se hace a un lado? Su opinión puede dar forma muy fácilmente a todo el espacio y controla mucha influencia. En realidad, recientemente (23/5/18), Vitalik publicó en Twitter que Google se había puesto en contacto con él para intentar contratarlo para un proyecto de blockchain de alto secreto. Esto es interesante especialmente porque Google prohibió los anuncios de ICO y criptomonedas en su motor de búsqueda a principios de este año. Vitalik no aceptó el trabajo y, en cambio, hizo una encuesta en Twitter sobre si debería o no tomar el trabajo como una broma. Vitalik actualmente lidera el equipo de investigación de Ethereum.

Vlad Zamfir. Vlad es muy franco y se autoproclama troll, y muchas veces no está de acuerdo con Vitalik. Creador de una cultura de debate saludable dentro del espacio. En particular, Vitalik y Vlad tienen visiones diferentes para la actualización de Ethereum a Prueba de participación, un mecanismo de consenso alternativo a la Prueba de trabajo. Exploraremos esto más adelante.

Gavin Wood es cofundador y ex CTO de Ethereum, y es famoso por proponer originalmente Solidity como un lenguaje de programación de alto nivel además del EVM. Es el actual director de tecnología y presidente de tecnologías de Parity, que recientemente se ha hecho famoso por los hacks de carteras de Parity.

Nicholas Szabo es investigador en contratos digitales y moneda digital. Es conocido por diseñar Bitgold en 1998, y también por acuñar el término "contrato inteligente". Siendo un académico con una presencia bastante grande en Internet, sus artículos son particularmente útiles.

Andreas Antonopoulos es el autor de Mastering Bitcoin, Es autor, educador y orador. También es conocido por acuñar el término "Internet del dinero", por escribir dos libros llamados El Internet del dinero (volúmenes 1 y 2) y también Mastering Ethereum.

Joseph Lubin fue cofundador de Ethereum. También fundó ConsenSys, que es una empresa que hizo grandes avances en el desarrollo del ecosistema Ethereum.

Investigaciones dentro de Ethereum

El primero que nos gustaría mencionar es *ConsenSys* se puede describir mejor como una fundición de software. Facilita una variedad de aplicaciones que operan en la cadena de bloques Ethereum y coordina, incuba, acelera y genera lo que llama "empresas radiales". Por ejemplo, está uPort, que es la gestión de identidades, la popular suite de desarrollo Truffle, MetaMask, que vincula su navegador web a Ethereum, y Gnosis, la plataforma de mercado de predicción que mencionamos en la sección anterior. Y aquí están algunas de las muchas otras empresas de radio en Consensys.

El segundo a nombrar es *Casper*, la implementación de Ethereum Proof-of-Stake que mencionamos un par de veces en este módulo. Hay dos implementaciones principales de Casper, y este es uno de los temas en los que nos sumergiremos más adelante. También está *Plasma,* una actualización de escalabilidad propuesta a Ethereum inspirada en una propuesta de escalabilidad similar para Bitcoin llamada *Lightning*. Y lo siguiente está un poco menos asociado directamente con el proyecto principal de Ethereum, pero ha habido esfuerzos para trasladar Ethereum a otra plataforma de blockchain llamada *Cosmos*, que afirma ser el *Internet de Blockchains*. El proyecto se llama *Ethermint*, porque ejecuta Ethereum en un sistema de cadena de bloques modular llamado *Tendermint*. Entraremos en esto, y también en Plasma, en Capítulos siguientes.

Conclusiones de Ethereum

1.- El objetivo principal de Ethereum no es optimizar la eficiencia computacional, sino permitir la computación distribuida y sin confianza.

2.- Todos los nodos de la red deben ejecutar los mismos cálculos, por lo que Ethereum es redundantemente paralelo.

3.- Y todo esto es para llegar a un consenso de manera eficiente sobre el estado del sistema sin necesidad de terceros confiables.

4.- Debido a que las ejecuciones de contratos se replican de forma redundante en todos los nodos, la ejecución es costosa. Por ejemplo, no debería estar entrenando modelos de aprendizaje automático o haciendo cualquier otra cosa computacionalmente costosa directamente en contratos inteligentes. Así que, con suerte, esto crea un incentivo para no usar la cadena de bloques para cálculos que se pueden realizar fuera de la cadena.

Casos de uso de Ethereum

Repasasemos los casos de uso básico y avanzado, habilitados por los *contratos inteligentes*. En estos casos de uso, presentaremos cómo podemos aprovechar una propiedad particular de blockchain para lograr algo que antes no era posible. Esto no es necesariamente un sello de aprobación en el caso de uso, sino una oportunidad para que demostremos las características únicas y significativas que proporciona una cadena de bloques.

A.- Basic Use Cases: Smart Assets o token - Casos de uso básicos: activos inteligentes o token

El primer caso de uso imaginable es un *Activo Inteligente*, o *Token*, construido sobre una cadena de bloques existente actualmente. Esto es, literalmente, *construir su propia moneda sobre otra moneda*. Todo lo que se necesita hacer es asegurarse de que un usuario que quiera gastar dinero tenga los fondos, haya sido autenticado y no esté gastando el doble. Los *protocolos de autenticación* y de *doble gasto* están integrados en Ethereum, por lo que la única pieza de lógica que debe manejar el contrato inteligente es verificar los fondos. Por lo tanto, solo requiere dos características principales para ser funcional: una *Estructura de Almacenamiento* para asociar direcciones con activos y una *Función Send* () para transferir activos. A continuación se muestra un ejemplo de la función send (), escrito en Solidity, un lenguaje popular de EVM de alto nivel orientado a contratos para implementar contratos inteligentes.

```
function send(address _to, uint256 _value) {
    if (balances[msg.sender] >= _value) {
        balances[msg.sender] -= _value;
        balances[_to] += _value;
    }
}
```

Esto demuestra que la creación de una aplicación sobre la cadena de bloques de Ethereum le permite acceder al protocolo y los procedimientos de la cadena de bloques actualmente existentes. Todo lo que el usuario necesita proporcionar es la lógica básica y segura para dar vida a su caso de uso de blockchain deseado. Cabe señalar ahora que la creación de *Contratos Inteligentes Funcionales* y la creación de *Contratos Seguros* son dos cosas completamente diferentes. Asegurar contratos inteligentes es increíblemente difícil, como puede haber descubierto a partir de noticias recientes sobre piratería de contratos inteligentes.

Casos de uso básicos: Multisig o **carteras de múltiples firmas.**

Otro caso de uso significativo para los contratos inteligentes son las *Carteras De Múltiples Firmas*. Recuerde el *Script Multisig* ya visto. Ahora, podemos incluir esa misma funcionalidad de una manera legible por humanos en Ethereum. Aquí, podemos aprovechar los *protocolos de autenticación integrados* para crear una *billetera de autenticación multipartita*. Esta funcionalidad nos permite tener un esquema de *firma de m de n,* en el que se requieren *m direcciones* de un total de *n propietarios de la billetera* para firmar cada transacción. Esto asegura que ninguna persona tenga control sobre los fondos. Aunque la lógica es bastante fácil de describir, la implementación de *Solidity* es bastante compleja. Una empresa que creó carteras multifirma, *Parity,* fue pirateada dos veces seguidas, debido a vulnerabilidades no descubiertas. El código que se muestra a la derecha es el *Constructor Del Contrato*, estableciendo el *Umbral* y los *Propietarios*. El *Valor del Umbral* corresponde *am*, y el *Número de Propietarios* representa *n*.

```
function SimpleMultiSig(uint threshold_, address[] owners_) {
  if (owners_.length > 10 || threshold_ > owners_.length ||
threshold_ == 0) {throw;}


  for (uint i=0; i<owners_.length; i++) {
    isOwner[owners_[i]] = true;
  }
 ownersArr = owners_;
 threshold = threshold_;
}
```

Code from Christian Lundkvist: https://medium.com/@ChrisLundkvist/exploring-simpler-ethereum-multisig-contracts-b71020c19037

Basic Use Cases: Proof of Existence - Casos de uso básicos: Prueba de Existencia

Supongamos que se nos ocurrió una nueva y sorprendente palabra de moda: "Somos los mejores abogados en la cadena de bloques". Queríamos demostrar que se nos ocurrió antes de una fecha, pero todavía no queremos revelar la palabra de moda al público. ¿Cómo hacemos esto de una manera en la que todos confíen? Combinando funciones *hash* y la cadena de bloques sin confianza. Almacenamos un hash de nuestro documento en la cadena de bloques. Al hacerlo, podemos demostrarles a todos en una fecha posterior que fuimos nosotros quienes incluimos ese hash en la cadena de bloques y que nuestra información no ha sido modificada. Al hacerlo, ahora hemos "*Probado la Existencia*" de algún dato en algún momento. Con la *Prueba de Existencia*, aprovechamos tanto la auditabilidad pública como la inmutabilidad de la cadena de bloques. Con una cadena de bloques, podemos demostrar criptográficamente el compromiso con algún valor en particular. Esto no es más que un caso de uso de mantenimiento de registros, y hay varios que se incluyen en esta categoría. Uno de estos casos de uso es la propiedad de documentos. Podemos demostrar que poseemos algún documento en algún momento a través de un *Esquema de Compromiso*. Es decir, el hash del documento con un número aleatorio, luego tienes tu *Compromiso de Hash*. Revele las entradas más tarde para demostrar su propiedad. Además, existe la oportunidad de implementar un *sistema DNS descentralizado*. "DNS" significa "Sistema de nombres de dominio" y su único propósito es asociar URL con Direcciones IP. Nuestros navegadores buscan servidores DNS confiables para brindar este servicio, pero ¿por qué no colocar este servicio en una base de datos sin confianza? En un contrato inteligente, podemos diseñar fácilmente un esquema que cree asociaciones entre nombres y valores. Ampliaremos cómo aprovechamos estas propiedades junto con los Casos de uso avanzados.

```
def register(name, value):
    if !self.storage[name]:
        self.storage[name] = value
```

Casos de uso avanzado: títulos de tierras

Un problema al que se enfrentan varios países subdesarrollados es un sistema de títulos de propiedad que no funciona. El papeleo defectuoso, las firmas falsificadas y los documentos poco claros dificultan el rastreo de la propiedad de la tierra. Además, es difícil para estos gobiernos construir infraestructura para cada uno de sus ciudadanos. Los escollos que impiden que una organización central resuelva este problema son la desconfianza entre los ciudadanos y estos partidos centrales. Los funcionarios corruptos son susceptibles de recibir sobornos y han alterado los registros en innumerables ocasiones. Además, el gobierno no tiene los recursos para supervisar un proyecto tan grande cuando no genera una cantidad sustancial de ingresos. Además, la mayoría de los ciudadanos tampoco confían en las organizaciones no gubernamentales, lo que hace que todas las opciones centralizadas sean inviables. Entonces, ¿cómo resolvemos este problema? Intentemos un enfoque descentralizado. ¿Qué incluimos en nuestro enfoque descentralizado? Rastrear la propiedad de los documentos, similar a la *Prueba de Existencia*. Podemos crear una asociación entre usuarios y hashes de documentos. Al asociar direcciones a hash de documentos, los usuarios pueden proporcionar firmas digitales para demostrar la propiedad. Esto proporciona transparencia e inmutabilidad, ya que la información sobre la propiedad de todos los documentos es pública en la cadena de bloques, y también limita la centralización porque ninguna entidad individual decide qué persona posee qué títulos. Al igual que transferir bitcoins entre usuarios a través de UTXO, simplemente estamos transfiriendo el título de propiedad a través de contratos inteligentes también.

Sin embargo, hay una gran advertencia que afecta este caso de uso de blockchain, junto con varios otros que vinculan la información del mundo real con la información digital. En el mundo de las ciencias de la computación, la mayoría está familiarizada con el acrónimo "GIGO", que significa "*Garbage In, Garbage Out*". Una cadena de bloques es buena para manejar datos internos a través de su auditabilidad pública, pero no puede llegar al mundo real y validar las entradas. Si las entradas del mundo real son incorrectas, la salida también será incorrecta. Esto implica algún sistema para validar las entradas en la cadena de bloques; nos referimos a esas entidades que envían información del mundo real a la cadena de bloques como "*Oráculos*". Esto nos lleva de vuelta a la *centralización*, ya que necesitamos un *tercero de confianza* que sirva como *Oráculo* para proporcionar información a la cadena de bloques cada vez que alguien crea un título de propiedad. Este problema aún no se ha resuelto. Georgia, Ucrania y Suecia son algunos de los principales países que abordan los títulos de propiedad descentralizados, y varias empresas también buscan crear *Sistemas Oráculo Descentralizados*.

Casos de uso avanzados: mercados de predicción

Un *Mercado de Predicción* permite a los usuarios apostar en el futuro y recibir ganancias si apuestan correctamente. Un ejemplo de esto son las elecciones presidenciales: *PredictIt.org* le dio a cualquiera la oportunidad de apostar sobre si Donald Trump, Hillary Clinton u otro candidato ganarían las elecciones. Luego, la organización decidiría qué sucedió y pagaría a los usuarios según lo especificado. Sin embargo, con una *Organización Central*, dependemos tanto de la organización para proporcionar información honesta sobre los pagos como para actuar con sinceridad en los eventos políticos. Además, la *Organización Central* es la única productora de mercados y puede censurar a los usuarios según se desee. ¿Cómo podemos garantizar un sistema completamente abierto? Si buscamos realizar esto con un sistema descentralizado, ¿cómo podemos hacer que esto suceda? Eso es exactamente para lo que están las *plataformas de contratos inteligentes* de permitirle aprovechar el protocolo blockchain sin tener que crearlo desde cero. Podemos aprovechar el protocolo blockchain confiable y resistente a la censura y escribir contratos inteligentes para manejar la lógica del mercado. Cualquiera puede crear y participar en un mercado. Además, la ejecución de esta lógica es toda pública, dando garantías de que todos los fondos se han distribuido según lo previsto.

Gnosis y *Augur* son dos empresas conocidas que han implementado contratos inteligentes en el mercado de predicción. Entonces, ¿qué podemos hacer con estos mercados de predicción? Una forma fácil de usarlos es, simplemente, ver predicciones. Podemos utilizar los mercados de predicción para "comprar información". Como los usuarios tienen un incentivo para monetizar la información mientras revelan la menor cantidad posible, podemos establecer un *mercado de predicciones* que haga una pregunta simple, como... ¿Será esta película un fracaso? Al poner esto en un *mercado de predicciones*, podemos tener una idea de la perspectiva del público en general sobre una película, pagándoles si apuestan correctamente. Los conocedores de Hollywood, por ejemplo, se sentirían particularmente atraídos por esto, ya que pueden aprovechar su inmenso acervo de conocimientos para ganar dinero por sí mismos. Esto permite que la persona que hace la pregunta recopile información mientras que los usuarios se guardan los detalles para sí mismos. ¿Somos conscientes del Mercado de Predicciones que se oculta tras encuestas aparentemente sinceras y livianas que nos bombardean en las redes sociales? ¿Y qué me dice ahora de lo que hay en la trastienda de las encuestas predictivas de elecciones políticas y casas de apuestas?

Si un usuario nota un error en un contrato inteligente, puede apostar fuertemente "sí" antes de revelar la vulnerabilidad, lo que le permite cosechar las recompensas de su conocimiento oculto. La cosa va mas lejos y en otros casos de uso, se incluyen seguros, recompensas por errores y señalización de ICO. El primer *mercado de seguros* es una forma de permitir que los usuarios se preparen contra desastres a través del *crowdfunding*, y los dos segundos son formas de incentivar ciertas acciones, como la exposición honesta de recompensas por errores. Vivimos en un planeta donde los desastres naturales y los accidentes son habituales y lógicos, y sabiendo lo que hay en la trastienda, ¿Cuántos son provocados? Un caso de uso interesante de los mercados de predicción es la *Futarquía*. *La Futarquía* es un sistema de gobierno controlado por *Mercados de Predicción*. El lema típico es *"Votar valores, pero apostar creencias"*, ya que la *Futarquía* tiene como objetivo dar a los ciudadanos el poder de poner su dinero donde está su boca. Los representantes electos definirán y gestionarán el bienestar nacional. Mientras tanto, los ciudadanos que predicen con más frecuencia el resultado de alguna política serán recompensados y el resto perderá dinero. Con el tiempo, solo apostarán los que tengan éxito con regularidad, lo que significa que las políticas serán decididas por aquellos con más conocimientos. Todavía se están realizando investigaciones para examinar la viabilidad de la futarquía en una cadena de bloques, particularmente por *Gnosis*.

¿Qué es *Gnosis (GNO)* y quién está detrás de esta criptomoneda? Es una moneda que está revolucionando el mundo digital de las criptomonedas. Junto a su respectiva plataforma pretende revolucionar el mundo mediante torneos de predicciones. Para hablar de Gnosis (GNO) debemos primero explicar un poco sobre la plataforma en la que esta criptomoneda opera Gnosis Olympia. Fundada por Martin Köppelmann y Stefan George, jóvenes emprendedores quienes trabajan junto a otros 26 miembros. Todo esto para lograr que esta nueva y emergente plataforma se extienda por todo el mundo. Gnosis Olympia es, entonces, una plataforma que opera bajo la tecnología de Ethereum. Un protocolo de bloques o Blockchain de última generación que permite realizar transacciones con mayor facilidad mediante contratos inteligentes avanzados. Así mismo, la tecnología de Ethereum es considerada una de las más seguras. Está disponible en cualquier parte del mundo, eliminando los intermediarios y contrapartes haciendo que todas las operaciones se realizasen peer-to-peer, es decir, de tú-a-tú. Para obtener criptomonedas Gnosis (GNO), debemos entrar y suscribirnos en la plataforma oficial de Gnosis Olympia. Gnosis Olympia, fue formulada como una red descentralizada de juegos. Todo basado en el *mercado de predicciones*, ganando GNO como premio por realizar predicciones exitosas. De esta manera, los usuarios comienzan el juego con 200 OLY (ficha nativa de la plataforma). Siendo esta una cantidad recargada cada 2 días para "jugar", y hacer predicciones sobre diferentes temas de alcance mundial. Como cualquier juego, cuanto más acertados sean las predicciones de los usuarios más fichas y reputación obtendrán. Todo esto podrá ser cambiado posteriormente por GNO. La plataforma de Gnosis Olympia, contiene su propia billetera para mayor comodidad de los usuarios, donde podrán guardar sus GNO y administrarla desde su operador. Aunque la plataforma de Gnosis Olympia haya sido originada bajo el marco lucrativo, el equipo técnico espera que sirva para predicciones de mercados de financieros, para que las empresas de investigación obtengan una retroalimentación de lo que el público espera que suceda.

https://coinmarketcap.com/es/currencies/gnosis-gno/ y https://gnosis.io/

Para seguir el mercado de criptodivisas en mercados de predicción recomendamos https://coinmarketcap.com/es/events/

El listado de tokens en Gnosis GNO es un proceso sin permiso, y cualquiera puede listar tokens quemando 10 tokens de tarifa. Los tokens de tarifa son OWL, que se derivan de GNO. Cualquier dirección de Ethereum puede realizar órdenes de venta con límite arbitrario, y el 1% del monto total negociado se tomará como tarifa comercial. El intercambio holandés de Gnosis es un intercambio descentralizado para tokens ERC-20. El DEX funciona según el principio de la subasta holandesa. Hay principalmente dos estados para trabajar estos intercambios; la primera etapa es antes de la subasta, donde los vendedores depositan sus tokens. Y la segunda etapa es realizar una subasta cuando los compradores están activos. Los tokens que los vendedores presenten para la subasta se considerarán para la próxima subasta. Pero uno no puede enviar tokens al sistema mientras se ejecuta la subasta. Cuando la cantidad de tokens comprados y vendidos está equilibrada y su precio se liquida, la subasta se detiene. La organización autónoma descentralizada (DAO) de Gnosis representa un grupo de usos de Gnosis que ayuda al usuario con orientación sobre el desarrollo, el soporte y la gobernanza de su ecosistema de tokens. GnosisDAO tiene control efectivo sobre 150K ETH y 8 millones de tokens GNO. El gobierno de Gnosis se lleva a cabo principalmente en la categoría GnosisDAO en el foro de Gnosis. Incluye tres fases 1 de ideación, fase 2 de especificación y fase 3 de consenso y propuesta para activarse en la etapa final. La fase final ofrece un método de señalización que utiliza tokens GNO. Las encuestas para las propuestas de un artículo se realizan en la instantánea de GnosisDAO. Se requiere un mínimo de un GNO para registrarse en la encuesta.

Uno puede administrar el activo digital de Ethereum en Gnosis de forma segura, que ha ofrecido una gestión segura de activos durante los últimos cuatro años. La aplicación de impacto de Gnosis utiliza precios de mercado de predicción para calcular el impacto del precio en GNO del resultado de una propuesta. Gnosis Safe también se conoce como una billetera de múltiples señales, que permite a un grupo de personas controlar sus fondos de forma colectiva. Tiene tokens ETH y ERC-20 para integrarse con billeteras web3. Gnosis GNO ha estado desarrollando su protocolo comercial desde 2017. Es un intercambio descentralizado totalmente sin permisos. Con su función de operaciones en anillo, las operaciones que comparten liquidez obtendrán la máxima liquidez en todas las órdenes. La liquidación de operaciones ocurre cada 5 minutos. Las subastas por lotes del protocolo Gnosis V2 ofrecen la máxima protección del valor extraíble e integración con fuentes de liquidez en intercambios descentralizados para operaciones al mejor precio. En opinión del equipo de Gnosis, Gnosis tiene las proyecciones de precios más confiables en los mercados de predicción después de su lanzamiento. El ecosistema Gnosis GNO constituye tres capas principales; la capa central de Gnosis consta de contratos inteligentes que rigen la creación y liquidación de resultados y proporcionan un mecanismo de mercado. Las capas siempre están abiertas para su uso. Los dos contratos inteligentes principales son Epochtoken locker y Batchexchange. El primero se ocupa de un depósito por etapas, saldo de depósito y retiro de fondos. Más tarde se ocupa de toda la lógica relacionada con el intercambio, la colocación y los ajustes de los pedidos, el envío y la verificación de las soluciones. La capa de servicio de Gnosis ofrece servicios adicionales, incluidas herramientas de optimización, chatbots, monedas estables. La capa de aplicación de Gnosis ayuda a predecir el caso de uso del mercado o el segmento de clientes. Gnosis y terceros construyen aplicaciones. El protocolo tiene una función llamada "Coincidencia de deseos". Cuando dos personas tienen el mismo activo y una tercera persona quiere ambos activos, es fácil liquidar la operación utilizando la "Coincidencia de deseos" sin la ayuda de un tercero o un proveedor de liquidez. . 'Balancer-Gnosis-Protocol' combina los beneficios de los dos protocolos anteriores. La provisión de liquidez del protocolo Gnosis ayuda a mantener una estrategia simple de provisión de liquidez para las monedas estables y aprovecha su fluctuación alrededor de $1. El precio de Gnosis hoy (a fecha del libro) se cotiza alrededor de $ 515 con un volumen de 24 horas de $ 6,712,557. Tiene una capitalización de mercado total de $ 961,363, 817 con un suministro circulante de 1,865,027.00 GNO. El precio más alto al que se cotiza fue de $1.088,87 en noviembre, respaldado por un gran volumen. El mínimo histórico fue de $ 7.05, que fue en marzo de 2020. Gnosis fue una buena inversión para sus inversores en el último año porque les brindó retornos masivos. El año pasado fue un muy buen año para GNO, como muchas otras altcoins.

Predicciones de precios de Gnosis 2022-2026

Aunque las criptomonedas han pasado por un viaje de mercado favorable durante el último año, ahora el mercado de las criptomonedas refleja tendencias moderadas, especialmente durante las dos semanas anteriores. Lo mismo era visible también en la Gnosis. El mercado de las criptomonedas atraviesa una situación crucial porque enfrenta regulaciones y amenazas de prohibición de muchos países. A pesar de todos los temores globales, destacados teóricos del mercado y entusiastas de las criptomonedas anticipan un posible crecimiento futuro en los mercados de predicción de altcoins y BTC. Lo mismo se ha reflejado en el pronóstico del precio de la moneda digital GNO.

Gnosis GNO Precio Predicción 2022: Se prevé que el pronóstico de precios de Gnosis GNO registre un crecimiento significativo en su nivel de precios. El año comienza alrededor de $ 530 y, según nuestra predicción de monedas GNO, el precio pronosticado se está moviendo hacia abajo en los últimos dos días. Sin embargo, pronosticamos un crecimiento significativo según el mercado de predicción. Después del trimestre inicial, la especulación con la moneda Gnosis espera un aumento de precio por encima de los $550, y lo mismo continuará durante los próximos meses. Después de agosto de 2022, el precio de GNO puede cruzar los $ 650, y la predicción de la moneda Gnosis es un auge a $ 700 al romper el máximo anterior. Se espera que el precio promedio sea de alrededor de $ 650 y el precio mínimo podría rondar los $ 450.

Pronóstico del precio de la moneda Gnosis 2023: La predicción del precio de la moneda Gnosis sugiere que el precio puede comenzar en $ 750; las predicciones de precios mostrarán un aumento de $ 800 en los próximos cuatro meses. Las predicciones de precios de Gnosis esperan un movimiento por encima de los 900 dólares para octubre de 2023, que es casi el doble del precio actual. Se prevé que el pronóstico del precio de Gnosis alcance la marca de precio de $ 1000 para fines de 2023. El precio promedio al que se cotiza la moneda será de alrededor de $ 930 a $ 960. Se espera que el precio mínimo sea de $ 730.

Pronóstico del precio de la moneda GNO 2024: La predicción del precio de GNO comienza en $ 1020 en 2024. Según el precio de mercado de predicción de GNO, se puede ver una moneda GNO colgando de $ 1020 a $ 1050 en el mes inicial con un precio mínimo de $ 1020. Más tarde, la predicción de precios de Gnosis aumenta gradualmente a $ 1100 y más allá prevé un nivel de hasta $ 1290 para fin de año, es un valor enorme, y la predicción de precios de GNO da mucha esperanza a los inversores dentro de un horizonte temporal de pocos años.

Predicción de precios de Gnosis 2025: Se espera que la predicción del precio de Gnosis comience en $ 1300; el movimiento de precios para este año será lento en comparación con los años anteriores. Puede haber una volatilidad de precios significativa según el pronóstico. A mediados de año, se espera que el precio de Gnosis alcance los $1350. Para fin de año, se pronostica que la moneda alcance los $ 1400. Es una inversión increíble a largo plazo si compra al precio actual.

Predicción de precios de Gnosis 2026: Según los datos y el análisis técnico, nuestra predicción de precios de Gnosis sugiere que se espera que el precio comercial máximo sea de alrededor de $ 1650, mientras que el precio mínimo y el valor comercial promedio se espera que sean de alrededor de $ 1500 y $ 1590, respectivamente. Hay mucha positividad entre los inversores w.r.t Gnosis GNO.

¿Dónde puede comprar Gnosis? Está disponible en Binance, AscendEX, Gate.io, Uniswap, Kraken, Sushiswap, etc.

Casos de uso avanzados: : Supply Chain - cadena de suministro

Una concepción popular es que blockchain es la solución perfecta para la *Cadena de Suministro*. Sin embargo, veremos que existen bastantes advertencias cuando se usa blockchain para resolver la *cadena de suministro*. Un problema que enfrenta el mundo hoy en día es el uso de diamantes para financiar a los grupos rebeldes contra los gobiernos. Dichos diamantes se denominan diamantes en conflicto o "diamantes de sangre". El *Proceso de Kimberley* es un esfuerzo gubernamental que requiere que los participantes certifiquen el origen de su diamante. Sin embargo, existen algunos problemas potenciales con el sistema, que incluyen a funcionarios corruptos que aceptan sobornos para validar o firmar certificaciones, y el enmascaramiento de pistas reales por *cadenas de suministro complejas*. *Everledger* fue creado para resolver este problema utilizando tecnología blockchain, aprovechando específicamente *Hyperledger*. Hyperledger Foundation es una organización sin fines de lucro que reúne todos los recursos e infraestructura necesarios para garantizar ecosistemas prósperos y estables en torno a proyectos de cadena de bloques de software de código abierto. Hyperledger Foundation alberga una serie de proyectos de software blockchain de nivel empresarial. Los proyectos son concebidos y construidos por la comunidad de desarrolladores para proveedores, organizaciones de usuarios finales, proveedores de servicios, empresas emergentes, académicos y otros para construir e implementar redes blockchain o soluciones comerciales. El personal de la Fundación Hyperledger es parte de un equipo más grande de la Fundación Linux que tiene años de experiencia en la prestación de servicios de gestión de programas para proyectos de código abierto.

https://everledger.io/ y https://everledger.io/industry-solutions/diamonds/

https://www.hyperledger.org/

Esta compañía tokeniza cada diamante y rastrea su movimiento en la cadena de bloques a medida que los individuos comercian. En cualquier momento, alguien puede hacer una referencia cruzada de la cadena de bloques para ver el camino del diamante desde la minería hasta el producto actual. Sin embargo, hay algunas advertencias, que incluyen el problema de representar datos del mundo real en la cadena de bloques que ya hemos comentado en otras ocasiones. Tenemos que confiar en que no se soborna a las personas para que incluyan información falsa en la cadena de bloques, y también tenemos que confiar en que el identificador del diamante no se manipuló en el proceso.

Casos de uso avanzado: redes de energía inteligente

Hasta ahora, hemos mencionado cómo podemos proporcionar un servicio digital utilizando una cadena de bloques. Sin embargo, ¿qué pasa con la situación en la que queremos proporcionar un servicio del mundo real, aprovechando una cadena de bloques para que esto suceda? Ya conocemos los problemas que esto ocurre en sentido inverso, ahora bien ¿Y en este sentido que aportamos ahora? Uno de los escenarios más grandes es la infraestructura. En cientos de países, la infraestructura es una de sus cualidades definitorias. Japón y Alemania, por ejemplo, tienen una infraestructura de renombre mundial. Pero, ¿qué sucede si el gobierno de un país no puede, o no quiere, construir para sus ciudadanos? Esto podría deberse a la falta de capital o simplemente a la falta de ganas. En este escenario, es difícil encontrar un *partido central* que colabore en nombre de los ciudadanos. Aquí es donde entra una cadena de bloques. Un problema de infraestructura común es el de las *Redes Eléctricas Inteligentes*. La energía se puede transferir de una planta a una casa, pero ¿qué pasa si una casa tiene un exceso de energía? Digamos que la casa A tiene un exceso de energía y la casa C carece de energía. ¿Cómo podemos construir infraestructura desde la Casa A hasta la C sin depender de un partido central? La solución podría estar en los *Contratos Inteligentes*. Podemos hacer promesas a través de contratos inteligentes para garantizar nuestro compromiso financiero con un proyecto. La Casa A puede crear un contrato inteligente, aportar $ 10,000 y decir que, si tanto la Casa B como la Casa C también comprometen $ 10,000, entonces un contratista puede canjear ese dinero a cambio de trabajar en esta red de energía inteligente. Este esquema de compromiso inmutable permite a cualquiera aprovechar al máximo las propiedades de dinero inteligente. A través de contratos inteligentes, podemos coordinarnos entre partes que no confían sin una entidad central. En lugares donde el gobierno no puede o no quiere contribuir a la calidad de vida de los ciudadanos, ahora pueden hacerlo ellos mismos si tienen el capital, pero aún no el sistema para combinar de manera segura sus recursos. Este es uno de los conceptos más revolucionarios en blockchain, que brinda a los usuarios la capacidad de ser sus propios proveedores de servicios ¿No le están ofreciendo cambiar a energías sostenible en un mix de autoconsumo y aportación a la red si pone paneles solares en su tejado? ¿No firma este acuerdo por internet? Puede que esté colaborando con el planeta, con sus conciudadanos utilizando smartcontract. Pero también debe ser consciente de los riesgos que estamos comentando, tanto de identidad, como de hackeo de su red de autoconsumo.

Casos de uso avanzado: operaciones fuera de horario (después del horario comercial)

El caso de uso que vamos a examinar es "*después del horario comercial*". La negociación fuera de horario se refiere al caso de la negociación de acciones durante horas no convencionales. En los días previos a la conectividad global, la negociación de acciones se limitaba al horario diurno, comercial. Esta restricción artificial se perpetuó en la era digital. Entonces, ¿qué nos impide habilitar el comercio fuera del horario de atención hoy? El problema es la *falta de liquidez*. Con la *falta de liquidez* viene un aumento de la *volatilidad*, lo que implica un *aumento del riesgo*. En los EE.UU por ejemplo, la *Securities and Exchange Commission (SEC)* tiene como objetivo reducir el riesgo para los inversores, las opciones para las operaciones fuera de horario se limitan a limitar las órdenes. No se garantiza que estos tipos de órdenes se ejecuten, solo se ejecutan si el valor de las acciones está por encima de un mínimo o por debajo de un máximo, según el tipo de orden. ¿La solución? *Tokeniza*ción de las acciones. En su lugar, coloque el mercado en la cadena de bloques.

El mundo de las inversiones es fascinante, complejo, y puede ser muy beneficioso. Sin embargo, a diferencia del mundo de la banca, en el que los depósitos están garantizados por el gobierno federal, las acciones, bonos y otros títulos u obligaciones pueden perder valor. No hay garantías en cuanto a ésto. Por eso, invertir no es un deporte para espectadores; en efecto, la mejor forma de proteger su dinero, que tienen los inversionistas, es la de investigar bien y hacer preguntas, antes de invertir. Las leyes y reglamentos que rigen el sector de las transacciones de valores bursátiles en los Estados Unidos se originan en un principio muy claro y sencillo: todos los inversionistas, grandes instituciones o individuos, deberán tener acceso a ciertos hechos concretos básicos acerca de sus inversiones, antes de que hacerlas. Para lograr esto, la SEC exige a las empresas con valores bursátiles negociables revelar al público toda la información financiera pertinente a su disposición, como banco común de información para que los inversionistas puedan juzgar y decidir por sí mismos si la inversión en los títulos y obligaciones de determinadas empresas constituyen una buena inversión. Sólo a través de un flujo regular y oportuno de información completa y precisa, podrán los inversionistas tomar las mejores decisiones.

La SEC supervisa también otros participantes clave en el mundo de las bolsas y mercados financieros, incluyendo las bolsas de valores, los corredores, los consejeros de inversiones, los fondos mutuos, y los consorcios controladores de empresas de servicio público. Aquí también, la SEC se preocupa sobre todo en promover la divulgación de información importante, en hacer valer las leyes y normas pertinentes, y en proteger a los inversionistas que interactúan con las diversas organizaciones e individuos. De importancia crucial para la efectividad de la SEC es su autoridad para hacer valer las leyes y reglamentos. Cada año, la SEC interpone unas 400-500 causas civiles contra personas y empresas violadoras de las leyes y reglamentos de intercambio de títulos y obligaciones bursátiles. Las infracciones típicas son la compraventa de valores de parte de funcionarios de confianza, los fraudes contables, y la divulgación de información falsa y engañosa relacionada con valores bursátiles y las empresas emisoras. La lucha contra el fraude en el sector de la inversión en títulos y valores, sin embargo, es algo que requiere coordinación de esfuerzos. El factor más importante para una protección efectiva de las inversiones es el inversionista informado y prudente. La SEC ofrece al público una gran cantidad de información en su sitio en la Internet, www.sec.gov. Este sitio también incluye el banco de datos EDGAR de documentos informativos que las empresas con valores bursátiles negociables deben presentar a la Comisión. https://www.sec.gov/edgar.shtml

En Europa y en concreto en España, el Organismo encargado de supervisar e inspeccionar los mercados de valores españoles y la actividad de cuantos intervienen en los mismos, sería la Comisión Nacional del Mercado de Valores (CNMV) https://www.cnmv.es/portal/home.aspx En los demás paises existen Organismos similares. Podemos tokenizar las acciones pidiéndole a un corredor que suscriba el token de acciones. El contrato dirá: "*Cualquiera que sea propietario de esta ficha de acciones puede acudir a mí, el corredor, para canjear el token por el stock físico correspondiente*". O bien hacer un smartcontract sin necesidad de acudir a Notario. Este vínculo entre el token y los activos del mundo real proporcionará a los tokens una información tangible, es decir, le proporcionará una propiedad y un valor. Las propiedades globales de una cadena de bloques permitirán que esas acciones, se comerciConsuelon en todo el mundo, sin restricciones por construcciones sociales. Dicho de otra manera, les proporciona agilidad, liquidez y Gobernanza. Sin embargo, la parte más importante de blockchain es la *Accesibilidad*. Cualquier corredor puede acceder a este mercado, lo que permite la puesta en común sin confianza de estos tokens de acciones en todos los ámbitos. Mediante la coordinación entre estas partes que no confían en una plataforma accesible a nivel mundial, el problema de liquidez se habrá resuelto de una manera que es inviable para las soluciones centralizadas.

Veamos algunos ejemplos de cómo funcionan estos Organismos que hemos mencionado, por ejemplo la CNMV.

Ejemplo 1

Madrid, 9 de febrero de 2021

Comunicado conjunto de la CNMV y del Banco de España sobre el riesgo de las criptomonedas como inversión

En los últimos meses, numerosas criptomonedas, entre ellas Bitcoin y Ether, han experimentado elevada volatilidad en sus precios, lo cual ha sido acompañado de un aumento significativo de la publicidad, en ocasiones agresiva, para atraer inversores. El Banco de España y la CNMV ya advirtieron en 2018 sobre el riesgo de este tipo de inversiones debido, entre otros factores, a su extrema volatilidad, complejidad y falta de transparencia que las convierten en una apuesta de alto riesgo. Los criptoactivos, incluyendo las criptomonedas y la tecnología que les da soporte, pueden ser elementos que dinamicen y modernicen el sistema financiero en los próximos años, pero para valorar su validez como alternativa de inversión o su uso como medio de pago es preciso también tener muy presentes los siguientes aspectos y riesgos:

Ámbito regulatorio: No existe todavía en la Unión Europea un marco que regule los criptoactivos como el Bitcoin, y que proporcione garantías y protección similares a las aplicables a los productos financieros. Actualmente, se está negociando a nivel europeo un Reglamento (conocido como MiCA) que tiene como objetivo establecer un marco normativo para la emisión de criptoactivos y los proveedores de servicios sobre estos.

Desde el punto de vista legal, las criptomonedas:

- no tienen la consideración de medio de pago,

- no cuentan con el respaldo de un banco central u otras autoridades públicas y

- no están cubiertas por mecanismos de protección al cliente como el Fondo de Garantía de Depósitos o el Fondo de Garantía de Inversores.

Inversión de alto riesgo: Se estima que hay más de 7.000 criptomonedas en el mercado con características similares a las del Bitcoin.

Se trata de instrumentos complejos, que pueden no ser adecuados para pequeños ahorradores, y cuyo precio conlleva un alto componente especulativo que puede suponer incluso la pérdida total de la inversión.

Ejemplo 2

17 de enero de 2022

Nueva circular de la CNMV de publicidad sobre criptoactivos presentados como objeto de inversión

La nueva norma define las reglas sobre el contenido y el formato de los mensajes publicitarios de las campañas sobre criptoactivos

- Deberán incluir contenido claro, equilibrado, imparcial y no engañoso e información sobre los riesgos de manera destacada además de la siguiente advertencia: "La inversión en criptoactivos no está regulada, puede no ser adecuada para inversores minoristas y perderse la totalidad del importe invertido"

- Establece un procedimiento de comunicación previa obligatoria a la CNMV de las campañas publicitarias masivas, destinadas a 100.000 personas o más

- Se fijan las herramientas y procedimientos para hacer efectiva la supervisión de la actividad publicitaria de los criptoactivos

- No se regulan los propios criptoactivos, su emisión o los servicios prestados sobre los mismos

El Boletín Oficial del Estado (BOE) publica hoy la nueva Circular de la CNMV sobre publicidad de criptoactivos presentados como objeto de inversión, en la que se desarrollan las normas, principios y criterios a los que debe sujetarse esta actividad publicitaria. El objetivo es que la publicidad de estos productos ofrezca contenidos veraces, comprensibles y no engañosos, y que incluya de forma visible los riesgos asociados a ellos. Esto es especialmente relevante en el ámbito de los criptoactivos, que al no tener una regulación completa supone un reto para la protección del inversor.

Para ello, se delimita el ámbito de aplicación, se concreta la actividad publicitaria que debe ser sometida a un régimen de comunicación previa y se fijan las herramientas y procedimientos que se emplearán para hacer efectiva la supervisión de la actividad publicitaria de los criptoactivos.

La nueva Circular establece que la publicidad sobre criptoactivos deberá ser clara, equilibrada e imparcial, y los mensajes proporcionarán información sobre los riesgos del producto de manera fácilmente legible y perceptible. En concreto, deberán incluir la siguiente advertencia: "La inversión en criptoactivos no está regulada, puede no ser adecuada para inversores minoristas y perderse la totalidad del importe invertido". Además se incluirán enlaces o indicaciones a la ubicación de la información adicional identificadas con frases del tipo: "Es importante leer y comprender los riesgos de esta inversión que se explican detalladamente en esta ubicación".

La norma define el modo en que supervisará la CNMV y establece un régimen de comunicación previa obligatoria para campañas de publicidad masiva, definidas como las dirigidas a 100.000 personas o más, que deberán ser comunicadas a la CNMV con una antelación mínima de diez días. El resto de acciones publicitarias también quedarán sujetas a la actuación supervisora de la CNMV pero no requieren comunicación previa. La Circular incluye los procedimientos y plazos para recabar información, oponerse al inicio, exigir el cese o la rectificación de la publicidad por parte de la CNMV.

La Circular no contiene ninguna norma sobre los productos en sí mismos, ni sobre sus proveedores ni los servicios proporcionados sobre estos activos sino exclusivamente sobre los requisitos que deberá cumplir la actividad publicitaria que persiga su ofrecimiento como posible inversión.

La nueva Circular será de aplicación a los proveedores de servicios sobre criptoactivos cuando reConsuelon estas actividades publicitarias, a los proveedores de servicios publicitarios, o a cualquier otra persona física o jurídica que reConsuelo por iniciativa propia o por cuenta de terceros dicha actividad. Esto incluye a personas físicas que, de forma remunerada, publiciten y promocionen criptoactivos (productos o servicios promocionados a través de influencers).

Se establecen exenciones en el ámbito de aplicación como los casos en que los criptoactivos tengan la naturaleza de instrumentos financieros (en cuyo caso se aplicará la Circular 2/2020 de la CNMV sobre publicidad de los productos y servicios de inversión), no sean susceptibles de ser objeto de inversión, determinados "utility tokens" y tokens únicos no fungibles, los "white papers" de las nuevas emisiones, determinadas presentaciones y publicaciones de analistas o seminarios y las campañas publicitarias corporativas cuando cumplan con determinados requerimientos.

La nueva Circular ha sido objeto de dos rondas de consulta pública, la última de ellas entre el pasado 14 de junio y el 31 de agosto. Las observaciones recibidas han sido tenidas en cuenta en la redacción final de la Circular. La nueva norma se ha aprobado en virtud de las competencias otorgadas por el Real Decreto-ley 5/2021, de 12 de marzo, de medidas extraordinarias de apoyo a la solvencia empresarial en respuesta a la pandemia de la COVID-19, por el que se introdujo un nuevo artículo 240 bis en la Ley del Mercado de Valores para reforzar el marco legal de protección de los ciudadanos e inversores en lo relativo a la publicidad de nuevos instrumentos y activos financieros en el ámbito digital.

Esta Circular entrará en vigor al mes de su publicación en el BOE, es decir, el día 17 de febrero de 2022. https://www.boe.es/boe/dias/2022/01/17/pdfs/BOE-A-2022-666.pdf

Blockchain vs. Internet

En casi todas las conversaciones sobre el papel de blockchain en la sociedad o el camino a seguir, escuchará una comparación con Internet. Escuchará sobre cómo Internet tardó 20 años en desarrollar casos de uso significativos, sobre cómo varias empresas surgieron durante el auge de *Dot Com* ("punto com" (.com)). Solo para desaparecer cuando sobrevivieron las pocas nuevas empresas importantes, sobre cómo blockchain es una Internet de valor en lugar de a la información. La *burbuja de las puntocom* fue una burbuja de valoración de activos que se produjo en los años 90. Condujo a una recesión causada por inversiones altamente especulativas en negocios basados en Internet. La burbuja estalló a principios de 2000 después de que los inversores se dieran cuenta de que muchas de estas empresas tenían modelos de negocio que no eran viables. Muchos inversores invirtieron dinero en estas empresas puntocom altamente especulativas a pesar de que mostraban poco o ningún potencial de rentabilidad. Cuando estalló la burbuja de las puntocom, contribuyó a la recesión económica de 2001. Las burbujas suelen ocurrir cuando el precio de una inversión supera con creces su valor real, en este caso, el valor de los negocios basados en Internet. Otro ejemplo famoso fue la burbuja inmobiliaria que alcanzó su punto máximo en 2005. ¿Cómo funcionó la burbuja de las puntocom? Internet fue un tema candente durante la década de 1990 y esto llevó a muchos inversores a predecir un futuro rentable en los negocios basados en Internet. Esto resultó en una mayor inversión en nuevas empresas tecnológicas, lo que llevó el precio de sus acciones a niveles más altos. Muchas empresas incluso cambiaron sus nombres para incluir ".com", ".net" o "Internet". Este simple cambio contribuyó a que esas empresas superaran a sus competidores en un 63 %. La burbuja estaba en su apogeo cuando el comercio intradiario en la bolsa NASDAQ alcanzó los 5132,52 en marzo de 2020, solo para explotar más tarde ese año. El valor de muchas empresas tecnológicas se desplomó después de que los inversores se dieran cuenta de que estas empresas tenían pocas o ninguna esperanza de obtener beneficios. Esto provocó ventas de pánico y, a fines de 2000, el NASDAQ cayó más del 50%, cayendo por debajo de 2500 en diciembre de 2020. Ciertas industrias de alta tecnología tardaron hasta 2008 en superar los niveles de desempleo antes de la recesión, aumentando un 4 % entre 2001 y 2008. La industria tecnológica en Silicon Valley tardó más en recuperarse: algunas empresas tuvieron que reubicar fases de producción en áreas de menor costo.

Aunque la burbuja de las puntocom provocó un caos en el mercado de valores que resultó en la pérdida de inversiones y empleos, tuvo un beneficio específico. La afluencia de capital dentro de la industria tecnológica contribuyó a la instalación de cables de fibra óptica en todo el país. Esto aumentó la comunicación a nivel nacional y estableció la infraestructura para muchas empresas de tecnología moderna. Uno de los principales contribuyentes a la burbuja de las puntocom fue la falta de diligencia debida por parte de los inversores. Las inversiones en estas empresas de alta tecnología eran altamente especulativas. Las personas invirtieron sin indicadores sólidos de rentabilidad arraigados en datos y lógica, como la relación precio-beneficio; algunos incluso crearon métricas de calidad desconocidas que no eran cuantitativas. Muchos inversores anticiparon que los negocios basados en Internet tendrían éxito simplemente porque

Internet era una innovación, a pesar de que el precio de las acciones tecnológicas se disparó mucho más allá de su valor real. "Si desea proteger su cartera de inversiones de las "inversiones burbuja", tenga cuidado con la mentalidad de rebaño... ... Tratar de jugar en una burbuja pensando que puedes cronometrar tu salida y dejar a alguien más con la patata caliente es jugar con fuego", dijo David L. Bahnsen, fundador y director ejecutivo de la firma de gestión de patrimonios privados de dos costas The Bahnsen Group. Sin duda, esta estrategia de inversión miope cegó a los inversores de las señales de alerta que en última instancia apuntaban al estallido de la burbuja.

Con estas premisas y advertencias, hagamos una comparación entre blockchain e Internet.

1.- Primero, sabemos que tanto la tecnología blockchain como Internet describen *Protocolos De Conectividad*. Sin embargo, el tipo de conectividad es diferente.

- Con Internet, tiene la capacidad de conectarse con cualquier persona que elija para compartir información de forma segura. Las únicas personas que necesitan ver esta información son las dos partes involucradas en el intercambio, y solo es necesario que haya algún camino para que la información fluya entre ellas. Mientras que, con Internet, no importa quién más esté en la red, siempre que cada individuo pueda comunicarse con sus partes relevantes.

- Con blockchain, tiene la capacidad de conectarse con cualquier persona para compartir valor de forma segura, pero el intercambio de valor debe ser observado por todos en la red. Si no tuviera las transacciones públicas de validación, los protocolos de blockchain no tendrían sentido.

2.- En segundo lugar, el *Comienzo*, es decir, la forma en que blockchain e Internet se manifestaron también difiere.

- Internet fue un proyecto desarrollado por académicos. El primer mensaje que se envió a través de Internet fue entre los laboratorios de investigación de UCLA y Stanford. Desde el mundo académico, Internet llegó al mundo empresarial y público.

- Blockchain, sin embargo, comenzó de manera diferente. Un movimiento de base, Bitcoin fue un proyecto de código abierto entre defensores libertarios ante todo, y la primera transacción de Bitcoin fue entre el anónimo Satoshi Nakamoto y Hal Finney, cypherpunk y desarrollador de PGP Corporation. A partir de ahí, Bitcoin y blockchain comenzaron a moverse hacia el ámbito académico y empresarial.

3.- En tercer lugar, el *Entorno Social* desarrollado en torno a estos proyectos difiere enormemente tanto por sus orígenes como por las épocas en las que nacieron.

- Durante la era de Internet, el concepto de computadoras personales aún no se había desarrollado, y mucho menos la idea de conectar personas en todo el país o en todo el mundo. Las empresas que surgieron durante este tipo se centraron principalmente en corporaciones, lo que llevó a varios proyectos de "intranet", análogos a las cadenas de bloques privadas.

- Con blockchain, vemos los mismos patrones, pero en un formato mucho más grande. En esta era de conectividad y redes sociales, la información se difunde mucho más rápidamente, al igual que la prisa. La mayoría de los proyectos se dirigen al público en general en lugar de a las corporaciones, pero estos proyectos también vienen fructificar con mucha menos frecuencia. Muchos equipos se conforman con un excelente equipo de marketing, lanzan una ICO y rezan para que no haya demandas.

4.- E cuarto lugar, En *Términos de Casos de Uso*, es fácil ver que el propósito de Internet difiere enormemente del blockchain, aunque comparten paralelos en lo que respecta a la forma en que se desarrollan sus casos de uso y ecosistema.

- Internet se enfoca mucho más en el intercambio de información, mientras que blockchain se enfoca en el intercambio de valor.

- Cuando piense en un caso de uso de blockchain, pregúntese si aprovecha algún intercambio de valor, particularmente el que no puede ser manejado por una sola autoridad. La innovación de Blockchain no fue permitir el intercambio de información distribuida, sino el mantenimiento de registros distribuidos y el intercambio de valor descentralizado.

Aspectos jurídicos del open source (Código abierto)

Antes de conocer los smartcontracts, y una vez conocido Bitcoin y Ertherscam debemos ser conscientes de algunos aspectos legales de todo este entorno Blockchain. A continuación se facilita la guía sobre aspectos legales que se publica en la página web Open Source Guides de GitHub en el que se analizan los problemas técnicos y jurídicos que suelen surgir en materia de código abierto que pueden descargarse en el siguiente enlace. http://opensource.guide/es/legal/

AnConsuelomos las ventajas que proporciona el código abierto y por otra parte, los riesgos y la problemática jurídica que puede suponer dicho código abierto:

El informe que acaba de publicar la UE sobre este tema, es de fecha 6/09/2021, titulado «El impacto del hardware y el software open source en la independencia tecnológica, competitividad e innovación en la economía de la UE», ha sido elaborado por el Fraunhofer ISI y OpenForum Europe por encargo de la Comisión Europea, y en él se asegura que los 1.000 millones de euros invertidos en software open source en 2018 por los gobiernos y empresas privadas de la UE han desembocado en un beneficio económico para la UE de entre 65.000 y 95.000 millones de euros. Además, el informe asegura que si se incrementase un 10% la contribución a proyectos software de este tipo se generaría un aumento de entre un 0,6 y 0,9% del Producto interior bruto (PIB) de la región, además de posibilitar la creación de 600 startups de tecnología en la Unión Europea.

Pero no todo son buenas noticias, ya que deja patente que la capacidad institucional en cuanto a software open source en Europa es muchísimo menor que la escala de valor creado por él. Para contrarrestar esto, el informe ofrece varias recomendaciones sobre políticas públicas con las que ayudar a que florezcan los sectores del hardware y el software open source. Entre ellas está la implicación activa de la UE en una «transición hacia más apertura en su cultura política y de inversión«. El informe apunta que una red financiada por la

Comisión Europea de oficinas de programa open source (OSPOs) ayudarían a impulsar la capacidad institucional y a acelerar «el consumo, la creación y la aplicación de tecnologías abiertas«. Estas oficinas, en concreto, se encargan de aportar formalidad y orden a estos programas, y se han convertido en una parte muy importante de empresas que van desde las grandes tecnológicas como Google a startups respaldadas por capital inversor. Por otro lado, el informe recomienda que la UE desarrolle una política industrial open source, y que la incluya en sus principales redes de políticas, como ha hecho con el Green Deal europeo y la Ley sobre Inteligencia Artificial.

Los beneficios del software open source son múltiples, ya que la tecnología interactúa con todo, desde los servidores web y los coches hasta el control del tráfico aéreo. De hecho, mucho del crecimiento de la web en los últimos 30 años se debe a esta modalidad de software, ya que rebaja la barrera de entrada a sistemas y rebaja el coste de propiedad si se compara con alternativas de software propietarios. El software open source evita los bloqueos de fabricante, lo que mejora la independencia tecnológica, también conocida como autonomía digital, de las empresas. La autonomía digital, básicamente, implica que una organización sea capaz de retener el control sobre su tecnología y datos, incluso cuando trabaje con empresas y proveedores de servicios externos. En la actualidad ya hay en el mercado numerosas plataformas open source que prometen exactamente eso: más flexibilidad para desplegar software como crean conveniente, manteniendo sus datos en local mediante el almacenamiento en su propia infraestructura. Con el software y el hardware open source se puede conseguir, y es lo que busca Europa en su camino hacia la soberanía digital.

Análisis jurisprudencial del código fuente y las licencias Open Source.

Se configura como la II parte del artículo relacionado "Regulación de los algoritmos y códigos fuente". ¿De quién es la propiedad de dicha app o programa? ¿Cómo se regulan códigos fuente? ¿Existe jurisprudencia sobre ello? ¿hay obligación a entregarlos a nuestros clinetes o, por el contrario forman parte esencial de la actividad y deberían adquirirlos? El código fuente se adquiere por una empresa o start-up para ser transformado a fin de dedicarse a una finalidad para la que no estaba previsto (no va a destinarse a uso interno de la empresa sino que va a venderse a terceros). Es por ello que debemos observar algunas cuestiones como la procedencia de las licencias del código fuente, si son 100% propiedad del vendedor o resultan ser secuencias Open Source.

Titularidad del derecho de explotación de una obra.

Si en algo estamos equivocados es en pensar en que el derecho de autor se adquiere registrándolo en el oportuno registro de la Propiedad intelectual/industrial. La propiedad intelectual de una obra literaria, artística o científica corresponde al autor por el solo hecho de su creación (Art. 1 y 97 TRLPI):

1. *Será considerado autor del programa de ordenador la persona o grupo de personas naturales que lo hayan creado, o la persona jurídica que sea contemplada como titular de los derechos de autor en los casos expresamente previstos por esta Ley.*

2. *Cuando se trate de una obra colectiva tendrá la consideración de autor, salvo pacto en contrario, la persona natural o jurídica que la edite y divulgue bajo su nombre.*

3. *Los derechos de autor sobre un programa de ordenador que sea resultado unitario de la colaboración entre varios autores serán propiedad común y corresponderán a todos éstos en la proporción que determinen.*

4. *Cuando un trabajador asalariado cree un programa de ordenador, en el ejercicio de las funciones que le han sido confiadas o siguiendo las instrucciones de su empresario, la titularidad de los derechos de explotación correspondientes al programa de ordenador así creado, tanto el programa fuente como el programa objeto, corresponderán, exclusivamente, al empresario, salvo pacto en contrario.*

5. *La protección se concederá a todas las personas naturales y jurídicas que cumplan los requisitos establecidos en esta Ley para la protección de los derechos de autor.*

La protección recae sobre la expresión de una idea, no sobre la idea, una idea no es registrable, no es patentable. El objeto de la protección es la forma de plasmar la idea, su estructura, configuración u ordenación de la misma (según cita jurisprudencia STS 21 Junio 2007). Podemos diferenciar en este punto lo relativo a las:

Obra en colaboración.

Art 97.3: *"Los derechos de autor sobre un programa de ordenador que sea resultado unitario de la colaboración entre varios autores serán propiedad común y corresponderán a todos éstos en la proporción que determinen".*

Obra colectiva.

97.2: *"Se considera obra colectiva la creada por la iniciativa y bajo la coordinación de una persona natural o jurídica que la edita y divulga bajo su nombre. Cuando se trate de una obra colectiva tendrá la consideración de autor, salvo pacto en contrario, la persona natural o jurídica que la edite y divulgue bajo su nombre".*

Diferencia entre venta y licencia

Con mucha frecuencia leo clausulados de contratos en los que se refleja que se desarrollan programas de software sobre los que se cede la "licencia de uso" a un tercero. Sin embargo, otras veces se habla de "compraventa del código fuente" para realizar modificaciones o alteraciones para comercializarlo a otras partes.

Los términos "venta" y "licencia" no significan lo mismo.

Mientras que, cuando licenciamos un producto, lo que estamos haciendo es ceder simplemente eso, no cedemos ninguno de los derechos de propiedad intelectual que nos asisten (como por ejemplo; los derechos de explotación, modificación, alteración, comercialización, difusión, etc...). Cuando hablamos de "Compraventa", se vede o adquiere un todo, es decir, se ceden los derechos de propiedad intelectual de manera que el comprador puede alterar el código fuente o programa y revenderlo a terceros con total libertad.

En los casos de licencia de uso:

En primer lugar, si somos los licenciantes, aconsejo pactar una cláusula de responsabilidad limitada al doble (por ejemplo) de la cantidad abonada por el comprador por los servicios. De esta forma nos estamos protegiendo frente reclamaciones por injerencias en la propiedad intelectual realizadas por terceros. Salvo que el programa o código fuente sea nuestro al 100%, debemos asegurarnos de que los códigos que revendemos pertenecen al autor en su totalidad. Hasta que eso no sucede o, por el motivo que fuere, no se ha pactado con nuestro proveedor, debemos limitar al máximo la responsabilidad para con nuestro cliente.

En segundo lugar, cuando operamos como licenciantes, estableceremos clausulas sobre los términos y condiciones de uso que delimiten los derechos de propiedad intelectual, dejando claro qué funciones y derechos tiene cada parte.

En tercer lugar, se presta mucho a debate si debemos entregar el código fuente a nuestro cliente, y para ello podemos diferenciar si se trata de:

Adquisición de un código personalizado para un caso concreto, hecho "ad hoc":

En cuyo caso, deberemos entregar el código fuente para futuras modificaciones o personalizaciones (customizar el código a sus necesidades concretas). En caso de que no entreguemos nuestro código fuente por miedo a futuras réplicas no autorizadas, tendremos que formalizar un *acuerdo Escrow*:

Escrow, es un acuerdo por el cual el desarrollador de un software/código fuente se compromete a depositar dicho ante un tercero, un tercero interpuesto o tercero de confianza, un agente escrow. El depósito también podría realizarse vía blockchain, al ser un registro que funciona como prueba de cotejo, sin actuar terceros interpuestos tradicionales. Este depósito clásico se realiza para garantizar el uso pacífico de un determinado código fuente, de manera que nuestro cliente puede recurrir a él en caso de necesidad, avería, incidencia, y no pueda localizarnos por cualquier motivo (o no podamos atender de forma urgente a su petición). De esta forma también evitamos reclamaciones debidas a vicios ocultos en el programa vendido o daños causados por la no tenencia de este código para reparar averías o incidencias que pueden derivar en daños para la compañía.

El contrato de Escrow se rige por la libertad de pactos (1255 Código Civil) y deberá contener las siguientes cláusulas:

- Depósito de los códigos fuente.
- Verificación.
- Quien soporta los costes
- Evidencia de la existencia de los supuestos de retirada.
- Procedimiento de retirada.
- Condiciones de mantenimiento del código fuente.
- Soporte de jurisprudencia; STS 4811/2014

Se debe de ceder la propiedad intelectual del mismo, por medio de un acuerdo de cesión de derechos y podremos comercializarlo bajo las premisas que hayamos reflejado en el contrato. En los contratos de licencia o compraventa se suele pactar la exclusividad, es decir, que el propietario o creador no podría comercializarlo o mejorarlo. Sin embargo, cuando adquirimos la licencia de ese producto, la propiedad sigue en manos de su creador, según las condiciones que se acuerden en el contrato de licencia, normalmente más restrictivo que una venta. En una licencia de uso lo que compramos es el uso de un producto ya realizado, estandarizado. Por ello, en primer lugar, hemos de definir muy bien en qué términos vamos a negociar la adquisición del código fuente; licencia o compraventa, y su clausulado correspondiente.

Escenarios planteados respecto al Código fuente:

El código fuente es objeto de propiedad intelectual regulada en el Texto Refundido de la Ley de Propiedad Intelectual (Real Decreto Legislativo 1/1996, de 12 de abril). Como ya hemos visto, el código fuente es una parte del programa de ordenador y pertenece como el resto de las partes a su autor sin necesidad de acciones por su parte, sin mediar registro alguno para poder ser reconocido como tal.

Primer escenario:

Una empresa licencia un producto, programa o app de forma estándar. Es decir, no está hecho a medida ni ad hoz para nadie, es simplemente un producto comercializado bajo la misma forma.

Segundo escenario:

Una empresa licencia o vende un producto que supone una customización a los deseos o necesidades del cliente, para adaptarlo a una operación muy concreta que necesita más desarrollo que lo meramente estandarizado. Puede ser que nuestro cliente, este que adquiere los productos nos solicite el código fuente para hacer modificaciones.

¿Tenemos obligación de entregárselo?

1. Cuando se venden licencias de uso de tipo End-User Licence Agreement (EULA), se incluyen clausulados completos sobre condiciones de uso y propiedad intelectual, de forma que no se entrega código fuente alguno. Esta cuestión ha sido motivo de debate por la jurisprudencia como la Sentencia de la Sala Primera del Tribunal Supremo17 de mayo de 2003 (núm. 492/2003) en la que se debate sobre *la obligación de la entrega del código fuente para realizar modificaciones* para adaptarlo a las necesidades del usuario y actualizarlo.

Se venden o licencian productos personalizados para un fin concreto.

Hemos de decir que rara vez existen clausulados que indiquen de quien es la propiedad intelectual o se fijen garantías, limitaciones u otras regulaciones. La Sentencia de la Audiencia Provincial de Valencia de 13 de marzo de 2006 (núm. 164/2006) concluye puntos necesarios:

1. Que es fundamental especificar en los contratos de licencia o compra si el código fuente se entrega o no.

2. Que en función del tipo de desarrollo (estandarizado o ad hoc) podemos estar obligados a la entrega del código o no.

3. Por regla general no se entrega y se suele establecer en el contrato que "constituye el instrumento empresarial para la creación de las páginas web".

4. Ha de estarse a lo pactado entre las partes en dichos contratos, aunque puede interpretarse que dependiendo la naturaleza del negocio exista obligación de entrega o no.

Como conclusión añadiré que, para obtener el código fuente en caso de oposición, la jurisprudencia apoya la entrega cuando el producto es "hecho a medida", en este caso deben entregar el código fuente y definir en el contrato las cuestiones de propiedad intelectual. En los casos de entrega de productos hechos "a medida", se cita *que procede la entrega del código fuente al "cliente" porque "hay que tener presente que el programa informático objeto de autos, no se refiere a un producto estándar, sino que ha sido un programa individualizado* y *además sobredimensionado; lo que pretenden hacer los demandados no es una reproducción del mismo, sino de una modificación para adaptarlo a las necesidades del usuario que encargó el programa de ordenador.*

Los requisitos para ello son simples;

1. *Los reconvinientes deberán ser los legítimos usuarios del programa.*

2. *Que las alteraciones que se reConsuelon sobre el mismo sean necesarias para su uso, por ejemplo, adaptación, corrección, puesta a punto.*

La necesidad puede evidenciarse en que, de no adquirirlo, se deba obtener otro por distinto proveedor por no haberles entregado los códigos fuente de su programa individualizado y no haber podido hacer las correcciones o mejoras para poder operar con normalidad. Debemos recoger en un *contrato*, más sencillo o más complejo, pero en el que queden definidas estas cuestiones que posteriormente pueden dar lugar a conflictos. En el caso de desarrollos a medida, en lugar de una entrega inmediata del código fuente, se puede pactar su depósito en un tercero de confianza mediante la firma de un *"contrato de Escrow"*, de forma que el código es recuperable por el cliente en los casos en los que el desarrollador desaparezca o se encuentre en posición de no poder garantizar el mantenimiento o el soporte de dicho desarrollo. Los términos del contrato deberán ser claros para no entrar en juego otras reglas de interpretación de los mismos (Sentencia de la Audiencia Provincial de Málaga de 26 de diciembre de 2014 (núm. 910/2014)

De aplicación lo dispuesto en art. 1281 del Código civil:

Si los términos de un contrato son claros y no dejan duda sobre la intención de los contratantes se estará al sentido literal de sus cláusulas. Si las palabras parecieren contrarias a la intención evidente de los contratantes, prevalecerá ésta sobre aquéllas.

III. Open Source y código abierto.

Pero, ¿Y si no existe contrato y el código fuente es Open Source o Código abierto? ¿Puedo comercializarlo? Pues debemos realizar una auditoría del código fuente para ver si es Open Source y si tienen alguna restricción. Podemos decir que por regla general, el 80% del contenido de código fuente es Open Source por eso recomiendo fijar o exigir en un contrato, el desglose de lo que realmente se está adquiriendo, por ser la mayoría obtenido de bibliotecas Open Source con algunas limitaciones como no poderlo vender a título onerosos a terceros (es decir, tú debes adquirirlo gratis pero tampoco puedes venderlo a precio). Hay que distinguir entre Software libre (4 libertades) y Open Source:

Software Libre:

La libertad de ejecutar el programa como se desee, con cualquier propósito (libertad 0).

La libertad de estudiar cómo funciona el programa, y cambiarlo para que haga lo que usted quiera (libertad 1). El acceso al código fuente es una condición necesaria para ello.

La libertad de redistribuir copias (libertad 2).

La libertad de distribuir copias de sus versiones modificadas a terceros (libertad 3).

Open source Software.

La estructura es similar al anterior, de hecho se permite el acceso al código fuente,

Derecho a modificar.

Derecho a redistribuir.

Las licencias OSS son, en su mayoría, también licencias libres, y viceversa.

Debemos distinguir si ostentan los llamados copyleft débil, por medio de los cuales libremente pueden comercializarse con la mera mención a su autor.

Exigencia de cumplimiento de condiciones licencia OSS

No tenemos jurisprudencia sobre este punto en España, pero si en Alemania:

Corte Regional de Hamburgo, caso Netfilters, en el que se condena por violación de licencia de códigos Open Source y no cumplir los requisitos de su licencia, condenándose a costas y daños morales.

El titular de esos códigos Open Source podrá iniciar acciones contra las personas que infrinjan las condiciones de la licencia, para exigir su cumplimiento y en su caso reclamar una indemnización. Si adquirimos un programa en Open Source y nuestro vendedor no cumple estos requisitos nos arriesgamos que un juez decrete una medida cautelar por la que nosotros no podremos utilizar el código ni tampoco los terceros a los que se lo hemos revendido con el consecuente agravio legal y posible cuantiosas indemnizaciones sobre nosotros.

Garantía

Las licencias OSS excluyen cualquier garantía con la formula "AS IS" ("tal cual"), y proporcionan el software "sin garantía alguna". El producto se entrega tal cual es, sin responsabilidad.

En el caso español, el proveedor siempre deberá responder por haber causado daños corporales o la muerte de una persona, y no podrá limitar sus responsabilidades en casos de dolo.

Mejores prácticas uso OSS:

Si la empresa utiliza códigos fuente de tipo Open Source, que os puedo decir que en torno al 80% los utilizan, debemos tener en cuenta una serie de buenas prácticas respecto a ellos:

- Revisar el uso interno de OSS, tanto explícito como implícito (dispositivos, tecnologías de terceros).
- Definir, distribuir y mantener actualizada una política de uso y gestión de licencias OSS.
- Formar al personal relevante (responsables y gestores de TI, de innovación, de costes) en aspectos tanto técnicos como organizativos y legales.
- Determinar la posición e integración del OSS en el proceso y estrategia de negocio.
- Establecer un proceso de revisión y aprobación, liderado por un equipo mixto de abogados y técnicos.
- Establecer procedimientos adecuados para la adquisición de OSS: obligaciones mínimas exigibles en contratos, revisión de proveedores, modelos de contrato.
- Prestar atención a operaciones corporativas (fusiones, adquisiciones, ventas).
- Tener claras las reglas para participar en la comunidad (quién, cuándo, y cómo, y determinar qué se puede compartir y que no).

Revisión de los acuerdos de licencia de uso

Determinar en todo momento a quien pertenecen los derechos de propiedad intelectual.

- Establecer cláusulas de limitación para el caso de violación de los derechos de las licencias Open Source.

- Delimitar si se entrega el código fuente o no, que dependerá de si el código fuente o programa se entrega personalizado o "ad hoc" o estandarizado.

- Nos pueden condenar a cubrir daños ocasionados cuando no entregamos el código fuente y existe un daño o perjuicio por necesitar realizar correcciones.

- Formalizar acuerdos Escrow con terceros de confianza.

Comentario personal

Lo primero que hay que dejar claro sobre el aspecto legal es que la mayoría de las webs, plataformas, etc., contienen "Avisos Legales" y "contratos de condiciones" a firmar (Aceptar) mediante un click", que legaliza cualquier acción allí contenida, permite el uso a cambio de acceso a datos personales, e incluso se renuncia a la mayoría de derechos, conforme a lo que se recojan en los articulados. Esto es "lo firmas si lo quieres usar, o no, y no lo usas". A simple vista jurídica da la impresión de pasar de un monopolio a otro y que la solución y el justo medio lo dan las alternativas que el usuario puede tener frente al software libre y al software propietario. Dadas las ventajas del Open Source debemos llegar a un punto donde las herramientas y soluciones que ofrece el software libre no menoscaben las normas sobre el derecho de competencia, particularmente creando prácticas comerciales restrictivas y conductas que puedan ser calificadas como de competencia desleal. El software y las licencias no existen en un entorno estable e invariante, sino en un medio cambiante, VUCA y Asincrono que evoluciona con rapidez, tanto técnica como legalmente.

Por otro lado, la protección de la información de identificación de derechos (Rights Markup Information, RMI, que incluiría los avisos de autoría tradicionales) no existía hasta los tratados de la OMPI de 1996 y su implementación a través de la DMCA, en EE.UU., y la nueva Directiva de protección de derechos de autor en la sociedad de la información, en Europa. Tampoco se tuvo en cuenta esta protección en las licencias más antiguas, que en ciertos casos permiten retirar avisos de autoría. En relación con el software libre, el marco legal incluye las licencias y, por ello, las licencias permiten actualizarse tratar de actualizar una licencia puede ser difícil, sino imposible, a menos que se mantenga un registro actualizado de autores y derechos y que haya una persona que tenga interés en defender el estado del código. En un modelo de desarrollo difuso como el del software libre, esto resulta muy difícil y poco factible. La FSF ya habla de una licencia GPL 3.0, que tendrá en cuenta las nuevas formas de distribución de software. Se propone una "Licencia Fiduciaria" entre los autores de software libre y la Fundación, que:

1. a) Transfiere los derechos exclusivos de los autores a la FSF (en la medida de lo posible, bajo el derecho aplicable),

2. b) Garantiza el uso de estos derechos para mantener la libertad del código.

3. c) Reserva para los autores unos derechos individuales de explotación ilimitada.

No será una regulación legal propiamente dicha quien pueda poner restricciones a algo definido como "abierto", sino, que será el juego de oferta-demanda, del soporte, de la actualización, de la compatibilidad, de los estándares y prestación de mantenimiento, los que establezcan la primacía de los sistemas operativos que funcionan bajo el esquema de software libre, frente al software propietario. De tal modo, que a partir de aquí podemos debatir sobre "ventajas que proporciona el código abierto y los riesgos y la problemática jurídica que puede suponer dicho código abierto". Mientras profundizaré en algunos de los aspectos legales presentes.

A.- Otros Aspectos Legales a considerar:

a.- COMERCIALES:

La distribución es autorizada por el productor con su respectiva licencia. Hay reserva de derechos. Copia de seguridad está permitida en caso de falla o destrucción. No permite modificaciones. No permite obras derivadas.

a.1.- Mecanismos Jurídicos

Para asegurar que se garantiza el reconocimiento del código fuente por parte del titular existen los siguientes mecanismos jurídicos:

1.- Podemos inscribir el código fuente en el registro público de la propiedad intelectual, que tiene como base jurídica el Real decreto 281/2003.

2.- Otro mecanismo interesante resulta añadir código fuente "superfluo" como si fuese una marca de autoría. Gracias a esto en caso de plagio el plagiador arrastrará consigo la "marca de agua" y podremos seguir su rastro por internet. Tiene su reconocimiento jurídico en el Real Decreto Legislativo 1/1996.

3.- Otra forma de demostrar la autoría es realizar un depósito notarial como prueba o como depósito condicionado, llamado "ESCROW". Este último caso va más dirigido a una empresa que comercie con lo que se quiere depositar, ya que se le garantiza al cliente el acceso al código depositado para su protección incluso cuando la empresa desarrolladora desaparezca. Este mecanismo esta abalado en los artículos comprendidos entre el 1758 y el 1789 del Código Civil.

4.- Nos podemos adherir a un registro online sobre plataformas privadas. Entre otros existe la licencia "Creative Commons" o también licencias más específicas de software como "Free Software Foundation" o "Open Source Initiative", que tiene su reconocimiento jurídico a través del artículo 299 de la LEC de 2000.

Consejos finales y buenas prácticas

Cláusulas necesarias a incluir en los contratos de venta de código fuente:

- Entrega y aceptación
- Garantía
- Propiedad intelectual
- Limitación de responsabilidad

- Duración del desarrollo de la aplicación
- Penalizaciones por retraso del desarrollador en las fechas de entrega
- Gestión de cambios
- Colaboración y seguimiento del proyecto
- Protección de datos de carácter personal (Privacy by design)
- Aportaciones de las partes

"SHAREWARE": Su distribución se realiza a través de la red y se autoriza al usuario para descargar (download).

"FREEWARE": El uso, copia, distribución, comercialización y modificación es gratuita a cualquier persona.

"DOMINIO PÚBLICO": Está protegido por el derecho de autor, y entra al dominio público, cuando: Hay renuncia expresa y escrita de los derechos de autor. Finaliza el tiempo de protección. Hay expropiación de los derechos

"COPYLEFT" Impide que quien reConsuelo mejoras, actualizaciones, estudios o cualquier uso sobre un "software" libre imponga restricción a lo que era público.

"COPYRIGTH" Permite imponer al autor condiciones, restricciones, limitantes, al software inicial, con el fin de mantener intacta la versión original.

Casos de excepeción para el uso de "software" libre

El permiso es transitorio y termina de manera automática cuando exista en el mercado una herramienta libre disponible.

Referencias:

Normativa Europea

https://digital-strategy.ec.europa.eu/en/library/study-about-impact-open-source-software-and-hardware-technological-independence-competitiveness-and

https://openforumeurope.org/open-source-impact-study/

https://venturebeat.com/2021/09/06/open-source-can-boost-eu-economy-and-digital-autonomy-study-finds/

Normativa y jurisprudencia en España.

https://evahernandezramos.com/analisis-jurisprudencial-codigos-fuente-y-open-source/

Análisis jurisprudencial. Códigos fuente y Open Source

26 Nov, 2020

Codex | Tecnología

Linkedin de Horacio Gonzalez Zlatar - ¿Cómo proteger la propiedad Intelectual de mi software? - Disponible en:

https://www.linkedin.com/pulse/c%C3%B3mo-proteger-la-propiedad-intelectual-de-mi-software-horacio [Consulta 29 Nov. 2016].

Sistemius - ¿Cómo Proteger Legalmente el Código Fuente? - Disponible en:

http://www.sistemius.com/proteger-legalmente-el-codigo-fuente.html

Informática Hoy - Tipos de licencia de Software - Disponible en:

http://www.informatica-hoy.com.ar/software-libre-gnu/Tipos-de-licencia-de-Software.php [Consulta 30 Nov. 2016].

O.M.P.I - Propiedad intelectual y software - Disponible en:

http://www.wipo.int/wipo_magazine/es/2008/06/article_0006.html .

Licencias Creative Commons CC -Propiedad Intelectual del Software (Parte V) - Disponible en:

https://vinculacion.wordpress.com/2009/06/04/licencias-creative-commons-cc-propiedad-intelectual-del-software-parte-v/

Creativecommons - Disponible en:

https://creativecommons.org/choose/?lang=es_CO

Free Software Foundation - Disponible en:

https://www.gnu.org/

Open Source Initiative - Disponible en:

https://opensource.org/

Volartpons: - Disponible en:

http://www.volartpons.com/

Aspectos legales del código abierto. | Open Source Guides

https://opensource.guide › legal

Aspectos legales del software libre o de código abierto - Dialnet

https://dialnet.unirioja.es › servlet › articulo › codigo=3...

Smartcontracts - Contratos Inteligentes

Al igual que hicimos con Bitcoin, primero veremos las características de alto nivel que queremos ver en Ethereum, principalmente el soporte de contratos inteligentes, y luego veremos cómo se implementan en un nivel inferior. De la misma forma que dependemos de intermediarios para realizar una transacción, seguimos necesitando firmar contratos y acuerdos por escrito para documentar y validar las mismas. El blockchain de Ethereum tiene el potencial de cambiar radicalmente estas reglas mediante el uso de los denominados *contratos inteligentes*. Que permite ejecutar acuerdos entre partes de *forma automática y en tiempo real* cuando se cumplen las condiciones pactadas por dichas partes. El contrato inteligente son literalmente líneas de código asociadas al blockchain, autoejecutables en cada momento con la información más. El blockchain presenta tres propiedades principales para crear contratos inteligentes: el denominado *"Turing completo", la identidad y un medio de pago.*

Turing completo.- Decimos que un lenguaje de programación es Turing completo cuando permite realizar cualquier tipo de operación. El blockchain es Turing completo, lo que le da mucha versatilidad. ¿Cómo es entendible ese lenguaje, para prestar el consentimiento? Lo veremos inmediatamente.

Identidad.- Poder establecer la identidad de las partes es condición necesaria para celebrar un contrato. En el caso de los contratos inteligentes la identidad proviene de las claves con las que nos identificamos en el blockchain.

Un medio de pago.- Debemos recordar que blockchain nace en 2008 como soporte para una moneda y medio de pago alternativo como es el Bitcoin

Los *contratos inteligentes* son capaces de ejecutar funciones, leer e introducir datos de forma automática. Esto puede agilizar algunos procesos. Gracias a ellos, tenemos la oportunidad de crear programas ejecutables que pueden funcionar a demanda. Recordemos que vamos a necesitar Tokens y Wallet. Los *tokens* son activos comercializables que se crean y se encuentran de forma exclusiva en entornos blockchain. En criptomonedas, *una cartera, monedero o wallet* es el software en el que se almacenan, por ejemplo, Bitcoins. En realidad, estas carteras son una clave privada asociada a una dirección. De esta forma, y utilizando una clave pública y privada, los poseedores de una cartera pueden recibir, enviar y gastar criptomonedas. Una cartera típica en Ethereum tiene una *dirección, un saldo, un estado y los registros* se escriben con ciertos eventos; por ejemplo, cuando tu saldo aumenta, se escribe un registro en el blockchain y ese registro puede ser monitorizado por personas externas. Por ejemplo, todos ven lo que hay en los registros del blockchain. Ahora, con los contratos inteligentes, el código se agrega, en realidad, al *contrato*. Por lo tanto, no solo ahora en la *cartera*
tenemos una dirección y un saldo, sino que también tenemos código y estado. La forma en que esto funciona en blockchain, en

Ethereum en particular, es que podemos desplegar un *contrato* que tenga este código en el blockchain. Y este código puede ser tal que podamos volver a este *contrato* más tarde, después de que esté en el blockchain, y modificar el estado de ese *contrato*. Así, por ejemplo, podríamos modificar lo que está almacenado. Y en el caso de que, por ejemplo, almacenemos un número de tokens, podríamos modificar a quién pertenecen. Así que un *token* es solo algo que se ha creado en el blockchain. Los *token o vales* son activos comercializables que solo se encuentran en blockchain; No existen en el mundo real. Es solo algo digital que puede dar identidad y valor a algo de la vida real.

A pesar de la expectación, lo cierto es que las funcionalidades de los *contratos inteligentes* presentan importantes limitaciones.

Los contratos inteligentes no pueden:

- Reaccionar de manera autónoma a los acontecimientos en el mundo exterior.
- Consultar internet.
- Consultar otros servidores web en internet.
- Ejecutar código continuamente para monitorear blockchain.
- Reaccionar a eventos en blockchain
- Hay un alto coste de ejecución del contrato
- Hay límites de *Gas*. Para entenderlo hay que estar en la mente de rentabilidad que tiene el minewro. Así, un minero no ejecutará su contrato si es muy costoso computacionalmente porque es más rentable para el minero ejecutar pequeños contratos que son rápidos de ejecuta.
- No hay confidencialidad en un contrato inteligente, porque todos ven el código.
- No hay capacidad para escalar entre servidores. Lo que quiero decir con eso es que no podemos hacer computación paralela y ejecutar nuestro código en múltiples servidores. Tiene que ejecutarse en cada servidor de esa máquina virtual y se

ejecuta justo dentro de esa máquina, sin llegar al exterior para nada. Así pues, el código es inmutable y está bloqueado en el blockchain.

- Es problemático cómo codificamos los contratos inteligentes, porque si cometemos un error, no podemos deshacerlo de manera fácil y unilateral. Un código erróneo en el blockchain, no tienee forma de modificarlo. Y como no puede modificarlo, debe poner una función *kill* en él para que la fila de código se pueda deshabilitar. Pero eso, en sí mismo, puede conducir a problemas. Recordemos el caso de las DAO, *Organizaciones Autónomas Descentralizadas*, que realmente "*mataron*" parte de su código, pero que bloquearon 50 millones de dólares a los que no pudieron acceder entonces.

- Cada vez que un nuevo nodo se inicia, tiene que ejecutar cada contrato inteligente que haya existido. Porque cada transacción altera el estado y tenemos que acordar el estado en todos los nodos. Por lo tanto, la única forma de iniciar un nuevo nodo es ejecutar cada contrato inteligente y cada transacción en ese contrato.

En el pasado, hablamos sobre cómo Bitcoin permitía a los usuarios realizar transacciones descentralizadas y sin confianza. Un caso más general de esto es la ejecución de cálculos arbitrarios en la cadena de bloques, y eso es exactamente lo que los contratos inteligentes nos permiten hacer en Ethereum. Hemos mencionado esto antes muy brevemente, diciendo que Ethereum permite la creación de *Aplicaciones Descentralizadas*, también conocidas como *DApps*. Son herramientas o apps que no están gestionadas por empresas y donde los usuarios se relacionan directamente sin intermediarios entre ellos, generalmente a través de una blockchain. Este hecho hace que sean muy populares y que cada vez sean más utilizadas, hasta el punto de que el mercado se multiplicará por 4. Las *DApps* o *Aplicaciones Descentralizadas* son una categoría especial de aplicaciones que funcionan en base a una *red descentralizada de computadores* u ordenadores. Los datos generados por esta aplicación están alojados en una red de ordenadores que permite que esta información se mantenga segura y accesible. Esta red descentralizada es una DLT generalmente basada en tecnología blockchain. Para poner un ejemplo más fácil, podríamos imaginar a una DApp como una aplicación conocida como Facebook, Tinder o Robinhood pero que en vez de ejecutarse sobre un servidor central (suelen ser varios) se ejecuta en una red formada por miles de nodos u ordenadores. Las primeras aplicaciones de redes P2P fueron algunas tan conocidas como *Napster, eMule o BitTorrent.* Esto es porque la información a la que acceden estas aplicaciones de descargas está en la red de nodos (ordenadores) que forman parte de su red. Si usted conecta su ordenador a la red de BitTorrent, por ejemplo, podrá acceder y descargar contenidos que estén en el ordenador del resto de usuarios así como pondrá su contenido disponible para que pueda ser descargado por terceros. Dentro del mundo de las DApps encontramos diferentes niveles o caregorías que son:

DApps nivel I: Dentro de este nivel o clasificación incluimos aquellas aplicaciones descentralizadas que funcionan en su propia Blockchain.

DApps nivel II: En este nivel de las DApps encontramos todas aquellas DApps que están alojadas en una Blockchain que no es de la propia DApp y funcionan en base a Tokens propios o tokens de la blockchain en la que se están ejecutando.

DApps nivel III: Las DApps de nivel III utilizan DApps de nivel II para que puedan funcionar correctamente.

Algunos ejemplos de DApps podrían ser:

CryptoKitties https://www.cryptokitties.co/

Market DAO https://makerdao.com/en/

IPSE https://www.ipse.io/

Para entender qué diferencia a una aplicación descentralizada de una aplicación tradicional tenemos que analizar sus diferencias en 2 niveles fundamentales, el backend y el almacenamiento de datos.

1.- El *backend* hace referencia a la «lógica» de la aplicación que la hace funcionar. En el caso de las aplicaciones tradicionales, toda esta lógica está centralizada en un ordenador central o servidor. Sin embargo en las DApps, el backend está relacionado a un *Smart contract* que se ejecuta sobre una Blockchain como Ethereum. Esto le otorga de otra serie de ventajas como que al ser basado en Smart Contract, y al ser estos contratos inteligentes públicos, se garantiza un elevado nivel de transparencia y seguridad.

2.- El *almacenamiento de datos*. En las aplicaciones centralizadas tradicionales los datos suelen ser almacenados en un computador u ordenador central. Esto hace que en un ataque a ese ordenador central o servidor puede ocasionar la pérdida total de la información de los usuarios. Esto no ocurre en las aplicaciones descentralizadas en las que los datos quedan almacenados en la red de ordenadores o blockchain. De esta forma se garantiza que nunca se pierdan los datos del usuario.

¿Cuál es la diferencia entre una DLT y 'blockchain'? 'blockchain' no es otra cosa que una DLT con una serie de características particulares. También es una base de datos —o registro— compartida, pero en este caso mediante unos bloques que, como indica su propio nombre, forman una cadena. Los bloques se cierran con una especie de firma criptográfica llamada 'hash'; el siguiente bloque se abre con ese 'hash', a modo de sello lacrado. De esta forma, se certifica que la información, encriptada, no se ha manipulado ni se puede manipular. 'Blockchain' debe su fama, entre otras cosas, a que es la tecnología detrás de la famosa criptomoneda 'bitcoin'. Desde un punto de vista más técnico, una DLT es simplemente una base de datos que gestionan varios participantes y no está centralizada. No existe una autoridad central que ejerza de árbitro y verificador. El registro distribuido aumenta la transparencia —dificultando cualquier tipo de fraude o manipulación— y el sistema es más complicado de 'hackear'. Ahora que tenemos estas consideraciones de diseño, podemos echar un vistazo a los contratos inteligentes y cómo caen en todo este espacio. Dando un paso atrás, podemos mirar la definición de la palabra *"Contrato"*. Un *Contrato* es un acuerdo escrito o hablado que está destinado a ser aplicado por ley. Tenga en cuenta específicamente que se debe acordar un contrato y que es exigible por ley. Entonces, solo con estas palabras, parece que necesitamos algún tipo de consenso en nuestro sistema de contrato inteligente. Y a través del consenso, deberíamos poder llegar a un acuerdo tanto sobre el contenido del contrato como sobre la ejecución del contrato. Adjuntamos un smartcontract hecho por nosotros para compraventa de inmueble para ejemplo de este libro, donde destacamos la parte mas conocida de un equivalente en notario.

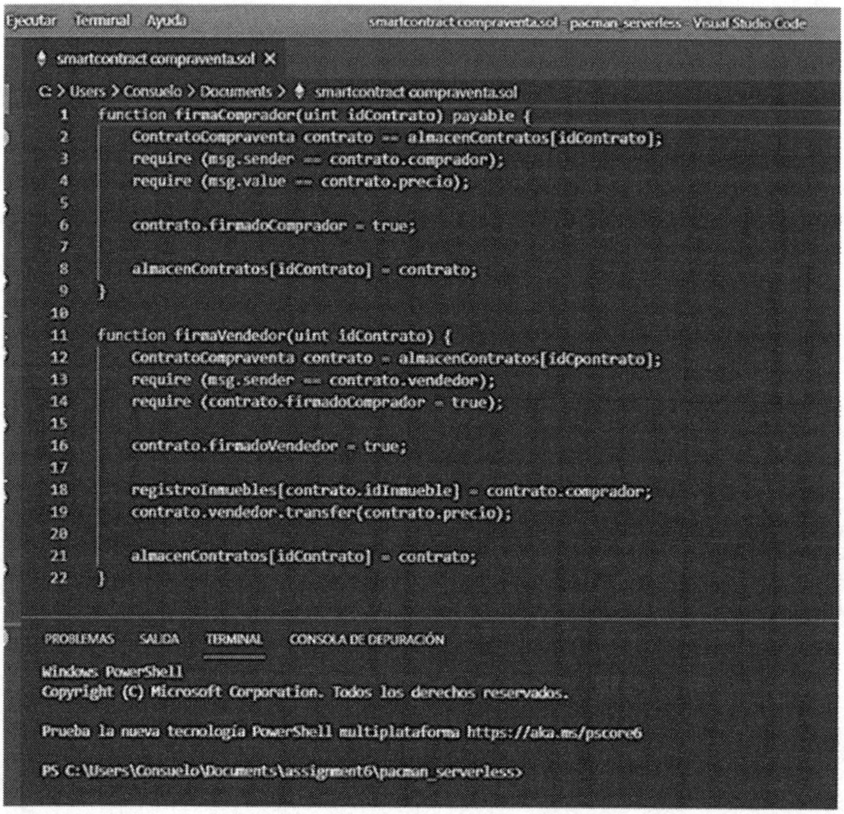

Muy bien, ahora que sabemos qué es un contrato y sus limitaciones, ahora la pregunta es ¿Qué hace que un contrato inteligente sea tan "inteligente"?

- Un contrato inteligente es un fragmento de código que facilita, verifica o hace cumplir la negociación o ejecución de un contrato digital.

- Para que podamos llegar a un consenso, una *Entidad de Confianza* debe ejecutar este código.

- Después de todo, debemos confiar en que un contrato digital se aplica correctamente.

- Al igual que un contrato tradicional, conlleva un conjunto de condiciones que deben cumplirse o términos que deben ejecutarse.

- La diferencia es que la ejecución y el cumplimiento se realizan a través de algoritmos cuidadosamente diseñados, no a través de la ley.

- Ejemplificando, podrían desarrollarse nuevos productos o aplicaciones como por ejemplo: Mercados distribuidos que permitieran implementar contratos P2P y trading en los mercados con Bitcoin postulándose como un competidor completo al sistema financiero actual.

- Un contrato inteligente es capaz de ejecutarse y hacerse cumplir por sí mismo, de manera autónoma y automática, sin intermediarios ni mediadores. Evitan el lastre de la interpretación al no ser verbal o escrito en los lenguajes que hablamos. Los smart contracts se tratan de "scripts" (códigos informáticos) escritos con lenguajes de programación, siendo los términos del contrato puras sentencias y comandos en el código que lo forma.

- Un *smart contract* puede ser creado y llamado por personas físicas y/o jurídicas, pero también por máquinas u otros programas que funcionan de manera autónoma.

- Tiene validez, sin depender de autoridades, debido a su naturaleza: es un código visible por todos y que no se puede cambiar al existir sobre la tecnología blockchain, la cual le da ese carácter descentralizado, inmutable y transparente.

- Mediante el uso de los contratos y con propiedades inteligentes se permite que el nivel de confianza sea muy superior reduciendo el fraude, los honorarios de mediación para terceras partes y permite que las operaciones se lleven a un nuevo nivel. Propiedades como automóviles, teléfonos, casas o elementos no físicos controlados a través de la cadena de bloques conforman las nombradas *Smart Property*.

- Automatización de herencias estableciendo la asignación de los activos tras el fallecimiento. En cuanto llegase el fallecimiento, el contrato entraría en vigor y se ejecutaría repartiendo en este caso los fondos a la dirección establecida en el contrato.

- Seguros: Partes de accidente, pagos de la compañía para reparaciones, reducción del fraude en accidentes,...

- Actualizaciones en tiempo real. La naturaleza tecnológica del propio contrato inteligente hace que la velocidad de los procesos comerciales aumente considerablemente.

- Menor riesgo de ejecución. El proceso de ejecución es inmutable y descentralizado, por lo tanto NO existe el riesgo de manipulación, incumplimiento o equivocación de la gestión de dicho contrato.

- Mayor precisión. La automatización del sistema no solo proporciona rapidez sino mayor fiabilidad. No se producen errores en la transacción.

- Menos intermediarios. Este tipo de convenios elimina directamente la intervención de terceros como bancos o notarios que dan fe y confianza a ese convenio.

- Menor costo. Al no existir intermediarios que verifiquen o reConsuelon el contrato los costos de las transacciones se reducen automáticamente

- El primer caso de uso es un activo inteligente, o token, construido sobre una cadena de bloques existente actualmente. Todo lo que se necesita hacer es asegurarse de que un usuario que quiera gastar dinero tenga los fondos, haya sido autenticado y no esté gastando el doble.

- Otro caso de uso significativo para los contratos inteligentes son las *carteras de múltiples firmas*. En Ethereum, podemos aprovechar el protocolo de autenticación integrado de la plataforma para crear una funcionalidad que nos permita tener un esquema de firma m de n.

- También podemos crear casos de *uso de prueba de existencia* utilizando contratos inteligentes, que introducen la propiedad intelectual en una cadena de bloques para demostrar la existencia de algún dato en algún momento. Con Prueba de existencia, aprovechamos tanto la auditabilidad pública como la inmutabilidad de la cadena de bloques. Podemos usar la Prueba de existencia para registrar la propiedad del documento o implementar un sistema DNS descentralizado.

- Muchas naciones en desarrollo luchan con sistemas de títulos de propiedad de la tierra quebrantados; El papeleo defectuoso, las firmas falsificadas y los documentos poco claros dificultan el rastreo de la propiedad de la tierra. Los escollos que impiden que una organización central resuelva este problema son la desconfianza entre los ciudadanos y estos partidos centrales.

- La prueba de propiedad ayuda a abordar estos problemas mediante el seguimiento de la propiedad de los documentos, similar a la prueba de existencia. Podemos crear una asociación entre usuarios y hashes de documentos para demostrar la propiedad. Esto proporciona transparencia e inmutabilidad y limita la centralización. Una advertencia importante para este caso de uso es *"Garbage in Garbage Out" (GIGO)*, que establece que si las entradas son incorrectas, las salidas también serán incorrectas. Nos referimos a las entidades que envían información del mundo real a la cadena de bloques como "oráculos".

- Los *mercados de predicción* son otro caso de uso avanzado de contratos inteligentes. Un mercado de predicción permite a los usuarios apostar en el futuro y recibir ganancias si apuestan correctamente. Podemos utilizar los mercados de predicción para "comprar información". Los casos de uso de los mercados de predicción incluyen seguros, recompensas por errores, señalización de ICO y futarquía.

- Los *contratos inteligentes* también tienen un potencial significativo para asegurar las cadenas de suministro. Everledger fue creado para tokenizar y rastrear el camino de un diamante desde la minería hasta el producto actual.

- Además de proporcionar un servicio digital, blockchain también se puede utilizar para proporcionar un servicio del mundo real, como proporcionar infraestructura en ausencia de una acción gubernamental para hacerlo. Un problema de infraestructura común es el de las redes de energía. Los hogares individuales pueden crear contratos inteligentes que prometan pagar una cierta cantidad de dinero para construir una red eléctrica si los hogares vecinos se comprometen a hacer lo mismo. Luego, un contratista puede canjear el dinero a cambio de trabajar en la red. A través de contratos inteligentes, podemos coordinarnos entre partes que no confían sin una entidad central.

- Finalmente, blockchain también puede permitirnos realizar operaciones fuera de horario resolviendo el "Problema de liquidez", que hace que la SEC restrinja las operaciones fuera de horario a la colocación de órdenes limitadas. Con blockchain, los corredores pueden tokenizar acciones creando contratos legales que las suscriban. Los tokens de acciones se pueden negociar en todo el mundo incluso después del cierre de los mercados y se pueden canjear por sus respectivas acciones durante el horario comercial.

Contrato Inteligente Ricardiano

Los *Contratos Ricardianos* son un contrato legal que se introdujo por primera vez en 1995 por un conocido programador, Ian Grigg. El concepto es ahora parte de la blockchain también. “Es una forma de documentos digitales que actúan como un acuerdo entre dos partes sobre los términos y condiciones para una interacción entre las partes acordadas”. Lo que lo hace único es que está firmado y verificado criptográficamente. Incluso cuando se trata de un documento digital, está disponible en un texto legible para personas que también es fácil de entender para aquellos que no son abogados. Es un acuerdo o documento legal único que se puede leer al mismo tiempo para los programas informáticos y para los humanos. En pocas palabras, tiene dos partes o dos propósitos. Primero, es un contrato legal fácil de leer entre las dos o más partes. Su abogado puede entenderlo fácilmente, e incluso usted puedes leerlo y entender los términos básicos del contrato. Segundo, también es un contrato legible para máquinas. Con las plataformas de blockchain, estos contratos ahora se pueden *hashear, firmar* y *guardar* fácilmente en la blockchain. En definitiva, los *Contratos Ricardianos* combinan contratos legales con tecnología, y la tecnología de la blockchain para ser precisa. Unen a las partes en un acuerdo legal antes de la ejecución de las acciones en la red de blockchain.

¿Cuál es la Diferencia entre los Contratos Inteligentes y los Contratos Ricardianos? Los *contratos inteligentes* también son contratos legibles por máquinas, o también, un conjunto de instrucciones que controlan y dirigen las próximas acciones y eventos. En la industria blockchain, los *contratos inteligentes* actúan como contratos para proporcionar confianza durante un intercambio. Puede utilizar estos contratos para intercambiar dinero, acciones, propiedades y otros activos en Internet. Puede hacerlo definiendo las obligaciones entre dos partes y ejecutándolas a través de un código de computadora. Son una parte esencial del proceso en la red blockchain donde las partes permanecen en el anonimato. Estas son las características principales de un contrato inteligente:

- Se ejecuta por sí solo según las instrucciones proporcionadas en el código de la computadora.
- Auto-verificación y auto-cumplimiento.
- Inmutable, lo que significa que no puedes editar los términos.
- Ahorro de costos.

El único problema con los *contratos inteligentes* es que no son acuerdos legalmente vinculantes, por lo que, si algo sale mal, es difícil probar un caso de fraude o estafa en el tribunal de justicia. La segunda diferencia fundamental es que tampoco es legible para humanos. Es solo un código, pero los contratos ricardianos son legibles tanto para humanos como para máquinas.

Por otro lado, los *contratos ricardianos* describen las intenciones y las acciones basadas en el acuerdo legal que tendrá lugar en el futuro. La diferencia fundamental entre ambos contratos en plataformas de blockchain es el tipo de acuerdo. Uno (contratos ricardianos) registra el acuerdo entre varias partes, mientras que el otro (contratos inteligentes) ejecuta todo lo que se define en el acuerdo como acciones. El *contrato ricardiano* es un contrato legalmente válido, mientras que los *contratos inteligentes* no lo son. Convierte un contrato legal legible por humanos en un código legible por máquina que puede ser ejecutado por el software. En pocas palabras, los *contratos inteligentes* automatizan las acciones en una aplicación de blockchain. Sin embargo, también tienen algunas limitaciones, ya que no puede tener una idea clara de lo que sucede a continuación en muchos escenarios. En ese caso, no puede usar *contratos inteligentes* para automatizar algo de lo que no está seguro. En tal caso, si ocurre un evento que no está previsto en las instrucciones proporcionadas en los *contratos inteligentes*, puede causar un problema importante. Como un *contrato inteligente* tampoco tiene un marco legal que pueda definir cómo avanzar en tal evento, simplemente no funciona en tales casos. También puede decir que los *contratos inteligentes* carecen de la capacidad de evolucionar alrededor de tales escenarios en ausencia de un marco legal. Aquí están las características principales de los *contratos ricardianos*:

- Disponible en forma imprimible y analizable por humanos.
- Programa analizable con todas las formas equivalentes en términos de manifiesto.
- Firmado por el emisor y ambas partes.

Lo más importante es que los *contratos ricardianos* definen las regulaciones en términos legales que pueden usarse para resolver la disputa. Antes de los *contratos ricardianos*, la prevención de fraudes y conflictos no era fácil en la industria de la criptografía. Los *contratos ricardianos* brindan más seguridad a los participantes que desean invertir o hacer uso de la tecnología blockchain. Además, los *contratos ricardianos* pueden utilizarse para agregar autenticidad al proceso de venta o compra de un activo en Internet o en la red de blockchain. Pueden definir en términos legales qué está comprando o vendiendo, y en qué términos legales, quiénes son los participantes y más información legal sobre el intercambio. En pocas palabras, los contratos inteligentes cuando se fusionan con los contratos ricardianos pueden proporcionar un proceso sólido e infalible para el comercio en Internet. En tal caso, se convierte en *Contrato Inteligente Ricardiano*. Además, un *contrato ricardiano* puede actuar y hacer lo mismo que un *contrato inteligente*, ya que puede definir tanto los términos legales como las instrucciones para ejecutar como un código, pero un *contrato inteligente* no puede actuar como un *contrato ricardiano*. ¿Qué Información Contienen los *Contratos Ricardianos*? Todo lo que se puede programar para definir un *contrato legal* entre varias partes, así como las instrucciones que se pueden usar para ejecutar un evento o acción, pueden formar parte de los contratos ricardianos. Algunas partes esenciales del acuerdo que puede contener incluyen:

- *Partes:* ¿Cuántas partes están involucradas? ¿Quiénes son las partes que hacen este acuerdo? ¿Quiénes son sus representantes?

- *Elemento de tiempo:* ¿Cuál es la validez del contrato? ¿Es aplicable por un período de tiempo limitado o para siempre? ¿Qué define en términos de tiempo? Por ejemplo, un acuerdo debe alcanzarse dentro de tres meses, o el contrato se anula y queda sin efecto.

- *Añadiendo excepciones para diferentes posibilidades:* Por ejemplo, ¿qué sucede cuando muere uno de los participantes? O excepciones similares.

- *Condiciones:* Puede agregar cualquiera y tantas condiciones, y las cláusulas "*si.../entonces...*" que desee.

¿Cómo funcionan los *Contratos Ricardianos*? Es posible que necesite abogados para crear el acuerdo legal real en primer lugar, después, ambas partes puede leer, comprender, aceptar y firmar el documento. Solo después de eso, puede digitalizar o hacer hash para que el software pueda utilizarlo para ejecutarse en la plataforma blockchain. Para la validez del contrato legal, un emisor puede crear un *marco legal*. Ambas partes o el titular llenan ese marco legal y lo acuerdan firmándolo. Los contratos ricardianos son un tipo de contratos inteligentes o utilizan el código utilizado en los contratos inteligentes. También son *Live*

Contracts (contratos en vivo), que se pueden cambiar después de la ejecución de un evento. Por ejemplo, en el caso de un contrato que trata sobre la compra y venta de un automóvil entre dos partes, una cláusula puede ser acerca de ponerse en contacto con una autoridad que puede confirmar si el vendedor es el propietario real del vehículo. Una vez que tenga la información, puede agregarla al *Contrato Ricardiano*, creando una nueva versión del contrato. De esta manera, el *Contrato Ricardiano* ejecuta diferentes eventos y avanza hacia una conclusión lógica basada en el resultado de cada evento.

- *Referencia al hash:* Una vez que se prepara el contrato, se firma digitalmente y se acuerda el contrato para referirse al hash del contrato. Por ejemplo, si se lleva a cabo una transacción financiera en virtud del acuerdo, la transacción se aplicará al hash de ese contrato, junto con las partes pagadoras.

- *Firma oculta:* Los contratos ricardianos también usan firmas ocultas para hacer que el proceso sea más seguro. La firma de los contratos se realiza a través de claves privadas. Más tarde, el hash del acuerdo se utiliza para adjuntar esa firma oculta al contrato.

Como un contrato ricardiano determina la responsabilidad o, en términos legales, la responsabilidad de una parte al comerciar con otra parte, las aplicaciones son muy amplias.

Para más información:

https://medium.com/contract-vault/ricardian-contracts-101-3faa703022cc

https://steemit.com/eos/@iang/towards-a-ricardian-constitution

https://medium.com/humanizing-the-singularity/ian-grigg-on-how-the-banking-system-is-about-to-collapse-and-how-to-fix-it-c6c8c1bb6681

https://medium.com/ltonetwork/ricardian-contracts-legally-binding-agreements-on-the-blockchain-4c103f120707

https://www.packtpub.com/mapt/book/big_data_and_business_intelligence/9781787125445/6/ch06lvl1sec46/ricardian-contracts

http://iang.org/papers/fc7.html

https://www.openbazaar.org/

http://iang.org/ricardian/

Aspectos Jurídicos de los Smart Contracts

Son dos componentes tecnológicos que han habilitado los Smart Contracts como los conocemos hoy, por un lado, están las instancias físicas o digitales de los términos contractuales insertos en forma de código en computadoras (algunas más complejas que otras) también conocidos como "Contractware" y, por otro lado, los registros de contabilidad descentralizados también conocidos como "BlockChains". Es la combinación de contractware y blockchains la que ha permitido que los "Smart Contracts" funcionen en forma masiva a través de una red descentralizada operada por terceros en forma automatizada. La naturaleza de los smart contracts reduce significativamente los costos de transacción pues se reduce el riesgo asociado al incumplimiento o al error humano. Estos instrumentos jurídico-tecnológicos habilitarán a una sociedad que operará más eficazmente sus negocios como pueden ser: las transacciones financieras, el gobierno corporativo, los productos financieros, la propiedad inmobiliaria, la propiedad intelectual y tantas actividades comerciales como podamos imaginar los seres humanos. Probablemente, también, esto forzará a que los abogados aprendamos algo de programación, que las instituciones educativas incorporen en sus cursos la capacitación de los futuros abogados y que los jueces modernicen su actividad jurisdiccional.

Es sólo en el caso de un eventual incumplimiento que surgen disputas y hay necesidad de ejecutarlos por la vía jurisdiccional. Es justamente este ámbito que se puede hacer un mayor análisis para comprender mejor las implicaciones jurídicas que derivan de los "Smart Contracts"; es decir, se hace necesario distinguir entre el "cumplimiento" de los contratos (actividad privada) y la "ejecución forzosa" de los contratos (actividad jurisdiccional); en este contexto, la definición amplia de Smart Contract que incluye los casos donde los tribunales pueden interpretar y hacer cumplir el contrato inteligente lo hace indistinguible de un contrato tradicional. En otras palabras, si un tribunal tiene el poder de interpretar y luego hacer cumplir un contrato, entonces es el propio tribunal el "agente inteligente" y, en estos casos, la doctrina en la materia los define como Contratos Inteligentes Débiles los cuales se distinguen de los Contratos Inteligentes Fuertes en los cuales las consecuencias jurídicas se darán independientemente de la intervención de ejecutores tradicionales. Esta última es la situación nueva que necesitará una definición jurídica particular. Los Contratos Inteligentes Fuertes tienen procesos o costos que inhiben o inclusive hacen imposible su revocación o su modificación mientras que los Contratos Inteligentes Débiles no. La ejecución de un contrato no es más que el cumplimiento de lo pactado a través de una estipulación condicional: Si A hace B, entonces tiene derecho a C. Si X no hace Y, entonces perderá Z.

La pregunta central es: ¿quién ejecuta la estipulación condicional? La ejecución más común proviene de las propias partes que lo cumplen voluntariamente. Cuando las personas no se comportan como quedaron de comportarse y hacen o dejan de hacer aquello que rompe el trato, entonces es necesario involucrar a una tercera parte para interpretar y hacer cumplir el contrato. A hizo B y tiene derecho a C, pero X no se lo quiere entregar por lo que A le pide a J que obligue a X a darle C. La revolución tecnológica de los Smart Contracts consiste en que la ejecución judicial de los contratos no es la única manera en la cual pueden hacerse cumplir pues supone que, en lugar de un juez que interpreta y hace cumplir las estipulaciones condicionales, es posible que una máquina lo haga de forma automática e inmediata. Si A hace B, la máquina le entregará C independientemente de la voluntad de su contraparte. Como se mencionó anteriormente, el "Contractware" soluciona el problema de realizar contratos eliminando el elemento humano posterior a la celebración del Smart Contract. Desde un sentido técnico, si nada impide que la máquina trabaje correctamente, entonces, por definición, la ejecución del contrato está garantizada. Entonces se hace necesario contar con un elemento que dote de certidumbre a las partes respecto a que la máquina trabaje correctamente, aquí es donde participan los "BlockChains". Si bien los Blockchains están dotados de infinidad de funcionalidades y utilidades, desde la perspectiva de un Smart Contract, su mayor virtud es resolver el consenso social mediante una base descentralizada de información la cual no puede ser alterada sin antes lograr la aceptación de la totalidad de máquinas unidas a la red; de ahí que la certeza no deriva de la confianza entre los particulares que celebran el Smart Contract sino de la confianza consensuada por la colectividad en la red misma.

Resumen Sexto Capítulo

Contratos inteligentes

Los contratos inteligentes en Ethereum nos permiten ejecutar cálculos arbitrarios en la cadena de bloques. Un contrato inteligente es un fragmento de código que facilita, verifica o hace cumplir la negociación o ejecución de un contrato digital. Para que podamos llegar a un consenso, una entidad de confianza debe ejecutar este código.

Ethereum

Ethereum es una plataforma descentralizada diseñada para ejecutar contratos inteligentes. Es una computadora distribuida repartida en muchos nodos de todo el mundo que ejecuta el código que la gente alimenta en ella, sin ninguna posibilidad de tiempo de inactividad, fraude, censura o intervención de terceros.

Aquí hay una revisión de las similitudes y diferencias entre Ethereum y Bitcoin:

Hay dos tipos de cuentas de Ethereum:

1. Las cuentas de propiedad externa contienen una dirección que permite a las personas enviarles ether y un saldo de Ether

2. Las cuentas de contrato contienen una dirección, almacenamiento persistente y código que se ejecuta mediante transacciones o llamadas a funciones

Los contratos inteligentes de Ethereum generalmente tienen cuatro propósitos principales:

- Almacenar y mantener datos
- Gestionar contrato o relación entre usuarios que desconfían
- Proporcionar funciones a otros contratos
- Autenticación compleja

Máquinas virtuales Ethereum

La máquina virtual Ethereum permite que la cadena de bloques Ethereum sea programable. Los contratos inteligentes de Ethereum están escritos en lenguajes de programación de alto nivel como Solidity, que deben compilarse en el código de máquina virtual de Ethereum (EVM). Cada nodo ejecuta EVM como parte de su procedimiento de verificación de bloques. Una vez que el código del contrato se compila en el código EVM, todos los nodos de la red Ethereum ejecutan el código. Luego, los nodos llegan a un consenso sobre el nuevo estado del sistema.

Nota: Ethereum es redundantemente paralelo; su principal objetivo no es optimizar la eficiencia computacional, sino permitir la computación distribuida y sin confianza.

Al igual que en Bitcoin, los nodos llegan a un consenso mediante la prueba de trabajo, lo que elimina la necesidad de un tercero de confianza. Los mineros en Ethereum crean bloques de manera competitiva ejecutando código EVM y buscando una solución a un rompecabezas de minería. Los desarrolladores de Ethereum implementaron "gas" para protegerse contra el ataque de denegación de servicio (DoS), donde un atacante incluye un bucle infinito en el contrato inteligente para impedir que los nodos ejecuten otros contratos. El gas es lo que alimenta un contrato determinado. Puede pensar en comprar gasolina como el precio que tiene que pagar para utilizar esta potencia computacional distribuida y sin confianza. Esto desincentiva los ataques DoS porque los atacantes tendrían que pagar una cantidad absurdamente grande de éter para ejecutar este ataque.

Ethereum se implementa como una máquina de estado distribuida y las transacciones en la red cambian el estado global del sistema. En la ejecución de la transacción, o "función de transición de estado", los nodos en Ethereum llegan a un consenso sobre el estado de la red, y su ejecución de código en el EVM cambia el estado global del estado anterior al nuevo estado. La función tiene este aspecto:

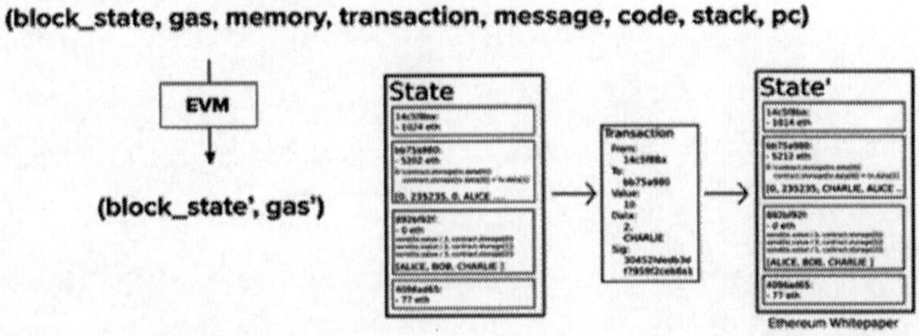

Capítulo VII
BLOCKCHAIN

Hemos visto Bitcoin, Ethereum y hemos introducido *Blockchain*. Es hora de introducirnos en esta tecnología de manera mas profunda. Comencemos con la típica pregunta de ¿Qué es *Blockchain*? La *Blockchain* generalmente se asocia con el Bitcoin y otras criptomonedas, pero estas son solo la punta del iceberg. Y es que esta tecnología, que tiene sus orígenes en 1991, cuando Stuart Haber y W. Scott Stornetta describieron el primer trabajo sobre una *Cadena de Bloques Asegurados Criptográficamente*, no fue notoria hasta 2008, cuando se hizo popular con la llegada del bitcoin. Actualmente su utilización está siendo demandada en otras aplicaciones comerciales y se proyecta un crecimiento anual del 51% para el 2022 en varios mercados, como el de las instituciones financieras o el de Internet de las Cosas (IoT), según publicó MarketWatch. La *Cadena de Bloques*, más conocida por el término en inglés *Blockchain*, es un registro único, consensuado y distribuido en varios nodos de una red. En el caso de las criptomonedas, podemos pensarlo como el libro contable donde se registra cada una de las transacciones. Su funcionamiento puede resultar complejo de entender si profundizamos en los detalles internos de su implementación, pero la idea básica es sencilla de seguir. En cada bloque se almacena: Una cantidad de registros o transacciones válidas, una información referente a ese bloque, su vinculación con el bloque anterior y el bloque siguiente a través del hash de cada bloque, es decir, un código único que sería como la huella digital del bloque. Por lo tanto, cada bloque tiene un lugar específico e inamovible dentro de la cadena, ya que cada bloque contiene información del hash del bloque anterior. La cadena completa se guarda en cada nodo de la red que conforma la blockchain, por lo que se almacena una copia exacta de la cadena en todos los participantes de la red. A medida que se crean nuevos registros, estos son primeramente verificados y validados por los nodos de la red y luego añadidos a un nuevo bloque que se enlaza a la cadena.

Generalizaciones de Blockchain

A menudo escuchamos el término "eficiencia" en el contexto de los casos de uso de blockchain, pero esto no suele ser aplicable. Por ejemplo, tomemos Bitcoin. Si estoy comprando café, es menos eficiente enviar Bitcoin y esperar 10 minutos para recibir una confirmación que entregar unos euros o usar una tarjeta de crédito. Sin embargo, es más eficiente enviar valor al extranjero con Bitcoin, lo que toma solo diez minutos en comparación con los días que los bancos tardan en coordinar... y las tarifas de transacción que cobran por las transferencias internacionales de valor. Por tanto, la *Eficiencia* depende del contexto. Veamos las *Propiedades de Blockchain* que como ya sabemos, no son exclusivas de blockchain.

1.- *Resolver fallas de coordinación*: El hecho de que no haya oído hablar de tolerancia a fallas, consenso o criptografía de clave pública antes de blockchain no significa que blockchain sea la única forma de hacerlo. Cada una de estas balas se puede lograr mediante el uso de un subconjunto de la tecnología que se utiliza para hacer una cadena de bloques. Si bien las cadenas de bloques funcionarán, son soluciones diseñadas en exceso para estos problemas. Como se mencionó en el ejemplo de la red de energía inteligente, las cadenas de bloques nos permiten resolver fallas de coordinación.

2.- *Implementar esquemas de incentivos arbitrarios*: Lo que nos permite crear un sistema que incentiva a las personas a operar de acuerdo con nuestras expectativas.

3.- Blockchain se puede considerar como una "*solución tecnológica a un problema social*": Teóricamente, cada protocolo de blockchain podría ser ejecutado por un solo nodo. Sin embargo, notará el problema de que si solo una persona ejecuta el protocolo, perdemos las garantías de auditabilidad y control descentralizado, propiedades que solo son significativas en un entorno social.

4.- Cuando las personas no confían entre sí, la cadena de bloques les permite *coordinarse entre sí sin depender de un tercero de confianza*. Con esto, los contratos inteligentes se pueden utilizar para hacer compromisos, para financiar infraestructura pública o hacer *crowdfounding*. Los mineros obligarán a los actores a cumplir sus compromisos, como era la intención original de los contratos inteligentes.

5.- *Smartcontracts:* En lugar de traer abogados para resolver los asuntos cuando las cosas no están de acuerdo con el plan, ahora podemos confiar en un *contrato inteligente* para ejecutar según lo previsto, lo que nos da la capacidad de creer en este código como ley.

6.- Las cadenas de bloques crean una *Plataforma Estandarizada* para el acceso y la interacción. Debido a esto, podemos combinar el poder de todos los usuarios en una cadena de bloques para mejorar las capacidades de todos.

7.- Dado que toda la información en una cadena de bloques es accesible para todos, ahora podemos *combinar silos de datos entre instituciones*. Cualquier información recopilada o funcionalidad proporcionada por una aplicación en Ethereum Blockchain es accesible para todos los demás usuarios en blockchain, algo que no se puede decir solo sobre Internet.

8.- Las cadenas de bloques *imponen un estándar común*. Como todos los usuarios utilizan el mismo protocolo único, también deben adaptarse a las especificaciones de ese protocolo. Por supuesto, eso requiere que todos se tomen la molestia de adaptarse. Sin embargo, una vez que todos están en la misma plataforma, ya no hay problemas de formato o sintaxis.

9.- Al combinar recursos e información de todas las partes, podemos *mejorar la experiencia de usuario de todos*. Cualquier aplicación que exista en una plataforma de contrato inteligente tiene sus datos y funcionalidad viviendo en esa plataforma. Cualquier otra aplicación puede aprovechar las tecnologías existentes en la misma plataforma, creando un ciclo de retroalimentación positiva y beneficiando a todos los involucrados. Esto se conoce como efectos de red, que es el mayor valor o potencial de un producto con cada usuario adicional. Similar a cómo más usuarios de Facebook hacen que la plataforma sea más valiosa para todos los usuarios.

10.- *Los desarrolladores de contratos inteligentes aumentan el valor de una plataforma*. De esta manera, las personas apoyan al resto de la comunidad y también se benefician a sí mismas.

11.- La propiedad más abstracta pero fundamental de un buen caso de uso de blockchain es la *Descentralización Pura*. Lo que esto significa es descentralización con el fin de mantenerla fuera del alcance de una autoridad central. Esto es lo que Bitcoin pretendía hacer con los bancos. Aunque había una solución central que funcionaba, Bitcoin quería la descentralización. En países con una gran desconfianza en las autoridades centrales debido a la corrupción o la ineficiencia, blockchain podría ser útil. Blockchain proporciona un sistema para que los usuarios produzcan garantías que una solución central no puede proporcionar, como la resistencia a la censura y la desintermediación del poder. Estas propiedades son difíciles de evaluar en términos de euros y centavos, pero grupos como Cypherpunk y Criptoanarquistas preguntan sobre las finanzas en segundo lugar.

12.- Para algunas personas, el *Autogobierno* y la *Privacidad* son más importantes que cualquier cantidad de ingresos, lo que hace que la descentralización por el bien de la descentralización valga la pena.

13.- Quizás la propiedad más asombrosa que proporciona una cadena de bloques es reconocida mundialmente como *Las Pruebas*.

14.- *Las criptomonedas no están divididas por líneas o fronteras*; se garantiza que serán accesibles e imparables a nivel mundial siempre que exista una comunidad que las respalde, a diferencia de las empresas o los proyectos gubernamentales.

15.- A través de blockchain, podemos *Respaldar la Propiedad* reconocida a nivel mundial, que persiste en todas las naciones.

Advertencias y beneficios de Blockchain ¿Por qué dicen que blockchain es tan segura?

Ahora que hemos terminado de hablar sobre todas las propiedades significativas de las soluciones descentralizadas, no estaría completo si no repasáramos las advertencias. ¿Cuáles son los costos de estas propiedades de la descentralización? ¿Qué logramos mejor con soluciones centralizadas? El tema general de las soluciones centralizadas es el *beneficio de la independencia*. No hay necesidad de consenso cuando un solo partido tiene el poder de tomar decisiones. Debido a esto, obtenemos los siguientes beneficios:

1.- En primer lugar, tenemos una *integración profunda*.

2.- *Una solución central* tiene control total sobre todo bajo su paraguas. Apple es bien conocido por aprovechar esto para controlar la experiencia del usuario. Cuando una cadena de bloques intenta actualizar su protocolo, todos los usuarios deben actualizar voluntariamente o quedarse atrás. Sin embargo, con una solución central, es mucho más fácil cambiar componentes individuales o arquitecturas completas de proyectos. Debido a esto, es mucho más fácil para un sistema central corregir errores, como problemas de seguridad, que los sistemas descentralizados. Una solución central hace lo que debe hacer, sin restricciones, pero un sistema descentralizado debe llegar a un consenso con miles de actores diferentes para cambiar cualquier cosa a nivel de protocolo.

3.- Otra gran ventaja de las soluciones centrales es *la eficiencia*.

4.- Con soluciones centralizadas, el *costo de ejecutar un programa* es aproximadamente un millón de veces menos trabajo que las soluciones descentralizadas. Esto es fácil de ver, ya que solo una parte está trabajando y no necesita confirmar el resultado de su trabajo con nadie más.

5.- Solo se requiere un *almacén de datos*.

6.- Los datos *no se replican* en miles de nodos.

7.- El *control de acceso es mucho más simple* en una solución central, donde es mucho más fácil restringir los permisos de lectura y escritura. En una solución descentralizada con resistencia a la censura, renunciamos a ese control.

8.- Las soluciones centrales manejan bien la *complejidad*. Imagínese replicar Airbnb utilizando contratos inteligentes. Si un propietario encuentra su casa destruida, una cadena de bloques no puede manejar ese escenario. ¿Cómo puede un oráculo informar con precisión si un inquilino dañó las pertenencias del hogar? ¿Quién reportaría esa información? Es mucho más fácil confiar en una sola persona para informar sobre el estado de la casa que implementar un sistema de oráculo complejo y probablemente poco confiable.

9.- Las soluciones centrales son *adaptables*. Cuando un conductor de Uber tiene problemas con su pasajero, o al revés, ¿a quién llaman para recibir atención al cliente en una solución blockchain? ¿Cómo resuelven este problema? Las soluciones centralizadas tienen la ventaja de manejar situaciones complicadas con elegancia, ya que no es necesario que cada entidad esté de acuerdo con cada resultado.

10.- Si integra la centralización con una solución blockchain, pierde la mayoría de los beneficios de la *descentralización*.

Explicación

Al ser una tecnología distribuida, donde cada nodo de la red almacena una copia exacta de la cadena, se garantiza la disponibilidad de la información en todo momento. En caso de que un atacante quisiera provocar una denegación de servicio, debería anular todos los nodos de la red, ya que basta con que al menos uno esté operativo para que la información esté disponible. Por otro lado, al ser un registro consensuado, donde todos los nodos contienen la misma información, resulta casi imposible alterar la misma, asegurando su integridad. Si un atacante quisiera modificar la información en la cadena de bloques, debería modificar la cadena completa en al menos el 51% de los nodos. Por último, dado que cada bloque está matemáticamente vinculado al bloque siguiente, una vez que se añade uno nuevo a la cadena, el mismo se vuelve inalterable. Si un bloque se modifica su relación con la cadena se rompe. Es decir, que toda la información registrada en los bloques es inmutable y perpetua. De esta forma la tecnología de blockchain nos permite almacenar información que jamás se podrá perder, modificar o eliminar. Además, cada nodo de la red utiliza certificados y firmas digitales para verificar la información y validar las transacciones y los datos almacenados en la blockchain, lo que permite asegurar la autenticidad de dicha información. De esta forma, podemos pensar en blockchain como un escribano. Un medio para certificar y validar cualquier tipo de información. Un registro confiable, descentralizado, resistente a la manipulación de datos, y donde queda todo registrado. En la actualidad estamos acostumbrados a los modelos centralizados. Le damos toda nuestra información a empresas como Google o Facebook para que la administren, mandamos todos nuestros mensajes a través de los servidores de Telegram o WhatsApp para que se ocupen de enviarlos o gastamos fortunas en escribanos e instituciones para que certifiquen y guarden nuestras escrituras o documentos importantes. En *Blockchain* los datos están distribuidos en todos los nodos de la red. Al no haber un nodo central, todos participan por igual, almacenando y validando toda la información. Se trata de una herramienta muy potente para comunicarnos y almacenar información de forma confiable; un modelo descentralizado donde la información es nuestra, ya que no dependemos de una compañía que brinde el servicio. Para integrar la blockchain con nuestros sistemas tradicionales o con un frontal que permita a nuestros clientes interactuar con la misma de forma sencilla, debemos utilizar las *Librerías Cliente* que están disponibles para los diferentes lenguajes "tradicionales". En todas las tecnologías revisadas (excepto Corda que utiliza una librería Kotlin), la comunicación con el blockchain se realiza mediante *RPC/http* y una *Librería Cliente* para *NodeJS*, algunas proporcionan otras implementaciones de la *Librería Cliente para Java*, sin embargo, no suelen tener el mismo nivel de madurez que la librería de NodeJS.

Sistemas distribuidos

A lo largo del libro hemos visto que Bitcoin y los Sistemas Distribuidos eran algo que camina conjuntamente. En este Capítulo, donde estamos profundizando en Blockchain debemos dar un paso más profundo. Alguien podría estar preguntándose ¿Qué modelo de base de datos se adapta a mi proyecto? La elección del modelo de base de datos es clave para garantizar el mejor rendimiento en su proyecto. La *disponibilidad, consistencia y escalado* son características que debe tener en cuenta. Es por ello que repasaremos los diferentes modelos de base de datos, los tipos de escalabilidad disponibles y los modelos ACID y CAP para escoger el mejor motor de base de datos que se adapte a tus necesidades. El desarrollo de la tecnología de base de datos se puede dividir en tres eras basadas en el modelo o estructura de datos: 1.- navegación, 2.- SQL/relacional y 3.- post-relacional. Los primeros modelos de datos de navegación como el modelo jerárquico y CODASYL, están ya en desuso en la actualidad. Luego apareció el modelo relacional, propuesto por primera vez en 1970 al insistir en que las aplicaciones deberían buscar datos por contenido, en lugar de seguir los enlaces. Por último, la última generación de bases de datos post-relacionales a fines de la década de 2000 se conoció como bases de datos NoSQL, ofreciendo almacenamientos muy rápidos de valores clave y bases de datos orientadas a documentos. Estas bases de datos fueron impulsadas principalmente por la aparición de aplicaciones web que estaban limitadas por los *picos de escritura/lectura* (E/S) para los que no se diseñaron los *sistemas de gestión de bases de datos relacionales* (RDBMS).

a.- CAP Theorem - Teorema CAP

Vamos a comentar un famoso *Trilema de Sistemas Distribuidos* llamado *Teorema CAP*. La explicación más razonable para el nombre “Teorema CAP” es que el investigador que lo ideó, Eric Brewer, llevaba una gorra para cubrir su calva al descubrir este trilema. Una teoría menos plausible pero más popular es que “CAP” representa los tres componentes del trilema: *consistencia, disponibilidad y tolerancia de partición.* Estas no son tres palabras al azar, ni están desconectadas de la sección anterior *sobre seguridad, vitalidad y corrección del consenso.* La "C" en CAP significa *Consistencia.* La *Consistencia* viene a ser el equivalente a la *coherencia.* En un sistema se define como cada nodo que proporciona el estado más reciente del sistema. Si no tiene el estado más reciente, no proporcionará ninguna respuesta. Esto, como puede ver, se basa en la idea de seguridad porque se refiere a algo que nunca sucederá. La *Consistencia* en un sistema dice, que dos nodos devolverán un estado diferente en un momento dado y que ningún nodo devolverá un estado desactualizado. La "A" en CAP significa *Disponibilidad.* La *Disponibilidad* en un sistema significa que cada nodo tiene acceso constante de lectura y escritura. En otras palabras, un sistema disponible me permite realizar actualizaciones y recuperar el estado del sistema sin demora. La *Disponibilidad* promete lo que debe suceder, que es la capacidad leer o escribir algún estado. *La "P" en CAP significa Tolerancia a la Partición*. Una *Partición* es la incapacidad de que dos o más nodos de una red se comuniquen entre sí. Si el nodo A no puede recibir mensajes del nodo B y viceversa, esto significa que hay una partición entre los dos. Puede considerar que las particiones equivalen a una latencia de red ilimitada, lo que significa que los mensajes no llegarán a su destinatario. La *Tolerancia a la Partición*, entonces, es la capacidad de funcionar a pesar de las *particiones* dentro de la red. La *Tolerancia a la Partición* es más difícil de categorizar, pero también se ajusta a la seguridad, ya que especifica lo que no sucederá. Y establece que la red no dejará de funcionar incluso con *particiones*. Vistas las partes, ¿Veamos el *Teorema CAP*? Es un sistema que solo puede tener dos de tres, de estas propiedades en un momento dado. Se debe elegir entre *coherencia, disponibilidad* y *tolerancia de partición*. Definimos como *Tierra de Fantasía Mágica* al punto intersección de los tres.

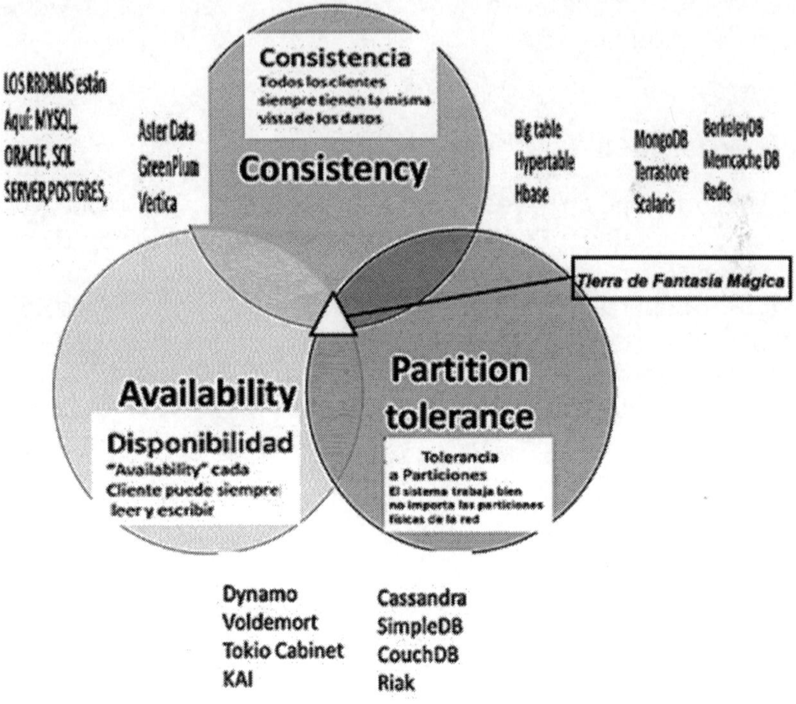

Para probar el teorema de CAP piense que en la red no puede tener las tres y debe comprometerse con un mal menor, eligiendo dos de las tres. En la vida ocurre lo mismo, de una situación en la que elegir dos propiedades nos obliga a ceder la tercera. En lugar de discutir el teorema CAP en términos absolutos, considere compromisos. Además, casi todos los sistemas razonables supondrán que se van a producir *Particiones en el Sistema,* lo que significa que elegir P como una de las dos propiedades es un hecho. Por esta razón, el teorema de CAP a menudo se reduce a un dilema entre coherencia y disponibilidad. La elección es si es preferible que el sistema devuelva un valor falso u obsoleto, o simplemente no devuelva un valor en absoluto. De esta elección dependen todas las implicaciones del teorema CAP. En el espacio blockchain muchos se tomarán el teorema CAP demasiado en serio, debido a que la mayoría actúa sin conocimientos profundos de la red y no tienen antecedentes de formación adecuada en *Sistemas Distribuidos*. Algunos se fijan incorrectamente en las implicaciones en blanco y negro del teorema CAP en lugar de usarlo como otra lente para ver el diseño del sistema.

b.- Modelo ACID

Existe otra opción y respuesta a la pregunta ¿Qué modelo de base de datos se adapta a mi proyecto? El modelo ACID de *Diseño de Transacciones Bases de Datos* es uno de los conceptos más antiguos e importantes de la teoría de bases de datos. Establece cuatro objetivos que cada sistema de administración de bases de datos debe esforzarse por lograr: *atomicidad, consistencia, aislamiento y durabilidad.*

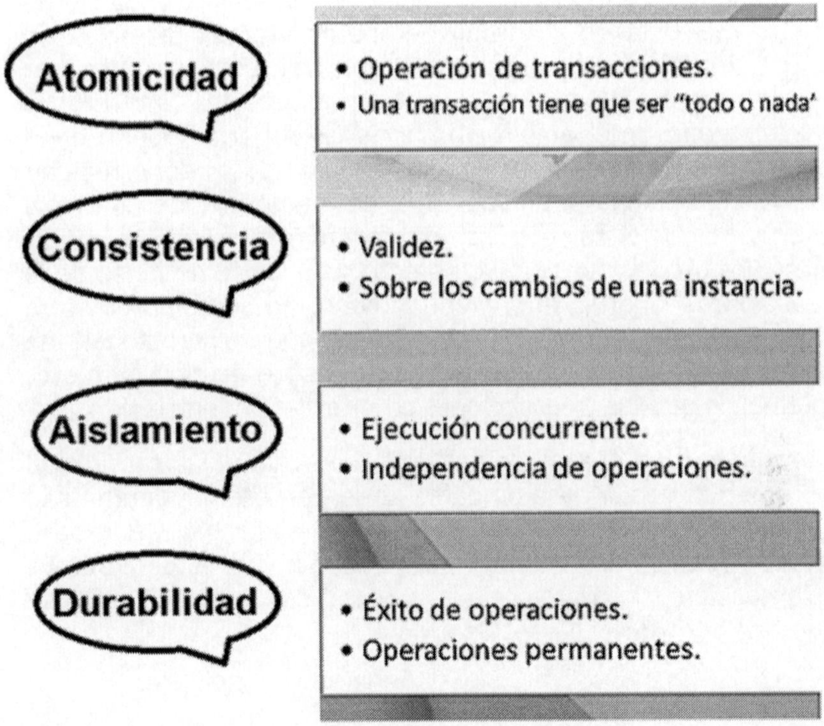

Atomicidad - Atomicity: Establece que las modificaciones de la base de datos deben seguir una regla de "todo o nada". Se dice que cada transacción es "atómica". Si una parte de la transacción falla, la transacción completa falla. Es fundamental que el sistema de administración de la base de datos mantenga la naturaleza atómica de las transacciones a pesar de cualquier sistema de gestión de bases de datos relacionales, sistema operativo o fallo de hardware.

Consistencia: La consistencia indica que solo se escribirán datos válidos en la base de datos. Si por alguna razón, se ejecuta una transacción que viola las reglas de consistencia de la base de datos, la transacción completa se revertirá y la base de datos se restaurará a un estado consistente con esas reglas. Por otro lado, si una transacción se ejecuta con éxito, llevará la base de datos al nuevo estado consistente con las reglas.

Aislamiento: El aislamiento requiere que las transacciones múltiples que ocurren al mismo tiempo no afecten la ejecución del otro. Por ejemplo, si Joe emite una transacción contra una base de datos al mismo tiempo que Charles emite una transacción diferente, ambas transacciones deberían operar en la base de datos de manera aislada. La base de datos debe realizar la transacción completa de Joe antes de ejecutar la de Charles o viceversa. Esto evita que la transacción de Joe lea datos intermedios producidos como un efecto secundario de parte de la transacción de Charles que eventualmente no se comprometerá con la base de datos. Ten en cuenta que la propiedad de aislamiento no garantiza qué transacción se ejecutará primero, simplemente que las transacciones no interferirán entre sí.

Durabilidad: La durabilidad asegura que cualquier transacción comprometida con la base de datos no se perderá. La durabilidad se garantiza mediante el uso de copias de seguridad de la base de datos y registros de transacciones que facilitan la restauración de transacciones comprometidas a pesar de cualquier fallo de software o hardware.

Sin Tolerancia a fallas bizantinas

Hemos definido *Sistemas Distribuidos*, entendido la definición de *corrección* en su contexto y entendido las diversas propiedades y limitaciones de estos sistemas. Ahora veremos todas las áreas posibles en las que estos *Sistemas* pueden fallar, empezando por el más conocido de todos ellos; el *Problema de los Generales Bizantinos* y seguiremos con *Paxos y Raft (la Balsa)*. Empecemos por los *Generales Bizantinos.*

El problema de los generales bizantinos es una cuestión de *Consenso.* Permítame contarle la historia de los *Generales Bizantinos* que sitiaron una ciudad enemiga. Todos rodearon la ciudad, pero hay un problema, se enfrentaban a grandes barreras físicas, como montañas y cañones, que separan a los generales. Solo pueden comunicarse enviando mensajeros. Además, no habían decidido antes si atacar la ciudad, o rendirse y retirarse. Solo después de observar al enemigo, decidieron un *plan de acción común.* Solo un ataque lanzado por todos los generales a la vez puede conquistar la ciudad con éxito. Habiendo llegado hasta aquí, envían mensajes con sus votos sobre cómo proceder.

"Está bien", puede preguntar, "si pueden enviarse mensajes entre ellos, ¿cuál es el problema?" Solo necesitan recopilar suficiente información, ¿verdad? ¿Entonces, cuál es el problema?" El problema es que algunos generales pueden haber sido sobornados. A cambio de su traición, se ganarán una pequeña fortuna de la ciudad. Estos generales traidores enviar información incorrecta a sus pares para arruinar el ataque, evitando el *consenso*. Otro problema es que sus mensajeros pueden perderse o corromper sus mensajes. La pregunta que queda: ¿cómo logramos el consenso, si es que podemos? Por no hacer complicadas ecuaciones matemáticas pasamos directamente al resultado. Obteniendo que: No hay solución en presencia de ⅓ o un porcentaje mayor de potenciales traidores generales. A estos potenciales traidores los llamamos *Nodos Bizantinos*, que pueden actuar de forma maliciosa o arbitraria. Consideramos escenarios con 3 generales y 1 traidor, ya que el caso es trivial con solo 1 o 2 generales. Digamos que el primer general en enviar un mensaje es el comandante general que da órdenes, y los generales que escuchan son los tenientes generales. El nodo en la parte superior del triángulo es el "Comandante", y los dos nodos inferiores están etiquetados como "Teniente 1" a la izquierda y "Teniente 2" a la derecha. El comandante emite un voto a favor de "ataque" o "retirada" y los tenientes registran el voto. Como puede ver en el primer triángulo, el teniente 2 está sombreado. Esto implica, según nuestra historia, que es un traidor sobornado por el enemigo. En términos de sistemas distribuidos, es un *nodo bizantino*. De cualquier manera, enviará información incorrecta a sus pares. Digamos que el comandante vota para "atacar", enviando el mensaje tanto al teniente 1 como al teniente 2. El teniente 2, para estropear las cosas, le dice al teniente 1 que el comandante dijo "retirarse". El Teniente 1 ahora ve dos hechos diferentes, solo uno de los cuales puede ser cierto: el comandante dijo ataque o el comandante dijo retirada.

En el segundo triángulo, el comandante está sombreado. Le dice al Teniente 1 que "ataque", pero envía un mensaje contradictorio al Teniente 2, diciéndole que "se retire". El teniente 2 informa diligentemente al teniente 1 que el comandante dijo que "retroceda", pero el teniente El problema de 1 permanece. Observe que, para el Teniente 1, la información que está recibiendo es exactamente la misma que en el escenario anterior a pesar de que el nodo bizantino cambió. El comandante le dice que "ataque", pero el otro teniente afirma lo contrario. Porque estas dos situaciones son indistinguibles, el teniente no puede detectar qué nodo es malicioso. Además, debido a que no hay un valor mayoritario claro, el Teniente 1 no puede decidir sobre un valor. Con solo un nodo bizantino de cada tres, es imposible lograr un consenso. Este ejemplo con tres nodos se extiende a cualquier conjunto general de nodos que intenten llegar a un consenso, lo que significa que el consenso con la presencia de ⅓ o más generales bizantinos es imposible. Si hubiera una solución que pudiera tolerar más de ⅓ nodos bizantinos, podríamos usarla para resolver este escenario mucho más simple con 3 nodos. Como sabemos que 3 nodos no pueden llegar a un consenso con un nodo bizantino, podemos extender esto a una fracción general. Sin embargo, eso no significa que no sea posible crear un algoritmo para las situaciones restantes. *Practical Byzantine Fault Tolerance* publicado en 1999 por Miguel Castro y Barbara Liskov proporciona un algoritmo para permitir que los nodos lleguen a un consenso con no más de ⅓ nodos bizantinos. Este documento ha inspirado muchas iteraciones de algoritmos bizantinos tolerantes a fallas, especialmente a medida que continúa la investigación sobre los algoritmos de consenso de blockchain.

a.- Supongamos que el comandante es un traidor. Si el comandante envía una orden distinta a cada teniente entonces habrá un teniente que no sepa qué acción realizar:.

b.- Supongamos que un teniente es el traidor. Entonces este retransmite al otro teniente información distinta a la que recibió del comandante. Por tanto el otro teniente no sabrá qué acción realizar:

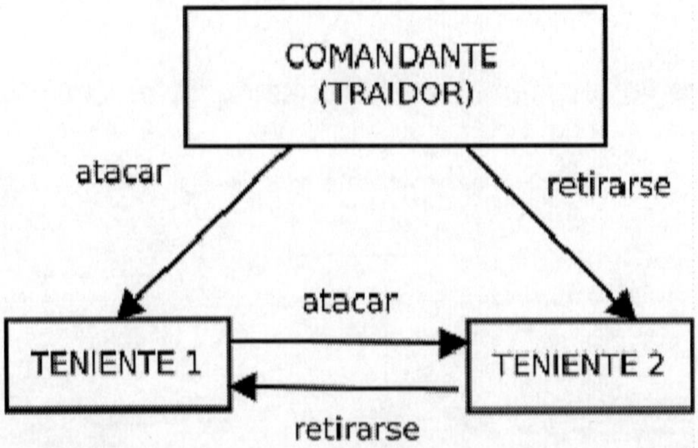

DILEMA TENIENTE 1 ¿QUIÉN ES EL TRAIDOR?

Si tuviéramos 4 generales (m=4) sí sería posible el acuerdo a través del siguiente algoritmo: Al recibir la orden del comandante y los mensajes de los otros 2 tenientes, los tenientes leales decidirán la orden de consenso según la siguiente función de mayoría:

M (v_1, v_2, v_3): Devolver el valor de v que sea mayoría entre v_1, v_2, v_3.

Donde el valor de V_i es la orden mandada desde los distintos generales al general al que estamos evaluando su decisión.

c.- Veamos el esquema si el comandante es leal y un teniente es traidor:

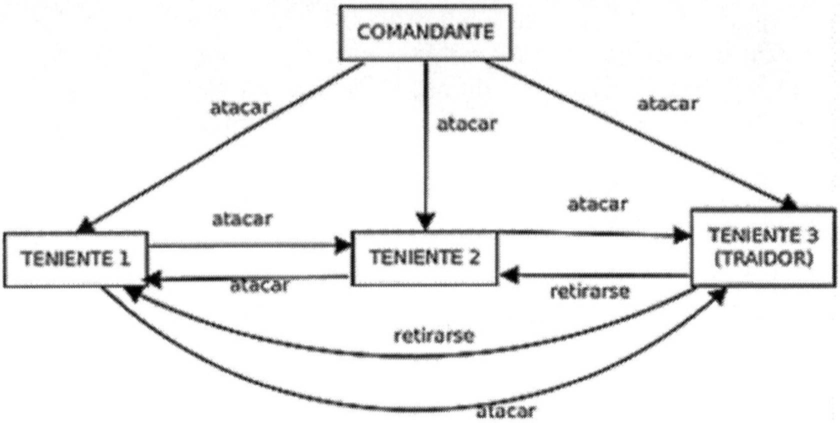

d.- Veamos el esquema si el comandante es traidor y los tenientes leales:

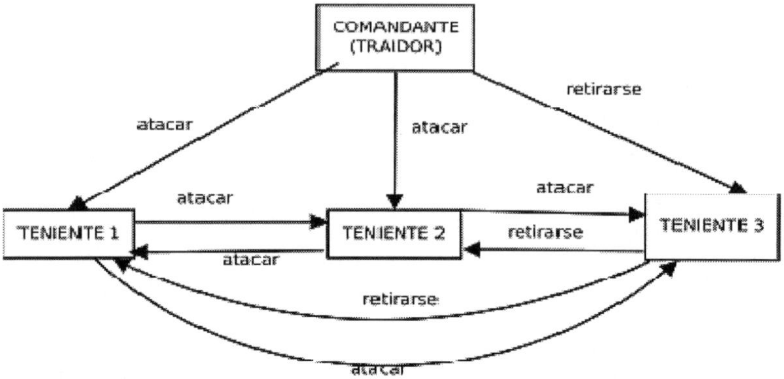

Hay dos tipos principales de fallas que son posibles. Si bien podemos obtener más detalles entre los tipos de fallas, estos dos son los más fundamentales de comprender. El primer tipo de falla es una *Falla de Parada por Falla.* Durante una *falla de parada por falla*, el nodo puede fallar o no devolver valores. Recuerde que la funcionalidad de un nodo incluye enviar, recibir, almacenar y procesar información. Las primeras investigaciones sobre el consenso distribuido se propusieron primero resolver este tipo de problemas. Este tipo de falla puede ser temporal o indefinida, pero siempre será más fácil de manejar que el segundo tipo de falla.

- Una falta bizantina, en referencia al problema de los generales bizantinos, es una falla que se refiere a cualquier desviación arbitraria del protocolo. En otras palabras, los nodos no solo pueden dejar de responder o recibir información, sino que también pueden enviar información corrupta y / o falsa. Puede observar que las fallas bizantinas son un superconjunto de fallas de parada por falla.

- El comportamiento de la mayoría de los atacantes, como los generales sobornados que intentan obstaculizar el consenso, cae dentro de este tipo de fallas. Es este tipo de falla contra la que todas las cadenas de bloques públicas deben protegerse, ya que los participantes en la red de cadenas de bloques son desconocidos e impredecible.

Por supuesto, la pregunta después de aprender todo este material de sistemas distribuidos es: "¿Cómo se relaciona esto con los fundamentos de blockchain?" Tenga en cuenta la naturaleza de blockchain. Lo hemos descrito como muchas cosas: una solución tecnológica a un problema social, la peor base de datos del mundo y un reemplazo para terceros confiables. Pero, ¿qué es en el contexto de los sistemas distribuidos? Bueno, una cadena de bloques es simplemente una estructura de datos gobernada por un sistema distribuido con un número ilimitado de participantes en el proceso de consenso y un número desconocido de posibles fallas bizantinas. En otras palabras, es el entorno más conflictivo posible. A pesar de la cantidad increíblemente baja de restricciones posibles, blockchain hace posible que todos lleguen a un consenso. Claramente, la *distribución del poder computacional* y el *almacenamiento de datos* representan la distancia geográfica entre los generales. *Los nodos* representan generales y los traidores representan *nodos defectuosos o maliciosos*. Los posibles paquetes perdidos o mensajes entre nodos representan mensajeros poco confiables y llegan a un consenso sobre si incluir un bloque o la cadena de transacción válida la historia es lo mismo que ponerse de acuerdo sobre si atacar o retirarse. Son los mismos conceptos con diferentes nombres.

Sin Tolerancia a fallas bizantinas 2: Consenso basado en la votación

Ahora que comprendemos los fundamentos de los sistemas distribuidos y el consenso distribuido, nuestro enfoque principal para la siguiente sección es el de los mecanismos de consenso clásicos que han sido la columna vertebral de los sistemas distribuidos durante décadas, donde los almacenes de archivos debían compartirse de manera segura y consistente a través de una red, utilizada por grandes empresas de todo el mundo. Estos mecanismos tenían principalmente procesos que votaban explícitamente sobre nuevas actualizaciones del sistema, generalmente en una serie de rondas. Basado en la investigación formal de *Consenso Distribuido*, estos mecanismos de consenso se enfocaron en respaldar un razonamiento matemático sólido y pruebas formales. A menudo eran muy difíciles de implementar y, cuando se implementaban, generalmente se ejecutaban en redes con muy pocos nodos, especialmente en comparación con las redes globales de blockchain de hoy. Veremos algunos mecanismos de consenso clásicos y su impacto. Después, veremos su evolución y cómo inspiraron los sistemas blockchain de hoy.

Paxos & Raft - Paxos y Balsa

Antes de hablar sobre nuestros primeros mecanismos de consenso, y entender de qué manera un simple algoritmo puede hacer que todo un pueblo acepte una nueva ley por una mayoría, mientras los políticos están en otros quehaceres fuera del Parlamento ¿A qué suena a muy actual?, pues del mismo modo funciona en blockchain. Hemos estado revisando mucho material técnico, así que por ahora, disfrutemos de algunas imágenes mentales agradables y relajantes. Imagina la hermosa isla llamada Paxos, ubicada frente a la costa oeste de Grecia. Es famoso por su vino y alberga algunas de las mejores playas de arena de todo el mar Jónico. Aparentemente, también es un lugar muy popular para navegar. Sí, allí mismo en el mapa, en el lado oeste de Grecia, justo al sur de Corfú, está Paxos. Sin embargo, lo más importante es que Paxos no solo es una isla griega, sino que también dio lugar a un *Algoritmo De Consenso.* Inventado por Leslie Lamport en 1989. El mismo responsable del problema de los *generales bizantinos*, algunos otros artículos muy influyentes en el campo de los sistemas distribuidos, como Time, Clocks y el ordenamiento de eventos en un sistema distribuido, y también autor de LaTeX, el famoso sistema de preparación de documentos. Desde su publicación, Paxos se ha utilizado para una variedad de casos de uso y ha generado toda una familia de *algoritmos de consenso*.

Las implementaciones pueden variar, pero aquí hablaremos sobre el *algoritmo básico de Paxos*. La razón por la que Paxos se llama así es porque el documento técnico original se tituló *El Parlamento a tiempo parcial*, y en el periódico, Lamport contó la historia de cómo los antiguos. El Parlamento de Paxos usó el *algoritmo de Paxos* para aprobar decretos y asegurarse de que toda la isla estaba de acuerdo con la última ley. Y la razón por la que fue el *Parlamento de "tiempo parcial"* fue que se sabía que los legisladores en el Parlamento de Paxos se iban esporádicamente, para asistir a banquetes y otras actividades externas. Nadie estaba dispuesto a permanecer en las Cámaras todo el tiempo, y tampoco tenían secretarias, por lo que, en cambio, cada legislador de Paxos mantenía un libro de contabilidad, donde registraban todo lo que sucedía. Profundizando un poco más, vemos que el documento especifica que dentro del Parlamento de Paxos, había tres tipos de legisladores: *proponentes, aceptadores y aprendices*.

- *Los Proponentes* defienden las solicitudes de los ciudadanos y presentan nuevos *proyectos de ley* a otros en el Parlamento de Paxos.
- *Los Aceptadores* son legisladores que votan y, una vez que se alcanza el consenso.
- *Los Aprendices* o los alumnos "aprenden" el resultado del consenso y ejecutan el proyecto de ley.

Para llegar a un consenso, la mayoría de los *Aceptantes* deben votar por un nuevo proyecto de ley. Llamamos *Quórum* a cualquier mayoría de *Aceptantes*. Una observación clave a hacer aquí es que dos quórums cualesquiera deben superponerse. Más adelante veremos que la idea de quórums también es muy importante en otros algoritmos de consenso, como los que se consideran *Algoritmos de Consenso Federados*. El protocolo que utiliza el Parlamento de Paxos avanza durante varias rondas, hasta que se alcanza el consenso. Cada *Ronda* exitosa tiene dos fases: *Preparar* y *Aceptar*. Primero, algunos ciudadanos hablarán con un *Proponente*. Y luego, después de eso, el *Proponente* propone un decreto al Parlamento de Paxos. Un *Decreto* tiene un *Número* y un *Valor*, el *Valor* puede ser cualquier cosa, como por ejemplo "Se permite la venta de mantas de lana" o "Está prohibido pintar grafitis en las paredes". Sin embargo, existe el requisito de que el *Número Asociado* con el *Decreto* debe aumentar estrictamente. Después de que se propone un *Decreto*, dentro del Parlamento, los aceptantes discuten. Si en algún momento, un *Quórum*, o la mayoría, de legisladores están en las cámaras y todos votan sí, entonces se aprobará el decreto y todos lo anotarán en los libros de contabilidad de todos. Después de llegar a un consenso, los *Alumnos* se enteran del resultado y hacen saber a toda la isla lo que sucedió en el Parlamento. Encontramos un paralelismo muy claro entre el Parlamento de Paxos y el *Consenso Distribuido* que ya conocimos en Bitcoin. Como dijo Lamport en su artículo: "Existe una correspondencia obvia entre este sistema de base de datos y el Parlamento de Paxos". Los *nodos individuales* dentro de un *sistema distribuido* son como los *legisladores*, ya que son aquellos cuyo trabajo es servir a los ciudadanos (los programas de los clientes) y llegar a un *consenso*, y luego *transmitir* o tomar medidas sobre el resultado. Y el *estado de la base de datos distribuida* es como la ley actual aprobada por el Parlamento. Una de las principales suposiciones que hace Paxos es que los *nodos* no intentan subvertir el *protocolo* y que los mensajes se entregan sin corrupción. En otras palabras, Paxos solo funciona para el escenario de *parada de emergencia* y no tiene en cuenta las *fallas bizantinas*.

En el periódico, Lamport describe que la gente de Paxos es bastante agradable y que existe una atmósfera de *confianza mutua* en la isla. Esta es una de las diferencias con el consenso que vimos en Bitcoin, donde la desconfianza es una de las bases. Mientras estén en las cámaras, todos los legisladores estarán de acuerdo entre sí. El resultado de esto es que Paxos es muy rápido y, en la práctica, se utiliza para replicar grandes conjuntos de datos. En Google, Paxos se utiliza en su *servicio de bloqueo distribuido Chubby*, donde es muy importante que todos acepten permitir que solo un proceso tenga acceso de escritura a una determinada pieza de datos en un momento dado. Y solo por nombrar algunos más, Google Spanner, Microsoft Bing Autopilot, Heroku, WeChat y WANDisco usan Paxos internamente. Se sabía que el documento técnico original de Paxos era bastante difícil de entender y, a pesar de los esfuerzos del autor original por aclarar más, con un documento de seguimiento titulado "Paxos Made Simple", todavía causó confusión masiva, tal vez debido a la enorme historia del Parlamento de Paxos.

Raft - La Balsa

En 2014, se propuso una alternativa a Paxos. El artículo se tituló "En busca de un algoritmo de consenso comprensible", burlándose de la confusión que causó Paxos, e incluso el nombre del algoritmo, *Raft*, está destinado a ser una broma. El consenso general hoy en día es que *Raft* es un poco más comprensible que Paxos y más fácil de implementar. Su diseño está basado en *Líderes*, lo que significa que en cada *Ronda* se elegiría un *Líder* para proponer nuevas actualizaciones. Por ejemplo, el Quórum de JP Morgan, que fue diseñado para ser una versión empresarial de Ethereum, intercambia el *algoritmo público de prueba de trabajo* que Ethereum utiliza para un más rápido.

El *Consenso Basado en Balsa* se ve claramente con una simulación de Raft. En Raft, un servidor puede desempeñar uno de los siguientes roles en cualquier momento:

1. Líder: maneja todas las interacciones del cliente, replicación de registros, etc. Generalmente, solo hay un líder a la vez.

2. Seguidor: similar a los votantes, completamente pasivo

3. Candidato: Similar al abogado proponente, puede ser seleccionado como nuevo líder.

La *Máquina de Estado de Replicación* se implementa replicando *Registros*:

1.- Registro: cada máquina guarda un registro. El registro proviene de la solicitud del cliente y contiene una serie de comandos

2.- Máquina de estado: la máquina de estado ejecuta estos comandos en secuencia

3.- Modelo de coherencia: en un entorno distribuido, asegúrese de que los registros de varias máquinas sean coherentes, de modo que el estado reproducido en la máquina de estado sea coherente

Al principio, el estado inicial de cada nodo es Seguidor (Votante), y cada nodo tiene su propio temporizador Durante la fase de cuenta atrás del temporizador, monitoreará la señal enviada por Candidata (Candidato). (El tiempo de sincronización de cada seguidor es diferente, el valor aleatorio está entre 150 ms-300 ms). Cada instancia de Raft tiene un *líder* electo, que se comunica directamente con el cliente. El *líder* es responsable de orquestar el envío de mensajes a otros nodos dentro del clúster y de mantener la replicación de registros de todo lo que sucede. El *líder* acepta la solicitud de un cliente y luego supervisa todos los demás nodos para asegurarse de que ellos también hayan seguido la solicitud; y luego se replica el registro de esa solicitud. El *líder* lidera todo el consenso hasta que falla o se detiene, en cuyo caso se elige un nuevo líder. Y el *algoritmo de consenso* procede en *sincronía parcial*. Tiene la tarea de enviar mensajes de *"latidos"* a otros nodos, diciéndoles a todos los demás que está en línea. Y estos *latidos* se envían a intervalos regulares, como un *latido real*. Si ningún otro nodo escucha un latido, entonces pueden asumir que el líder está muerto (falló, se detuvo o colapsó) y luego ellos también comenzarán un ciclo electoral. Esto implica que todos los nodos inician un *temporizador interno*, que comienza cuando se dan cuenta de que ya no reciben latidos, y el primer nodo en el *tiempo de espera* se convierte en el *nuevo líder*. Una vez comprendido el algoritmo Raff responda a la siguiente pregunta ¿Usaría una balsa (Raff) para escapar de la isla de Paxos?

Tolerancia práctica a fallas bizantinas o PBFT

Daremos por finalizado este repaso con otro algoritmo de consenso famos llamado *Tolerancia Práctica a Fallas Bizantinas* o *PBFT*. Publicado por Miguel Castro y Barbara Liskov en 1999. El artículo original planteaba una solución al problema de los *generales bizantinos*, como mencionamos anteriormente. Paxos y Raft no son tolerantes a fallas bizantinas por defecto, aunque hay variantes de ellos, como BFT-Paxos, que sí lo son. PBFT fue uno de los artículos originales publicados sobre el tema de la resolución de consensos al considerar las fallas bizantinas. El algoritmo PBFT maneja menos de ⅓ fallas bizantinas, como vimos en la sección con el problema de los generales bizantinos. Más tradicionalmente, esto se ha escrito como: el sistema puede manejar f fallas bizantinas, donde hay $3f + 1$ nodos en total. También es muy rápido. El documento PBFT original mostró que cuando se integra con NFS estándar no replicado, un protocolo de sistema de archivos distribuido desarrollado por Sun Microsystems en 1984, el BFT-NFS resultante es solo un 3% más lento, a pesar de que ahora puede resistir Fallos bizantinos. El algoritmo principal de PBFT consta de tres fases: *preparación previa, preparación y confirmación*.

1.- Preparación Previa PBFT: Comienza cuando el cliente envía una solicitud al nodo principal. El nodo principal es responsable de defender la solicitud del cliente, y esto debería resultarle familiar, ya que es un patrón de diseño común. Por ejemplo, recordando Paxos, el Proponente propone nuevos decretos a otros legisladores en el Parlamento de Paxos basados en las solicitudes de la gente. En este caso, el nodo principal es Mariano. Tenemos un total de 4 nodos, lo que significa que deberíamos poder resistir 1 falla, ya que ¼ es menor que ⅓. Entonces, digamos que uno de nuestros 4 nodos, Consuelo, se desconecta debido a una conexión a Internet irregular. Es posible que Consuelo se haya retirado, pero es posible que los otros 3 nodos aún no lo sepan, por lo que aún le enviarán mensajes. En la fase de preparación previa, el nodo principal Mariano envía *Mensajes de Preparación Previa* a todos los miembros de la red. Un *nodo* acepta el *Mensaje de Preparación Previa* siempre que es válido. No vamos a entrar demasiado en detalles, pero los mensajes contienen un número de secuencia, como los números crecientes que los *Proponentes* en Paxos asignan a cada uno de sus decretos. También contienen firmas y otros metadatos útiles que permiten a los nodos determinar la validez de los mensajes.

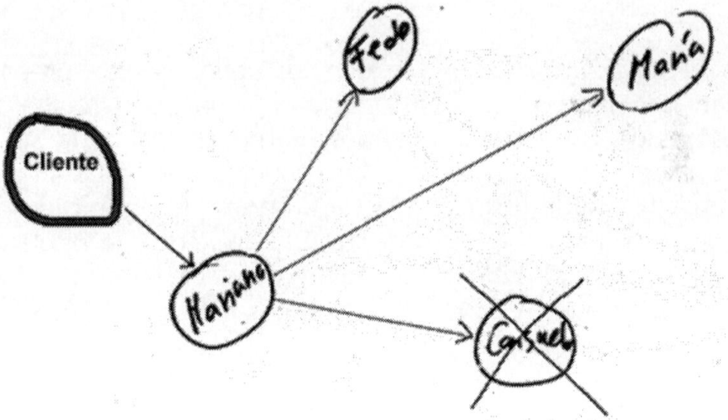

2.- *Preparación* El siguiente paso es la preparación, que es una de las tres fases principales: preparación previa, preparación y compromiso. Si un nodo acepta un mensaje de *Preparación Previa*, realiza un seguimiento enviando un *Mensaje de Preparación* a todos los demás. Y los *Mensajes de Preparación* son aceptados por los *nodos receptores* siempre que sean válidos, nuevamente, según el número de secuencia, la firma y otros metadatos. Un nodo se considera *"Preparado"* si ha visto la solicitud original del nodo principal, se ha preparado previamente y ha visto 2f preparar mensajes que coinciden con su pre-preparación, lo que hace que 2f + 1 se prepare. De nuevo, f es el número de fallas bizantinas.

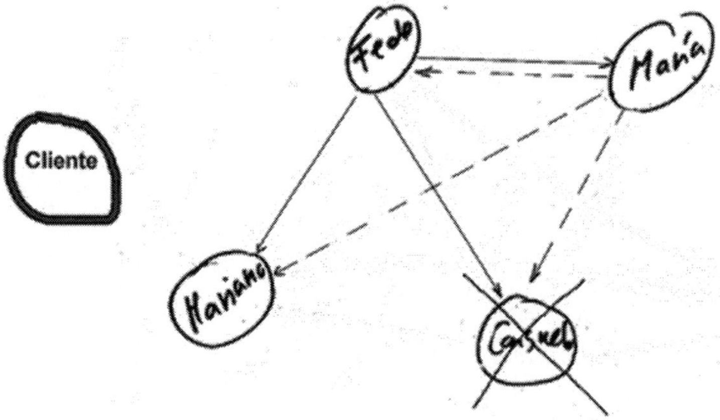

3.- Confirmación: Una vez que los nodos se han preparado, envían un *Mensaje de Confirmación.* Si un nodo recibe f + 1 mensajes de confirmación válidos, entonces realiza la *solicitud del cliente* y finalmente envía la respuesta al cliente. El cliente espera f + 1 de la misma respuesta. Dado que permitimos como máximo f fallas, debemos esperar al menos f + 1, y esto asegura la respuesta "*Ser válido*". Después de este punto, el cliente obtiene la respuesta correcta.

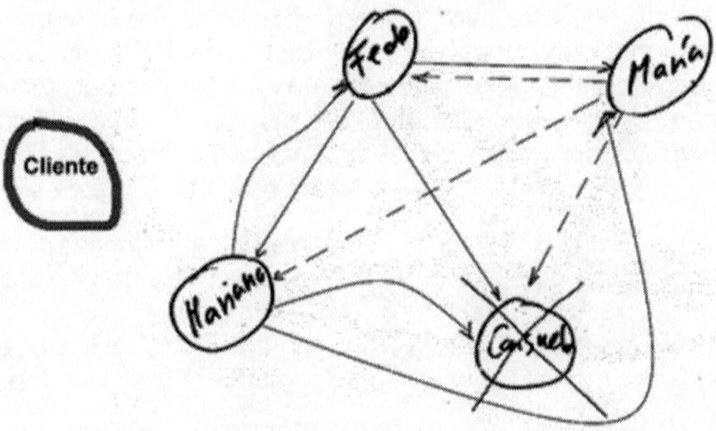

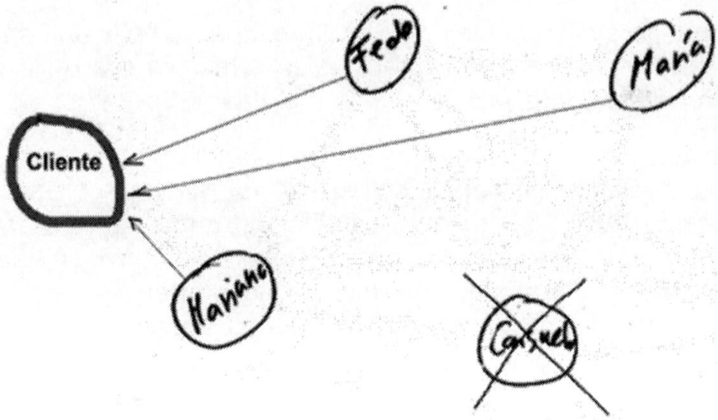

Escalabilidad

Las cadenas de bloques públicas de hoy en día han sido víctimas de su propio éxito. Bitcoin y Ethereum especialmente tienen problemas de escalabilidad, ya que apuntan a ser redes globales capaces de soportar volúmenes de transacciones a escala global, pero actualmente ambos tienen un desempeño inferior en el rendimiento de las transacciones. Básicamente, las soluciones de escalado pueden aumentar el volumen de transacciones o disminuir el tiempo de bloqueo. Esto es evidente, ya que la escalabilidad se mide en el *TPS (Transacciones por Segundo)* alcanzable de una cadena de bloques. Podemos clasificar las soluciones de escalamiento de blockchain de dos maneras:

1. La primera es una comparación aproximada con las clasificaciones de escala de la arquitectura de nube tradicional: horizontal, vertical y diagonal.
2. En segundo lugar, están las clasificaciones de escala específicas de blockchain: capa 1 (en cadena) y capa 2 (fuera de cadena).

Antes de describir los diversos modelos, definamos un par de términos.

Arquitectura: Es la estructura de una aplicación, la cual comprende elementos de software, las propiedades externas de esos elementos y la relaciones entre estos

Capa: Es un elemento de software que cumple una función específica a nivel arquitectural que se comunica con otras capas a través de una interfaz.

Existen unas *Reglas* a seguir en cada *Capa* para un buen *Escalado*: Debe ser capaz de existir en sistemas físicamente independientes. Deberá intercambiar información únicamente entre su *capa superior e inferior*. Deberá ser intercambiables. Deberá tener definido claramente una interface (API). No deberán esperar nada de otras capas que no esté definio en la API para intercambiar información

Como *Desventaja* principal tenemos que la Confiabilidad es más dificultosa de lograr y como *Ventajas* encontramos en primer lugar Aplicaciones más poderosas. Más servicios para más clientes y Mayor seguridad y disponibilidad

a.- Escalabilidad - Horizontal, vertical y diagonal

El principal desafío de las *bases de datos* es cómo mejorar su rendimiento. Para esto hay por lo general dos tipos de escalabilidad: *Vertical (Scale-Up) y Horizontal (Scale-Out).* En primer lugar vamos a explicar los habituales y a continuación veremos otros tipos avanzados de Escalabilidad.

a.1.- Escalado vertical (Scale-Up)

Actualizando las características del servidor de su base de datos. Ha de tener cuidado, ya que si sigue escalando, llegará a encontrarse con cuello de botella, la ampliación de características de su servidor puede llegar a ser finita, tanto en hardware como en presupuesto. En este sistema encontramos: Separación de capas, Servidor Web, Lógica del negocio, Base de datos, Servidor Web, Lógica del negocio y Base de datos.

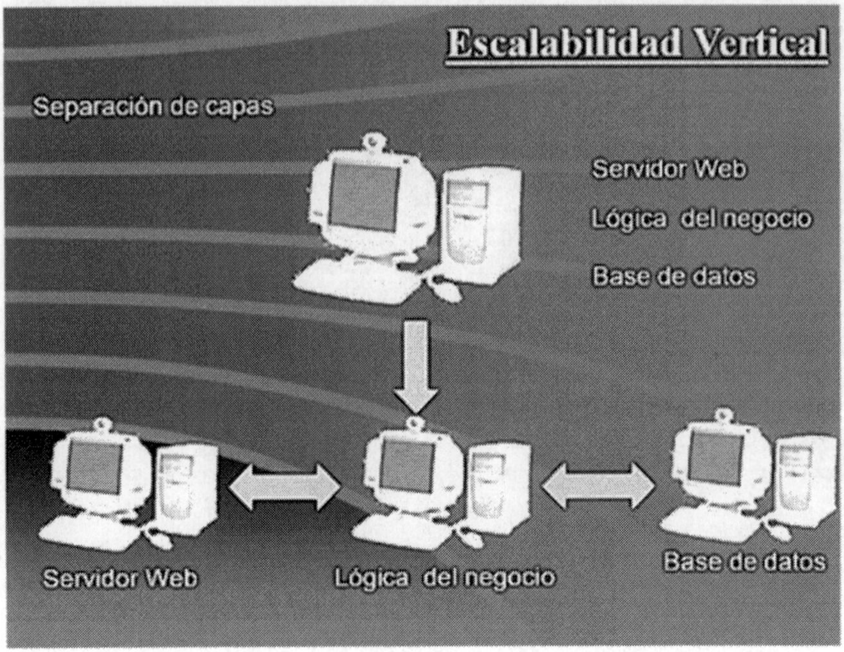

a.2.- Escalado horizontal (Scale-Out)

Crea entornos *Master/Slave*. Por ejemplo, puede equilibrar las peticiones, enviando la inserción de datos al *servidor principal "master"* y las lecturas de datos al *servidor esclavo*. En este sistema encontramos: Replicación de capas, Balanceador de carga, Balanceador, Base de datos, Base de datos1, Base de datos2, y Menos interrupciones. Pero, ¿qué sucede cuando el esclavo no puede ponerse al día con las escrituras? Debido a esta particularidad, apareció la *Replicación Master/Master y la Fragmentación.*

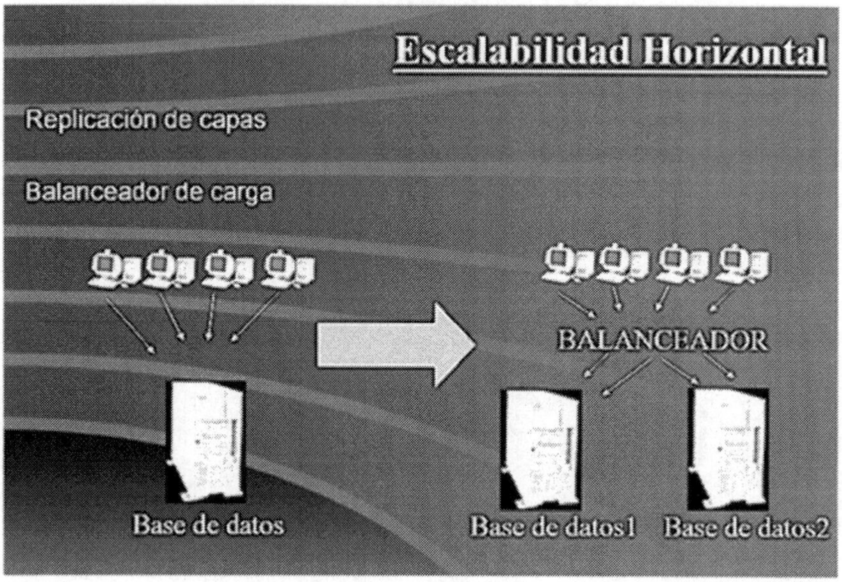

- *Replicación Master/Master (Multimaestra): es un método de replicación de base de datos donde se habilitan los datos para ser distribuidos en un grupo de computadoras, y actualizado por cualquier miembro del grupo. El sistema de replicación multimaestra es responsable de propagar la modificación de los datos a los diferentes miembros, estos datos pueden ser contrastados con una replicación maestra-esclava, en donde un miembro del grupo está asignado como el "maestro" para tomar las piezas de datos y es el único del nodo habilitado a modificarlos. Otros miembros solo pueden modificar los datos comunicándose con el maestro del nodo. Habilitando solo un maestro se facilita la consistencia en los miembros del grupo, pero es de reducida flexibilidad frente a la replicación multimaestra.* Como Ventajas tiene que si *un maestro falla, otros maestros continuaran actualizando la base de datos.* Los maestros pueden estar en diferentes lugares físicos. Ej: a través de una red distribuida. Dentro de las Desventajas encontramos que muchos *sistemas de replicación multimaestra* son pobremente *consistentes*. Ej: retardo y asincronía, violación de propiedades ACID. Varios de los sistemas de replicación son muy complejos y producen latencia en la comunicación. Problemas como resolución de conflictos puede volverse difícil en tanto incrementa el número de nodos lo cual aumenta *las latencias*

- *Fragmentación:* un *Fragmento* es una *Partición Horizontal de Datos* en una base de datos. Cada partición individual se conoce como un fragmento. Cada fragmento se mantiene en una instancia de servidor de base de datos separada, para distribuir la carga. La instancia del servidor en la que se almacenan los datos está determinada por una clave específica derivada de los datos a almacenar para poder estructurar así toda la información.

a.3.-.- Escalabilidad diagonal

En este sistema encontramos: Servidor Web, Lógica del negocio, Base de datos, Escalabilidad horizontal y escalabilidad vertical, Servidor Web, Lógica del negocio, Base de datos, Servidor Web1, Web2, Lógica del negocio1, negocio2, Base de datos1, y datos2.

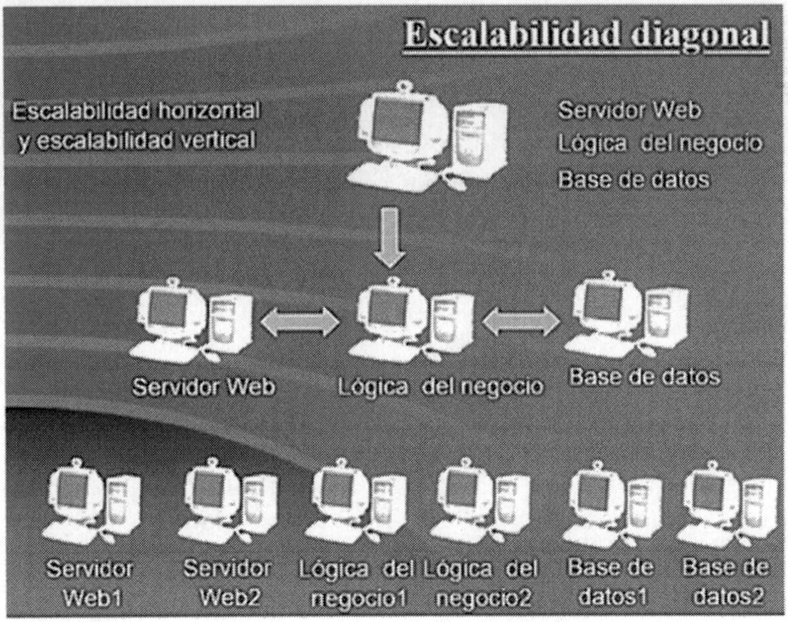

Ahora que hemos entendido los conceptos básicos del escalado vertical y horizontal, veamos cómo podemos aplicarlos simultáneamente en ambiciosas soluciones de escalado diagonal. Tras el análisis de las tácticas de escalado vertical, horizontal y diagonal avanzado, tendremos suficiente información para hacer generalizaciones sobre el escalado en el espacio blockchain. A partir de ahí, veremos cómo se comparan todos en nuestro objetivo final de llevar las criptomonedas y otras aplicaciones de blockchain a las masas.

Plasma se extiende sobre la idea de cadenas laterales que explicamos en la sección anterior. *El plasma* es una cadena secundaria unida a la cadena principal de Ethereum, también conocida como *cadena raíz*. La seguridad de las transacciones fuera de la cadena se deriva de la cadena raíz que es la principal *Fuente de Verdad* dentro del sistema y actúa como árbitro en caso de disputa. La interacción de un *Usuario* con *Plasma* podría ser algo similar a lo que vamos a contar inmediatamente. El *Usuario*, primero depositaría algo de ETH en un smartcontract (contrato inteligente) de Rootchain, viviendo en la red principal de Ethereum. (Consultar en https://sgablc-kr.github.io/RootChain/ y para los códigos en https://github.com/rootchain) (Y también en github.com/fourthstate. Para más detalles e información técnica, se puede consultar el whitepaper de Plasma o la página web LearnPlasma.)

El *Depósito Inicial* se mostraría como una salida de transacción no gastada en la cadena lateral. Esto permitiría al usuario enviar transacciones dentro de *Plasma*, O *Child Chain*. En cualquier momento, el usuario podría intentar salir de un UTXO en la cadena secundaria Plasma de regreso a la cadena raíz. Un problema aquí es que tenemos que verificar la validez de la salida; por ejemplo, tal vez el usuario esté intentando salir de un UTXO que ya se ha gastado. Por lo tanto, para desincentivar las salidas maliciosas, requerimos que los usuarios que salen de la empresa publiquen un vínculo y también implementemos un mecanismo de desafío de salida. Si detectamos una salida maliciosa, el vínculo publicado del usuario se reducirá drásticamente. Si no pasa nada, se finaliza la salida. En cualquier caso, el resultado se publica en la cadena raíz, que sirve como *fuente de verdad*.

La idea principal del Plasma de Ethereum es establecer un marco de referencia a partir de *side chains* (cadenas laterales) que interactúen y se comuniquen con la main chain (cadena principal) lo menos posible, en este caso, la *main chain* será la blockchain de Ethereum. Este marco de referencia está siendo diseñado para operar como un *blockchain tree*, jerárquicamente organizado para así poder erigir numerosas cadenas menores encima de la principal (main chain). A estas cadenas menores también se las conoce como *Plasma chains* o *child chains*. La estructura de Plasma se construye mediante el uso de smart contracts (contratos inteligentes) y Merkle trees (Árboles de Merkel), que permiten crear un número ilimitado de child chains -que a su vez son, en esencia, copias menores de su pariente, la blockchain de Ethereum. Sobre cada child chain pueden erigirse más cadenas, conformando de esta forma una estructura de árbol. Básicamente, cada child chain de Plasma es un smart contract personalizable que puede ser diseñado para funcionar de una forma singular, satisfaciendo distintas necesidades. Esto significa que las cadenas pueden coexistir y operar independientemente. Eventualmente, Plasma permitirá a las compañías y negocios implementar soluciones de escalabilidad de diversas maneras, adaptándose a su contexto específico y necesidades. Por tanto, si Plasma logra ser desarrollado e implementado en la red de Ethereum de forma exitosa, la main chain tendrá menos probabilidad de verse congestionada. Esto se debe a que cada child chain estará diseñada para trabajar de un modo distinto en pos de objetivos específicos, que no tienen por qué estar necesariamente relacionados con los de la main chain. En consecuencia, las child chains aliviarán la carga de trabajo general de la main chain. La comunicación entre las child chains y la root chain está protegida por *fraud proofs (pruebas de fraude*). Esto significa que la root chain es responsable de mantener la seguridad de la red y castigar a los actores maliciosos. Cada child chain tiene sus propios mecanismos de validación de bloques y una implementación particular de las fraud-proof que puede ser construida sobre diferentes algoritmos de consenso. Los más comunes son Proof of Work, Proof of Stake y Proof of Authority. En caso de actividad maliciosa, las pruebas de fraude permiten a los usuarios reportar qué nodos están siendo deshonestos, proteger sus fondos y abandonar la transacción (lo que implica una interacción con la main chain). En otras palabras, las fraud proofs son utilizadas como un mecanismo que permite a una child chain de Plasma presentar una queja a su cadena pariente o root chain.

El whitepaper (documento técnico) de Plasma también presenta una aplicación interesante de las así llamadas *MapReduce computations*. El MapReduce es, básicamente, un conjunto de funciones que son muy útiles para organizar y computar datos de múltiples bases de datos. En el contexto de Plasma, estas bases de datos son blockchains, cuya estructura de árbol permite aplicar el MapReduce como una forma de facilitar la verificación de los datos que están dentro del tree of chains (árbol de cadenas), lo que incrementa notablemente la eficiencia de la red. Uno de los principales motivos de preocupación en relación con Plasma es el problema de Salida Masiva (Mass Exit). El mismo alude a un escenario en que muchos usuarios tratan de abandonar su cadena de Plasma a la vez, anegando la root chain y generando una gran congestión de la red. Este escenario podría ser provocado por una actividad fraudulenta, ataque a la red o cualquier otro tipo de fallo crítico que una child chain de Plasma, o un grupo de cadenas, puedan presentar. En conclusión, Plasma es, esencialmente, una solución off-chain que aspira a incrementar significativamente el desempeño general de la red Ethereum, mediante la creación de una estructura de numerosas cadenas más pequeñas con forma de árbol. Estas cadenas aliviarán la carga de trabajo de la main chain, que será así capaz de manejar más transacciones por segundo. Un modelo jerárquico de blockchains vinculadas, como propone Plasma, tiene un gran potencial y está siendo actualmente ensayado por numerosos grupos de investigación. Con el adecuado desarrollo, Plasma incrementará con toda probabilidad la eficiencia de la blockchain de Ethereum y proporcionará un marco de referencia más adecuado para el despliegue de aplicaciones descentralizadas. Además, la idea también puede ser adaptada e implementada por las redes de otras criptomonedas, como una forma de evitar futuros problemas de escalabilidad. El Plasma de Ethereum es un proyecto de *código abierto*, cuyo repositorio puede encontrarse en GitHub. Aparte de Ethereum, hay muchas otras criptomonedas y repositorios de GitHub trabajando actualmente en Plasma. Entre ellos podemos citar OmiseGO, Loom Network y FourthStateLabs.

b.- Clasificaciones de escala específicas de blockchain: capa 1 (en cadena) y capa 2 (fuera de cadena).

Cálculo de *TPS (Transacciones por Segundo)*

$$\frac{1\,MiB}{1\,block} \times \frac{1\,txn}{546\,bytes} \times \frac{1\,block}{10\,min} \approx 3.2\,tps$$

b.1.- Escala vertical

Bitcoin procesa menos de 10 transacciones por segundo y, sin ninguna *actualización de escalabilidad*, es probable que se mantenga en un TPS bajo. Al observar cómo calculamos TPS en primer lugar, es decir, en el análisis dimensional aproximado anterior, podemos ver que los campos que podemos intentar modificar en un esfuerzo por crear nuevas soluciones de escala son:

b.1.1.- Tiempo de bloque
b.1.2.- Tamaño de bloque
b.1.3.- Tamaño de la transacción

Todos estos parámetros están integrados en un sistema blockchain en sí, y el ajuste de estos parámetros se constituye directamente como *soluciones de escalado de capa 1.*

b.1.1.- Disminuir el tiempo de bloque

No podemos simplemente disminuir el *tiempo de bloqueo* de un sistema blockchain, ya que eso daría como resultado una mayor *tasa de bifurcaciones naturales*, lo que reduciría la seguridad del sistema. Esto se debe a que mientras el *tiempo de bloqueo* disminuye, el *tiempo de propagación de un bloque* sigue siendo el mismo. Ethereum ha abordado este problema históricamente empleando el *protocolo GHOST* (*Greedy Heaviest Observed SubTree*). Con el *protocolo GHOST*, los mineros no están de acuerdo en que la cadena más larga sea *Canon* (como en Bitcoin), sino en la cadena con más "*peso*", donde el *peso* es un valor calculado tanto por la *longitud de una cadena* como por la *cantidad de tío (Oncle)* que la bloquea tiene.

b.1.2.- Aumentar el tamaño del bloque

El aumento del *tamaño del bloque* mejoraría el TPS de una cadena de bloques. Dado que un bloque ahora puede contener más *transacciones*, también reduciría las *tarifas de transacción*. Sin embargo, al igual que con la disminución del *tiempo de bloqueo*, existen algunos efectos secundarios. Por un lado, aumentar el *tamaño del bloque* implicaría una *bifurcación* difícil y, según la comunidad, esta podría ser una experiencia menos que agradable. También haría que la cadena de bloques (Blockchain) creciera en tamaño a un ritmo mucho más rápido, un problema que también reduce el *tiempo de bloqueo*. Y, por último, lo más probable es que aumentar el *tamaño del bloque* no sea una solución única, ya que el aumento de *escalabilidad* es solo lineal. Es posible que el *tamaño del bloque* deba aumentarse nuevamente en el futuro, lo que lleva a un debate del tipo "*Pendiente Resbaladiza*". La *Pendiente Resbaladiza* es una de las teorías informales clásicas. Sugiere que una acción iniciará una cadena de eventos que culminarán en un evento posterior predecible, sin establecer o cuantificar las contingencias relevantes. El argumento se conoce también como el efecto dominó. Para evitar caer en la falacia se deben aportar argumentos para la conexión entre los sucesos y tener en cuenta que a medida que se desencadenan más sucesos la probabilidad de que estos ocurran es siempre menor. Este tipo de argumentación es beneficiosa en demagogia ya que aprovechando el sesgo de falsa vivencia consigue despertar la paranoia y el miedo en los receptores. La probabilidad de un suceso no implica su certeza. Suele utilizarse también con la falacia del *Hombre de Paja* de la siguiente manera:

1. "A" sucede.

2. Si "A" sucede, "B" inevitablemente sucederá (se aplica la falacia del efecto dominó).

3. "B" es un suceso detestable (es un suceso fácilmente defendible al que el locutor no quería llegar).

4. Por lo tanto, "A" también es detestable (conclusión de la falacia del hombre de paja).

La conexión entre el suceso A y suceso B puede ser falaz o no serlo y depende de si se aportan suficientes argumentos.

b.1.3.- Disminuir el tamaño de la transacción

El *Testigo Segregado (SegWit)* fue una actualización a Bitcoin que mueve las *firmas de transacciones* desde dentro de la *transacción* a una estructura separada al final de la transacción, llamada *Testigo Segregado.* Para los nodos que no son SegWit, esto sería una *disminución del tamaño efectivo de la transacción,* ya que no sabrían leer en el *testigo segregado.* Los nodos que no son SegWit verían una *transacción sin una firma,* pero marcarían la transacción como válida. Los nodos SegWit, por otro lado, sabrían leer en el *Testigo Segregado* y lo verificarían usando la firma. SegWit fue diseñado originalmente para resolver la *maleabilidad de las transacciones* en Bitcoin. También se implementa con una *bifurcación suave* y da como resultado un *tamaño de cadena de bloques* más pequeño. Sin embargo, SegWit es solo un impulso de escalabilidad lineal de una sola vez.

Los *SNARK Recursivos* también reducen el *tamaño de la transacción.* En lugar de almacenar las transacciones en la cadena de bloques, podríamos almacenar *pruebas* de que estas transacciones realmente se han producido y el balance final de quién posee la cantidad de criptomonedas. Esto conduce a ganancias de eficiencia al disminuir el tamaño de la transacción y también porque las máquinas pueden verificar las *pruebas* en milisegundos. Sin embargo, actualmente, se requiere una *configuración de entorno confiable* para producir este estilo de *pruebas.* Y la generación de *pruebas* en la práctica es muy costosa.

b.2.- Escalado vertical fuera de la cadena

Dado que la velocidad de una cadena de bloques limita su escalabilidad, podemos considerar eliminar por completo las operaciones más costosas de la cadena y publicarlas solo cuando necesitemos un sentido global de la verdad. Los canales de pago en Bitcoin podrían implementarse utilizando *HTLC (Contratos de Bloqueo de Tiempo de Hash)* y podrían mover transacciones de la cadena de bloques principal de Bitcoin a cadenas laterales. Si Consuelo y Fede realizan transacciones con frecuencia, quizás tenga sentido que Consuelo y Fede construyan un *Canal de Pago Privado,* donde realizan sus transacciones fuera de la cadena. Solo cuando quieren liquidar sus saldos finales, vuelven a publicar en la cadena de bloques principal. Esto permite que

Consuelo y Fede sigan realizando sus transacciones como lo hacen, pero la cadena de bloques principal solo tiene que almacenar los saldos iniciales y finales de Consuelo y Fede. La idea detrás de Bitcoin *Lightning Network* es crear una *red de canales de pago.*

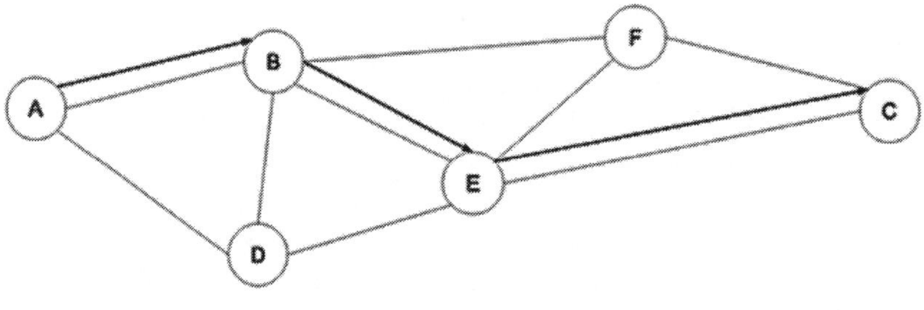

En el diagrama anterior, Consuelo puede pagarle a Antonio sin tener un canal de pago a Antonio directamente, siempre que haya un camino de Consuelo a Antonio a través de la *red de canales de pago.* Ethereum tiene una solución de escalabilidad similar en proceso, apropiadamente llamada *Raiden.* Los *canales de pago* y las *redes de canales de pago* nos permitirían mantener muchas *transacciones fuera de la cadena,* delegando los pagos a la simple contabilidad. Dado que la cadena de bloques principal solo ve los saldos inicial y final de las partes en un canal de pago, podemos mantener la mayoría de las transacciones fuera de la cadena, escalando Bitcoin de menos de diez transacciones a potencialmente cientos de miles de transacciones. Algunos problemas incluyen tener que bloquear capital para iniciar un *canal de pago* y preocupaciones de centralización de las *redes de canales de* pago que convergen en topologías de *Hub-and-Spoke* original de aeronáutica.

Veamos este sistema en la vida real y con lo que ya sabemos de Blockchain comprenderemos la viabilidad de su aplicación en la Cadena de Bloques. Piense que los aeropuertos son los nodos y el resto será coser y cantar. El modelo de distribución *Hub-and-Spoke* es un sistema de conexiones que permite reducir el número de rutas para comunicar los aeropuertos entre sí. Consiste en concentrar el tráfico en determinados aeropuertos de gran capacidad o *Hubs* que se encargan de enlazar los de menor capacidad o importancia *Spokes.* Para entender mejor este sistema, se puede considerar como una rueda de bicicleta en la que todo el tráfico se mueve a lo largo de los radios conectados con el centro. Los beneficios del uso de este tipo de distribución del tráfico son múltiples, además de mejorar la eficiencia de las comunicaciones, permite concentrar determinadas operaciones que requieren numerosos recursos como el control del flujo de pasajeros y equipajes, en aeropuertos de gran capacidad. Este hecho libera a los aeropuertos más simples de llevar a cabo operaciones puntuales que su sistema aeroportuario no es capaz de llevar a cabo. Además facilita la creación de aeropuertos nuevos. Por otro lado, este sistema de comunicaciones entre aeropuertos presenta diversos problemas relativos a la flexibilidad de las operaciones. Retrasos tanto en el aeropuerto central como en los exteriores, pueden dar lugar a retrasos en toda la red. Además, la programación del trafico puede ser muy exigente para los controladores del hub. Se requiere una cuidadosa sincronización para mantener la red funcionando de manera eficiente.

Los sistemas Hub-and-Spoke surgieron como resultado de liberación de las compañías aéreas de las restricciones impuestas por el gobierno llevado a cabo en Estados Unidos (*Airline Deregulation Act of 1978*). Esta ley motivó la creación de un nuevo sistema de regulación del tráfico aéreo basado en el sistema Hub-and-Spoke, siguiendo el camino comenzado por algunas compañías como Delta AirLines en la década de los 50. La situación previa a la implantación de este sistema, se basaba en general en la *Operación Punto a Punto*, lo cual no era eficiente económicamente puesto que muchos vuelos no llegaban a llenarse. En la imagen que vemos a continuación se observa una comparación entre la situación de las comunicaciones antes de la ley de 1978 y después, una vez implantado el sistema Hub-and-Spoke.

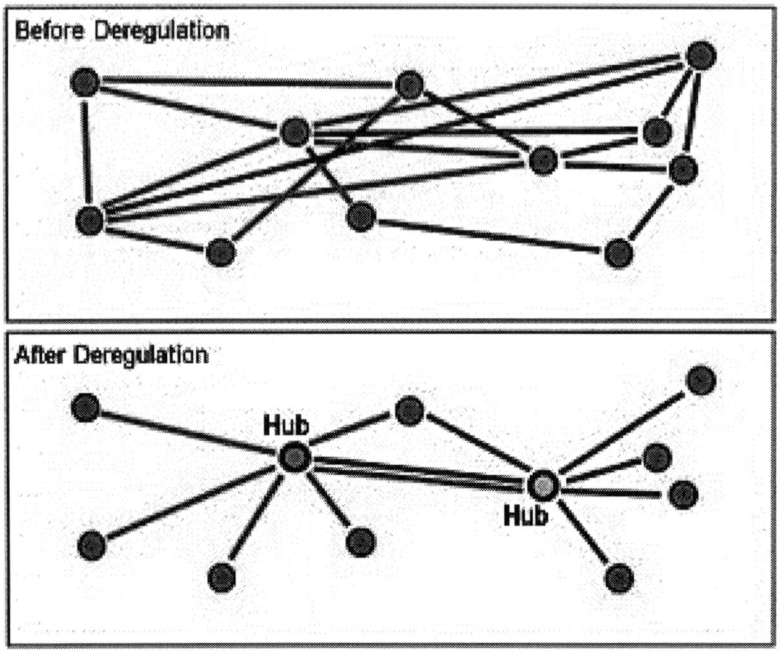

Hay que destacar que la implantación de este sistema de comunicaciones fue llevado a cabo por las propias aerolíneas, que escogían según diversos criterios los aeropuertos que consideraban más preparados y mejor situados para llevar convertirlos en aeropuertos hub.

b.3.- Escala horizontal

La fragmentación es una estrategia de escalado de la base de datos que divide una base de datos monolítica en "fragmentos", cada una de las cuales es una base de datos separada que contiene datos de un subconjunto de la base de datos original, cuya unión es la base de datos original. La misma idea se puede aplicar a blockchain, y actualmente es una de las áreas activas de investigación en la investigación de Ethereum. La idea traducida a blockchain implica que no todos los nodos realizan un seguimiento de cada bloque. Sería una solución de *Escalamiento Horizontal de Capa 1*. Podríamos tener múltiples cadenas de bloques ejecutándose en paralelo, cada una con un subconjunto de todas las transacciones. Los problemas que se están investigando actualmente incluyen la clasificación de varios nodos en un sistema de *Cadena de Bloques Fragmentada* (por ejemplo, nodos que ven un solo fragmento frente a nodos que ven todos los fragmentos), comunicación entre fragmentos y defensas contra las adquisiciones de un solo fragmento. Las *Cadenas Laterales* son la idea de que puede crear múltiples cadenas laterales para diferentes propósitos que se conectan a una cadena principal, lo que reduce efectivamente el tráfico en ella. Esto separa el *poder de hash* en varias cadenas, lo que plantea problemas de seguridad.

El funcionamiento de una cadena lateral o sidechain no es nada sencillo; para aquellos como Fede con formación en Ciencias de Bioquímica, les recordará las cadenas larterales de aminoácidos. Técnicamente es un desafío enorme que ha llevado muchos años de desarrollo. Pero a grandes rasgos el funcionamiento de las cadenas laterales es el siguiente: En primer lugar, se envían las criptomonedas a una dirección específica. Una vez allí, los fondos son congelados y nadie puede manejarlos. La única manera de acceder a dichos fondos es demostrar que dichas criptomonedas no se están usando en otro lugar. Una vez que se confirma que dichos fondos no son usados en otro lugar, se manda una notificación a la sidechain. Tras ello, la sidechain creará de forma automática, el mismo número exacto de activos de criptomoneda que se mandaron. Esto claro usando el token que dicha sidechain maneja. El control de estos tokens será completamente tuyo. A partir de este momento, se podrán intercambiar y mover estos tokens para hacer uso del potencial de esa sidechain. Todo ello siguiendo las directrices y protocolo que ésta tenga estipulado. Por ejemplo, quizá la velocidad de creación de los bloques es más rápida en esta o quizá los scripts de transacción en esa cadena son turing completos. A partir de aquí y como puedes apreciar, las posibilidades de testeo son prácticamente ilimitadas.

Para entender cómo funcionan los Sidechains tenemos que comprender primero una función especial de Bitcoin que se llama "merge mining" (minería combinada). Merge mining es un proceso en el que los hash (la cadena de dígitos que se genera para intentar resolver un bloque para obtener la recompensa por haber resuelto el bloque) son enviados a los bloques de hash de otra blockchain. En ese proceso los hash, por ejemplo, se pueden utilizar no solamente en la cadena de bloques de Bitcoin sino tambien en la de Namecoin porque utilizan el mismo algoritmo de minado SHA-256. Al utilizar los hash generados en dos cadena de bloques diferentes la cadena de bloques aumenta su seguridad al tener acceso al poder de hashing mayor de Bitcoin (esto significa que puede aprovechar la capacidad computacional de los mineros de Bitcoin). Por esta razón las cadenas de bloques alternativas tienen un incentivo muy fuerte de hacer merge mining. El merge mining se puede implementar haciendo un pequeño cambio en el equipo de hardware de minería y algunas Altcoins ya utilizan esta posibilidad. La más conocida que utiliza esta posibilidad es Namecoin con Bitcoin o Dogecoin con Litecoin.

La diferencia entre un blockchain por merged mining y un Sidechain estriba en que: las Sidechains, aunque también utilizan el merge mining como algunas Altcoins, es sutilmente diferente. Una cadena de bloques de Namecoin por ejemplo que utiliza merge mining en el momento que crea sus hashs, genera unidades de cuenta propias como namecoins u otras Altcoins. La diferencia entre Sidechains y Altcoins es sutil porque una Sidechain que hace merged mining en vez de generar su propia unidad de cuenta utiliza bitcoins. Veamos qué significa esto con un ejemplo. Si un grupo de desarrolladores quiere crear una aplicación de casino descentralizado utilizarán una Sidechain como back-end para la generación de fichas. Los desarrolladores enviarán bitcoins a su direccion pública de la Sidechain del casino y esos bitcoins se emitirán como fichas de esa Sidechain con su propia unidad de cuenta pero basados en bitcoins. Las partidas del casino se procesarán en los bloques del Sidechain del casino para todos los pagos entre los jugadores y el operador. Los mineros Bitcoin podrán hacer merge mine de los bloques del Sidechain del casino y recibirán como recompensa fichas del casino intercambiables por bitcoins por participar con su poder computacional. Los jugadores podrán intercambiar sus fichas por bitcoins o mantenerlos en la Sidechain para seguir jugando. La aplicación del casino será descentralizada al utilizar una Sidechain y tendrá una seguridad mucho más alta que otras aplicaciones que operan de forma independiente a la cadena de bloques de Bitcoin. Por eso un sidechain funciona de forma paralela a la cadena de bloques principal de Bitcoin y puede sincronizar con ella. Un usuario de Bitcoin puede congelar una cantidad concreta de bitcoins en la cadena de bloques de Bitcoin que después libera la misma cantidad en la sidechain. Y también puede deshacer esa misma operación.

Las cadenas laterales o sidechains tienen una gran relevancia pues permiten dinamizar de forma única el funcionamiento de las blockchain. Por ejemplo, las sidechain pueden habilitar la transferencia de bitcoins y otras criptomonedas a otras blockchains. Es decir, gracias a las sidechain sería posible enviar BTC, a una sidechain que transforme dicho BTC a un token determinado, y de allí que vaya a la blockchain de Ethereum. Asimismo, las sidechains pueden aumentar la seguridad evitando problemas que se han sucedido en otros proyectos de altcoins. También, las sidechains pueden servir para agregar nuevas funcionalidades únicas a una blockchain sin necesidad de alterar el protocolo de la misma. Teóricamente, las sidechains pueden solucionar la falta de liquidez en Bitcoin, reducir la volatilidad, aumentar la seguridad, reducir la fragmentación de mercado o evitar el fraude que, en ocasiones, se ha observado con proyectos de altcoins. Todo esto mejoraría enormemente el ecosistema de criptomonedas actual y abriría las puertas para nuevos usos. Son en pocas palabras, un medio perfecto para desarrollar nuevas tecnologías que puede ser adaptada a la ya creada. Todo ello sin necesidad de hacer grandes cambios y con posibilidad de seguir expandiendo su potencial. Al mismo tiempo, puesto que las sidechains siguen siendo blockchains independientes, en ellas se puede experimentar toda clase de funcionalidades sin riesgo. Esto incluye nuevos diseños de transacciones, modelos de confianza o económicos, emisión de activos semánticos o funcionalidades criptográficas nuevas.

A continuación, se muestra un ejemplo de una configuración de cadena lateral: El esquema de sidechain es del libro blanco de Blockstream https://blockstream.com/technology/

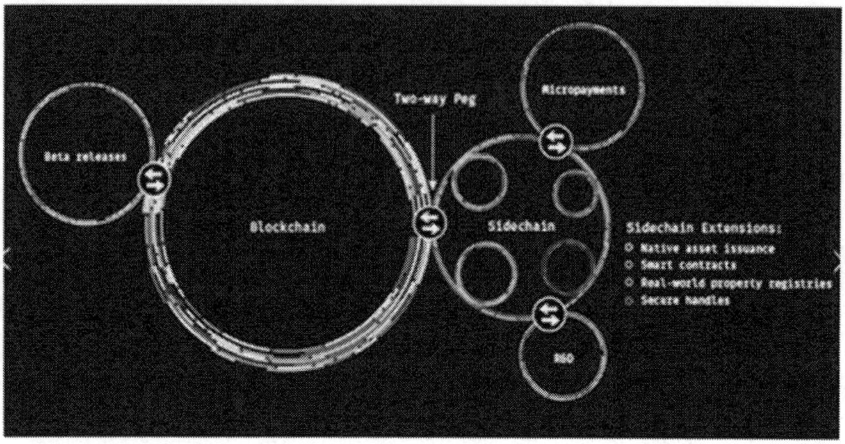

b.4.- Escalas y generalizaciones avanzadas

Plasma de Ethereum puede verse como una solución de escalado diagonal, ya que permite el escalado horizontal mediante la implementación de cadenas laterales y el escalado vertical al aumentar su velocidad a través de Tendermint y mecanismos de consenso alternativos. La seguridad de las transacciones fuera de la cadena se deriva de la cadena raíz, la principal fuente de verdad dentro del sistema. Las *Cadenas de Bloques* tienen 3 capas principales de abstracción, de arriba a abajo:

- La *Capa de Aplicación Procesa Transacciones* y actualiza el estado del sistema.

- La *Capa de Consenso* asegura que toda la red esté de acuerdo con las transacciones y las actualizaciones de la base de datos.

- La *Capa de Red* se asegura de que todos los nodos obtengan actualizaciones en un período de tiempo razonable.

El propósito del *proyecto Tendermint* es proporcionar las *capas de red* y *consenso* para que se puedan construir aplicaciones arbitrarias sobre él. Tendermint es el "*motor" de consenso* de la red Cosmos, cuyo objetivo es hacer que las cadenas de bloques sean *interoperables* y *escalables*. Para comprender mejor lo que venimos comentando de la Escalabilidad proponemos el siguiente ejemplo de *soluciones de escalado vertical y horizontal, capa 1 y capa 2.*

	Vertical	Horizontal
Layer 2	• Payment channels • Lightning Network • Raiden Network • Plasma	• Side-chains • Plasma • Cosmos
Layer 1	• Block time, size • GHOST • SegWit (2x) • Recursive SNARKS • Alternative structures/consensus	• Sharding

¿Qué otros usos se le da a blockchain?

Básicamente, cualquier tipo de información que necesite ser preservada de forma intacta y que deba permanecer disponible puede ser almacenada en blockchain de manera segura, descentralizada y más económica que a través de intermediarios. Además, si esa información se guarda cifrada se puede garantizar su confidencialidad, ya que solo quien cuente con la llave de cifrado pueda acceder a ella. Por ejemplo, los *Registros de Salud* podrían ser unificados y almacenados en blockchain. De esta forma, la historia médica de cada paciente estaría segura y a la vez disponible para cada médico autorizado, independientemente del centro de salud donde se haya atendido el paciente. Incluso la industria farmacéutica puede utilizar esta tecnología para verificar medicamentos y evitar falsificaciones. Por otro lado, resultaría muy útil para la *Gestión de Bienes y Documentos Digitales*. Hasta ahora el problema de lo digital es que todo es fácil de copiar, pero blockchain permite registrar compras, escrituras, documentos o cualquier tipo de bien digital y que no pueda ser falsificado. También puede revolucionar el mercado de *Internet de las Cosas (IoT)*, donde el reto recae en los millones de dispositivos conectados a Internet que deben ser gestionados por las empresas proveedoras. En unos años, el modelo centralizado no va a soportar tantos dispositivos, sin contar que muchos de ellos no son lo suficientemente seguros. Con *Blockchain* los dispositivos pueden comunicarse a través de la red de manera directa, segura y confiable, sin intermediarios.

Blockchain permite verificar, validar, rastrear y almacenar todo tipo de información, desde certificados digitales, sistemas de votación democráticos, servicios de logística y mensajería, contratos inteligentes y, por supuesto dinero y transacciones financieras. El *Almacenamiento en la Nube (Cloud)* a partir del *Blockchain*, por ejemplo, permite la creación de nodos en diferentes puntos geográficos que son capaces de resistir la caída de cualquier servidor. Esta descentralización de la información admite una integración de los datos que constituye la superación de uno de los retos más desafiantes de las tecnologías: la longevidad de los datos. Respecto a las *Identidades Digitales* hay que sumarle la peligrosidad que suscita el robo de identidades digitales en los últimos tiempos; la *cadena de bloques* proporciona un sistema único seguro e inmutable que supone la solución óptima para el problema de la suplantación de las identidades. Otro punto importante es el *Registro y la Verificación de Datos*. Este proceso, sujeto en muchas ocasiones a la piratería, podría ser descentralizado para evitar que otros intereses se inmiscuyan, estableciendo así un nuevo método de registro más seguro para los usuarios.

Con el surgimiento de las criptomonedas se observa también el auge de los denominados *Smart Contracts o Contratos Inteligentes*. Estos acuerdos se pueden cumplir de forma automática ya que se materializan a través de un programa informático y su cumplimiento no está sujeto a la interpretación de ninguna de las partes. Con ello se reduce en tiempo y en costes. También blockchain será importante en la *Gestión Logística de las Cadenas de Suministro*. El interés que plantea para las cadenas de suministro se centra, sobre todo, en la posibilidad de una mejora en la supervisión de las cadenas de alimentación o en el seguimiento de la producción. Es por ello que países como Reino Unido ya utilizan en un 22% aplicaciones de esta índole. Lo mismo ocurre con la *Seguridad Automatizada*; la incorruptibilidad del blockchain permite que se pueda obtener la información que se requiere sin prestar atención a las fallas de seguridad que pueden derivar en el robo de datos. Además, el sistema de vigilancia puede ser utilizado durante todo el día sin que exista la posibilidad de que el servidor se caiga. Utilizar *La Blockchain* como *Servicio de Notaría* es fácil y barato. Al permitir crear registros inmutables y hacer un seguimiento de un documento o una cadena de sucesos, la blockchain permite verificar la autenticidad de cualquier documento que haya sido registrado en ella, eliminando la necesidad de que una autoridad centralizada o tercero lo certifiquen. El sistema anterior se puede hacer aún más complejo combinándolo con un *Contrato Inteligente de Alquiler*. Por ejemplo, si un propietario de un piso o un vehículo quiere alquilarlo, bastaría con elaborar y almacenar en la blockchain un *contrato inteligente* en el que el propietario fija un precio para el alquiler por un tiempo.

Hoy en día, lo habitual es que un proveedor central de energía abastezca de electricidad a cada casa o edificio a cambio de unas tarifas, a menudo abusivas. Sin embargo, cada vez son más las casas o edificios que generan su propia electricidad con sistemas de energías renovables. De modo que un *Mercado de Electricidad sin Intermediarios* con un sistema en el que las casas puedan crear su propia electricidad y vender el excedente es otra aplicación Blockchain. En el sector de los medios de comunicación una de las principales aplicaciones en este sector se basa en la capacidad de la blockchain para facilitar las *Microtransacciones de Bajo Coste*. Las redes de pagos actuales tienen un coste muy elevado y requieren tarifas también elevadas. De ahí que los usuarios solo puedan contratar suscripciones mensuales o anuales, en lugar de poder pagar por un contenido concreto. Son muy conocidas las Aplicaciones militares de Blockchain para la Inteligencia Artificial aplicada a la robótica. Tanto la Agencia de Proyectos de Investigación Avanzada de Defensa (DARPA) del Ministerio de Defensa estadounidense como la OTAN han puesto en marcha proyectos relacionados con la aplicación de la tecnología blockchain en el Ejército. La combinación de la blockchain con los contratos inteligentes y el IoT podrían revolucionar completamente el sector de los seguros y proporcionar a los usuarios un sistema de gestión de demandas en el *Sector de los Seguros* más transparente, responsable e indiscutible. Bastaría con registrar las condiciones del contrato en un contrato inteligente y almacenarlo en la blockchain, de forma que este se ejecute automáticamente cuando se cumplen unas condiciones determinadas establecidas previamente por ambas partes.

Actualmente, los servidores de DNS (Domain Name Servers) están bajo el control de gobiernos y grandes empresas, por lo que son vulnerables a un abuso de poder ya sea de censura o de espionaje del uso que hacemos de Internet. El uso de la tecnología blockchain en este sector, permitiría que los DNS o guía telefónica de Internet se mantuvieran de forma descentralizada, de forma que cada usuario tuviese el mismo listado de DNS en su ordenador. La comunidad de Ethereum, es como sabemos, una blockchain inspirada en la tecnología de bitcoin, pero que admite el uso de *contratos inteligentes*. Fue la primera en idear una *Sociedad Autónoma Distribuida* o DAO, por sus siglas en inglés. Una DAO es básicamente una organización que se autogestiona siguiendo unas reglas preestablecidas y registradas en forma de código informático en los denominados contratos inteligentes. La idea de gestión de una DAO podría servir perfectamente para la gestión de los diferentes departamentos o concejalías de un ayuntamiento. Es decir, una *Gestión Autónoma Distribuida en Ayuntamientos y Gobiernos*. A fin de cuentas se trata de flujos de dinero que entran y salen redistribuidos en función de las necesidades de la ciudad y sus habitantes. Finalmente, en un mundo cada día más digitalizado, algunas naciones consideran el blockchain como una nueva manera de plantear la democracia; obteniendo de esta aplicación un nuevo marco sobre el que regular, por ejemplo, el *Sistema De Votación*. Aunque algunos expertos en ciberseguridad creen que la cadena de bloque aún no puede asegurar la garantía del voto electrónico.

Comparativa tecnologías blockchain

En los primeros días del desarrollo de blockchain, los proyectos más comunes bifurcaron la base de código original de Bitcoin para modificar porciones pequeñas pero significativas de la base de código. Litecoin y Dogecoin que usan Scrypt, la función hash de memoria dura, es un ejemplo de esto. Este proceso requirió modificar el código fuente de Bitcoin directamente, así como desarrollar una nueva comunidad y un nuevo grupo de mineros, esencialmente comenzando desde cero en todos los niveles. Con la popularización de Ethereum, los contratos inteligentes permitieron a los usuarios, desde desarrolladores hasta empresas a activistas de blockchain, para codificar la lógica empresarial directamente en una plataforma existente en lugar de crear la suya propia desde cero. Sin embargo, esto también significa que cada aplicación compite por recursos con todas las demás aplicaciones en la misma red. Y esto fue demostrado por Cryptokitties que acelera la red Ethereum. Esto equivale a que un sitio web obstruya todo Internet. Si bien ambos enfoques fueron buenos puntos de partida, siempre trajeron consigo una alta sobrecarga y una baja optimización. ¿Qué pasa si queremos hacer una cadena de bloques o una red de contabilidad distribuida con requisitos más bajos de falta de confianza para reducir los gastos generales? Con las suposiciones de mayor confianza en los libros de contabilidad autorizados, ya no existe una necesidad lo suficientemente fuerte de un alto gasto computacional para reducir las posibilidades de ataque. Las plataformas de blockchain empresarial existen precisamente para permitir que las empresas implementen sus propias ideas de casos de uso de blockchain sin comenzar desde cero.

A medida que el uso de blockchain se vuelve cada vez más frecuente, el problema de la escalabilidad también crece. La idea del trilema de escalabilidad es que, desde la seguridad, la descentralización y la escalabilidad, todas las cadenas de bloques solo pueden tener dos de estas tres propiedades. Inicialmente, la mayoría de las tecnologías blockchain como Bitcoin y Ethereum se construyeron con los dos enfoques principales en la seguridad y la descentralización. Sin embargo, a medida que aumentaba el número de usuarios y transacciones, la red se ralentizaba más y los cuellos de botella en el rendimiento se volvían evidentes. Debido a esto, muchas cadenas de bloques más nuevas están teniendo en cuenta la escalabilidad en sus diseños, así como los anteriores que intentan mitigar estos problemas incorporando nuevas ideas en los sistemas existentes. Por ejemplo, Ethereum ha investigado la fragmentación y el plasma en busca de posibles soluciones a su problema de escala. Y además, Bitcoin tiene su red Lightning. En lugar de intentar resolver la escalabilidad manteniendo tanto la seguridad como la descentralización, algunas cadenas de bloques sacrifican la propiedad descentralizada para permitir la escalabilidad. En cadenas de bloques como las cadenas de bloques empresariales, tienen menos necesidad de descentralización, ya que sus casos de uso generalmente se limitan a usuarios muy específicos. Por lo tanto, estas cadenas de bloques todavía siguen el trilema de la escalabilidad y la descentralización del intercambio por escalabilidad y seguridad.

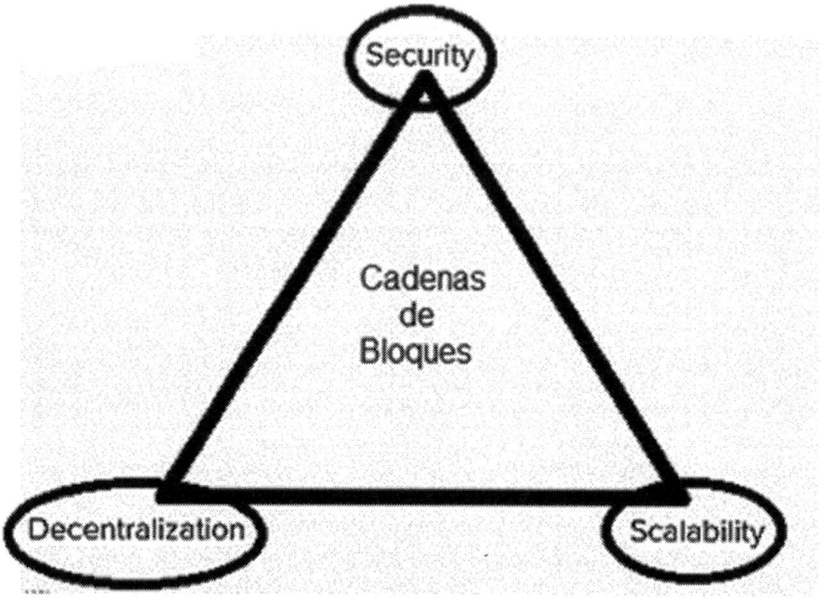

Ahora que tenemos un marco de trabajo claro para categorizar y diseñar arquitecturas de sistemas blockchain, podemos comenzar a ver algunos de los patrones entre estas categorías. Naturalmente, la mejor decisión para la comunidad es desarrollar herramientas para hacer que estas necesidades comunes estén fácilmente disponibles y sean seguras para que cualquier otra persona las aproveche. Al igual que con cualquier campo tecnológico emergente, la importancia de la infraestructura y la accesibilidad para los desarrolladores y las empresas que buscan desarrollar casos de uso es tan importante como la tecnología en sí. Reducir las barreras de acceso y la incertidumbre en torno a una tecnología en crecimiento es fundamental para lograr una adopción generalizada. Discutiremos varias plataformas de blockchain empresariales y los casos de uso a los que se dirigen, categorizados principalmente por su tipo de acceso y mecanismos de consenso. Existen muchas implementaciones Blockchain y es importante elegir la más adecuada, por lo que es imprescindible conocer las alternativas más conocidas, robustas y con las que se cuenta con más experiencia demostrada en soluciones reales. Todas las tecnologías son de uso gratuito y *open source* a día de hoy (a nivel software, sin infraestructura ni soporte). Únicamente

Monax aplica cobro sobre las versiones nuevas de sus librerías cliente/SDK. Aunque el uso de su plataforma/blockchain es gratuito. En esta comparativa nos vamos a centrar en los principales Blockchain que permiten programación de smart contracts son:

1. Ethereum
2. Monax/Hyperledger Burrow
3. Quorum
4. Hyperledger Fabric
5. Corda
6. Chain
7. Ripple
8. Rootstock
9. Cosmos
10. Lunar blockchain
11. Stellar Lumens XLM
12. Tezos

Las primeras tres soluciones presentadas están basadas en tecnología Ethereum. Las dos siguientes soluciones para redes Enterprise parten de una base diferente a Ethereum y a diferencia de sus competidoras privadas que parten de la base de Ethereum, han sido diseñadas en origen para redes privadas. Las cuatro que les siguen son claramente redes empresariales. Las tres últimas son incluidas en esta selección por su singularidad.

1. Ethereum

Ethereum está diseñado para redes públicas, por lo que cualquier smart contract, transferencia o acción sobre esta, lo podrá ver cualquiera y los nodos mineros que validan los bloques pueden estar en cualquier lugar, estos mineros validan las transferencias usando un proof of work (fuerza bruta para sacar el hash del bloque). El tiempo de validación medio de un bloque/transacción ronda los 12 segundos. Ethereum no implementa privacidad en la red, todos pueden ver todas las transacciones de los demás. Ethereum no tiene *Permisionado,* es decir, no se necesita de un permisotodo el que se conecta a la red cumple un mismo rol (puede desplegar contratos...). Ethereum fue la primera red que permitía programar *Smart Contracts,* en este caso en un lenguaje de programación propio *Solidity.* Este lenguaje de programación permite realizar cualquier tipo de lógica, es una *Maquina Turing Completa.* La problemática de poder realizar operaciones muy costosas en todos los nodos, saturando la red o colapsándola, Ethereum la resuelve aplicando un coste en función del código que se ejecuta en cada transacción. Este coste se paga con gas, y este gas se puede comprar utilizando la criptomoneda *Ether. Los smart contracts* con lógica muy compleja, o mal programados, tendrán un coste en gas muy alto, porque o bien se paga ese coste cada vez que se quiere realizar una transferencia o bien esa transferencia no se realizara. Esta "tarificación" del coste computacional puede ser un problema para determinadas *Redes Enterprise,* ya que quienes mantengan o desarrollen la red deben asegurarse de que todos los clientes tienen suficiente gas para interactuar con los contratos.

2.- Monax/Hyperledger Burrow

Monax (anteriormente conocida como Eris) es una plataforma de aplicaciones que se ubica entre el cliente de blockchain y el sistema operativo. Sirve como una capa de aplicación para las aplicaciones ledger y blockchain distribuidas. Es una Red basada en Ethereum (fork open source) enfocada al mundo Enterprise, para ello hace más fácil y efectivo la creación de una red privada. Hace que su despliegue sea más sencillo que en una red privada de Ethereum y sobretodo soluciona el problema, o el derroche de gasto computacional que pudiera ocasionar Ethereum con un *Proof of Stake (Tendermint).* Monax introduce un algoritmo de consenso diferente, *Tendermint,* que lo hace más eficiente para redes privadas, ya que valida bloques/transacciones en menos de 0.5 segundos con pocos nodos validadores, ya que está basado en *Proof of Stake* y no exige que los nodos reConsuelon un cálculo de hash, al ser nodos conocidos e identificados, pueden realizar un sistema de votaciones. Monax no implementa privacidad en la red, todos pueden ver todas las transacciones de los demás. Implementa *Permisionado Complejo*, además de tener validadores, permite que cada usuario tenga un rol definido, en el cual se limita las acciones que puede hacer sobre el blockchain con permisos de grano fino (desplegar contratos, registrar nuevos usuarios, llamar a transacciones...). Monax utiliza el mismo core que Ethereum, por lo que comparten lenguaje de desarrollo de SmartContracts (Solidity). Sin embargo, existe una diferencia en cuanto a la tarificación de la computación, se oculta el sistema de gas (se hace infinito), por lo que el desarrollador o mantenedor de la red no tiene que preocuparse de mantener a los usuarios con suficiente gas para interactuar con los contratos. Sin embargo, sí que mantiene un tope de "gas" de ejecución por transacción, para evitar que alguien pueda lanzar un código que haga que los validadores se queden procesando durante un tiempo excesivo.

3.- Quorum

Red privada blockchain que surge a partir del código de Ethereum, desarrollado por JP Morgan y open source. El punto diferenciador de Quorum es el hecho de que permite realizar transacciones privadas entre las partes. Quorum introduce un nuevo algoritmo de consenso *Raft-consensus (Raft)*, que al igual que Proof of Stake, no exige el cálculo de un hash y valida bloques/transacciones en menos de 0.5 segundos. Sin embargo, esto tiene un coste, ya que no tiene *tolerancia a fallos bizantinos*. Es decir, si se utiliza este consenso, la seguridad tienen que darla las propias entidades de forma que sus nodos no sean accesibles por un atacante. Quorum ofrece más mecanismos de consenso que a la larga permitirán tolerancia a fallos bizantinos, como *QuorumChain*, que es programable desde un *SmartContract*, y tiene como objetivo posibilitar el hecho de realizar una lógica de consenso programable. En este caso la red ya no es pública, es privada pero además le añade privacidad entre los nodos de la red. Quorum permite realizar transacciones entre los participantes de la red de forma privada, es decir, permite que una transacción solo se vea entre un sub-grupo de los participantes. Los datos de las transacciones privadas nunca llegan a los nodos que no participan, ya que para enviar estos datos, no se utiliza la comunicación del blockchain, si no que se utiliza una red punto a punto que funciona junto al blockchain y permite enviar datos de un nodo a otro, llamada/proporcionada por *Constellation*. Estos datos se verifican en la blockchain mediante sus hashes, pero el dato nunca se envía por la red "abierta". Implementa *Permisionado Simple*, los nodos que se conectan solo pueden ser validadores ("votan" si se añade una transacción o no al blockchain) o no, pero no se controlan permisos de grano fino (desplegar contratos, registrar nuevos usuarios, llamar a transacciones...). Utiliza el mismo core que Ethereum, por lo que comparten lenguaje de desarrollo de SmartContracts (Solidity). Sin embargo, existe una diferencia en cuanto a la tarificación de la computación, se oculta el sistema de gas (se hace infinito), por lo que el desarrollador o mantenedor de la red no tiene que preocuparse de mantener a los usuarios con suficiente gas para interactuar con los contratos. Sin embargo, sí que mantiene un tope de "gas" ejecución, para evitar que alguien pueda lanzar un código que haga que los validadores se queden procesando durante un tiempo excesivo.

Las dos siguientes soluciones para redes Enterprise parten de una base diferente a Ethereum y a diferencia de sus competidoras privadas que parten de la base de Ethereum, han sido diseñadas en origen para redes privadas.

4.- Hyperledger Fabric

Hyperledger es un consorcio de la fundación Linux cuyo objetivo es apoyar diferentes implementaciones Blockchain. La más conocida es *Fabric*, que está siendo desarrollada por IBM. Fabric es una tecnología menos madura que las basadas en Ethereum, ya que estas aunque modifican la funcionalidad original, están basadas en un sistema que lleva varios años en funcionamiento en la red pública. Sin embargo, ofrece una funcionalidad más completa que estas, ya que al estar diseñada desde 0 para *redes enterprise*, pueden añadir todas estas funcionalidades. Implementa un mecanismo de consenso basado en Proof of Stake, es decir, tampoco exige el cálculo de un hash computacionalmente intensivo, lo que permite que las transacciones se confirmen en un tiempo inferior a 0.5s. Proporciona *tolerancia a fallos bizantinos*, se realiza mediante un flujo en el cual todos los participantes de una transacción validan la misma y luego se envía a un grupo de nodos "central" que ordena las transacciones en orden de llegada. Fabric implementa *Privacidad* en la red, se pueden enviar transacciones que solo serán confirmadas por el grupo de participantes seleccionado, al igual que en Quorum, únicamente estos participantes ven las transacciones. Tiene *Permisionado Complejo*, además de tener validadores, permite que cada usuario tenga un rol definido, en el cual se limita las acciones que puede hacer sobre el blockchain con permisos de grano fino (desplegar contratos, registrar nuevos usuarios, llamar a transacciones...). Los SmartContracts en Fabric actualmente se desarrollan en *GO*, aunque es flexible y se podrán realizar en *Python* y *Java* en un futuro. Esta flexibilidad tiene un precio, y es que no tiene un compilador propio por lo que aumenta la complejidad para el desarrollador y la posibilidad de errores en el código. Por ejemplo, los datos deben guardarse en una estructura clave/valor, siendo responsabilidad del desarrollador realizar esta operativa.

5.- Corda

Dentro del *Convenio R3*, enfocada principalmente permitir comunicaciones y acuerdos seguros para bancos y empresas financieras. Al igual que con Hyperledger Fabric, es un producto creado desde 0 para redes enterprise, generalmente bancos y su madurez es inferior a las basadas en Ethereum. Sin embargo, no es un blockchain al uso, ofrece la mayoría de propiedades de un blockchain (especialmente las orientadas a enterprise), pero su implementación es diferente, ya que funciona más como una red punto a punto con encriptación. Las transacciones en Corda son confirmadas por cada uno de los participantes de la transacción individualmente. Pudiendo ser extendidas para añadir nodos reguladores/centralizadores. No existe un consenso global, existe un consenso entre los participantes de cada transacción. Implementa *privacidad en la red*, se pueden enviar transacciones que solo serán confirmadas por el grupo de participantes seleccionado, ya que al no ser un blockchain y no existir consenso a nivel global, las comunicaciones se hacen punto a punto y nadie recibe una transacción que no tenga que ver. Proporciona *Permisionado* para registrarse en la red, ya que las comunicaciones son punto a punto, se debe conocer el destinatario. Como su objetivo es permitir comunicaciones seguras entre entidades, no aporta prácticamente nada de tener *Permisionado de Grano Fino*, ya que cada entidad controlará el acceso a sus nodos y firmarán con su propia cuenta. Los SmartContracts en Corda actualmente se desarrollan en *KOTLIN* (lenguaje parecido a Java, que se ejecuta en la *JVM*) y Java.

Las cuatro siguientes son claramente *Redes Empresariales*. Queremos centrarnos en la tecnología subyacente que respalda estas plataformas de blockchain empresariales, por lo que siempre es una buena idea mirar la arquitectura. En particular, ¿la arquitectura de la plataforma funciona bien con los casos de uso que los desarrolladores desean habilitar? Por ejemplo, existe una diferencia obvia entre el enfoque de algunas cadenas de bloques empresariales y el de las cadenas de bloques públicas. Podemos resumir esto muy bien refiriéndonos a las tres propiedades clave que mencionamos anteriormente: escalabilidad, descentralización y seguridad. Las cadenas de bloques empresariales a menudo tienen un impulso inherente en su capacidad de escalar, ya que funcionan con redes más pequeñas con garantías de confianza. Por la misma razón, las cadenas de bloques empresariales están menos descentralizadas que las cadenas de bloques públicas, y esto coincide con su caso de uso. Debido a que las cadenas de bloques empresariales están autorizadas en su mayoría, también hay menos problemas de seguridad potenciales. Diseñar con estas tres propiedades (escalabilidad, descentralización y seguridad) en mente implica una mayor consideración de la arquitectura de la red y la elección de mecanismos de consenso. En la siguiente sección, veremos las aplicaciones de estos, así como las generalizaciones de empresas.

6.- Chain

Es otra plataforma blockchain también dirigida a servicios financieros. Utiliza un mecanismo de *consenso federado* con firmas M-of-N requeridas en cada quórum para que el bloque se considere válido para los nodos individuales dentro del quórum. Chain reconoce que actualmente no es tolerante a fallas bizantinas, haciendo referencia a PFBT y Tendermint como "prometedores en esta área", buscando potencialmente moverse en esa dirección en el futuro. Chain también produjo un servicio de contabilidad basado en la nube, conocido como *Sequence* para proporcionar productos de contabilidad como servicio a las empresas, manejando la infraestructura en nombre de las empresas. Las claves privadas se mantienen en manos de las entidades que utilizan la red, mientras que Sequence aloja la cadena de bloques en nombre de los usuarios, lo que significa que Sequence no puede producir transacciones en nombre de ningún otro usuario.

7.- Ripple

Es otra plataforma de blockchain empresarial que se centra en la creación de una red global de servicios financieros. Para habilitar dichos pagos, utiliza una criptomoneda interna llamada XRP. Ejecuta un mecanismo de consenso federado, que mencionamos brevemente en la semana 1. Dentro de la red, hay varios tipos de participantes, que Ripple clasifica como: usuarios de la red y miembros de la red. Los *miembros de la red* incluyen bancos y proveedores de pagos, y brindan los servicios básicos de la red Ripple, como procesar pagos y proporcionar liquidez. Les permite tener un alcance más amplio: expandir el alcance de pago y aumentar los volúmenes de pago. Los *usuarios de la red*, por otro lado, incluyen corporaciones, pequeñas empresas medianas, pequeños bancos y proveedores de pagos. Utilizan los servicios habilitados por la red Ripple. Por ejemplo, las empresas de plataformas pueden buscar enviar desembolsos de alto volumen y bajo valor a proveedores, comerciantes y empleados. Los bancos y los proveedores de pagos pueden buscar enviar pagos, en lugar de procesarlos, y superar las ineficiencias tradicionales de la banca corresponsal. La red Ripple admite el procesamiento de pagos en tiempo real, la obtención de liquidez bajo demanda y el envío de pagos globales. Estos se denominan xCurrent, xRapid y xVia, respectivamente. Hace pocos días, Ripple anunció mediante una nota de prensa en su blog el lanzamiento de su *Interledger Protocol* para pagos eficientes entre redes de pagos. Ripple ha anunciado que se encuentra fuera de los laboratorios y está listo para ser usado, razón por la cual sus ejecutivos anunciaron que acortarían el nombre de la compañía de Ripple Labs a tan solo Ripple. Interledger nace al observar como un problema fundamental el hecho de que las redes de pagos no pueden operarse entre sí al momento de realizar pagos online, es decir, quien envía y quien recibe el dinero deben estar en la misma red. Lo mismo sucede con los protocolos de Bitcoin y Ripple; cada uno tiene redes independientes. Han querido darle solución a este inconveniente mediante la creación de un protocolo neutral, como HTML o SMTP, para que tanto quien envía como quien recibe puedan usar proveedores distintos sin la necesidad de un operador o red central ni una divisa globalmente aceptada.

8.- Rootstock

Una *Cadena Lateral de Bitcoin*, tiene como objetivo integrar contratos inteligentes con la cadena de bloques de Bitcoin. Tiene una clavija de dos vías, que se explicará con más detalle en la próxima lección. Básicamente, una vinculación bidireccional es un método mediante el cual los datos se pueden transferir entre una cadena principal y una cadena lateral. Rootstock se desarrolló a partir de *QixCoin*, la primera cadena de bloques de criptomonedas con un lenguaje Turing completo, destinado a permitir juegos de igual a igual. El personal de QixCoin vio a Bitcoin como una forma de agregar seguridad a su plataforma a través de la fusión minería, que reutiliza el poder minero de una cadena principal en una cadena lateral. Rootstock tiene como objetivo no solo permitir a los usuarios escribir contratos inteligentes interactuando con el Bitcoin, sino también para aumentar la escalabilidad, utilizando técnicas de fragmentación de blockchain y creando bloques cada diez segundos en lugar de cada diez minutos.

9.- Cosmos, sin embargo, nos permitirá conectar múltiples blockchains al mismo "hub", impulsado por el mecanismo de consenso llamado Tendermint. Tendermint también ofrece a los usuarios una forma de crear sus propias aplicaciones de cadena de bloques en cualquier idioma que deseen, a través de lo que se conoce como la "interfaz de cadena de bloques de aplicaciones". Además, las cadenas de bloques se comunican entre sí a través del protocolo "Comunicación entre cadenas de bloques". Cosmos y Tendermint también se pueden utilizar en contextos empresariales. Cosmos puede proporcionar una forma para que las cadenas de bloques privadas se conecten, incluso si se utilizan diferentes tipos de protocolos, como una cadena de bloques Hyperledger Fabric y una cadena de bloques Corda. Tendermint, al ser un mecanismo de consenso eficiente que comienza con un conjunto de validadores de confianza parcial, también es un mecanismo de consenso principal para las redes de blockchain empresariales.

Las tres últimas son incluidas en esta selección por su singularidad. Veámoslas.

10.- Lunar blockchain

Empecemos preguntándonos ¿Qué son las monedas estables de Terra? *Terra Stablecoins* se generan algorítmicamente dentro del ecosistema Terra. El sistema de generación de Terra solicita quemar tokens LUNA para generar con ellos una cantidad de monedas estables respaldadas por la plataforma Terra. "Quemar" en lugar de "congelar" tokens, es la principal diferencia de Terra Stablecoins con respecto a otros sistemas como MakerDAO y su stablecoin DAI, donde se inyecta una cantidad de tokens, se sobrecolateralizan ya cambio se obtienen stablecoins DAI. La idea de quemar tokens LUNA para crear monedas estables permite:

1. El valor de LUNA aumenta y se mantiene un flujo de tokens ajustado a las realidades del mercado Terra. LUNA es el nombre que recibe el token nativo de la red Terra. Como comentamos anteriormente, la función principal de este token es proteger la red del mal uso de sus recursos (spam) al utilizarlo como moneda para pagar comisiones por operaciones dentro del sistema.

2. Se mantiene una paridad de valor entre las monedas estables generadas en Terra y el total de tokens LUNA dentro del sistema. El segundo uso de este token es su aplicación para el staking necesario para habilitar nodos validadores dentro de la red Terra. Esto es posible porque Terra trabaja bajo el protocolo Proof of Stake (PoS), por lo que cada validador debe apostar una determinada cantidad de tokens para obtener poder de voto y participar en la generación y validación de bloques. A través de este proceso, Terra produce y valida transacciones a alta velocidad y bajo costo de uso. Adicionalmente, permite incentivar el trabajo de los validadores (lo que aumenta la

seguridad de la red), generar nuevos tokens LUNA y aumentar la base de usuarios dentro de Terra.

3. Permite crear un mecanismo de financiación del proyecto, ya que en el proceso de quema de tokens LUNA, las comisiones son asignadas a la Tesorería de Terra donde podrán ser utilizadas en el desarrollo futuro del protocolo. En tercer lugar, el token LUNA sirve para ejercer la gobernanza sobre el protocolo Terra, esto a través de un DAO y una comunidad a la que puedes acceder desde Agora.

4. Y finalmente, el token LUNA sirve para garantizar algorítmicamente las monedas estables dentro del sistema. En este caso, Terra tiene un mecanismo de colateralización de cualquier moneda fiduciaria. Este sistema se ha utilizado actualmente para dos monedas que TerraUSD (UST) y TerraKWR (KWRT), a las que podemos acceder y ver en tiempo real con sus movimientos en cadena.

Por ejemplo, si desea crear 2000 UST, debe tener una cantidad de tokens LUNA de poco más de 2000 US $ en posesión. Esto le permitirá generar los tokens UST, mientras que el sistema quema sus tokens LUNA y asigna la comisión a la tesorería de Terra. Después del proceso, los tokens UST se envían a su billetera. Ahora, cuando hablamos de Terra Stablecoins, mencionamos la capacidad única de Terra de generar no solo monedas estables ancladas al dólar (como TerraUSD - UST), sino también la capacidad de crear TerraKWR (KRT) y otras 17 monedas que se pueden generar y movilizar dentro del sistema, y que puedes crear a través de Terra Station en la opción Intercambios.

11.- Stellar Lumens XLM

Stellar Lumens es un *protocolo descentralizado* que brinda a los usuarios la capacidad de enviar dinero a cualquier parte del mundo de manera instantánea y barata. Su símbolo es XLM. Antes de empezar, sería recomendable dejar claros algunos conceptos. Por ejemplo, Stellar es como se llama al sistema. Y *Stellar Development Foundation (SDF)* es el nombre de su fundación, una organización sin ánimo de lucro, cuyo objetivo principal es la expansión del acceso financiero a todos. Especialmente a las personas en partes del mundo que no disfrutan de los beneficios de las instituciones financieras básicas como los bancos. Y por otro lado, la criptomoneda que emplea la tecnología Stellar, se llama Lumens ó XLM, el token nativo de esta red. Esta criptomoneda se desarrolló en 2014. Y la idea de crearla fue de Jed McCaleb, uno de los cofundadores de Ripple. Nada más nacer, se generaron 100 mil millones de XLM que se pusieron en circulación en el mercado. El protocolo de consenso de Stellar es realmente lo que le diferencia de Bitcoin. Su nombre es Stellar Consensus Protocol (SCP). El SCP no depende de una red de mineros para validar las transacciones. En vez de eso, utiliza el algoritmo Federated Byzantine Agreement (FBA) que traducido al español sería, Acuerdo Bizantino Federado, el cual permite procesos más rápidos en las operaciones. En la práctica, el protocolo Stellar funciona como PayPal pero es más práctico. Para empezar a usarlo, primero debes depositar fondos en un "anchor" ó ancla en la red. Esta "ancla" es un intermediario de confianza, al igual que un banco o PayPal. Pero Stellar además te permite vender o comprar otras divisas o criptodivisas. El tipo de cambio de cada operación está predeterminadas por las órdenes individuales que haya emitido cada persona individual. Por lo tanto, estas operaciones no usa el tipo de cambio automático que aplica Stellar a las transferencias personales. Como hemos visto antes, Stellar te permite enviar libremente fondos de forma internacional sin necesidad de bancos o de casas de cambio. Para poder llevar a cabo esta operación, la red puede realizar una de estas 3 operaciones:

1) Stellar convierte los fondos a través de una orden que ya esté en el mercado. Y automáticamente se hace el cambio.

2) Stellar convierte los fondos de la divisa X en Lumens en el mercado global. Después convierte de nuevo esos Lumens en la divisa Y que será la que reciba el receptor.

3) Si no se pueden "casar" órdenes de mercado entre dos divisas, entonces Stellar busca un conjunto de operaciones en la red que permitan realizar la operación. Imagínate que necesito cambiar USD en GBP. Entonces se podría buscar este grupo de transacciones: USD a AUD, AUD a CAD, CAD a GBP.

Los principales beneficios de Stellar provienen de sus bajos costos de transacción, velocidad de transacción casi instantánea para transferencias transfronterizas y alta seguridad. En concreto, las transacciones tardan aproximadamente de 2 a 5 segundos en realizarse y verificarse. Además las comisiones que se cobran por ellas suelen ser muy económicas. Por otro lado, la plataforma de Stellar Lumens ofrece una alta escalabilidad. Actualmente la red puede manejar hasta 2000 procesos de transacciones. Aunque sus ingenieros avanzan que realmente la red puede escalar a las 10.000, si se utilizan servicios como Google Cloud Servers.

12.- Tezos

Tezos (XTZ) es una red blockchain de alta velocidad pensada en ofrecer una infraestructura especialmente adaptada para la ejecución de smart contracts y DApps con bajas comisiones, además de funciona sobre una blockchain capaz de evolucionar en el tiempo sin la necesidad de hard fork que puedan poner en riesgo la integridad de la red. Tezos (XTZ) es una red blockchain diseñada con el fin de ofrecer smart contracts con una alta escalabilidad y con opciones de programación avanzadas en comparación con las que podemos encontrar en Ethereum (ETH). Algo que este proyecto puede lograr gracias a su infraestructura modular, fácilmente actualizable y el uso de Prueba de Participación Líquida (Liquid Proof of Stake - LPoS) como su algoritmo de consenso para obtener un alto rendimiento. Adicional, sus smart contracts pueden ser programados tanto en su lenguaje nativo, como en otros lenguajes, lo que le brinda una flexibilidad enorme en este sentido. El Seed Protocol o Protocolo Semilla, es el nombre que recibe el protocolo génesis de Tezos. Es por decirlo de una forma sencilla, una serie de reglas que rigen el funcionamiento de Tezos desde su origen hasta nuestros días. Las reglas del Seed Protocol reflejan la forma en como Tezos maneja todo lo referente a la generación de monedas, protocolo de consenso, la interactividad de sus validadores, el funcionamiento de sus smart contracts e incluso su gobernanza. En ese sentido, el Seed Protocol tiene en su potestad el control de los elementos más relevantes de la blockchain, así que examinemos cada uno de ellos con mayor detenimiento.

Tezos es una blockchain que usa un token para sus operaciones internas, el token Tezos (XTZ). Dicho token tiene una existencia limitada a 10 mil millones de monedas. Sin embargo, en su bloque génesis fueron liberadas al ecosistema cerca de 700 millones de moneda a un total de 32 mil direcciones Tezos, respetando los acuerdos de la ICO que dio financiación a esta criptomoneda. El resto de monedas son liberadas al ecosistema mediante un sistema de ajuste a la emisión que tiene lugar dentro del protocolo. En la actualidad, dicha emisión por bloque está establecida en 40 XTZ por bloque. Sin embargo, en ningún momento esta inflación puede superar el 5% anual, esto siguiendo lo estipulado en el Seed Protocol de Tezos. Otro punto relevante en el control de moneda de Tezos es que las monedas de una cuenta que no se movilizan por más de un año, son quemadas. Esto con el objetivo de mantener el sistema activo económicamente.

El token nativo de Tezos es el XTZ, y es un token multipropósito. Puedes adquirir el mismo y usarlo como medio de pago o como medio para interactuar con los servicios que hacen vida en la blockchain de Tezos y sus smart contracts. Sin embargo, el potencial de este token se centra sobre todo en el control e interacción con smart contracts, la gobernanza de la blockchain y su proceso de generación de bloques. De hecho, el uso de este token en la blockchain es muy parecido al que el Ether tiene dentro de Ethereum. Cada interacción en Tezos genera un costo en "Gas", que luego es traducido en su respectiva comisión en tokens XTZ. Pero la comparación entre el Gas de Tezos y Ethereum termina allí, porque en Tezos la fórmula para calcular el costo de una comisión, es completamente distinta. Esa fórmula es la siguiente:

fees >= m_fees + (m_nanotez_per_byte * size) + (m_nanotez_per_gas_unit * gas)

Esto es:

m_fees: es el fee mínimo dentro de la plataforma que equivale a 0,0001 ▫

m_nanotez_per_byte: es la cantidad mínima nanotezos que puedes pagar por cada byte el cual es de 1000 n▫/B (0,000001▫/b).

size: hace referencia al tamaño en bytes que ocupa la operación.

m_nanotez_per_gas_unit: es la cantidad mínima nanotezos que puedes pagar por cada unidad de gas la cual es de 100 n□/gu (0,0000001 □/gu)

gas: la cantidad de gas que usara por completo la operación.

Así, por ejemplo, si tenemos que una operación gastará unos 10000 Gas, y tiene un peso de 128 bytes, la comisión mínima de esa operación sería el siguiente:

Fee = 0,0001 □ + (0,000001□/b * 125 bytes) + 0,0000001 □/gu * 10000 g

Fee = 0,001225 □ (aprox. 0,002 $)

Esto nos deja muy en claro que las comisiones en Tezos son muy económicas, incluso más que en Ethereum, y al mismo tiempo el papel fundamental de los tokens XTZ dentro de esta red. Por supuesto, este ejemplo es solo el mínimo, y sus tus comisiones son muy pequeñas, los validadores en medio de una alta demanda pueden no atender con prioridad tus transacciones haciendo que debas subir tus comisiones a los fines de ver verificada tu transacción.

El proceso de creación de un bloque en Tezos se llama Baking. Esto es así porque a los validadores se les da el nombre de "Bakers" o Panaderos. El trabajo de los Bakers, es disponer de poder computacional y un staking de tokens XTZ, que les da el derecho a producir bloques de acuerdo a su participación en el sistema. Este proceso se realiza bajo las reglas del protocolo de consenso LPoS descrito anteriormente. Para convertirte en un Baker en Tezos debes contar con mínimo un staking de 8000 XTZ, pero mientras mayor sea tu participación, mayor será tu probabilidad de generar un bloque. Adicional a esto, para generar un bloque, el Baker debe hacer un depósito de seguridad (su "Prueba de participación") de 512 XTZ por bloque. Este depósito está bloqueado durante unos 14 días y es una protección contra trampas. Si el Baker realiza un doble firmado o doble generación de bloques, o rompe alguna otra regla dentro de LPoS, este Baker perderá todo su depósito de seguridad (512 XTZ). La última clave que hay que entender sobre el algoritmo de consenso de Tezos es cómo el protocolo decide qué bifurcación de cadena es la "correcta". La regla de elección de la bifurcación de Bitcoin es simple: la cadena más larga es la correcta o canónica. Tezos elige la cadena canónica basándose en la cantidad de bakers que respaldaron el bloque. Se ha mencionado anteriormente que los bakers tienen derechos de horneado para crear bloques, pero que los bakers también tienen la segunda responsabilidad de respaldar los bloques. En cada altura de bloque, se seleccionan 32 tiradas al azar para respaldar un bloque, y el bloque con más respaldos se trata como el canónico. Cuando un *panadero* respalda un bloque que eventualmente se convierte en el bloque canónico, obtiene una recompensa de XTZ. Por lo tanto, se incentiva a los bakers a respaldar el bloque que creen que otros bakers también respaldarán, también conocido como bloques de alta prioridad. Al igual que para hornear, los bloques de endoso requieren que los bakers apuesten 40 XTZ por endoso. Esto evita el problema de nada en juego.

Otra parte importante del funcionamiento de Tezos son sus smarts contracts. De hecho, en este sentido los smart contracts son controlados de una forma muy parecida a los smart contracts de Ethereum. Es decir, las acciones y programación de los mismos tienen un determinado costo en Gas, que debe pagarse en tokens XTZ, a los fines de que puedan ejecutarse. La gobernanza de Tezos recae en una estructura on-chain que permite a sus participantes proponer, seleccionar, probar y activar actualizaciones de protocolo sin la necesidad de un hard fork. En términos simples, esto significa que Tezos es una cadena de bloques que puede mejorarse a sí misma con el tiempo al tener un proceso formalizado para actualizaciones de protocolo. En la práctica, esto es similar a la estructura de una corporación, donde los accionistas pueden votar sobre la dirección de la empresa.

Desanonimización

Tan anónimos como creemos que somos, hay tácticas que pueden usarse para desanonimizarnos. Repetidamente citamos a Bitcoin como "seudónimo", y la razón es que la privacidad del usuario no es en blanco y negro. Como muchas otras cualidades, está en un espectro, y como aprendimos en la realida de Bitcoin, Bitcoin no proporciona el anonimato que los usuarios deben asumir que obtienen al usar criptomonedas. ¿Cuáles son las tácticas utilizadas para establecer ese vínculo entre las identidades virtuales y la entidad del mundo real? Veremos varios enfoques de *Ciencia de Datos* (Big Data) para observar información en la *cadena de bloques* para recopilar patrones y sacar conclusiones. La gran preocupación sobre la descentralización que observamos con respecto a la desanonimización es que ahora, podemos retroceder en la historia de la *cadena de bloques* para revelar información sobre un seudónimo en particular. Así que ese es el objetivo de la desanonimización o vinculación.

1.- Etiquetado mediante transacciones

Una forma en que podemos lograr esto, a la que aludimos anteriormente, es mediante el *Análisis del Gráfico de Transacciones,* que es simplemente inspeccionar el historial de transacciones en la cadena de bloques para obtener información útil. En particular, podemos construir *Gráficos de Transacciones.* En un *Gráfico de Transacciones,* cada nodo es un seudónimo y cada borde es una transacción realizada entre seudónimos. A partir de un *Gráfico de Transacciones,* es posible que pueda ver que algunos seudónimos realizan transacciones más que otros, o se les paga más que otros, o tal vez realizan ciertas transacciones con ciertos otros seudónimos. Una forma de analizar el gráfico de transacciones es agrupando o atribuyendo un grupo de direcciones o seudónimos a la misma entidad del mundo real.Tomando lo que sabemos hasta ahora, podemos identificar dos *Heurísticas* principales al asociar direcciones. La primera es la *Fusión de Salidas de Transacciones,* y eso ocurre cuando hay múltiples entradas en una transacción. Por ejemplo, considere a Fede, que quiere comprar un café que cuesta 0.05 BTC y tiene dos salidas, una con 0.02 BTC y la otra con 0.03 BTC. Fusiona las dos salidas en una de 0.05 BTC, suficiente para pagar su café. Esta es una *Heurística* bastante razonable porque a menudo ocurre que los resultados se fusionan en la misma entidad. Rara vez la gente realiza pagos conjuntos. Otra *Heurística* es la de *Cambiar Direcciones.* Digamos que al día siguiente Fede quiere comprar el mismo café de 0.05 BTC, pero solo tiene una producción por valor de 1 BTC completo. Fede enviaría 0.05 BTC a la cafetería y el resto de los 0.95 BTC a sí mismo en una dirección de cambio. Esto es bastante razonable porque al observar el *Historial de Transacciones* de Fede, una de sus dos salidas debe haber sido para un *Cambio de Dirección*, a menos que haya comprado dos artículos al mismo tiempo. Y también, también podríamos ver si las direcciones se han asociado con transacciones anteriores. Según las mejores prácticas, las *Direcciones de Cambio* generalmente se generan recientemente, por lo que cuando Fede realiza la transacción para comprar café, enviaría su cambio a una dirección nunca antes vista en la cadena de bloques, algo que podemos identificar fácilmente. En ambos casos, de la *Combinación de Salidas de Transacciones* o de *Direcciones de Cambio*, si sabemos que Fede es propietario de una dirección, podemos adivinar con gran confianza que Fede es el propietario de la otra dirección asociada. Usamos estas dos *Heurísticas* para vincular todas estas direcciones a una sola persona. De esta manera, podríamos identificar *Clústeres*. Con la extensión *Lightbeam extension* de Firefox podemos saber quién nos vigila aun habiendo visitado solamente cuatro sitios.

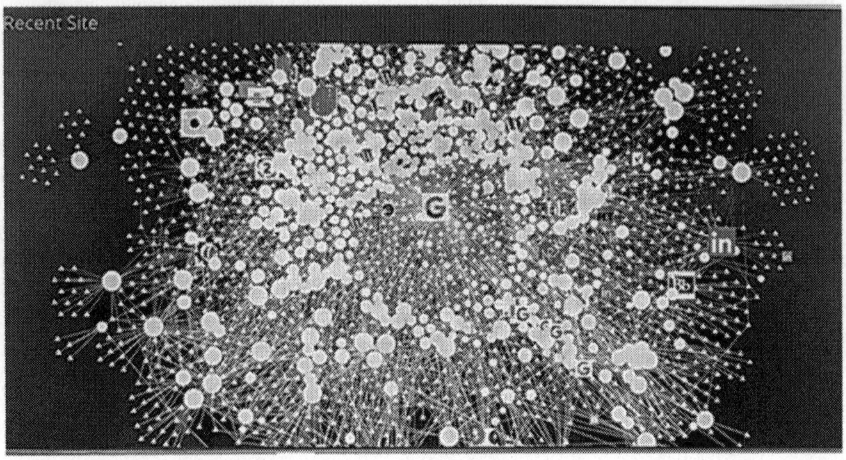

Ahora repasaremos varias técnicas para identificar qué *Clúster* es quién, vinculando los *Clústeres* con sus *Identidades* del mundo real. Las empresas, al menos aquellas que aceptan pagos con criptomonedas, están orientadas hacia el exterior y están centradas en el consumidor, lo que facilita el acceso a un servicio en línea (como Coinbase) y hacer una transacción con ellos. Como conocemos nuestras propias *direcciones públicas*, simplemente podríamos esperar a que la transacción que hicimos aparezca dentro de un *clúster* o se fusione en un *clúster*, y ese *clúster* probablemente sea el de la empresa.

2.- Identificación de individuos

En cuanto a la identificación de individuos, existen formas similares de desanonimizarlos.

2.1.- Una forma sencilla es *enviarles Bitcoin*. Si puede lograr que revelen su dirección, no será tan difícil rastrearlos desde allí. Esto puede requerir algo de ingeniería social si la otra parte sospecha o es particularmente cautelosa.

2.2.- Otra forma es observar la actividad en línea, particularmente los foros. Es posible que una persona publique su dirección en un foro por conveniencia de manera descuidada para obtener donaciones de personas en general o incluso proporcionar servicios. Cualquiera que esté mirando, sin embargo, ahora puede vincular ese seudónimo con cualquier otra actividad.

2.3.- Finalmente, varios proveedores de servicios, como Coinalytics, ofrecen servicios para desanonimizar fondos obtenidos por medios ilícitos, utilizando análisis de datos para descubrir su identidad real.

3.- Análisis de Manchas

El análisis de manchas es una forma de rastrear fácilmente el movimiento de fondos a través de la red Bitcoin. El análisis de manchas le permite a uno etiquetar una dirección "incorrecta" y rastrear su actividad asociada. Fue este tipo de estrategia la que arruinó la defensa de Ross Ulbricht al demostrar que la mayoría de sus fondos se originaron en orígenes sospechosos. Como se ve en el diagrama, cada uno de los círculos mas oscuros en la parte superior representa una dirección con un 100% de corrupción, lo que significa que ha sido indicada como una dirección sucia o ha recibido todos sus fondos de direcciones sucias. Cualquier otra dirección en el espacio de Bitcoin tendrá una cierta cantidad de contaminación dependiendo de qué proporción de sus fondos provienen de una *dirección sucia*. Uno podría pensar que pueden evitar ser atrapados enviando sus tokens a un montón de direcciones aleatorias. Sin embargo, por el diseño del *análisis de contaminación*, eso no funcionará en absoluto.

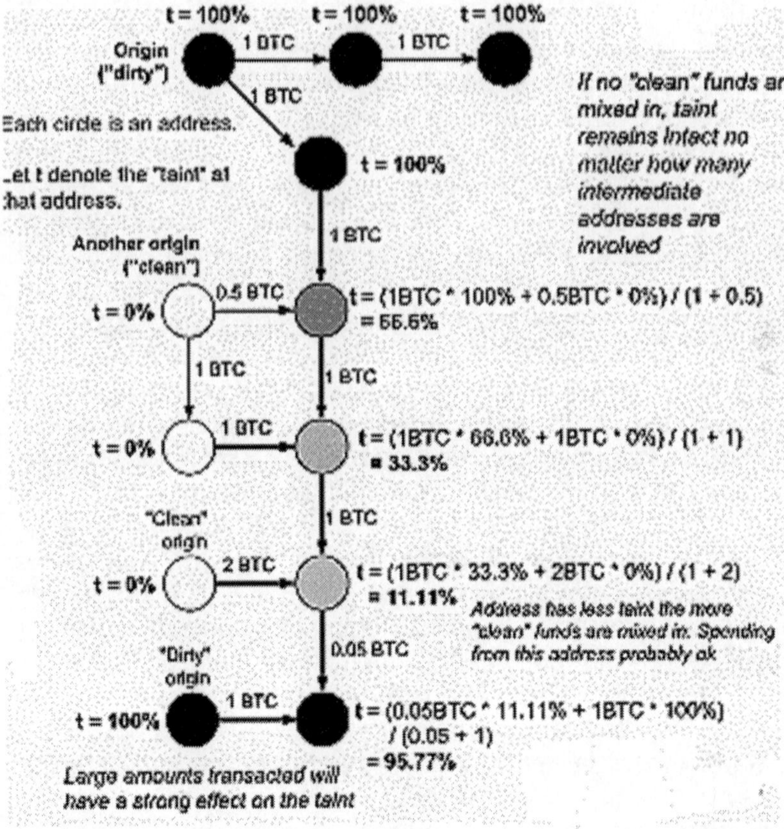

Todo esto, nos trastoca las ideas y hace que nos preguntemos ¿Hay alguna manera de volver a ser anónimos? Como estamos viendo, uno de los mayores problemas con el anonimato en las cadenas de bloques públicas y rastreables como Bitcoin es que no son anónimos en absoluto en su diseño. Veremos cómo podemos combatir las *técnicas de desanonimización* para mejorar la privacidad del usuario y lograr el anonimato a través de una estrategia conocida como *Mezcla*.

a.- Mixing Basics - Anonimato mediante la mezcla

Primero, es necesario hacer un par de exenciones de responsabilidad. En primer lugar, no recomendamos ni aprobamos ninguna de estas actividades. En segundo lugar, para las grandes instituciones de los sistemas financieros tradicionales, algunas de estas prácticas de mezcla pueden incluso ser ilegales. Este es simplemente un ejercicio intelectual para comprender cómo es posible anonimizar sus fondos para que sea más difícil para otra persona rastrear su actividad. Para comprender mejor la mecánica de la mezcla, vamos a examinar un escenario tradicional en el que los orígenes del dinero se confunden. El lavado de dinero. La razón por la cual *el lavado de dinero* sirve como una buena base es porque sus objetivos son los mismos. Como se discutió anteriormente cuando se habla de regulaciones, el lavado de dinero es la actividad muy ilegal de mover grandes cantidades de dinero no detectado entre países o entre el subsuelo y economía legítima. El blanqueo de dinero tradicional utiliza cientos de empresas "fantasma" falsas, llamadas *Shells* porque no hacen nada, ni poseen activos. Sin embargo, parecen hacerlo con el fin de servir con éxito como dispositivos de lavado de dinero a efectos fiscales. ¿Qué pasos siguen estos delincuentes? El primer paso para el blanqueo de capitales es la *Colocación*. Con el tiempo, los fondos "sucios", o los fondos obtenidos por medios ilícitos, se colocan en estas *empresas fantasmas*. Las *corporaciones fantasmas* cancelan los depósitos como compras, inversiones, servicios prestados, etc., con el fin de hacer la apariencia de dinero legítimo que ingresa al negocio por medios legítimos. El siguiente paso es la *creación de capas*. Este es el paso en el que las *empresas pantalla* pasan su dinero a través de otras *empresas pantalla* para complicar aún más la *cadena de suministro financiero* y ocultar el verdadero origen del dinero. Este paso del proceso es lo que *simulará la Mezcla*. El paso final del proceso es *la integración*. Se refiere a cuando el *dinero limpio* se reintroduce en la economía legítima mediante la compra de bienes de lujo, objetivo final de todo este blanqueo de capitales. La *Mezcla* intentará simular este *Proceso de Ofuscación* de dinero enviando monedas a través de varios *procesos complicados*.

Para comprender mejor lo que significa ser anónimo en nuestro contexto, definamos formalmente algo conocido como

Conjunto de Anonimato. Se definirá como el conjunto de seudónimos entre los que una entidad no se puede distinguir de sus contrapartes. En otras palabras, es imposible hacer algo mejor que adivinar cuando se trata de elegir una dirección, dentro de un *Conjunto de Anonimato* para asociarla con alguna entidad determinada. El objetivo de la *Mezcla*, entonces, es maximizar este anonimato establecido con nuestros recursos. Supongamos que la mezcla, cuando se hace correctamente, ahora hace que su entidad no se pueda distinguir dentro de un conjunto de N pares. Esto significa que el tamaño del *Conjunto de Anonimato* después de una ronda es N. Hecho de nuevo con otros N pares únicos para cada dirección, el tamaño del *Anonimato* ahora es N al cuadrado, después de la segunda ronda. Se convierte en N al cubo después de tres rondas y así sucesivamente. Sin embargo, tenemos que tener en cuenta las limitaciones del mundo real, como por ejemplo la cantidad de recursos disponibles, junto con las implicaciones de la *Mezcla*. También entran en juego cuestiones como la *Negación Plausible* y la *Falta De Confianza* en la *Mezcla*, ya que la *Mezcla* por sí sola no es suficiente para absolver a alguien de las sospechas. En primer lugar, la *Falta De Confianza* es deseable. Claramente, dada la naturaleza del espacio blockchain, queremos asegurarnos de que no haya riesgo de contraparte. Si alguien más participa en un *Proceso de Mezcla* de monedas, no debería poder negar nuestros servicios. Además, queremos evitar que nos roben nuestros fondos. En segundo lugar, queremos mantener una *Negación Plausible*. No debe sobresalir del *Historial de Transacciones* de uno ni de ninguna otra fuente de datos que esté mezclando. Si ese es el caso, sus actividades serán objeto de un escrutinio mucho mayor, incluso si no ha hecho nada malo. Estas son propiedades que buscaremos después de crear algunos ejemplos básicos de mezcla. Para aclarar algunos detalles diremos que hay una idea fundamental detrás de la *Mezcla*, que dice que cuanto mayor es el *Conjunto de Anonimato*, más difícil es vincular seudónimos, con identidades reales.

Hay varios tipos diferentes de *Mezcladores*. Estos incluyen mezcladores centralizados, intercambios de altcoins, protocolos de mezcla descentralizados y altcoins centrados en la privacidad. Echaremos un vistazo a los mezcladores en ese orden.

a.1.- *Mezcladores Centralizados.*

El tipo de mezclador más simple, el más fácil de diseñar, es uno centralizado, particularmente un protocolo conocido como *Protocolo de Terceros o TPP.* Al comprender primero una solución central, luego podemos explorar cómo otros protocolos pueden basarse en este diseño principal. Con TPP, un *servicio de mezcla centralizado* tendrá un conjunto de UTXO, denominado aquí *Fondo de Sobornos,* para darle dramatismo al tema. Siempre que alguien envía una entrada a este *mezclador,* el *Operador del Servicio de Mezcla* elegirá un conjunto de UTXO para regresar a una nueva dirección también controlada por Consuelo. Al final, Consuelo ahora tiene sus fondos "limpios" menos la tarifa que se quedó el *servicio de mezcla.* No es difícil ver algunos de los problemas con este *servicio centralizado.* Uno de estos problemas se reduce al *Riesgo de Contraparte.* En este caso, debe confiar en el servicio central que le brinda servicios de mezcla de monedas. Si se pregunta ¿Quién o qué puede detenerlos? La respuesta es que apenas hay nada que los detenga más allá de la reputación de retenerle tokens. Además, debe confiar en que el *Mezclador* no mantiene registros de su información. Y en este submundo la confianza debe ser menor que comentábamos en Bitcoin. Es posible que la *parte central,* con el fin de chantajear a ciertos usuarios o con algún otro propósito, mantenga una lista de usuarios que proporcionaron insumos sucios, así como los eventuales fondos limpiados que reclamaron. Finalmente, también existe un *Riesgo de Centralización.*

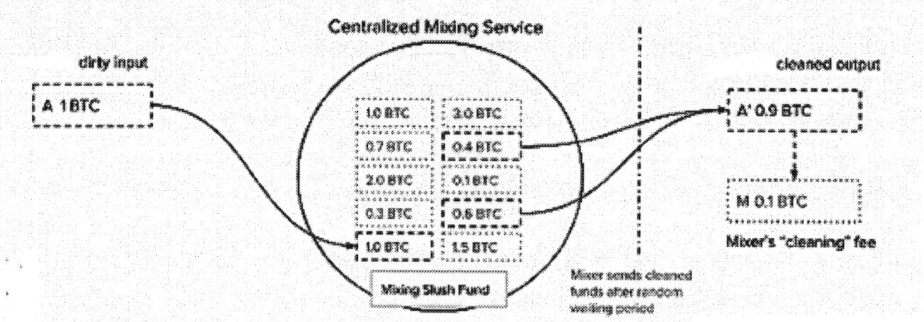

Debido a un solo punto de falla, que puede ser eliminado por piratería o por una institución gubernamental que exige el cierre del servicio, no se garantiza que el mezclador funcione como se espera. Además, si las únicas UTXO que se envían al *mezclador centralizado* son *monedas sucias*, esas monedas sucias terminarán convirtiéndose en las nuevas salidas para usuarios posteriores. Si no se reciclan suficientes *monedas limpias* en el fondo de los depositos, la *Mezcla* podría ser poco potente para limpiar sus monedas. Un par de ejemplos de servicios de *mezcla centralizados* incluyen Mixcoin, que surgió de la investigación de Princeton, y Blindcoin, que surgió de UMD y UPenn. Este es un ejemplo de cómo la teoría se encuentra con las aplicaciones prácticas.

a.2.- *La mezcla de intercambio de altcoins*:

En lugar de depender de un *servicio central* específico para realizar el acto exclusivo de *mezclar centralmente* sus monedas, uno puede usar una serie de intercambios para llevar dinero de Bitcoin a varias otras criptomonedas, como Ether y Zcash, antes de volver finalmente a Bitcoin. En este caso, el costo de *mezclar monedas* no es una *tarifa de mezcla central*, sino más bien las *tarifas de intercambio* entre cada criptomoneda utilizada. Los beneficios de este enfoque es que el atacante ahora tiene que rastrear la cadena de transacciones a través de varias cadenas de bloques e intercambios dispares en lugar de simplemente examinar una sola cadena de bloques. Además, este proceso proporciona una mejor negación plausible, ya que la actividad parece un intercambio de divisas normal. Sin embargo, debe confiar en los intercambios para no revelar los vínculos entre sus entradas y las salidas que recibe en el otro extremo. Además, todavía existe el riesgo de contraparte. Si el intercambio se piratea o se congela, los servicios durante el proceso de *Mezcla*, perderá el dinero que tuviera en tránsito. La mayoría de los intercambios en los EE. UU y en la Comunidad Económica Europea, deben mantener información de identificación personal y seguir las leyes KYC / AML como se mencionó anteriormente, lo que significa que dicha actividad puede parecer sospechosa para los intercambios, especialmente si se realiza repetidamente.

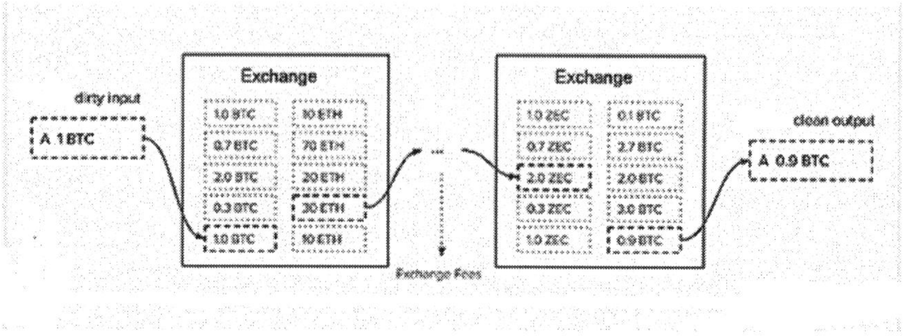

a.3.- Decentralized Mixing - *Protocolos de Mezcla Descentralizados*:

Hasta ahora, las soluciones propuestas han aprovechado una sola entidad centralizada o varias a la vez. ¿Existe una solución descentralizada que nos permita eliminar el riesgo de contraparte y evitar comisiones? La verdad es que sí. Podemos crear una *red de pares* fuera de la *red de Bitcoin* que puedan cooperar para realizar transacciones que mezclen sus monedas sin la necesidad de ningún tercero de confianza. ¿Cómo podríamos hacer esto? Antes de comenzar a profundizar en los detalles de los protocolos de mezcla, retrocedamos un paso para comprender con qué estamos trabajando y cómo reconocer un buen *Protocolo de Mezcla Descentralizado*. Primero, señalemos exactamente qué es una *mezcla*. Es un conjunto de entradas y salidas, cada una de las cuales tiene el mismo tamaño. El objetivo de la mezcla es ocultar el *mapeo* de cada entrada a su salida respectiva. Para definir la *Corrección de un Protocolo de Mezcla*, planteemos algunos requisitos intuitivos. Primero, las monedas no se deben perder, robar o gastar dos veces, como es logico. En segundo lugar, la *mezcla* debe ser verdaderamente aleatoria y eventualmente debe tener éxito en la mezcla. Si no tiene éxito, las monedas deben ser devueltas a los usuarios honestos, haciendo que el protocolo sea resistente a los ataques DoS. Para comprender mejor las amenazas a las que se enfrenta el protocolo, categoricemos claramente los posibles tipos de *Modelos Adversarios* a los que nos enfrentamos también. Estos *Modelos Adversarios* surgen todo el tiempo cuando se habla de seguridad informática.

El primer tipo es un *Adversario Pasivo*. Este actor no es parte de la mezcla y puede buscar utilizar información a nivel de superficie que sea accesible para cualquier otro usuario para aprender sobre el mapeo. En este escenario, idealmente, el anonimato básico evitará que *adversarios pasivos* conecten las entradas con las salidas. El segundo tipo es un *adversario semi-honesto*. Este tipo de adversario es parte de la mezcla. Aunque siguen correctamente el protocolo, pueden utilizar la información obtenida durante el proceso para intentar desanonimizar a sus compañeros. Finalmente, el último tipo es un *Actor Malicioso*, que también forma parte de la mezcla. Como era de esperar, pueden desviarse de las especificaciones del protocolo y también pueden intentar robar fondos de sus pares en la mezcla. Pueden enviar mensajes falsos o retener mensajes por completo para lograr algún objetivo. Esto puede recordarle la *Falla de Parada* frente a las *Fallas Bizantinas*. Al igual que con los *Sistemas Distribuidos*, este *Sistema Modelo Contradictorio* se encuentra en un *Espectro*. Debemos tener presente lo estudiado en el concepto de *Resistencia de Sybil*. Debido a que la *Mezcla Descentralizada* es otro *Protocolo Distribuido*, también es susceptible a los *Ataques de Sybil*. Por lo tanto, debemos garantizar la *Resistencia de Sybil*, que tiene una definición de dos partes en el contexto de la *Mezcla Descentralizada*. Primero, debe haber resistencia al robo de fondos. Esto significa que no podemos confiar en la *Criptografía de Umbral Parcial*, como *Transacciones de Múltiples Firmas* M-of-N. Además, debemos mantener la *Resistencia a la Desanonimización*. Una definición débil de esta resistencia es que los participantes fuera de la mezcla no pueden determinar el mapeo de insumos y productos, pero los participantes dentro sí lo son. Una definición de esto es que incluso los participantes dentro de la mezcla no pueden determinar el mapeo de entradas y salidas. Sin embargo, aún debemos reconocer que una alta proporción de *Pares De Sybil* reducirá en gran medida el *Conjunto De Anonimato*, ya que hay menos entidades únicas dentro de la *Mezcla*. Hay algunas advertencias adicionales a considerar en el *Contexto de los Protocolos de Mezcla*.

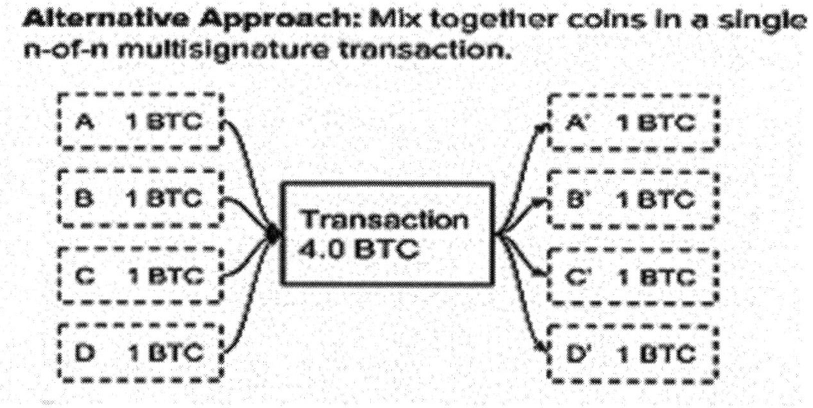

Primero, hay *Ataques de Canal Lateral*. Por esta razón, queremos usar Tor para todo. Como se mencionó anteriormente, Tor es un protocolo desarrollado por el gobierno de los EE. UU. Para anonimizar su actividad en Internet al restringir el conocimiento del tráfico a los enrutadores de primer salto. Suponiendo que los nodos de salida que está utilizando no están controlados por adversarios, esto le permitirá enviar mensajes de forma segura a sus pares sin ser detectados. En segundo lugar, queremos asegurarnos de que no sea obvio, dados los *Montos de Transacción*, qué entrada corresponde a qué salida. De lo contrario, nuestro plan sería trivialmente rompible. La solución es utilizar *Montos de Transacción Uniformes* en todos los ámbitos para garantizar que todas las entradas se parezcan entre sí y que todas las salidas sean indistinguibles entre sí. Finalmente, queremos asegurarnos de que la *Propagación de Transacciones* no revele involuntariamente nuestra identidad. Esto se conoce como *Desanonimización a Nivel de Red*.

Ahora bien, sabemos que el primer nodo que informa a la red de una transacción es probablemente la fuente de la misma en casi todos los casos. Por eso, también necesitamos una forma de solucionar este problema. El primer esquema de mezcla descentralizado popularizado se conoció como CoinJoin en 2011. En este, las monedas se mezclan en lo que se conoce como una *Transacción Multifirma N-de-N*. Se requiere que cada entidad firme la entrada de la transacción para que la transacción se lleve a cabo. Uno de los grandes beneficios aquí que logramos sobre otros protocolos es que no es confiable. Los fondos no se pueden robar, ya que todos los usuarios están firmando la transacción CoinJoin. Sin embargo, viene con bastantes inconvenientes.

Primero, el anonimato no es seguro, incluso contra un *adversario pasivo*, como un *facilitador de mezcla*. Dado que la mejor manera de implementar este protocolo es a través de un *servidor centralizado*, se asume que existe comunicación privada y anónima para enviar direcciones de salida. Esto lo hace vulnerable al análisis de tráfico, donde los atacantes pueden registrar y analizar el tráfico de la red. Además, la participación en este procedimiento de mezcla no se puede negar de manera plausible. Es muy fácil de detectar en la cadena de bloques, ya que es una *transacción multifirma n-de-n*, que es inusualmente grande. Aunque esto se puede solucionar con *firmas de Schnorr*, que combinan varias firmas en una sola pieza de datos, esto no existe actualmente en Bitcoin. Finalmente, no es resistente al DoS. Dado que requiere la aprobación de una *transacción n-de-n*, incluso un nodo que se desconecte o interrumpa intencionalmente el proceso puede hacer que toda la combinación falle. Es de esperar que su próxima pregunta sea: ¿Podemos hacerlo mejor? Afortunadamente, la respuesta es sí. *CoinShuffle* es la secuela de *CoinJoin*, que utiliza un *mixnet de descifrado* para calcular conjuntamente la *mezcla de entrada / salida*, donde un *mixnet* es un *Protocolo de Enrutamiento* que utiliza criptografía para ofuscar el rastro de la información. Uno de los beneficios de este protocolo es que utiliza un *protocolo de "Mensajería grupal anónima responsable"* conocido como *Dissent* para resolver cualquier problema de análisis de tráfico. Además, logra el anonimato contra el facilitador de la mezcla porque las comunicaciones ahora están descentralizadas. Finalmente, con este *mixnet de descifrado*, Sybil ofrece una fuerte resistencia contra la desanonimización. Sin embargo, todavía sufre los inconvenientes de CoinJoin. Aunque la resistencia de Sybil es más fuerte, no es absoluta. Aún es posible desanonimizar a alguien mediante un *ataque de Sybil*. Además, al igual que CoinJoin, CoinShuffle también es vulnerable a los ataques DoS. Un inconveniente nuevo de CoinShuffle es la capacidad del último par en el mixnet de descifrado para determinar el resultado de la mezcla de entrada / salida, posiblemente dándole a esta persona la capacidad de manipular el orden a su favor.

Una de las mayores preocupaciones que se presentan en la era tecnológica en que vivimos, es la utilización malintencionada de los bots o inteligencias artificiales. En consecuencia, al contrario de lo que pensaríamos, las redes blockchain (entornos seguros) también se pueden ver afectadas ya sea por fallas bizantinas, ataques DDoS (ataque de denegación de servicio), entre otros. Un ataque Sybil es un ataque que amenaza la seguridad de un sistema, puesto que es un actor malicioso que intenta controlar por completo una red, utilizando múltiples identidades falsas, nodos o pcs. Este tipo de ataques suelen presentarse en redes p2p (peer to peer), es decir, que trabajan a través de una serie de nodos o computadoras que funcionan iguales entre sí. Una forma en la que podría ejemplificar estos ataques, es con las votaciones presidenciales. Imaginemos que tenemos dos candidatos y uno de ellos, tiene mayor popularidad y se espera que gane. Sin embargo, varias de las personas que tienen acceso a las papeletas electorales, toma los datos de los votantes, se deshace de estos votos e introduce nuevas papeletas con votos para el candidato menos popular. De esta manera, en este proceso se están falsificando votos y, por tanto, las identidades de los votantes para tener una administración completa del sistema de votación. En un escenario común, podríamos llegar a identificar a las personas que supervisan la votación o que infringieron las normas cibernéticas. No obstante, en un universo descentralizado donde prima el anonimato, es realmente difícil concluir que las identidades provienen de una sola persona. Como dato curioso, el nombre “Sybil” proviene del libro de 1973 “Sybil” de la periodista Flora Theta Schreiber. Este libro estudia el caso de Shirley Ardell Manson, cuyo pseudónimo es Sybil Dorsett, una mujer diagnosticada con trastorno de identidad disociativa (TID), anteriormente llamado “trastorno de la personalidad múltiple”. En 2002, Brian Zil, un informático de Microsoft, sugirió el nombre para un trabajo de John R. Douceur, un investigador de este tema de Microsoft. ¿Cómo funciona un ataque Sybil? Como lo mencionábamos, una red peer to peer trabaja por medio de nodos. Cada nodo tiene una función dentro del sistema. Un ataque de Sybil exitoso en una cadena de bloques es aquel en que se crean suficientes identidades o nodos para influir sobre los otros. Incluso se puede obtener el dominio completo si las identidades falsas logran superar la votación de los nodos honestos en la red, tal y como en el ejemplo del candidato presidencial poco reconocido. Una vez que logre la contaminación del sistema por el gran número de identidades, puede Alterar rutas, Modificar contenido almacenado, Negar la creación de bloques, lo que impide el registro y funcionamiento de las transacciones. Si logra llegar a una gran escala donde puedan controlar la mayor parte de la red, puede producirse un ataque del 51%. En él, se pueden cambiar el orden de las transacciones, duplicar el gasto o revertir las operaciones.

¿Cómo puede prevenirse? Hay cinco formas esenciales para disminuir el riesgo de que se presenten este tipo de ataques:

1. Otorgar diferentes poderes a diferentes miembros. Una solución pueden ser los sistemas de reputación, en los cuales se tiene diferentes niveles de poder de acuerdo con la confiabilidad que tenga esa persona dentro de la red.

2. Generar costos para crear una identidad. Puede pedirse una suma de dinero con el fin de que cada persona pueda crearse una identidad. De esta manera, será más complicado para el atacante cubrir los costos para ejecutar su ataque.

3. Limitar el número de identidades por nodo. Una manera eficaz es no permitir que se puedan operar múltiples identidades falsas al mismo tiempo desde la misma IP o dispositivo.

4. Validar las identidades antes de unirse a la red. Existen dos maneras de hacerlo: La directa, en la que una entidad ya establecida está encarga de verificar al nuevo integrante de la red. Por otro lado, la indirecta, la cual funciona como un sistema de confianza en el que la entidad ya establecida verifica a unos miembros. Después, quienes pueden verificar a los nuevos miembros que se unan después de ellos y así sucesivamente. Este modo parte de la premisa de que los nuevos usuarios sean honestos.

5. Aplicar un conjunto de reglas para la generación de nuevos bloques. Los algoritmos de consenso de diferentes proyectos como Bitcoin, emplean “reglas” para eludir estos ataques. Una de ellas, puede ser que cada nodo tenga la potencia computacional necesaria para crear un nuevo bloque. Por consiguiente, se dificultará la creación de diversas identidades sin que provengan del mismo pc, sobre todo teniendo en cuenta algoritmos como Proof of Work. Así mismo, mediante las

recompensas aseguran que los mineros mantengan su minería de manera honesta.

El problema con este protocolo mixnet de descifrado de CoinShuffle, es que la decisión final para ordenar las direcciones de salida con pleno conocimiento del resultado final recae en el par que se encuentre al final del proceso, lo que les permite determinar la permutación aleatoria final. Como se mencionó brevemente anteriormente, existe un problema de liquidez con cada una de estas soluciones: es probable que todas solo las usen otras personas con monedas sucias. ¿De qué sirve mezclar monedas si todo lo que obtienes son monedas sucias? Bueno, ¿por qué no proporcionar monedas limpias para mezclar por una pequeña tarifa? Debido al pequeño riesgo, estos creadores de mercado pueden cobrar una pequeña tarifa por sus servicios. Sin embargo, todavía existen algunos problemas. Una es que el *conjunto de anonimato* es bastante pequeño si se utilizan proveedores de liquidez conocidos. Otra es que, según un artículo de investigación publicado en junio de 2016, un ataque con una *inversión recuperable* de solo $ 32,000 USD (en ese momento) tendría éxito con un 90% de probabilidad de desanonimizar todo el sistema. Otro tema pendiente es el de la *negación plausible*. Actualmente, es difícil justificar la mezcla sin revelar que puede estar preocupado por ocultar un comportamiento sospechoso como uno de sus motivos. ¿Hay alguna forma de hacer que las transacciones en un protocolo de mezcla se vean iguales a las transacciones normales de Bitcoin para los observadores pasivos? Coinparty es un protocolo diseñado para hacer exactamente eso, a costa de cierta seguridad del protocolo. El protocolo CoinParty tiene tres etapas: compromiso, barajado o reproducción aleatoria y transacción final. Durante el paso de *Compromiso*, los pares generarán una dirección de custodia cada uno. Estas direcciones de depósito en garantía requieren un consenso ⅔ para poder gastar. Durante el paso de *Reproducción Aleatoria*, los pares realizan una reproducción aleatoria segura de varios participantes para cifrar el orden de la dirección de salida. Finalmente, durante el paso de la *Transacción*, los pares acordarán transferir las direcciones de custodia a sus salidas designadas.

a.4.- Fair Exchange Mixers - Mezcladores de Intercambio Justo

Los *Mezcladores de Intercambio Justo* son una categoría diferente de mezcladores. Se basan en el *protocolo tradicional de intercambio justo* para que ya no requieran la participación de un tercero de confianza como parte del protocolo. En cambio, una parte A paga a otra parte B a través de un intermediario T que no es de confianza. Suponga que tiene dos partes, Consuelo y Fede, que desean intercambiar "artículos" (criptográficos) de alguna manera. Sin embargo, se encuentra con un problema: suponga que Consuelo envía su artículo a Fede, pero Fede luego se niega a enviar su artículo a Consuelo. En ese caso, no es un intercambio justo. Fede recibió el artículo de Consuelo, pero Consuelo no recibió nada a cambio. Los *protocolos de intercambio justo* buscan asegurar que ese escenario nunca ocurra o ambos obtienen el "artículo" del otro o ambos no obtienen nada. Si el "artículo" que se intercambia cumple con ciertos criterios, entonces los protocolos de intercambio justo pueden mejorarse para tener otras propiedades agradables, como no requerir un tercero confiable o poder detectar un tercero deshonesto. Pongamos otro ejemplo con un escenario diferente, lo que se intercambia son monedas por un cupón. Consuelo puede depositar sus monedas y recibir un cupón para canjear una cantidad comparable de monedas más adelante. Luego, puede canjear monedas limpias a su discreción, limpiando sus activos. Sin embargo, este estilo de mezclador asume que pasan suficientes transacciones a través del mezclador al mismo tiempo, de modo que distinguir qué entradas coinciden con qué salidas es increíblemente difícil. Los beneficios generales de *los mezcladores de intercambio justo* son dos; que no tienen confianza y no confían en un intermediario. Además, algunos son incluso resistentes a ataques DoS y Sybil. Sin embargo, los inconvenientes son que son difíciles de construir. TumbleBit solo funciona con suficiente liquidez, XIM requiere algunas horas de cálculo y BSC requiere avances en Bitcoin Script. Vamos a comentar algunos de estos mezcladores de intrcambio justo mas conocidos.

a.4.1.- CoinSwap

Utiliza transacciones de firma múltiple 2 de 2 bloqueadas con hash para hacer exactamente esto que hemos visto en los *Fair Exchange Mixers* o *Mezcladores de intercambio justo*. Le permite intercambiar de forma segura sus monedas con otra persona sin vincular sus transacciones. Los beneficios son que no tiene confianza, ya que ninguna parte puede robar sus fondos y tiene una negación plausible decente. Sin embargo, también tiene el inconveniente de que no es seguro contra un *intermediario mixto pasivo*. Sin embargo, este intermediario también puede ser la persona con la que estás intercambiando. Además, es caro, ya que requiere 4 transacciones por intercambio. La forma en que se ve en la cadena de bloques es como si Consuelo pagara una dirección y Fede pagara otra dirección, pero no hay conexión directa entre las monedas originales y las nuevas.

a.4.2.- XIM

Es un protocolo similar a CoinSwap. También utiliza un intermediario que no es de confianza para crear un *mezclador de intercambio justo*. Esto se basa en trabajos anteriores sobre intercambio justo y utiliza tarifas para prevenir ataques DoS y Sybil. XIM crea un *protocolo seguro de formación de grupos* para encontrar partes que participen en una *mezcla*. El problema con XIM es que tarda varias horas en ejecutarse debido al *protocolo de formación de grupos*. Los *smartcontracts* firmados a ciegas se construyen más allá de XIM para evitar el *proceso de formación del grupo*, en lugar de utilizar *cupones de tarifas anónimos* para disuadir los ataques DoS y Sybil. El problema es que la implementación de BSC requeriría una funcionalidad de *scripting* que Bitcoin no proporciona actualmente.

a.4.3.- TumbleBit

Es una mejora de BSC para que el mezclador sea compatible con Bitcoin. Esto lo convierte en lo último en *mezcladores de intercambio justo* a partir de 2016. Implementa un protocolo de "evaluación RSA como servicio" para hacer que los contratos firmados a ciegas sean compatibles con Bitcoin. Es bastante factible para uso en el mundo real, dado que existe suficiente liquidez para impulsar el proceso.

b.- Anonimato a través de Altcoins (con mezclas pero directamente)

La mezcla es algo que un usuario tendría que hacer conscientemente. Cada vez que un usuario quiere ser anónimo, tendrá que esforzarse al máximo para mezclarlos. Alguien podría preguntarnos ¿Qué pasa si la propia plataforma anonimiza automáticamente o mezcla monedas para preservar la privacidad de forma predeterminada? De esta manera, la privacidad es una opción única para el usuario, y no hay sospechas sobre ningún usuario individual en la plataforma, ya que el anonimato está integrado en el protocolo. Vamos a comentar algunas *Altcoins centrados en la privacidad* y las *tecnologías* sobre las que se basan para proteger a sus usuarios.

b.1.- Altcoins centrados en la privacidad

b.1.1.- DASH

Anteriormente conocido como DarkCoin, es una criptomoneda centrada en la privacidad que utiliza un mezclador llamado CoinJoin, del que hablamos en la sección anterior. En Dash, además de las recompensas tradicionales de *Prueba de trabajo*, hay una *capa de red secundaria* de lo que se conoce como *Masternodes* o *Nodos Maestros*. Los usuarios que ejecutan *Nodos Maestros* tienen la tarea de realizar acciones privilegiadas, como votar propuestas para el gobierno de la red, confirmar transacciones instantáneamente y mezclar monedas. La idea aquí es que tenemos una mejor *Negación Plausible* porque todos están obligados a pasar por CoinJoin para mezclar. Por lo tanto, esto crea un conjunto de anonimato mucho más amplio. La forma en que funciona es la siguiente: De forma predeterminada, en la mayoría de los clientes de tablero, los usuarios tienen habilitada la mezcla. Dash llama a esto PrivateSend, pero son esencialmente los procesos de ejecución de CoinJoin, además de algunas formalidades específicas de la plataforma Dash. Cuando un usuario tiene PrivateSend habilitado, lo que significa que quiere ocultar el origen de sus fondos, su cliente primero preparará una transacción. Las entradas de transacciones se desglosan en denominaciones estándar de 0.01 guiones, 0.1 guiones, 1 guiones y 10 guiones. Luego, se realiza una solicitud a la red *masternode*, lo que indica que está tratando de ocultar el origen de sus fondos. Cuando otros usuarios envían solicitudes similares indicando que ellos también están tratando de realizar transacciones privadas, un *Nodo Maestro Mezcla* todas las entradas de transacciones de todos los usuarios y les indica a todos los usuarios que se devuelvan a sí mismos sus entradas ahora transformadas. Entonces, ahora, todos los usuarios que participaron en esta ronda de mezcla ahora tienen la misma cantidad de tablero en su poder, menos algunas tarifas de transacción. Por supuesto, para ocultar completamente sus fondos, los usuarios deben repetir la *mezcla* con *masternodes* varias veces, generalmente entre 2 y 8 rondas.

Los usuarios de las carteras Dash tienen todo el proceso de mezcla en segundo plano, sin ninguna intervención del propio usuario, por lo que cuando llega el momento de realizar una transacción, sus fondos ya están completamente anonimizados. Después de todo, todo este proceso de mezcla lleva algún tiempo, por lo que debe hacerse con anticipación. Además, dado que las monedas se mezclan en denominaciones establecidas, las transacciones que usan la mezcla pueden necesitar gastar en más salidas de transacciones que aquellas que no usan la mezcla. Y el gasto de más salidas de transacciones a la vez conduce a tamaños de transacción más grandes, por lo que los usuarios tendrían que gastar más en tarifas de transacción de lo habitual. Algunas ventajas de Dash son que, en primer lugar, resuelve el problema principal con la negación plausible que vimos anteriormente. Todos participan en el proceso de mezcla de CoinJoin. Además, dado que Dash usa una mezcla descentralizada con CoinJoin, no tiene confianza en ese extremo. Sin embargo, existe la desventaja principal de que los usuarios deben confiar tanto en la red principal de Dash como en su *red de masternodes*.

Para convertirse en un *masternode* inicialmente, los usuarios publican un enlace de 1000 Dash. Y después de eso, los masternodes también obtienen intereses e ingresos estándar a través de una proporción de la recompensa en bloque. Si hay una entidad con suficiente capital, podría comprar suficientes *masternodes* para subvertir la *red de masternodes* de Dash y potencialmente desanonimizar la red. A diferencia de muchas otras altcoins, especialmente las altcoins centradas en la privacidad anteriores, que eran bifurcaciones de Bitcoin, Monero era una bifurcación de otra altcoin centrada en la privacidad llamada Bytecoin, que a su vez se basaba en la tecnología anónima CryptoNote.

b.2.- Monero

Monero ofrece garantías sobre la imposibilidad de rastrear y desvincular las transacciones: garantías sobre el envío y la recepción de Monero. La imposibilidad de rastrear significa que para cada transacción entrante, todos los posibles remitentes son *equiprobables*, ocultando así la identidad del remitente. La desvinculación significa que para dos transacciones salientes cualesquiera, es imposible probar que fueron para la misma persona, ocultando así la identidad del receptor. En un nivel un poco más profundo, la funcionalidad de Monero depende del uso de un tema avanzado en criptografía, llamado *Firmas en Anillo*. Cuando un usuario desea realizar una transacción en Monero, elige un *conjunto de salidas de transacciones anteriores* para *mezclar*. Estos se vinculan con la *salida de la transacción del usuario* en la que están gastando en una *firma de anillo criptográfico*. En este contexto, las *Firmas de Anillo* permiten al usuario demostrar que posee una de las salidas sin revelar exactamente de qué salida. El conjunto de anonimato en Monero es el conjunto de salidas desde las que estás firmando, y dado que la mezcla está habilitada de forma predeterminada, como en Dash, Monero tiene una mejor *negación plausible* que otras altcoins no enfocadas en la privacidad. La principal distinción entre una *firma de anillo* y una *firma digital ordinaria* es que con una *firma de anillo,* ningún verificador de la firma puede establecer la identidad exacta del firmante. Pongamos un ejemplo y digamos que Consuelo construye una transacción de ella misma a otro usuario, al que conocemos ya María. Ella construye una firma de anillo con su clave pública, así como la de Fede y Antonio. Ahora, María no sabrá exactamente de quién se envió esta transacción, solo el hecho de que podría ser de Consuelo.

Al mismo tiempo, Fede quiere enviar una transacción a José, por lo que hace una firma de anillo con la clave pública de Mariano. Entonces, en estos dos escenarios, tanto María como José no tienen idea de dónde se originaron estas transacciones, y solo pueden adivinar a partir de sus respectivos conjuntos de anonimato, aquellos cuyas identidades estuvieron involucradas en la construcción de sus respectivas firmas de anillo. Como comentario rápido diremos que la razón por la que se le llama *firma en anillo* es la estructura en forma de anillo del algoritmo de firma. Cada una de las flechas entrantes son datos cifrados por las claves públicas de varios usuarios. Entonces, si bien las firmas de anillo nos brindan la maravillosa propiedad de no poder averiguar de dónde provienen las transacciones, aún es posible ver a quién se dirigen las transacciones.

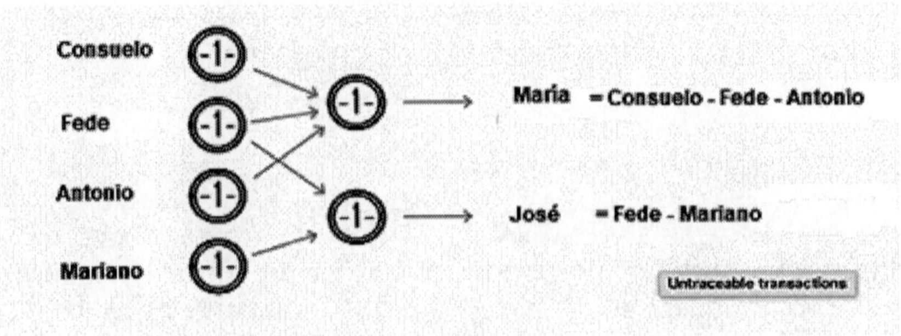

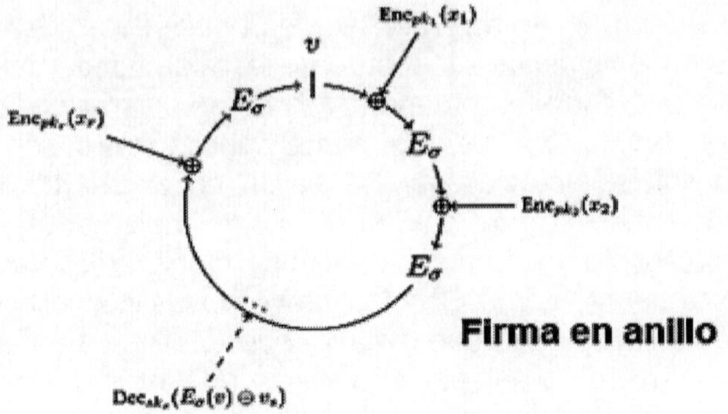

Y eso, a su vez, podría proporcionar una idea de dónde provienen las transacciones en primer lugar. Entonces, necesitamos la *Propiedad de Desvinculación*, y eso también está implementado en Monero. Para cada pago, los clientes de Monero crearán automáticamente una *clave única de un solo uso*, cada una derivada de la clave pública de un usuario, y esto garantiza la desvinculación. En el ejemplo, habría dos direcciones únicas para pagrn a la dirección pública de Fede. Ahora, cuando Fede quiera gastar con esto, puede canjearlo usando otra dirección de un solo uso. De alguna manera podríamos hacer esto en Bitcoin, donde la mejor práctica es generar una nueva dirección para cada transacción realizada. Sin embargo, el dinero de los usuarios estaría por todas partes y tendrían que realizar un seguimiento de todas y cada una de las direcciones generadas, o tener una forma de generar estas direcciones de manera determinista ellos mismos, tal vez a través de una *Billetera Determinista Jerárquica*. Lo que hace Monero es similar en el sentido de que las direcciones únicas se generan de forma *determinista*. También permite una fácil recuperación ya que todo está vinculado con la clave pública del usuario.

b.3.- zk-SNARKs - Zcash - ZeroCash

Es una moneda alternativa en la que las transacciones no revelan nada sobre las direcciones ni valores de entrada y salida de las transacciones, lo que permite pagos totalmente anónimos. La forma en que lo hace es mediante el uso de *Argumentos de Conocimiento Sucintos No Interactivos de Conocimiento Cero* (zk-SNARKs). Lo mencionamos al hablar de escalabilidad, pero en pocas palabras, zk-SNARKs son una forma de demostrar que sabes algo pero sin revelar lo que realmente sabes. Tanto ZeroCash como Zcash son tecnologías que se basan en zk-SNARKs como mencionamos antes. Con los zk-SNARK puede implementarlos en la capa de protocolo y así puede tener una *moneda base normal* visible públicamente, como Bitcoin. Luego puede convertirlo en una *moneda de caja negra*, que luego puede, en total anonimato, realizar una serie de transacciones. No hay forma de correlacionar o distinguir monedas y valores en esta *caja negra*. Para recuperar su *moneda base*, existe un procedimiento llamado *Vertido*. Si recuerda en Bitcoin, o en cualquier red de pago, debe probar tres cosas para realizar una transacción válida. En primer lugar, debe demostrar que los insumos con los que está gastando no se han gastado anteriormente o, de manera más general, que tiene fondos suficientes para el pago. En segundo lugar, debe demostrar la propiedad de las monedas en las que está gastando. Y en tercer lugar, debe demostrar que la suma de las entradas de sus transacciones es igual a la suma de las salidas de sus transacciones. En Bitcoin, la prueba de que las monedas no se han gastado anteriormente es información obtenida del libro mayor y no requiere ningún esfuerzo por parte del remitente de la transacción. El remitente demuestra la propiedad de las monedas que desea enviar mediante la *firma digital* de la transacción con su clave privada. Para permitir la verificación pública de esta firma, se debe revelar la dirección de envío. La dirección del destinatario también debe ser revelada, para que el destinatario pueda gastar las monedas que ha recibido. En Bitcoin, es fácil ver que la verificación de las entradas y salidas de las transacciones es trivial, ya que mucha información se divulga y está disponible públicamente. Por otro lado, Zcash usa zk-SNARK para probar los mismos tres hechos. Es decir, que las entradas no se han gastado, que las monedas las están gastando sus propietarios correctos y que la suma de las entradas es igual a la suma de las salidas de las transacciones.

Y todo esto se hace sin ningún conocimiento, sin revelar ninguna información sobre el remitente, el destinatario o los activos que se están transfiriendo. Cada transacción válida se envía con un zk-SNARK que lo acompaña, que prueba los tres hechos que mencionamos anteriormente. Las entradas de la transacción son *pruebas de validez de la transacción,* y las salidas son los detalles necesarios para construir una *prueba de conocimiento cero,* cifrada por supuesto con la clave pública del destinatario. La información requerida para gastar los resultados de la transacción también se adjunta a la transacción, nuevamente encriptada, y detalla cómo construir un nuevo zk-SNARK que permita el gasto. Zcash tiene dos capas, una *Capa Transparente* y una *Capa de Seguridad de Conocimiento Cero.* Y los usuarios transfieren sus activos entre estas dos capas utilizando las transacciones de menta y vertido, como mencionamos antes. La razón de tener estas dos capas separadas es porque, en esencia, la innovación fundamental de Zcash fue la implementación de la *capa de seguridad de conocimiento cero*; su *capa transparente* comenzó simplemente como una bifurcación del código base de Bitcoin.

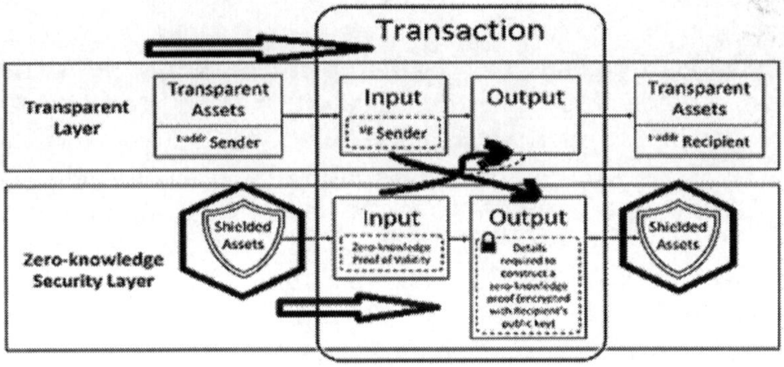

En general, es más probable que los usuarios se sientan cómodos con las criptomonedas transparentes que han visto o usado en el pasado, como Bitcoin, por lo que si a los usuarios les gusta eso, Zcash no debería quitárselo. Además, habilitar transacciones transparentes al estilo de Bitcoin también simplifica la integración con Zcash utilizando herramientas e infraestructura existentes que se construyeron originalmente para admitir Bitcoin.

Los zk-SNARK se construyen sobre las *Funciones De Cifrado Homomórfico*. Tienen las siguientes propiedades: En primer lugar, dada una salida, es difícil encontrar la entrada. Además, diferentes entradas deberían conducir a diferentes salidas. Sin embargo, donde esto comienza a ponerse interesante es que ahora, en lugar de querer que las *Funciones Homomórficas* sean aleatorias, queremos poder realizar operaciones en *Salidas de Funciones Homomórficas*. Por ejemplo, si conocemos las *salidas de una función de cifrado homomórfica* en dos valores de entrada diferentes, podemos encontrar la *salida de la función* en alguna combinación aritmética de las dos entradas, todo sin conocer los valores de entrada en sí. En otras palabras, queremos permitir el cálculo sobre *texto cifrado*, generando un *resultado cifrado* que, cuando se *descifra a sí mismo*, coincide con el resultado de los cálculos como si se hubieran realizado en el propio texto plano. Pongamos un ejemplo con los personajes habituales. Digamos que Consuelo tiene dos números x e y tales que x + y = 9. Consuelo no quiere que Fede sepa x e y, pero quiere demostrarle a Fede que x + y = 9. Consuelo envía F (x) y F (y) a Fede, donde F es una *Función Homomórfica*. Fede puede entonces encontrar F (x + y) a partir de F (x) y F (y), ya que F es *homomórfica*. Fede puede verificar si F (x + y) = F (9), verificando el hecho de que x + y es de hecho igual a 9. Y eso es, cómo funcionan algunas de las matemáticas detrás de Zcash. Consuelo, en este caso no revela los valores x e y a Fede. Pueden ser *entradas de transacciones*. Sin embargo, Fede puede verificar que esos dos valores combinados equivalen a algún valor de salida. Entonces, una ventaja es que Zcash es completamente anónimo. Suponiendo que la criptografía subyacente sea segura, las transacciones realizadas en la *capa de seguridad de conocimiento cero de caja negra* de Zcash son completamente anónimas. Su *Conjunto de Anonimato* es toda la historia de la caja negra.

Otra ventaja es el de la *Modularidad*. Zcash se implementó originalmente sobre una bifurcación de Bitcoin por conveniencia y también para la integración con las herramientas existentes. Sin embargo, también se puede integrar con cualquier otro mecanismo de consenso. Por otro lado, en el lado de los inconvenientes, Zcash consume muchos recursos. Y eso se debe al hecho de que los sistemas de prueba zk-SNARK en uso requieren alrededor de 4 GB de RAM y 40 segundos de cálculo en las CPU modernas para generar pruebas para las *Transacciones de Vertido*. Además, las pruebas requieren una configuración única de *semi-confianza*. Lo que abre la puerta a los malintencionados y aprovechados que posean *parámetros de configuración maliciosos* y acuñar monedas sin gastar *monedas base*. Esto se puede mitigar de alguna manera con una *Configuración de Cómputo Multipartita Segura*. Sin embargo, es un desafío interesante integrar dichas tecnologías en blockchain, por lo que definitivamente vale la pena echarle un vistazo.

c.- Anonimato avanzado y generalizaciones

Ahora que hemos pasado por todas estas técnicas de anonimato, separándolas categoría por categoría, es probable que se pregunte ¿qué más queda por discutir?. Hay algunas tácticas novedosas de anonimato que no caen en las tácticas de mezcla o altcoin, sino que son características de los propios protocolos de blockchain. En la reunión tradicional del Cypherpunk, hubo una propuesta publicada en julio de 2016. Simplemente decía: "hola, tengo una idea para mejorar la privacidad en bitcoin" (Seguido de un archivo txt.). La propuesta fue escrita por un usuario con el seudónimo de Tom Elvis Jedusor, (el nombre francés de Voldemort en la serie de Harry Potter). La propuesta se llamó *Mimblewimble,* que también era una referencia de Harry Potter, específicamente una maldición que se usaba para evitar que la gente hablara sobre un tema específico. Las líneas iniciales de la misteriosa propuesta de MimbleWimble son las siguientes.

```
21:35 < majorplayer> hi, i have an idea for improving privacy in bitcoin. my
friend who knows technology says this channel would have interest
http://5pdcbgndmprm4wud.onion/mimblewimble.txt

        MIMBLEWIMBLE
        Tom Elvis Jedusor
        19 July, 2016

        \****/
        Introduction
        /****\

        Bitcoin is the first widely used financial system for which all the necessary
        data to validate the system status can be cryptographically verified by anyone.
        However, it accomplishes this feat by storing all transactions in a public
        database called "the blockchain" and someone who genuinely wishes to check
```

La propuesta de MimbleWimble planteó un diseño para un sistema de contabilidad basado en blockchain que usaba un protocolo criptográfico más escalable y privado que el de Bitcoin. Al modificar los tipos de transacciones en Bitcoin, Mimblewimble tiene como objetivo tener la menor funcionalidad posible, al tiempo que mantiene una alta privacidad y alta escalabilidad. Debido a este cambio drástico del Bitcoin normal, su objetivo es implementarse como una cadena de bloques alternativa (una *cadena lateral* o *altcoin* tal vez) que admita un tipo de transacción diferente al que Bitcoin usa actualmente. En cuanto al tamaño de la privacidad, Mimblewimble se basa en transacciones confidenciales, una propuesta anterior de Greg Maxell, mediante la implementación de pruebas de rango, compromisos homomórficos, compromisos de Pedersen, y otras primitivas criptográficas. Además, todos los valores de una transacción están cifrados con los llamados "*Factores De Cegamiento*", en definitiva son curvas elípticas secundarias que se utilizan únicamente por motivos de privacidad como vimos al principio del libro. También agrupa muchas transacciones en transacciones más grandes para codificar entradas y salidas, para ofuscar el origen y el destino de Bitcoins, y también por razones de escalabilidad. Con Mimblewimble, puede tratar cada bloque como una *Gran Transacción.* Y también puede fusionar transacciones entre bloques. Unir transacciones entre bloques podría extenderse desde el bloque génesis hasta el último bloque. Por lo tanto, Mimblewimble puede reducir la necesidad de mantener todo el historial de blockchain desde el bloque de génesis. La propuesta original señaló que para llegar a la versión actual de la cadena de bloques, uno debe comenzar desde el bloque génesis y comenzar la verificación del bloque desde allí.

Y a partir de julio de 2016, el momento de la publicación, se deben reproducir 150 millones de transacciones para producir un conjunto de solo 4 millones de salidas de transacciones no gastadas. Mimblewimble promete tener la mitad del tamaño de la cadena de bloques, sin dejar de mantener transacciones confidenciales y gráficos de transacciones ocultos. Simplifica el modelo actual de Bitcoin a transacciones que no necesitan una funcionalidad adicional más que simplemente transferir valor del remitente al destinatario. Lo hace eliminando el *Script Bitcoin*. A estas alturas, empezará a enter los por qués de la extensión de Firefox que lleva a cabo la misma eliminación de Scripts. Y ese es el precio que uno debe pagar para permitir la privacidad que Mimblewimble promete brindar. Su implementación más popular se llama Grin.

Está claro que la privacidad es un gran desafío. Pero, en general, se trata más de una cuestión de seguridad que de privacidad. La privacidad puede verse como un subconjunto de la seguridad; la privacidad es el acto de proteger la información confidencial, donde la seguridad es la protección. Y volviendo a la seguridad, podemos volver a analizar el trilema de escalabilidad que planteamos en páginas anteriores. A estas alturas, debería estar muy claro que, de hecho, existen compensaciones entre seguridad, descentralización y escalabilidad, si no estaba claro antes. Claramente, los *mezcladores centralizados* y las *redes de mezcladores de nodos maestros* sacrifican la *descentralización* por *privacidad* y *seguridad*. Por otro lado, los *protocolos de cadena de bloques de múltiples capas*, como la *red de nodo maestro* de Dash y *la capa de seguridad de conocimiento cero* de Zcash, tienen una sobrecarga asociada que puede obstaculizar el rendimiento, sin mencionar otros impactos de escalabilidad específicos del protocolo. En lo que respecta a la *mezcla*, se dice que la mezcla debe hacerse con anticipación para extender la mezcla por encima. Desafortunadamente, esto no es posible si un usuario envía muchas transacciones pequeñas, donde cada una incurre en una *tarifa de mezcla* grande. Y si se quedan sin *fondos premezclados*, se incurren en *gastos generales de mezcla*. En conclusión, realmente, no existe un sistema blockchain perfecto. En cambio, cada uno está diseñado para su objetivo específico y su caso de uso.

¿Qué es BSN?

Para comprender la rivalidad existente, la facilidad de acceso y los vacíos legales ponemos como ejemplo la última infraestructura que compite, BSN. Es una infraestructura desarrollada por el Gobierno de China con el objetivo de liderar la nueva internet blockchain, atrayendo países, desarrolladores y compañías. El gigante asiático se dio cuenta enseguida que los los altos costes de desarrollo, instalación y mantenimiento de aplicaciones descentralizadas podrían ser un freno para la expansión de esta tecnología y lanzó BSN (Blockchain Service Network). China quiere hacer de BSN una infraestructura global. Es decir, quiere que todo el mundo la identifique como el próximo internet de blockchain. Como el lugar donde se pueden construir las aplicaciones descentralizadas de la Web3. Admite ya portales para crear aplicaciones BaaS que admitan las cadenas de bloques de Ethereum, Polkadot, Tezos o Algorand. Detrás de BSN se encuentra la empresa Red Date Technology, que fue lanzada en abril de 2020 al mercado. BSN no es una blockchain. Es una plataforma que presta servicios a los desarrolladores blockchain a través de entornos de recursos blockchain públicos. Así, permite reducir la dificultad de gestión y disminuir los costes de desarrollo y de despliegue, permitiendo una mejor regulación de las aplicaciones blockchain. Su objetivo principal es acelerar la adopción global de la tecnología blockchain mediante soluciones integrales para DLT y aplicaciones basadas en la tecnología blockchain (DApss). La red BSN cuenta con múltiples proveedores de servicios en la nube y distintos frameworks para la construcción en blockchains públicas, privadas y operadores de portales.

Tipos de proveedores en la red BSN

- *Proveedores de servicios en la nube,* mediante la instalación del software gratuito del nodo de la ciudad publica de la BSN, hacen accesibles sus recursos de servicios en la nube (CPU, almacenamiento y ancho de banda) a través de BSN. Pudiendo realizar ventas a través de ella.

- *Proveedores de frameworks de blockchain,* de acuerdo con las normas de adaptación de frameworks de BSN, realizan adaptaciones y luego las despliegan en la BSN. El objetivo es que los desarrolladores puedan seleccionar los frameworks adaptados para desplegar aplicaciones.

- *Operadores de portales, utilizan la BSN* con los portales de servicios en la nube existentes. O utilizan los portales de desarrolladores para crear plataformas de blockchain como servicio (BaaS) de forma rápida y a bajo coste.

Conceptos clave del ecosistema BSN

- *Nodos públicos de la ciudad (PCN):* Este concepto es el más importante. En una ciudad, se despliegan varios nodos públicos con X recursos en cada uno, de manera que los desarrolladores de aplicaciones blockchain puedan acceder a estos nodos para desarrollar dApps más fácilmente. Es decir, en vez de tener que desplegar peer nodes o adquirir servicios en la nube, los nodos públicos permiten desplegar una aplicación directamente gracias a los recursos que contienen.

- *La cadena de autoridad*: Esta cadena está desplegada en todos los PCN y almacena la clave de acceso a la aplicación (clave pública) de los usuarios de la dApp construida. Así como la configuración de autoridad de la dApp. Si un usuario quiere acceder a un nodo PCN, se verificará la identidad del mismo y solo se le permitirá acceder a las dApss que tiene autorización. En función del rol que tenga en la dApp, el usuario solo podrá invocar ciertos métodos del smart contract.

- *Gestión CA:* El sistema de gestión CA uniforme se utiliza para la gestión del ciclo de vida completo de todas las claves de transacción de un usuario de la dApp. Donde se incluye la generación, distribución, renovación, etc. Dichas claves son las que se utilizan para cifrar y firmar los datos cuando un usuario accede a una dApp. Es decir, funciona como un mecanismo de gestión de roles, teniendo en cuenta que el que manda es el nodo público de la ciudad (PCN).

Tipos de servicios

BSN ofrece tres tipos de servicios principales. Servicios con permisos, donde ofrece poder construir una blockchain permisionada en menos de una hora, tal y como indican en su web (Hyperledger, XuperChain, etc). Servicios sin permisos para blockchains no permisionadas, conocidas como públicas. BSN ofrece la posibilidad de acceder a ellas de forma fácil y económica, a través de un plan mensual (Etherum, Solana, etc...) En último lugar, ofrece servicios de interconexión o interchain. A través de estos servicios permite una vía sencilla para interconectar a través de una codificación sencilla todos los desarrollos de aplicaciones descentralizadas que se creen bajo BSN. Sin importar el framework que utilice.

Fuente

https://observatorioblockchain.com/blockchain/que-es-bsn-la-red-con-la-que-china-quiere-liderar-el-internet-blockchain/#.Yfz8faamxRs.twitter

Resumen Séptimo Capítulo

Generalizaciones de blockchain: propiedades esenciales

Aunque el uso de blockchain proporciona numerosas propiedades si se implementa en un sistema, a menudo existen otras soluciones que brindan las propiedades deseadas sin usar un blockchain. Las cadenas de bloques brindan garantías de privacidad, descentralización y más. Sin embargo, estas propiedades a veces son inasequibles para un uso práctico dependiendo de la base de usuarios, los objetivos y la escala de la aplicación.

Eficiencia

La palabra "eficiencia" se usa a menudo cuando se usa para describir cadenas de bloques, pero las cadenas de bloques no siempre son eficientes para los casos de uso propuestos para los que se proponen. Por ejemplo, si uno quisiera comprar un café usando bitcoin, es mucho menos eficiente esperar 10 minutos para recibir una confirmación que simplemente deslizar una tarjeta de crédito o entregar algo de dinero al cajero. Sin embargo, enviar dinero a todo el mundo utilizando Bitcoin tomaría solo diez minutos, en comparación con los días de coordinación entre bancos a nivel internacional. Como se muestra, hay númerosas propiedades que proporciona una cadena de bloques si se implementa, pero a veces no es necesario implementar una cadena de bloques para lograr estas propiedades para casos de uso específicos. La eficiencia depende de si los beneficios de blockchain superan el inmenso costo y la complejidad del consenso descentralizado.

Además, las propiedades como la inmutabilidad de los datos, la integridad, la auditabilidad, la autenticidad y las infraestructuras de identidad de clave pública son propiedades muy poderosas proporcionadas por las cadenas de bloques que una cadena de bloques puede poseer, pero todas pueden lograrse mediante el uso de tecnologías previamente existentes, como la criptografía y la implementación de un sistema con cadenas de hash. Ya existen sistemas redundantes, de misión crítica y tolerantes a fallas en forma de servidores seguros o servicios en la nube como Amazon Web Services. Además, estas soluciones centralizadas son literalmente millones de veces menos costosas de ejecutar que las soluciones descentralizadas actuales. Aunque, por definición, una cadena de bloques posee estas propiedades, una solución centralizada también puede implementarlas, generalmente más baratas.

Solución de fallas de coordinación

Una propiedad importante de un sistema blockchain es su capacidad para crear estructuras de incentivos arbitrarias para resolver fallas de coordinación. Al ofrecer recompensas para que los usuarios actúen de cierta manera, un sistema puede, por lo tanto, incentivarlos a seguir esas ciertas expectativas. Debido a esto, blockchain puede considerarse una "solución tecnológica a un problema social". Esto es especialmente útil en casos de uso en los que las personas no confían en cada uno, pero podrían beneficiarse de trabajar juntos. Blockchain les permite seguir coordinando o colaborando sin la necesidad de un tercero de confianza. La financiación de infraestructura pública / crowdfunding es un ejemplo de coordinación, como el ejemplo de la red de energía inteligente, que utiliza contratos inteligentes para crear un derecho común sin un tercero.

Integración horizontal

Las cadenas de bloques crean una plataforma estandarizada para el acceso y la interacción, combinando el poder de todos los usuarios para mejorar todas sus capacidades. Un ejemplo de esto es la combinación de silos de datos. Dado que toda la información que se almacena en una cadena de bloques se comparte, es accesible para todos los usuarios de la cadena. Cualquier contribución individual a la cadena aumenta el valor del protocolo para todos. Esta propiedad, junto con la de hacer cumplir los estándares de formato común, se conoce como efectos de red, que es el valor incrementado del potencial de un producto para cada usuario adicional. Los usuarios apoyan a toda la comunidad y al mismo tiempo se benefician a sí mismos.

Descentralización pura

Uno de los mayores puntos de venta del uso de blockchain es su descentralización. La descentralización pura se refiere a la descentralización por el bien de la descentralización, como Bitcoin evitando el funcionamiento del sistema bancario por desconfianza. Entonces, si fuera necesario evitar una autoridad centralizada, una cadena de bloques sería una buena solución para este problema. Esto se extiende a escenarios de corrupción o saturación de poder en autoridades centrales, como gobiernos e instituciones financieras. En una situación en la que hay una falta de confianza en el gobierno debido a la corrupción, se podría implementar una cadena de bloques. Esta descentralización allana el camino para crear también resistencia a la censura y desintermediación del poder. Debido a que las cadenas de bloques son accesibles a nivel mundial, son imparables siempre que haya una comunidad que las apoye.

Ventajas de las soluciones centralizadas

Una solución central está totalmente controlada por una sola organización, manteniendo todo bajo el mismo paraguas. Uno de los beneficios de esto son las actualizaciones de software más simple y rápido, lo que significa que es fácil realizar cambios y tener la actualización para todos los usuarios. Compare esto con una cadena de bloques, donde todos deben aceptar voluntariamente actualizar. Es mucho más fácil realizar parches de seguridad cuando no es necesario llegar a un consenso sobre las actualizaciones entre todos los usuarios. Las soluciones centralizadas también son más eficientes, ya que en lugar de tener que hacer un cálculo para cada usuario en una red, solo necesita hacerse una vez y no hay necesidad de verificación. El control de acceso también es mucho más fácil, ya que la autoridad central simplemente puede realizar un seguimiento del acceso en una base de datos controlada de forma centralizada, algo que no se puede hacer en un sistema descentralizado. Lo más significativo es que los sistemas centralizados pueden tomar decisiones con su juicio humano, lo que es especialmente útil cuando se abordan decisiones complejas. En un sistema descentralizado, es posible que los contratos inteligentes no puedan cubrir o formalizar todos los casos extremos, y es posible que no sean adecuados para su uso en problemas más complejos. Por ejemplo, si Airbnb fuera reemplazado por contratos inteligentes usados, ¿cómo podría un contrato inteligente determinar qué hacer si se dañaran las pertenencias del hogar? ¿En qué personas se podría confiar para que reporten esta información sin despojar a los valores de la descentralización? ¿Cómo manejaría un contrato inteligente el error humano?

Al final, es importante preguntarse siempre por qué una cadena de bloques es mejor que una solución centralizada. Ninguno es mejor que el otro universalmente, por lo que es importante comparar los pros y los contras de ambos para determinar cuál es mejor para cada caso de uso específico.

Sistemas distribuidos

Las transacciones de Bitcoin se registran en la cadena de bloques, un libro mayor que se mantiene mediante un sistema distribuido o una red de nodos independientes conectados por canales de mensajes que mueven información entre ellos. Un aspecto crítico de un sistema distribuido es la forma en que estos nodos, que son desconocidos y desconfiados entre sí, llegan a un acuerdo o consenso. En el caso de Bitcoin, la red debe acordar la cantidad de bitcoins que posee cada individuo y todas las transacciones que se realizan. Los sistemas distribuidos eliminan la necesidad de confiar en partes potencialmente no confiables; en cambio, podemos confiar en las matemáticas y el correcto funcionamiento de estos sistemas. Si uno de los nodos falla o es dañado por entidades maliciosas, aún podemos proteger nuestra información y servicios confiando en protocolos previamente establecidos que resistan estas fallas.

Hay 3 componentes clave de los sistemas distribuidos:

- Los componentes del sistema procesan la información al mismo tiempo
- Cada nodo mantiene su propio reloj; no hay reloj global
- Los protocolos protegen contra posibles fallas de componentes individuales

Un sistema distribuido se considera "correcto" si llega a un consenso sobre una respuesta; dada una entrada, los nodos deben ponerse de acuerdo sobre una salida.

Para probar la corrección de un sistema distribuido, utilizamos el esquema diseñado por Lamport. El esquema dice que un sistema es correcto si dos cosas son ciertas:

- Seguridad: ¡no hace cosas malas!
- Vivacidad: Eventualmente hará cosas buenas.

Para garantizar la corrección, utilizamos algoritmos de consenso. Hay 3 requisitos de cualquier algoritmo de consenso correcto:

- Vigencia: cualquier valor pactado debe ser propuesto por uno de los procesos
- Acuerdo: todos los procesos no defectuosos deben coincidir en el mismo valor
- Terminación: todos los nodos no defectuosos finalmente deciden

Tenga en cuenta que la validez y el acuerdo son propiedades de seguridad, mientras que la terminación es una propiedad de vitalidad.

Teorema de CAP

El teorema CAP establece que cualquier sistema distribuido solo puede lograr 2 de las siguientes 3 propiedades en un momento dado:

- Consistencia: cada nodo proporciona el estado más reciente del sistema.
- Disponibilidad: cada nodo tiene acceso constante de lectura y escritura
- Tolerancia de partición: capacidad de funcionar a pesar de las particiones en la red, donde una partición es la incapacidad de que dos o más nodos se comuniquen entre sí; esto es casi un hecho para cualquier sistema distribuido

Es importante comprender que no hay compensaciones en blanco y negro entre estas tres propiedades; se pueden hacer concesiones.

b.- Modelo ACID

Atomicidad - Atomicity: Establece que las modificaciones de la base de datos deben seguir una regla de "todo o nada".

Consistencia: La consistencia indica que solo se escribirán datos válidos en la base de datos.

Aislamiento: El aislamiento requiere que las transacciones múltiples que ocurren al mismo tiempo no afecten la ejecución del otro.

Durabilidad: La durabilidad asegura que cualquier transacción comprometida con la base de datos no se perderá.

Escalabilidad

Escalado vertical (Scale-Up): Actualizando las características del servidor de su base de datos. Ha de tener cuidado, ya que si sigue escalando, llegará a encontrarse con cuello de botella, la ampliación de características de su servidor puede llegar a ser finita, tanto en hardware como en presupuesto.

Escalado horizontal (Scale-Out): crea entornos *Master/Slave*. Por ejemplo, puede equilibrar las peticiones, enviando la inserción de datos al *servidor principal "master"* y las lecturas de datos al *servidor esclavo*. Pero, ¿qué sucede cuando el esclavo no puede ponerse al día con las escrituras? Debido a esta particularidad, apareció la *Replicación Master/Master y la Fragmentación.*

- *Replicación Master/Master (Multimaestra): es un método de replicación de base de datos donde se habilitan los datos para ser distribuidos en un grupo de computadoras, y actualizado por cualquier miembro del grupo.*

- *Fragmentación:* un *Fragmento* es una *Partición Horizontal de Datos* en una base de datos. Cada partición individual se conoce como un fragmento. Cada fragmento se mantiene en una instancia de servidor de base de datos separada, para distribuir la carga.

Tolerancia a fallas bizantinas

Los nodos bizantinos pueden actuar de forma maliciosa o arbitraria. Es imposible lograr un consenso cuando ⅓ o más de los nodos son nodos bizantinos.

Hay dos tipos de fallas que pueden producir los nodos bizantinos, donde las fallas se desvían del protocolo:

- Fail-stop: un nodo puede bloquearse y no devolver valores
- Bizantino: además de lo anterior, los nodos también pueden enviar valores incorrectos / corruptos; todas las desviaciones del protocolo se incluyen en esta categoría

Mecanismos de consenso basados en la votación

Estos mecanismos permiten que los nodos lleguen a un consenso cuando no más de ⅓ de los nodos son nodos bizantinos.

Paxos: mecanismo de consenso inspirado en el parlamento de Paxon, que utilizó el algoritmo de Paxos para aprobar decretos y asegurarse de que todos en la isla estuvieran de acuerdo. Asume que los nodos no intentan subvertir el protocolo; solo funciona para parada por falla, sin tolerancia a falla bizantina.

- Proponente: propone legislación / cambios al estado actual
- Aceptador: decide si acepta la legislación propuesta
- Alumno: aprende y distribuye los cambios a la audiencia masiva.
- Quórum: mayoría de aceptantes, dos quórumes cualesquiera deben superponerse

Balsa: enfoque basado en el líder diseñado para ser más comprensible que Paxos, más fácil de implementar; es decir, el Quórum de JP Morgan (versión empresarial de Ethereum).

- Uno y solo un líder: se comunica con el cliente directamente, responsable de la replicación de registros en otros servidores, conduce hasta que falla o se desconecta
- Elección de líder: el líder envía latidos para indicar que está en línea y funcionando; si no se reciben latidos, el primer nodo que se da cuenta de la falta de líder se convierte en el nuevo líder

Tolerancia práctica a fallas bizantinas: rápida, maneja fallas F en un sistema con nodos 3F + 1, implementación de BFT-NFS solo un 3% más lenta que NFS estándar no replicado

Opera usando 3 fases:

- Preparación previa: el nodo principal envía mensajes de preparación previa a todos en la red; un nodo acepta el mensaje de preparación previa siempre que sea válido.
- Preparar: si un nodo acepta un mensaje de preparación previa, realiza un seguimiento enviando un mensaje de preparación a todos los demás; Los nodos receptores aceptan los mensajes de preparación siempre que sean válidos, nuevamente, según el número de secuencia, la firma y otros metadatos; Un nodo se considera "preparado" si ha visto la solicitud original del nodo principal, se ha preparado previamente y ha visto 2F preparar mensajes que coinciden con su pre-preparación, lo que hace que 2F + 1 se prepare.
- Confirmación: si un nodo recibe F + 1 mensajes de confirmación válidos, entonces realiza la solicitud del cliente y

finalmente envía la respuesta al cliente. El cliente espera F + 1 de la misma respuesta. Dado que permitimos como máximo F fallas, necesitamos esperar al menos F + 1, y esto asegura que la respuesta sea válida.

Consenso de Nakamoto

Utilizado en Bitcoin y otras criptomonedas. Mientras que los mecanismos de consenso, basados en la votación mencionada anteriormente utilizan la votación explícita, el consenso de Nakamoto utiliza la votación implícita, es decir, la votación basada en la selección por lotería y el poder de voto ganado.

El consenso de Nakamoto es muy sólido:

- Cualquiera puede unirse o salir de la red en cualquier momento
- Cualquiera puede incluso enviar mensajes corruptos a otros
- Cualquier usuario puede tener tantas identidades virtuales / pares de claves como desee
- Para evitar el voto injusto de cualquiera que cree de forma deshonesta múltiples identidades, el poder de voto debe hacerse escaso, lo que se logra vinculando el poder de voto a un recurso escaso como la energía o la electricidad.

Cada protocolo de Consenso de Nakamoto debe tener un conjunto de reglas que definan cómo elegir el estado más válido de la red, como la política de cadena más larga en Bitcoin y muchas criptomonedas. Esto se debe a que cada nodo de la red de consenso de Nakamoto puede elegir su propio estado e intentar convencer a los demás de su validez.

Múltiples formas de consenso de Nakamoto:

- **Prueba de trabajo**: el estándar actual de blockchain, liderado por bitcoin y seguido por la mayoría de las redes, condujo a la locura de la minería y la rápida adquisición de hardware informático.
- **Prueba de participación**: protocolo experimental para poner fin al consumo de electricidad mediante la participación de tokens, puede extraer o validar transacciones en bloque de acuerdo con la cantidad de tokens apostados.

- **Prueba de actividad**: una prueba de trabajo y un protocolo híbrido de prueba de participación
- **Prueba de capacidad / espacio:** PoW con capacidad de memoria, asignando cantidad de memoria o disco para resolver un desafío
- **Prueba de quemado**: como prueba de participación, excepto que las monedas apostadas se queman

Prueba de participación

Con prueba de participación, los validadores son partes interesadas con poder de voto proporcional a la participación económica que han encerrado. El supuesto aquí es que alguien con más interés está más incentivado para hacer cosas que beneficiarán al sistema y, por lo tanto, aumentarán su interés económico.

El PoS basado en cadena elige la disponibilidad, mientras que el PoS tolerante a fallas bizantino elige la consistencia.

Debilidades de PoS versus PoW:

- PoS es susceptible a la corrupción si más del 33% de la red son actores maliciosos, mientras que PoW requiere más del 50% de actores maliciosos
- PoS tiende a conducir a un problema de ricos que se vuelven más ricos, en el que aquellos que participan en porciones sustanciales de la red total crecerán en proporción debido a una mayor probabilidad de ser seleccionados y, por lo tanto, recompensados.
- Si los jugadores más grandes superan el 33% de la red, representa una amenaza para la validez.

Consenso federado

El consenso federado nos permite lograr una votación explícita y una resistencia a la censura, de modo que podemos permitir que cualquiera se una, pero también proteger la red contra los ataques de Sybil. Si no confía en ciertos nodos del quórum, podemos evitar que una parte central elija el quórum por nosotros mediante el uso de un segmento de quórum o subconjuntos de un quórum en el que un nodo en particular pueda confiar. Un segmento de quórum nos permite elegir individualmente en quién confiamos y, cuando se superponen varios segmentos de quórum, formamos intersecciones de quórum y, por lo tanto, un quórum más grande. El consenso federado es poderoso debido a su control descentralizado, baja latencia y flexibilidad hacia la confianza. Las implementaciones populares de consenso federado incluyen Ripple y Stellar.

Conceptos básicos sobre el anonimato

Es un error común pensar que el anonimato en las criptomonedas solo es útil para comprar drogas o participar en actividades ilegales. La verdad es que todo el mundo se beneficia del anonimato. El anonimato ayuda a proporcionar propiedades cruciales de la moneda. Por ejemplo, la fungibilidad es la idea de que cada unidad de una moneda debe tener el mismo valor que cualquier otra unidad. El efectivo es fungible porque es anónimo: un dólar es un dólar. También puede ser peligroso si la información sobre la identidad o los activos de un usuario se hace pública. La mayoría de las cadenas de bloques son seudónimas de forma predeterminada, no anónimas. Con la vista puesta en la descentralización ante todo, los diseñadores originales de Bitcoin optaron por construir una base de datos distribuida en la que todos (todos los nodos completos) almacenan la cadena de bloques de Bitcoin. Si bien esto nos otorga propiedades de descentralización, el hecho de que los registros de todas las transacciones ahora sean públicos es preocupante, especialmente para aquellos que no se adhieren activamente a las mejores prácticas, como generar un nuevo seudónimo para cada transacción. Además, la privacidad de los usuarios puede verse seriamente comprometida si sus identidades virtuales, o sus seudónimos, están vinculados de alguna manera con los reales, esto se conoce como vinculación. Y a veces, por mucho que uno intente hacer que una tecnología en particular sea segura, privada o anónima, los factores humanos hacen que todo esto sea muy difícil.

Deanonimización

El objetivo de la desanonimización es vincular su identidad en línea (seudónimo) a su identidad real a través del análisis y la heurística. Una técnica es el análisis de gráficos de transacciones, el proceso de construir un gráfico de transacciones (en la imagen de abajo) donde cada nodo es un seudónimo y cada borde es una transacción realizada entre seudónimos. La primera parte de la agrupación en clústeres, la creación real de los clústeres, se puede realizar utilizando varias heurísticas, dos de las cuales son la fusión de salidas de transacciones y el cambio de direcciones. En lo que respecta a la segunda parte, la vinculación de los clústeres con sus identidades del mundo real, varias tácticas incluyen:

- Etiquetado mediante transacciones (útil para rastrear negocios)
- Depender del descuido (útil para rastrear a las personas)
- Proveedores de servicios, que utilizan el análisis de datos para descubrir identidades reales.

El análisis de corrupción se puede utilizar para etiquetar direcciones "incorrectas" y rastrear su actividad asociada en toda la red (la corrupción son los porcentajes de fondos recibidos por una dirección que se puede rastrear hasta otra dirección).

Anonimato a través de la mezcla

Un conjunto de anonimato es el conjunto de seudónimos entre los cuales una entidad no se puede distinguir de sus contrapartes. El objetivo de la mezcla es maximizar el tamaño de este conjunto de anonimato, porque un conjunto de anonimato más grande significa que es más difícil asociar seudónimos con identidades del mundo real.

Soluciones de mezcla centralizadas:

- *Protocolo de terceros (TPP):* por supuesto, como con cualquier servicio centralizado, TPP enfrenta el problema de ser un solo punto de falla. Además, si los únicos UTXO que se envían al mezclador centralizado son monedas sucias, las salidas para usuarios posteriores solo serán monedas sucias a menos que haya suficientes monedas limpias que se estén reciclando a través del fondo de aguanieve. Consuelo introdujo 1 BTC sucio en el servicio de mezcla centralizado. Y el Mixer envía fondos limpios después de un período de espera aleatorio. Entonces Consuelo obtendrá 0.9 BTC como salida (0.1 es la "tarifa de limpieza")

- *Mezcla de intercambio de altcoins*, que funciona enviando fondos sucios a través de varias capas de intercambios de altcoin ⇔ altcoin para ofuscar el rastro del dinero. Esto está menos centralizado que TPP. En este caso, no hay una tarifa de mezcla, sino la suma de las tarifas de intercambio entre cada criptomoneda utilizada. Las ventajas de esta técnica incluyen una mejor negación plausible y una mayor dificultad de rastreo, mientras que las desventajas incluyen la posibilidad de que los intercambios puedan revelar los vínculos entre sus entradas y salidas.

Soluciones de mezcla descentralizadas:

- *CoinJoin* fue uno de los primeros protocolos de mezcla descentralizados propuestos, desde 2011. Utilizaba n-de-n transacciones de múltiples firmas para mezclar monedas entre n pares. Los problemas eran que se suponía que había algún "facilitador de mezcla" central con un servidor central que coordinaba a todos los usuarios, además de que carecía de una negación plausible y una resistencia al DoS.
- *CoinShuffle* mejoró CoinJoin al introducir mixnets descentralizados, que permiten a un conjunto de usuarios agrupar las entradas de un grupo sin revelar qué entrada fue enviada por qué usuario. Además, utilizó un protocolo de "Mensajería grupal anónima responsable" conocido como Dissent para coordinar a los usuarios. Aunque esto evita ataques como el análisis de tráfico y la desanonimización por parte de un facilitador de mezcla, sigue siendo susceptible a todos los inconvenientes asociados con CoinJoin.
- *JoinMarket* buscó llenar un mercado de liquidez de monedas mezclables por una tarifa, permitiendo que cualquiera se comunique con este servicio para mezclar sus monedas. Sin

embargo, este enfoque no proporciona un gran conjunto de anonimato y se afirmó que se puede desanonimizar solo con $ 32,000 USD.

- *CoinParty* tenía como objetivo proporcionar una mezcla eficiente con una negación plausible y un conjunto de anonimato más amplio a través de direcciones de custodia y firmas de umbral. Sin embargo, esto tiene el costo de cierta seguridad del protocolo, ya que cualquiera de los ⅔ de los usuarios en connivencia puede robar fondos de todos los demás usuarios.
-

Mezcladores de intercambio justo:

Estos se basan en el protocolo tradicional de intercambio justo para que no se necesite un tercero de confianza.

- *CoinSwap:* utiliza transacciones de firmas múltiples 2 de 2 con bloqueo de hash para intercambiar monedas de forma segura sin vincular transacciones. Si bien este proceso no tiene confianza y proporciona una negación más plausible, tiene el costo de la ineficiencia y también es inseguro contra el intermediario pasivo mixto.
- *XIM:* utiliza un intermediario que no es de confianza para crear un mezclador de intercambio justo. Previene los ataques de Sybil y DoS al imponer tarifas para usar el servicio, pero requiere varias horas para ejecutarse debido al protocolo de formación de grupos.
- *BSC:* se basa en XIM para permitir a los usuarios omitir el protocolo de formación de grupos con comprobantes de tarifas anónimos. Sin embargo, no es compatible con el protocolo Bitcoin debido a la insuficiencia de las capacidades de creación de scripts.
- *TumbleBit:* implementa un protocolo de "evaluación RSA como servicio" para hacer posible BSC en la cadena de bloques de Bitcoin.

Anonimato a través de Altcoins

Existen altcoins con protocolos donde la privacidad está incorporada para que no haya sospechas hacia ningún usuario individual. Ejemplos incluyen:

- *DASH:* emplea una red de Masternodes para realizar acciones privilegiadas (votar propuestas, confirmar transacciones al instante y mezclar las monedas de todos los participantes de la red)
- *Monero:* proporciona garantías sobre la imposibilidad de rastrear y desvincular las transacciones.
- *Intrazabilidad:* para cualquier transacción entrante, todos los posibles remitentes son equiprobables
- *Desvinculabilidad*: para dos transacciones salientes cualesquiera, es imposible probar que fueron para la misma persona.
- *Zcash:* las transacciones no revelan nada sobre las direcciones de entrada y salida, utilizando argumentos de conocimiento sucintos no interactivos de conocimiento cero (zk-SNARK).

Anonimato avanzado y generalizaciones

- *Mimblewimble* propone un protocolo criptográfico más escalable y privado que el de Bitcoin. En lo que respecta a la privacidad, MimbleWimble admite transacciones confidenciales (propuesto por George Maxell), donde todos los valores de una transacción se cifran con "factores cegadores" o curvas elípticas secundarias para aumentar la privacidad. MimbleWimble también agrupa múltiples transacciones en transacciones más grandes; esto se hace para codificar entradas y salidas. Se encuentra actualmente en desarrollo activo y su implementación más popular se llama Grin. Sacrifica algunas de las funciones avanzadas de Bitcoin (es decir, el script de Bitcoin) por el anonimato y la escalabilidad. Al igual que con todas las demás plataformas de blockchain, esto nos devuelve a nuestro trilema: para permitir el aumento de la privacidad, debe haber sacrificios con respecto a la escalabilidad y la descentralización.

DESPEDIDA

Ha habido un montón de rumores sobre la tecnología blockchain, en particular, su potencial para transformar la forma en que los seres humanos realizan transacciones, lo que podría redefinir fundamentalmente cómo operan los negocios, los gobiernos y la sociedad. A pesar de este bombo, sigue siendo una tecnología naciente con desafíos considerables que deben superarse. A medida que la tecnología madura y se aplica en un conjunto más amplio de sectores y sistemas, hay tanto un desafío como una oportunidad para realizar el potencial de blockchain, no sólo para las finanzas o la industria, sino para las personas y el planeta. Hemos definido blockchain como una gran base de datos con características peculiares:

- Permite descentralizar las operaciones.
- Quita a intermediarios y certificadores
- Presenta un gran nivel de seguridad.
- Es transparente, facilitando la trazabilidad de los registros.

Una característica que sin embargo se comenta menos frecuentemente, y es relevante, de blockchain es que permite tener una *identidad digital única*. Hemos visto el potencial de impacto en la sociedad en general y en los negocios, gracias a estas características combinadas con el uso de los *contratos inteligentes* y las *criptomonedas* como medio de pago. Sin embargo blockchain tiene delante de sí importantes retos para desarrollar todo ese potencial

- Fragmentación tecnológica. Existen más de 1.000 plataformas de blockchain

- Inexistencia de estándares entre la comunidad de desarrolladores de aplicaciones de blockchain

- El potencial de anonimato con el que la tecnología ha sido diseñada puede utilizarse para fines no siempre legítimos.

- La escalabilidad es también difícil dado que el número de transacciones que pueden realizarse en tiempo real es muy limitado en comparación con otro tipo de procesos automatizados.

La cadena de bloques podría interrumpir la forma en que el mundo administra los recursos ambientales y ayudar a impulsar el crecimiento sostenible y la creación de valor. Identifica más de 65 casos de uso donde la cadena de bloques se puede aplicar a los desafíos de sistemas ambientales más apremiantes del mundo, junto con ocho "cambiadores de juegos" donde la tecnología podría fundamentalmente interrumpir los sistemas y enfoques actuales. Hasta la fecha, estas oportunidades siguen sin explotarse en gran medida por los desarrolladores, los inversores y los gobiernos, pero representan una oportunidad para desbloquear y monetizar el valor que actualmente está integrado en los sistemas ambientales. En este libro hemos destacado muchos de los desafíos actuales que deben abordarse, describe un conjunto de principios para el desarrollo de aplicaciones blockchain para el entorno e identifica la necesidad de plataformas globales para incubar una cadena de bloques responsable Ecosistema.

¿Has pensado alguna vez si tienes una identidad digital como tal? ¿O lo que tienes son múltiples identidades para cada servicio online que utilizas? La realidad es que el individuo no tiene ningún control sobre su identidad en las redes, sino que las organizaciones con las que interactúa online son las que determinan la forma de identificarse. Una de las propuestas más ambiciosas es la de crear sociedades en las que los individuos posean una identidad autogestionada y accedan a través de ella a todo tipo de interacciones. Este concepto se conoce como *Identidad Digital Autosoberana* o *Self Sovereign Identity* en inglés. Plantea un modelo descentralizado de organizar toda la información de las personas. A medida que las sociedades se digitalizan cada vez más, el tema de la identidad y la seguridad de los datos personales en Internet toman también un lugar preponderante. Más aún cuando existe el riesgo de que esta información, una vez en la red, sea robada o manipulada con fines perversos como el fraude o robo de identidad; vendida y explotada con propósitos comerciales; o usada contra los propios usuarios.

Recientemente se encendieron las alarmas respecto a la manera en que se gestiona la información personal en Internet, cuando el gigante de las redes sociales, Facebook, el cual cuenta con más de 2 mil millones de usuarios a nivel mundial, se vio envuelto en un escándalo de fuga de información, que afectó a más de 87 millones de personas. En este hecho, ampliamente difundido por los medios de comunicación, estuvo implicada la firma inglesa Cambrige Analítica, la cual presuntamente se valió de una aplicación en la plataforma de Facebook para obtener información relevante de los usuarios y usarla sin consentimiento para crear propaganda sucia, e influir en procesos electorales en varios países. Este tipo de ataques son posibles porque el manejo de datos de identificación en Internet se ha enfocado desde el punto de vista de las organizaciones y sus intereses, y no desde la óptica de las necesidades de las personas. Es un enfoque centralizado, ya que la masa de datos de identidad de todos los usuarios de un sitio web en particular es administrada por el propietario de dicho sitio. Estas grandes bases de datos se convierten además en los objetivos principales de los hackers.

¿La información que se comparte en línea es propiedad del usuario? Al menos lo es hasta que se aceptan las condiciones de la plataforma. Por esta razón, la potestad de decidir qué información comparte y con quién debería estar bajo su control. Muchos sistemas de identidad en línea se crean con la finalidad de asociar datos con los individuos, que permitan personalizar su experiencia al ingresar en un sitio de Internet, pero esta información no es propiedad del usuario. Esto tiene otras implicaciones, ya que por cada sitio web donde las personas crean un perfil, se genera nuevamente una serie de datos asociados a su identidad. Así, tendrán tantas identidades en Internet, como sitios donde estén registrados. Basados en la estructura de las transacciones de identidad antes descrita, donde se definen tres actores principales, los sistemas blockchain de identidad soberana utilizan la cadena de bloques para registrar identificadores descentralizados (DID), a los cuales se puede acceder sin necesidad de un directorio central.

Tal como en *Upot, Sovrin o Veres One*, proyectos en diferentes etapas de desarrollo, el usuario (propietario de la identidad) accede a la aplicación, donde crea una billetera virtual en la cual almacenará certificados avalados por un ente emisor (tercero). La "parte que confía" puede solicitar una verificación (reclamo) al ente emisor. Luego, la "parte que confía" también podrá certificar las credenciales del usuario, así éste fortalecerá su identidad digital. Toda esta data estará bajo el control del usuario a través de claves o llaves. Esta identidad digital podría comprender historias médicas, académicas, laborales y demás datos personales que solo se compartirán en caso de que la persona lo autorice.

La minería Bitcoin, una práctica una vez inofensiva que se podría realizar desde cualquier computadora de escritorio normal. Hoy en día es una industria de miles de millones de dólares con un consumo estimado de 288 megavatios, según datos del Estudio Global de Benchmarking de Criptomonedas de la Cambridge Judge Business School. El crecimiento continuo de la minería de criptomonedas no sólo está afectando a nuestro medio ambiente, sino que también está perjudicando a las propias criptomonedas al promover la centralización y la industrialización. Los usuarios habituales no pueden esperar convertirse en mineros sin una gran inversión, instalaciones especializadas y hardware, y un grado considerable de conocimiento sy experiencia técnica. En pocas palabras, el proceso de emisión de moneda de Bitcoin ya no está en manos de muchos, sino que está reservado para algunos jugadores clave. Estos mineros mamut mantienen todos los incentivos y tienen todo el poder sobre la red. La verdad es que realmente no sabemos lo que nos depara el futuro. Cuando Satoshi Nakamoto escribió el documento técnico Bitcoin no imaginó mineros ASIC ni piscinas mineras, y ciertamente no imaginó una industria minera de 288 megavatios.

El primer caso de *Organización Autónoma Descentralizada* se lanzó al mundo el 30 de abril de 2016 en Ethereum y fue denominada The DAO. Este ente llegó a levantar 150 millones de dólares en menos de un mes, funcionando sin equipo gestor alguno y regulada por contratos inteligentes que diseñaban los participantes en la misma. La idea detrás de The DAO era descentralizar totalmente la operación de la organización, gestionando la operación de forma autónoma y automática a través de los contratos. El proceso era, como comprenderá, muy ambicioso y no exento de complejidad. Planteaba que todo tipo de negocios pudieran llevarse a cabo mediante algoritmos y, por tanto, poder prescindir en gran medida de la intervención humana.Las organizaciones autónomas descentralizadas (DAO-Descentralized Autonomous Organization en inglés) es la propuesta experimental más extrema que surge de blockchain. Se trata de crear una organización gestionada de forma automática, sin intervención humana a partir de contratos inteligentes. De la misma manera que, como hemos visto, gracias al blockchain podemos realizar operaciones sin necesidad de un intermediario, la DAO puede gestionarse sin necesidad de un equipo de dirección. Las reglas de gobierno de esta organización se escriben en el código de los contratos inteligentes (recordemos que estos solo son líneas de código). Las DAO ofrecen beneficios o facilidades notables:

- Permiten organizar procesos eficientemente. Las personas pueden centrarse en las tareas realmente importantes y evitar los trabajos de rutina.

- Organización sin estructura jerárquica. Entre todos aportan ideas innovadoras que harán crecer la empresa y que continúe siendo innovadora. Para evitar spam de ideas, a veces es necesario pagar una pequeña tarifa para comunicar una idea.

- Transparencia. Todas las transacciones que se realizan quedan registradas en la blockchain.

No obstante, también tiene aspectos negativos.

- Código de programación difícil de modificar. Como hemos dicho, para realizar cualquier cambio en el código, la mayoría debería estar de acuerdo. Incluso si se encuentran errores en el código, no podrían corregirse hasta que se haya llevado a cabo un procedimiento de votación y la mayoría de los votantes hayan estado de acuerdo, lo que podría dejar agujeros de seguridad conocidos abiertos a la explotación. Esto es lo que le ocurrió al proyecto DAO. Un hacker encontró un error en el código de programación con el que consiguió bloquear millones de euros. Los desarrolladores no pudieron hacer nada para detenerlos.

- Deben cumplir ciertas reglas legales. Este aspecto es negativo hasta por el hecho de que las leyes sobre lo relativo a blockchain y criptomonedas aún no están ciertas. Es posible que las DAO continúen encontrando obstáculos por algún tiempo. No obstante, se espera que el tiempo haga que la sociedad se acostumbre a ellas.

La conclusión principal es que existen ventajas tanto para las soluciones centralizadas como descentralizadas. Ninguno es universalmente mejor que el otro; cada uno tiene sus propios casos de uso. Sin embargo, las mejores soluciones son aquellas que reconocen cuándo la descentralización es fundamental para lograr algún objetivo y no se distraen cuando una cadena de bloques es viable pero realmente no tiene sentido. Un buen caso de uso de blockchain es como un oasis en un desierto. Los espejismos aparecen todo el tiempo, pero eso no los convierte en el verdadero negocio. Asegúrese de poder justificar por qué una cadena de bloques funciona para su caso de uso

El hecho de ser Técnicos y Juristas en Nuevas Tecnologías al mismo tiempo proporciona una visión de conjunto. No obviamos que al mismo tiempo es una gran responsabilidad y una invitación a llevar a cabo una mejora continua. Nos ha enseñado a ver el mundo tecnológico, no como algo que nos imponen, donde el equilibrio beneficio-riesgo está muy fino y carece de leyes y valores. Sino desde el punto de vista de los ingenieros, y su "sobrecarga moral". A menudo se enfrentan a dilemas con requisitos conflictivos de valor, de costumbres, de leyes internacionales, de intereses particulares y de intereses institucionales encontrados. El famoso experimento de pensamiento en ética del carro y el Dilema de Collingridge son un buen ejemplo de ello. Juntos podemos mejorar el mundo acomodando los valores y la eficiencia; la seguridad y la privacidad; la responsabilidad y la confidencialidad; los intereses particulares y los generales, decidiendo qué valores son más importantes para todos. O simplemente respondiendo a los interrogantes básicos de las nuevas tecnologías que nos inquietan, tales como... ¿Nuestras innovaciones salvarán vidas? ¿Producirán o quitaran trabajos? ¿Salvaremos o perjudicaremos el planeta? ¿Respetan nuestra privacidad, libertad y autonomía? ¿Qué pasa si llega el día en que los robots se quieren emancipar de los humanos? ¿A quién responsabilizar si hay causa tecnológica en un accidente o perdidas económicas? ¿Cómo encontramos soluciones para problemas globales de manera responsable?

Las tecnologías, nuevas y disruptivas plantean preguntas éticas difíciles para la sociedad. Que solamente en el conocimiento y el dialogo entre todas las partes interesadas; renunciando a los beneficios particulares a corto; en favor de los comunes a largo plazo y dejando que la tecnología junte la ética con la moral, los valores e intereses obtendremos avances para mejorar el mundo. Como último consejo técnico - legal y antes de meterse en un pozo sin salida le aconsejamos como juristas se haga las siguiente preguntas a si mismo/a. Si su plataforma está orientada a casos de uso ¿Está construyendo una plataforma para la cadena de suministro? ¿Su moneda es adecuada para un nicho específico, como IoT? Si su plataforma es infraestructura (Por ejemplo, Ethereum permite a los desarrolladores escribir e implementar contratos inteligentes fácilmente en un sistema público) ¿Qué problema común en la industria de la criptografía / blockchain resuelve esto? ¿Cómo pueden otras personas aprovechar su plataforma para hacer cosas aún mejores? Sobre su Mecanismo de Consenso ¿Por qué este algoritmo de consenso? ¿Cuáles son algunos de sus beneficios e inconvenientes? Por ejemplo, usar PBFT en un libro mayor autorizado es más eficiente porque no requiere minería y funciona bien en un entorno de confianza parcial. Si está creando algo con características únicas pregúntese ¿Tiene mayor privacidad? ¿Admite firmas de umbral? ¿Es modular y, por tanto, especialmente adecuado para la integración empresarial? ¿Utiliza zk-SNARKs o zk-STARKs? ¿Es una cadena lateral? Adivine las posibles vulnerabilidades y ataques *teóricos del juego*. Si su blockchain usa *Prueba de participación*, por ejemplo, ¿qué problemas puede encontrar? ¿Su sistema es completamente desconfiado? Explique algunas de las preocupaciones y compensaciones si no es así. ¿Existen preocupaciones teóricas del juego con tu plataforma? Considere el factor de la escalabilidad preguntándose. Por ejemplo, si se trata de una cadena privada compartida entre unos pocos bancos, almacenar una gran cantidad de datos en la cadena de bloques no es tan preocupante. ¿Su blockchain permite canales estatales? ¿Implementa fragmentación? ¿Admite cadenas laterales? ¿Puede ser utilizado por las masas? Y finalmente revise la legislación vigente, ya que todo este mundo cambia en un mes. ¿Hay inquietudes sobre KYC / AML? ¿Cuáles son algunas de las perspectivas regulatorias actuales en una cadena de bloques como la suya? No obstante y si algo falla quizás podamos echarle una mano legal. Como advertencia, debemos ser conscientes de la velocidad del cambio en la sociedad con las nuevas tecnologías y por ende en los gobiernos legislativos. De tal modo que cualquier normativa que podamos añadir en este libro es susceptible de quedarse obsoleta inmediatamente. Es por ello que recomendamos consultar antes de lanzarse a una aventura en ellas.

Para terminar nos gustaría hacer determinados comentarios sobre ¿Cómo cumplir con el Reglamento General de Protección de Datos (RGPD) en un mundo serverless? Para ello les recomendamos leer y oir los que algunos expertos internacionales dicen al respecto, orientando según las leyes anglosajonas; y después procederemos a su análisis y recomendaciones para la adecuación de sus proyectos a las legislaciones Europeas y Españolas. A continuación se les facilita el siguiente enlace https://www.codemotion.com/magazine/dev-hub/security-manager/how-to-comply-with-gdpr-in-a-serverless-world/ en el que se abordan los problemas que plantea la arquitectura serverless en relación con el cumplimiento del Reglamento General de Protección de Datos desde el punto de vista anglosajón.

Dieron excelentes consejos sobre cómo diseñar una aplicación sin servidor compatible con GDPR:

Reduzca la cantidad de datos de su tienda. Si su aplicación necesita verificar que los usuarios sean mayores de 18 años y ciudadanos de la UE, no almacene su fecha de nacimiento y país de origen, solo use indicadores.

Sepa exactamente qué datos necesita almacenar. Aléjese de "guardar todas las cosas". ReConsuelo una auditoría adecuada de su aplicación y prepárese para repetirla a medida que evolucione su diseño.

Facilite al cliente la eliminación de sus datos si ya no quiere que se almacenen.

No confíe en que los clientes eliminen cosas: si los datos se vuelven obsoletos, debe eliminarlos de manera proactiva.

Asegúrese de obtener un consentimiento claro de sus usuarios y, lo que es más importante, asegúrese de registrar esto en un registro de solo anexar.

Necesita un plan sobre cómo manejar los datos existentes si su cliente retira o altera su consentimiento. El plan correcto puede depender del tipo de datos y la aplicación.

Use buenos controles de acceso para asegurarse de que nadie más que el usuario pueda ver los datos privados. Asegúrese de que la configuración de privacidad se conserve correctamente.

Registra todo! Los registros de auditoría son esenciales para demostrar que cumple con el RGPD.

¿Cree que el Reglamento General de Protección de Datos (RGPD) supone un obstáculo para el desarrollo de la arquitectura serverless?

Creo que la pregunta podría hacerse en sentido contrario, ¿Qué ocurriría a la sociedad, finanzas, razas, religiones, sanidad, defensa, comercio, industria etc., etc., si no hubieran leyes? ¿Quién defendería los derechos de los afectados? ¿Cuánto duraría el Sistema? La realidad a la que nos enfrentamos es que por un lado las sucesivas sustituciones de referentes sociales, económicos y políticos a lo largo de la historia han derivado en el "dato" como referencia valiosa. Por otro lado lo tangible y regulado tras siglos de debates, está enfrentado por lo intangible, en un nuevo Entorno, donde las tecnologías van muy por delante de las leyes. Esto ha provocado choques con las legislaciones vigentes. Y por último, los intentos de globalización, se ven obstaculizados por intereses individuales. Dicho de otro modo, las plataformas de internet, es decir globales, tienen que enfrentarse a múltiples legislaciones territoriales y viceversa. ¿Hemos entrado en una fase estructural de desglobalización física y globalización intangible?

En continuidad con lo que expusimos en los páginas anteriores, el serveless es una de las tecnologías que ofrecen como aspecto diferenciador primero más seguridad a la hora de acceder, ya que al igual que los bancos que lo usan, exigen una autenticación encriptada al cliente. Otro aspecto de seguridad es que en los serveless el dueño de la plataforma es el responsable y encargado de suministrar herramientas y seguridad. Al ser un sistema FaaS, se convierte en el equivalente a una subcontratación de servicios. La cuestión es el limbo legislativo de estos servicios a la hora de responder. Véase el caso de las filtraciones de datos de WhatsApp, Facebook, etc. que constantemente vemos en los periódicos y ante los que solo podemos encogernos de hombros y seguir o abandonar las redes sociales asumiendo personalmente las consecuencias sociales y económicas derivadas de esa decisión. Por lo tanto no creemos que sea un obstáculo, sino una protección para su sostenibilidad y avance, evitando el colapso del Sistema.

¿Qué medidas plantea el texto para cumplir con el RGPD? ¿Crees que son acertadas?

En el video y texto de la Actividad, tan solo se plantean "consejos" enunciándolo como si llevándolo a cabo se cumplieran las leyes. "Los consejos para que una aplicación a desarrollar o desarrollada, cumpla con la GDPR son:..." Son consejos proteccionistas de salvaguarda personal que disminuyen la responsabilidad de las plataformas pero que no cumplen los requisitos de la Ley de PD al 100%, ya que no se trata de datos del desarrollador, si no de terceros. La información constituye uno de los activos más importantes de cualquier organización, independientemente de su tamaño o actividad. La cartera de clientes, la propiedad intelectual, las tarifas o las ofertas que presentamos a nuestros clientes y que nos permiten posicionarnos frente a la competencia, los planes estratégicos para el crecimiento de nuestro negocio, nóminas, cuentas bancarias, etc. son ejemplos de información que debemos proteger en la empresa. Para ello tenemos que implantar medidas preventivas y reactivas en nuestras empresas, destinadas preservar y proteger *la confidencialidad, la disponibilidad e integridad* de la información. Estas salvaguardas serán proporcionales a la criticidad de la información que manejemos, por ello será importante identificarla y clasificarla. Las medidas también serán acordes a los sistemas a proteger, la información que contienen, las condiciones particulares de cada emplazamiento y las amenazas a las que se exponen.

En nuestra labor profesional debemos ayudar a los clientes a adaptarse a las leyes y evitar riesgos innecesarios, por ello adjuntamos las siguientes guías:

- "Gestión del riesgo y evaluación de impacto en tratamientos de datos personales" publicado por la Agencia española de Protección de datos.

https://www.linkedin.com/posts/m%C2%AA-consuelo-s%C3%A1nchez-castro-d%C3%ADaz-guerra-26632953_gesti%C3%B3n-del-riesgo-datos-personales-activity-6843138154929635329-kwlS

- "Guía para clientes que contraten servicios de Computing" publicado por la AEC. (Asociación Española para la Calidad)

https://www.aec.es/conocimiento/guia/guia-para-clientes-que-contraten-servicios-de-computing/

- "Orientaciones prestadores de servicios para Computing Cloud" publicado por la AEC. (Asociación Española para la Calidad)

https://www.aec.es/conocimiento/guia/orientaciones-prestadores-de-servicios-para-computing-cloud/

- "Protección de la Información" Publicado por INCIBE (Instituto Nacional de Ciberseguridad)

https://www.incibe.es/sites/default/files/contenidos/dosieres/metad_proteccion-de-la-informacion.pdf

A fin de aclarar Al Reponsable del Tratamiento en Blockchain de la Protección de Datos planteamos el siguiente diagrama:

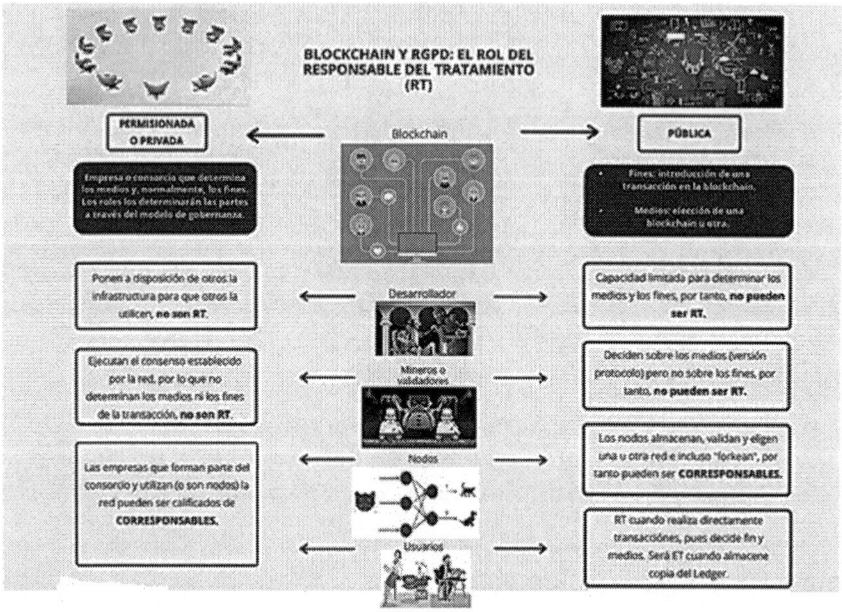

¿Qué dicen las leyes Europeas y Españolas al respecto?

Reglamento (UE) 2016/679 del Parlamento Europeo y del Consejo de 27 de abril de 2016 relativo a la protección de las personas físicas en lo que respecta al tratamiento de datos personales y a la libre circulación de estos datos y por el que se deroga la Directiva 95/46/CE (Reglamento general de protección de datos) en sus art 6, 7, 15, y 32 dice: (6) La rápida evolución tecnológica y la globalización han planteado nuevos retos para la protección de los datos personales. La magnitud de la recogida y del intercambio de datos personales ha aumentado de manera significativa. La tecnología permite que tanto las empresas privadas como las autoridades públicas utilicen datos personales en una escala sin precedentes a la hora de realizar sus actividades. Las personas físicas difunden un volumen cada vez mayor de información personal a escala mundial. La tecnología ha transformado tanto la economía como la vida social, y ha de facilitar aún más la libre circulación de datos personales dentro de la Unión y la transferencia a terceros países y organizaciones internacionales, garantizando al mismo tiempo un elevado nivel de protección de los datos personales. (7) Estos avances requieren un marco más sólido y coherente para la protección de datos en la Unión Europea, respaldado por una ejecución estricta, dada la importancia de generar la confianza que permita a la economía digital desarrollarse en todo el mercado interior. Las personas físicas deben tener el control de sus propios datos personales. Hay que reforzar la seguridad jurídica y práctica para las personas físicas, los operadores económicos y las autoridades públicas. (15) (15) A fin de evitar que haya un grave riesgo de elusión, la protección de las personas físicas debe ser tecnológicamente neutra y no debe depender de las técnicas utilizadas. La protección de las personas físicas debe aplicarse al tratamiento automatizado de datos personales, así como a su tratamiento manual, cuando los datos personales figuren en un fichero o estén destinados a ser incluidos en él. Los ficheros o conjuntos de ficheros, así como sus portadas, que no estén estructurados con arreglo a criterios específicos, no deben entrar en el ámbito de aplicación del presente Reglamento. (32) (32) El consentimiento debe darse mediante un acto afirmativo claro que refleje una manifestación de voluntad libre, específica, informada, e inequívoca del interesado de aceptar el tratamiento de datos de carácter personal que le conciernen, como una declaración por escrito, inclusive por medios electrónicos, o una declaración verbal. Esto podría incluir marcar una casilla de un sitio web en internet, escoger parámetros técnicos para la utilización de servicios de la sociedad de la información, o cualquier otra declaración o conducta que indique claramente en este contexto que el interesado acepta la propuesta de tratamiento de sus datos personales. Por tanto, el silencio, las casillas ya marcadas o la inacción no deben constituir consentimiento. El consentimiento debe darse para todas las actividades de tratamiento realizadas con el mismo o los mismos fines. Cuando el tratamiento tenga varios fines, debe darse el consentimiento para todos ellos. Si el consentimiento del interesado se ha de dar a raíz de una solicitud por medios electrónicos, la solicitud ha de ser clara, concisa y no perturbar innecesariamente el uso del servicio para el que se presta.

El artículo 8, apartado 1, de la Carta de los Derechos Fundamentales de la Unión Europea («la Carta») y el artículo 16, apartado 1, del Tratado de Funcionamiento de la Unión Europea (TFUE) establecen que toda persona tiene derecho a la protección de los datos de carácter personal que le conciernan. Entonces, desarrollar código, plataformas y nuevas tecnologías si pero sin comerciar con datos de terceros que no han consentido en darlos. Por ello, no solo tiene carácter de protección social, si no también económica, jurídica, política, y de sesgo. Por ello, me entristece que el resto de países no dispongan de esta protección a terceros. En su artículo 75 dice: "Los riesgos para los derechos y libertades de las personas físicas, de gravedad y probabilidad variables, pueden deberse al tratamiento de datos que pudieran provocar daños y perjuicios físicos, materiales o inmateriales, en particular en los casos en los que el tratamiento pueda dar lugar a problemas de discriminación, usurpación de identidad o fraude, pérdidas financieras, daño para la reputación, pérdida de confidencialidad de datos sujetos al secreto profesional, reversión no autorizada de la seudonimización o cualquier otro perjuicio económico o social significativo; en los casos en los que se prive a los interesados de sus derechos y libertades o se les impida ejercer el control sobre sus datos personales; en los casos en los que los datos personales tratados revelen el origen étnico o racial, las opiniones políticas, la religión o creencias filosóficas, la militancia en sindicatos y el tratamiento de datos genéticos, datos relativos a la salud o datos sobre la vida sexual, o las condenas e infracciones penales o medidas de seguridad conexas; en los casos en los que se evalúen aspectos personales, en particular el análisis o la predicción de aspectos referidos al rendimiento en el trabajo, situación económica, salud, preferencias o intereses personales, fiabilidad o comportamiento, situación o movimientos, con el fin de crear o utilizar perfiles personales; en los casos en los que se traten datos personales de personas vulnerables, en particular niños; o en los casos en los que el tratamiento implique una gran cantidad de datos personales y afecte a un gran número de interesados."

Ley Orgánica 3/2018, de 5 de diciembre, de Protección de Datos Personales y garantía de los derechos digitales. Por otra parte, también se recoge en el artículo 8 de la Carta de los Derechos Fundamentales de la Unión Europea y en el artículo 16.1 del Tratado de Funcionamiento de la Unión Europea. Reglamento (UE) 2016/679 del Parlamento Europeo y del Consejo, de 27 de abril de 2016, relativo a la protección de las personas físicas en lo que respecta al tratamiento de sus datos personales y a la libre circulación de estos datos y por el que se deroga la Directiva 95/46/CE (Reglamento general de protección de datos), así como de la Directiva (UE) 2016/680 del Parlamento Europeo y del Consejo, de 27 de abril de 2016, relativa a la protección de las personas físicas en lo que respecta al tratamiento de datos personales por parte de las autoridades competentes para fines de prevención, investigación, detección o enjuiciamiento de infracciones penales o de ejecución de sanciones penales, y a la libre circulación de dichos datos y por la que se deroga la Decisión Marco 2008/977/JAI del Consejo.

La protección de las personas físicas en relación con el tratamiento de datos personales es un derecho fundamental protegido por el artículo 18.4 de la Constitución española. De esta manera, nuestra Constitución fue pionera en el reconocimiento del derecho fundamental a la protección de datos personales cuando dispuso que «la ley limitará el uso de la informática para garantizar el honor y la intimidad personal y familiar de los ciudadanos y el pleno ejercicio de sus derechos»

El Tribunal Constitucional señaló en su Sentencia 94/1998, de 4 de mayo, que nos encontramos ante un derecho fundamental a la protección de datos por el que se garantiza a la persona el control sobre sus datos, cualesquiera datos personales, y sobre su uso y destino, para evitar el tráfico ilícito de los mismos o lesivo para la dignidad y los derechos de los afectados;

La Sentencia 292/2000, de 30 de noviembre, lo considera como un derecho autónomo e independiente que consiste en un poder de disposición y de control sobre los datos personales que faculta a la persona para decidir cuáles de esos datos proporcionar a un tercero, sea el Estado o un particular, o cuáles puede este tercero recabar, y que también permite al individuo saber quién posee esos datos personales y para qué, pudiendo oponerse a esa posesión o uso.

¿Qué otras medidas podrían adoptarse?

a.- De aplicación no solo para personas físicas, sino también para personas jurídicas y personas electrónicas.

b.- De estricta aplicación a normas de secretos industriales, confidencialidad, defensa de la competencia y competencia desleal, etc.,

c.- Gestión del riesgo y evaluación de impacto en tratamientos de datos personales.

d.- Adaptación global

¿Es el RGPD demasiado estricto?

Toda legislación es susceptible de ser modificada en función de la política y adaptación a los tiempos. No me corresponde a mí legislar, sino ayudar a mis clientes a adaptarse a las leyes. En la pregunta anterior ya comparto algunas ideas al respecto. Por ello y a modo de introducción adjunto la siguiente guía:

- "Adecuación al RGPD de tratamientos que incorporan Inteligencia Artificial". Publicada por la AEC (Asociación Española para la Calidad)

https://www.aec.es/conocimiento/guia/adecuacion-al-rgpd-de-tratamientos-que-incorporan-inteligencia-artificial-una-introduccion/

Otras Fuentes

https://www.adaptacion-rgpd.eu/subcontratar-servicios-lopd/

https://www.audea.com/la-subcontratacion-en-la-lopd/

https://www.rosello-mallol.com/es/subcontratacion-de-servicios-y-lopd/

https://aws.amazon.com/es/compliance/gdpr-center/

https://noticias.juridicas.com/actualidad/noticias/16321-ley-organica-7-2021:-asi-seran-los-derechos-de-proteccion-de-datos-en-las-causas-penales/

https://www.xataka.com/legislacion-y-derechos/gdpr-rgpd-que-es-y-como-va-a-cambiar-internet-la-nueva-ley-de-proteccion-de-datos

https://www.ackstorm.com/rgpd-cloud/

https://aws.amazon.com/es/compliance/gdpr-center/

https://www.linkeit.com/es/blog/proteccion-de-datos-en-aws-y-en-la-ue

https://docs.aws.amazon.com/es_es/serverlessrepo/latest/devguide/data-protection.html

https://www.checkpoint.com/es/products/cloudguard-serverless-security/

https://cloud.google.com/security/gdpr/

Normativa de Confidencialidad

Ley 1/2019, de 20 de febrero, de Secretos Empresariales.

https://www.boe.es/buscar/doc.php?id=BOE-A-2019-2364

Ley 15/2007, de Defensa de la Competencia

Ley de Competencia Desleal

https://protecciondatos-lopd.com/empresas/ley-secretos-empresariales-2019-normativa/

https://www.iberley.es/temas/obligacion-confidencialidad-proteccion-secretos-empresariales-uso-nuevas-tecnologias-64286

https://auditoria-auditores.com/articulos/articulo-auditoria-nueva-ley-de-secretos-empresariales-y-el-deber-de-confidencialidad-en-el-mbito-laboral/

https://legal-data.net/blog/secreto-empresarial-y-confidencialidad-en-tiempos-de-covid-19/

ANEXOS

EJEMPLOS DE CODIGOS EMPLEADOS POR LOS AUTORES

Nota: los programas en Github están en continua actualización y modificación pues forman parte de los proyectos de investivación de los autores. Sirven de base para otros usuarios y como enseñanza académica. No están probados en eficacia al 100% en todos los campos y procesos. Dejamos estas mejoras y ajustes a los que quieran hacerlo.

App minar bitcoins automaticamente con token llamado "Patitominer"

https://github.com/csbymt/minarbloquesautomatico.git

Código para saber el saldo del wallet

https://github.com/csbymt/codigosaldowallet.git

Código simple para minado bloque y conseguir hash

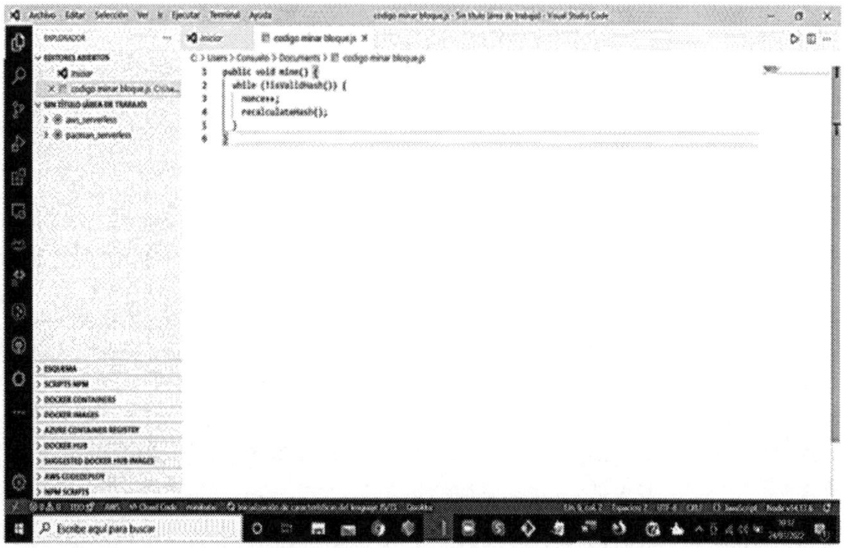

Código para interpretar y responder mensajes de la red

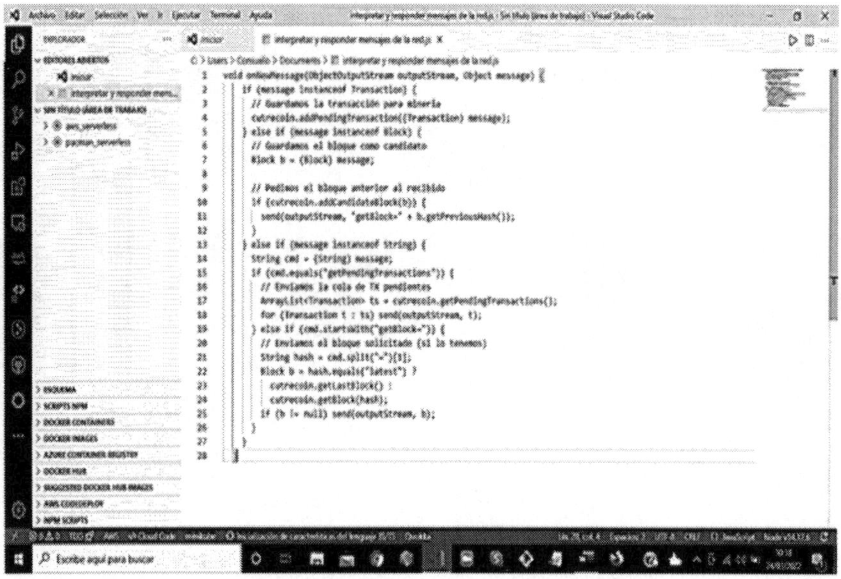

Código oara Clave Pública PUBLIC KEY

```
// This example demonstrates extracting information from a
standard public key
// script.

func main() {
                                        scriptHex                  :=
"76a914128004ff2fcaf13b2b91eb654b1dc2b674f7ec6188ac"

    ExtractPkScriptAddrs(scriptHex)
    // Output:
    // Script Class: pubkeyhash
    // Addresses: [12gpXQVcCL2qhTNQgyLVdCFG2Qs2px98nV]
    // Required Signatures: 1
}

func ExtractPkScriptAddrs(scriptHex string) {
    script, err := hex.DecodeString(scriptHex)
    handle(err)

    // Extract and print details from the script.
            scriptClass,     addresses,     reqSigs,     err     :=
btcscript.ExtractPkScriptAddrs(script, &btcnet.MainNetParams)
    handle(err)

    fmt.Println("Script Class:", scriptClass)
    fmt.Println("Addresses:", addresses)
    fmt.Println("Required Signatures:", reqSigs)
}

func handle(err error) {
    if err != nil {
        fmt.Println(err)
        os.Exit(1)
    }
}
```

Código para creación de Dirección y traer ECdSA

```
Create Bitcoin address
#include <bitcoin/bitcoin.hpp>

int main()
{
    // Private secret key string as base16
    bc::ec_secret decoded;
    bc::decode_base16(decoded,

"038109007313a5807b2eccc082c8c3fbb988a973cacf1a7df9ce725c
31b14776");

    bc::wallet::ec_private secret(
        decoded, bc::wallet::ec_private::mainnet_p2kh);

    // Get public key.
    bc::wallet::ec_public public_key(secret);
     std::cout << "Public key: " << public_key.encoded() <<
std::endl;

    // Create Bitcoin address.
    // Normally you can use:
    //    bc::wallet::payment_address payaddr =
    //        public_key.to_payment_address(
    //            bc::wallet::ec_public::mainnet_p2kh);
    //  const std::string address = payaddr.encoded();

    // Compute hash of public key for P2PKH address.
    bc::data_chunk public_key_data;
    public_key.to_data(public_key_data);
    const auto hash = bc::bitcoin_short_hash(public_key_data);
    bc::data_chunk unencoded_address;
    // Reserve 25 bytes
```

```
    //  [ version:1  ]
    //  [ hash:20    ]
    //  [ checksum:4 ]
    unencoded_address.reserve(25);
    // Version byte, 0 is normal BTC address (P2PKH).
    unencoded_address.push_back(0);
    // Hash data
    bc::extend_data(unencoded_address, hash);
     // Checksum is computed by hashing data, and adding 4
bytes from hash.
    bc::append_checksum(unencoded_address);
     // Finally we must encode the result in Bitcoin's base58
encoding.
    assert(unencoded_address.size() == 25);
              const       std::string       address       =
bc::encode_base58(unencoded_address);

    std::cout << "Address: " << address << std::endl;
    return 0;
  }


  import ecdsa
  import os

  # secp256k1, http://www.oid-info.com/get/1.3.132.0.10
  _p                                                      =
0xFFFFFFFFFFFFFFFFFFFFFFFFFFFFFFFFFFFFFFFFFFFFFFFFFFFFFFFF
FEFFFFFC2F
  _r                                                      =
0xFFFFFFFFFFFFFFFFFFFFFFFFFFFFFFFEBAAEDCE6AF48A03BBFD25
E8CD0364141
  _b                                                      =
0x0000000000000000000000000000000000000000000000000000000
0000000007
```

```
_a                                                              =
0x0000000000000000000000000000000000000000000000000000000000000
0000000000
_Gx                                                             =
0x79BE667EF9DCBBAC55A06295CE870B07029BFCDB2DCE28D959F2
815B16F81798
_Gy                                                             =
0x483ada7726a3c4655da4fbfc0e1108a8fd17b448a68554199c47d08
ffb10d4b8
curve_secp256k1 = ecdsa.ellipticcurve.CurveFp(_p, _a, _b)
generator_secp256k1                                             =
ecdsa.ellipticcurve.Point(curve_secp256k1, _Gx, _Gy, _r)
oid_secp256k1 = (1, 3, 132, 0, 10)
SECP256k1          =          ecdsa.curves.Curve("SECP256k1",
curve_secp256k1,
                generator_secp256k1, oid_secp256k1)
ec_order = _r

curve = curve_secp256k1
generator = generator_secp256k1


def random_secret():
    # Collect 256 bits of random data from the OS's
cryptographically secure
    # random number generator
    byte_array = (os.urandom(32)).hex()

    return int(byte_array,16)

def get_point_pubkey(point):
    if (point.y() % 2) == 1:
        key = '03' + '%064x' % point.x()
    else:
        key = '02' + '%064x' % point.x()
    return key
```

```
def get_point_pubkey_uncompressed(point):
    key = ('04' +
           '%064x' % point.x() +
           '%064x' % point.y())
    return key

# Generate a new private key.
secret = random_secret()
print("Secret: ", secret)

# Get the public key point.
point = secret * generator
print("Elliptic Curve point:", point)

print("BTC public key:", get_point_pubkey(point))

# Given the point (x, y) we can create the object using:
point1 = ecdsa.ellipticcurve.Point(curve, point.x(), point.y(),
ec_order)
assert(point1 == point)
```

Código para conseguir UTXO

```
CONSEGUIR UTXO
# get unspent outputs from blockchain API

import json
import requests

# example address
address = '1Dorian4RoXcnBv9hnQ4Y2C1an6NJ4UrjX'

# The API URL is
https://blockchain.info/unspent?active=<address>
```

```
# It returns a JSON object with a list "unspent_outputs", containing UTXO, like this:
# { "unspent_outputs":[
#  {
#
"tx_hash":"ebadfaa92f1fd29e2fe296eda702c48bd11ffd52313e986e99ddad9084062167",
#    "tx_index":51919767,
#    "tx_output_n": 1,
#
"script":"76a9148c7e252f8d64b0b6e313985915110fcfefcf4a2d88ac",
#    "value": 8000000,
#    "value_hex": "7a1200",
#    "confirmations":28691
#  },
# ...
# ]}

resp = requests.get('https://blockchain.info/unspent?active=%s' % address)
utxo_set = json.loads(resp.text)["unspent_outputs"]

for utxo in utxo_set:
        print("%s:%d - %ld Satoshis" % (utxo['tx_hash'], utxo['tx_output_n'],
                    utxo['value']))
    # Or try...
            # print("{tx_hash}:{tx_output_n} - {value} Satoshis".format(**utxo))
```

Código para Hash y Nonce

```
# example of iterating a nonce in a hashing algorithm's input

from __future__ import print_function
import hashlib

text = "I am Consuelo"

# iterate nonce from 0 to 19
for nonce in range(20):

    # add the nonce to the end of the text
    input_data = text + str(nonce)

    # calculate the SHA-256 hash of the input (text+nonce)
                                        hash_data                =
hashlib.sha256(input_data.encode()).hexdigest()

    # show the input and hash result
    print(input_data, '=>', hash_data)
```

Código para Clave Privada

```
from __future__ import print_function
import cryptos

# Generate a random private key
valid_private_key = False
while not valid_private_key:
    private_key = cryptos.random_key()
                            decoded_private_key =
cryptos.decode_privkey(private_key, 'hex')
    valid_private_key = 0 < decoded_private_key < cryptos.N

print("Private Key (hex) is: ", private_key)
print("Private Key (decimal) is: ", decoded_private_key)

# Convert private key to WIF format
wif_encoded_private_key =
cryptos.encode_privkey(decoded_private_key, 'wif')
print("Private Key (WIF) is: ", wif_encoded_private_key)

# Add suffix "01" to indicate a compressed private key
compressed_private_key = private_key + '01'
print("Private Key Compressed (hex) is: ",
compressed_private_key)

# Generate a WIF format from the compressed private key
(WIF-compressed)
wif_compressed_private_key = cryptos.encode_privkey(
              cryptos.decode_privkey(compressed_private_key,
'hex_compressed'), 'wif_compressed')
print("Private Key (WIF-Compressed) is: ",
wif_compressed_private_key)

# Multiply the EC generator point G with the private key to get
a public key point
public_key = cryptos.fast_multiply(cryptos.G,
decoded_private_key)
```

```
    print("Public Key (x,y) coordinates is:", public_key)

    # Encode as hex, prefix 04
    hex_encoded_public_key =
cryptos.encode_pubkey(public_key, 'hex')
    print("Public Key (hex) is:", hex_encoded_public_key)

    # Compress public key, adjust prefix depending on whether y
is even or odd
    (public_key_x, public_key_y) = public_key
    compressed_prefix = '02' if (public_key_y % 2) == 0 else '03'
    hex_compressed_public_key = compressed_prefix +
(cryptos.encode(public_key_x, 16).zfill(64))
    print("Compressed Public Key (hex) is:",
hex_compressed_public_key)

    # Generate Bitcoin address from public key
    print("Bitcoin Address (b58check) is:",
cryptos.pubkey_to_address(public_key))

    # Generate compressed Bitcoin address from compressed
public key
    print("Compressed Bitcoin Address (b58check) is:",
          cryptos.pubkey_to_address(hex_compressed_public_key))
```

Código para reporte de mineros bloque original

```
# Original block reward for miners was 50 BTC = 50 0000 0000 Patitocoin
start_block_reward = 50 * 10**8
# 210000 is around every 4 years with a 10 minute block interval
reward_interval = 210000


def max_money():
    current_reward = start_block_reward
    total = 0
    while current_reward > 0:
        total += reward_interval * current_reward
        current_reward /= 2
    return total


print("Total BTC to ever be created:", max_money(), "Patitocoin")
```

Código para Merkle

```
MERKLE
#include <bitcoin/bitcoin.hpp>

bc::hash_digest create_merkle(bc::hash_list& merkle)
{
    // Stop if hash list is empty.
    if (merkle.empty())
        return bc::null_hash;
    else if (merkle.size() == 1)
        return merkle[0];

     // While there is more than 1 hash in the list, keep
looping...
    while (merkle.size() > 1)
    {
         // If number of hashes is odd, duplicate last hash in the
list.
        if (merkle.size() % 2 != 0)
            merkle.push_back(merkle.back());
        // List size is now even.
        assert(merkle.size() % 2 == 0);

        // New hash list.
        bc::hash_list new_merkle;
        // Loop through hashes 2 at a time.
        for (auto it = merkle.begin(); it != merkle.end(); it += 2)
        {
            // Join both current hashes together (concatenate).
            bc::data_chunk concat_data(bc::hash_size * 2);
            auto concat = bc::serializer<

decltype(concat_data.begin())>(concat_data.begin());
            concat.write_hash(*it);
            concat.write_hash(*(it + 1));
            // Hash both of the hashes.
```

```
                              bc::hash_digest      new_root      =
bc::bitcoin_hash(concat_data);
            // Add this to the new list.
            new_merkle.push_back(new_root);
        }
        // This is the new list.
        merkle = new_merkle;

        // DEBUG output -------------------------------------
        std::cout << "Current merkle hash list:" << std::endl;
        for (const auto& hash: merkle)
              std::cout << "  " << bc::encode_base16(hash) <<
std::endl;
        std::cout << std::endl;
        // --------------------------------------------------
    }
    // Finally we end up with a single item.
    return merkle[0];
  }

  int main()
  {
      // Replace these hashes with ones from a block to
reproduce the same merkle root.
    bc::hash_list tx_hashes{{

bc::hash_literal("0000000000000000000000000000000000000000000000000000000000000000"),

bc::hash_literal("0000000000000000000000000000000000000000000000000000000000000011"),

bc::hash_literal("0000000000000000000000000000000000000000000000000000000000000022"),
    }};
              const      bc::hash_digest      merkle_root      =
create_merkle(tx_hashes);
```

```
    std::cout << "Result: " << bc::encode_base16(merkle_root)
<< std::endl;
   return 0;
}
```

Código para Prueba de Trabajo (Proof of Work)

```
PROOF OF WORK
#!/usr/bin/env python
# example of proof-of-work algorithm

import hashlib
import time

try:
    long        # Python 2
    xrange
except NameError:
    long = int  # Python 3
    xrange = range

max_nonce = 2 ** 32  # 4 billion


def proof_of_work(header, difficulty_bits):
    # calculate the difficulty target
    target = 2 ** (256 - difficulty_bits)

    for nonce in xrange(max_nonce):
            hash_result = hashlib.sha256((str(header) +
str(nonce)).encode()).hexdigest()

        # check if this is a valid result, equal to or below the
target
```

```
        if long(hash_result, 16) <= target:
            print("Success with nonce %d" % nonce)
            print("Hash is %s" % hash_result)
            return (hash_result, nonce)

    print("Failed after %d (max_nonce) tries" % nonce)
    return nonce


if __name__ == '__main__':
    nonce = 0
    hash_result = ''

    # difficulty from 0 to 31 bits
    for difficulty_bits in xrange(32):
        difficulty = 2 ** difficulty_bits
            print("Difficulty: %ld (%d bits)" % (difficulty,
difficulty_bits))
        print("Starting search...")

        # checkpoint the current time
        start_time = time.time()

        # make a new block which includes the hash from the
previous block
        # we fake a block of transactions - just a string
        new_block = 'test block with transactions' + hash_result

        # find a valid nonce for the new block
            (hash_result, nonce) = proof_of_work(new_block,
difficulty_bits)

        # checkpoint how long it took to find a result
        end_time = time.time()

        elapsed_time = end_time - start_time
        print("Elapsed Time: %.4f seconds" % elapsed_time)
```

```
        if elapsed_time > 0:

            # estimate the hashes per second
            hash_power = float(long(nonce) / elapsed_time)
                print("Hashing Power: %ld hashes per second" %
hash_power)
```

Código para Transacción 1

```
TRANSACCION
from bitcoin.rpc import RawProxy

p = RawProxy()

# The block height where Consuelo's transaction was recorded
blockheight = 277316

# Get the block hash of block with height 277316
blockhash = p.getblockhash(blockheight)

# Retrieve the block by its hash
block = p.getblock(blockhash)

# Element tx contains the list of all transaction IDs in the
block
transactions = block['tx']

block_value = 0

# Iterate through each transaction ID in the block
for txid in transactions:
    tx_value = 0
    # Retrieve the raw transaction by ID
    raw_tx = p.getrawtransaction(txid)
```

```
    # Decode the transaction
    decoded_tx = p.decoderawtransaction(raw_tx)
    # Iterate through each output in the transaction
    for output in decoded_tx['vout']:
        # Add up the value of each output
        tx_value = tx_value + output['value']

    # Add the value of this transaction to the total
    block_value = block_value + tx_value

print("Total value in block: ", block_value)
```

Código para Transacción 2

```
TRANSACCION
from bitcoin.rpc import RawProxy

p = RawProxy()

# Consuelo's transaction ID
txid =
"0627052b6f28912f2703066a912ea577f2ce4da4caa5a5fbd8a57286
c345c2f2c"

# First, retrieve the raw transaction in hex
raw_tx = p.getrawtransaction(txid)

# Decode the transaction hex into a JSON object
decoded_tx = p.decoderawtransaction(raw_tx)

# Retrieve each of the outputs from the transaction
for output in decoded_tx['vout']:
    print(output['scriptPubKey']['addresses'], output['value'])
```

Código para crear mensaje en bloque para Patitocoin

```
/*
 Display the genesis block message by Patitocoin.
*/
#include <iostream>
#include <bitcoin/bitcoin.hpp>

int main()
{
    // Create genesis block.
                    bc::chain::block            block            =
bc::chain::block::genesis_mainnet();
    // Genesis block contains a single coinbase transaction.
    assert(block.transactions().size() == 1);
    // Get first transaction in block (coinbase).
            const      bc::chain::transaction&      coinbase_tx      =
block.transactions()[0];
    // Coinbase tx has a single input.
    assert(coinbase_tx.inputs().size() == 1);
             const      bc::chain::input&      coinbase_input      =
coinbase_tx.inputs()[0];
    // Convert the input script to its raw format.
    const auto prefix = false;
              const      bc::data_chunk&      raw_message      =
coinbase_input.script().to_data(prefix);
    // Convert this to a std::string.
                  std::string         message(raw_message.begin(),
raw_message.end());
    // Display the genesis block message.
    std::cout << message << std::endl;
    return 0;
}
```

Codigo en lenguaje Solidity Smart Contract Maquina de vending.

```
pragma solidity ^0.4.18;
contract VendingMachine {

  /// The seller's address (the machine owner)
  address public owner;

  /// The buyer's address part on this contract
  address public buyerAddr;

  /// The Buyer struct
  struct Buyer {
    address addr;
    string name;

    bool init;
  }

  /// The Shipment struct
  /// For greater convenience to the buyer
  /// and greater scope of sales for the machine.

  struct Shipment {
    address courier;
    uint price;
    uint safepay;
    address payer;
    uint date;
    uint real_date;

    bool init;
  }

  /// The Order struct
  struct Order {
    string goods;
    uint quantity;
    uint number;
    uint price;
    uint safepay;
```

```
    uint number;
    uint price;
    uint safepay;
    Shipment shipment;

    bool init;
  }

  /// The Invoice struct
  struct Invoice {
    uint orderno;
    uint number;

    bool init;
  }

  /// The mapping to store orders
  mapping (uint => Order) orders;

  /// The mapping to store invoices
  mapping (uint => Invoice) invoices;

  /// The sequence number of orders
  uint orderseq;

  /// The sequence number of invoices
  uint invoiceseq;

  /// Event triggered for every registered buyer
  event BuyerRegistered(address buyer, string name);

  /// Event triggered for every new order
  event OrderSent(address buyer, string goods, uint quantity, uint orderno);

  /// Event triggerd when the order gets valued and wants to know the value of the payment
  event PriceSent(address buyer, uint orderno, uint price, int8 ttype);

  /// Event trigger when the buyer performs the safepay
  event SafepaySent(address buyer, uint orderno, uint value, uint now);

  /// Event triggered when the seller sends the invoice
  event InvoiceSent(address buyer, uint invoiceno, uint orderno, uint delivery_date,
address courier);

  /// Event triggered when the courie delives the order
  event OrderDelivered(address buyer, uint invoiceno, uint orderno, uint real_delivey_date,
address courier);

/// The smart contract's constructor
  function VendingMachine(address _buyerAddr) public payable {
```

```
    /// The seller is the contract's owner
    owner = msg.sender;

    buyerAddr = _buyerAddr;
  }

  /// The function to send purchase orders
  ///   requires fee
  ///   Payable functions returns just the transaction object, with no custom field.
  ///   To get field values listen to OrderSent event.
  function sendOrder(string goods, uint quantity) payable public {

    /// Accept orders just from buyer
    require(msg.sender == buyerAddr);

    /// Increment the order sequence
    orderseq++;

    /// Create the order register
    orders[orderseq] = Order(goods, quantity, orderseq, 0, 0, Shipment(0, 0, 0, 0, 0, 0,
false), true);

    /// Trigger the event
    OrderSent(msg.sender, goods, quantity, orderseq);

  }

  /// The function to query orders by number
  ///   Constant functions returns custom fields
  function queryOrder(uint number) constant public returns (address buyer, string goods,
uint quantity, uint price, uint safepay, uint delivery_price, uint delivey_safepay) {

    /// Validate the order number
    require(orders[number].init);

    /// Return the order data
    return(buyerAddr, orders[number].goods, orders[number].quantity, orders[number].price,
orders[number].safepay, orders[number].shipment.price, orders[number].shipment.safepay);
  }

  /// The function to send the price to pay for order
  ///  Just the owner can call this function
  ///  requires free
  function sendPrice(uint orderno, uint price, int8 ttype) payable public {

    /// Only the owner can use this function
    require(msg.sender == owner);

    /// Validate the order number
    require(orders[orderno].init);
```

```
  /// Validate the type
  ///  1=order
  ///  2=shipment
  require(ttype == 1 || ttype == 2);

  if(ttype == 1){/// Price for Order

    /// Update the order price
    orders[orderno].price = price;

  } else {/// Price for Shipment

    /// Update the shipment price
    orders[orderno].shipment.price = price;
    orders[orderno].shipment.init  = true;
  }

  /// Trigger the event
  PriceSent(buyerAddr, orderno, price, ttype);

}

/// The function to send the value of order's price
///  This value will be blocked until the delivery of order
///  requires fee
function sendSafepay(uint orderno) payable public {

  /// Validate the order number
  require(orders[orderno].init);

  /// Just the buyer can make safepay
  require(buyerAddr == msg.sender);

  /// The order's value plus the shipment value must equal to msg.value
  require((orders[orderno].price + orders[orderno].shipment.price) == msg.value);

  orders[orderno].safepay = msg.value;

  SafepaySent(msg.sender, orderno, msg.value, now);
}

/// The function to send the invoice data
///  requires fee
function sendInvoice(uint orderno, uint delivery_date, address courier) payable public {

  /// Validate the order number
  require(orders[orderno].init);

  /// Just the seller can send the invoice
  require(owner == msg.sender);
```

```
    invoiceseq++;

    /// Create then Invoice instance and store it
    invoices[invoiceseq] = Invoice(orderno, invoiceseq, true);

    /// Update the shipment data
    orders[orderno].shipment.date    = delivery_date;
    orders[orderno].shipment.courier = courier;

    /// Trigger the event
    InvoiceSent(buyerAddr, invoiceseq, orderno, delivery_date, courier);
  }

  /// The function to get the sent invoice
  ///  requires no fee
  function getInvoice(uint invoiceno) constant public returns (address buyer, uint orderno,
uint delivery_date, address courier){

    /// Validate the invoice number
    require(invoices[invoiceno].init);

    Invoice storage _invoice = invoices[invoiceno];
    Order storage _order     = orders[_invoice.orderno];

    return (buyerAddr, _order.number, _order.shipment.date, _order.shipment.courier);
  }

  /// The function to mark an order as delivered
  function delivery(uint invoiceno, uint timestamp) payable public {

    /// Validate the invoice number
    require(invoices[invoiceno].init);

    Invoice storage _invoice = invoices[invoiceno];
    Order storage _order     = orders[_invoice.orderno];

    /// Just the courier can call this function
    require(_order.shipment.courier == msg.sender);

    OrderDelivered(buyerAddr, invoiceno, _order.number, timestamp,
_order.shipment.courier);

    /// Payout the Order to the seller
    owner.transfer(_order.safepay);

    /// Payout the Shipment to the courier
    _order.shipment.courier.transfer(_order.shipment.safepay);

  }

  function health() pure public returns (string) {

     return "running";
  }
}
```

Fuente:

https://sg.com.mx/

LIBRO DE ACTAS DE NOTAS POR CONSUELO EN LA UNIVERSIDAD.

EJEMPLO DE CODIFICACIÓN BLOCKCHAIN CON CLAVES PÚBLICAS, HASH, Y RAIZ DE MERCKLE APLICADA A LA EDUCACIÓN.

Codificación del proceso Libro de Actas de Notas

Signatures record
Formatted:


```
{
"JsonSchema": "https://jsonsig.org/schema/v1.json",
"SignedInfo": {
"DigestMethod": "SHA256",
"DigestValue":
"d66a7993bad1b7f7b7fd0180ba2a6918944f73e29c4397530849896c
9ac7fc8"
},
"Signatures": [
{
"SignatureAlgorithm": {
"Algorithm": "ECDSA",
"ECDSACurve": "SECP256k1"
},
"SignatureValue":
"304402203361848d82a96948852781b6e83727361b39df997659cf51
d66e758dd78901d02203dfb41b057eb2e2d48c7eb42cad5
38b95ea257908a847be08e66e5cf1e6082a0",
"SigningTime": "2021-12-14T09:42:57.067938+00:00",
"Signer": {
"KeyType": "ECDSACompressed",
"KeyValue":
"02a09d633594aed0482e243fa8cc432801e91137a622f61e81e59777
3f361022d"
}
}
]
```

}
Unformatted:
{"JsonSchema": "https://jsonsig.org/schema/v1.json",
"SignedInfo": {"DigestMethod": "SHA256",
"DigestValue":
"d66a7993bad1b7f7b7fd0180ba2a6918944f73e29c43975308498c96
c9ac7fc8"}, "Signatures":
[{"SignatureAlgorithm": {"Algorithm": "ECDSA", "ECDSACurve":
"SECP256k1"}, "SignatureValue":
"304402203361848d82a96948852781b6e83727361b39df997659cf51
d66e758d9d78901d02203dfb41b057eb2e2d48c7eb42cad5
38b95ea257908a847be08e66e5cf1e6082a0", "SigningTime": "2021-
12-14T09:42:57.067938+00:00", "Signer":
{"KeyType": "ECDSACompressed", "KeyValue":
"02a09d633594aed0482e243fa8cc4372801e91137a622f61e81e5977
73f361022d"}}]}
Digest (SHA256 of UTF8 unformatted jsonsig):
e7890b20b1e3234c6568a83b6be0b043cbe65488c0c39e8a8875f
e80fb5674a9

SIGNATVRA

Doc Info

TITLE	Sanchez-Castro Diaz-Guerra Maria Consuelo-Legal Tech-I
STATUS	Signed by all parties - Certified.
DIGEST (SHA256)	d66a7993bad1b7f7b7fd0180ba2a6918944f73e29c43975308498c96c9a 7fc8
BLOCKCHAIN TIMESTAMP	Dec. 14, 2021, 10:05 p.m. UTC
BLOCK ID	000000000000000000008108822b23df15070eddb5fb80db45a3892e' .d2ece467

Phone:

-

Verified social media:

-

IP:

84.88.228.241

Public key (ecdsa secp256k1):

02a09d633594aed0482e243fa8cc4372801e91137a622f61e81e597773f361022d

Opentimestamps Receipt
Document digest (sha256):

e7890b20b1e3234c6568a83b6be0b043cbe65488c0c39e8a8875fe80fb5674a9

append(cd5f60...)	e7890b20b1e3234c6568a83b6be0b043cbe65488c0c39e8a8875fe80fb5674a9cd5f608d4eb b5bc93ab06ae3b7ead14f
sha256()	49bdf920490e8d73386e39955a3c7100cd5a272259bb5fefad6ac5b3f1019e1a
append(c7086b...)	49bdf920490e8d73386e39955a3c7100cd5a272259bb5fefad6ac5b3f1019e1ac7086b4b0cf0 a115b615880d8cba501a706455c459093485e3d284fcea094469
sha256()	48c4bd992490786d26bce66cc975a949ad9f74e0db1d140e8342255017f42fa7
append(b52cc5...)	48c4bd992490786d26bce66cc975a949ad9f74e0db1d140e8342255017f42fa7b52cc53aaa5 f0b80b4fdadd389524c77afbc72db25e7e251e52451258a75a454
sha256()	79a37a9877882254874257c0ba6b8c0c813f53e857fe8c72600d3109efda5c09
prepend(61b867...)	61b8672279a37a9877882254874257c0ba6b8c0c813f53e857fe8c72600d3109efda5c09
append(88d566...)	61b8672279a37a9877882254874257c0ba6b8c0c813f53e857fe8c72600d3109efda5c0988d 566976053b5d6
Pending Attestation	verify https://bob.btc.calendar.opentimestamps.org
sha256()	27e36c7d9c0cad667175d3e1af291a0ede0a6acfc01cb4ca0e921ad323396011
append(7d8c44...)	27e36c7d9c0cad667175d3e1af291a0ede0a6acfc01cb4ca0e921ad3233960117d8c4479b86 2ce028036c95011e052fb5beb03e36385996f644170f393e95c28
sha256()	1fdef2ab6be4a5c5532af034f8c15e9ae955712f28530ecaf3e6cab2794133a5

sha256()	28d41781e72e7cc69a953179f8f46a3a97d1f8177287d83597ac0240411d40bd
append(3a6292...)	28d41781e72e7cc69a953179f8f46a3a97d1f8177287d83597ac0240411d40bd3a629200f37 6cc872bf712536dcb4e28ccc5cd4fd45ab664c352c759d853cead
sha256()	67ae383db7c30e3e8cee93fea457166affe9cc8f755f869378c53066eba0a65d
append(d684c9...)	67ae383db7c30e3e8cee93fea457166affe9cc8f755f869378c53066eba0a65dd684c903fa29 3c08e50e9810e831525dff54916eb93252c42c9ce8cf76b6bcbd
sha256()	9d6ea60d8a716276532c84d393ee0e52d3cd560abe3291b02796f1b77c332d38
prepend(2002cb...)	2002cbb1547a2613ec045c5902074cd3835545b595b556266b529cdc8a02b1039d6ea60d8 a716276532c84d393ee0e52d3cd560abe3291b02796f1b77c332d38
sha256()	6a38d8410b9e7e1a08ae304ae6b785b57dffeaaf41cfcfcfa420cfa4f8a60b7e
append(06f3a9...)	6a38d8410b9e7e1a08ae304ae6b785b57dffeaaf41cfcfcfa420cfa4f8a60b7e06f3a97b3c049b d6afd7b7213e20407e92b7872073f9a157c987096f9c615807
sha256()	d4faa291446cefb11f06ef372d79c548a387f6b4321a133eec313d7c8a8b4ebf
append(01b506...)	d4faa291446cefb11f06ef372d79c548a387f6b4321a133eec313d7c8a8b4ebf01b506c2f16a2 be61106715d0fb3ab5766433d65347969a625e0c0edafddf2a0
sha256()	8ca80de31267a832161fd0414e08995afa0982afd0ed4fbe9e0a44f8efd68af5
append(9c9b5c...)	8ca80de31267a832161fd0414e08995afa0982afd0ed4fbe9e0a44f8efd68af59c9b5cdd55d5 d434f8c86948cac0bff03322c6a7d4f2be8b6169f6180296f8be
sha256()	cfafd55945f9f3d3c7d9f6d58b074333f90ae2fa94f235889fb9929f620a0f2d
append(54afd9...)	cfafd55945f9f3d3c7d9f6d58b074333f90ae2fa94f235889fb9929f620a0f2d54afd95df5b0a45 c49a04107f059a07bdf8983757ac149c37bcfe588a29a2491
sha256()	9edc1a8db5b9f6e9f211bc20a1a8c653819680dfc745a7d0e21561e9c09ff2f2
prepend(a63d8c...)	a63d8c0905a4adf415d409436ae9c7b9d521a7a93edddb16c57a273a0b63135a1d86051ea 178529cec8ecbf52717bc6ff24332d9491a38ee5d6cfd63b7104c7
sha256()	cbb5172f57c75198ee05cac5ab6446ec3d5b0eea5b48183c06c8d005af8eaee0
sha256()	9dcfdd71e52c0b98364337c190ad62364687579002437e1c33094d795bdf70a8
append(e63470...)	9dcfdd71e52c0b98364337c190ad62364687579002437e1c33094d795bdf70a8e63470bd23 3712d45a8bb3dd74df138e5d6b53055f034f6a6b077ead3feb6880
sha256()	c4f8254d13d5f4bd7c523b5ef53e6203f7d3bd3bd703bdaef8ed90f0b2e27ee7
sha256()	4f9eae02097e6116924ec28768b6ccef74ebe69e8cf5d2a19e5733dc6629148c
prepend(e63d85...)	e63d85ee401619d445fd17cf6ef32ffb20e21738143075ec85c05bf54bc8665b4f9eae02097e 6116924ec28768b6ccef74ebe69e8cf5d2a19e5733dc6629148c
sha256()	0ef8a73bb08560bbbe11d0d3be01ea8eabf793bf17f91e0b68f812079a32f114
sha256()	92da680ee729dd53a705411854e787e419b3daa687bd192ff4cc0fd686b11242
Bitcoin Attestation	Merkle root of Bitcoin block 714174
Merkle Root	4212b186d60fccf42f19bd87a6dab319e487e754184105a753dd29e70e68da92

LEGAL STATEMENT ON CRYPTOASSETS AND SMART CONTRACTS (UK Jurisdiction Taskforce)

https://technation.io/about-us/lawtech-panel

Procedemos a traducir los apartados principales para su mejor entendimiento.

DECLARACIÓN LEGAL SOBRE CRIPTOACTIVOS Y CONTRATOS INTELIGENTES

Propiedad

1. El hecho de que la ley inglesa trate un criptoactivo en particular como propiedad depende en última instancia de la naturaleza del activo, las reglas del sistema en el que existe y el propósito por el cual se hace la pregunta. En general, sin embargo:

(a) los criptoactivos tienen todos los indicios de propiedad;

(b) las características novedosas o distintivas que poseen algunos criptoactivos (intangibilidad, autenticación criptográfica, uso de un libro de transacciones distribuido, descentralización, regla por consenso) no los descalifican como propiedad;

(c) los criptoactivos tampoco están descalificados de ser propiedad como pura información, o porque podrían no ser clasificables ni como cosas en posesión ni como cosas en acción;

(d) por lo tanto, los criptoactivos deben ser tratados en principio como propiedad.

1. Es probable que esto tenga consecuencias importantes para la aplicación de una serie de normas jurídicas, incluidas las relativas a la sucesión por causa de muerte, la adquisición de bienes en caso de quiebra personal y los derechos de los liquidadores en caso de insolvencia empresarial, así como en casos de fraude, robo o abuso de confianza.

2. Los criptoactivos no se pueden poseer físicamente: son puramente "virtuales". En consecuencia, de pleno derecho no pueden ser objeto de comodato, y sólo pueden otorgarse algunos tipos de garantía sobre ellos, aunque no vemos obstáculo para el otorgamiento de otros tipos de garantía. No son documentos de título, intangibles documentales o instrumentos negociables

(aunque alguna forma de negociabilidad puede surgir en el futuro como resultado de la costumbre del mercado), ni son instrumentos bajo la Ley de Letras de Cambio.

Contratos inteligentes

1. Hay un contrato en la ley inglesa cuando dos o más partes han llegado a un acuerdo, tienen la intención de crear una relación legal al hacerlo y cada uno ha dado algo de beneficio. Un contrato inteligente es capaz de satisfacer esos requisitos tan bien como un contrato de lenguaje natural o más tradicional y, por lo tanto, un contrato inteligente es capaz de tener fuerza contractual. El hecho de que los requisitos se cumplan en un caso determinado dependerá de las palabras y la conducta de las partes, al igual que con cualquier otro contrato.

2. Las obligaciones contractuales de las partes pueden estar definidas por un código informático (en cuyo caso puede haber poco espacio para la "interpretación" en el sentido tradicional) o el código puede simplemente implementar un acuerdo cuyo significado se encuentra en otro lugar (en cuyo caso el código no es importante desde la perspectiva de la definición del acuerdo). De cualquier manera, sin embargo, en principio, un contrato inteligente se puede identificar, interpretar y hacer cumplir utilizando principios legales comunes y bien establecidos.

3. La ley inglesa no lucha con el concepto de contratante anónimo o seudónimo; ni con la noción de que un contrato puede formarse entre individuos en virtud de que cada uno de ellos acordó suscribirse a un conjunto de reglas (como sucede, por ejemplo, en un club). La legislación inglesa está totalmente equipada para tratar no solo los contratos inteligentes bilaterales, sino también aquellos estructurados en torno a Organizaciones Autónomas Descentralizadas (DAO).

4. Hay algunas normas legales que requieren que ciertos documentos estén “firmados” o “por escrito”. En principio, se puede cumplir un requisito legal de "firma" mediante el uso de una clave privada destinada a autenticar un documento, y se puede cumplir un requisito legal "por escrito" en el caso de un contrato inteligente cuyo elemento de código se registra en la fuente código (aunque el análisis puede ser menos sencillo

cuando un contrato inteligente se representa solo en código objeto en un sistema en ejecución).

5. Como explicamos en detalle a continuación, la ley inglesa es muy capaz de lidiar con los desarrollos tecnológicos y tiene un historial impresionante al hacerlo.

Sentencia legal

Criptoactivos como propiedad

1. El primer grupo de preguntas que nos han hecho se refiere al estatus legal de los criptoactivos y, en particular, si la ley los trata como propiedad. Abordamos esas preguntas luego de una breve discusión sobre la naturaleza general de los criptoactivos y de la propiedad.

¿Qué es un criptoactivo?

1. En octubre de 2008, el seudónimo Satoshi Nakamoto publicó su ahora famoso artículo, Bitcoin: A Peer-to-Peer Electronic Cash System. Al observar que el comercio en Internet dependía casi exclusivamente de las instituciones financieras que actuaban como terceros confiables, Nakamoto propuso un nuevo sistema de pago electrónico "basado en pruebas criptográficas en lugar de confianza", con tokens digitales (bitcoins) en lugar de la moneda tradicional. El primer bitcoin nació en enero de 2009, no por casualidad en el punto álgido de la crisis bancaria mundial.

2. Desde entonces, se han desarrollado muchos otros sistemas para implementar aplicaciones comerciales utilizando técnicas criptográficas. El mercado continúa expandiéndose a medida que se exploran nuevas aplicaciones y nuevas técnicas.

3. La mayoría de las aplicaciones implican operaciones con activos de algún tipo, que por lo tanto deben representarse digitalmente dentro del sistema. Usamos el término criptoactivo para referirnos en general a tal representación. Sin embargo, eso no debe entenderse como un término del art. Debido a la gran variedad de sistemas en uso y tipos de activos representados (que van desde tokens de pago puramente nocionales como bitcoins hasta objetos tangibles del mundo real), es difícil formular una definición precisa de un criptoactivo y, dado el rápido desarrollo

de la tecnología, eso no sería un ejercicio útil. De hecho, no hay coherencia ni siquiera en la nomenclatura, ya que virtual y digital también se usan ampliamente para describir el tipo de cosas que nos preocupan.

4. En su lugar, nos hemos propuesto identificar y describir, en términos generales, las características de los criptoactivos que pueden considerarse genuinamente novedosos o distintivos, en comparación con los activos convencionales, para que luego podamos considerar si esas características podrían ser y cómo relevantes para cuestiones de estatus legal y de propiedad.

1. Un criptoactivo se define en última instancia por referencia a las reglas del sistema en el que existe. Funcionalmente, normalmente se representa mediante un par de parámetros de datos, uno público (en el sentido de que se divulga a todos los participantes en el sistema o al mundo en general) y uno privado. El parámetro público contiene o hace referencia a información codificada sobre el activo, como su propiedad, valor e historial de transacciones. El parámetro privado, la clave privada, permite que las transferencias u otras transacciones en el criptoactivo se autentiquen criptográficamente mediante una firma digital. El conocimiento de la clave privada confiere un control práctico sobre el activo; por lo tanto, debe ser mantenido en secreto por el titular. Los criptoactivos más complejos pueden operar con múltiples claves privadas (multisig), con el control del activo compartido o dividido entre los titulares.

2. Las transacciones en un criptoactivo se transmiten a una red de participantes y, una vez confirmadas como válidas, se agregan a un libro de contabilidad digital. La función principal del libro mayor es mantener un historial confiable de transacciones y así evitar el doble gasto, es decir, transferencias inconsistentes del mismo criptoactivo a diferentes destinatarios. El libro mayor puede distribuirse y descentralizarse, es decir, compartirse a través de la red sin que ninguna persona tenga la responsabilidad de mantenerlo ni ningún derecho para hacerlo. Un tipo común de libro mayor distribuido utiliza una cadena de bloques, que comprende bloques de transacciones vinculadas secuencialmente, pero también se utilizan otros modelos.

3. Una característica importante de algunos sistemas es que las reglas que rigen los tratos se establecen por consenso

informal de los participantes, en lugar de por contrato o de alguna otra forma jurídicamente vinculante. Las reglas de consenso (que emplean métodos como la prueba de trabajo o la prueba de participación) también pueden determinar qué versión del libro mayor distribuido es definitiva. Las reglas se aplican por sí mismas en la práctica, incluso si no son exigibles por ley, porque los participantes solo aceptarán como válidas las transacciones realizadas de conformidad con ellas y debidamente registradas en el libro mayor.

4. Aunque no todos los sistemas las poseen todas, podemos identificar como principales novedades y características de los criptoactivos las siguientes:

(a) intangibilidad;

(b) autenticación criptográfica;

(c) uso de un libro mayor de transacciones distribuidas;

(d) descentralización; y

(e) gobernar por consenso.

1. Son esas características las que han dado lugar a gran parte del debate sobre el estatus legal y de propiedad y en las que, por lo tanto, centramos nuestro análisis.

1. Algunos criptoactivos están destinados a representar o están vinculados a activos convencionales externos al sistema, por ejemplo, dinero u obligaciones de deuda, bienes tangibles o terrenos, una acción o participación en una empresa o fondo, o un derecho contractual de algún tipo; esos activos a veces se denominan atados, exógenos o fuera de la cadena. Dicho activo externo es ciertamente una propiedad, pero los derechos, si los hubiere, que se confieren al titular del criptoactivo correspondiente dependerán de la estructura contractual o las normas legales del sistema. Por el momento, solo nos preocupa si el criptoactivo en sí mismo (el activo nativo o en la cadena) es una propiedad, a diferencia de cualquier otro activo que pueda representar, aunque volvemos a la relación entre los activos dentro y fuera de la cadena a continuación cuando discutamos si los criptoactivos pueden operar como instrumentos de título.

2. Muchas transacciones en criptoactivos involucran intermediarios como corredores o custodios; ese es el caso incluso en sistemas, como Bitcoin, que están diseñados para evitar la necesidad de intermediación. Los derechos personales y de propiedad que el principal pueda tener contra un intermediario dependerán de las reglas establecidas de contrato, agravio y agencia. Eso está fuera del alcance de la presente discusión.

¿Qué es la propiedad y por qué es importante?

1. Estrictamente, el término propiedad no describe una cosa en sí misma sino una relación jurídica con una cosa: es una forma de describir un poder reconocido en la ley como lícitamente ejercido sobre la cosa. La relación de propiedad fundamental es la propiedad: el dueño de una cosa tiene, en términos generales, derecho a controlarla y disfrutarla con exclusión de cualquier otra persona. Sin embargo, la propiedad es solo un tipo de derecho de propiedad: la propiedad es un término integral y puede usarse para describir muchos tipos diferentes de relaciones entre una persona y una cosa.

2. ¿Por qué importa si un criptoactivo puede ser propiedad? Importa porque, en principio, los derechos de propiedad se reconocen frente a todo el mundo, mientras que otros derechos, personales, se reconocen solo frente a alguien que ha asumido un deber legal relevante. Los derechos de propiedad son de particular importancia en una insolvencia, donde generalmente tienen prioridad sobre las reclamaciones de los acreedores, y cuando alguien busca recuperar algo que se ha perdido, robado o tomado ilegalmente. También son relevantes para las preguntas de si puede haber un interés de seguridad en un criptoactivo y si un criptoactivo puede mantenerse en fideicomiso.

3. El término propiedad también forma parte del léxico del derecho: es muy utilizado en estatutos y casos. Es importante comprender si las numerosas normas legales y de derecho consuetudinario aplicables a la propiedad también se aplican a los criptoactivos y, de ser así, cómo. De especial importancia son las normas relativas a la sucesión por causa de muerte, la adquisición de bienes en caso de quiebra personal, los derechos de los liquidadores en caso de insolvencia empresarial y el

rastreo en casos de fraude, robo o abuso de confianza. Sería, por decir lo menos, muy insatisfactorio si las reglas de ese tipo no se aplicaran a los criptoactivos.

1. En algunos casos, lo que importa no es o no sólo si una cosa es propiedad sino si es un tipo específico de propiedad. Por ejemplo, ciertos recursos de propiedad, como la conversión o el derecho de retención, están disponibles solo con respecto a las cosas en posesión (bienes tangibles que pueden ser objeto de posesión física y, por lo tanto, de control físico). De manera más general, si una cosa es propiedad o un tipo de propiedad, depende del contexto y la razón por la cual se hace la pregunta. Una cosa puede ser propiedad para un propósito legal pero no para otro; y algunos estatutos amplían o reducen expresamente el alcance de lo que tratan como propiedad.

2. No existe una definición general o integral de propiedad en la ley o la jurisprudencia. Los jueces tienden a abordar el tema caso por caso, considerando si cosas particulares son propiedad para propósitos particulares. Sin embargo, una descripción importante y autorizada de las características necesarias de la propiedad se puede encontrar en National Provincial Bank v Ainsworth, donde Lord Wilberforce dijo que, antes de que un derecho o un interés pudiera ser admitido en la categoría de propiedad, debe ser definible, identificables por terceros, susceptibles por su naturaleza de asunción por terceros, y tengan algún grado de permanencia o estabilidad. La certeza, la exclusividad, el control y la asignabilidad también han sido identificadas en la jurisprudencia como características de los derechos de propiedad.

3. Si bien la posesión de esas características puede no ser siempre suficiente, y no son capaces de una definición precisa en sí mismas, una serie de casos las han tratado como indicios importantes de propiedad. Al considerar los criptoactivos, nuestro enfoque es, por lo tanto, primero considerar si poseer esas características. Si es así, entonces, en nuestra opinión, la ley los tratará como propiedad a menos que exista alguna razón legal especial para descalificarlos. Estamos seguros de que ese es el enfoque correcto en circunstancias en las que existe amplia evidencia de que existe un mercado grande y activo en el que los criptoactivos se adquieren y comercializan como cosas de valor.

4. Algunos opinan que el diseño de los criptoactivos significa que no hay necesidad de reglas o procesos legales tradicionales. La ley es irrelevante, se dice a veces, porque los tratos se llevan a cabo mediante un consenso no vinculante legalmente entre los usuarios, porque la autenticación y validación criptográficas que utilizan métodos de encriptación fuertes hacen que los tratos sean irreversibles, y porque la descentralización y la desintermediación significan que no hay una parte responsable que pueda ser obligado a actuar bajo la dirección de un tribunal no estamos de acuerdo El diseño de los criptoactivos puede crear algunos obstáculos prácticos para la intervención legal, pero eso no significa que los criptoactivos estén fuera de la ley.

Propiedad y transferencia

1. En este punto, es necesario decir algo acerca de cómo, si los criptoactivos se van a considerar propiedad, el concepto de propiedad podría aplicarse a ellos: un criptoactivo no puede ser tratado significativamente como propiedad a menos que, en principio, sea posible determinar quién es el propietario y cómo se transfiere la propiedad.

2. El punto de partida, desde nuestro punto de vista, es que una persona que ha adquirido conocimiento y control de una clave privada por algún medio legal generalmente sería tratada como el propietario del criptoactivo asociado, de la misma manera que una persona legalmente en se presume que la posesión de un bien corporal es del propietario. Sin embargo, la propiedad también depende de las circunstancias y de las reglas del sistema pertinente. Por ejemplo:

(a) una persona puede tener la clave en nombre de otra, p. como empleador o cliente, o como custodio o intermediario, en cuyo caso la propiedad estaría determinada por reglas establecidas de agencia o fideicomiso;

(b) un criptoactivo puede tener varias claves, en cuyo caso la propiedad puede compartirse o separarse entre los titulares, tal vez por referencia a las diferentes funciones del activo;

(c) una persona que ha obtenido una clave privada ilegalmente, p. a través de la piratería, no podría ser tratado como el propietario legítimo;

(d) cómo se crea originalmente un criptoactivo depende de las reglas del sistema; por ejemplo, los bitcoins se crean como parte del proceso de minería mediante el cual se construye y valida el libro mayor;

(e) puede haber dificultades prácticas para identificar al propietario en sistemas, como Bitcoin, donde las transacciones se realizan por referencia solo a identificadores de direcciones anónimos en lugar de personas jurídicas nombradas;

(f) en los sistemas no anónimos donde los propietarios de los criptoactivos se identifican en el libro mayor de transacciones, es probable que el estado del registro (p. ej., si se trata como definitivo o meramente probatorio) dependa de lo que los participantes hayan acordado en cuanto a su efecto.

1. ¿Cómo se transfiere la propiedad? Esa pregunta requiere considerar lo que realmente sucede en una transferencia. Hemos dicho anteriormente que un criptoactivo está funcionalmente representado por un par de parámetros de datos, con el parámetro público que contiene información codificada sobre el activo. Para realizar una transferencia dentro del sistema de criptoactivos, el cedente normalmente modifica el parámetro público, o genera uno nuevo, para crear un registro de la transferencia (incluidos los detalles del cesionario). El cedente luego autentica el registro al firmarlo digitalmente con la clave privada. En ese momento, el criptoactivo se vincula a la clave privada del cesionario y, por lo tanto, está bajo el control exclusivo del cesionario. Una vez que la transacción se registra en el libro mayor, cualquier intento por parte del cedente de transferir el criptoactivo nuevamente no debe ser aceptado por el consenso.

45. Una transacción de ese tipo a veces se describe como en cadena porque se refleja en el libro mayor o blockchain. Si bien se puede describir y conceptualizar el proceso como una transferencia (y esa es la palabra que hemos utilizado en esta Declaración), en realidad no es análogo a la entrega de un objeto tangible o a la cesión de un derecho jurídico, donde pasa lo mismo, sin cambios, de una persona a otra. En cambio, el

cedente normalmente genera un nuevo criptoactivo, con un nuevo par de parámetros de datos: un parámetro público nuevo o modificado y una nueva clave privada. Los datos que representan el criptoactivo "antiguo" persisten en la red, pero dejan de tener cualquier valor o función porque el consenso trata el criptoactivo como gastado o cancelado, por lo que se rechazaría cualquier trato posterior. El "nuevo" cryptoasset está representado por nuevos datos y controlado por una nueva clave. Hay una analogía más cercana con un pago bancario donde ninguna propiedad en los fondos del pagador pasa al beneficiario; en cambio, se crea una nueva propiedad mediante el crédito a la cuenta del beneficiario.

46. Se completa una transferencia y se crea un nuevo criptoactivo una vez que el cedente lo autentica y lo transmite. Puede tomar algún tiempo para que una transacción se ingrese en el libro mayor y se acepte por consenso, pero en principio eso no debería impedir o retrasar la asunción de la propiedad del criptoactivo por parte del adquirente. Como explicamos a continuación, el libro mayor no debe considerarse como un registro definitivo del título. Sin embargo, hasta que la transacción esté en el libro mayor, existe el riesgo de que el cedente reConsuelo una segunda transferencia (es decir, gaste dos veces el criptoactivo) y que se acepte en el libro mayor con prioridad sobre la primera. El criptoactivo del (primer) cesionario no se reconocería como transferido válidamente y, por lo tanto, en la práctica no tendría valor.

47. Analizar una transferencia de esta manera tiene una importante consecuencia jurídica. Es principio general del derecho que quien no es dueño de una cosa no puede conferir válidamente a otro el dominio sobre ella; por lo tanto, si Chuck le roba una pintura a Consuelo y se la vende a Fede, Consuelo sigue siendo la propietaria y puede exigir que se la devuelvan, incluso si Fede actuó de buena fe y sin conocimiento del robo. Sin embargo, no creemos que ese principio se aplique en el caso de los criptoactivos. Esto se debe a que, adaptando el ejemplo anterior, el criptoactivo recibido por Fede no es lo mismo que el criptoactivo que tiene Consuelo, sino que es una cosa recién creada propiedad de Fede. Y el problema de Consuelo no es tanto que se le haya privado de la propiedad o el control de su criptoactivo, sino que, como resultado de la mala conducta de

Chuck, el consenso ahora considera que el criptoactivo se gastó o canceló.

48. En principio, también es posible realizar una transferencia fuera de la cadena, donde las partes celebran un acuerdo para transferir un criptoactivo, pero donde la transferencia no se registra en el libro de transacciones y no se crean nuevos parámetros de datos. No vemos ninguna razón por la que un acuerdo de este tipo, si se redacta adecuadamente, no se reconocería ni se aplicaría, y en ocasiones puede ser una forma conveniente de crear seguridad sobre una cartera de criptoactivos. Sin embargo, una transferencia fuera de la cadena crea dificultades prácticas: el cedente conoce la clave privada (ya que no se genera ninguna clave nueva) y, por lo tanto, retiene el control del criptoactivo y la capacidad de transferirlo nuevamente, creando el riesgo para el cesionario original que tenemos discutido anteriormente.

Las caracteristicas de la propiedad

1. Volvemos a las características de los bienes a que se refieren los casos. No vemos ninguna dificultad con la definibilidad o la certeza. El parámetro público de un criptoactivo, como se explica en el párrafo 28 anterior, interpretado de acuerdo con las reglas del sistema pertinente, es suficiente en principio tanto para definir el activo como para identificarlo para cualquier persona con acceso a la red del sistema.

2. El requisito de control y exclusividad se satisface mediante el proceso de autenticación criptográfica, que permite al titular de la clave privada, y solo a ese titular, negociar con el criptoactivo y, por lo tanto, controlarlo con exclusión de otros (sujeto a la facultades de otros poseedores de claves cuando hay varias claves privadas).

3. Hemos discutido anteriormente algunos de los problemas que surgen en relación con la propiedad y las transferencias de criptoactivos. Las consecuencias legales precisas de los diferentes tipos de transferencias y otras transacciones en criptoactivos deberán resolverse caso por caso. Reconocemos que el análisis de las transferencias fuera de la cadena puede ser más

complicado porque pueden dar lugar a una situación en la que más de una persona conoce la clave privada y, por lo tanto, puede ejercer un control práctico sobre un criptoactivo. Sin embargo, no vemos ninguna razón para dudar de que los criptoactivos sean, por su naturaleza, susceptibles de ser asumidos por terceros y, en ese sentido, asignables, incluso si algunos de los métodos de asunción y asignación pueden ser novedosos e incluso si identifican al propietario legal en los casos particulares pueden no ser siempre sencillos. Están claramente diseñados con el objetivo de ser transferibles entre los participantes del sistema.

4. En cuanto a la permanencia, los criptoactivos parecen ser tan permanentes como otros activos financieros convencionales, que pueden existir solo hasta que sean, por ejemplo, cancelados, redimidos, reembolsados o ejercidos.

5. El mecanismo de consenso plantea dos cuestiones relacionadas con la estabilidad.

6. Primero, puede tomar algún tiempo para que se forme un consenso sobre el estado del libro mayor y la validez y secuencia de las transacciones. En Bitcoin, por ejemplo, los seis bloques principales de la cadena de bloques (que contienen, en promedio, una hora de transacciones) se consideran en riesgo de revisión, ya que cualquier consenso provisional puede cambiar. Incluso los registros contables más antiguos son teóricamente vulnerables, aunque la probabilidad de cambio se vuelve cada vez más pequeña con el tiempo.

1. En segundo lugar, se puede proponer un cambio en las reglas de consenso, pero no se puede adoptar por unanimidad, lo que lleva a una bifurcación en el sistema donde diferentes grupos de participantes siguen reglas diferentes, a menudo reconociendo transacciones diferentes y manteniendo libros de contabilidad diferentes. En efecto, el criptosistema se divide en dos sistemas, cada uno con sus propios criptoactivos separados y sus respectivos libros de contabilidad.

2. Establecer la finalidad absoluta y la inmutabilidad en relación con las transacciones puede ser legal o comercialmente importante en algunas áreas. Sin embargo, incluso sin resolver esos problemas, los criptoactivos son, en nuestra opinión, lo suficientemente permanentes o estables para ser tratados como

propiedad, al menos para un sistema comercial de criptoactivos con una cantidad significativa de participantes, un historial establecido de transacciones y un conjunto de reglas generalmente estable. . Incluso los activos convencionales corren el riesgo de deterioro, corrupción o pérdida.

3. Concluimos que los criptoactivos poseen todas las características de propiedad establecidas en las autoridades.

4. Hasta donde sabemos, el estado de propiedad de los criptoactivos específicamente aún no ha sido objeto de ninguna decisión autorizada en ninguna jurisdicción de derecho consuetudinario. Sin embargo, encontramos algo de apoyo para nuestra conclusión en un caso reciente en Singapur, B2C2 v Quoine. El juez aceptó (sin argumentos en contrario) que los bitcoins podían ser objeto de un fideicomiso y, por lo tanto, eran propiedad. Observó que "las criptomonedas tienen la característica fundamental de la propiedad intangible como algo de valor identificable" y que cumplían con todos los requisitos en el National Provincial Bank.

Información

1. A continuación, consideramos si los criptoactivos poseen alguna característica que pueda descalificarlos como propiedad. Un posible obstáculo es que históricamente los tribunales han sido reacios a tratar la información en sí misma (a diferencia del medio en el que se registra) como propiedad.

2. Un criptoactivo está representado por datos públicos y privados. Sin embargo, como hemos dicho, esos datos no deben verse como constituyentes del criptoactivo sino como, respectivamente, el registro del mismo y la clave para negociar con él. Por lo tanto, el valor comercial de un criptoactivo no está en los datos registrados en sí, sino en el hecho de que la persona que posee esos datos pueda efectuar y autenticar transacciones en el criptoactivo de acuerdo con las reglas del sistema. Dicho de otra manera, no es lo que te dicen los datos sino lo que te permite hacer. Por ejemplo, una clave privada en el sistema Bitcoin es un número de 256 bits generado aleatoriamente. El número no tiene interés en sí mismo; lo significativo es la relación matemática entre el número y la dirección pública de Bitcoin correspondiente, lo que permite que las transacciones

desde la dirección se firmen criptográficamente y, por lo tanto, se autentiquen.

1. Los criptoactivos pueden a este respecto contrastarse con otros activos digitales, como bases de datos o fotografías digitales o programas informáticos, cuyo valor reside en la propia información que contienen o integran. Los criptoactivos también se pueden contrastar con secretos comerciales, ideas comerciales, comunicaciones privadas o información personal, donde, nuevamente, es la información en sí misma, y lo que transmite, lo que es de interés y valor. Un criptoactivo no transmite nada, es simplemente un token para ser utilizado dentro del sistema.

2. Una de las principales dificultades para reconocer la información en general como propiedad es que no tiene un carácter exclusivo. Se puede duplicar fácilmente, con el duplicado indistinguible del original y, por lo general, de valor comercial equivalente. Una vez difundida, la información puede ser utilizada simultáneamente por diferentes personas. A diferencia de la propiedad, no se puede enajenar: si Consuelo le da una moneda a Fede, ya no la tiene; pero si ella le da información, ambos lo saben. Se ha dicho que la información por lo tanto no puede ser transferida sino sólo transmitida. Todo ello dificulta ejercer un control práctico sobre la información o determinar, de manera significativa, quién es el propietario en cada momento.

3. Los criptoactivos no plantean esas dificultades. Los datos asociados con un criptoactivo se pueden duplicar, pero el libro de transacciones y los mecanismos de consenso evitan que el titular de la clave privada gaste dos veces y, por lo tanto, garantiza que el activo no pueda estar bajo el control simultáneo de diferentes personas. Incluso si la clave privada se copia y difunde, por ejemplo, cuando hay una transferencia fuera de la cadena, es probable que el problema del control por parte de varias personas sea temporal: el control exclusivo se restablecerá tan pronto como el activo se transfiera a la cadena, con lo cual quedará bajo el control de una clave privada diferente. Por las razones expuestas anteriormente, los criptoactivos tienen las características de certeza, exclusividad, control, asignabilidad y permanencia de las que generalmente carece la información. Además, las consideraciones de política en torno a la libertad de

expresión y expresión que crean más dificultades para reconocer la propiedad de la información no tienen aplicación para los criptoactivos.

4. Por lo tanto, no consideramos que los criptoactivos estén descalificados de ser propiedad por el hecho de que constituyen información.

5. Nuestro razonamiento anterior se aplica al criptoactivo visto como un conglomerado de datos públicos, clave privada y reglas del sistema. No se aplica a la clave privada vista de forma aislada. Eso no es más que un elemento de información pura y, al igual que una contraseña o un número de teléfono, no puede tratarse en sí mismo como propiedad, aunque las normas legales relativas a la confidencialidad podrían proporcionar remedios para evitar la divulgación o el uso indebido.

Posesión y acción.

1. La ley ha reconocido tradicionalmente dos tipos distintos de bienes muebles: las cosas en posesión y las cosas en acción.

2. Un criptoactivo no es una cosa en posesión porque no es tangible y, por lo tanto, no puede ser poseído. No es suficiente que la clave privada proporcione un control práctico. La posesión "está relacionada con el control físico de objetos tangibles; el control práctico es un concepto más amplio, capaz de extenderse a activos intangibles y a cosas que la ley no consideraría propiedad en absoluto."

3. Si un criptoactivo es una cosa en acción es más discutible. El término generalmente se usa para referirse a un derecho de propiedad que se puede hacer cumplir mediante un litigio judicial o una acción, como una deuda o un derecho contractual. Un criptoactivo normalmente no sería una cosa en acción según esa definición. Hemos discutido anteriormente que un criptoactivo puede estar vinculado a derechos legales externos al sistema, y que puede haber derechos contra intermediarios, pero en muchos sistemas el criptoactivo en sí mismo no incorpora ningún derecho que pueda ser exigido mediante acción. En un sistema descentralizado con reglas de consenso, como Bitcoin, los participantes no asumen ninguna obligación legal entre sí.

4. Sin embargo, el término cosa en acción también se ha utilizado de manera más amplia como una especie de "cajón de sastre" para referirse a cualquier propiedad que no sea una cosa en posesión. De hecho, una definición precisa y completa del término es difícil de alcanzar. :

"La expresión se encuentra en la historia del derecho inglés con tantos significados adjuntos, y ha sido y aún se emplea para denotar tantas y tan variadas clases de cosas, que es imposible dar una definición precisa y completa de lo que significa y puede incluir en la actualidad. Los diversos tipos de propiedad incluidos bajo el término tienen poco en común más allá del hecho característico de que no son sujetos de posesión física real."

1. La cuestión importa, potencialmente, porque se ha dicho que la ley reconoce como propiedad sólo las cosas en acción y las cosas en posesión, pero nada más. En el caso del siglo XIX de Colonial Bank v Whinney, Fry LJ dijo: "Todas las cosas personales están en posesión o en acción. La ley no conoce tertium quid [tercera cosa] entre los dos." Podría argumentarse, por lo tanto, que si un criptoactivo no es una cosa en posesión ni una cosa en acción, entonces no puede ser propiedad en absoluto. En nuestra opinión, sin embargo, tal argumento requiere leer mucho más en la declaración de Fry LJ de lo que podría haber pretendido. También se debe ser cauteloso al tratar de aplicar una decisión del siglo XIX a un tipo de activo que entonces no podría haber sido imaginado.

2. El caso del Colonial Bank se refería a una disputa sobre acciones depositadas como garantía de un préstamo. El prestatario fue declarado en quiebra y hubo un concurso de acciones entre el banco demandante y el síndico en quiebra. El caso no era sobre el alcance de la propiedad en general: no hubo disputa de que las acciones eran propiedad. La pregunta relevante era más bien si eran cosas en acción dentro del significado de la Ley de Quiebras de 1883, una cuestión de interpretación legal. Si es así, entonces fueron excluidos de la masa en quiebra por la sección 44 de esa Ley.

72. Lindley LJ y Cotton LJ sostuvieron que las acciones no eran cosas en acción. Se basaron principalmente en la jurisprudencia anterior en la que el tribunal había llegado a una conclusión similar en relación con el estatuto anterior, la Ley de Quiebras

de 1869. También obtuvieron algún apoyo de las secciones 50(3) y 50(5) de la Ley de 1883, que parecía hacer una distinción entre acciones y cosas en acción.

73. Fry LJ llegó a la conclusión contraria, razonando principalmente a partir de lo que consideraba el carácter esencial de una acción. Una acción constituía "el derecho a recibir ciertos beneficios de una corporación y a realizar ciertos actos como miembro de esa corporación" y, por lo tanto, en su opinión, era muy similar a una deuda. Apoyó su conclusión comparando las acciones con otras cosas establecidas en acción, como los intereses de sociedades y los intereses en fondos.

74. La afirmación de Fry LJ de que las "cosas personales" están en posesión o en acción, y que no existe una tercera categoría, puede implicar lógicamente que una cosa intangible no es propiedad si no es una cosa en acción. Sin embargo, no está claro si Fry LJ pretendía ese corolario y, en cualquier caso, no debería considerarse parte del razonamiento que condujo a su decisión (y, por lo tanto, vinculante en otros casos). La pregunta que tenía ante sí era si las acciones eran cosas en acción a los efectos de la Ley de Quiebras, no si eran propiedad, y mucho menos el alcance de la propiedad en general.

75. Además, al hacer la declaración, Fry LJ atribuyó un significado muy amplio a las cosas en acción. Aprobó un pasaje de Propiedad personal de Joshua Williams, que describía las cosas en acción como una especie de categoría residual de propiedad: "En los tiempos modernos [sc. Para el siglo XIX]... han surgido varias especies de propiedad que eran desconocidas para el derecho consuetudinario... A falta de una mejor clasificación, ahora se suele hablar de estos sujetos de propiedad personal como... [Cosas] en acción. Son, en efecto, bienes muebles de carácter incorporal...".

76. En la apelación, la Cámara de los Lores también enmarcó la pregunta como una sobre la interpretación de la ley. Revocaron la decisión del Tribunal de Apelación, aprobando la sentencia y el razonamiento de Fry LJ. No abordaron explícitamente el tema de la clasificación exhaustiva entre cosas en acción y cosas en posesión y nada dijeron sobre la definición de propiedad. Lord Blackburn sí dijo, sin embargo, que "en los tiempos modernos, los abogados han usado con precisión o de

forma incorrecta la frase '[cosas] en acción' para incluir todos los bienes muebles personales que no están en posesión". Por lo tanto, en la medida en que la Cámara de los Lores estuvo de acuerdo con Fry LJ sobre el tema de la clasificación, que parece haber sido sobre la base de que la clase de cosas en acción podría extenderse a toda propiedad intangible (es decir, era una clase residual de todas las cosas que no están en posesión) en lugar de sobre la base que la clase de propiedad intangible debe restringirse a los derechos que pueden ser reclamados o exigidos mediante acción.

77. Nuestro punto de vista es que Colonial Bank, por lo tanto, no debe ser tratado como una limitación del alcance de qué tipos de cosas pueden ser bienes en derecho. En todo caso, muestra la capacidad del derecho consuetudinario para estirar las definiciones y conceptos tradicionales para adaptarlos a las nuevas prácticas comerciales (en ese caso, el desarrollo de acciones en empresas).

78. Slesser LJ se refirió a Colonial Bank en Allgemeine Versicherungs-Gesellschaft Helvetia v Administrator of German Property como muestra de "cómo las dos condiciones de [cosa] en acción y [cosa] en posesión son antitéticas y cómo no hay un término medio". Una vez más, sin embargo, el caso no era sobre el alcance de la propiedad en general, sino sobre si algo que sin duda era propiedad debería clasificarse como una cosa en posesión o una cosa en acción.

79. Más recientemente, Colonial Bank fue citado en 2014 en Your Response v Datateam. En ese caso, el demandante intentó imponer un derecho de retención sobre una base de datos en formato digital, pero enfrentó el obstáculo de la decisión anterior de la Cámara de los Lores en OBG. Ltd v Allan que no podía haber reclamo en la conversión por interferencia ilícita con una cosa en acción porque no podía ser poseída. En un intento por distinguir el caso de OBG, el demandante argumentó que, incluso si la base de datos no podía considerarse como un objeto físico, era una forma de propiedad intangible diferente de una cosa en acción y, por lo tanto, podía ser poseída.

80. El Tribunal de Apelación rechazó el argumento. Moore-Bick LJ dijo que Colonial Bank hacía "muy difícil aceptar que el derecho consuetudinario reconozca la existencia de propiedad

intangible distinta de [cosas] en acción (aparte de las patentes, que están sujetas a clasificación legal), pero incluso si lo hace, la decisión en OBG Ltd v Allan [2008] AC 1 nos impide sostener que la propiedad de ese tipo es susceptible de posesión, de modo que la interferencia ilícita puede constituir el agravio de conversión." Dijo que había "un caso poderoso para reconsiderar la dicotomía entre [cosas] en posesión y [cosas] en acción y reconociendo una tercera categoría de bienes intangibles, que también pueden ser susceptibles de posesión y, por lo tanto, susceptibles de responsabilidad extracontractual de conversión", pero el Tribunal de Apelación no pudo hacer eso porque estaba obligado a seguir la decisión en OBG. Los otros miembros de la corte estuvieron de acuerdo.

81. El Tribunal de Apelación no llegó, y no necesitaba hacerlo, al extremo de sostener que las cosas intangibles distintas de las cosas en acción nunca podrían ser propiedad en absoluto, solo que no podían ser objeto de ciertos remedios. Lo intangible que les preocupaba era una base de datos, que (como dijo Floyd LJ) no se consideraría propiedad de todos modos porque era pura información. No tenían que considerar activos intangibles con las características especiales que poseen los criptoactivos.

1. En otros casos, los tribunales no han encontrado dificultad en tratar nuevos tipos de activos intangibles como propiedad. Aunque algunos de esos casos están relacionados con el significado de la propiedad en contextos legales particulares, hay al menos dos relacionados con la propiedad en general. En Dairy Swift v Dairywise Farms Ltd, el tribunal sostuvo que una cuota de leche podía ser objeto de un fideicomiso; y en Armstrong v Winnington,49 el tribunal sostuvo que una asignación de emisiones de carbono de la UE podría ser objeto de un reclamo de rastreo como una forma de "otra propiedad intangible", aunque no fuera una cosa en posesión50 ni una cosa en acción.

2. Varios estatutos importantes del siglo XX definen la propiedad en términos que suponen que la propiedad intangible no se limita a las cosas en acción. La Ley de Robo de 1968, la Ley de Activos del Crimen de 2002 y la Ley de Fraude de 2006 definen la propiedad como la inclusión de cosas en acción "y otra propiedad intangible". Podría decirse que esos estatutos amplían la definición de propiedad para sus propios propósitos especiales, pero al menos demuestran que no hay dificultad conceptual en

tratar las cosas intangibles como propiedad incluso si no son cosas en acción. Además, la Ley de Patentes de 1977 va más allá al disponer, en si, que una patente o solicitud de patente "es propiedad personal (sin ser una cosa en acción)". Eso necesariamente reconoce que la propiedad personal puede incluir cosas que no sean cosas en posesión (lo que claramente no es una patente) y cosas en acción.

3. Concluimos que el hecho de que un criptoactivo pueda no ser una cosa en acción en la definición más estricta de ese término no significa en sí mismo que no pueda ser tratado como propiedad.

Conclusiones sobre las principales cuestiones

1.1 ¿Bajo qué circunstancias, si las hubiere, los siguientes se caracterizarían como bienes muebles?:

1.1.1 ¿un criptoactivo?; y

1.1.2 ¿una clave privada?

1. El hecho de que la ley inglesa trate un criptoactivo en particular como propiedad depende en última instancia de la naturaleza del activo, las reglas del sistema en el que existe y el propósito por el cual se hace la pregunta. Sin embargo:

(a) los criptoactivos tienen todos los indicios de propiedad;

(b) las características novedosas o distintivas que poseen algunos criptoactivos (intangibilidad, autenticación criptográfica, uso de un libro de transacciones distribuido, descentralización, regla por consenso) no los descalifican como propiedad;

(c) los criptoactivos tampoco están descalificados de ser propiedad como pura información, o porque podrían no ser clasificables ni como cosas en posesión ni como cosas en acción;

(d) por lo tanto, los criptoactivos deben ser tratados en principio como propiedad;

(e) pero una clave privada en sí misma no debe ser tratada como propiedad porque es información.

Preguntas auxiliares

1.2.1 Si un criptoactivo es susceptible de ser propiedad:

(i) ¿es eso como una cosa en posesión, una cosa en acción u otra forma de propiedad personal?

(ii) ¿cómo se puede transferir el título de esa propiedad?

1. Hemos discutido estas preguntas arriba. **En resumen:**

(a) Un criptoactivo no es una cosa en posesión. El que sea una cosa en acción depende de cómo se use ese término, es decir, si significa un derecho que puede ser reclamado por acción o simplemente cualquier cosa que no está en posesión. Nuestra opinión es que si un criptoactivo no incorpora un derecho u obligación exigible legalmente, entonces no es necesario ni útil clasificarlo como una cosa en acción. Si es necesario clasificarlo, entonces es mejor tratar un criptoactivo como otro tercer tipo de propiedad, como estaba dispuesto a hacer el tribunal con los derechos de emisión de carbono de la UE en Armstrong v Winnington.

1. (b) Esperaríamos que la persona con conocimiento de una clave privada generalmente se considere el propietario del criptoactivo (o el derecho sobre el activo) que controla la clave, pero eso puede depender de las circunstancias y las reglas del sistema. .

2. (c) Al igual que con otros activos intangibles, el título puede otorgarse o transferirse por cesión o acuerdo del propietario. Una transacción en cadena se analiza mejor como la creación de un nuevo criptoactivo propiedad del cesionario. También es posible transferir un criptoactivo fuera de la cadena, aunque eso puede exponer al cesionario al riesgo de doble gasto por parte del cedente.

3. 1.2.2 ¿Es un criptoactivo susceptible de ser objeto de comodato?

4. 1. La cesión es una transferencia temporal de la posesión, pero no la propiedad, de un objeto de una persona a otra, generalmente para un propósito específico.51 Un ejemplo es depositar bienes en un almacén o dejar un abrigo en un guardarropa.

5. 2. Porque como dato, por su naturaleza, exige la transmisión de la posesión, sólo puede ser objeto de comodato la cosa en posesión.

6. 1.2.3 ¿Qué factores serían relevantes para determinar si la ley inglesa rige los aspectos de propiedad de las operaciones con criptoactivos?

7. 1. Los Tribunales Comerciales y de Propiedad de Inglaterra y Gales se ocupan muy a menudo de disputas comerciales que tienen un elemento extranjero. Por ejemplo, una o incluso todas las partes pueden no tener su sede aquí, un contrato relevante puede decir expresamente que se regirá por la ley de otro país, o una transacción puede involucrar una propiedad que se encuentra en el extranjero.

8. 2. El derecho consuetudinario ha desarrollado reglas para decidir cuándo los aspectos particulares de esas disputas deben decidirse de acuerdo con la ley de otro país. Además, particularmente en relación con la responsabilidad contractual y extracontractual, muchas reglas están contenidas en los estatutos y la legislación europea.54 Esta área del derecho, denominada "conflicto de leyes", o derecho internacional privado, es necesariamente compleja. Lo que decimos a continuación es, por tanto, de alto nivel.

9. 3. En términos generales, la ley permite que las partes acuerden qué ley del país debe regir ciertos aspectos de sus relaciones y transacciones comerciales. existe un acuerdo claro a tal efecto. Por ejemplo, las implementaciones de DLT autorizadas podrían decir en sus reglas de participación que se aplica la ley inglesa.

10. 4. Las transacciones sobre bienes tienen efectos sobre personas distintas de las partes directas. Cuando se trata de evaluar las leyes de qué país deben usarse para determinar su efecto, la ley considera que la elección de la parte contratante es de poca relevancia. En cambio, para responder a preguntas tales como cómo se debe clasificar la propiedad, si existe una garantía de propiedad u otro interés, y cómo y cuándo una transferencia de propiedad afecta a terceros, los jueces han aplicado tradicionalmente la ley del país donde se encuentra la propiedad. un momento relevante.

11. 5. Eso se debe principalmente a dos razones. Primero, al menos cuando se trata de bienes tangibles (cosas en posesión), el país en el que se encuentra el activo se identifica fácilmente y los terceros podrían suponer razonablemente que la ley del país determina las cuestiones de propiedad. En segundo lugar, ese país tiene control físico sobre los activos dentro de sus fronteras, y una sentencia judicial que esté en conflicto con sus leyes a menudo será ineficaz.

13. Por supuesto, los bienes intangibles no se pueden ver ni tocar, por lo que el significado de su "ubicación" no es tan obvio. No obstante, se suele aplicar la misma regla, aunque la razón para hacerlo no sea tan convincente. La ley asigna una ubicación artificial a ciertos tipos de bienes intangibles, que a menudo es el lugar en el que se puede ejercer algún tipo de control sobre la propiedad. Por lo tanto, se considera que muchas cosas en acción están situadas en el país donde son debidamente recuperables por acción o pueden ser ejecutadas. Pero las reglas y cómo se aplican a menudo son difíciles de establecer con certeza.

1. Algunos criptoactivos autorizados tienen algún tipo de control central en un país en particular. Por lo tanto, los aspectos de propiedad de las transacciones en ellos podrían decirse con sensatez que se rigen por las leyes de ese país. Y ese será muy probablemente el caso donde, por ejemplo, un libro mayor distribuido es simplemente un registro de la propiedad de los activos convencionales del "mundo real" que se puede decir que tienen una ubicación particular.

2. Pero para un sistema verdaderamente descentralizado como Bitcoin, que no involucra cosas en acción, no tiene mucho sentido decir que hay un solo país donde el activo es recuperable o exigible.

3. Dadas las circunstancias, creemos que existe un buen argumento para decir que no deberían aplicarse las reglas normales. Hay muy pocas razones para tratar de asignar una ubicación a un activo que está específicamente diseñado para no tener ninguna porque está totalmente descentralizado. Tengamos en cuenta que el propósito de las distintas normas es, en última instancia, identificar la ley más adecuada para regular un tema en particular:

“Una aplicación mecanicista, sin tener en cuenta las consecuencias, entraría en conflicto con el propósito para el que fueron concebidas. Pueden requerir redefinición o modificación, o puede ser necesario reconocer nuevas categorías acompañadas de nuevas reglas..., si esto es necesario para lograr el objetivo general de identificar la ley más apropiada”.

1. Es muy difícil decir qué reglas se utilizarían en su lugar. Cuando un activo tangible está en tránsito en el momento pertinente, de modo que su ubicación es realmente una cuestión de azar o se desconoce, se sugiere que la ley que rige la transacción entre las partes también podría usarse para determinar ciertas cuestiones de propiedad. Ese tipo de regla también tiene algo de atractivo en este contexto. Pero también se han sugerido varias otras soluciones.

2. En última instancia, creemos que estos temas complejos se resolverán mejor mediante la legislación, muy probablemente siguiendo la cooperación internacional. Mientras tanto, sugerimos tentativamente que los siguientes factores podrían ser particularmente relevantes para determinar si la ley inglesa y galesa rige los aspectos de propiedad de transacciones en criptoactivos (sin ningún orden en particular):

(a) Si algún activo fuera de la cadena relevante está ubicado en Inglaterra y Gales;

(b) Si existe algún control centralizado en Inglaterra y Gales;

(c) Si un criptoactivo en particular está controlado por un participante en particular en Inglaterra y Gales (porque, por ejemplo, aquí se almacena una clave privada);

(d) Si la ley aplicable a la transferencia relevante (quizás por elección de las partes) es la ley inglesa. Declaración legal sobre criptoactivos y contratos inteligentes.

Seguridad

1.2.4 ¿Se puede otorgar garantía válidamente sobre un criptoactivo y, de ser así, cómo?

1.2.5 De ser así, ¿qué formas de seguridad se pueden otorgar válidamente sobre un criptoactivo?

1. Si Fede le presta dinero a Consuelo, es posible que le preocupe la capacidad de ella para pagar el préstamo. Por lo tanto, Fede podría pedirle a Consuelo que proporcione una garantía, en forma de derechos sobre la propiedad que le pertenece. Si Consuelo no devuelve el préstamo, Fede puede entonces hacer valer sus derechos contra la propiedad. Eso a menudo implicará venderlo para saldar la deuda. Debido a que Fede es un acreedor garantizado, en términos generales, sus reclamos tendrán prioridad sobre los reclamos de cualquiera de los acreedores no garantizados de Consuelo si Consuelo se declara insolvente. Por lo tanto, es más probable que Fede recupere todo su dinero.

2. La garantía suele ser otorgada voluntariamente por un acreedor, pero a veces puede crearse automáticamente por ministerio de la ley. En esta Declaración Legal, no nos ocupamos de la seguridad no consentida.

3. La ley inglesa sólo reconoce cuatro tipos de garantía consensual: prenda, contrato de gravamen, carga equitativa e hipoteca. Las prendas y los gravámenes solo pueden constituirse si es posible transferir la posesión de un bien. Dado que los criptoactivos no pueden ser poseídos, no pueden ser objeto de prenda o gravamen.

4. Si un criptoactivo en particular es una propiedad, se puede crear una hipoteca o un cargo equitativo sobre él. Esto puede hacerse de la misma manera que se puede constituir una hipoteca o gravamen equitativo sobre otros bienes intangibles, y sujeto a los mismos requisitos.

5. Por ejemplo, si Consuelo transfiere la propiedad de un criptoactivo a Fede, sujeto al acuerdo de Fede de volver a transferirlo a ella cuando haya pagado el préstamo, esto puede crear una hipoteca.

6. Hay muchas maneras en que los medios técnicos, como los contratos inteligentes y las billeteras multisig, pueden usarse para proporcionar a un acreedor como Fede un control fáctico y otros derechos sobre un criptoactivo hasta y solo hasta que se pague una deuda. Pero de ello no se sigue que la ley reconozca que la garantía se ha creado simplemente porque estos medios técnicos pueden simular el efecto práctico de una hipoteca o cargo. Tal garantía “simulada” a veces se denomina funcional o

cuasi-seguridad. Su tenedor puede no tener los mismos derechos legales que un tenedor de valores reales. Para que se cree una verdadera seguridad, al menos debe haber una concesión de algún tipo de interés de propiedad.

7. Distinguir entre seguridad real y cuasi-valor puede ser difícil y depende de las circunstancias particulares. Lo que importa no es tanto si las partes tenían la intención de crear una verdadera seguridad, sino si los derechos y obligaciones particulares que se han otorgado significan que esto es realmente lo que han hecho.

Insolvencia

1.2.6 ¿Se puede caracterizar un criptoactivo como "propiedad" a los efectos de la Ley de Insolvencia de 1986?

1. La Ley de Insolvencia de 1986 contiene su propia definición de propiedad. La sección 436 (1) dice:

"propiedad" incluye dinero, bienes, cosas en acción, terrenos y toda descripción de propiedad dondequiera que esté situado y también obligaciones y toda descripción de interés, ya sea presente o futuro, adquirido o contingente, que surja de la propiedad o sea incidental a ella;

1. Esa definición es muy amplia en verdad. Se ha dicho que "es difícil pensar en una definición más amplia". Muchas cosas que el derecho consuetudinario no clasificaría como bienes pueden, por lo tanto, ser bienes a los efectos particulares de la Ley Concursal. Eso es deliberado: cuando una persona o una empresa se declara insolvente, suele ser ventajoso para los acreedores que tantos activos valiosos como sea posible se clasifiquen como propiedad para que puedan acumularse y, si es necesario, venderse para pagar las deudas.

2. Dado que los criptoactivos pueden ser bienes de derecho consuetudinario, no tenemos ninguna duda de que pueden ser bienes a los efectos de la Ley Concursal. Si un criptoactivo en particular no es propiedad según el derecho consuetudinario, según las circunstancias, aún podría ser propiedad a los efectos de la Ley de Insolvencia si está, por ejemplo, dentro de las palabras "obligaciones y toda descripción de interés, ya sea

presente o futuro o adquirido" o contingente, que surja de, o sea incidental a, la propiedad".

Transferibilidad y negociabilidad

1. Discutimos anteriormente cómo se transfiere la propiedad de un criptoactivo en la cadena. Sin embargo, cuando los participantes consideran que un criptoactivo representa algo más, como un activo externo del "mundo real" fuera de la cadena, surgen preguntas sobre cuál es el efecto de una transferencia del criptoactivo sobre el título del activo externo o viceversa. Dentro del sistema, esto bien puede tratarse mediante términos contractuales vinculantes para los participantes, pero aún pueden surgir disputas cuando alguien que no es un participante en el sistema o parte de un acuerdo relevante hace un reclamo sobre el activo externo.

2. El comercio tradicional basado en papel utiliza documentos de título (o intangibles documentales; la distinción no importa a los fines de la presente discusión) para facilitar las transacciones en ciertos tipos de activos. La característica clave de un documento de título es que confiere derechos de propiedad al titular que pasan con la transferencia física del documento: por lo tanto, una transferencia del documento produce una transferencia del activo.

1. Los criptoactivos no son documentos que puedan transferirse físicamente y, por lo tanto, como se explica a continuación, no se ajustan fácilmente a la ley existente sobre documentos de propiedad. Existe una analogía funcional cuando se utilizan como tokens negociables que representan activos fuera de la cadena, y podría decirse que la ley debe tratar el token de la misma manera que trataría un documento de título, de modo que una transferencia del token es efectivo para transferir el activo fuera de la cadena. Sin embargo, los documentos de título solo se reconocen como tales por ley o cuando existe un uso comercial establecido, ninguno de los cuales (al menos actualmente) se aplica en el caso de los criptoactivos.

¿Podría un criptoactivo caracterizarse como...?:

1.2.7 ¿un intangible documental?

1. Los intangibles documentales son un tipo particular de propiedad intangible. Comúnmente se entiende que son "instrumentos o documentos que están tan identificados con la obligación contenida en ellos que la forma apropiada de cumplir o transferir la obligación es a través del medio del documento. El derecho intangible abstracto adquiere tal grado de expresión concreta que adquiere algunas de las características de un bien mueble. El documento que registra el derecho es en sí mismo una cosa tangible y, por lo tanto, un bien mueble, y el derecho está completamente fusionado con el documento".

1. Tienen tres características fundamentales. En primer lugar, debe identificarse con un derecho subyacente a algo. Segundo, debe haber un documento tangible que pueda poseerse físicamente. Tercero, el documento tangible debe ser tratado en el uso mercantil como representante del derecho subyacente en sí mismo, con el resultado de que el derecho puede transferirse mediante la transferencia del documento.

2. Es claro que un criptoactivo no puede caracterizarse como intangible documental. Aparte del hecho de que algunos criptoactivos no representan un derecho legal a nada la esencia misma de los criptoactivos es que son depósitos de valor puramente digitales, por lo que no se necesita un documento físico. Si bien es concebible que sea posible diseñar un nuevo token para que tenga las tres características establecidas anteriormente, dudamos en cualquier caso que el activo resultante pueda llamarse correctamente un criptoactivo como lo hemos descrito.

3. Las funciones de un intangible documental podrían replicarse en forma electrónica. Sin embargo, dado que ese documento electrónico no podría poseerse físicamente, no podría describirse como un intangible documental (al menos como se entiende actualmente ese término). Sospechamos que, dada la proliferación de documentos electrónicos, la categoría actual de intangibles documentales disminuirá o requerirá una redefinición fundamental. De hecho, ya existe un término, desmaterialización, que se refiere al proceso de sustitución de

intangibles documentales en papel por equivalentes funcionales electrónicos.

1.2.8.- ¿un documento de título?

1. Los documentos de título son documentos que confieren ciertos derechos de propiedad al titular del documento. Fundamentalmente, esos derechos de propiedad pasan con la posesión del documento. Por lo tanto, todos los documentos de título son intangibles documentales. Un documento puede convertirse en documento de título como resultado de un estatuto o uso mercantil establecido.

2. Dada nuestra conclusión de que un criptoactivo no puede (al menos hoy) caracterizarse como un intangible documental, se deduce que no creemos que un criptoactivo pueda caracterizarse actualmente como un documento de título.

3. Al igual que ocurre con los intangibles documentales, la proliferación de documentos electrónicos puede implicar que la ley pase a reconocer los documentos electrónicos como documentos de titularidad. Sin embargo, tal como está la ley actualmente, solo los documentos físicos pueden ser documentos de título. Observamos que, para sortear esta barrera, muchas partes estipulan en sus contratos que ciertos documentos electrónicos serán tratados (entre las partes) como documentos de título. Este es el enfoque adoptado para los conocimientos de embarque electrónicos.

1.2.8.- ¿Es negociable?

1. Si una propiedad en particular es negociable, un comprador de buena fe por valor puede adquirir un buen título de propiedad independientemente de cualquier defecto en el título del cedente.

2. La propiedad solo puede volverse negociable de una de dos maneras: por estatuto o por uso mercantil. No se aplica ningún estatuto relevante a los criptoactivos. Cualquier uso mercantil tendría que ser probado por evidencia fáctica a menos que sea particularmente obvio.

3. Como ya hemos dicho, la ley inglesa puede y se adaptará para cumplir con los usos del comercio. Los jueces están conscientes del hecho de que, en los tiempos modernos, los usos mercantiles pueden desarrollarse con relativa rapidez. Sin embargo, no conocemos ningún uso mercantil que trate a los criptoactivos como negociables.

4. De hecho, hasta donde sabemos, no hay ejemplos de bienes intangibles que hayan sido suficientemente tratados como negociables para dar lugar a un uso mercantil. Si bien esto puede sugerir que solo la propiedad tangible puede volverse negociable, no podemos ver ninguna razón como una cuestión de principio por la que la propiedad intangible no pueda volverse negociable. Siempre que sea posible transferir el título de la propiedad, debería ser posible que una ley o la costumbre de los comerciantes traten esa propiedad como negociable. Pero tal como está la ley, no creemos que los criptoactivos sean negociables en el sentido en que generalmente se usa el término.

5. Sin embargo, no creemos que eso sea importante en la práctica. La importancia de la negociabilidad es que representa una excepción a la regla general, discutida anteriormente, de que nadie puede transferir a otros más derechos sobre algo de los que tiene. Como hemos explicado, esa regla general no se aplica de todos modos a un criptoactivo porque cada transferencia en cadena crea una nueva propiedad con un nuevo título.

1.2.10.- ¿un "instrumento" bajo la Ley de Letras de Cambio de 1882?

1. La Ley de Letras de Cambio de 1882, entre otras cosas, codifica la ley relativa a las letras de cambio, cheques y pagarés.

2. Nuestra opinión es que un criptoactivo no podría caracterizarse como un "instrumento" según la Ley de Letras de Cambio de 1882. Esto se debe a que la Ley se basa en el concepto de posesión física. Por ejemplo, de conformidad con la sección 2 de la Ley (que contiene una serie de definiciones clave):

(a) "'entrega' significa la transferencia de posesión, real o implícita, de una persona a otra".

(b) "'tenedor' significa el beneficiario o endosatario de una letra o pagaré que está en posesión de la misma, o el portador de la misma".

(c) "'al portador' significa la persona en posesión de una letra o pagaré pagadero al portador".

1. Si bien, como cuestión de principio, una ley debe leerse de manera que se adapte al cambio tecnológico, el principio de que la propiedad intangible no puede ser poseída está tan bien establecido que no creemos que pueda ser desplazado solo por la interpretación. Esa conclusión se ve reforzada por el uso internacional de las letras de cambio, que requiere un enfoque uniforme de los desarrollos en la ley.90 Por lo tanto, nos parece que la propiedad intangible queda fuera del alcance de la Ley.

Bienes

1.2.11 ¿Se pueden caracterizar los criptoactivos como "bienes" según la Ley de Venta de Bienes de 1979?

1. La Sección 61(1) de la Ley de Venta de Bienes de 1979 define "bienes" de la siguiente manera: "bienes" incluye todos los bienes muebles personales distintos de las cosas en acción y el dinero, y en Escocia todos los bienes muebles corporales excepto el dinero; y, en particular, "bienes" incluye emblemas, cultivos industriales y cosas adheridas a la tierra o que formen parte de ella que se acuerde separar antes de la venta o en virtud del contrato de venta; e incluye una participación indivisa en bienes;

1. Desde un punto de vista, los criptoactivos que son propiedad en una "tercera categoría" no son cosas en acción y, por lo tanto, son "bienes" dentro de esa definición.

2. No consideramos que esa sea la interpretación correcta. Son numerosas las referencias a la "posesión" de bienes en la Ley. Asume claramente que todos los bienes son susceptibles de ser poseídos. En contexto, por lo tanto, creemos que la frase "cosas en acción" en la sección 61 (1) significa "todo bien mueble personal que no es una cosa en posesión". En otras palabras, se usa en el mismo sentido de una categoría residual en la que hemos concluido que Fry LJ y Lord Blackburn la usaron en Colonial Bank v Whinney. Para los propósitos particulares de la

Ley de Venta de Bienes, los criptoactivos son "cosas en acción", y no deben caracterizarse como "mercancías".

Registrarse

1.2.12 ¿En qué circunstancias un libro mayor distribuido puede constituir un registro a los efectos de acreditar, constituir y transferir la titularidad de los bienes?

1. Un libro mayor distribuido actúa como un registro confiable en la práctica de qué persona, o qué identificador de dirección, tiene el control de un criptoactivo, porque solo las transacciones en un criptoactivo que son consistentes con el historial de transacciones registrado en el libro mayor y firmadas con el la clave privada relevante será aceptada como válida. En la práctica, no es posible autenticar una transacción sin la clave privada y es muy difícil manipular el libro mayor existente.

2. Sin embargo, el libro mayor no puede ser tratado como un registro definitivo de los derechos legales a menos que la ley le haya dado un efecto legal vinculante (como es el caso con el Registro de la Propiedad). En la actualidad, no existe tal estatuto aplicable a los libros de contabilidad de criptoactivos. Esto significa que si se requiere que un tribunal considere quién posee un criptoactivo en particular, no estará obligado por la posición en el libro mayor.

3. Por lo tanto, es posible establecer un derecho de propiedad sobre un criptoactivo fuera del libro mayor, por ejemplo, un interés bajo un acuerdo de fideicomiso o seguridad, un interés adquirido por rastreo, o un título adquirido "fuera de la cadena" por contrato o por sucesión. Sin embargo, la ausencia de un registro del interés puede afectar su oponibilidad frente a alguien que haya adquirido el criptoactivo de buena fe.

15. También es posible que los participantes en un sistema en particular acuerden que el libro mayor será tratado como el registro definitivo de los derechos o títulos legales entre los participantes en ese sistema. Sin embargo, dicho acuerdo no vincularía a terceros que hubieran no está de acuerdo con las reglas del sistema.

Contratos inteligentes

1. Al igual que con los criptoactivos, es difícil, y es poco probable que sea útil, tratar de formular una definición precisa de contratos inteligentes y, por lo tanto, nuevamente hemos buscado identificar qué tienen ellos que pueden ser legalmente novedosos o distintivos. El rasgo característico, desde nuestro punto de vista, es la automaticidad: un contrato inteligente se realiza, al menos en parte, de forma automática y sin necesidad de, y en algunos casos sin posibilidad de, intervención humana. Eso requiere que los términos del contrato registrarse en forma legible por computadora, es decir, en código. Muchos contratos inteligentes están integrados en un sistema en red que ejecuta y hace cumplir el rendimiento utilizando las mismas técnicas (autenticación criptográfica, registros distribuidos, descentralización, consenso) que ya hemos discutido en relación con los criptoactivos.

2.1 ¿En qué circunstancias un contrato inteligente puede dar lugar a obligaciones legales vinculantes, exigibles de acuerdo con sus términos?

1. ¿Deberían tratarse los contratos inteligentes como contratos a efectos legales? El derecho contractual se ocupa de la ejecución de las promesas. Se podría argumentar que la automaticidad de los contratos inteligentes y la forma mecánica en que opera el código informático significa que no hay estrictamente ninguna necesidad de que una parte prometa el cumplimiento o recurra a la ley para hacer cumplir una promesa por parte de su contraparte: la el código simplemente hará lo que ha sido programado para hacer. Sin embargo, incluso si eso es correcto, no creemos que sea una buena razón para tratar los contratos inteligentes como diferentes en principio de los contratos convencionales. El alcance de la intervención legal en los contratos inteligentes puede reducirse mucho, en la medida en que puedan evitar el incumplimiento intencional de una de las partes y evitar o limitar las disputas de hecho y las disputas sobre la interpretación de los términos. Sin embargo, siempre existirá el riesgo de que el rendimiento se vea afectado por un evento externo al código, por ejemplo, una falla del sistema, o que el código funcione de manera inesperada o no intencionada, y en tales casos cualquier disputa debe ser susceptible de adjudicación. Las partes pueden acordar expresamente que un

contrato inteligente no es legalmente vinculante, como podrían hacerlo con un acuerdo convencional, pero creemos que sería muy inusual (e imprudente) en un contexto comercial. En principio, por lo tanto, y sujeto a los puntos que se indican a continuación, las reglas ordinarias del derecho contractual se aplican a los contratos inteligentes.

2. La ley inglesa normalmente no requiere que los contratos tengan una forma particular. Hará cumplir cualquier promesa (o al menos otorgará daños y perjuicios por incumplimiento) siempre que se cumplan los requisitos del derecho consuetudinario para la formación de un contrato, y siempre que haya sin factores viciados (como coacción, tergiversación o ilegalidad). Los requisitos para la formación de un contrato son tres: primero, que se haya llegado, objetivamente, a un acuerdo entre las partes en términos que sean suficientemente ciertos; en segundo lugar, que las partes tenían la intención (nuevamente, objetivamente) de estar legalmente obligadas por su acuerdo; en tercer lugar, que, a menos que el contrato se haga por escritura pública, cada una de las partes debe dar algo de beneficio, lo que se conoce como “contraprestación”: una promesa gratuita a cambio de nada generalmente no es exigible.

1. Habrá un "acuerdo", el primer requisito, si Consuelo ofrece términos a Fede y Fede acepta esos términos de palabra o conducta. En un contexto comercial, el acuerdo generalmente se encuentra en, o al menos se evidencia mediante, un documento escrito que lleva las firmas de las partes, pero ni la escritura ni la firma son una condición previa necesaria para identificar un contrato o para que tenga fuerza.

2. El segundo requisito, la intención de obligarse jurídicamente, se presumirá a menos que alguien pruebe que no hubo tal intención. Eso será difícil de hacer; al menos en el mundo comercial, las partes tienen derecho a esperar que sus contrapartes tuvieran la intención de cumplir sus promesas, y se necesitarían circunstancias muy inusuales para llegar a la conclusión de que no hubo tal intención. .

3. Un contrato puede ser bilateral o multilateral, en cuyo caso las partes se hacen promesas, o puede ser unilateral, en cuyo caso una de las partes hace una oferta que puede ser ejecutada por cualquiera que cumpla con sus términos. Si bien la mayoría

de los contratos comerciales son bilaterales o multilaterales, los contratos unilaterales pueden tener cierta relevancia para la contratación inteligente, como analizamos a continuación.

4. Como hemos dicho, no hay ninguna razón por la que las reglas normales no deban aplicarse solo porque un contrato potencial es un contrato inteligente. De ello se deduce que la cuestión de si, y en qué circunstancias, un contrato inteligente es capaz de dar lugar a obligaciones jurídicas vinculantes gira en torno a la cuestión de si, y en qué circunstancias, las partes involucradas en la contratación inteligente son capaces de llegar a un acuerdo objetivo sobre términos, de la intención de crear una relación legalmente vinculante, y de satisfacer el requisito de consideración. Dado que el término 'contratos inteligentes' cubre una multitud de tecnologías y aplicaciones diferentes, no todas las cuales pueden considerarse individualmente en esta Declaración, consideramos esta pregunta en referencia a la característica de automaticidad discutida anteriormente.

5. El papel preciso que desempeña el software en un contrato inteligente puede variar: Consuelo y Fede pueden contratar sobre la base de que sus obligaciones están definidas por el código y que cumplen con el comportamiento del código, haga lo que haga; o pueden contratar sobre la base de que el código se utilizará para implementar su acuerdo pero no para definirlo; o pueden contratar sobre una base híbrida, donde algunas obligaciones están definidas por código, otras simplemente implementadas por código y quizás otras que no involucren código en absoluto. Hay un espectro. Sin embargo, en cada caso, la pregunta clave es qué pretendían realmente Consuelo y Fede y, específicamente, si pretendían estar sujetos al comportamiento del código. Esta es una cuestión completamente convencional de analizar las palabras y la conducta de Consuelo y Fede y determinar a la luz de la evidencia admisible lo que acordaron (objetivamente). No hay nada de novedoso en esto: es precisamente lo que hacen los jueces de forma habitual al determinar la base sobre la que las partes han contratado.

6. Un escenario de contrato inteligente común involucra a Consuelo y Fede contratando en lenguaje natural pero exigiendo que el desempeño, o ciertos aspectos del desempeño, sean ejecutados usando código, normalmente (pero no necesariamente) en un libro mayor distribuido. Quizás el ejemplo

arquetípico de este modelo de contratación es un Acuerdo Marco en virtud del cual las transacciones que representan la compra de instrumentos financieros se ejecutan en una cadena de bloques. Si bien este tipo de contrato puede implicar "inteligencia" (es decir, código), el contrato en sí es completamente convencional y no surgen nuevas cuestiones de exigibilidad. Las ramificaciones de una falla en la ejecución del código según lo previsto (o en absoluto) son cuestiones para el contrato de lenguaje natural: o se han cumplido sus términos o no, algo que debe determinarse de acuerdo con principios ordinarios y bien establecidos. Esta Declaración, en cualquier caso, no se ocupa de cuestiones de aplicabilidad como tal.

144. En cambio, Consuelo y Fede pueden contratar sobre la base de un contrato que consiste principalmente en lenguaje natural pero que incluye algunos términos (típicamente obligaciones de desempeño) que no se definen en lenguaje natural sino en código. Es probable que el código se incruste en la documentación contractual y también se implemente en una plataforma de ejecución. Esto tampoco plantea ninguna dificultad real: la cuestión de si se ha llegado a un acuerdo, si se pretendía establecer relaciones jurídicas y si existe una contraprestación puede evaluarse con referencia a los principios contractuales ordinarios. Puede surgir la pregunta de si Consuelo y Fede realmente tenían la intención de estar obligados por el código además de los términos de su lenguaje natural, pero es poco probable que eso sea motivo de duda en la práctica, ya que se puede esperar que la posición se pueda determinar fácilmente por referencia a lo que dice el lenguaje natural. Como se señaló anteriormente, el análisis de hecho y de derecho requerido para determinar la posición es, en cualquier caso, completamente convencional.

145. Es cuando Consuelo y Fede no tienen un contrato de lenguaje natural en absoluto, de modo que el supuesto acuerdo existe únicamente en el código de que la posición contractual se aleja más del territorio familiar. Aquí, no debería haber dificultad para identificar los términos (comprenderán el código fuente). Tampoco debería haber dificultad para identificar la consideración; a menudo será fácilmente identificable a partir del examen del código o incluso simplemente del comportamiento del código. Donde el código en sí no ayudará es

con la cuestión de si se ha llegado a un acuerdo (ya que la mera existencia de un código capaz de ejecutar promesas contractuales no revela nada sobre si Consuelo y Fede realmente acordaron contratar sobre la base de dicho código) y si tenían la intención de crear relaciones jurídicas. Esas preguntas deberán responderse con referencia a la evidencia extrínseca al código mismo.

146. En un caso en el que Consuelo haya presentado el código y Fede se haya comportado de una manera que equivalga en un sentido convencional a la aceptación (objetiva) de los términos de ese código, el análisis será sencillo. Los ejemplos incluirán que Fede indique su acuerdo por escrito de que está dispuesto a vincularse con una versión de código en particular, o aceptar una oferta para vincularse mediante la firma digital del código. A medida que la "contratación" se aparte más de los modelos contractuales tradicionales, será necesario considerar una conducta menos convencional, pero el análisis que en principio se requiere seguirá siendo el mismo.

1. A modo de ejemplo, supongamos que Consuelo implementa algún código en una plataforma de contabilidad distribuida que, a cambio de un criptoactivo, realiza una inversión algorítmica. Fede, a quien Consuelo no conoce, tropieza con el código y realiza transacciones con él. Esta situación puede analizarse como la formación de un contrato unilateral: Consuelo ha ofrecido términos al mundo (o, al menos, a los usuarios de la plataforma de contabilidad distribuida); Fede, al elegir realizar la transacción, ha aceptado esos términos y se ha establecido un contrato. La cuestión de si Consuelo tenía la intención de estar legalmente obligada (el segundo requisito para un contrato exigible) es inevitablemente muy específica de los hechos. Si la plataforma en la que implementó su código era un entorno de desarrollo o prueba, o era una plataforma privada a la que Fede solo obtuvo acceso porque no estaba lo suficientemente bloqueada, Consuelo probablemente tendrá pocas dificultades para establecer que no tenía la intención (objetivamente) estar legalmente obligado, y no habrá ningún contrato legalmente vinculante. Si, por otro lado, Consuelo desplegó su código en una plataforma pública y anunció su presencia, tendrá dificultades para desplazar la presunción de que realmente tenía la intención de obligarse: el contrato será exigible.

2. Otro ejemplo es el de una Organización Autónoma Descentralizada (DAO), en la que la parte que implementa el código para establecer la DAO puede no tener intención de participar en ella ni de celebrar acuerdos legalmente vinculantes con nadie; esa parte es simplemente implementando una plataforma, en la que otros interactúan de acuerdo con los "términos" del contrato inteligente que ejecuta el DAO. La pregunta es si se puede decir que aquellos que realizan transacciones en la DAO, que pueden no tener ninguna comunicación bilateral, por el hecho de su participación han celebrado un contrato legalmente vinculante y, de ser así, con quién. Una vez más, si bien la situación específica es novedosa, la situación contractual subyacente no lo es: se relaciona bien con el concepto bien establecido de una asociación no incorporada, según la cual la asociación en sí misma no tiene estatus legal, pero todos los miembros, debido a su membresía , están sujetos a las reglas. Cada miembro de la asociación contrata con los miembros en su conjunto, llegando a un acuerdo (objetivamente) y demostrando su intención de vincularse mediante la decisión del miembro de unirse a la asociación con conocimiento de las reglas. Esto es así, incluso si los miembros no no conocer las identidades de los demás. No hay ninguna razón por la cual precisamente este análisis no pueda usarse para una DAO: se puede considerar que una parte que realiza transacciones con una DAO ha aceptado cumplir y estar legalmente obligada por sus términos.

Preguntas auxiliares

2.2.1 ¿Cómo aplicaría un tribunal inglés los principios generales de interpretación contractual a un contrato inteligente escrito total o parcialmente en código informático?

1. Al interpretar un contrato, un juez se esfuerza por identificar la intención de las partes en referencia a lo que una persona razonable que tuviera todos los conocimientos previos que habrían estado disponibles para las partes habría entendido que estaban usando el lenguaje del contrato a pesar de que dicho ejercicio implica necesariamente tener en cuenta el contexto, el enfoque moderno de la interpretación de los contratos comerciales se centra mucho en el lenguaje: “El ejercicio de

interpretar una disposición implica identificar lo que las partes quisieron decir a través de los ojos de un lector, y, salvo quizás en un caso muy inusual, ese significado se deduce más obviamente del lenguaje de la disposición." A menos que el lenguaje contractual no sea claro o no sea ambiguo, un tribunal generalmente concluirá que significa lo que dice: "cuanto más claro es el significado natural, más difícil es justificar apartarse de él". Cuando los tribunales se apartan del lenguaje del contr actuar para determinar su significado, esto se debe generalmente a que el lenguaje es ambiguo, poco claro o contradictorio.

150. A primera vista, un contrato inteligente que existe puramente en código no es susceptible al ejercicio de la interpretación contractual en absoluto, en parte porque la interpretación se trata de atribuir significado al lenguaje natural, y en parte porque el código es generalmente claro, inequívoco y autónomo. -consistente (aunque no siempre es así, como se analiza a continuación). Sin embargo, no es necesario declarar los contratos inteligentes como una categoría especial de contratos a los que no se aplican las reglas normales de interpretación. Más bien, un contrato inteligente que consta únicamente de código sin ningún elemento de lenguaje natural puede verse en la mayoría de las circunstancias como un ejemplo extremo de un contrato cuyo lenguaje es claro, con el resultado de que no hay justificación para apartarse de él. El resultado práctico, sin embargo, es el mismo: no creemos que haya muchas circunstancias en las que un tribunal inglés sostenga que el "significado" de un contrato inteligente que consiste únicamente en código sea algo diferente a lo expresado en el código. Eso no es porque haya algo especial en un contrato tan inteligente. Más bien, refleja la posición completamente convencional de que cuando el lenguaje es claro e inequívoco (lo que generalmente es el código), se requerirían circunstancias muy inusuales para que un juez concluya que el significado objetivo era diferente de lo que decían las palabras (el código).

151. Aunque generalmente se puede esperar que el código para un contrato inteligente sea claro e inequívoco, esto no siempre será así. Por ejemplo, un programa puede usar una construcción mal definida en el lenguaje de programación que se usa, con el resultado de que no tiene un único "significado"

comprobable; o diferentes compiladores pueden tratar una construcción programática particular de una manera diferente, lo que lleva a una pregunta sobre qué comportamiento se pretendía realmente; o el orden de ejecución de diferentes partes del código puede afectar su comportamiento y, por lo tanto, potencialmente, su "significado". En algunos casos, tales ambigüedades pueden resolverse haciendo referencia a otras partes del código que aclaran el comportamiento previsto; sin embargo, es probable que también haya casos en los que el examen del código por sí solo no sea suficiente para determinar la intención contractual y, al igual que con los contratos en lenguaje natural, un juez deberá mirar más allá de las cuatro esquinas del código para interpretarlo.

152. La tarea de un juez al interpretar un contrato inteligente, entonces, es determinar, considerando el contrato en su conjunto y la prueba admisible, cuál fue la intención objetiva de las partes de que fuera su obligación. Cuando haya un código involucrado, parte de ese ejercicio será una determinación de si el código (o parte de él) tenía la intención de definir las obligaciones o si tenía la intención simplemente de implementarlas. En el primer caso, puede ser necesaria una investigación de lo que realmente hace el código (posiblemente con la ayuda de pruebas de expertos) como parte del ejercicio de interpretación. Cuando un contrato inteligente subsiste únicamente en código, y donde ese código no es ambiguo, es posible que el juez no tenga que hacer más que decidir que las partes tienen la intención de estar obligadas por el código, haga lo que haga. Cuando el código contiene ambigüedades, o cuando un contrato consta tanto de código como de lenguaje natural (donde el tribunal puede necesitar entender cómo encajan los dos), es probable que se necesiten pruebas extrínsecas. Cuando el código simplemente implementa un acuerdo, la cuestión de qué hace realmente el código será irrelevante para la interpretación; pero la investigación del código aún puede ser necesaria si ha surgido una disputa sobre si el código implementa correctamente el acuerdo.

2.2.2 ¿Bajo qué circunstancias un tribunal inglés miraría más allá del mero resultado de la ejecución de un código informático que es o es parte de un contrato inteligente para determinar el acuerdo entre las partes?

1. El juez siempre podrá mirar más allá del mero resultado de un programa de ordenador en marcha para determinar el acuerdo entre las partes, porque para conocer la verdadera intención de las partes será necesario hacerlo. El hecho del código vigente no puede, por sí mismo, responder a la pregunta de si las partes tenían la intención de que el código definiera sus obligaciones (o parte de sus obligaciones).

2. Es difícil imaginar en la práctica un acuerdo definido únicamente por referencia a un programa informático en ejecución, sin ninguna referencia ni al lenguaje natural ni al código fuente. Esto se debe a que, en tales circunstancias, al menos una de las partes estaría contratando a ciegas los términos que estaban acordando. En cambio, sería mucho más probable encontrar un acuerdo entre las partes para estar obligado por el comportamiento del código en ejecución en sus interacciones y comunicaciones fuera del código mismo. Ahí es donde un juez buscaría determinar el significado del contrato. Y en cualquier caso, un juez querrá mirar detrás del propio código en otras circunstancias. Primero, por ejemplo, se puede argumentar que el código debe ser rectificado, es decir, cambiado porque no refleja adecuadamente lo que acordaron las partes. Eso puede suceder si ambas partes se equivocaron en cuanto a lo que pensaron que haría el código, o incluso (en algunos casos) si solo una de las partes cometió un error.

3. En segundo lugar, al igual que con cualquier otro contrato, un tribunal intervendrá en casos de coacción, fraude, tergiversación, etc. Al igual que con la interpretación, el hecho de que un contrato sea un contrato inteligente no significa que no se apliquen las reglas normales y bien establecidas.

2.2.3 ¿Puede un contrato inteligente entre partes anónimas o seudoanónimas dar lugar a obligaciones legales vinculantes?

1. No tenemos dudas de que un contrato legal inteligente entre partes anónimas o seudónimas es capaz de dar lugar a obligaciones legales vinculantes. Esto se debe a que la ley inglesa no exige que las partes de un contrato conozcan la identidad real de cada uno. De hecho, muchos contratos se forman en circunstancias en las que (al menos) una parte no conoce la identidad real de la otra parte, por ejemplo, ventas en subastas

al mejor postor o contratos unilaterales, o cuando un agente contrata en nombre de un mandante cuya identidad no ha sido dada a conocer.

2. A pesar de eso, es obvio que existen riesgos inherentes al contratar con una parte cuya identidad probablemente no se pueda descubrir, sobre todo en términos de identificar a quién se puede demandar si se incumple el contrato.

2.2.4 ¿Se podría cumplir un requisito legal de firma mediante el uso de una clave privada?

1. La respuesta a esta pregunta dependerá, por supuesto, del estatuto particular, pero nuestra opinión es que es muy probable que un requisito legal de firma pueda cumplirse por medio de una clave privada. Esto se debe a que una firma electrónica destinada a autenticar un documento generalmente cumplirá con un requisito legal de firma, y una firma digital producida utilizando criptografía de clave pública es solo un tipo particular de firma electrónica.

2. Existen numerosos casos que dejan en claro que una firma electrónica puede satisfacer un requisito legal de firma, incluso en relación con un estatuto que ahora tiene casi 400 años. A la luz de esto, es difícil imaginar un requisito legal de firma que no se pudo cumplir mediante el uso de una clave privada.

3. Cuando se utilice una clave privada para firmar un documento, puede darse el caso de que la firma en sí esté compuesta únicamente por un mensaje firmado que utilice un software de autenticación de firma que confirme la validez de la firma. Entendemos que esto ha generado cierta preocupación de que el uso de una clave privada puede no cumplir con un requisito legal de firma. En nuestra opinión, esto no presenta ningún problema. La pregunta clave no es cómo se ve la firma, sino si está claro o no que la parte tenía la intención de autenticar los términos completos del documento.

2.2.5 ¿Se podría cumplir un requisito legal "por escrito" en el caso de un contrato inteligente compuesto parcial o totalmente por código informático?

1. Los requisitos de que un contrato sea “por escrito” o “evidenciado por escrito” son muy raros en la ley inglesa. Un

contrato puede hacerse "por escrito" solo si todo está por escrito, aunque por supuesto puede ser "evidenciado por escrito" si es sólo una parte de ella.

1. El punto de partida es que está claro que el mero hecho de que un documento esté en formato electrónico no significa que no pueda cumplir con el requisito legal de "por escrito"; de nuevo, incluso en relación con un estatuto que tiene casi 400 años. La única pregunta es si hay algo sobre el código de computadora, en oposición al lenguaje natural, que daría lugar a una conclusión diferente.

2. Es instructivo considerar la Ley de Interpretación de 1978, una pieza de la legislación del Reino Unido que define una serie de palabras que se usan comúnmente en los estatutos. El Anexo 1 define "escrito" de la siguiente manera:

"Escritura" incluye mecanografía, impresión, litografía, fotografía y otros modos de representar o reproducir palabras en forma visible, y las expresiones que se refieren a la escritura se interpretan en consecuencia.

1. Si se puede decir que la parte de un contrato inteligente que consiste en un código de computadora está "por escrito" dependerá del estatuto y las circunstancias particulares. Nuestra opinión es que, en la medida en que se pueda decir que el código relevante (1) representa o reproduce palabras; y (2) ser visible en una pantalla o impresión, es probable que cumpla con un requisito legal "por escrito". El hecho de que el código no sea comprensible para un hablante de inglés no iniciado sin un traductor experto es Los idiomas humanos generalmente no pueden ser entendidos por un hablante de inglés sin un traductor experto.

2. Nos parece que se cumplirán los requisitos en el caso del código fuente y, en la medida en que esté en formato legible, el código objeto. Sin embargo, creemos que en muchos casos los términos del contrato relevante no estarán contenidos en el código mismo; en cambio, el análisis correcto será que las partes han acordado estar obligadas por el efecto de lo que sea que haga el código, en lugar de por lo que dice.

3. La Comisión Jurídica de Inglaterra y Gales concluyó hace unos 18 años que los mensajes enviados por Electronic Data

Interchange (en contexto, el intercambio de información digital como el enviado por los sistemas automáticos de reordenación de existencias minoristas, diseñado para que el software del sistema receptor sin necesidad de intervención humana) no cumpliría con un requisito legal "por escrito". Eso se debió a que “no se pretende que el mensaje EDI en sí sea leído por ninguna persona. Por lo tanto, el mensaje EDI no tiene una forma (o no tiene la intención de tener una forma) en la que pueda leerse”. Muy recientemente, la Comisión Jurídica ha señalado que “Este razonamiento tiene implicaciones para los contratos inteligentes si se utiliza para contratos que debe ser 'por escrito'. Creemos que esto solo afectaría a los casos en los que el contrato legal inteligente no se encuentre en un formato que se pueda leer y en los que exista el requisito de que el contrato debe constar por escrito”.

4. Este razonamiento es ligeramente diferente al nuestro, pero estamos de acuerdo con la conclusión de que un contrato inteligente que tiene un formato que no se puede leer no es un "contrato por escrito".

COMISIÓN EUROPEA

REGLAMENTO DEL PARLAMENTO EUROPEO Y DEL CONSEJO relativo a los mercados de criptoactivos y por el que se modifica la Directiva (UE) 2019/1937 (Texto pertinente a efectos del EEE)

Recomendamos las siguientes lecturas:

https://eur-lex.europa.eu/legal-content/ES/TXT/?uri=CELEX%3A52020PC0593

EL IMPACTO REGULATORIO DE LA PROPUESTA MICA

https://www.pwc.es/es/auditoria/assets/impacto-regulatorio-mica-en%20los-criptoactivos.pdf

GLOSARIO

A:

Agujero de seguridad o vulnerabilidad: Es una falla en un sistema de información que se puede explotar para violar la seguridad del sistema.

Algoritmo: palabra que viene del nombre del matemático árabe Al-Khwarizmi (780 - 850 aproximadamente). Define el conjunto de instrucciones que sirven para ejecutar una tarea o resolver un problema. Los motores de búsqueda usan algoritmos para mostrar los resultados de búsquedas.

Antivirus: programa cuya finalidad es prevenir los virus informáticos, así como curar los ya existentes en un sistema. Estos programas deben actualizarse periódicamente.

API (Application Programming Interfaces): Es posible conectarse a cloud a través de una API, una interfaz de programación de aplicaciones que permite conectarse de la misma forma que una "llave" nos permitiría abrir una puerta. Las API son un conjunto de comandos, funciones y protocolos informáticos que permiten a los desarrolladores crear programas específicos para ciertos sistemas operativos. Las API simplifican en gran medida el trabajo de un creador de programas, ya que no tiene que «escribir» códigos desde cero. Estas permiten al informático usar funciones predefinidas para interactuar con el sistema operativo o con otro programa. Arquitectura shared nothing (SN):

App: El término app es una abreviatura de la palabra en inglés application. Es decir, una app es un programa. Pero con unas características especiales. Se refieren sobre todo a aplicaciones destinadas a tablets (como el iPad o equipos Android) o a teléfonos del tipo smartphone (como el iPhone o el Samsung Galaxy).

Aprendizaje supervisado: Es uno de los puntos clave del *machine learning* (*supervised learning* en inglés). Hace predicciones basadas en comportamientos que han aparecido ya en datos previamente almacenados. Esto permite extraer patrones de los datos y segmentarlos por campos, llamados campos objetivos.

APT (Amenaza Persistente Avanzada): Ataques especialmente diseñados y dirigidos contra una organización o entidad concreta. Por lo general requieren de un elevado tiempo de preparación y combinan diferentes técnicas y vulnerabilidades de entre las ya comentadas anteriormente.

Ataques de días cero (0-DAY): Ataques contra aplicaciones o sistemas que aprovechan nuevas vulnerabilidades, desconocidas por los fabricantes del producto y/o software, y para los que no se han desarrollado aún "parches" o soluciones que las corrijan. Estos ataques pueden tener un grave impacto, y el código para explotar dichas vulnerabilidades se vende a menudo por elevadas cantidades de dinero en el denominado mercado negro de los exploits.

B:

Backup: copia de respaldo o seguridad. Acción de copiar archivos o datos de forma que estén disponibles en caso de que un fallo produzca la pérdida de los originales.

Backup Remoto: backup remoto es hacer un respaldo de datos en otra ubicación física accesible por Internet.

BIOS: del inglés "Basic Input/Output System" (Sistema Básico de Input/Output). El BIOS es un programa preinstalado que se usa para arrancar el sistema.

Bitcoin: Criptomoneda creada por Satoshi Nakamoto basada en tecnología blockchain.

Blockchain: Una gran base de datos distribuida, en la que se pueden registrar todo tipo de transacciones directamente entre las partes sin necesidad de intermediarios, en tiempo real, de forma segura y con absoluta trazabilidad.

Bitcoin es una innovadora red de pagos y una nueva clase de dinero, usa tecnología peer-to-peer o entre pares para operar sin una autoridad central o bancos; la gestión de las transacciones y la emisión de bitcoins es llevada a cabo de forma colectiva por la red.

Bitcoin es de código abierto; su diseño es público, nadie es dueño o controla Bitcoin y todo el mundo puede participar. Por medio de sus muchas propiedades únicas, Bitcoin permite usos interesantes no contemplados por ningún sistema de pagos anterior

Bloque / Block: Cada bloque es información digital que se almacena en una base de datos pública (blockchain). Los bloques contienen información sobre las transacciones, las partes involucradas y que identifica cada transacción. Cuando las transacciones han sido verificadas, reciben un hash.

Bot: Aplicación de software destinado a ejecutar tareas automáticas. Estas tareas se conocen como scripts. Los bots se usan para tareas repetitivas. En ocasiones, pueden usarse para fines maliciosos, como para llevar a cabo un ataque DoS.

Botnet (REDES ZOMBIS): Conjunto de ordenadores (conectados a Internet) infectados que se ejecutan y controlan de manera autónoma y automática. Estas redes son usadas principalmente para aumentar la capacidad de procesamiento necesaria para perpetrar un ataque, así como para ocultar el origen y autoría del mismo.

Bootcamps: Son programas altamente intensivos que forman profesionales con estudios universitarios en un área específica, típicamente tecnológica.

Bucket (AWS): los buckets en AWS (Amazon Web Services) son sinónimos de contenedores. Por ejemplo S3, el servicio de almacenamiento, almacena datos a modo de objetos dentro de buckets pudiendo generar uno o más buckets con propiedades diferenciadas (p. e. distintos permisos de acceso).

BUG: término aplicado a los errores descubiertos al ejecutar cualquier programa informático. Fue usado por primera vez en el año 1945 por Grace Murray Hooper al descubrir cómo un insecto (bug en inglés) había dañado un circuito de la computadora "Mark".

C:

CASB *(Cloud Access Security Broker)* son los puntos que refuerzan las políticas de seguridad, bien sea una solución on-premise o basada en la nube, se sitúan entre los consumidores de servicios de nube y los proveedores de servicios de nube a fin de combinar e interponer políticas de seguridad corporativas a medida que se acceda a los recursos en la nube. Para el año 2020, el 60% de las grandes empresas utilizarán una solución CASB será tan importante como un firewall, sus 4 pilares son la visibilidad, conformidad, seguridad de los datos, protección contra amenazas.

CBDC: (*Central Bank Digital Currencies*) Monedas Digitales de Banco Central, forma digital de dinero del banco central que es diferente de los saldos en las reservas tradicionales o cuentas de liquidación.

Certificado Digital: acreditación emitida por una entidad o un particular debidamente autorizado garantizando que un determinado dato (una firma electrónica o una clave pública) pertenece realmente a quien se supone. Por ejemplo, Verisign y Thawte.

CEO: Es una sigla de la lengua inglesa que procede de la expresión **Chief Executive Officer** (que puede traducirse como Oficial Ejecutivo en Jefe). ... Un **CEO**, por lo tanto, es un presidente ejecutivo, un director gerente, un director general o un consejero delegado.

CIO: Es un ejecutivo responsable del desarrollo, implementación y operación de la política de tecnología de la información de una empresa. El **CIO Chief Information Officer**, suele reportar al director financiero (CFO) o al director general (CEO) dependiendo de la organización.

CISO: Es una sigla de la lengua inglesa que procede de la expresión **Chief Information Security Officer**, quien es el responsable máximo en planificar, desarrollar, controlar y gestionar las políticas, procedimientos y acciones con el fin de mejorar la seguridad de la información dentro de sus pilares fundamentales de confidencialidad, integridad y disponibilidad.

ChatBot: Un bot de charla o bot conversacional es un programa que simula mantener una conversación con una persona/usuario al proveer respuestas automáticas a solicitudes (entradas) hechas por el usuario. Dentro de la estrategia de Transformación Digital en las empresas se utiliza para dar al cliente interno o externo información en forma automática sobre servicios prestados por la compañía, estado de pedidos etc.

Ciberseguridad: Es el proceso de proteger la información previniendo, detectando y respondiendo a los ataques.

Clave privada: Es un texto alfanumérico que se usa como tu cuenta bancaria. Es fundamental que sea privada porque con ella se puede acceder a esa cuenta y operar con ella. Es una clave larga y difícil de memorizar.

Clave pública: Es aquella que puede darse a conocer de forma pública y a la que se envían transacciones.

Cloud Computing: El cloud computing consiste en la posibilidad de ofrecer servicios a través de internet. Es un modelo para ofrecer a los ordenadores acceso a recursos compartidos, como información, servidores y aplicaciones. Los archivos se alojan en cloud y son accesibles a través de la red desde cualquier dispositivo con acceso a internet.

Código de Barras: El código de barras es un código basado en la representación de un conjunto de líneas paralelas de distinto grosor y espaciado que en su conjunto contienen una determinada información, es decir, las barras y espacios del código representan pequeñas cadenas de caracteres. De este modo, el código de barras permite reconocer rápidamente un artículo de forma única, global y no ambigua en un punto de la cadena logística y así poder realizar inventario o consultar sus características asociadas

Código Fuente: conjunto de instrucciones que componen un programa, escrito en cualquier lenguaje. En inglés se dice "source code".

Computing Stack: Conjunto de elementos tecnológicos como red, almacenamiento, servidor, virtualización, sistema operativo, middleware, tiempo de ejecución, datos, y aplicaciones.

Conexión Remota: operación realizada en una computadora remota a través de una red de computadoras, como si se tratase de una conexión local.

Contenedor: En Cloud Computing los contenedores comparten un sistema operativo instalado en el servidor, y se ejecutan como procesos aislados de los recursos, lo que garantiza implementaciones rápidas, fiables y consistentes sea cual sea el entorno en el que se realizan.

Contraseña: password. Código utilizado para accesar un sistema restringido. Debe contener caracteres alfanuméricos e incluso algunos otros símbolos. Se destaca que la contraseña no es visible en la pantalla al momento de ser tecleada con el propósito de que sólo pueda ser conocida por el usuario.

Contrato inteligente: Son literalmente líneas de código asociadas al blockchain que permite ejecutar acuerdos entre partes de forma automática y en tiempo real cuando se cumplen las condiciones pactadas por dichas partes.

Cobot: co-robot o robot colaborativo, es un robot creado para interactuar físicamente con humanos en un entorno colaborativo de trabajo, este desarrollo contrasta con el de otros robots, diseñados para operar autónomamente o con una ayuda limitada tal y como funcionan la mayor parte de los robots industriales construidos hasta la década de 2010; Los cobots fueron inventados en 1996 por J. Edward Colgate y Michael Peshkin.

Cosmos: Es una red descentralizada de blockchains paralelas e independientes, cada una de estas cadenas de bloques puede tener su propio algoritmo de consenso tolerante a fallas bizantinas (BFT).
Cosmos es un proyecto comunitario de código libre que fué inicialmente construido por el equipo de Tendermint. Tendermint fue fundado en 2014 por Jae Kwon (CEO) y Ethan Buchman. El propósito de iniciar esta empresa era para explorar formas de comercializar el algoritmo de consenso de Tendermint, el cual fue desarrollado por Kwon en 2014. Desde 2017, el equipo

de Tendermint ha estado trabajando para hacer la entrega de la versión inicial de la red Cosmos y para el lanzamiento del Cosmos Hub, el primer blockchain en la red Cosmos.

Cracker: persona que trata de introducirse a un sistema sin autorización y con la intención de realizar algún tipo de daño u obtener un beneficio.

Criptografía: se dice que cualquier procedimiento es criptográfico si permite a un emisor ocultar el contenido de un mensaje de modo que sólo personas en posesión de determinada clave puedan leerlo, después de descifrarlo.

Criptomoneda / Cryptocurrency: Medio digital de intercambio que utiliza criptografía para asegurar las transacciones financieras, controlar la creación de unidades adicionales y verificar la transferencia de activos. Las criptomonedas tienen un control descentralizado, en contraposición a las monedas centralizadas y a los bancos centrales.

Cross-Site Scripting (XSS): Técnicas de inyección de código (principalmente Javascript y PHP) que, aprovechando errores de programación en las páginas web, provocan un comportamiento anormal del sistema pudiendo afectar a la integridad del mismo.

Crowdfunding (financiación colectiva): Es una forma de financiación que consiste en utilizar el capital de númerosos individuos a través de pequeñas aportaciones. Normalmente se utiliza para financiar nuevos proyectos. Las plataformas de crowdfunding permiten que personas en cualquier parte del mundo puedan ofrecer dinero a personas o empresas. También se conoce como micromizenazgo.

El crowdfunding ayuda a pequeñas empresas a conseguir financiación más allá de la que puedan aportar bancos, amigos y familiares. Se utiliza como fuente de financiación para proyectos muy diversos, desde campañas políticas o empresariales hasta proyectos musicales o artísticos (conseguir dinero para filmar películas o cortos).

Crowdsourcing (del inglés *crowd* -multitud- y *outsourcing* -recursos externos) se podría traducir al español como *colaboración abierta distribuida* o *externalización abierta* *de tareas*, y consiste en externalizar tareas que, tradicionalmente, realizaban empleados o contratistas, dejándolas a cargo de un grupo númeroso de personas o de una comunidad, a través de una convocatoria abierta.

CryptoKitties: Es considerado el primer juego que se encuentra basado en el sistema de blockchain o cadena de bloques, dicho sistema, es el mismo que utilizan las criptomonedas en la actualidad para operar, por ende, es algo bastante revolucionario e innovador.

Este juego se trata de criar pequeños gatos virtuales, los mismos crecen, los puedes coleccionar y hasta aparear para crear nuevas descendencias. Lo novedoso de este sistema es que puedes comprar, vender o intercambiar gatitos, lo que te permite ganar mucho dinero.

Una de las características más resaltantes es que los gatos una vez que los tengas en tu propiedad, no pueden ser replicados, destruidos ni tampoco te los pueden quitar, de igual manera cada gato existente en el juego es único.

Este es un juego que se encuentra basado en la red descentralizada de Ethereum, es por esto que cualquier persona que este dentro de esta red, puede comprar o vender gatitos, con la criptomoneda de esta red, el Ether

CVE: (Common Vulnerabilities and Exposures) es un buen repositorio de vulnerabilidades que se puede consultar en inglés.

Cyber Kill: Desarrollado por Lockheed Martin, Cyber Kill Chain® es parte del modelo Intelligence Driven Defense® para la identificación y prevención de la actividad de intrusiones cibernéticas. El modelo identifica lo que los adversarios deben completar para lograr su objetivo. Los siete pasos de Cyber Kill Chain® mejoran la visibilidad de un ataque y enriquecen la comprensión del analista de las tácticas, técnicas y procedimientos de un adversario.

D:

DAO - digital decentralized autonomous organization: Empresa u organización creada para actuar de forma automatizada y descentralizada, que actúa como inversor de capital riesgo. La primera organización de este tipo se denominó DAO, utilizo la red de Ethereum y fracaso debido a un error en su código inicial. (Fuente: https://bitcoin.es)

DApps: Aplicaciones descentralizadas que utilizan Blockchain para que sus operaciones no dependan de un sistema central, sino de todos los integrantes de la comunidad donde la información está compartida y distribuida.

Para que una aplicación sea considerada una Dapp (pronunciado Di-ap, similar al correo electrónico) debe cumplir con los siguientes criterios:

-La aplicación debe ser completamente de código abierto, tiene que funcionar de forma autónoma y sin una entidad que controle la mayoría de sus tokens. La aplicación puede adaptar su protocolo en respuesta a mejoras propuestas y sugerencias del mercado, pero todos los cambios deben ser decididos por consenso de sus usuarios.

-Los datos y registros de funcionamiento de la aplicación deben almacenarse en una cadena de bloques pública y descentralizada con el fin de evitar puntos de error centralizados.

-La aplicación debe usar un token criptográfico (bitcoin o un token nativo de su sistema), que es necesario para acceder a la aplicación y toda aportación de valor (mineros) debe ser recompensada en tokens de la aplicación.

-La aplicación debe generar tokens de acuerdo con un algoritmo estándar criptográfico actuando como una prueba de valor de los nodos que están contribuyendo con la aplicación (Bitcoin utiliza el algoritmo*prueba de trabajo*).

Data warehouse: es un repositorio central de información que se puede analizar para tomar decisiones mejor informadas. Los datos fluyen hacia un data warehouse a partir de sistemas transaccionales, bases de datos relacionales y otros orígenes, normalmente a un ritmo regular. Los analistas empresariales, los científicos de datos y los responsables de la toma de decisiones obtienen acceso a los datos mediante herramientas de inteligencia empresarial (BI), clientes SQL y otras aplicaciones analíticas.

DBIR: Departamento de Seguridad Nacional de los Estados Unidos (Department of Homeland Security) es una fuente de referencia en publicaciones sobre ciberseguridad.

DES: Estándar de Cifrado de Datos. Algoritmo de cifrado de datos el cual utiliza bloques de datos de 64 bits y una clave de 56 bits. Ha sido el estándar EE.UU durante muchos años.

DNS Domain Name System: Sistema descentralizado para dispositivos conectados a redes IP como Internet o una red privada que asocia información variada con nombres de dominio asignado a cada uno de los participantes. El servidor DNS utiliza una base de datos distribuida y jerárquica que almacena información asociada a nombres de dominio en redes como Internet..

Doble Gasto: (Doble Spending): es un fallo que se da por defecto en los sistemas basados en blockchain, el cual consiste en poder gastar más de una vez una misma moneda digital.Se podría decir que es lo más parecido a "falsificar" criptomonedas. Ejemplp: Carlos tiene en su wallet 1 Ether y envía ese mismo Ether de forma simultánea a dos personas diferentes, Diego y Julia. Si se confirman al mismo tiempo, ambas transacciones serían válidas, por lo que se habría producido un doble gasto de un mismo Ether. Se resuelve esperando hasta 6 confirmaciones de mineros de la transacción y solo con el 51% del control de los mineros se puede realizar, algo inviable por su coste.

DoS: Es un ataque a un sistema de ordenadores que impide que sus usuarios puedan acceder a un servicio o recurso (Denial of Service, por sus siglas en inglés).

DDoS: Es un ataque distribuido de denegación de servicio, (o DDoS, por sus siglas en inglés), se lleva a cabo mediante el uso de un volumen de equipos altos. Para llevar a cabo el ataque, se consigue que estos traten de acceder simultáneamente a un sitio web o a un servidor. Cuando la cantidad de solicitudes es demasiado grande, el sistema se satura y deja de funcionar con regularidad.

DHCP: siglas del inglés Dynamic Host Configuration Protocol. Protocolo Dinámico de Configuración del Host. Un servidor de red usa este protocolo para asignar de forma dinámica las direcciones IP a las diferentes computadoras de la red.

DNS: Servidor de Nombres de Dominio. Servidor automatizado utilizado en el Internet cuya tares es convertir nombres fáciles de entender (como www.google.com) a direcciones numéricas de IP.

DPA: Digital Process Automation, este término se asocia como la evolución de BPM (Bussiness Process Management) y se define como la automatización de las tareas utilizando TI que permitan "mejorar la experiencia de los clientes" y así mismo mejorar la información disponible de los clientes para los empleados. Se dice que se diferencia de BPM en que el enfoque principal de BPM era ante todo "reducir costos".

E:

Edge Computing: paradigma de computación distribuida que acerca la computación y el almacenamiento de datos al lugar donde se necesita, para mejorar los tiempos de respuesta y ahorrar ancho de banda.

Encriptación: cifrado. Tratamiento de un conjunto de datos, contenidos o no en un paquete, a fin de impedir que nadie, excepto el destinatario de los mismos, pueda leerlos. Hay muchos tipos de cifrado de datos que constituyen la base de la seguridad de la red.

Enumeración y escaneo: Identificación de sistemas, equipos y dispositivos existentes en la red. Obtención de nombres de equipos, usuarios, recursos compartidos, etc. También incluye habitualmente la identificación de posibles vulnerabilidades.

EPC: Código Electrónico del Producto puede considerarse el sucesor de los códigos de barras tradicionales. Permite hacer un seguimiento más detallado y único de cualquier producto. Los EPC se apoyan en la tecnología RFID.

Ether: es una criptomoneda nativa (propia) de la plataforma Ethereum, es un asset digital (token), metaforicamente puede ser considerado como la "gasolina" de las aplicaciones en Ethereum y actualmente es la segunda moneda digital más usada.

Ethereum: es una plataforma descentralizada desarrollada en 2013 por un joven de apenas 20 años, Vitalik Buterin. Entusiasta de las criptomonedas (en especial del bitcoin) y de su potencial, creó Ethereum para que los usuarios pudieran crear y ejecutar contratos inteligentes con sólo escribir un par de líneas de código.

El propósito inicial del proyecto Ethereum es el de *descentralizar la web* mediante la introducción de cuatro componentes como parte de la hoja de ruta de su Web 3.0: publicación de contenido estático, mensajes dinámicos, transacciones confiables y una interfaz de usuario integrada y funcional. Estos componentes están diseñados para reemplazar algunos aspectos de la experiencia Web que damos por sentado actualmente, pero haciéndolo de una manera completamente descentralizada y anónima.

Etherscan: Es un explorador de bloques para el blockchain Ethereum. Permite a los usuarios hacer búsquedas y ver el detalle de las transacciones realizadas en este blockchain.

Etiquetas RFID: etiquetas de identificación por radiofrecuencia. Son dispositivos muy pequeños formados por un circuito y una antena de cobre, que tienen el aspecto de una etiqueta pero pueden transmitir una gran cantidad de información.

E-Waste: Describe dispositivos eléctricos o electrónicos desechados. Los productos electrónicos usados destinados a la restauración, reutilización, reventa, reciclaje de recuperación mediante la recuperación de materiales o eliminación también se consideran desechos electrónicos. El procesamiento informal de los desechos electrónicos en los países en desarrollo puede provocar efectos adversos para la salud humana y la contaminación ambiental.

F:

FAANG: es el acrónimo con el que se conocen las cinco empresas dominantes en la nueva economía digital (Facebook, Amazon, Apple, Netflix y Google) que, en el lapso de una década, han desplazado a los gigantes industriales y financieros tradicionales en los rankings de empresas con mayor capitalización bursátil.

Fingerprinting: Búsqueda y recolección de todo tipo de información del objetivo, principalmente en Internet, y realizada de manera pasiva, que pueda ser utilizada en la perpetración de un ataque.

Firewall: combinación de hardware y software la cual separa dos segmentos de red o una red de área local (LAN) en dos o más partes con propósitos de seguridad. Su objetivo básico es asegurar que todas las comunicaciones entre dicha red e Internet se reConsuelon conforme a las políticas de seguridad de la organización que lo instala. Además, estos sistemas suelen incorporar elementos de privacidad, autentificación, etc.

Firma Digital: información cifrada que identifica al autor de un documento electrónico y autentica su identidad.

Forja: Es una plataforma de desarrollo colaborativo de software.

FTP: File Transfer Protocol. Protocolo de transferencia de archivos. Por medio de programas que usan este protocolo, se permite la conexión entre dos equipos y se pueden cargar y descargar archivos entre el cliente y el host (servidor).

Funciones cloud: rutinas construidas de forma específica que emplean recursos cloud para ejecutarse.

G:

Gas: Las operaciones en Ethereum tienen un coste. Este recibe el nombre de gas. Este término permite medir la ejecución de tareas de la misma forma que los Kilowatios se usan para medir el consumo eléctrico.

GDPR: El Reglamento General de Protección de Datos (RGPD) es el reglamento europeo relativo a la protección de las personas físicas en lo que respecta al tratamiento de sus datos personales y a la libre circulación de estos datos. Entró en vigor el 25 de mayo de 2016 y fue de aplicación el 25 de mayo de 2018, dos años durante los cuales las empresas, las organizaciones, los organismos y las instituciones se fueron adaptando para su cumplimiento. Es una normativa a nivel de la Unión Europea, por lo que cualquier empresa de la unión, o aquellas empresas que tengan negocios en la Unión Europea, que manejen información personal de cualquier tipo, deberán acogerse a la misma..

Genoma: Totalidad de la información genética que posee un organismo en particular.

GitHub: es una plataforma de alojamiento de código de software para el control de versiones y la colaboración. Permite a diferentes personas trabajar juntas en proyectos desde cualquier lugar del mundo.

Git: es un software de control de versiones pensando en la eficiencia y la confiabilidad del mantenimiento de versiones de aplicaciones cuando éstas tienen un gran número de archivos. Diseñado inicialmente para el control de las versiones del sistema operativo Linux, no tardo en extenderse para propósitos generales. Es la herramienta que usa internamente la plataforma GitHub

GPL: acrónimo en inglés de General Public License (Licencia Pública General). Esta licencia regula los derechos de autor de los programas de software libre (free software) promovido por el Free Software Foundation (FSF) en el marco de la iniciativa GNU.

Gusano: programa informático que se autoduplica y autopropaga. En contraste con los virus, los gusanos suelen estar especialmente escritos para redes. Los gusanos de redes fueron definidos, por primera vez, por Shoch & Hupp, de Xerox, en la revista ACM Communications (marzo 1982). El primer gusano famoso de Internet apareció en noviembre de 1988 y se propagó por sí solo a más de 6.000 sistemas a lo largo de Internet.

H:

Hacker: persona que tiene un conocimiento profundo acerca del funcionamiento de redes de forma que puede advertir los errores y fallas de seguridad del mismo. Al igual que un cracker busca acceder por diversas vías a los sistemas informáticos, pero con fines de protagonismo o superación.

Hacking Ético: hacking ético es una forma de referirse al acto de una persona usar sus conocimientos de informática y seguridad para realizar pruebas en redes y encontrar vulnerabilidades, para luego comunicarlas y que se tomen medidas, sin hacer daño.

Hash: Es una mezcla específica de datos recogida en un único conjunto de caracteres. Cuando a los bloques se les ha sido asignado un hash, se puede añadir al blockchain.

El hash es la columna vertebral de la seguridad informática, tanto es así que se utiliza más a menudo de lo que podamos pensar. Un ejemplo de ello es el habitual uso del hash en la protección de las contraseñas cuando se almacenan en las bases de datos.

Un hash no es una forma de cifrado realmente, y el aspecto que presenta es una combinación de caracteres con una longitud determinada que son generados mediante funciones hash o de resumen, y en el caso de Bitcoin se utiliza el algoritmo SHA-256 para obtener un hash de 64 caracteres hexadecimales.

Hackacthons: Combina los términos "hacker" y "maratón". Se trata de encuentros de programadores de software. En ellos, los programadores se agrupan en equipos y tratan de resolver problemas en un tiempo limitado.

Hijacking: Técnicas ilegales utilizadas por los atacantes para adueñarse o tomar el control de diferentes recursos: navegador, credenciales de sesión, conexiones TCP/IP, páginas web, etc.

HOAX: término utilizado para definir a los falsos rumores o bromas, especialmente sobre virus inexistentes difundidos por la red. A veces, tienen mucho éxito y causan casi tanto daño como si se tratase de un virus real.

HTML: En inglés, *HyperText Markup Language* (lenguaje de marcas de hipertexto). Es un lenguaje de marcado que se emplea en la creación de sitios web. Es decir, las webs están compuestas por HTML, que describe los elementos y el diseño de la página.

HTML5:(*HyperText Markup Language*, versión 5) es la quinta revisión importante del lenguaje básico de laWorld Wide Web, HTML . HTML5 especifica dos variantes de sintaxis para HTML: una «clásica», HTML (text/html), conocida como*HTML5*, y una varianteXHTML_conocida como sintaxis*XHTML5*que deberá servirse con sintaxis XML (application/xhtml+xml). Esta es la primera vez que HTML y XHTML se han desarrollado en paralelo. La versión definitiva de la quinta revisión del estándar se publicó en octubre de 2014. Al no ser reconocido en viejas versiones de navegadores por sus nuevas etiquetas, se recomienda al usuario común actualizar su navegador a la versión más nueva, para poder disfrutar de todo el potencial que provee HTML5. El desarrollo de estelenguaje de marcado es regulado por el ConsorcioW3C_

HTTP: En inglés, *HyperText Transfer Protocol* es un **protocolo de transferencias.** Permite la **transmisión de mensajes entre el cliente (navegador) y el servidor web**. Las informaciones que operan en la web con HTTP lo hacen sirviéndose de direcciones IP. Es el protocolo predominante en la actualidad.

HTTPS: creado por Netscape Communications Corporation para designar documentos que llegan desde un servidor web seguro. Esta seguridad es dada por el protocolo SSL (Secure Socket Layer) basado en la tecnología de encriptación y autenticación desarrollada por RSA Data Security Inc.

HUB: punto central de conexión para un grupo de nodos; útil para la administración centralizada, la capacidad de aislar nodos de problemas y ampliar la cobertura de una LAN.

Hyperledger: es un esfuerzo de colaboración de código abierto creado para avanzar en las tecnologías de cadena de bloques de la industria y construcción de plataformas blockchain.Es una colaboración global, organizada por la Fundación Linux, que incluye líderes en finanzas, banca, Internet de las cosas, cadenas de suministro, fabricación y tecnología.

I:

ICO Oferta Inicial Criptomonedas / Initial Coin Offering: es un mecanismo de financiación alternativo a los más tradicionales como la oferta pública de suscripción (OPS), utilizado fundamentalmente por start-ups.
Identidad Digital auto-soberana / self sovereign identity: Identidad que recoge atributos que comúnmente se usan para identificar a un individuo, entidades legales, dispositivos o activos que a menudo están vinculados a la identidad humana en el mundo digital. Es el propietario de la identidad quien tiene el control y posesión de toda la información, atributos vinculados a su identidad digital.

Identidad Digital auto-soberana / self sovereign identity: Identidad que recoge atributos que comúnmente se usan para identificar a un individuo, entidades legales, dispositivos o activos que a menudo están vinculados a la identidad humana en el mundo digital. Es el propietario de la identidad quien tiene el control y posesión de toda la información, atributos vinculados a su identidad digital.

Identificadores descentralizados (DID): Identificaciones que los usuarios crean, poseen y controlan independientemente de cualquier organización o gobierno.

Infraestructura como servicio (IaaS): Su oferta engloba todo aquello relacionado con el sistema operativo (virtualización, servidor, almacenamiento, red).

Ingeniería Social: Técnicas y habilidades sociales o psicológicas para obtener información confidencial a través de la manipulación de las personas o usuarios.

Inteligencia Artificial:
En informática la inteligencia artificial (IA), a veces llamada inteligencia de máquina, es inteligencia demostrada por máquinas, en contraste con la inteligencia natural que muestran los humanos. Coloquialmente, el término "inteligencia artificial" se usa a menudo para describir máquinas (o computadoras) que imitan funciones "cognitivas" que los humanos asocian con la mente humana, como "aprendizaje" y "resolución de problemas".

IoT: Internet of Things (internet de las cosas).
Es el nombre con el que se llamó al contexto definido por la interconexión de objetos, la relación entre ellos y con el mundo físico. Hace una década, el número de personas conectadas a internet comunicándose era superior al de la interacción entre máquinas. En el nuevo contexto de la transformación digital, los objetos son mayoría. Están conectados a internet y se comunican constantemente entre ellos. Kevin Ashton, miembro del Auto-ID Center en el MIT, propuso IoT para este fenómeno.

IP: Internet Protocol, Protocolo de Internet. Conjunto de reglas que regulan la transmisión de paquetes de datos a través de Internet. El IP es la dirección numérica de una computadora en Internet de forma que cada dirección electrónica se asigna a una computadora conectada a Internet y por lo tanto es única. La dirección IP está compuesta de cuatro octetos como, por ejemplo, 132.248.53.10.

IPv4: es la cuarta revisión del Protocolo de Internet y la más usada hoy en día. Usa direcciones de 32 bits, con el formato “111.111.111.111.” Cada sección puede contener un número de 0 hasta 255, lo cual da un total de 4,294,967,296 (232) direcciones IP posibles.

IPv6: con el crecimiento exponencial de las computadoras, el sistema de direcciones IP, IPv4, se va a quedar sin direcciones IP.

Entra en acción IPv6, también llamado IPng (IP Next Generation IP de Nueva Generación); es la siguiente versión planificada para el sistema de direcciones IP.

IPFS (Sistema de archivos interplanetario) Es un protocolo y una red de acceso libre cuyo propósito es la conexión de dispositivos informáticos. Este protocolo de internet busca la conexión de dispositivos en un único sistema de archivos. En IPFS los archivos se intercambian desde un repositorio Git. (Ver sección de videos abajo).

Intralogística 4.0: Es la suma de condiciones de la Cuarta revolución industrial (digitalización, interconexión, cloud), aplicadas al proceso Intralogístico. No solo se trata de manipular a través del depósito el producto o carga, sino que se trata al producto/carga y su información relacionada, como un todo indivisible.

J:

JavaScript: Es un lenguaje doblemente tipado, interpretado, con una sintaxis similar a C++. Se utiliza en sitios web, servidores, y navegadores. Permite incorporar datos en las páginas web, haciendo que no solo contengan texto, dándoles mayor versatilidad.

K:

Kubernetes: es un sistema de código libre para la automatización del despliegue, ajuste de escala y manejo de aplicaciones en contenedores que fue originalmente diseñado por Google. Soporta diferentes entornos para la ejecución de contenedores, incluido Docker

Kill Chain: Es un término de origen militar. En ciberseguridad, es un modelo que estructura los ciberataques en 7 fases: reconocimiento, creación del código malicioso, entrega, explotación, comando y control, acciones.

L:

LAMP: La arquitectura tradicional cliente-servidor está conformada por tres niveles: cliente, servidor y base de datos. En el mundo de las aplicaciones web, esto se engloba dentro del acrónimo LAMP (Linux, Apache, My SQL, PHP/Perl)

LAN: Local Area Network. Red de área local. Red de computadoras personales ubicadas dentro de un área geográfica limitada que se compone de servidores, estaciones de trabajo, sistemas operativos de redes y un enlace encargado de distribuir las comunicaciones.

Ledger: El ledger o libro mayor (en terminología contable) es el lugar donde se registran todas las transacciones realizadas por los usuarios de un blockchain.

Log Files: ficheros donde se almacenan un registro de la actividad de un programa en un período de tiempo dado el cual puede ser utilizado por auditores externos para registrar el uso del sitio.

LPWAN: redes de área amplia de baja potencia. Low Power Wide Area Networks son redes inalámbricas diseñadas para aplicaciones IoT, gracias a su bajo consumo, con baterías que pueden durar más de 10 años y por su gran cobertura o alcance.

Logística 4.0: Se considera parte de la Cuarta Revolución Industrial, como una logística moderna que incluye la digitalización, la interconexión y la informática en la nube, donde el elemento y su información derivada se tratan como uno solo.

M:

M2M: (*machine to machine*, 'máquina a máquina') es un concepto genérico que se refiere al intercambio de información o comunicación en formato de datos entre dos máquinas remotas.

Manufacturing Execution System (MES): Los sistemas de ejecución de fabricación (MES, por sus siglas en inglés) son sistemas computarizados utilizados en la fabricación para rastrear y documentar la transformación de materias primas en productos terminados. MES proporciona información que ayuda a los responsables de la toma de decisiones de fabricación a comprender cómo se pueden optimizar las condiciones actuales en la planta para mejorar la producción. MES trabaja en tiempo real para permitir el control de múltiples elementos del proceso de producción (por ejemplo, insumos, personal, máquinas y servicios de soporte).

Machine Learning: El aprendizaje automático (ML) es el estudio científico de algoritmos y modelos estadísticos que utilizan los sistemas informáticos para realizar una tarea específica de manera efectiva sin usar instrucciones explícitas, sino que se basan en patrones e inferencia. Es visto como un subconjunto de inteligencia artificial.

Maquina Virtual (VM): Una VM es un software utilizado para simular un sistema operativo "invitado" que utiliza los recursos de hardware de un sistema host subyacente. Este sistema invitado se comporta como un PC independiente con RAM, espacio en el disco duro y sistema de archivos propios.

Malware: Es un término general que se usa para referirse a cualquier software que se emplea para dañar un sistema de información, generalmente un ordenador.

Merkle root: La raíz de Merkle también se conoce como hash del nodo raíz del árbol. En un árbol de Merkle, un hash se conecta a otro hash en una estructura de ramas. El hash del nodo raíz del árbol es el hash de nivel superior, conformado por todos los hash inferiores.
Metamask.

Merkle tree: Es una estructura de datos que emplea los hash de los datos conectados como nombre para cada dato. Los niveles superiores son la combinación de los niveles inferiores que se agrupan bajo ellos.

MeetUps: Es una plataforma en la que diferentes comunidades con intereses comunes organizan eventos en torno a estos. Uno de las áreas de esta comunidad es precisamente, ciberseguridad.

Middleware: Es un software que sirve para conectar entre sí otros softwares, sistemas operativos y/o aplicaciones.

Minero: Participantes en una red blockchain cuya misión es verificar la validez de las transacciones y añadir los nuevos bloques a la cadena, a cambio de una remuneración normalmente en criptomonedas.

Minería web: La forma inglesa de este concepto se conoce como "web mining". Se sirve de los datos de internet y su objetivo es reunir datos rápidamente.

Mining: Proceso por el cual se verifican las transacciones en una red blockchain mediante la resolución de un algoritmo matemático de alta complejidad.

Mining pools o fondos de minería: Organizaciones que consisten en varias máquinas para la extracción de bloques que trabajan de forma colaborativa en el proceso de minería y se reparten los beneficios. Unión de muchos mineros que tienen el objetivo de minar una criptomoneda determinada en aras de colaborar unos con otros, debido principalmente a que cada vez quedan menos monedas sin extraer, lo que causa que la potencia de cómputo necesaria para minar una porción de un token sea cada vez mayor.

Mirroring: duplicación de datos para propósitos de backup o para distribuir el tráfico de la red entre varias computadoras.

MQTT (Message Queue Telemetry Transport): En 1999, IBM inventó el protocolo MQTT, un protocolo de mensajes cliente-servidor que necesita poco ancho de banda y un consumo reducido. Es, por tanto, un protocolo centrado en sensores y, por tanto, muy apropiado para IoT.

MQTT se usa en la comunicación IoT entre máquinas. Los clientes se comunican con un servidor al que se le denomina bróker.

N:

NFT Non-fungible Token: Un tipo de token criptográfico que representa un activo digital único no intercambiable. Esto contrasta con las criptomonedas como Bitcoin y muchos tokens de redes o utilidades que son de naturaleza fungible.

NIST (National Institute of Standards and Technology): El Instituto Nacional de Estándares y Tecnología (NIST) es un laboratorio de ciencias físicas y una agencia no reguladora del Departamento de Comercio de los Estados Unidos. Su misión es promover la innovación y la competitividad industrial. Las actividades del NIST están organizadas en programas de laboratorio que incluyen ciencia y tecnología a nanoescala, ingeniería, tecnología de la información, investigación de neutrones, medición de materiales y medición física

Node.js es un entorno en tiempo de ejecución multiplataforma, de código abierto, para la capa del servidor (pero no limitándose a ello) basado en el lenguaje de programación Javascript, asíncrono, con I/O de datos en una arquitectura orientada a eventos y basado en el motor V8 de Google.

Nodo/Node: Cada dispositivo conectado a la red que guarda una copia blockchain es un nodo. Los nodos, por tanto, forman parte del blockchain y contribuyen a este.

Nonce: Es un número aleatorio. En blockchain, se combina con un hash. Esto sirve como mecanismo para controlar y prevenir la alteración de los bloques. Este número hace posible la autenticación en las transferencias de datos.

NPM: Node Package Manager es el registro de paquetes más grande del mundo para modulos de Node.js; los desarrolladores de código abierto de todos los continentes usan npm para compartir y pedir prestados paquetes, y muchas organizaciones usan npm para administrar también el desarrollo privado.

O:

Open Ledger: Es el primer conglomerado emponderado por el blockchain el cual aloja una poderosa plataforma de compra/venta conocida como OpenLedger DEX, adicionalmente a soportar múltiples compañías las cuales se benefician de los servicios y soluciones de venta masiva de tokens (ITO) permitiendo el financiamiento de estas.

La plataforma tiene un enfoque único al financiamiento masivo que esta apoyado en que cada crowdsale o venta del proyecto es llevado desde el inicio hasta el final. OpenLedger ya tiene muchos proyectos exitosos corriendo sus ITOs en su ecosistema incluyendo Internet of Coins, AppTrade, y GetGame.

OSI: Interconexión de Sistemas Abiertos (Open Systems Interconnect). Es el protocolo en el que se apoya Internet. Establece la manera como se realiza la comunicación entre dos computadoras a través de siete capas: física, datos, red, transporte, sesión, presentación y aplicación.

P:

PaaS: Platform as a Service (Plataforma como Servicio) es un modelo de computación en la nube en el que un proveedor externo entrega herramientas de hardware y software, generalmente las necesarias para el desarrollo de aplicaciones, a los usuarios a través de Internet. Un proveedor de PaaS aloja el hardware y el software en su propia infraestructura. Como resultado, PaaS libera a los usuarios de tener que instalar hardware y software interno para desarrollar o ejecutar una nueva aplicación.

Pensamiento Computacional: En el año 2006, Jeannette Wing publicó un artículo donde defendía la inclusión de esta competencia en los planes de estudios desde una edad temprana, dada la importancia que la tecnología ha cobrado en nuestras vidas. Implica resolver problemas, diseñar sistemas y comprender el comportamiento humano haciendo uso de los conceptos fundamentales de la informática.

PGP: Pretty Good Privacy, más conocido como PGP, es un programa para proteger la información transmitida por internet mediante el uso de criptografía de clave pública, así como facilitar la autenticación de documentos mediante firma electrónica. PGP protege no solo los datos durante su tránsito por la Red, como para proteger archivos almacenados en disco. PGP goza de gran popularidad por su facilidad de uso y por su alto nivel de fiabilidad.El estándar de Internet OpenPGP, basado en PGP, es uno de los estándares de cifrado de correo electrónico más utilizados.)

Phishing: Es un tipo de fraude que llevan a cabo los ciberdelincuentes. Consiste en el envío de correos electrónicos maliciosos o en redireccionar al usuario a sitios web falsos con el objeto de que este revele información personal, como contraseñas o datos de tarjetas de crédito y de la seguridad social y números de cuentas bancarias.

PHP: Es un lenguaje de código abierto. En los últimos años, ha ganado popularidad frente a HTML. Por esta razón, existen multitud de páginas web que se crean utilizándolo.

PKI: Infraestructura de Clave Pública. Procedimiento criptográfico que utiliza dos claves, una pública y otra privada; la primera para cifrar y la segunda para descifrar. Se utiliza en Internet, que es una red pública no segura, para proteger aquellas comunicaciones cuya confidencialidad se desea garantizar (ejemplo, transacciones comerciales o bancarias).

Proof of stake (PoS): Es un sistema creado por Silvio Micali para lograr consenso sin recurrir a proof of work. El sistema está basado en una jerarquía de líderes que tienen prioridad a la hora de hacer la verificación de los nuevos bloques. En la selección de líderes, tienen prioridad aquellos con más criptomonedas. La ventaja frente al mecanismo de PoW es que al reducir la participación en el proceso de minado, reduce el consumo eléctrico y por tanto los costes.

Proof of work (PoW): También se conoce como prueba de trabajo (PoW, por sus siglas en inglés). Es un mecanismo basado en consenso que exige la resolución de una prueba razonablemente compleja de forma previa a la realización de otra acción. De esta forma, se pretende evitar ataques informáticos. En blockchain, este protocolo se utiliza para verificar y registrar bloques.

Plataforma como servicio (Paas): El tipo de servicio que englobaría todos los elementos a partir del tiempo de ejecución (red, almacenamiento, servidor, virtualización, sistema operativo, middleware, tiempo de ejecución).

Puerto: número que aparece tras un nombre de dominio en una URL. Dicho número va precedido del signo (dos puntos). Canal de entrada/salida de una computadora.

Pull request: Es un mecanismo a través del cual se hacen propuestas de mejora a ciertos aspectos de un software.

R:

RADIUS: siglas del inglés Remote Authentication Dial In User Service. Está definido en RFC 2865, protocolo para la autenticación remota. RADIUS permite la administración centralizada de los datos de autenticación, como por ejemplo usuario y passwords.

RBL: Realtime Blackhole List (listado agujero negro en tiempo real). Listados de IPs que son detectados como posibles amenazas de spam, o que han sido detectados enviando spam.

Red Neural:

Es una técnica para construir un programa de computadora que aprende de los datos. Se basa muy libremente en cómo pensamos que funciona el cerebro humano. Primero, se crea una colección de "neuronas" de software y se conectan entre sí, lo que les permite enviarse mensajes entre sí. Luego, se le pide a la red que resuelva un problema, que intenta hacer una y otra vez, cada vez fortaleciendo las conexiones que conducen al éxito y disminuyendo las que conducen al fracaso. Para una introducción más detallada a las redes neuronales, Michael Nielsen es un buen lugar para comenzar. Para obtener una descripción más técnica, pruebe Deep Learning_de Ian Goodfellow, Yoshua Bengio y Aaron Courville.

Red Privada Virtual: red en la que al menos alguno de sus componentes utiliza la red Internet pero que funciona como una red privada, empleando para ello técnicas de cifrado.

RFID: (Radio-frequency identification en español, la identificación de Radio Frecuencia, es un sistema de **identificación mediante etiquetas.** Estas se pueden añadir a un artículo o a un ser vivo, y cuentan con antenas para poder identificarse.

Realidad aumentada: La realidad aumentada o mixta superpone una capa de información virtual sobre otra procedente de la visión del mundo real del usuario, ofreciendo una visión compuesta.

Restful interface: REST, o transferencia de estado representacional (Representational State Transfer). REST es un estándar para comunicarse con otros dispositivos mediante URL. La ventaja de esta arquitectura es que permite la comunicación con una interfaz estándar (HTTP).

Reticencia: Reserva y/o desconfianza. Comúnmente en tecnología se utiliza esta palabra para referirse a la incapacidad o miedo a las nuevas tendencias o tecnologías, considerándolas como tabú.

Ripple: No es una criptomoneda, realmente es una empresa que respalda la criptomoneda XRP, fundada en el año 2012 por Chris Larsen y Jed McCaleb en USA, consolidando un protocolo de pago único y una red denominada RippleNet.

Rootkits: Herramientas y programas usados para esconder la presencia del intruso, obteniendo privilegios de administración que permitirán la manipulación futura del sistema.

RSA: algoritmo criptográfico de clave pública y amplia utilización el cual está patentado por los autores que le dan nombre.

S:

Sandboxing: En seguridad informática, el aislamiento de procesos o entorno aislado —del inglés sandbox— es un mecanismo para ejecutar programas con seguridad y de manera separada. A menudo se utiliza para ejecutar código nuevo, o software de dudosa confiabilidad proveniente de terceros. Ese entorno aislado permite controlar de cerca los recursos proporcionados a los programas cliente a ejecutarse, tales como espacio temporal en discos y memoria. Habitualmente se restringen las capacidades de acceso a redes, la habilidad de inspeccionar la máquina anfitrión y dispositivos de entrada entre otros. En este sentido, el aislamiento de procesos es un ejemplo específico de virtualización.

Satoshi Nakamoto: Es el pseudónimo de un desarrollador anónimo de Bitcoin, el primer proyecto de blockchain.

El registro de transacciones muestra que las direcciones conocidas de Nakamoto contienen aproximadamente un millón de bitcoins. La verdadera identidad de Nakamoto sigue siendo desconocida y ha sido objeto de mucha especulación. No se sabe si el nombre «Satoshi Nakamoto» es real o un seudónimo, o si el nombre representa a una persona o grupo de personas.

En su perfil de la Fundación P2P, Nakamoto afirmó ser un varón de 37 años de edad residente en Japón, pero algunos especularon que era poco probable que su origen fuera japonés debido a su perfecto uso del inglés y por el hecho de que el software Bitcoin no está ni documentado ni etiquetado en japonés.

Serverless: El proveedor de cloud actúa como servidor, y se encarga de administrar los recursos de cada máquina que integra. La ventaja que esto conlleva para el creador de código es que no debe preocuparse de la escalabilidad del mismo.

SGSI: Un Sistema de Gestión de la seguridad de la Información (SGSI) es un conjunto de políticas de seguridad de la información que siguen la norma ISO/IEC 27001. Un SGSI es para una organización el diseño, implantación, mantenimiento de un conjunto de procesos para gestionar eficientemente la accesibilidad de la información, buscando asegurar la confidencialidad, integridad y disponibilidad de los activos de información minimizando a la vez los riesgos de seguridad de la información.

Shared Nothing Arquitecture (SN): Una arquitectura de nada compartido (SN) es una arquitectura de computación distribuida en la que cada solicitud de actualización es satisfecha por un solo nodo (procesador / memoria / unidad de almacenamiento). La intención es eliminar la contención entre los nodos. Los nodos no comparten (acceso independiente) memoria o almacenamiento. Una arquitectura alternativa es compartirlo todo, en el que las solicitudes se satisfacen mediante combinaciones arbitrarias de nodos. Esto puede introducir conflictos, ya que varios nodos pueden tratar de actualizar los mismos datos al mismo tiempo.

Shodan: Es un motor de búsqueda que le permite al usuario encontrar iguales o diferentes tipos específicos de equipos (routers, servidores, etc.) conectados a Internet a través de una variedad de filtros. Algunos también lo han descrito como un motor de búsqueda de *banners* de servicios, que son metadatos que el servidor envía de vuelta al cliente. Esta información puede ser sobre el software de servidor, qué opciones admite el servicio, un mensaje de bienvenida o cualquier otra cosa que el cliente pueda saber antes de interactuar con el servidor.

Sidechains: También se conoce como cadenas laterales. Son blockchains menores que consolidan transacciones y añaden solo las que han sido confirmadas al blockchain principal.

Slock.it: Es una startup que fue fundada por Simon Jentzsch, Christoph Jentzsch y Stephan Tual, la cual gracias a su trabajo disruptivo permite crear bajo la infraestructura Blockchain la economía descentralizada compartida y además conectar el IoT Internet of Things, (en español el Internet de las Cosas). Slock.it permite a cualquier persona alquilar, vender o compartir su propiedad sin intermediarios de ningún tipo. Con Slock.it, la bicicleta no utilizada que está en el cobertizo recibe un nuevo contrato de uso. Los lugares de estacionamiento pueden ser subarrendados bajo demanda.

Los apartamentos publicados en Airbnb se vuelven totalmente automatizados. Slock.it sirve de puente entre el Blockchain y el mundo físico haciendo que los contratos inteligentes (Smart Contracts) sean aplicables: Es la futura infraestructura de la Economía Compartida. Gracias a ello, Slock.it siempre encendido, no sufre tiempo de inactividad, cuenta con seguridad criptográfica de forma predeterminada, no requiere inicio de sesión ni registro y puede ser auditado por cualquier persona.

Slock.it, tiene la capacidad de aprovechar los nodos Blockchain conectados desde los vehículos conectados a Internet, los hogares, los artículos de línea blanca compartidos y conectados a Internet (IoT), etc., mejorando la experiencia de compartir artículos a través de los Smart Contracts, haciendo que sea totalmente autónomo, seguro, con pagos directos vía P2P, proporcionando un mecanismo de depósitos, que libera a los usuarios de la tediosa tarea de tener que coordinarse entre sí para entregar lo que se está arrendando

Smart Contract: Un contrato inteligente o smart contract es un código o protocolo informático que facilita verificar y hacer cumplir un contrato de manera automática. Aunque existe discusión acerca de la necesidad o no de acudir a agentes externos para ejecutar la condición prevista, lo que está claro es que aportarán agilidad al sector de los negocios. Estos contratos funcionan en la cadena de bloques y, a priori, no necesitan la intervención de las personas para comprobar y ejecutar su cumplimiento.

La razón principal de la expectación generada por la aparición de los contratos inteligentes se debe a la posibilidad que brinda blockchain de permitir que las personas, por sí mismas, hagan cumplir los contratos en el mundo real sin necesidad de un intermediario físico, es decir, sin necesidad de un juez o un árbitro.

Smart Lock: Es una cerradura electrónica que se activa o desactiva mediante entradas realizadas por un dispositivo autorizado. Estas entradas se realizan por medio de un protocolo de transmisión inalámbrico y una clave criptográfica

Smart property (propiedad inteligente): es un derecho de propiedad controlado usando contratos inteligentes. Es la afirmación digital de derechos de propiedad de un activo a través de su entrada en una cadena de bloques, usando la clave privada del propietario.

El propietario del activo puede probar a otros individuos la propiedad con la correspondiente clave pública. Cuando el propietario decide vender el activo, el contrato inteligente completa el proceso entregando la clave privada del propietario al comprador.

Algunos tipos de propiedades como marcas, derechos de autor y patentes pueden ser fácilmente propiedades inteligentes ya que pueden ser fácilmente codificados y procesados como documentos digitales. Sin embargo, con los activos físicos, es donde los propietarios están más expuestos a fraudes. De hecho para registrar en la cadena de bloques algo físico, como un coche, necesitamos adherirle una etiqueta única o chip. Si la información contenida en la etiqueta o chip puede ser alterada, o puede ser arrancada, la propiedad inteligente puede no estar garantizada.

Sniffer: programa que captura información que circula por la red y que, normalmente, no está encaminada a nosotros.

SNMP: acrónimo de Simple Network Management Protocol. Protocolo estándar para la administración de red en Internet. Prácticamente todos los sistemas operativos, routers, switches, módems cable o ADSL módem, firewalls, etc. se ofrecen con este servicio.

Software como servicio (SaaS): Si, por el contrario, el tipo de servicio requerido engloba todos los puntos anteriores, se precisa un servicio SaaS.

SPAM: envío masivo, indiscriminado y no solicitado de publicidad a través de email.

SPF: Sender Policy Framework (SPF) es un protocolo no comercial, creado por un grupo de voluntarios en el año 2003 para ayudar a controlar los emails falsificados.

SPOOFING: procedimiento que cambia la fuente de origen de un conjunto de datos en una red, por ejemplo, adoptando otra identidad de remitente con el fin de engañar a un servidor firewall.

SQL Injection: Técnica de ataque sobre páginas web que a través de la ejecución de comandos SQL, permite la obtención y/o manipulación de información de la base de datos del servidor.

SSL: acrónimo en inglés de Secure Socket Layer. Protocolo creado por Netscape con el fin de hacer posible la transmisión encriptada de información a través de la red donde sólo el servidor y el cliente podrán entender un determinado texto.

SSH: (Secure Shell) es un protocolo para acceder de forma remota a un servidor. Se sirve de técnicas de cifrado en la transmisión de la información.

Stateless protocol: es un protocolo de comunicaciones en el que el receptor no retiene ninguna información de sesión, generalmente un servidor. Los datos relevantes de la sesión son enviados al receptor por el cliente de tal manera que cada paquete de información transferida se puede entender de forma aislada, sin información de contexto de paquetes anteriores en la sesión. Esta propiedad de los protocolos sin estado los hace ideales en aplicaciones de alto volumen, aumentando el rendimiento al eliminar la carga del servidor causada por la retención de la información de la sesión. Un protocolo sin estado no requiere que el servidor retenga la información de la sesión o el estado de cada socio en comunicación durante la duración de múltiples solicitudes.

Streaming Phish: es una herramienta utilizada por digital defender que utiliza técnicas de ML que permite recabar datos en certificados de nuevo registro.

Supply Chain Management (SCM): es la gestión activa de las actividades de la cadena de suministro para maximizar el valor del cliente y lograr una ventaja competitiva sostenible.

T:

Tablas Hash: También denominadas mapa hash o matriz asociativa, son estructuras que permiten contener o almacenar valores a partir de claves.

TCP: Protocolo de control de transmisión, (TCP, por sus siglas en inglés), es un protocolo que permite la comunicación y el intercambio de datos seguro entre aplicaciones.

TI: Hace referencia a las Tecnologías de la Información (Activos virtuales). Ejemplos CRM, ERP, email, etc.

Timestamp o marca temporal: en blockchain, es un mecanismo que impide la repetición de un bloque. Cuando se crea un bloque, se registra su momento de creación. De esta forma se impide la repetición de un hash.

Threat Intelligence: es el conocimiento que permite prevenir o mitigar los ataques cibernéticos. Arraigado en datos, la inteligencia de amenazas le brinda un contexto que lo ayuda a tomar decisiones informadas sobre su seguridad al responder preguntas como quién lo está atacando, cuáles son sus motivaciones y capacidades, y qué indicadores de compromiso deben buscar en sus sistemas.

TO: Tecnologías de la Operación (Activos Físicos). Ejemplos: SCADA, PLCs, HMIs, etc.

Token: es una unidad de valor comúnmente es emitido por emprendimientos fintech o relacionados con la el uso de una blockchain, para lo que pueden representar un activo o tener una utilidad en particular.

Se asemeja con las criptomonedas en que su valor es aceptado por una comunidad y en que existe en una blockchain, pero tiene más usos que solo un medio de pago, ya que puede representar cualquier activo fungible y negociable.

Los tokens se crean sobre el protocolo de una criptomoneda existente en una determinada blockchain. En este sentido, el surgimiento de la tecnología de contratos inteligentes, creada por los desarrolladores de Ethereum, ha propiciado que en la actualidad muchos proyectos hayan elegido esta red para fundar sus tokens.

Transaction Pool: Antes de que una transferencia se confirme, esta permanece en la reserva o fondo de transacciones.

V:

Virus, Malware, Gusanos y Troyanos: Software o código malicioso que tiene como objetivo infiltrarse o dañar un sistema o equipo, estando además normalmente diseñados para su rápida propagación en una red de ordenadores. Especialmente extendido se encuentra el uso de troyanos, cuya apariencia simula la de un programa benigno o inocuo que, tras ser ejecutado por el usuario, ocultan y liberan el virus contenido en él.

W:

W3C: El World Wide Web Consortium (W3C) es una comunidad internacional donde las organizaciones miembros, un personal de tiempo completo y el público trabajan juntos para desarrollar estándares web. Dirigido por el inventor y director de la web Tim Berners-Lee y el director ejecutivo Jeffrey Jaffe, la misión del W3C es llevar a la web a su máximo potencial.

Wallet: En criptomonedas, una cartera, monedero o *wallet* es el software en el que se almacenan, por ejemplo, Bitcoins. En realidad, estas carteras son una clave privada asociada a una dirección. De esta forma, y utilizando una clave pública y privada, los poseedores de una cartera pueden recibir, enviar y gastar criptomonedas.

Wireless Sensor Network (WSN): La red de sensores inalámbricos, se refiere a un grupo de sensores espacialmente dispersos y dedicados para monitorear y registrar las condiciones físicas del entorno y organizar los datos recopilados en una ubicación central. Los WSN miden condiciones ambientales como temperatura, sonido, niveles de contaminación, humedad, viento, etc.

WHOIS: programa que permite a los usuarios hacer búsquedas en una base de datos sobre personas y otras entidades de Internet, tales como dominios, redes y sistemas centrales.

WORM: ver gusano

X:

XaaS: Todo como servicio. Xaas, *Anything as a Service* o todo como un servicio, es el nombre colectivo para el ofrecimiento del **uso de un servicio o producto TIC**. Las empresas que adquieren una solución Xaas no son propietarios de la solución, sino que reciben una especie de abono de uso. El acceso se realiza casi siempre a través de **internet**, excepto en aquellos casos excepcionales en los que se instala un producto físico para el uso del cliente.

XRP: es una criptomoneda que funciona dentro de la red RippleNet, es una activo público, sin contrapartida, nativo (propia) del libro mayor XRP (2012) y esta diseñada para unir las diferentes monedas en uso en todo el mundo.

FUENTES, BIBLIOGRAFÍA Y RECURSOS

A fin de agilizar la lectura del libro, se han concentrado en este apartado todas las fuentes y recursos usados para el mismo, a excepción de las ya incluidas en el texto.

- W. Dai, "b-money," http://www.weidai.com/bmoney.txt, 1998.
- H. Massias, X.S. Avila, and J.-J. Quisquater, "Design of a secure timestamping service with minimal trust requirements," In *20th Symposium on Information Theory in the Benelux*, May 1999.
- S. Haber, W.S. Stornetta, "How to time-stamp a digital document," In *Journal of Cryptology*, vol 3, no 2, pages 99-111, 1991.
- D. Bayer, S. Haber, W.S. Stornetta, "Improving the efficiency and reliability of digital time-stamping," In *Sequences II: Methods in Communication, Security and Computer Science*, pages 329-334, 1993.
- https://es.cointelegraph.com/explained/what-is-ripple-and-how-it-works (Links to an external site.)
- https://www.ticportal.es/glosario-tic/xaas-todo-como-servicio (Links to an external site.)
- Blockchain,: un camino hacia la 4ª revolución industrial Mº Economia, fomento y Turismo (Chile) https://www.economia.gob.cl/wp-content/uploads/2019/03/libroblockchain-VB-31AGO-v3.pdf
- https://es.finance.yahoo.com/news/due%c3%b1o-bitcoins-verdadera-historia-satoshi-205500762.html
- https://bitcoin.es/mineria/la-resistencia-a-asic/
- Comunidad Blockchain: El futuro de la criptoeconomía descentralizada y las ICO's https://libroblockchain.com/comunidad/

- S. Haber, W.S. Stornetta, "Secure names for bit-strings," In *Proceedings of the 4th ACM Conference on Computer and Communications Security*, pages 28-35, April 1997.
- Back, "Hashcash - a denial of service counter-measure," http://www.hashcash.org/papers/hashcash.pdf, 2002.
- R.C. Merkle, "Protocols for public key cryptosystems," In *Proc. 1980 Symposium on Security and Privacy*, IEEE Computer Society, pages 122-133, April 1980.
- W. Feller, "An introduction to probability theory and its applications," 1957.
- https://en.wikipedia.org/wiki/Wireless_sensor_network (Links to an external site.)
- https://www.w3.org/Consortium/ (Links to an external site.
- The shy college student who helped build Bitcoin into a global phenomenon https://www.theverge.com/2015/6/10/8751933/the-shy-college-student-who-helped-build-bitcoin-into-a-global
- The Essence of How Bitcoin Works (Non-Technical) https://www.youtube.com/watch?v=t5JGQXCTe3c
- The Untold Story of Silk Road, Part 1 https://www.wired.com/2015/04/silk-road-1/
- Bitcoin: A Peer-to-Peer Electronic Cash System
- Bitcoin Developer Guide (up to but not including "P2PKH Script Validation") https://developer.bitcoin.org/devguide/
- How Bitcoin Works in 5 Minutes (Technical) https://www.youtube.com/watch?v=l9jOJk30eQs
- A Cypherpunk's Manifesto by Eric Hughes https://www.activism.net/cypherpunk/manifesto.html
- Coindesk: A Bot Named Willy: Did Mt. Gox's Automated Trading Pump Bitcoin's Price? https://www.coindesk.com/markets/2014/05/26/a-bot-named-willy-did-mt-goxs-automated-trading-pump-bitcoins-price/
- Examples of SHA-1, SHA-224, SHA-256, SHA-384, SHA-512, SHA-512/224 and SHA512/256 are available at http://csrc.nist.gov/groups/ST/toolkit/examples.html.
- Object identifiers (OIDs) for the SHA-1, SHA-224, SHA-256, SHA-384, SHA-512, SHA512/224 and SHA-512/256 algorithms are posted at

http://csrc.nist.gov/groups/ST/crypto_apps_infra/csor/algorithms.html.

- The DAO, The Hack, The Soft Fork and The Hard Fork https://www.cryptocompare.com/coins/guides/the-dao-the-hack-the-soft-fork-and-the-hard-fork/
- Princeton Textbook 1.1 Cryptographic Hash Functions (pages 23-31) bitcoinbook@lists.cs.princeton.edu
- All You Need to Know About ICOs https://gallery.mailchimp.com/65ae955d98e06dbd6fc737bf7/files/Initial_Coin_Offerings_Outlier_Ventures_Research.pdf
- https://blockchain.berkeley.edu/
- Digital Gold by Nathaniel Popper https://www.amazon.com/Digital-Gold-Bitcoin-Millionaires-Reinvent/dp/006236250X
- Mastering Bitcoin by Andreas Antonopoulos https://github.com/bitcoinbook/bitcoinbook/blob/develop/book.asciidoc
- Where is Double hashing performed in Bitcoin? https://bitcoin.stackexchange.com/questions/8443/where-is-double-hashing-performed-in-bitcoin
- Princeton Textbook 5.1-5.4 (pg. 131 - 157) bitcoinbook@lists.cs.princeton.edu
- C. Decker and R. Wattenhofer. Information Propagation in the Bitcoin
- Network, 13th IEEE International Conference on Peer-to-Peer Computing,2013.
- M. Babaioff, S. Dobzinski, S. Oren, and A. Zohar. On Bitcoin and RedBalloons, 13th ACM Conference on Electronic Commerce, 2012.
- M. Rosenfeld. Analysis of Bitcoin Pooled Mining Reward Systems.http://arxiv.org/pdf/1112.4980.pdf.
- S. Nakamoto. Bitcoin: A peer-to-peer electronic cash system. 2008. http://bitcoin.org/bitcoin.pdf.
- https://www.coinbase.com/prime/prime-coinbase-H12021
- https://www.xataka.com/basics/coinbase-que-como-funciona
- Bitcoin wiki: List of alternative crypto-currencies.

https://en.bitcoin.it/wiki/List_of_alternative_cryptocurrencies.

- Bitcoin wiki: Block timestamp. https://en.bitcoin.it/wiki/Block_timestamp.
- User "BiteCoin" et al. Mining cartel attack, Bitcoin talk forum thread,2010. https://bitcointalk.org/index.php?topic=2227.msg30064#msg30064.
- User "BiteCoin" et al. Mining cartel attack, Bitcoin talk forum thread,2010. https://bitcointalk.org/index.php?topic=2227.msg30083#msg30083.
- Eyal and E. Gun Sirer. Majority is not Enough: Bitcoin Mining is Vulnerable, 2013. http://arxiv.org/pdf/1311.0243v5.pdf.
- Eyal and E. Gun Sirer. Bitcoin is Broken, "Hacking Distributed" blog,2013. http://hackingdistributed.com/2013/11/04/bitcoin-is-broken.
- The Timejacking Attack, Culubas blog, 2011. http://culubas.blogspot.com.
- User "ArtForz" et al. The time Wrapping Attack, Bitcoin talk forum thread, 2011.https://bitcointalk.org/index.php?topic=43692.msg521772#msg521772.
- M. Rosenfeld et al. Dynamic block frequency, Bitcoin forum thread, 2012.https://bitcointalk.org/index.php?topic=79837.0;all .
- Bitcoin Wallets Explained: How to Choose the Best Wallet for You
  http://cryptorials.io/bitcoin-wallets-explained-how-to-choose-the-best-wallet-for-you/
- Bitcoin Developer Guide (There's a lot; don't try to read it all in one day)
  https://developer.bitcoin.org/devguide/
- https://35z8e83m1ih83drye280o9d1-wpengine.netdna-ssl.com/wp-content/uploads/2019/11/6.6056_JO_Cryptocurrencies_Statement_FINAL_WEB_111119-1.pdf
- https://www.bakermckenzie.com/en/insight/publications/2019/11/legal-status-of-cryptoassets-and-smart-contracts
- Tech explained: Hash puzzles and proofs of work

https://3583bytesready.net/2016/09/06/hash-puzzes-proofs-work-bitcoin/

- (Secure Hash Standard (SHS) (Insane math: a blessing or curse depending on your preference)
- Mining Bitcoin with pencil and paper: 0.67 hashes per day http://www.righto.com/2014/09/mining-bitcoin-with-pencil-and-paper.html

- ViaBTC Rises: How A Mysterious Miner Could Decide Bitcoin's Future

https://www.coindesk.com/markets/2016/10/20/viabtc-rises-how-a-mysterious-miner-could-decide-bitcoins-future/

- Antbleed: Bitcoin's Newest New Controversy Explained

https://www.coindesk.com/markets/2017/04/27/antbleed-bitcoins-newest-new-controversy-explained/

- Time stamped chatlog: Why Jihan and Jiang want to block segwit at all cost

https://medium.com/bitcoinfoundation/verified-chatlogs-why-jihan-and-jiang-want-to-block-segwit-at-all-cost-bbf068c5ce0f

- Bitcoin Hash Rate vs Difficulty (play around with different variables!)
- BlockShell (set up and play around with the CLI)

https://github.com/Fedelin/blockshell

- Selfish Mining: A 25% Attack Against the Bitcoin Network

https://bitcoinmagazine.com/technical/selfish-mining-a-25-attack-against-the-bitcoin-network-1383578440

- "Ethereum Whitepaper up to "Miscellanea And Concerns"

https://github.com/ethereum/wiki/wiki/White-Paper

- Ethereum Whitepaper: A Next-Generation Smart Contract and Decentralized Application Platform

https://github.com/ethereum/wiki/wiki/White-Paper

- Explore decentralized applications Check out all the different Ethereum Apps that have been created!

https://www.stateofthedapps.com/

- http://adiat.org/17-aplicaciones-de-la-tecnologia-blockchain#page-content
- https://www.apd.es/aplicaciones-blockchain/
- Bitcoin core version 0.10.1 released, https://bitcoin.org/en/release/v0.10.1
- Bitcoin stats - data propagation, http://bitcoinstats.com/network/propagation/
- Block timestamp, https://en.bitcoin.it/wiki/Block timestamp
- Ethereum white paper: Modi_ed Ghost implementation, https://github.com/ethereum/wiki/wiki/White-Paper]modi_ed-ghost-implementation
- Bitcoin improvement proposals (2016), https://github.com/bitcoin/bips/blob/master/README.media wiki
- Bahack, L.: Theoretical Bitcoin attacks with less than half of the computational power (draft). arXiv preprint arXiv:1312.7013 (2013)
- Btchris, Bytecoin, Mtgox, RHorning: Mining cartel attack (2010), https://bitcointalk.org/index.php?topic=2227
- Corallo, M.: Bitcoin relay network, http://bitcoinrelaynetwork.org/
- culubas: Timejacking & bitcoin (2011), http://culubas.blogspot.be/2011/05/timejacking-bitcoin 802.html
- Eyal, I., Sirer, E.G.: Majority is not enough: Bitcoin mining is vulnerable. In: Financial Cryptography and Data Security, pp. 436{454. Springer (2014)
- Garay, J.A., Kiayias, A., Leonardos, N.: The Bitcoin backbone protocol: Analysis and applications. In: EUROCRYPT. pp. 281{310 (2015)
- Heilman, E.: One weird trick to stop sel_sh miners: Fresh Bitcoins, a solution for the honest miner. Cryptology ePrint Archive, Report 2014/007 (2014), http-s://eprint.iacr.org/2014/007

- Mazieres, D.: The stellar consensus protocol: A federated model for internet-level consensus. Stellar Development Foundation (2015)
- Miller, A., Litton, J., Pachulski, A., Gupta, N., Levin, D., Spring, N., Bhattacharjee, B.: Discovering bitcoins public topology and inuential nodes (2015)
- Nakamoto, S.: Bitcoin: A peer-to-peer electronic cash system (2008), http://www.bitcoin.org/bitcoin.pdf
- Narayanan, A., Bonneau, J., Felten, E., Miller, A., Goldfeder, S.: Bitcoin and cryptocurrency technologies. Princeton University Pres (2016)
- Nayak, K., Kumar, S., Miller, A., Shi, E.: Stubborn mining: Generalizing sel_shmining and combining with an eclipse attack. In: IEEE European Symposium on Security and Privacy (EuroS&P). pp. 305{320. IEEE (2016)
- Sapirshtein, A., Sompolinsky, Y., Zohar, A.: Optimal sel_sh mining strategies in Bitcoin. Financial Cryptography and Data Security (2016)
- Schrijvers, O., Bonneau, J., Boneh, D., Roughgarden, T.: Incentive Compatibility of Bitcoin Mining Pool Reward Functions. In: Financial Cryptography and Data Security (2016)
- Schwartz, D., Youngs, N., Britto, A.: The Ripple protocol consensus algorithm. Ripple Labs White Paper (2014)
- Shultz, B.L.: Certi_cation of witness: Mitigating blockchain fork attacks (2015), http://bshultz.com/paper/Shultz Thesis.pdf
- Solat, S., Potop-Butucaru, M.: Zeroblock: Preventing sel_sh mining in bitcoin.arXiv preprint arXiv:1605.02435 (2016)
- Sompolinsky, Y., Zohar, A.: Secure high-rate transaction processing in Bitcoin. Financial Cryptography and Data Security (2015)
- Choque de hash https://medium.com/hashger/blockchain-splits-cuando-los-bloques-chocan-f27abf50f2a7
- http://advenio.es/herramientas-para-entender-a-nuestro-cliente-o-usuario-la-segmentacion/
- http://advenio.es/el-tamano-de-mercado-si-que-importa/
- http://advenio.es/modelo-de-negocio-y-el-cliente-mapa-de-empatia/
- http://advenio.es/disena-algo-que-tus-clientes-necesiten-realmente/

- https://www.cognology.com.au/learning_center/howtowritesmartobj/
- Propuesta de Reglamento del Parlamento Europeo y del Consejo relativo a los mercados de criptoactivos y por el que se modifica la Directiva (UE) 2019/1937
- Digital Transformation Initiative – World Economic Forum http://reports.weforum.org/digital-transformation/
- Desafíos en la evolución de las empresas hacia La Transformación Digital https://www.pmgchile.com/desafios-en-la-evolucion-de-las-empresas-hacia-la-transformacion-digital/
- Para comprender mejor los conceptos TI vs TO: https://randed.com/ti-vs-tecnologias-operacionales-to/
- https://www.recordedfuture.com/threat-intelligence-definition/)
- https://scm.ncsu.edu/scm-articles/article/what-is-supply-chain-management-scm
- https://en.wikipedia.org/wiki/Stateless_protocol)
- https://www.smartlocks.io
- https://espaciobit.com.ve/main/2017/03/09/la-empresa-que-consiste-en-solo-en-el-codigo-informatico-christoph-jentzsch-tedxgraz/
- https://es.wikipedia.org/wiki/Shodan
- https://www.incibe.es/sites/default/files/contenidos/guias/doc/guia_glosario_ciberseguridad_metad.pdf
- https://es.wikipedia.org/wiki/Aislamiento_de_procesos
- https://es.cointelegraph.com/explained/what-is-ripple-and-how-it-works , https://ripple.com/ripplenet/
- https://dle.rae.es/srv/search?m=30&w=reticencia
- https://playground.tensorflow.org
- https://www.incibe.es/sites/default/files/contenidos/guias/doc/guia_glosario_ciberseguridad_metad.pdf
- https://aws.amazon.com/es/types-of-cloud-computing/
- https://azure.microsoft.com/es-mx/overview/what-is-paas/
- https://en.wikipedia.org/wiki/Platform_as_a_service
- https://docs.npmjs.com/about-npm/
- https://nodejs.org/en/about/
- https://es.wikipedia.org/wiki/Node.js

- https://en.wikipedia.org/wiki/National_Institute_of_Standards_and_Technology
- https://www.blockchaintechnologies.com
- https://www.blockchaintechnologies.com
- https://en.wikipedia.org/wiki/Machine_learning
- https://www.ionos.es/digitalguide/servidores/know-how/maquina-virtual/
- https://es.wikipedia.org/wiki/Manufacturing_Execution_System
- https://es.wikipedia.org/wiki/Kubernetes
- https://en.wikipedia.org/wiki/Artificial_intelligence
- https://es.wikipedia.org
- https://www.criptonoticias.com
- https://www.criptonoticias.com
- https://es.wikipedia.org/wiki/HTML5
- https://es.wikipedia.org/wiki/Git
- https://guides.github.com/activities/hello-world/
- https://ec.europa.eu/
- https://en.wikipedia.org/wiki/Edge_computing
- https://es.wikipedia.org
- https://aws.amazon.com/es/data-warehouse/
- https://www.lockheedmartin.com/en-us/capabilities/cyber/cyber-kill-chain.html
- https://criptotendencia.com/2017/12/18/que-son-las-cryptokitties/
- https://es.wikipedia.org/wiki/Crowdsourcing
- https://www.blockchaintechnologies.com
- https://es.wikipedia.org/wiki/Cobot
- https://aws.amazon.com/es/containers/
- https://es.wikipedia.org/wiki/C%C3%B3digo_de_barras
- https://es.wikipedia.org/wiki/Oficial_de_seguridad_de_la_informaci%C3%B3n
- https://www.criptonoticias.com/gobierno/monedas-digitales-bancos-centrales-fmi/
- https://www.netskope.com/es/company/about-casb
- https://bitcoin.org/es/
- https://www.aboutespanol.com/que-es-una-app-y-como-descargarlas-3507717
- https://www.abc.es/tecnologia/consultorio/20150216/abci--201502132105.html

- https://ine.es/daco/daco42/inditic/metoinditic.pdf
- https://www.izertis.com/-/blog/como-la-nueva-tendencia-blockchain-afecta-a-tu-sector
- https://es.statista.com/sectores/
- https://www.google.es/url?sa=t&rct=j&q=&esrc=s&source=web&cd=10&cad=rja&uact=8&ved=2ahUKEwj3pub25_DkAhUS3xoKHTouAycQFjAJegQIBRAB&url=https%3A%2F%2Faccid.org%2Fes%2Fconferencia-tecnologia-blockchain-una-nueva-era-para-la-empresa-15-de-abril-de-2019%2F&usg=AOvVaw0lONbHfubmUOE2W1o4vXaA
- https://www.mcafee.com/enterprise/es-es/assets/reports/rp-blockchain-security-risks.pdf
- https://www.xataka.com/especiales/que-es-blockchain-la-explicacion-definitiva-para-la-tecnologia-mas-de-moda
- https://www.blog.andaluciaesdigital.es/blockchain-para-las-empresas/
- https://www.lainformacion.com/management/diez-industrias-que-van-a-cambiar-por-completo-gracias-al-blockchain/6352652/
- https://hablemosdeempresas.com/grandes-empresas/blockchain-en-la-industria/
- https://telos.fundaciontelefonica.com/la-cofa/cuando-blockchain-ya-no-es-inexpugnable/
- http://www.msn.com/es-es/dinero/empresa/ana-bot%c3%adn-blinda-el-santander-para-la-guerra-contra-google-y-facebook/ar-AAI0wNs?li=BBpmbhJ&ocid=iehp
- https://www.lainformacion.com/management/los-ocho-mejores-sectores-para-montar-un-negocio-en-2019-no-para-de-crecer/6456289/
- ICSQUARED (2018). “Blockchain: Quantum leap forward or digital snake oil?” YouTube. en: https://www.youtube.com/watch?v=XMmYvOaehx8
- https://es.cointelegraph.com/news/blockchain-consortium-r3-launches-corda-network-and-independent-governance-foundation
- https://books.google.es/books?id=LK8dCwAAQBAJ&pg=PA49&lpg=PA49&dq=sectores+empresariales+enumeracion&source=bl&ots=fXrrUt0eLe&sig=ACfU3U3IbWRSRF1bR7DKPazXX8k-mJ5HJw&hl=es&sa=X&ved=2ahUKEwjr79LR6fDkAhXP34UKHVOCDJ0Q6AEwEXoECAkQAQ#v=onepage&q=sectores%20empresariales%20enumeracion&f=false

- https://tienda.wolterskluwer.es/p/legal-tech-la-transformacion-digital-de-la-abogacia
- https://www.criptonoticias.com/aplicaciones/gobierno-japones-reinventara-registro-propiedades-blockchain/
- https://solucionesconfirma.es/observatorio/wp-content/uploads/LibroBlancoFinTech.pdf
- https://www.iebschool.com/blog/que-es-fintech-finanzas/
- https://tenx.tech/en/
- https://storj.io/
- https://www.genbeta.com/actualidad/japon-elige-a-tsukuba-ciudad-260-000-habitantes-para-sus-primeras-elecciones-basadas-blockchain
- https://www.diariomedico.com/tecnologia/blockchain-de-la-criptomoneda-al-criptopaciente.html
- https://www.fiware.org/
- https://www.criptonoticias.com/comunidad/bitnation-lanza-primera-constitucion-virtual-mundo-ethereum/
- https://www.iebschool.com/blog/blockchain-cadenas-musicales-youtube-spotify-discograficos-tecnologia/
- https://www.diariomedico.com/tecnologia/blockchain-de-la-criptomoneda-al-criptopaciente.html
- https://criptotario.com/guia-completa-de-metamask
- https://www.latincripto.com/aprende-a-utilizar-metamask/
- https://www.miethereum.com/guias/metamask/
- metamask argentino https://youtu.be/2jXsL_rBljs
- https://www.latincripto.com/4-criptomonedas-de-cannabis-para-tener-en-cuenta/
- https://www.latincripto.com/cryptokitties-el-juego-virtual-de-gatos-en-la-red-ethereum/
- https://www.latincripto.com/algunas-de-las-mejores-icos-del-ano-2018-con-detalles/
- https://www.latincripto.com/5-maneras-de-minar-ethereum/
- https://www.criptonoticias.com/criptopedia/anatomia-exploradores-blockchain-cadena-bloques/

- https://www.criptonoticias.com/negocios/etherscan-presenta-nuevas-herramientas-exploracion-intercambios-descentralizados/
- https://criptotario.com/la-moneda-fiat-dinero-fiduciario
- https://www.eleconomista.es/tecnologia/noticias/7488529/04/16/Que-son-exactamente-los-chatbots-y-para-que-sirven.html
- https://www.eleconomista.es/tecnologia/noticias/7475048/04/16/Los-chatbots-de-inteligencia-artificial-el-futuro-de-las-apps-de-mensajeria.htm l
- https://webescuela.com/que-es-un-chatbot/
- https://www.analiticaweb.es/chatbot-aporta-estrategia-marketing/
- https://www.producthunt.com/posts/bitproof
- https://thenextweb.com/insider/2016/07/22/blockai-uses-the-blockchain-to-protect-your-copyright-and-find-those-infringing-on-it/
- https://www.acciona.com/es/salaprensa/videos/imnovation-espa%C3%B1ol/virtual-power-plant-vpp-una-nueva-forma-de-generar-y-gestionar-la-energ%C3%ADa/
- http://www.imnovation.com/es/energia/que-es-una-virtual-power-plant/
- https://www.ntt-review.jp/archive/ntttechnical.php?contents=ntr201610ga1.html
- https://en.bitcoin.it/wiki/Satoshi_Dice
- https://translate.google.es/translate?hl=es&sl=en&u=https://virtue.poker/&prev=search
- https://www.svdj.nl/
- https://www.criptotendencias.com/tecnologia/blockstack-empoderando-la-blockchain-como-servicio/
- https://bitso.com/market?l=es (.)
- https://www.bbva.mx/educacion-financiera/banca-digital/invertir-en-bitcoin.html
- ¿Estamos preparados para un nuevo tipo de monedas, completamente digitales? | LinkedIn (.)
- “No estamos preparados para lo que viene”, futurista Mike Walsh - Infotech (infotechdecolombia.com) (.)
- https://www.bbc.com/mundo/noticias-51483218
- Bitcoin y criptomonedas se hunden por plan tributario de Biden (forbes.com.mx) (.)

- https://www.forbes.com.mx/bitcoin-cae-prohibicion-turquia-pago-criptomonedas/
- Disponible en este link consultado el 5 de abril de 2021 Especialmente interesante el cuadro T110 donde se muestra la capitalización de las criptomonedas https://www.esma.europa.eu/sites/default/files/library/esma50-165-1524_trv_1_2021.pdf (.)
- Whitepaper de la Asociación Diem disponible en su página web, accesible en este link https://www.diem.com/en-us/white-paper/#cover-letter (.) consultado el 5 de abril de 2021.
- Heredia Querro, S (2019) "Token economics y corporate finance. Tensiones entre regulaciones bursátiles del siglo XX y la tecno-democratización del acceso al financiamiento del siglo XXI" en La Ley 10 de julio de 2019, N 216
- Más información disponible en este link consultado el 5 de abril de 2021 https://www.bis.org/press/p201203.htm (.)
- World Ecnonomic Forum, Technology tipping points and societal impact, survey report, 24 (Sept 2015) disponible en este link consultado el 5 de abril de 2021 http://www3.weforum.org/docs/WEF_GAC15_Technological_Tipping_Points_report_2015.pdf (.)
- Un ejemplo del consume energético se puede ver en el artículo de la BBC citado por el informe ESMA y que puede consultarse en este link https://www.bbc.com/news/technology-48853230 consultado el 5 de abril de 2021.
- Informe March Trends report publicado por EU Blockchain Observatory and Forum disponible en este link https://www.eublockchainforum.eu/news/our-march2021-trends-report-read-about-latest-updates (.) y consultado el 5 de abril de 2021
- Comunicado disponible en este link consultado el 5 de abril de 2021 https://www.cnmv.es/Portal/verDoc.axd?t=%7Be14ce903-5161-4316-a480-eb1916b85084%7D
- http://abancainnova.com/es/opinion/que-es-hyperledger-todo-lo-que-necesitas-saber/ (.)
- https://www.forbes.com.mx/tag/moneda-digital/ (.)
- https://www.eleconomista.com.mx/sectorfinanciero/Monedas-digitales-seguras-solo-si-las-operan-bancos-centrales-Carstens-20210205-0046.html (.)

- https://www.finanzasparatodos.es/es/secciones/actualidad/bitcoin.html#:~:text=El%20t%C3%A9rmino%20bitcoin%20tiene%20su,%C3%BAnicamente%20a%20trav%C3%A9s%20de%20Internet (.).
- https://www.bbc.com/mundo/noticias-51483218
- https://hipertextual.com/2016/07/dinero-en-efectivo-en-el-mundo
- https://vanguardia.com.mx/articulo/crece-uso-de-efectivo-en-mexico
- https://www.banxico.org.mx/billetes-y-monedas/estudios-e-indicadores/%7B0A02FA1C-9507-B9D2-AB2E-DC31F3465119%7D.pdf
- Is Bitcoin Anonymous? A Complete Beginner's Guide
- Bitcoin Transactions Aren't as Anonymous as Everyone Hoped
- CoinJoin: Combining Bitcoin Transactions to Obfuscate Trails and Increase Privacy
- Lord Voldemort Is Trying to Save Bitcoin
- TumbleBit: An Untrusted Bitcoin-Compatible Anonymous Payment Hub
- An Empirical Analysis of Traceability in the Monero Blockchain
- How to Reveal a Secre
- Mimblewimble
- Confidential Transactions
- Bulletproofs: Short Proofs for Confidential Transactions and More
- MimbleWimble Explained
- Introduction to MimbleWimble and Grin
- Blockchain at Berkeley website
- Mailing list, located at the bottom of the website linked above
- Discord chat
- Blockchain for Developers course (Spring 2018)
- https://learnblockcha.in/
- Blockchains don't scale. Not today at least. But there's hope.
- What is the Lightning Network?
- How to Scale Ethereum: Sharding Explained
- What is SegWit?

- Tendermint and Cosmos
- The Bitcoin Lightning Network: Scalable Off-Chain Instant Payments
- Plasma: Scalable Autonomous Smart Contracts
- Minimal Viable Plasma
- Cosmos: A Network of Distributed Ledgers
- Blockchain in Enterprise: How Companies are using Blockchain Today
- Enterprise Blockchain is Ready to Go Live
- Enterprise Blockchain Ready for Breakout
- 'Decentralized Bank' ICO Miroskii's Entire Team Is Phoney
- Quorum: Ethereum for enterprise applications
- All You Need To Know About Initial Coin Offerings
- A Proof-of-Stake Design Philosophy
- Princeton Textbook Ch 8.5 Proof-of-Stake and Virtual Mining (link in Week 0 resources)
- A (Short) Guide to Blockchain Consensus Protocols
- Consensus Mechanisms Explained: PoW vs. PoS
- What is Cryptoeconomics
- Long-Range Attacks: The Serious Problem With Adaptive Proof of Work
- On Stake
- Secret Sharing and Erasure Coding: A Guide for the Aspiring Dropbox Decentralizer
- Introduction to Cryptoeconomics
- EB105 - Vlad Zamfir: Bringing Ethereum Towards Proof-Of-Stake With Casper
- Short Overview of Alternatives to PoW
- Adventures in Galactic Consensus
- Stellar Consensus Protocol Overview
- CAP Theorem Overview
- Raft Overview
-
- Video: Software Powering Falcon 9 & Dragon, Simply Explained
- Time, Clocks, and the Ordering of Events in a Distributed System
- The Byzantine Generals Problem
- The Part-Time Parliament
- Paxos Made Simple

- In Search of an Understandable Consensus Algorithm
- Practical Byzantine Fault Tolerance
- Proofs of Space
- Tendermint: Byzantine Fault Tolerance in the Age of Blockchains
- Casper the Friendly Ghost
- Casper the Friendly Finality Gadget
- Albert Moreno, J., & Gomez Fernandez, N. (2021). Sustituir el efectivo por dinero digital: ¿una decisión viable?. Retrieved 7 April 2021, from https://theconversation.com/sustituir-el-efectivo-por-dinero-digital-una-decision-viable-130645 (.)
- Garcia Ramis de Ayreflor, J., 2021. ¿Estamos preparados para un nuevo tipo de monedas, completamente digitales?. [online] Linkedin.com. Available at: https://www.linkedin.com/pulse/estamos-preparados-para-un-nuevo-tipo-de-monedas-julio/ (.) [Accessed 7 April 2021].
- Kimball, M., 2021. How and Why to Eliminate the Zero Lower Bound: A Reader's Guide — Confessions of a Supply-Side Liberal. [online] Confessions of a Supply-Side Liberal. Available at: https://blog.supplysideliberal.com/post/62693219358/how-and-why-to-eliminate-the-zero-lower-bound-a (.) [Accessed 7 April 2021].
- Comunicación de la CNMV-BdE: https://www.cnmv.es/Portal/verDoc.axd?t=%7Be14ce903-5161-4316-a480-eb1916b85084%7D (.)
- ¿Por qué se hunde el bitcoin? La "madre de todas las burbujas" que alentó el 'tether' deja caídas del 20%: https://www.eleconomista.es/divisas/noticias/10985674/01/21/Por-que-se-hunde-el-bitcoin-La-madre-de-todas-las-burbujas-que-alento-el-tether-deja-caidas-de-mas-del-20.html (.)
- Consulta pública de la CNMV: http://www.cnmv.es/Portal/verDoc.axd?t={a8b40d0b-b4d0-4f10-acb1-174bb8726fb6} (.)
- Directivos de empresas de criptomonedas apuestan por regular su publicidad: https://es.investing.com/news/stock-market-news/directivos-de-empresas-de-criptomonedas-apuestan-por-regular-su-publicidad-2101019?ampMode=1 (.)
- Bitcoin, el aviso a los bancos centrales: https://www.elespanol.com/invertia/opinion/20210116/bitcoin-aviso-bancos-centrales/551574845_13.html (.)

- BCE: https://www.ecb.europa.eu/paym/digital_euro/html/index.pt.html (.)
- A Digital Euro: https://www.atlanticcouncil.org/economy-business/a-digital-euro/
- https://historia.nationalgeographic.com.es/a/nacimiento-moneda_16542
- http://www.mckinsey.com/business-functions/digital-mckinsey/our-insights/the-rise-of-the-digital-bank
- La ley para regular las Instituciones de tecnología financiera (Ley FINTECH) (.)
- Las disposiciones de carácter general aplicables a las Instituciones de crédito e Instituciones de tecnología financiera en las operaciones que reConsuelon con activos virtuales (.).
- Varios documentos más, consulta: https://www.fintechmexico.org/es/leyfintech (.)
- Cada vez más se suman a la mesa de discusión los diferentes temas entorno a su uso o adopción, por ejemplo: http://www.niif.co/actualidad/como-se-aplican-las-niif-a-las-criptomonedas/
- https://www.bis.org/cpmi/publ/d174_es.pdf.
- https://www.bbvaresearch.com/wp-content/uploads/2018/04/CBDCs-in-LATAM.pdf.
- https://es.cointelegraph.com/explained/elliptic-curve-cryptography-ecc-the-heart-of-security-in-the-crypto-and-internet-world
- https://www.bbc.com/mundo/noticias-51483218.
- https://www2.deloitte.com/mx/es/pages/dnoticias/articles/ley-fintech-en-mexico.html.
- http://m.inei.gob.pe/prensa/noticias/en-el-2021-ano-del-bicentenario-de-la-independencia-el-peru-contara-con-una-poblacion-de-33-millones-35-mil-304-habitantes-11624/.
- https://elcomercio.pe/economia/peru/solo-el-401-de-los-hogares-peruanos-tiene-acceso-a-internet-que-hacer-para-elevar-la-conectividad-congreso-velocidad-minima-de-conexion-inei-ncze-noticia/.
- https://gestion.pe/peru/politica/congreso-de-la-republica-reconoce-el-acceso-al-internet-como-derecho-fundamental-noticia/.

- https://gestion.pe/tu-dinero/finanzas-personales/el-analisis-del-banco-central-sobre-la-creacion-de-moneda-digital-noticia/.
- https://www.youtube.com/watch?v=YMjCY1PRFSY.
- https://www.forbes.com.mx/visa-seguridad-utilidad-criptomonedas/.
- https://bitso.com/market?l=es.
- https://www.bbva.mx/educacion-financiera/banca-digital/invertir-en-bitcoin.html.
- https://www.bitcoin.com.mx/introduccion-a-bitcoin/.
- https://www.elfinanciero.com.mx/opinion/victor-piz/la-revolucion-del-bitcoin-en-mexico/.
- https://www.banxico.org.mx/sistemas-de-pago/sobre-activos-virtuales-rie.html#:~:text=Los%20activos%20virtuales%20surgieron%20como,el%20proceso%20de%20una%20transacci%C3%B3n.&text=Lo%20anterior%20puede%20incentivar%20el,que%20pretendan%20aprovechar%20esta%20caracter%C3%ADstica..
- Otros lo prohíben, como es el caso de Turquía https://www.forbes.com.mx/bitcoin-cae-prohibicion-turquia-pago-criptomonedas/. por su parte el Ex presidente del Banco de China manifestó en mayo del 2020 que el yuan digital podría reemplazar el efectivo https://es.cointelegraph.com/news/former-bank-of-china-president-says-digital-yuan-can-replace-cash.
- https://www.marsh.com/mx/insights/research/criptomonedas-latinoamerica.html
- ABC News, "100 million dieters, $20 billion: The weight-loss industry by the numbers," May 8, 2012.
- ABI Research, Internet of Things vs. Internet of Everything: What's the difference? May 7, 2014.
- Adshead, Anthony, "Data set to grow 10-fold by 2020 as internet of things takes off," ComputerWeekly.com, April 9, 2014.
- Alliance for Aviation Across America, "Air traffic modernization."
- Bradley, Joseph, Joel Barbier, and Doug Handler, Embracing the internet of everything to capture your share of $14.4 trillion, Cisco, 2013.

- Brynjolfsson, Erik and Lorin M. Hitt, “Beyond the productivity paradox,” Communications of the ACM, volume 41, issue 8, August 1998.
- Brynjolfsson, Erik, Lorin Hitt, and Heekyung Kim, “Strength in numbers: How does data-driven decisionmaking affect firm performance?” Social Science Review Network, April 2011.
- Bughin, Jacques, Michael Chui, and James Manyika, “Ten IT-enabled business trends for the decade ahead,” McKinsey Quarterly, May 2013.
- Caterpillar Global Mining, “Automation keeping underground workers safe at LKAB Malmberget Mine,” Viewpoint: Perspectives on Modern Mining, issue 3, 2008.
- Chui, Michael, Markus Löffler, and Roger Roberts, “The Internet of Things,” McKinsey Quarterly, March 2010.
- City of Chicago, Office of the City Clerk, 2015 budget overview, 2015.
- Consumer Electronics Association, “Record-breaking year ahead: CEA reports industry revenues to reach all-time high of $223.2 billion in 2015,” press release, January 6, 2015.
- Deutsche Bank, The Internet of Things: Not quite the Jetsons yet, but places to look, May 6, 2014.
- Eaton Corporation, Blackout tracker annual report for 2013, March 31, 2014.The Economist Intelligence Unit, The Internet of Things business index: a quiet revolution gathers pace, October 29, 2013.
- Evans, Peter C., and Marco Annunziata, Industrial Internet: Pushing the boundaries of minds and machines, General Electric, November 26, 2012.
- Federal Trade Commission, Internet of Things: Privacy & security in a connected world, FTC staff report, January 2015.
- Gartner Inc., Forecast: The Internet of Things, Worldwide 2013, December 2013.
- Gartner, “Gartner says 4.9 billion connected ‘things’ will be in use in 2015,” press release, November 11, 2014.
- General Aviation Manufacturers Association, 2014 general aviation statistical databook & 2015 industry outlook, 2014.
- Goldman Sachs, The Internet of Things: Making sense of the next mega-trend, September 3, 2014.
- Henderson, Catherine, Martin Knapp, José-Luis Fernández, Jennifer Beecham, Shashivadan P. Hirani, Martin

Cartwright, et al., “Cost effectiveness of telehealth for patients with long term conditions (Whole Systems Demonstrator telehealth questionnaire study): Nested economic evaluation in a pragmatic, cluster randomised controlled trial,” The BMJ, volume 346, issue 7902, March 2013.

- Identity Theft Resource Center, Identity Theft Resource Center breach report hits record high in 2014, January 12, 2015.
- International Data Corporation, Worldwide Internet of Things spending by industry sector 2014–2018 forecast, July 2014.
- Kwatra, Sameer, and Chiara Essig, The promise and potential of comprehensive commercial building retrofit programs, American Council for an Energy-Efficient Economy, May 2014.
- Lomax, Tim, David Schrank, Shawn Turner, and Richard Margiotta, Selecting travel reliability measures, Texas Transportation Institute, Texas A&M University, May 2003.
- Lopez Research, Building smarter manufacturing with the Internet of Things (IoT), part two, January 2014.
- McKinsey Global Institute The Internet of Things: Mapping the value beyond the hype 129
- Matheson, Rob, “Moneyball for business,” MIT News, November 14, 2014.
- McKinsey & Company, Industry 4.0: How to navigate digitization of the manufacturing sector, April 2015.
- McKinsey Global Institute, Big data: The next frontier for innovation, competition, and productivity, May 2011.
- McKinsey Global Institute, Disruptive technologies: Advances that will transform life, business, and the global economy, May 2013.
- McKinsey Global Institute, Infrastructure productivity: How to save $1 trillion a year, January 2013.
- McKinsey Global Institute, Internet matters: The Net’s sweeping impact on growth, jobs, and prosperity, May 2011.
- McKinsey Global Institute, Open data: Unlocking innovation and performance with liquid information, October 2013.
- McKinsey Global Institute, Urban world: Cities and the rise of the consuming class, June 2012.
- McKinsey Global Institute, McKinsey Center for Government, and McKinsey Business

- Technology Office, Open data: Unlocking innovation and performance with liquid information, October 2013.
- Merchant, Brian, "With a trillion sensors, the Internet of Things would be the 'biggest business in the history of electronics,'" Motherboard.vice.com, October 29, 2013.
- Miller, Stephen, Base salary rise of 3% forecast for 2015, Society for Human Resource Management, July 9, 2014.
- Morgan Stanley, The "Internet of Things" is now: Connecting the real economy, April 3, 2014.
- Morgan Stanley, Wearable devices: The "Internet of Things" becomes personal, November 19, 2014.
- New York City Department of Health and Mental Hygiene, New York City trends in air pollution and its health consequences, September 26, 2013.
- New York State Department of Transportation, State fiscal year 2012–13 annual report, bridge management and inspection programs.
- Nichols, Chris, "How the Internet of Things is changing banking," Center State Bank blog, September 16, 2014.
- O'Donnell, Erin, "Cheating the reaper," Harvard Magazine, March–April, 2013.
- Piore, Adam, "Designing a Happier Workplace," Discover, March 2014.
- Porter, Michael E. and James E. Heppelmann, "How smart, connected products are transforming competition," Harvard Business Review, November 2014. 130 McKinsey Global Institute Bibliography
- Ray, Tiffany, "Fitness spending still fast despite economy," The Press-Enterprise, July 6, 2012.
- Rio Tinto, 2014 annual report: Delivering sustainable shareholder returns, 2015.
- Salas, Maribel, M., Dyfrig Hughes, Alvaro Zuluaga, Kawitha Vardeva, and Maximilian Lebmeier, "Costs of medication nonadherence in patients with diabetes mellitus: systematic review and critical analysis of the literature," Value in Health, volume 12, number 6, November 2009.
- Schwartz, Tony, "Relax! You'll be more productive," The New York Times, February 9, 2013.
- Scroxton, Alex, "How the internet of things could transform Britain's railways," ComputerWeekly.com, August 2014.

- Sofge, Eric, “Google’s A.I. is training itself to count calories in food photos,” Popular Science, May 29, 2015.
- Sullivan, Fede, and Hugh Thompson, “Brain, interrupted,” The New York Times, May 3, 2013.
- Synapse Energy Economics, 2013 carbon dioxide price forecast, November 2013.
- Teu, Alex, “Cloud storage is eating the world alive,” TechCrunch, August 20, 2014.
- Tweed, Katherine, “Entergy tests AMI voltage optimization,” Greentech Media, January 27, 2012.
- Ubl, Stephen J., “Public policy implications for using remote monitoring technology to treat diabetes,” Journal of Diabetes Science and Technology, volume 1, number 3, May 2007.
- UK Department for Business Innovation & Skills, The smart city market: Opportunities for the UK, BIS research paper number 136, October 9, 2013.
- UK National Institute for Cardiovascular Outcomes Research, National heart failure audit, April 2012–March 2013, November 2013.
- United Nations Department of Economic and Social Affairs, World urbanization prospects, the 2014 revision, 2014.
- US Bureau of Labor Statistics, American time use survey 2013, June 2014.
- US Central Intelligence Agency, The world factbook.
- US Department of Health and Human Services, Patient Provider Telehealth Network: Using telehealth to improve chronic disease management, June 2012.
- US Department of Transportation, National Highway Traffic Safety Administration, Traffic Safety Facts 2012, 2012.
- US Energy Information Administration, Electric power sales, revenue, and energy efficiency Form EIA-861 detailed data files, February 19, 2015. 131 McKinsey Global Institute Bibliography
- Van Marle, Gavin, “How ‘augmented reality eyewear’ can give you a smarter view of future logistics,” The Loadstar, November 26, 2014.
- Varian, Hal, “Kaizen, that continuous improvement strategy, finds its ideal environment,” New York Times, February 8, 2007.

- Vrijhoef, Ruben, and Lauri Koskela, "The four roles of supply chain management in construction," European Journal of Purchasing and Supply Management, volume 6, number 3, January 2000.
- Weber, Lauren, "Go ahead, hit the snooze button," The Wall Street Journal, January 23, 2013.
- Wilson, Marianne, "Study: Shrink costs U.S. retailers $42 billion; employee theft tops shoplifting," Chain Store Age, November 6, 2014.
- Wojnarowicz, Krystyna, "Industrial Internet of Things in the maritime industry," Black Duck Software, February 11, 2015.

NOTA: El libro es de consejos técnicos y jurídicos, en ningún caso constituyen una asesoría personalizada profesional, la cual seria objeto de estudio particular. Los autores no se hacen responsables de cambios legislativos. La legislación empleada es a fecha Febrero 2022. Se recomienda la comprobación de la legislación actualizada en el momento de uso de estas tecnologías.

ÍNDICE

Saudeas Mihi

Made in United States
Orlando, FL
04 November 2026

90203560R00369